Buch-Updates
Registrieren Sie dieses Buch auf unserer Verlagswebsite. Sie erhalten damit Buch-Updates und weitere, exklusive Informationen zum Thema.

Galileo BUCH UPDATE

Und so geht's

> Einfach **www.galileodesign.de** aufrufen
<<< Auf das Logo **Buch-Updates** klicken
> Unten genannten **Zugangscode** eingeben

Ihr persönlicher Zugang zu den Buch-Updates 149010063710

Robert Klaßen

Adobe Premiere Pro CS4

Das Praxisbuch mit zahlreichen Workshops

Galileo Press

Liebe Leserin, lieber Leser,

Videoschnitt ist schon eine Sache für sich: Man muss sich mit Fernsehnormen, Standards und Formaten auskennen, möglichst schon vor Beginn des Projektes wissen, auf welchem Ausgabegerät die Filme später abgespielt werden sollen, Pixel-Seitenverhältnisse, Kompressoren und Bitraten berücksichtigen – und ganz nebenbei soll man dabei den Zuschauer nicht aus dem Auge verlieren und spannende Filme schneiden.

Gut ist es da, wenn man ein Buch wie dieses neben dem Rechner stehen hat und Schritt für Schritt durch den gesamten Video-Workflow geleitet wird. Von der Aufnahme der Videos bis zur perfekten Ausgabe auf DVD oder im Internet erklärt es Ihnen den Videoschnitt mit Adobe Premiere Pro CS4 auf sehr intuitive Art und Weise: Zahlreiche Workshops helfen Ihnen, schnell zu Ihrem ersten eigenen Film zu gelangen. Anhand eines kompletten Beispielfilms, der gute und schlechte Schnitte und Effekte zeigt, erlernen Sie alle Techniken und können diese anschließend ohne Probleme auf Ihre eigenen Filme übertragen. Die benötigte Theorie, wichtige Grundlagen und technisches Hintergrundwissen wird dabei kompakt und leicht verständlich in Kapitel 2 des Buchs, »Fachkunde – Das sollten Sie wissen«, vermittelt. Wenn Sie das Kapitel nicht am Stück lesen wollen, können Sie natürlich bei Fragen auch zur jeweiligen Erklärung springen und die Theorie kurz nachlesen. So werden Sie bei der praktischen Arbeit nicht ausgebremst und erhalten trotzdem alle Infos, die Sie brauchen, um zum Ziel zu kommen. Robert Klaßen stellt dabei übrigens nicht nur Premiere Pro vor, sondern zeigt Ihnen auch, wie Sie das Programm im Zusammenspiel mit anderen Produkten aus der Creative Suite einsetzen und von der perfekten Integration profitieren können.

Das Beispielmaterial des Buchs sowie eine 30-Tage-Testversion von Premiere Pro CS4 für Windows und Mac finden Sie natürlich auf der Buch-DVD.

Sollten Sie Anmerkungen, Lob oder Kritik zum Buch haben, so sind wir gerne für Sie da. Nun bleibt mir noch, Ihnen viel Erfolg beim Videoschnitt zu wünschen.

Ihre Katharina Geißler
Lektorat Galileo Design
katharina.geissler@galileo-press.de

Galileo Press • Rheinwerkallee 4 • 53227 Bonn
www.galileodesign.de

Auf einen Blick

Inhalt

Workshops

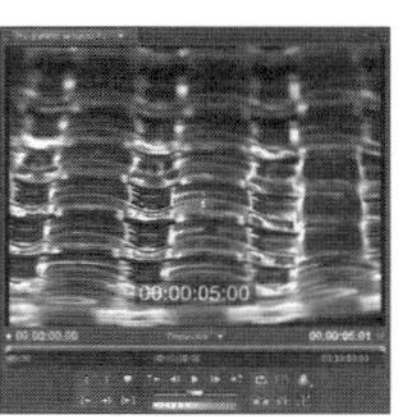

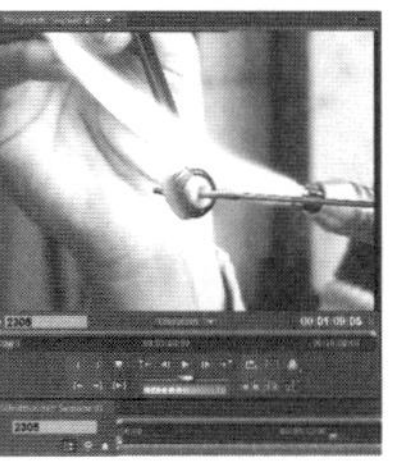

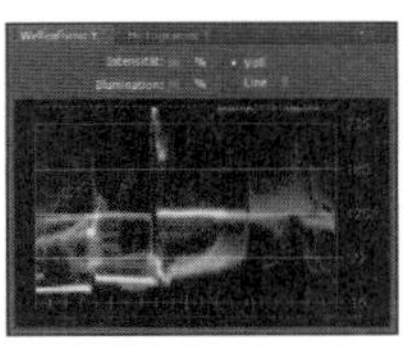

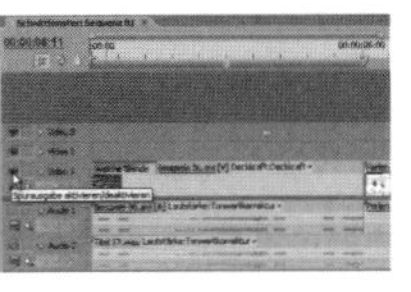

Mit Sequenzen arbeiten

Überblendungen

Effekteinstellungen und Bewegungsanimationen

Masken und Keying

Bildkorrekturen

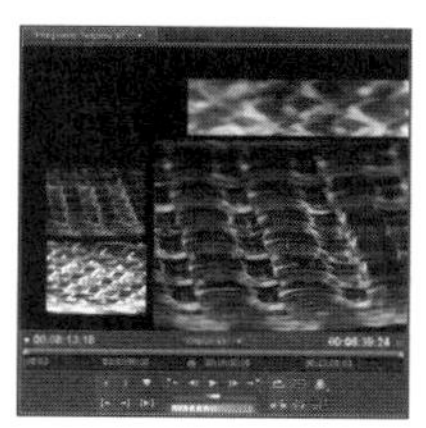

Audio

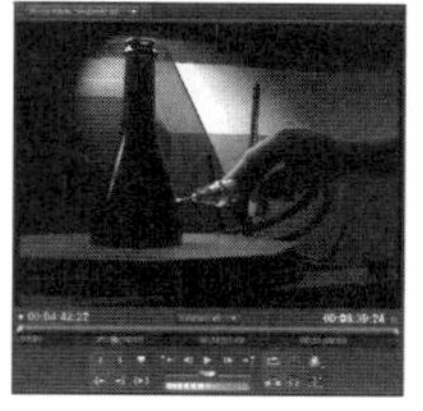

Korrekturen mit Soundbooth

Titel erzeugen

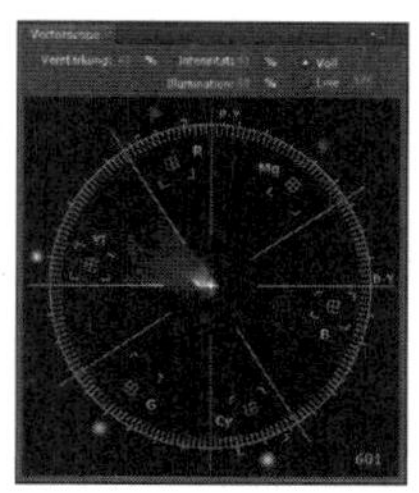

Export

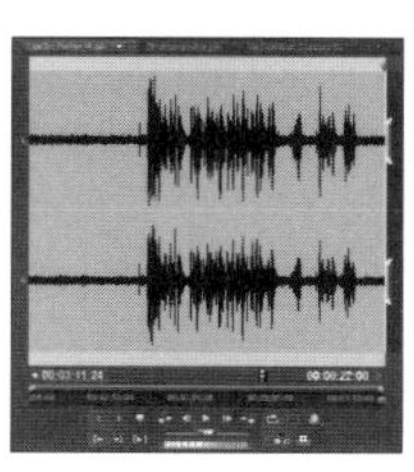

DVD-Authoring mit Encore CS4

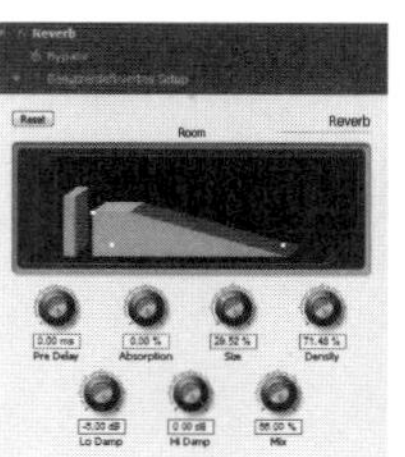

Integration und Workflow mit CS4 Production Premium

Vorwort

Bestimmt wollen Sie gleich loslegen und sich nicht lange mit der Vorrede aufhalten. Deshalb möchte ich es auch kurz machen. Lediglich ein paar Kleinigkeiten sollen erwähnt werden, um Ihnen den Umgang mit diesem Buch und den dazugehörigen Beispieldateien zu erleichtern. Da gibt es nämlich einiges, was Sie unbedingt wissen müssen …

Ein Buch für Win und Mac

Lange Zeit haben Mac-User ja darauf verzichten müssen, mit Premiere Pro zu schneiden. Die Versionen 1.0, 1.5 und 2 gab es nur für Windows-Rechner. Dann endlich kam Premiere Pro CS3, und alles sollte anders werden. Adobes Profi-Videoschnitt-Applikation feierte eine Wiedergeburt auf Apple-Rechnern – auf Intel-Macs zumindest. Daran hat sich auch in der aktuellen Version, CS4, nichts geändert. Doch jetzt geht Adobe sogar noch einen Schritt weiter. Der Direct-to-Disk-Recorder OnLocation ist jetzt ebenfalls für beide Systeme verfügbar. Nicht zuletzt deshalb richtet sich dieses Buch auch an beide Zielgruppen. Entsprechend verhält es sich mit den verwendeten Tastaturkürzeln. Die sind ebenfalls für Windows und Mac formuliert. Wenn es beispielsweise irgendwo heißt: Drücken Sie [Strg]/[⌘]+[Z], ist der Teil vor einem Schrägstrich für Windows und der hinter dem Schrägstrich für Mac gedacht. Und da Mac-Mäuse mittlerweile auch Rechtsklicks gelernt haben, kann sogar der Hinweis auf den lange Zeit typischen Ctrl-Klick ausfallen.

Die Neuerungen

Premiere Pro CS4 wurde im Gegensatz zur Vorgängerversion mit einigen Erweiterungen ausgestattet. Wenn Sie sich für diese besonders interessieren, weil Sie beispielsweise Umsteiger von CS3 sind, dann achten Sie bitte auf das nebenstehende Symbol. Dieses markiert nämlich die Stellen, die ein Novum von Premiere Pro CS4 behandeln.

Das Buchprojekt

Sie finden in diesem Buch auch noch ein weiteres Icon. Dem Zirkel folgen wichtige Infos zum Beispielfilm, der in diesem Buch zusammengestellt wird. Wenn irgendein wesentlicher Schritt innerhalb des Buchprojekts durchgeführt werden muss, dürfen Sie diesen Abschnitt auf gar keinen Fall überblättern.

Übrigens werden Sie in diesem Zusammenhang einen Film über Glasbearbeitung erstellen. Wenn Sie wollen, können Sie sich das Ergebnis schon jetzt ansehen (besser wäre natürlich, Sie lesen zunächst das Vorwort zu Ende). Sie finden das Ergebnis »Gecko-Glas.mpg« im Ordner ERGEBNISSE des Beispielmaterials. Die Datei sollte sich sowohl unter Windows (Media Player) als auch unter Mac (QuickTime) abspielen lassen.

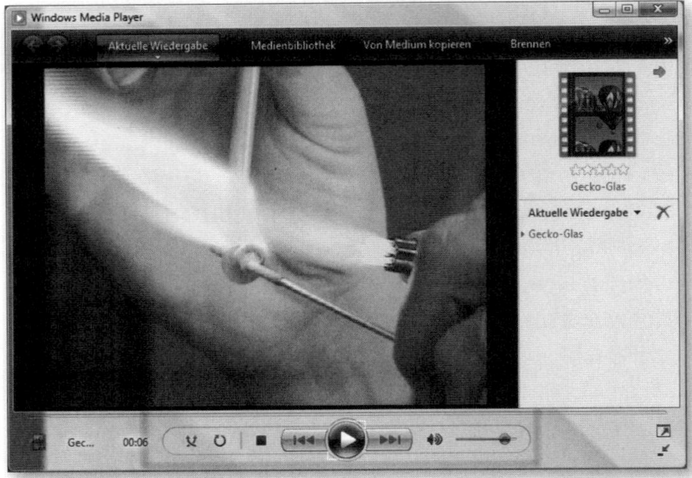

Abbildung 1 ▶ Der fertige Film gibt schon vorab einen Überblick über das, was Sie in diesem Buch erwartet.

Mein besonderer Dank gilt in diesem Zusammenhang Axel Rogge, der dieses umfangreiche Material aufgenommen und zur Verfügung gestellt hat. Sie werden sehen, dass es richtig Spaß macht, damit zu arbeiten.

Dateien übertragen

Wo wir einmal dabei sind: Übertragen Sie doch den gesamten Ordner, der die Beispielmaterialien enthält, auf Ihren Rechner. Dann klappt die weitere Verarbeitung des Materials nämlich wesentlich besser, als wenn Premiere Pro stets auf die DVD angewiesen ist. Außerdem kann Ihr Rechner bereits mit der Arbeit beginnen, während Sie noch das Vorwort lesen.

Wenn es möglich ist, sollten Sie übrigens eine andere Festplatte benutzen als die, auf der Premiere Pro installiert ist. Das ist zwar kein Muss, fördert aber im Allgemeinen das Handling und die Verarbeitungsgeschwindigkeit. Wenn die Anwendung auf einer Festplatte lesen **und** schreiben muss, geht Zeit verloren. Dabei nutzt es allerdings nichts, wenn Sie eine andere Partition verwenden. Die Laufwerke sollten auch physikalisch voneinander getrennt sein. Aber wie gesagt, das ist keine Bedingung, sondern optimiert das Ganze lediglich.

Begriffsdefinition

Ach ja. Im Buch werden einige Begriffe auftauchen, die Ihnen vielleicht nicht unbedingt geläufig sind. Es hätte aber »ausbremsende« Wirkung, wenn der jeweilige Begriff innerhalb eines Workshops erläutert werden müsste. Deshalb erledigen wir das doch lieber gleich hier, oder? Außerdem haben Sie eh noch ein wenig Zeit, da die Übertragung des Beispielmaterials garantiert noch nicht abgeschlossen ist:

- **Assets:** Jedes Element, das im Videoprojekt eingesetzt wird, kann als Asset bezeichnet werden. Damit gemeint sind demnach nicht nur Filme, sondern auch Audiodateien, Bilder, Titel usw.
- **Capturing:** Übertragung von Filmmaterial auf den Rechner.
- **Clip:** Hier wird unterschieden zwischen Videoclip und Audioclip. Ein Videoclip ist zunächst einmal eine Filmaufnahme, während ein Audioclip eine Tonaufnahme repräsentiert. Eine Kombination aus beidem ist der so genannte AV-Clip (Audio-Video-Clip).
- **Codec:** Vom Begriff her eine Zusammensetzung aus En**co**der und **Dec**oder. Damit werden Dateien komprimiert, weil sie dann weniger Speicherplatz einnehmen. Bei der Wiedergabe eines encodierten Films wird dieser wieder decodiert, damit er abgespielt werden kann.
- **Frame:** Das Wort hat hier zwei Bedeutungen. Zum einen ist damit ein einzelnes Bild innerhalb eines Videos gemeint, zum anderen aber auch eine Zusammenfassung diverser Steuerelemente. Etwa so:

◀ **Abbildung 2**
In diesem Fenster sind die Frames VIDEO, AUDIO und VIDEOVORSCHAU enthalten, die jeweils über individuelle Bedienelemente (Steuerelemente) verfügen.

- **Hot-Text-Steuerelement:** Das sind Bedienelemente, die unmittelbar durch Verschieben der Maus mit gedrückter Maustaste eingestellt werden können. Also anklicken, Maustaste festhalten und nach links oder rechts schieben. Die Ziffern von Hot-Text-Steuerelementen sind gewöhnlich orange eingefärbt (hier ❶), können jedoch bei sehr hell eingestellter Arbeitsoberfläche (Bearbeiten/Premiere Pro • Voreinstellungen • Aussehen • Helligkeit) auch blau dargestellt werden.

Abbildung 3 ▶
Hot-Text-Steuerelemente haben in der Regel orangefarbene oder nach entsprechender Voreinstellung auch blaue blaue Ziffern.

- **Peripherie:** Alle extern an den Rechner angeschlossenen Gerätschaften, wie z. B. Drucker, Scanner, Camcorder.

Pro & Co. | Sie werden in diesem Buch an mancher Stelle auch Infos zu anderen Software-Applikationen als Premiere Pro vorfinden. Selbstverständlich geht es auch in diesem Buch nicht ganz ohne Photoshop und Anverwandte. Das wird Sie natürlich vor allem dann interessieren, wenn Sie mit einem Studio-Bundle arbeiten (Production Premium oder Master Collection). Aber auch wenn Sie Premiere Pro separat erwerben, werden Sie sich bestimmt rasch für die einzigartige Integrationsfähigkeit Ihrer Editing-Software begeistern. Das in Kapitel 16 erwähnte Encore liegt Premiere Pro ja mittlerweile ebenso bei wie OnLocation. Doch auch die in anderen Kapiteln erwähnten weiteren Applikationen haben mächtig was drauf. Sofern Sie das aber nicht nur lesen, sondern selbst ausprobieren wollen, können Sie auf recht unkomplizierte Art und Weise Testversionen fast aller Applikationen von *www.adobe.com/de* herunterladen.

Die 30-Tage-Testversionen von Adobe Premiere Pro CS4 für Windows und Mac finden Sie auch auf der Buch-DVD. Darin enthalten sind auch OnLocation CS4, Adobe Media Encoder sowie Adobe Bridge CS4. Auch Encore CS4 wird mitinstalliert, kann allerdings nicht als Testversion ausgeführt werden. Versuchen Sie trotzdem, das Programm zu starten, erhalten Sie folgende Fehlermeldung:

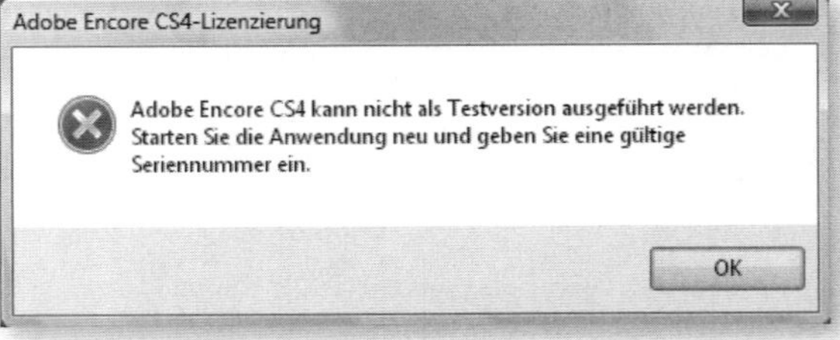

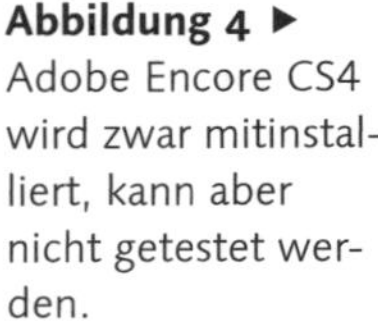

Abbildung 4 ▶
Adobe Encore CS4 wird zwar mitinstalliert, kann aber nicht getestet werden.

Das ist **kein** Fehler, sondern von Adobe so eingerichtet. Encore CS4 steht erst nach dem käuflichen Erwerb einer Seriennummer zur Verfügung (Stand: Februar 2009).

Bitte beachten Sie auch, dass es bei den Testversionen zu Einschränkungen kommen kann. So stehen beispielsweise gegenüber der Premiere Pro-Vollversion nicht alle Exportformate zur Disposition.

Jetzt aber los!

Das war's schon. Was macht eigentlich der Dateitransfer? – Falls Sie Anmerkungen oder Kritik zu diesem Buch haben, schreiben Sie mir. Ich freue mich, wenn Sie mir mitteilen, was Ihnen besonders gut und was Ihnen weniger gut gefallen hat. Und jetzt wünsche ich Ihnen viel Spaß und stets gelungene Ergebnisse mit Adobe Premiere Pro CS4.

Robert Klaßen
info@dtpx.de
www.dtpx.de

1 Blind Date – Schnellstart mit Premiere Pro CS4

Wenn Sie Premiere Pro zum ersten Mal öffnen, können Sie es wahrscheinlich kaum erwarten, mit dieser Schnittsoftware gleich zu arbeiten. In diesem Kapitel erhalten Sie bereits die Gelegenheit dazu. Am Ende haben Sie dann einen kompletten Film erstellt. Die technischen Feinheiten und Hintergründe der verschiedenen Optionen werden in den folgenden Kapiteln vertieft. Hier geht es lediglich um eine erste »Kontaktaufnahme«.

In diesem Kapitel finden Sie die Antworten auf folgende Fragen:

- Wie erstelle ich ein Projekt?
- Welche Projekteinstellungen werden benötigt?
- Wie werden Clips sortiert und verarbeitet?
- Wie wird im Schnittfenster schnell geschnitten?
- Wie wird ein Video ausgegeben?

1.1 Ein Film in 20 Minuten

Ziel dieses Kapitels ist es, einen etwa 45 Sekunden langen Film zu erstellen. Nicht viel – für den Einstieg sollte es aber reichen. Sie wollen sich das Ergebnis vorab ansehen? Kein Problem. Öffnen Sie den Ordner ERGEBNISSE auf der beiliegenden DVD, und sehen Sie sich »Perle.avi« an (die Datei muss vorher entzippt werden).

1.1.1 Ein neues Projekt erstellen

Zu Beginn jeder Arbeit mit Premiere Pro steht das Erstellen einer neuen Datei. Hier müssen Sie bereits die »Eckdaten« für Ihr Projekt definieren.

Schritt für Schritt: Projekteigenschaften erstellen

1 ***Neues Projekt erstellen***

Zunächst wartet Premiere Pro mit einem Startbildschirm auf. Hier können Sie bereits vorhandene Projekte öffnen, indem Sie den mittleren der drei großen Buttons betätigen, Hilfedateien via Adobe Help Center einsehen oder ein neues Projekt beginnen. Wählen Sie daher den Button Neues Projekt.

Abbildung 1.1 ▶
Der Startbildschirm

2 *Projekt speichern und benennen*

Ungewohnt, aber durchaus sinnvoll: Ihr Projekt muss bereits jetzt gespeichert werden, obwohl noch gar keine Arbeiten am Projekt erfolgt sind. Dazu legen Sie im Fuß des aktiven Fensters zunächst einen Speicherort fest, indem Sie auf Durchsuchen ❶ klicken. Im darauf folgenden Dialog Ordner suchen geben Sie den gewünschten Speicherort an und bestätigen mit OK. Legen Sie am besten einen neuen Ordner an, und benennen Sie ihn entsprechend (für dieses Beispiel verwende ich den Namen »Perle«). Wenn Sie nämlich lediglich ein Festplattenverzeichnis wählen, verlieren Sie schnell den Überblick über Ihre Projektdaten. Im Anschluss daran müssen Sie nichts weiter tun, als Ihr Projekt zu benennen, und zwar über das Eingabefeld Name ❷. Tragen Sie »Entstehung einer Perle« ein, und bestätigen Sie mit OK.

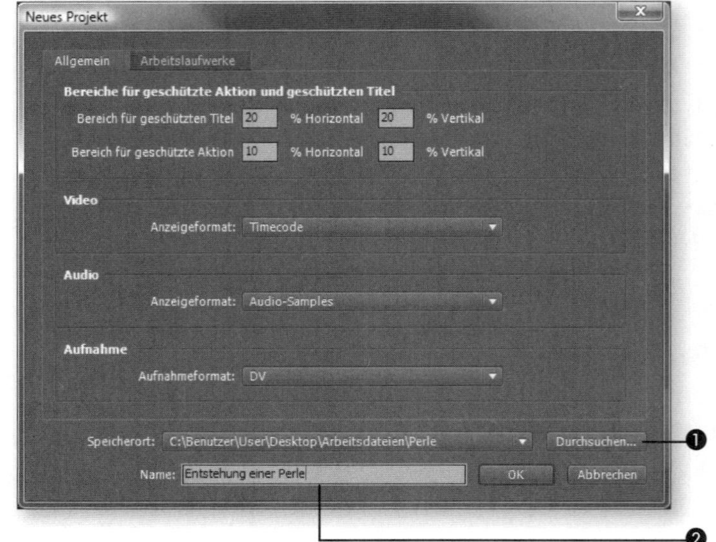

Abbildung 1.2 ▶
Hier benennen Sie das Projekt und vergeben einen Speicherort.

3 *Vorgabe laden*

Sie müssen nun, in Anlehnung an Ihr Videomaterial, eine geeignete Vorgabe auswählen. Wir verwenden für dieses Beispiel ein Standardprojekt mit 48 kHz. Warum 48 kHz? – Weil das Ziel DVD heißt. Deshalb müssen Sie jetzt auf der linken Seite im Bereich VERFÜGBARE VORGABEN auf den Ordner DV-PAL ❸ doppelklicken, der daraufhin untergeordnete Einträge freigibt. Markieren Sie STANDARD 48KHZ ❹, was ein Standard für DVDs im **Frame-Seitenverhältnis** von **4:3** ist. Für **16:9** müssten Sie den Eintrag WIDESCREEN nehmen. Auf der rechten Seite sehen Sie noch einmal eine Beschreibung der mit dieser Selektion verbundenen Eigenschaften.

Ordner öffnen

Sie sehen, dass jedem Ordner ein Plus-Symbol vorangestellt ist. Das kennen Sie bereits vom Explorer Ihres Betriebssystems. Klicken Sie dieses Symbol an, oder doppelklicken Sie auf den Ordner selbst. Die Vorgaben, die zugewiesen werden können, sind durch ein Blatt-Symbol angezeigt.

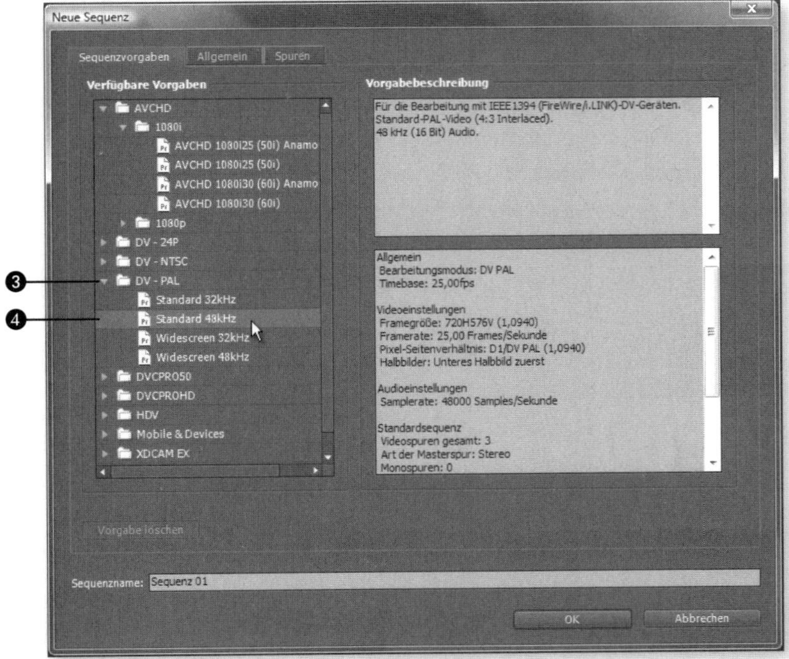

◀ **Abbildung 1.3**
Vorgaben laden

Mit einem Klick auf OK sind die Vorarbeiten bereits erledigt. Sie können sich nun an das Importieren der einzelnen Dateien machen. Was aber viel interessanter ist: Zunächst dürfen Sie die Anwendung in all ihrer Schönheit betrachten.

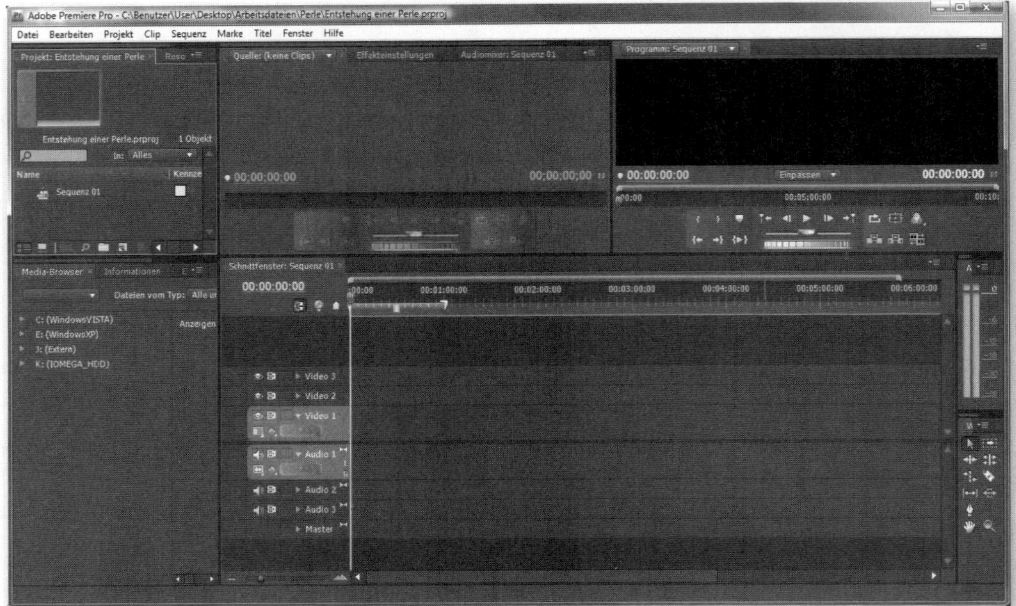

Abbildung 1.4 ▲
So präsentiert sich Premiere Pro nach dem Anlegen des Projekts. Die Arbeitsoberfläche wird in Kapitel 4 näher beschrieben.

1.1.2 Assets importieren

Sämtliche Dateien, die Premiere Pro verarbeiten kann, werden als **Assets** bezeichnet. Das Importieren solcher Assets steht natürlich immer zu Beginn eines Projekts an. Ob die Dateien nun direkt von einem Camcorder bzw. einer externen Bandmaschine geholt werden müssen oder bereits auf einem Datenträger vorhanden sind, stellt bei der Vorgehensweise allerdings einen riesengroßen Unterschied dar.

Schritt für Schritt: Dateien importieren

Das erforderliche Filmmaterial steht Ihnen ja bereits zur Verfügung – es befindet sich auf der DVD zum Buch. So weit, so gut.

1 *Dateien kopieren*

Nicht so gut ist es jedoch, mit Dateien zu arbeiten, die sich noch auf einem Wechseldatenträger befinden. Die Laufwerke erbringen nicht die für eine optimale Bearbeitung nötige Leistung. Außerdem ginge dann nie etwas ohne die Rohdaten-DVD.

Deshalb sollten Sie vorab Premiere Pro minimieren. Ziehen Sie den Ordner KAPITEL_01 auf Ihre Festplatte. Am besten wird es sein, Sie verwenden den gleichen Ordner, der Ihr soeben erzeugtes Projekt beherbergt. So erhalten Sie gleich einen Überblick darüber, welche Arbeiten Premiere Pro zwischenzeitlich für Sie erledigt hat.

Ordner umbenennen

Es ist überhaupt nichts dagegen einzuwenden, den Ordner KAPITEL_01 im Anschluss an dessen Import umzubenennen. Vielleicht ist Ihnen ja der Name ROHMATERIAL oder etwas Ähnliches lieber. Sie sollten das jedoch nicht erst erledigen, nachdem Sie die Dateien in Premiere Pro eingebettet haben (siehe nächste Schritte). In diesem Fall stimmen nämlich die Verknüpfungen nicht mehr überein und müssten repariert werden. Weitere Infos zur Reparatur von Verknüpfungen finden Sie in Abschnitt 4.1.

2 *Dateien bereitstellen*

Danach können Sie Premiere Pro wiederherstellen und die Assets importieren. Sie müssen dazu nichts weiter tun, als einen Doppelklick in einen freien Bereich des Projektfensters unterhalb des Eintrags SEQUENZ 01 zu setzen. Nun öffnet sich der Dialog IMPORTIEREN. Alternativ könnten Sie DATEI • IMPORTIEREN wählen oder sich der Tastenkombination [Strg]/[⌘]+[I] bedienen.

Navigieren Sie im Importieren-Dialog zum soeben übertragenen Ordner KAPITEL_01, und öffnen Sie diesen. Wenn Sie alle acht darin enthaltenen Files auf einen Schlag importieren wollen, können Sie natürlich die Tastenkombination [Strg]/[⌘]+[A] drücken und danach auf ÖFFNEN klicken. Eleganter ist aber die folgende Methode: Springen Sie in der Ordnerhierarchie wieder einen Schritt nach oben, markieren Sie den Ordner KAPITEL_01, und klicken Sie anschließend auf ORDNER IMPORTIEREN. Das sorgt im Übrigen dafür, dass die importierten Dateien direkt in einen Ordner des Projektfensters eingebettet werden. Wenn Sie daraufhin das vorangestellte Dreieck-Symbol anklicken, finden Sie alle Clips wieder.

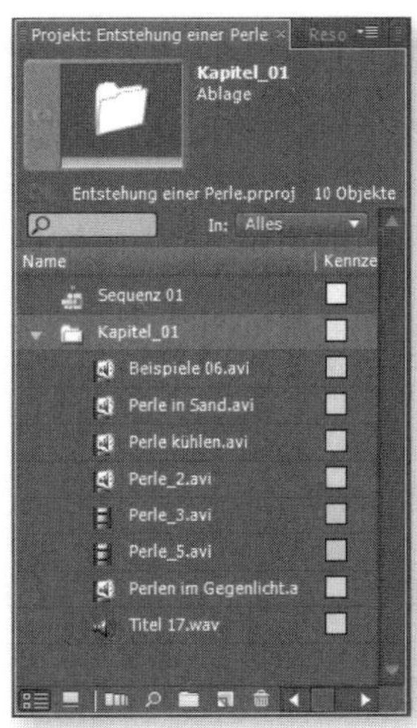

◂ **Abbildung 1.5**
So leicht lassen sich ganze Ordnerinhalte importieren. ■

Tastenkombination funktioniert nicht?

Möglicherweise hat die obenstehende Funktion keine Auswirkungen, und die Dateien werden nicht markiert, wenn Sie [Strg]/[⌘]+[A] drücken. In diesem Fall sollten Sie zunächst nur **einen** Eintrag per Mausklick markieren und anschließend die Tastenkombination wiederholen. Damit sollte es dann klappen.

1.1.3 Storyboard erstellen

Innerhalb des Projektfensters sind die Dateien nun mehr oder weniger zufällig angeordnet. Das liegt daran, dass Premiere Pro Clips in alphabetischer Reihenfolge einfügt. Da die Bezeichnungen aber rein zufällig gewählt worden sind, befinden sich die Clips natürlich nicht in der Reihenfolge, in der sie im fertigen Film abgespielt werden. Sie müssen die Clips also sortieren.

Schritt für Schritt: Dateien im Projektfenster sortieren

1 ***Ansicht umschalten***

Nun eignet sich die aktuelle Ansicht (es handelt sich dabei um die **Listenansicht**) des Projektfensters so gar nicht, um Dateien ordentlich zu sortieren. Deshalb schalten Sie in der Fußleiste des Projektfensters auf SYMBOLANSICHT um.

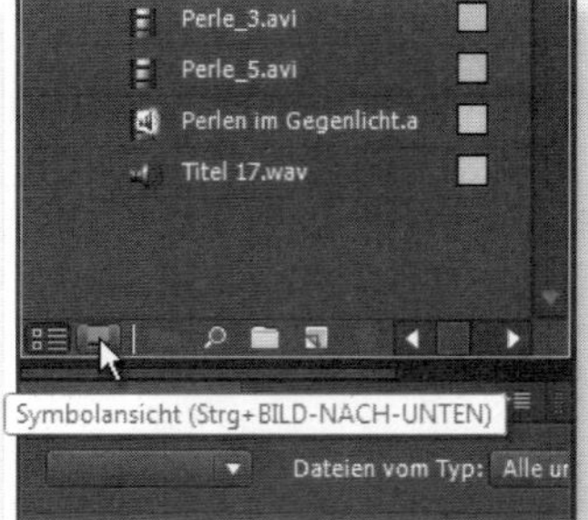

Abbildung 1.6 ▸ Stellen Sie die Ansicht um.

2 ***Neues Projektfenster erzeugen***

Ihre Schnittsoftware hält in Sachen Datei-Handling eine wirklich nützliche Funktion bereit, die es erst seit CS3 gibt – nämlich die Möglichkeit, mehrere Projektfenster unabhängig voneinander zu öffnen. Doppelklicken Sie auf den Ordner KAPITEL_01 – und schon gesellt sich ein zweites Projektfenster zu Ihrer Arbeitsoberfläche. Dieses Fenster können Sie übrigens nach getaner Arbeit jederzeit wieder schließen, ohne dass Sie den Verlust von Arbeitsschritten, Daten oder Assets befürchten müssen. Das Fenster dient lediglich als Referenz.

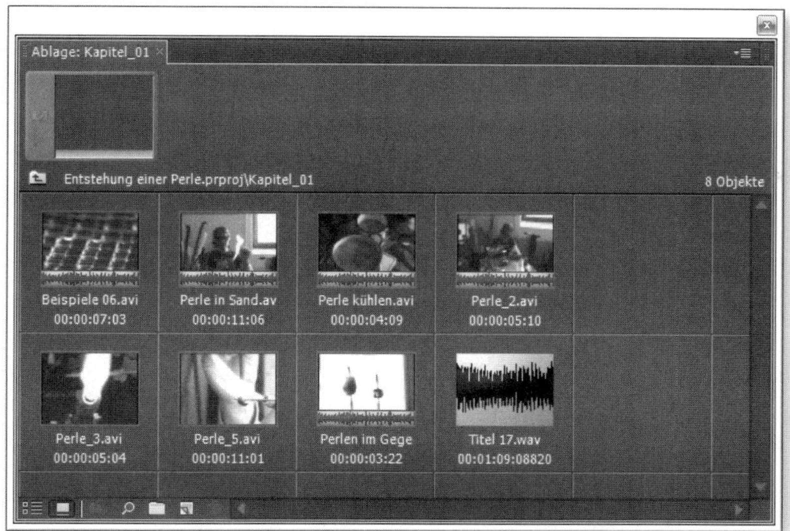

◀ **Abbildung 1.7**
Das zweite Projektfenster erleichtert die Arbeit mit den Assets enorm.

Das Projektfenster öffnet sich nicht?

Sie haben die Ordnerzeile doppelt angeklickt, und trotzdem zeigt sich das erwähnte zweite Projektfenster nicht? Dann könnte es daran liegen, dass die Zeile vorab bereits markiert war. Ein weiterer Klick auf die Bezeichnung gestattet jetzt aber lediglich die Umbenennung des Ordners. In diesem Fall führen Sie den Doppelklick bitte direkt auf dem Ordner-Symbol aus und nicht auf der Bezeichnung. Dann sollte es klappen.

3 *Ausschnitt vergrößern*

Zum Sortieren von Clips ist das Fenster jetzt vielleicht etwas zu klein. Setzen Sie die Maus deshalb auf einen der Ränder des Fensters, und skalieren Sie es mit gedrückter Maustaste entsprechend Ihren Wünschen. Sie sollten dafür sorgen, dass Sie mehrere leere Quadrate neben und unter den Miniaturen vorfinden.

Das Gleiche funktioniert übrigens auch mit dem Original-Projektfenster, das sich jetzt im Hintergrund befindet. Hier stellen Sie dann die Maus auf einen der dunkelgrauen Zwischenstege.

Eckpunkte ziehen

Wenn Sie zwei Seiten des Fensters gleichzeitig skalieren wollen, stellen Sie die Maus an den unteren rechten Eckpunkt ❷. Sie erhalten dann zwei gekreuzte Doppelpfeile und können nun beide Schenkel des Fensters gleichzeitig verziehen.

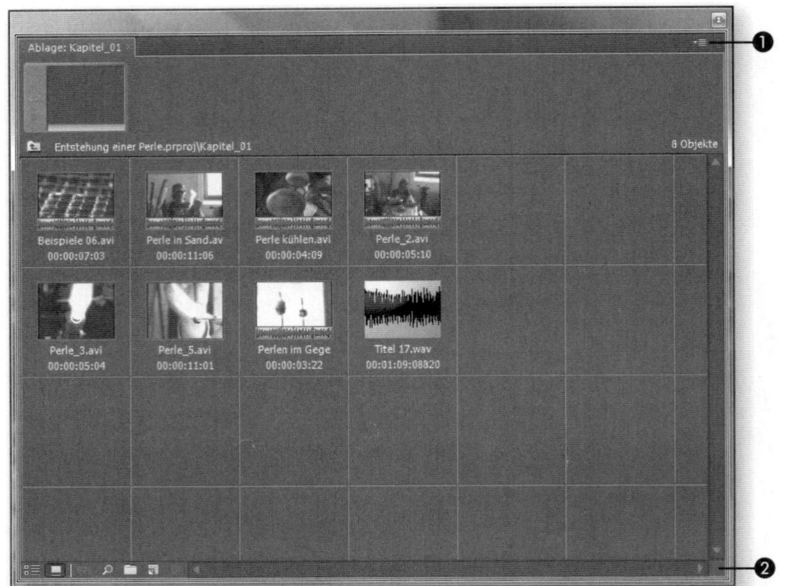

Abbildung 1.8 ▶
Skalieren Sie das Fenster nach Belieben.

4 *Miniaturgröße verändern*

Sollte Ihnen die Größe der Miniaturen nicht zusagen, können Sie diese auch über das Fenstermenü individuell einstellen. Ein Fenstermenü öffnen Sie, indem Sie die kleine Listen-Schaltfläche ❶ oben rechts betätigen. Entscheiden Sie sich nach Anwahl des Eintrags MINIATUREN für KLEIN, MITTEL oder GROSS. Im Buchbeispiel wird gerade von der mittleren auf die größte Darstellungsform umgeschaltet.

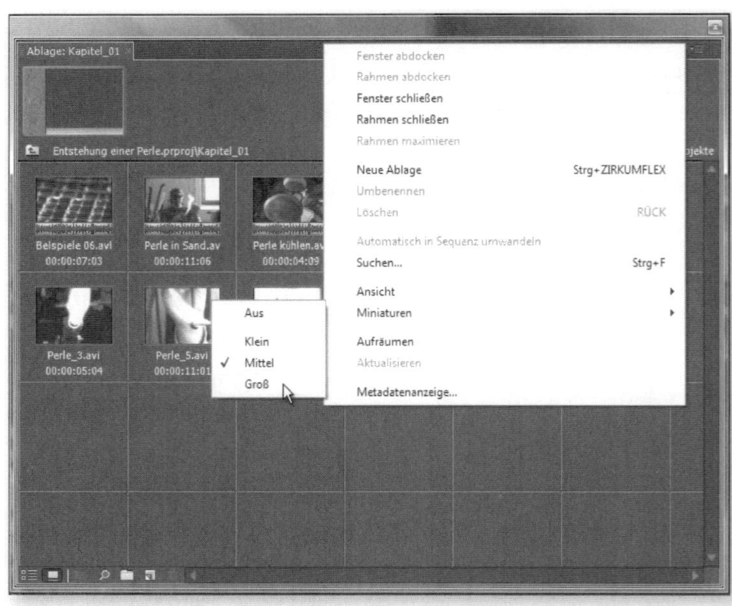

Abbildung 1.9 ▶
Die Symbolgröße soll geändert werden.

5 *Clips verschieben*

Zwar müssen die Clips noch geschnitten werden, doch lässt sich deren Abspielreihenfolge schon jetzt festlegen. Dazu können Sie die Miniaturen per Drag & Drop an die gewünschte Position bringen. So soll beispielsweise »Perlen im Gegenlicht« als zweiter Clip (nach »Beispiele 06«) abgespielt werden. Ziehen Sie ihn deshalb mit gedrückter Maustaste zwischen Clip 1 und Clip 2. Die richtige Stelle ist gefunden, wenn ein senkrechter schwarzer Balken zwischen den beiden erscheint. Rechts daneben befindliche Clips machen in diesem Fall artig Platz.

Genauso könnten Sie den Clip auf ein freies bzw. graues Feld ziehen, auf dem sich noch kein Clip befindet. Sie sehen: Jetzt erweist sich das Projektfenster nicht nur als Archiv, sondern fungiert auch als intuitiv bedienbares Storyboard.

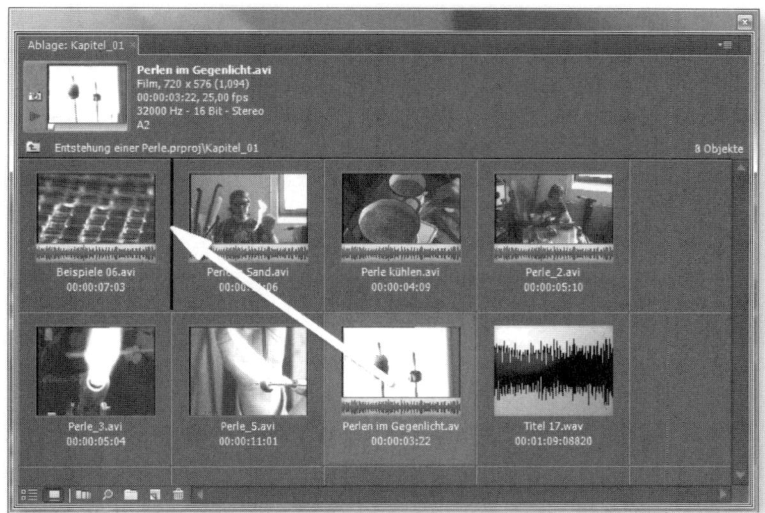

◄ **Abbildung 1.10**
Die Clips lassen sich ganz leicht verschieben.

6 *Ansicht aufräumen*

Wie Sie sehen, bleibt an der Stelle, an der sich der Clip zuvor befunden hat, eine Lücke im Storyboard. Das ist zwar prinzipiell nicht weiter schlimm, sorgt allerdings mit der Zeit für Platzmangel im Fenster. Außerdem ist der rechte Clip in der obersten Zeile nicht mehr ganz zu sehen. Er würde sogar ganz verschwinden, wenn Sie einen weiteren Clip aus Zeile 2 nach oben ziehen würden. Deshalb ist es von Zeit zu Zeit angesagt, das Storyboard aufzuräumen. Damit wird die Darstellungsform an die aktuell eingestellte Fenstergröße angepasst. Öffnen Sie das Fenstermenü ❶, und markieren Sie den Eintrag Aufräumen aus dem Menü. Dies sorgt dafür, dass Miniaturen, die horizontal vielleicht gar nicht mehr sichtbar sind, schlicht eine Zeile tiefer angeordnet werden – und zwar ohne dass die Reihenfolge der Clips verändert wird. Zudem werden vorhandene Lücken zwischen den Clips geschlossen. Nun kann es zwar sein, dass die rechte Miniatur in der ersten Zeile nur zum Teil angezeigt wird, aber Sie können sicher sein, dass generell keine Miniaturen mehr komplett unsichtbar sind. Alle Assets Ihres Projekts werden dargestellt. Falls gewünscht, ziehen Sie noch ein wenig am rechten Fenstersteg.

Abbildung 1.11 ▶
Aufräumen wirkt Wunder – auch in Premiere Pro.

7 *Storyboard vervollständigen*

Ihr individuelles Storyboard können Sie nun auf diese Art und Weise aufbauen. Damit legen Sie bereits hier fest, in welcher Reihenfolge die Clips später im Film angeordnet sein sollen. Stellen Sie diese Clipfolge her:

- Beispiele 06.avi
- Perlen im Gegenlicht.avi
- Perle_2.avi
- Perle_3.avi
- Perle_5.avi
- Perle in Sand.avi
- Perle kühlen.avi
- Titel 17.wav

Entstehende Lücken, also Bereiche, in denen sich kein Clip befindet, können Sie dabei getrost ignorieren. Sie müssen nicht befürchten, dass an dieser Stelle später im fertigen Film eine Lücke ist. Und wenn Sie sich trotz ihrer Bedeutungslosigkeit von Lücken zwischen den Assets trennen wollen, wissen Sie ja, dass Aufräumen auch in diesem Fall Wunder wirkt.

◀ **Abbildung 1.12**
Stellen Sie diese Clipreihenfolge ein.

8 *Clips duplizieren*

Den Clip »Perlen im Gegenlicht.avi« benötigen wir zweimal. Er soll nämlich am Schluss unseres Videos erneut auftauchen. Deshalb markieren Sie ihn und drücken anschließend [Strg]/[⌘]+[C]. Es ist natürlich nichts dagegen einzuwenden, wenn Sie alternativ über das Menü BEARBEITEN • KOPIEREN wählen. Drücken Sie anschließend [Strg]/[⌘]+[V], oder entscheiden Sie sich für BEARBEITEN • EINFÜGEN. Zum Schluss ziehen Sie das Duplikat zwischen »Perle kühlen.avi« und »Titel 17.wav«. Noch einfacher geht das Kopieren übrigens, indem Sie die Miniatur anklicken, [Strg]/[⌘] gedrückt halten und das Duplikat an eine freie Stelle ziehen. Dort lassen Sie dann zunächst die Maustaste und anschließend [Strg]/[⌘] wieder los.

◀ **Abbildung 1.13**
Wenn Sie ein Asset mehrfach benötigen, kopieren Sie die Datei einfach. ■

1.1.4 Clips im Schnittfenster bearbeiten

Damit wäre die eigentliche Vorarbeit geleistet, und wir können mit dem Schneiden des Videos beginnen. Nun ja, noch nicht ganz, denn zunächst müssen die Videos in das Schnittfenster gebracht werden. Nur was sich dort befindet, wird später Bestandteil des Films sein. Zwar könnte die Länge eines jeden Clips bereits im Projektfenster definiert werden, doch sehen wir uns erst später an, wie man dabei vorgeht. Schließlich soll das aktuelle Projekt nicht länger als 20 Minuten in Anspruch nehmen – und knapp die Hälfte der Zeit ist ja jetzt schon vorbei.

Schritt für Schritt: Clips in das Schnittfenster bringen und bearbeiten

Sicher ist Ihnen schon die orangefarbene Markierung an den einzelnen Fenstern aufgefallen. Damit hat es natürlich eine besondere Bewandtnis. Zwar stellt Premiere Pro eine Fülle von Fenstern zur Verfügung, doch können Sie immer nur in einem davon arbeiten. Deshalb sollten Sie sicherstellen, dass das Projektfenster jetzt markiert ist – also die Ablage, in der Sie gerade das Storyboard erstellt haben.

1 ***Timeline bestücken***

Drücken Sie anschließend die Tastenkombination [Strg]/[⌘]+[A], um alle dort befindlichen Dateien zu markieren. Nun klicken Sie erneut auf einen der markierten Clips und ziehen diesen mit gedrückter Maustaste auf die Spur VIDEO 1 des Schnittfensters. Welchen Clip Sie ziehen, spielt übrigens keine Rolle – zumindest, solange Sie nicht »Titel 17.wav« nehmen! Das ist nämlich ein Audioclip, der sich nicht in eine Videospur ziehen ließe. Die Anordnung des Storyboards wird bei dieser Aktion in jedem Fall beibehalten. Wenn Sie mit der Maus im Schnittfenster (auch Timeline genannt) angekommen sind, versuchen Sie, die Maus so weit wie möglich nach links zu bewegen. Das sorgt dafür, dass die Clips ganz am Anfang der Timeline angeordnet werden. Lassen Sie die Maustaste anschließend los. Das Storyboard wird jetzt nicht mehr benötigt und kann geschlossen werden.

Anordnung wird beibehalten

Nachdem Sie das Storyboard (also das neue Projektfenster) geschlossen haben, ist es keinesfalls auf ewig verloren. Doppelklicken Sie abermals auf den Ordner KAPITEL_01 im Projektfenster, wird die zuletzt eingestellte Anordnung in einem neuen Projektfenster präsentiert.

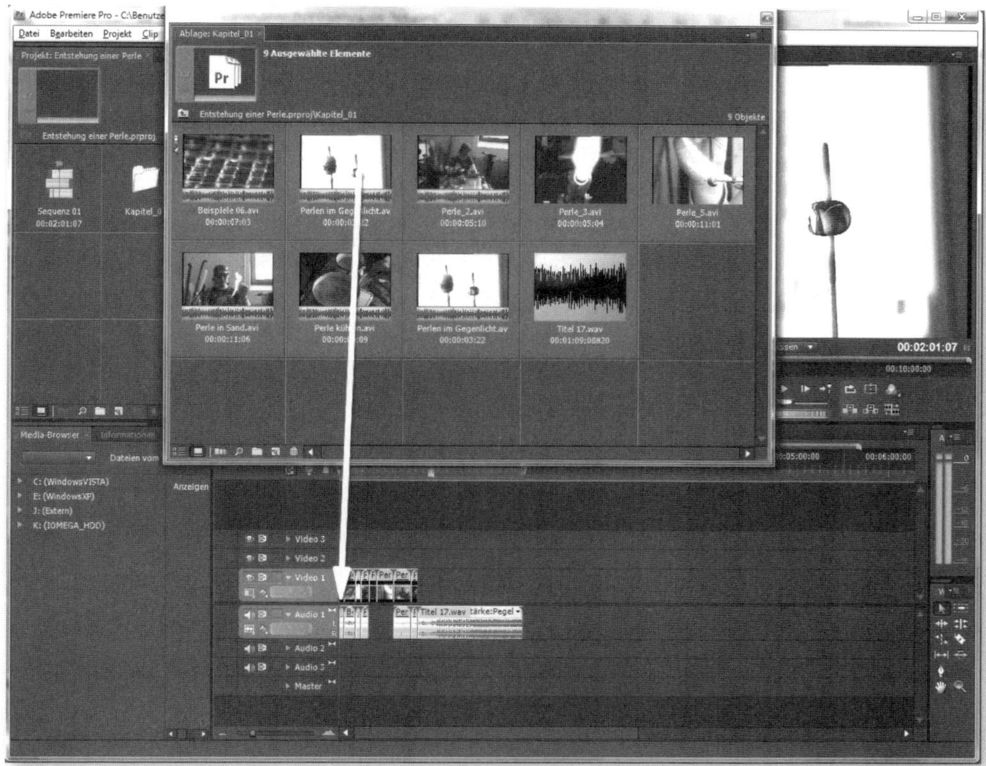

▲ **Abbildung 1.14**
Ziehen Sie einen der Videoclips an den Anfang des Schnittfensters.

2 *Audioclip neu positionieren*

Natürlich könnten wir jetzt alles lassen, wie es ist. Das hätte aber zur Folge, dass zunächst das Video und erst danach der Sound abgespielt würde. Achten Sie einmal auf »Titel 17.wav«. Hierbei handelt es sich um eine reine Sounddatei. Markieren Sie diese, und ziehen Sie sie auf die Spur AUDIO 2. Der Anfang soll ganz links im Schnittfenster liegen. Passen Sie aber bitte darauf auf, dass Sie nicht auf die gelbe Linie klicken, die sich horizontal über den Audioclip erstreckt. Das hätte nämlich lediglich eine Veränderung der Lautstärke zur Folge. Setzen Sie die Maus oberhalb oder unterhalb an, und ziehen Sie dann. Sollte es nicht auf Anhieb klappen, drücken Sie [Strg]/[⌘]+[Z] (das macht den letzten Schritt rückgängig), und versuchen Sie es erneut.

Spätestens nach der Neupositionierung der WAV-Datei sollten Sie Ihr Projekt speichern, und zwar über [Strg]/[⌘]+[S] bzw. über DATEI • SPEICHERN.

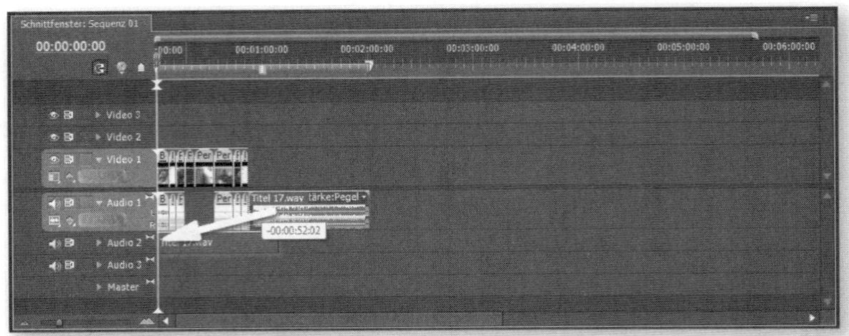

Abbildung 1.15 ▶
Die Sounddatei (.wav) soll in die Spur Audio 2 verlegt werden.

3 *Film abspielen*

Schauen Sie sich das vorläufige Ergebnis einmal an. So einiges ist noch nicht ganz stimmig und muss in den nächsten Schritten verbessert werden. Einen grundsätzlichen Überblick können Sie sich aber bereits verschaffen, indem Sie die Leertaste betätigen. Achten Sie dabei auf die Bewegungen der Abspielmarke (senkrechte rote Linie). Im weiteren Verlauf wollen wir sie **Einfügemarke** nennen. Möchten Sie diese an den Anfang des Schnittfensters bringen, können Sie entweder den blauen Kopf anfassen, der sich auf der Zeitskala befindet, und nach links schieben oder die Taste [Pos1] auf Ihrer Tastatur drücken. Mac-User, die eine Apple-Tastatur verwenden, drücken [↖].

4 *Schnittfenster-Ansicht verändern*

Zwischen dem zweiten und dritten Clip (also zwischen dem ersten Gegenlicht-Clip und »Perle_2.avi«) tauchen einige Bilder auf, die nicht hineingehören. Stellen Sie die Einfügemarke ❹ in etwa an diese Position. Am besten wird es sein, Sie vergrößern dazu die Ansicht innerhalb des Schnittfensters etwas, indem Sie das Pluszeichen auf der Tastatur (Achtung, nicht auf dem Ziffernblock!) drücken bzw. den Schieberegler unten links im Schnittfenster ❷ nach rechts verschieben. Des Weiteren könnten Sie den Button Einzoomen ❸ markieren. Der Vollständigkeit halber sei noch erwähnt: Mit der Schaltfläche Auszoomen ❶ lässt sich die Ansicht wieder verkleinern.

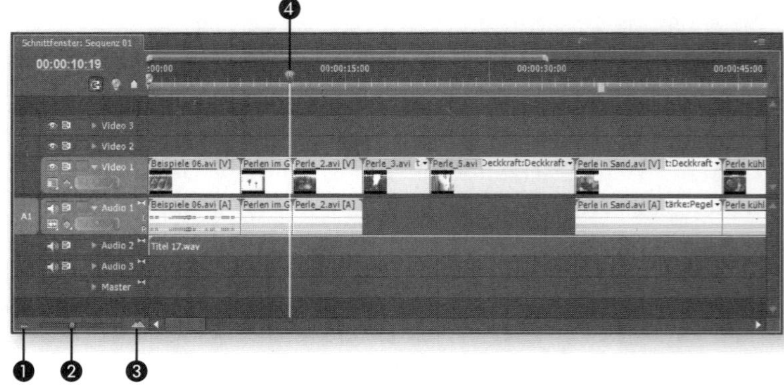

Abbildung 1.16 ▶
Passen Sie die Ansicht des Schnittfensters an, indem Sie in das Geschehen einzoomen.

5 *Einfügemarke positionieren*

Scrubben Sie doch einmal von Sekunde 10 (ablesbar an der Skala oben im Schnittfenster) bis 12 durch, indem Sie die Einfügemarke mit der Maus nach rechts ziehen. Sie werden feststellen, dass die störenden Bilder vom Clip »Perlen im Gegenlicht.avi« herrühren. Positionieren Sie die Einfügemarke des Schnittfensters auf das letzte Bild, das noch die Perlen zeigt. Zur Kontrolle dient Ihnen die Ansicht des Programmmonitors oben rechts. Dieser gibt nämlich stets die aktuelle Position der Einfügemarke wieder. Zur exakten Positionierung können Sie auch [←] oder [→] betätigen, was zur Folge hat, dass die Abspielmarke jeweils ein Bild zurück oder nach vorne springt.

▼ **Abbildung 1.17**
Kontrollieren Sie die Position im Programmmonitor. Dort sollte der Timecode 00:00:10:16 ❺ angezeigt werden.

Scrubbing

Das Verschieben der Einfügemarke mit gedrückter Maustaste wird als **Scrubbing** (engl. für schrubben) bezeichnet. Hierbei bewegen Sie die Play-Funktion in Premiere Pro gewissermaßen von Hand und können so Einfluss auf die Geschwindigkeit der Wiedergabe und die anschließende Positionierung der Marke nehmen.

6 *Timecode ermitteln*

Unterhalb des Programmmonitors sehen Sie eine blaue Ziffernkombination ❺, die auffallend identisch mit jener oben im Schnittfenster ❻ ist. Das ist der so genannte Timecode. Dabei gibt das erste Zahlenpärchen die Stunden, das zweite die Minuten, das dritte die Sekunden und das letzte – nein, nicht die Hundertstelsekunden, sondern die Frames wieder. Eine Sekunde besteht in diesem Projekt aus 25 Einzelbildern.

Zurück zum Projekt: Das letzte Bild, das die Perlen noch zeigt, dürfte bei 00:00:10:16 liegen. Hier soll die Einfügemarke positioniert werden. Mit Hilfe des Timecodes gelingt das ganz hervorragend, wenn Sie diesen anklicken und die Zahl »1016« eingeben. Drücken Sie anschließend [↵]. (Zum Timecode-Handling finden Sie in Abschnitt 4.1, »Der Timecode«, weitere Informationen.)

Stellen Sie die Maus nun genau auf das Ende des Clips »Perlen im Gegenlicht.avi«. Der Mauszeiger mutiert dabei zum Doppelpfeil mit roter, nach links geöffneter Klammer. Zudem ist daneben eine Quickinfo zu sehen, die Aufschluss über den Namen des Clips, dessen Dauer sowie Anfang und Ende gibt. Wenn diese Position erreicht ist und die Öffnung der Klammer tatsächlich nach links weist, liegen Sie goldrichtig. Falls erforderlich, vergrößern Sie die Ansicht noch etwas mehr.

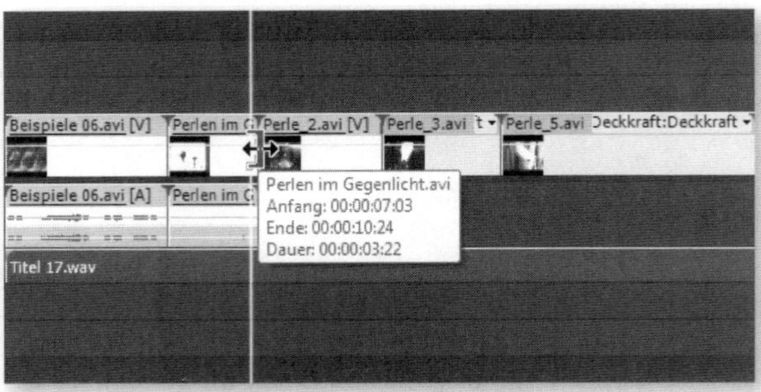

Abbildung 1.18 ▶ Die rote Klammer zeigt das Ende des Clips an.

Wäre die Klammer nach rechts hin geöffnet, würde das bedeuten, dass Sie den Anfang von »Perle_2.avi« erwischt hätten. Korrigieren Sie in diesem Fall die Position der Maus. Haben Sie den richtigen Punkt gefunden, können Sie das Ende des Clips nach links bis an die Einfügemarke heranschieben.

7 *Lücke schließen*

Dabei entsteht jedoch eine Lücke zwischen beiden Clips. Die Folge wäre, dass an dieser Stelle im fertigen Film ein Schwarzbild gezeigt würde. Das soll natürlich nicht sein. Klicken Sie deshalb mit rechts in diese Lücke, und wählen Sie den einzigen im Kontextmenü zur Verfügung stehenden Eintrag LÖSCHEN UND LÜCKE SCHLIESSEN.

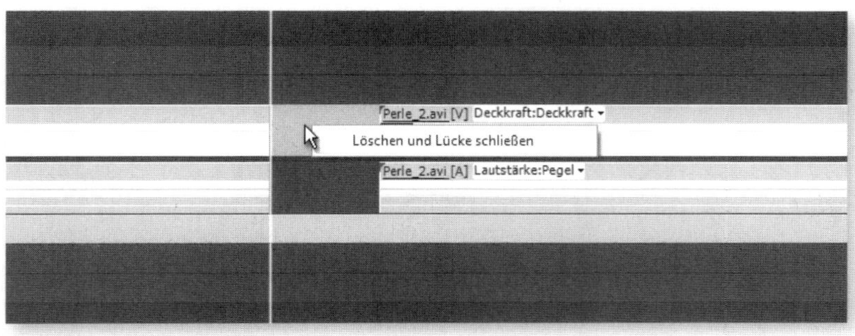

◀ **Abbildung 1.19**
Die Lücke lässt sich ganz leicht schließen.

8 *Alternative: Clip kürzen und Lücke schließen*

Hätten Sie beim Verziehen des Clipendes [Strg]/[⌘] festgehalten, wäre die Lücke automatisch geschlossen worden. Dabei muss die Taste allerdings betätigt werden, bevor der eigentliche Ziehvorgang beginnt. Im Klartext: zunächst [Strg]/[⌘] drücken und erst danach den Mausklick ausführen. Danach lassen Sie zuerst die Maustaste und danach [Strg]/[⌘] wieder los.

Das Kürzen eines Clips funktioniert natürlich auch am Clipanfang. Hier müssen Sie lediglich darauf achten, dass die Öffnung der roten Klammer nach rechts weist. ■

1.1.5 Erste Timecode-Navigation

Wie Sie sehen konnten, spielt der Timecode beim Videoschnitt eine äußerst wichtige Rolle. Den nächsten Schnitt wollen wir deshalb anhand dieses Timecodes durchführen.

Schritt für Schritt: Film fertig schneiden

1 *Schnitte mit dem Timecode durchführen*

Im Programmmonitor von Premiere Pro wird der Timecode permanent aktualisiert, während Sie einen Clipanfang bzw. ein Clipende verschieben. Während der linke Wert unterhalb des Videos (der gelbe) die Position der Abspielmarke repräsentiert, zeigt der rechte (hellgraue) Wert stets an, an welcher Position des aktuellen Clips Sie sich gerade befinden, wenn Sie Arbeiten im Schnittfenster durchführen. Dieses nützliche Hilfsmittel soll jetzt eingesetzt werden, um den ersten Clip (»Beispiele 06.avi«) bei Sekunde 5 enden zu lassen. Dazu ziehen Sie das Ende dieses Clips so weit nach links, bis im rechten Timecode (hellgrau) des Programmmonitors 00:00:05:01 erscheint. Im Programmmonitor selbst wird während des Ziehens übrigens auch ein Timecode eingeblendet. Dieser repräsentiert aber den Original-Timecode des Videos und hat zunächst einmal nichts mit dem Timecode des Schnittfensters zu tun. Trotzdem: Wenn dieser 00:00:05:00 zeigt, lassen Sie los.

Positionierung nicht möglich?

Die Anordnung gelingt nicht? Eine Ursache könnte sein, dass sich die Einfügemarke in der Nähe von Sekunde 5 befindet, aber nicht genau darauf positioniert ist. Weil die Marke magnetisch ist, springt das Clipende nun unweigerlich an diese Position, und Sekunde 5 kann somit nicht erreicht werden. Bringen Sie in diesem Fall die Einfügemarke genau auf Position 500, oder ziehen Sie sie so weit von Sekunde 5 weg, dass sie dort keinen Schaden anrichten kann.

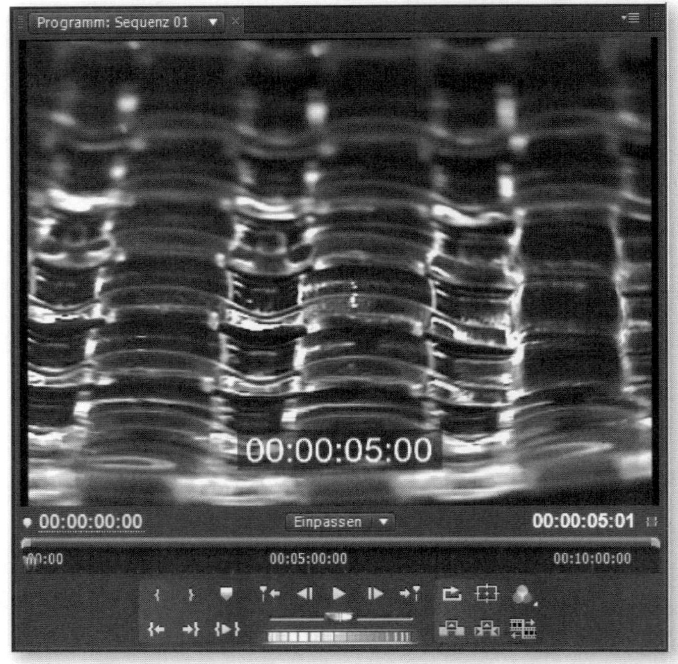

Abbildung 1.20 ▶ Transparent sehen Sie den Timecode im Bild.

Warum gibt es denn eine Differenz zwischen beiden Werten? Nun, wenn Sie einen Clip komplett einkürzen und die Maustaste dabei festhalten, würde der hellgraue Timecode 00:00:00:01 anzeigen. Das versinnbildlicht, dass Sie sich auf Einzelbild 1 des Clips befinden. Mit den Timecodes werden wir uns übrigens noch intensiv beschäftigen, so dass wir es an dieser Stelle damit bewenden lassen wollen.

Wie Sie bereits wissen, kann eine entstandene Lücke durch Rechtsklick und Anwahl von LÖSCHEN UND LÜCKE SCHLIESSEN eliminiert werden. Wenn Sie beim Kürzen des Clips [Strg]/[⌘] gedrückt halten, wird die Lücke gar nicht erst entstehen. In diesem Fall sehen Sie sogar einen geteilten Programmmonitor, der Einblick in den nachfolgenden Clip gewährt.

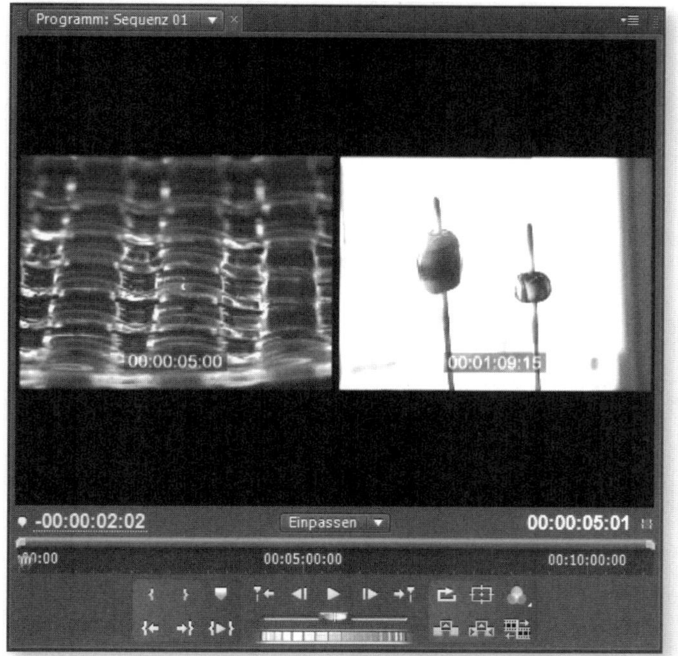

◀ **Abbildung 1.21**
Geteilter Programmmonitor

2 *Optional: Schritte rückgängig machen*

Vorausgesetzt, Sie haben die Lücke über das Kontextmenü gelöscht, können Sie die letzten Schritte rückgängig machen, indem Sie zweimal [Strg]/[⌘]+[Z] drücken. Danach sollten Sie das Clipende verziehen, während Sie [Strg]/[⌘] gedrückt halten. Prima, dass es mehrere Möglichkeiten gibt, oder?

3 *Weitere Kürzungen vornehmen*

Der Vollständigkeit halber sei jetzt noch erwähnt, dass der erste Clip genau genommen nicht fünf Sekunden, sondern fünf Sekunden und ein Frame lang ist.

Drücken Sie noch einmal [Pos1] bzw. [↖], gefolgt von der Leertaste, um die Clipkürzungen zu begutachten. Scrubben Sie vor bis auf Position 00:00:17:11, und kürzen Sie den Clip »Perle_3.avi« bis an diese Position (auch hier sollte keine Lücke zurückbleiben). Sie können vorab auch die Scrollleiste im Fuß des Schnittfensters etwas bewegen, damit der Clip zugänglich wird. Sollten Sie über eine Maus mit Scrollrad verfügen, können Sie den Timeline-Inhalt damit auch nach links oder rechts verschieben.

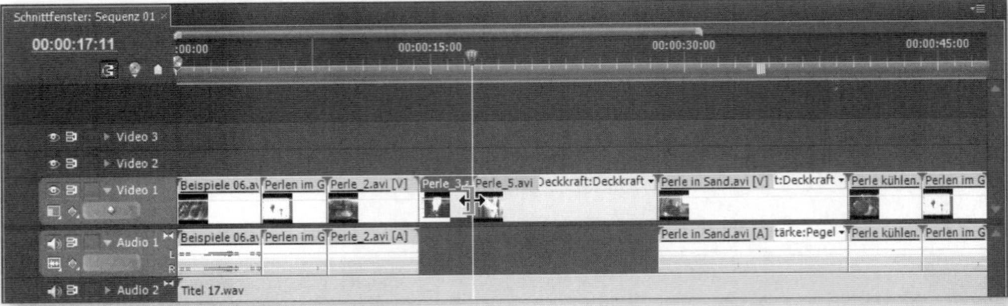

Abbildung 1.22 ▲
Ziehen Sie das Ende des Perlen-Clips an die Abspielmarke heran.

4 *Timecode exakt eingeben*

Jetzt setzen wir noch eins drauf: Ziel soll es nämlich sein, den Clip »Perle_5.avi« an Position 00:00:23:05 enden zu lassen. Natürlich könnten Sie die Einfügemarke dorthin schieben; doch wäre das mittlerweile keine Herausforderung mehr. Markieren Sie deshalb mit einfachem Mausklick einen der beiden Timecodes (entweder im Programmmonitor unterhalb vom Bild ❶ oder im Schnittfenster oben links ❷), und geben Sie die Zahl »2305« über die Tastatur ein. Bestätigen Sie mit [↵].

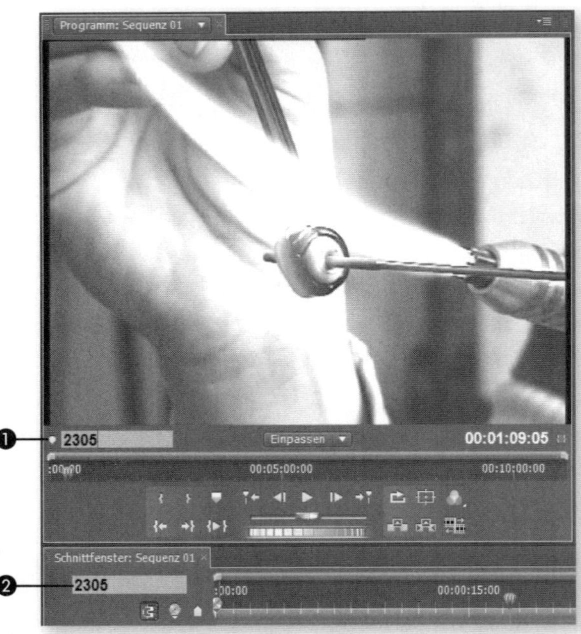

Abbildung 1.23 ▶
Sie können den Timecode auch manuell eingeben.

Mit dieser Aktion haben Sie die letzten vier Ziffern des Timecodes (Sekunden und Frames) festgelegt. Wenn Ihnen das System dahinter noch nicht geläufig ist: kein Problem. Die Thematik wird ja, wie bereits erwähnt, an anderer Stelle noch ausführlich behandelt.

Natürlich haben wir dieses Einzelbild nicht zufällig ausgewählt. Denn der Clip »Perle_5.avi« soll genau an dieser Stelle enden, und

»Perle in Sand.avi« soll dort beginnen. Führen Sie die Kürzung jetzt auf die zuvor beschriebene Weise durch, ohne dabei eine Lücke entstehen zu lassen.

5 *Spuren öffnen*

Ich möchte Ihnen aber auch gerne verraten, warum ausgerechnet an dieser Stelle ein Schnitt erfolgt ist. Dazu müssen Sie allerdings die Spur AUDIO 2 öffnen, indem Sie im Kopf der Spur das nach rechts weisende kleine Dreieck anklicken. Die Spur sollte sich daraufhin in der vertikalen Darstellung vergrößern. (Dass Sie mit einem erneuten Klick auf das kleine Dreieck die Spur wieder schließen können, sei nur ganz nebenbei angemerkt.)

▼ Abbildung 1.24
Spuren öffnen und schließen Sie über das Dreieck.

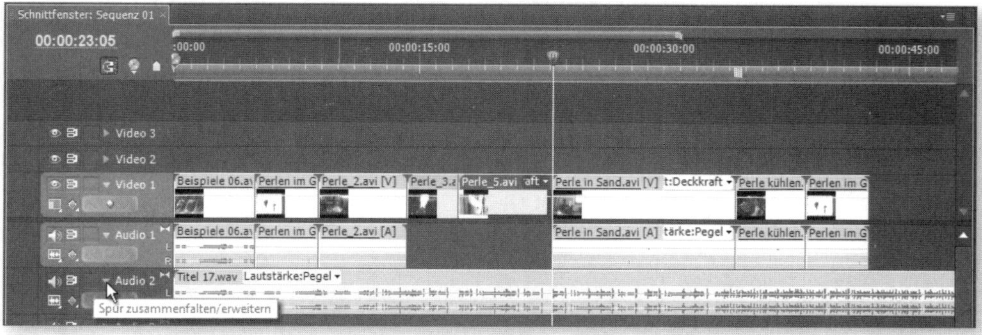

Zoomen Sie nun ein wenig in das Schnittfenster hinein, um die Wellenform der Audiodatei erkennen zu können. An dieser Stelle soll nämlich der Szenenübergang mit der Musik harmonieren. Um das Erreichte nun auch im Ergebnis sehen bzw. hören zu können, bewegen Sie die Einfügemarke etwas nach links. Tastatur-Fans sei das mehrmalige Drücken von [←] bzw. ein Druck auf [J], gefolgt von der Leertaste empfohlen. Danach starten Sie die Wiedergabe durch ein erneutes Drücken der Leertaste. Der Schnitt dürfte recht genau auf dem Takt liegen und somit zu einem harmonischen Gesamteindruck beigetragen haben.

▼ Abbildung 1.25
Clip auf die Musik abstimmen

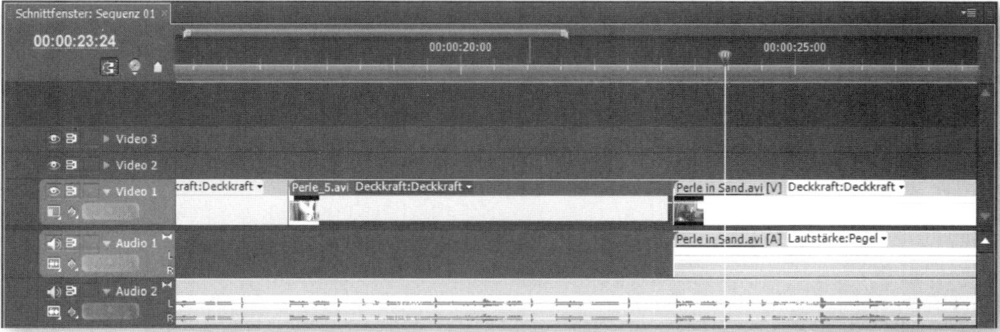

6 *Clip am Anfang kürzen*

Nun geht es der Datei »Perle in Sand.avi« an den Kragen. Diese soll aber zunächst am Anfang eingekürzt werden. Stellen Sie die Maus also auf den Anfang des Clips, und achten Sie darauf, dass die Öffnung der roten Klammer nach rechts weist. Bevor Sie den Mausklick ausführen, drücken Sie Strg/⌘ und halten diese Taste gedrückt. Schieben Sie den Anfang des Clips so weit nach rechts, bis in der rechten Vorschau des Programmmonitors der Timecode 00:09:19:10 sichtbar ist.

Abbildung 1.26 ▼
Musik und Schnitt stimmen überein.

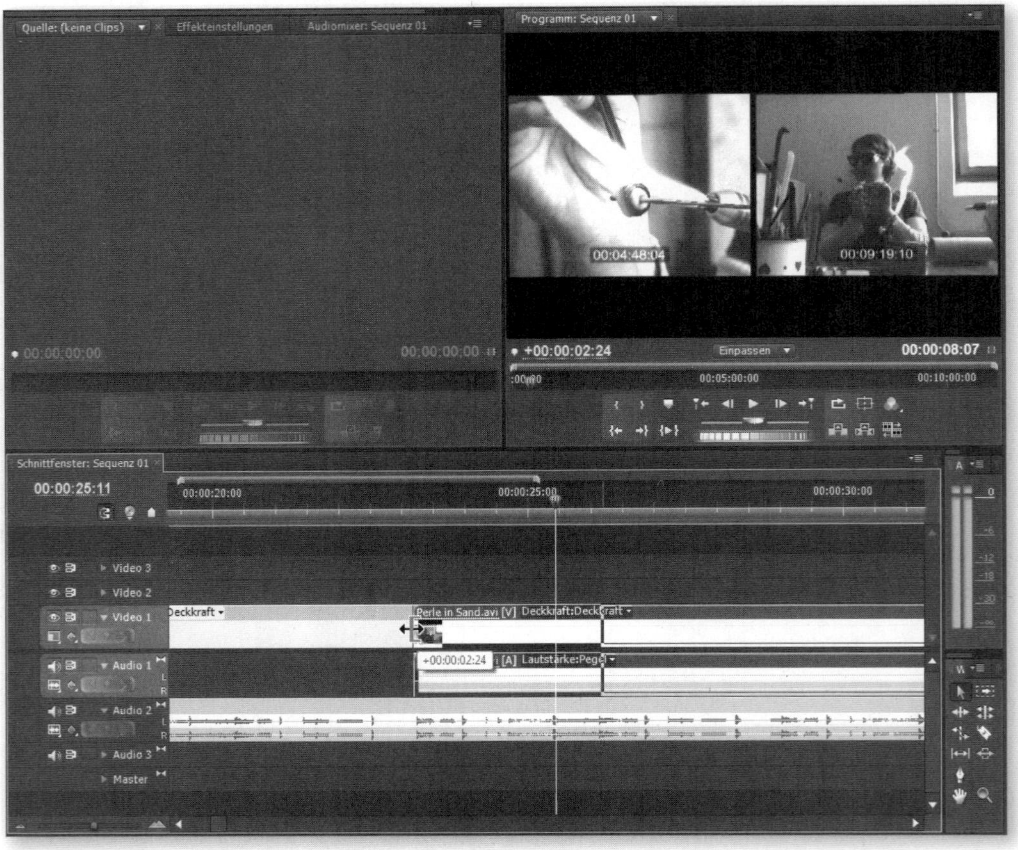

Abbildung 1.27 ▼
Für den folgenden Schritt benötigen Sie das Rasierklinge-Werkzeug.

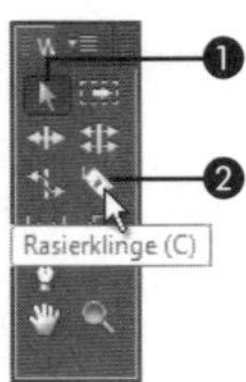

7 *Clips mit der Rasierklinge schneiden*

Beim Schnitt am Ende von »Perle in Sand.avi« soll eine neue Technik ins Spiel kommen. Diesmal soll nämlich nicht das Clipende verschoben, sondern der Filmstreifen kurzerhand durchgeschnitten werden. Das realisieren Sie folgendermaßen: Bringen Sie die Einfügemarke auf 00:00:29:00. Aktivieren Sie anschließend die Rasierklinge ❷ in der Toolbox, indem Sie sie per Mausklick markieren oder C auf Ihrer Tastatur drücken.

Setzen Sie das Werkzeug genau auf der Einfügemarke des Schnittfensters an, und klicken Sie damit auf den Videoclip. Dieser wird daraufhin in zwei Teile geteilt. Danach schalten Sie wieder um auf das Auswahl-Werkzeug ❶. Ob Sie das per Mausklick oder Druck auf [V] tun, bleibt selbstverständlich Ihnen überlassen. Klicken Sie jetzt auf den zweiten (den rechten) Teil des Clips. Dass er ausgewählt ist, wird dadurch symbolisiert, dass seine Ränder abgedunkelt (negativ) dargestellt werden.

▼ Abbildung 1.28
Der Clip wird per Mausklick markiert.

8 *Clips entfernen und Lücke schließen*

Nun müssen Sie nichts weiter tun, als [⇧]+[Entf] auf Ihrer Tastatur zu drücken. Sie können auch aus dem Menü BEARBEITEN • LÖSCHEN wählen und anschließend über das Kontextmenü abermals LÖSCHEN UND LÜCKE SCHLIESSEN auswählen.

Clipteil entfernen und Lücke schließen

Mit der erwähnten Tastenkombination [⇧]+[Entf] entfernen Sie den markierten Clip und schließen gleichzeitig die entstehende Lücke. Wollen Sie jedoch erreichen, dass die Lücke nicht geschlossen wird, drücken Sie nur [Entf].

9 *Film-Ende einkürzen*

Wie Sie bereits gesehen haben, müssen einige Frames am Ende des Clips »Perlen im Gegenlicht.avi« entfernt werden. Bringen Sie dazu die Einfügemarke an die richtige Position (im Beispiel auf 00:00:36:22), und kürzen Sie den letzten Clip. Damit wäre der eigentliche Videoschnitt erledigt. Sehen Sie sich das Ergebnis einmal an. Natürlich lassen die ersten Szenenübergänge in Sachen Sound-Harmonie noch ein wenig zu wünschen übrig, aber fürs Erste können wir, glaube ich, ganz zufrieden sein. – Zeit, sich um die Soundspur zu kümmern. Speichern Sie Ihr Projekt zuvor aber noch einmal ab. ■

1.1.6 Sound kürzen und ausblenden

Wenn Sie einen Blick auf die Sounddatei werfen, werden Sie schnell feststellen, dass sie viel zu lang ist. Würden wir alles so belassen, wäre der Sound eine halbe Minute länger als das Video.

Schritt für Schritt: Audioclip bearbeiten

Na, klar: Der Clip muss gekürzt werden. Das allein reicht aber noch nicht. Zusätzlich soll er nämlich noch soft ausgeblendet werden.

1 ***Einfügemarke positionieren***

Positionieren Sie die Einfügemarke zunächst etwa drei Sekunden hinter dem Ende des letzten Clips (im Beispiel 00:00:39:22). Danach haben Sie die Möglichkeit, entweder das Clipende der Sounddatei an diese Position zu ziehen oder genau hier mit Hilfe der Rasierklinge einen Schnitt durchzuführen und das Ende der Musikdatei anschließend mit dem Auswahl-Werkzeug zu markieren und zu entfernen. Ich finde folgende Vorgehensweise cool: [C] drücken – in der Audiospur auf die Einfügemarke klicken – [V] drücken – den rechten Teil des Clips markieren – [←] drücken – fröhlich sein!

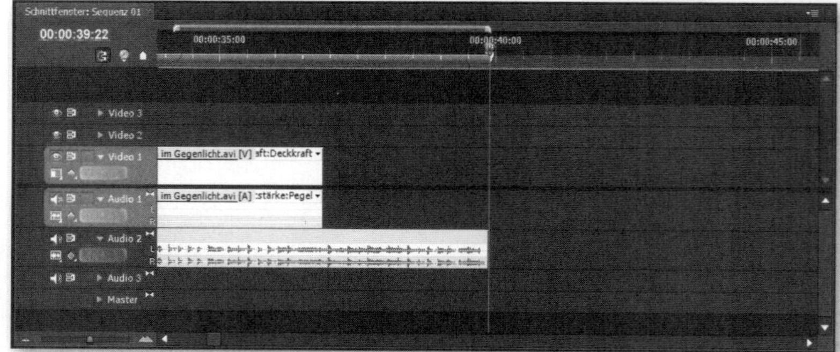

Abbildung 1.29 ▶ Egal, für welchen Weg Sie sich entscheiden, am Ende sollte Ihr Schnittfenster so aussehen.

2 ***Clipende ausblenden***

Damit die Musik aber nicht abrupt abreißt, soll sie weich ausgeblendet werden. Es gibt zahlreiche Möglichkeiten, das zu realisieren, wobei wir uns in diesem Beispiel für die Zuweisung einer **Audioüberblendung** entscheiden. Das ist die vielleicht unkomplizierteste Methode.

3 ***Überblendung zuweisen***

Öffnen Sie die Registerkarte EFFEKTE. Sie verbirgt sich standardmäßig unten links hinter dem Register MEDIA-BROWSER und INFORMATIONEN. Sollte sie nicht angezeigt werden, entscheiden Sie sich für FENSTER • EF-

Fekte. Widmen Sie sich jetzt dem darin befindlichen Ordner Audioüberblendungen, den Sie mit einem Klick auf das vorangestellte Dreieck-Symbol öffnen. Hier werden Sie zunächst aber nur einen weiteren Ordner namens Crossfade finden. Öffnen Sie auch diesen. Klicken Sie anschließend auf den Eintrag Exponentielle Überblendung.

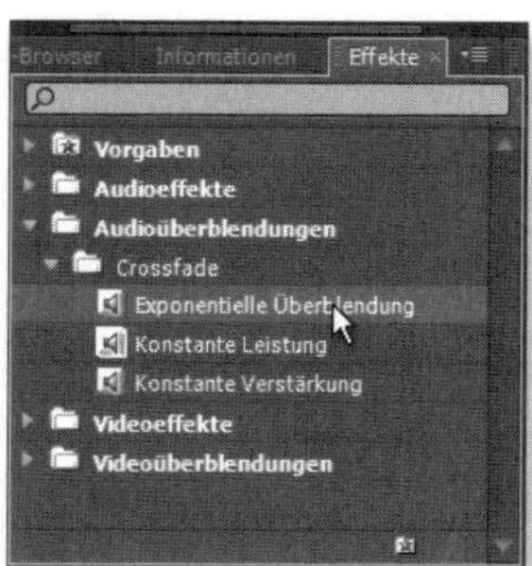

◀ **Abbildung 1.30**
Im Ordner Crossfade verbirgt sich seit der Version CS4 eine dritte Überblendung – die exponentielle Überblendung.

Keine Effekte-Palette?

Möglicherweise haben Sie Ihre Arbeitsoberfläche schon individuell angepasst. Wenn dieser Aktion aber die Sichtbarkeit der Effekte-Palette zum Opfer gefallen ist, können Sie diese wieder einblenden, indem Sie sich für Fenster • Effekte entscheiden.

Ziehen Sie diesen Effekt jetzt mit gedrückter Maustaste auf das Ende des Audioclips. Sobald sich das Ende der Sounddatei lila einfärbt, haben Sie die richtige Position gefunden und können die Maustaste wieder loslassen.

▼ **Abbildung 1.31**
Ziehen Sie den Effekt auf den Clip.

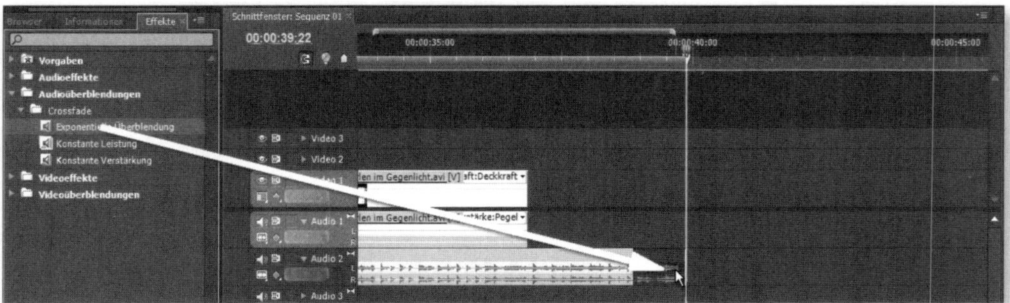

4 *Überblendung verlängern*

Bereits mit dieser Aktion haben Sie erreicht, dass der Clip ausgeblendet wird. Wenn das Ganze jedoch länger dauern soll, muss die Blende selbst noch gestreckt werden. Das erreichen Sie, indem Sie die Überblendung wie einen Videoclip ziehen. Stellen Sie die Maus einfach an den Anfang der Überblendung innerhalb des Schnittfensters, und ziehen Sie sie nach links. Sie müssen darauf achten, dass neben der lila eingefärbten Überblendung die bereits bekannte Klammer auftaucht. Die Klammer stellt sich in diesem Fall übrigens etwas kleiner dar, was Indiz dafür ist, dass Sie nur die Überblendung, nicht aber den eigentlichen Clip verändern können. Ziehen Sie die Überblendung bis an das Ende des letzten Videoclips heran.

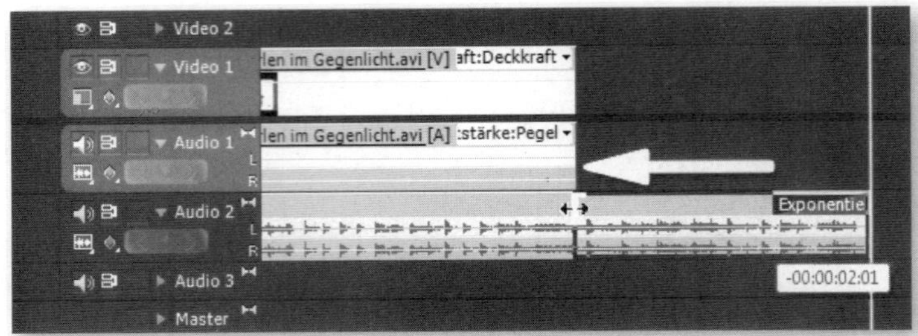

Abbildung 1.32 ▸ Verlängern Sie so die Überblendung.

5 *Audiospur deaktivieren*

Eigentlich benötigen wir den Originalsound unserer Videoclips gar nicht. Deshalb soll noch die Audiospur ausgeschaltet werden. Dazu klicken Sie auf das kleine Lautsprecher-Symbol im Kopf der Spur AUDIO 1 – fertig. Das Symbol blendet sich aus, und die quadratische Fläche bleibt leer.

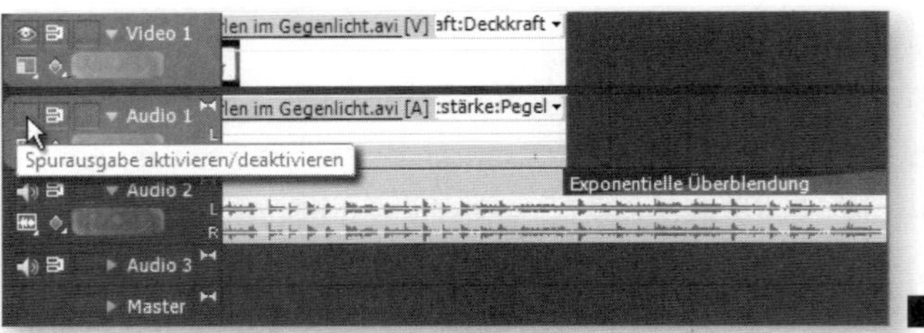

Abbildung 1.33 ▸ Blenden Sie die Audiospur über das Lautsprecher-Symbol aus.

1.1.7 Film ausgeben

Am Ende wollen wir natürlich eine eigenständige Datei in Händen halten. Deshalb soll das fertig geschnittene Video als DV-AVI-Datei ausgegeben werden. Solche Filme eignen sich hervorragend zur weiteren Bearbeitung (z. B. in anderen Projekten). Speichern Sie Ihr Projekt zuvor noch einmal ab (Strg/⌘+S).

Schritt für Schritt: Einen Film ausgeben

1 *Export-Dialog öffnen*

Entscheiden Sie sich im Dateimenü für EXPORTIEREN • MEDIEN. Falls der Befehl EXPORTIEREN im Menü ausgegraut erscheint und sich deshalb nicht anwählen lässt, gibt es dafür eine denkbar einfache Begründung:

Das Schnittfenster (Timeline) ist nicht markiert. Dies ist jedoch ein Muss, um die aktuelle Sequenz als Film ausgeben zu können. Alternativ könnten Sie noch die Sequenz im Projektfenster markieren. Klicken Sie in diesem Beispiel aber das Schnittfenster an, und achten Sie darauf, dass sich dort der orangefarbene Rand zeigt. Danach können Sie im Menü auch den Befehl EXPORTIEREN anwählen.

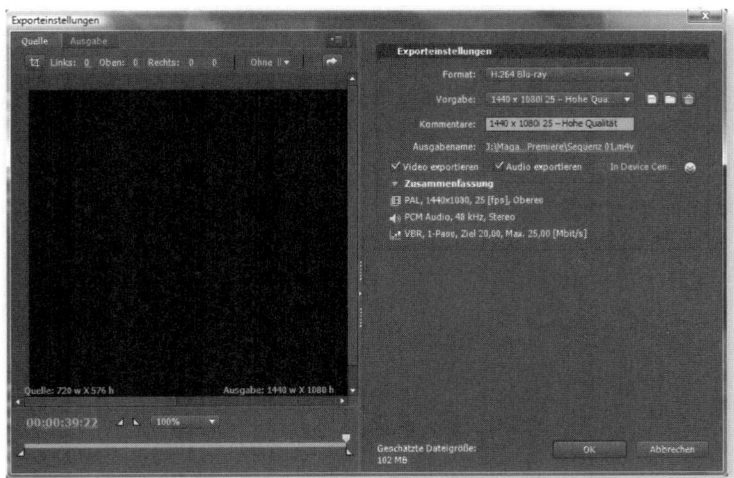

◀ **Abbildung 1.34**
Der Exportieren-Dialog

2 *Exporteinstellungen vornehmen*

Nun öffnet sich der Dialog EXPORTEINSTELLUNGEN. Hier sollen zunächst nur wenige grundlegende Einstellungen behandelt werden. (Weiterführende Hinweise zu den Exporteinstellungen finden Sie in Kapitel 15, »Export«.)

Selektieren Sie zunächst ganz oben im Pulldown-Menü FORMAT den Listeneintrag MICROSOFT AVI, sofern Sie an einem Windows-Rechner sitzen. Mac-User entscheiden sich hier für QUICKTIME. Im darunter befindlichen Selektionsfeld, VORGABE, sollten Sie PAL DV einstellen, damit es hier nicht zu einer Änderung des Videoformats kommt. Klicken Sie zudem noch auf die orangefarbene Schrift neben der Bezeichnung AUSGABENAME, und legen Sie den gewünschten Ausgabeort für die Datei fest.

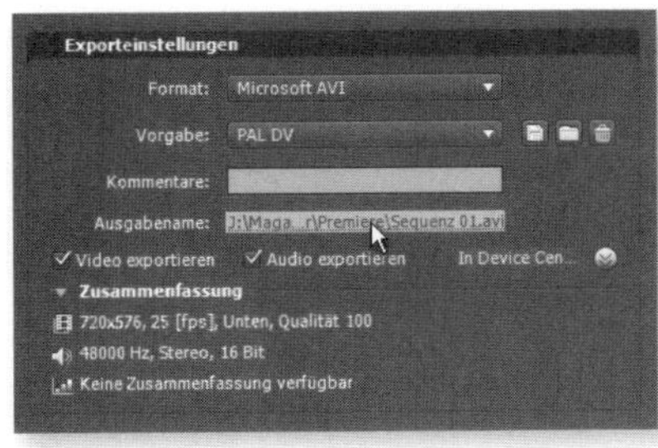

◀ **Abbildung 1.35**
Ein Mausklick auf diese Zeile erlaubt die Änderung des Speicherortes.

Ein Klick auf OK sorgt dafür, dass sich der Adobe Media Encoder öffnet, der für die eigentliche Erzeugung der Datei zuständig ist. Hier müssen Sie nun nichts weiter tun, als auf WARTESCHLANGE STARTEN ❶ zu klicken.

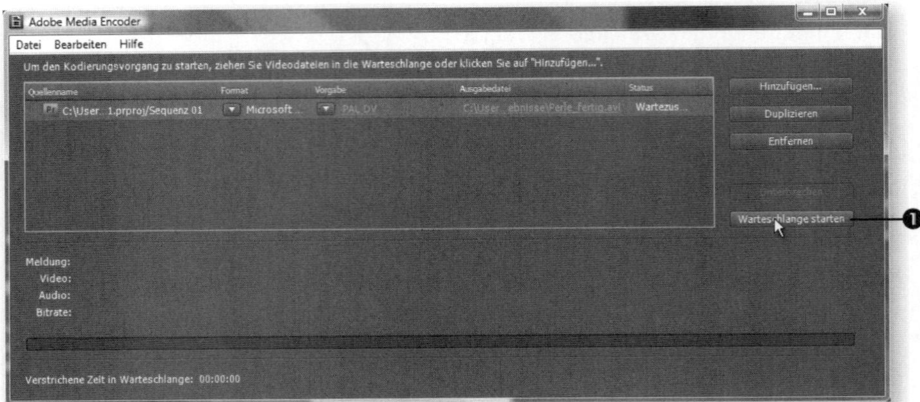

Abbildung 1.36 ▲
Die »Warteschlange« besteht aktuell aus nur einem einzigen Film.

Das hat zur Folge, dass der Media Encoder seine Arbeit aufnimmt und den Film erzeugt. Ganz unten im Fenster läuft ein Fortschrittbalken ❷ mit, der den aktuellen Zustand der Berechnung wiedergibt.

Abbildung 1.37 ▲
Das Projekt wird gerendert.

Abbildung 1.38 ▼
Der Film ist fertig!

3 *Datei kontrollieren*

Das Berechnen der Datei dürfte letztendlich nur wenige Sekunden dauern. Wenn der Film fertig exportiert ist, wird der Erfolg des **Rendervorgangs** durch ein Häkchen ❸ im Kodierungsfeld bestätigt. Grund genug, den Adobe Media Encoder im Anschluss daran zu schließen.

1.1.8 Videoüberblendung hinzufügen

Mit Überblendungen haben Sie es im Workshop bereits zu tun bekommen. Zwar wurde hier nur eine Audioüberblendung eingesetzt, doch lassen sich Videoüberblendungen prinzipiell auf die gleiche Weise einsetzen. So wäre es doch beispielsweise ganz interessant, den Anfang des Films mit einer weichen Blende (vom Schwarzbild ins Video) zu versehen, finden Sie nicht auch?

Nichts leichter als das: Öffnen Sie den Ordner VIDEOÜBERBLENDUNGEN aus dem Bedienfeld EFFEKTE. Darin befindet sich das Verzeichnis BLENDE, das Sie ebenfalls öffnen sollten. Ziehen Sie jetzt den Eintrag WEICHE BLENDE an den Anfang des Clips »Beispiele 06.avi«.

▼ Abbildung 1.39
Eine Videoüberblendung wird per Drag & Drop zugewiesen.

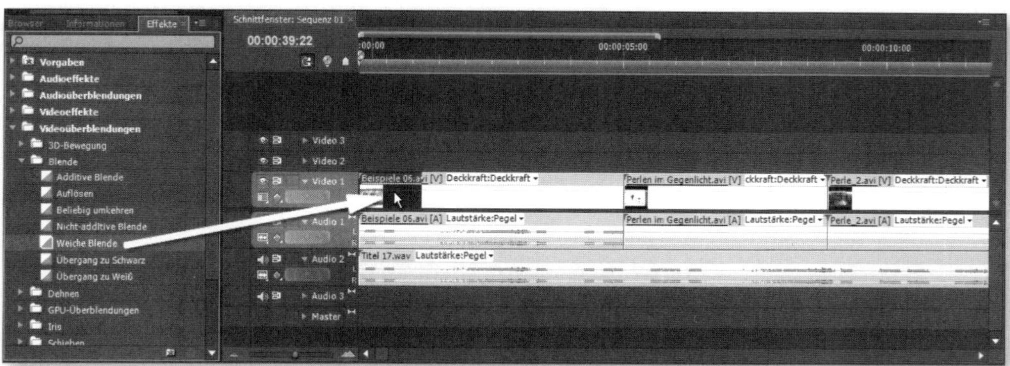

Wenn Sie den Film auch am Ende weich gegen Schwarz ausblenden wollen, wiederholen Sie den letzten Schritt, wobei Sie die weiche Blende jetzt an das Ende von »Perlen im Gegenlicht.avi« ziehen sollten.

Oberhalb der Überblendungen werden nun rote Balken sichtbar. Das bedeutet: Hier muss eine Vorschaudatei berechnet werden. Das ist zwar für die Echtzeitwiedergabe nicht zwingend erforderlich, aber bei anspruchsvolleren Vorgängen kann es an solchen Stellen bei der Wiedergabe zu Ruckelbildern kommen. Dann ist das Berechnen einer Vorschaudatei empfehlenswert. Sie erreichen das, indem Sie [↵] drücken. Anschließend stellt sich der Balken in Grün dar.

Vergessen Sie nicht, Ihren Film am Schluss neu zu exportieren, damit das Ergebnis auch in Sachen Überblendungen auf dem neuesten Stand ist.

2 Fachkunde – Das sollten Sie wissen

Um es gleich vorwegzunehmen: Dieses Kapitel befasst sich nicht direkt mit Premiere Pro, sondern eher mit Hintergrundinformationen zu Normen, Datenraten & Co. Wenn Sie sich mit derartigen Themen lieber zu einem späteren Zeitpunkt befassen wollen, ist gegen einen beherzten Sprung in Kapitel 3 nichts einzuwenden. Wenn Sie sich aber schon jetzt dafür interessieren, wie ein Codec funktioniert und was es mit Frame- und Pixel-Seitenverhältnissen auf sich hat, nur zu. Dieses Kapitel zum jetzigen Zeitpunkt durchzuarbeiten, ist zu empfehlen, denn für Ihre weitere Arbeit mit der Videoschnittsoftware ist die dahinter stehende Technik allemal hilfreich.

Dieses Kapitel beantwortet folgende Fragen:

- Welche Fernsehnormen gibt es?
- Was ist Overscan?
- Was sind Bildpunkte und Seitenverhältnisse?
- Wie werden Farben interpretiert?
- Wie funktionieren Codecs?
- Was muss ich über Bit- und Datenraten wissen?
- Welche gängigen Bildformate kann ich verwenden?

2.1 Von Fernsehnormen

Die Entwicklung von TV-Standards hat seinerzeit im wahrsten Sinne des Wortes auf den unterschiedlichsten »Baustellen« stattgefunden. Deshalb gibt es noch immer viele unterschiedliche Systeme. Die etabliertesten sind PAL (**P**hase **A**lternation **L**ine), NTSC und SECAM. Das erste entwickelte TV-System war NTSC (**N**ational **T**elevision **S**tandards **C**ommittee). Später kam das in weiten Teilen Europas gültige PAL-System auf, das sich nicht nur in der Anzahl der Zeilen, sondern auch in der Bildwiederholfrequenz von NTSC unterschied.

Während PAL mit einer Frequenz von 50 Hz arbeitet, liegen NTSC 60 Hz zugrunde. Die Erklärung für diesen Unterschied ist denkbar einfach: die allgemein gültigen Frequenzen in den unterschiedlichen Stromnetzen (hierzulande 50 Hz, in den USA 60 Hz). Diese Netzfrequenzen wurden in den jeweiligen Systemen der Einfachheit halber auch für die

Bildwiederholrate übernommen. Es bedeutet, dass im PAL-System eine Bildwiederholrate von 50 Einzelbildern pro Sekunde vorliegt.

2.1.1 Halbbilder

Nun wird ein Fernsehbild aber nicht auf einmal projiziert, sondern zeilenweise aufgebaut. Das bedeutet: Die einzelnen Zeilen des Bildes werden von links nach rechts »Stück für Stück« aufgebaut. Dadurch entsteht aber visuell ein Ruckeln. Das menschliche Auge nimmt diese Art der Bildwiedergabe als Störung (Flackern) wahr. Deshalb kam man auf die Idee, die Zeilen aufzuteilen. Man nahm die geraden Zeilen und die ungeraden Zeilen jeweils als eine Einheit und strahlte beide Einheiten geringfügig zeitversetzt aus.

Abbildung 2.1 ▶ Das Komplettbild wird zeilenweise in zwei Halbbilder aufgegliedert.

Das menschliche Auge nimmt diese Art der Wiedergabe erfreulicherweise als störungsfreies und vor allem ruhiges Bild wahr. Das Halbbild war geboren. Und weil sich dieses Wort nicht so schön anhört, waren gleich ein paar neue Begriffe entstanden. **Zeilensprung** und **Interlace** wurden zu gebräuchlichen Bezeichnungen. Problematisch ist jedoch, dass all dies nur im herkömmlichen TV zum Tragen kommt. Ihr PC-Monitor kommt prima ohne Interlacing zurecht. Aber dazu gleich mehr.

Abbildung 2.2 ▶ Wenn Sie Halbbild-Videos am PC-Monitor betrachten, werden Sie den Effekt gut beurteilen können.

Aus der Halbbild-Aufgliederung in Verbindung mit dem allgemein gültigen Spannungsnetz lässt sich dann auch sehr gut ableiten, warum

PAL mit 25 Einzelbildern pro Sekunde arbeitet: 50 Hz = 50 Einzelbilder macht 50 Halbbilder (also 25 Vollbilder) pro Sekunde. Beim NTSC-Verfahren werden hingegen 30 Bilder ausgesendet (weil 60 Hz). Jetzt können Sie sich vorstellen, dass es nicht unproblematisch ist, PAL- und NTSC-Clips miteinander zu verbinden, weshalb Sie schon vor Beginn Ihrer Arbeit mit Premiere Pro Projekteinstellungen definieren müssen.

2.1.2 Interlacing und Deinterlacing

Wir erwähnten soeben den Begriff Interlace bzw. Interlacing, der genau dieses Aufteilen von Vollbildern in Halbbilder beschreibt. Wenn Sie also eine Videoaufnahme besitzen, die aus Vollbildern besteht, können Sie diese zunächst auf Halbbilder aufteilen, ehe Sie das Ganze im herkömmlichen TV ausstrahlen. Das ist Interlacing. Der umgekehrte Weg ist das Zusammenfügen einzelner Halbbilder in ein Vollbild – **Deinterlacing**.

Beides kommt öfter zum Einsatz, als man zunächst annimmt. Nehmen wir doch die herkömmliche DV-Aufnahme. Hier werden Halbbilder in Premiere Pro importiert. Damit sind die Aufnahmen digitalisiert und kommen im Rechner eigentlich prima ohne Zeilensprungverfahren aus. Nun genießen Sie also für die weitere Arbeit (zumindest in der Ansicht) Vollbilder. Wenn Sie das Ganze zum Schluss auf eine DVD ausgeben, benötigen Sie aber möglicherweise wieder Halbbilder. Erfreulicherweise müssen Sie sich bei Ihrer Arbeit mit Premiere Pro aber nur sehr selten Gedanken darüber machen. Die Software unterstützt Sie hier nämlich nach Kräften und erledigt das im Hintergrund.

Beim HDTV-Standard kommt die Halbbild-Geschichte nicht mehr zwingend zum Tragen. Hochauflösende Videos können einem anderen Verfahren zugrunde gelegt werden – und zwar dem Progressive Scan. Hier werden Vollbilder angeboten. Nicht zu vergessen die Tatsache, dass auch hier das Aufsplitten auf Halbbilder prinzipiell möglich ist.

2.1.3 Halbbild-Dominanz

Doch zurück zum herkömmlichen TV-Standard: Wenn es bei einer fertigen Aufnahme zu Störungen kommt, könnte das an einer falschen Halbbild-Dominanz liegen. Grundsätzlich ist es so, dass bei analogem Video (hier mag wieder das Beispiel VHS herhalten) das obere Halbbild zuerst ausgestrahlt wird; das untere kommt etwas später. Beim Digital-Video (z. B. DVD) ist das umgekehrt. Hier wird zunächst das untere Halbbild ausgestrahlt. Die Folge ist, dass je nach Verwendungszweck genau diese Halbbild-Dominanz umgekehrt werden muss, etwa wenn Sie Ihre alten VHS-Schätze für eine DVD-Ausgabe digitalisieren möchten. Wollen Sie Ihr Video hingegen als Datei ausgeben, die ausschließlich ein Rechner wiedergeben soll, werden beide Halbbilder zu einem Vollbild zusammengefügt (Progressive Scan).

2.2 Von Underscan und Overscan

Im ersten Abschnitt hatten wir bereits erfahren, dass sich ein TV-Bild zeilenweise aufbaut. In diesem Zusammenhang wäre natürlich auch wichtig zu wissen, aus wie vielen Zeilen es besteht: aus 625. Das gilt zumindest für das herkömmliche TV-Bild. Bei HDTV ist die Anzahl größer. Die erwähnten 525 Zeilen entsprechen aber dem PAL-Format (sowie dem französischen SECAM). Im NTSC-Format sind es 525.

2.2.1 Overscan

Nun haben Sie allen Grund zu widersprechen. Zumindest wenn Sie sich einmal die Mühe gemacht haben, an den Fernseher heranzutreten und die Zeilen zu zählen. Sie haben Recht, es sind tatsächlich viel weniger Zeilen. – Aber nur viel weniger sichtbare! Am TV sehen Sie nämlich nicht alle Zeilen, die die Sendeanstalt verlassen. Diese Problematik tritt übrigens nicht nur bei Fernsehbildern auf. Legen Sie doch einmal eine DVD ein, dann werden Sie mit dem gleichen Phänomen konfrontiert. Und wer ist schuld? Der **Overscan**.

Ich möchte Sie jetzt nicht mit Kathodenstrahl, Austastlücke oder Zeilenrücklauf langweilen. Nur so viel: Diese ominöse Kathode, die für den Aufbau der Zeilen verantwortlich ist, braucht einige Zeilen, um sich neu ausrichten zu können. An diesen Zeilen kommt es zu Störungen. Und so etwas wollen wir nicht sehen. Also weg damit, indem man das Bild etwas aufskaliert (vergrößert).

Abbildung 2.3 ▸ Das Bild wird vergrößert. Die Randbereiche sind dadurch nicht sichtbar.

Probieren Sie das doch einmal mit einer DVD, die Sie in Ihren Standalone-Player legen und am TV betrachten. Der Rand ist abgeschnitten, da es zum Overscan kommt. Danach legen Sie die DVD in Ihren Rechner. Dort werden Sie wesentlich mehr sehen als auf dem TV. Es kommt nämlich hier zum so genannten **Underscan**, was wiederum bedeutet, dass das gesamte Video sichtbar ist. Das Prinzip des Bildaufbaus ist nämlich ein anderes als am TV.

2.2.2 Sichere Ränder

In Premiere Pro haben Sie die Möglichkeit, den Bereich, der möglicherweise später am TV abgeschnitten wird, grafisch anzeigen zu lassen. Das funktioniert sowohl im Zuschneiden-Fenster als auch im Quell- und Programmmonitor. Dort finden Sie nämlich eine Fläche mit dem klangvollen Namen SICHERE RÄNDER ❶.

Ist dieser Button aktiv, werden innerhalb der Vorschaubereiche zwei Rechtecke sichtbar. Der größere Rahmen bezeichnet den **Bereich für die geschützte Aktion**. Das bedeutet: Alles, was sich außerhalb dieses Rahmens befindet, wird möglicherweise später am TV abgeschnitten. Der innere Rahmen hingegen definiert den **Bereich für den geschützten Titel**. Wenn Sie später mit dem Titeldesigner arbeiten, sollten Sie dafür sorgen, dass keine Schriften über diesen Rahmen hinausragen. Andernfalls bestünde die Gefahr, dass der fertige Titel im TV zu dicht an den Rand gepresst wird.

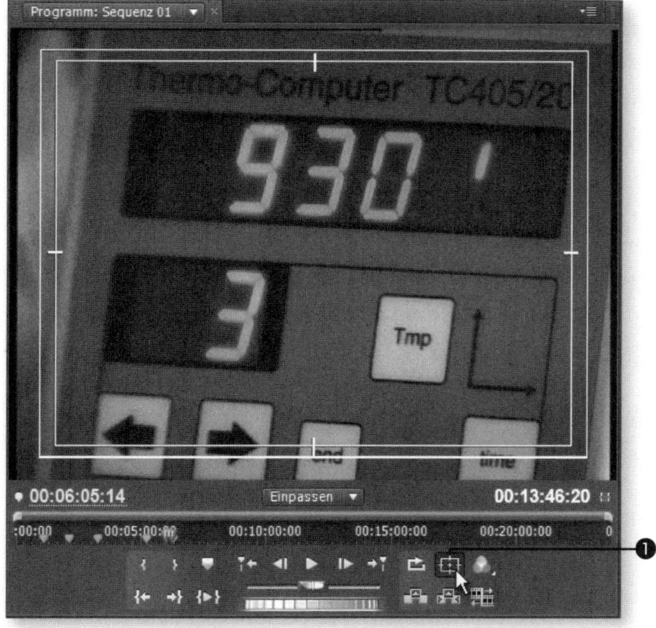

◀ **Abbildung 2.4**
Achten Sie darauf, dass die für das Bild relevanten Inhalte nicht jenseits der äußeren Begrenzung liegen.

2.2.3 Sichere Ränder definieren

Standardmäßig geht Premiere Pro von einem zehnprozentigen Bildverlust aus. Beim Bereich für den geschützten Titel sind es 15 %. Wenn Sie diese Werte ändern wollen, wählen Sie PROJEKT • PROJEKTEINSTELLUNGEN

- ALLGEMEIN. Hier lassen sich die Bereiche für beide Rechtecke sowohl horizontal als auch vertikal einstellen.

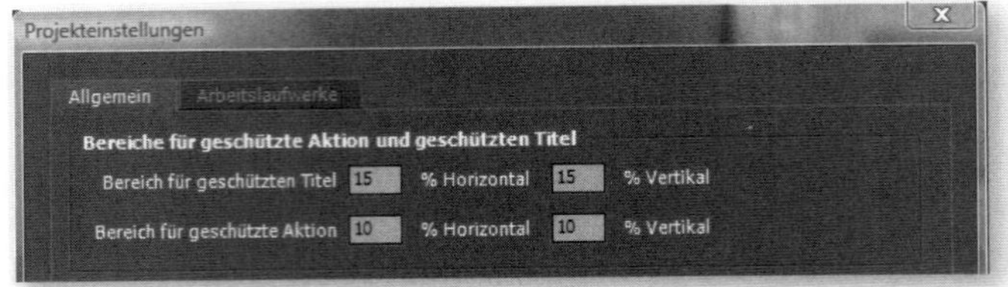

Abbildung 2.5 ▶ Legen Sie selbst fest, wie groß die Rechtecke sein sollen.

2.3 Von Bildpunkten und Seitenverhältnissen

Jetzt wissen wir, aus wie vielen Zeilen unser Fernsehbild besteht. Aber ist es nicht immer so: Wo es Zeilen gibt, gibt es auch Spalten? Richtig. Aber eine feste Spaltenanzahl gibt es nicht. Nicht einmal die Spaltenbreite ist identisch. Sie sehen, hier lauern schon die nächsten Probleme.

2.3.1 Bildpunkte

Im PAL DV-Standard ist eine Zeile 720 Pixel breit und 576 Pixel hoch. In NTSC ist alles ganz anders. Hier besteht das Bild aus 720×480 Pixeln. Bei Verwendung von HD-Material können prinzipiell unterschiedliche Auflösungsformate zugrunde liegen, da es hier mehrere Standards gibt. Bei der Angabe des Standards wird in der Regel die Anzahl der vertikalen Bildpunkte angegeben. Wenn Sie es also beispielsweise mit 1080i zu tun haben, besagt dies, dass von oben nach unten 1080 Bildpunkte vorhanden sind, während es in der Horizontalen 1920 Bildpunkte sind. Allerdings werden diese Werte auch heute noch von vielen Kameras nur durch Interpolation erreicht. Hier beschränkt sich die Auflösung in Wahrheit auf 1440 Bildpunkte. Bei HDV 720p25 hingegen haben Sie es mit 1280×720 Bildpunkten zu tun.

Pixel

Mit Pixel ist die kleinste sichtbare Einheit eines Bildes gemeint. In der digitalen Bildbearbeitung hat man kleine, meist quadratische Flächen, aus denen sich das Gesamtbild zusammensetzt, im TV Bildpunkte genannt.

Und dann wären da noch die eben angesprochenen Zeilenbreiten, die gleichfalls – Sie ahnten es – völlig unterschiedlich sind. Auf einem Computermonitor werden die Pixel quadratisch dargestellt. Das Verhältnis Breite zu Höhe eines einzelnen Pixels ist demnach 1:1. Im TV weicht das ab. Hier haben wir es nicht mehr mit quadratischen, sondern mit rechteckigen Pixeln zu tun. Die Pixel-Seitenverhältnisse sind anders.

◂ **Abbildung 2.6**
Quadratische Pixel an einem PC-Monitor

2.3.2 Pixel-Seitenverhältnisse 4:3

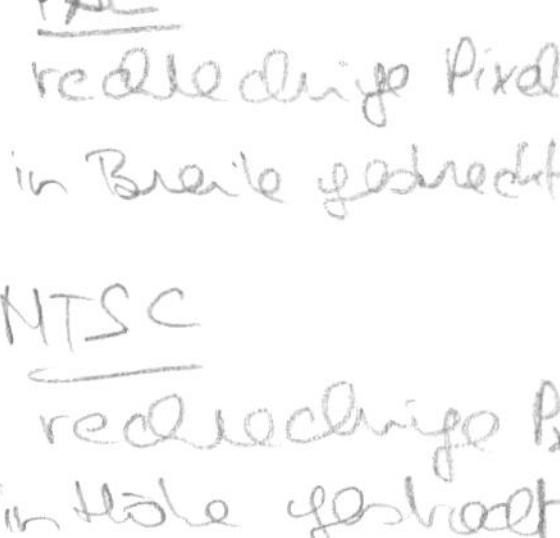

Bevor wir uns mit den Verhältnissen zueinander beschäftigen, müssen wir uns Gedanken über zwei Begriffe machen. Da ist zum einen das Bild-Seitenverhältnis und zum anderen das Pixel-Seitenverhältnis. Ersteres bezeichnet immer die gesamte Wiedergabefläche, während Letzteres das Verhältnis zwischen Breite und Höhe des einzelnen Pixels bezeichnet. Diese stehen natürlich in Abhängigkeit zueinander. Bei DV-PAL (720×576) beispielsweise sind diese Pixel aber wie gesagt nicht quadratisch, sondern rechteckig. Sie sind in der Breite gestreckt. Und weil das alles noch nicht genug ist, gibt es jenseits des großen Teiches wieder ganz andere Pixel-Seitenverhältnisse. Bei DV-NTSC (640×480) sind die Pixel zwar ebenfalls rechteckig, werden aber vertikal gestreckt.

◂ **Abbildung 2.7**
DV-PAL (links) und DV-NTSC (rechts)

2.3.3 Pixel-Seitenverhältnisse 16:9

Das Bildformat 16:9 wird in Zukunft zunehmend das Format 4:3 verdrängen. HD-Formate sehen gar kein 4:3-Seitenverhältnis mehr vor. Schon jetzt werden nicht nur viele Spielfilme, sondern auch TV-Sendungen und Sportereignisse in 16:9 ausgestrahlt. Plasma- und LCD-Fernseher weisen ebenfalls dieses Format aus. Dabei ist auch zu berücksichtigen, dass 4:3 unseren Sehgewohnheiten nicht so gut Rechnung trägt wie das breitere 16:9.

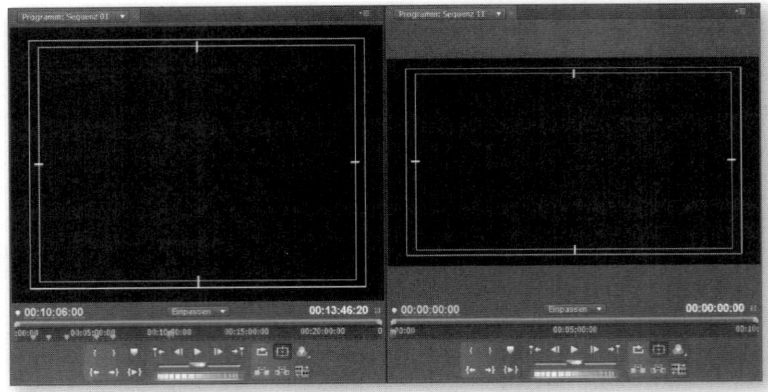

Abbildung 2.8 ▶
Der Programmmonitor in Premiere Pro-Projekten mit Seitenverhältnissen von 4:3 (links) und 16:9 (rechts), jeweils mit sicheren Rändern.

2.3.4 16:9 und 4:3 im Team

Wie Sie bereits wissen, entscheiden Sie beim Start von Premiere Pro, mit welchem Seitenverhältnis ein neues Projekt angelegt wird. Damit ist das Frame-Seitenverhältnis (also das Seitenverhältnis des gesamten Bildschirms) festgelegt. Prinzipiell können Sie aber mischen. Das bedeutet: Es ist nichts dagegen einzuwenden, ein 16:9-Projekt zu erstellen und in dieses 4:3-Aufnahmen einzubetten. Allerdings müssen Sie dann links und rechts mit schwarzen Rändern vorlieb nehmen.

Abbildung 2.9 ▶
So sieht ein 4:3-Clip in einem 16:9-Projekt (Widescreen) aus.

Wenn Sie also Ihre vorhandenen 4:3-Aufnahmen, weil es ja zeitgemäß ist, in 16:9 umrechnen wollen, müssen Sie das Bild irgendwie aufskalieren. Welche Möglichkeiten sich hier ergeben, möchte ich Ihnen anhand eines kleinen Workshops demonstrieren.

Schritt für Schritt: 4:3-Aufnahmen in 16:9 konvertieren

1 *Neues Projekt anlegen*

Erzeugen Sie zunächst eine neue Sequenz (indem Sie das Blatt-Symbol im Fuß des Projektfensters betätigen und den Eintrag SEQUENZ markieren). Im folgenden Dialog entscheiden Sie sich für DV-PAL • WIDESCREEN 48 KHZ (das Standardformat für eine DVD im Seitenverhältnis 16:9).

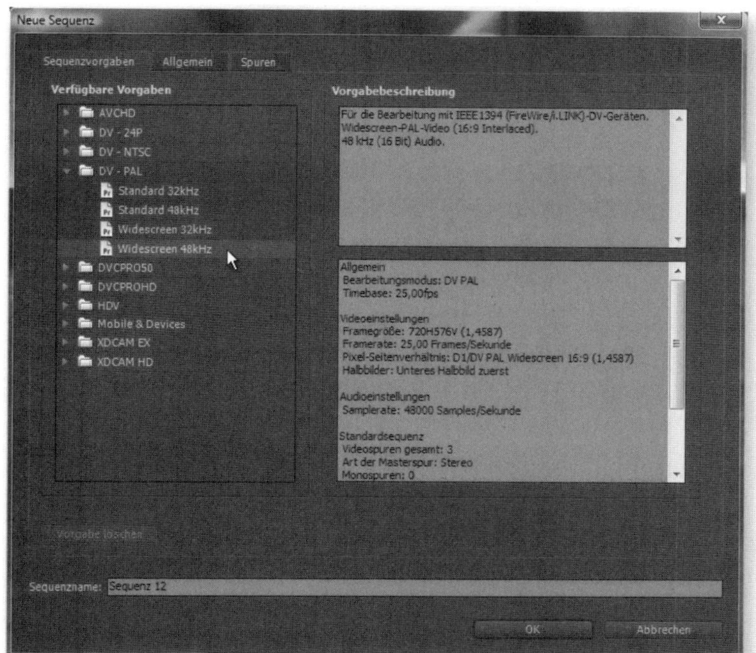

◀ **Abbildung 2.10** Erstellen Sie ein neues Projekt mit der Vorgabe WIDESCREEN 48 KHZ.

2 *Clip hinzufügen*

Fügen Sie jetzt einen Clip in das Projektfenster ein, der dem Seitenverhältnis von 4:3 entspricht. Wie das funktioniert, haben Sie in Kapitel 1, »Blind Date – Schnellstart mit Premiere Pro CS4«, ja bereits erfahren. Prinzipiell können Sie dazu jeden Clip aus den Beispieldateien des Ordners KAPITEL_01 verwenden. Ich habe mich für die Datei »Perle_2.avi« entschieden, weil man anhand von Personenaufnahmen besser beurteilen kann, wie sich Seitenverhältniskorrekturen auswirken. Ziehen Sie den Clip anschließend in das Schnittfenster, und werfen Sie einen Blick auf den Programmmonitor.

3 *Bildgröße verändern*

Sie können es sich schon denken: Ohne die Veränderung der Bildgröße geht hier zunächst gar nichts mehr. Das können Sie aber in Premiere Pro ganz schnell realisieren, indem Sie einfach innerhalb des Programmmonitors auf das Video klicken. Daraufhin wird eine weiße Umrandung sichtbar, die Sie an einem der acht Anfasser mittels Drag & Drop verschieben können.

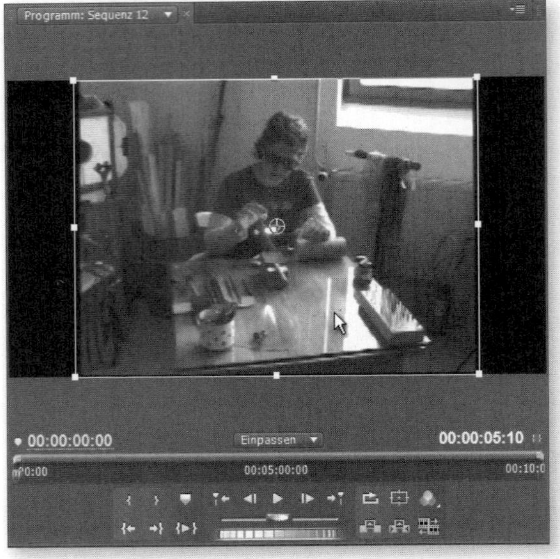

Abbildung 2.11 ▶
Fügen Sie den 4:3-Clip ein, und skalieren Sie ihn.

Ziehen Sie das Bild an dessen Eckpunkten entsprechend in Form, bis es an den Seitenrändern links und rechts mit den Begrenzungen des Programmmonitors bündig ist. Achten Sie beim Verziehen aber auch auf die oberen und unteren Begrenzungen Ihres Videoclips. Diese werden nämlich automatisch mit vergrößert.

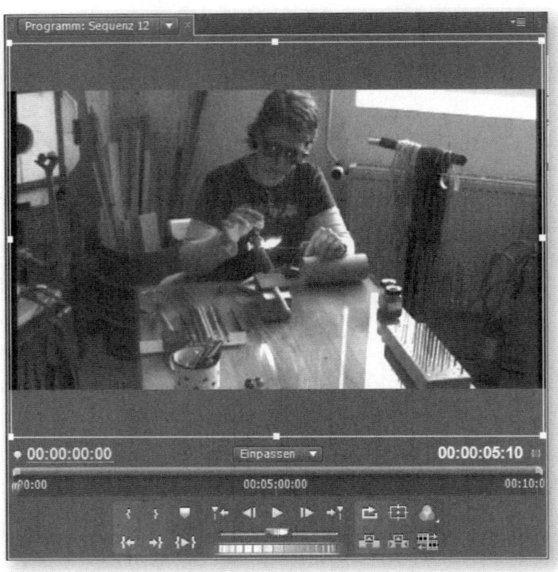

Abbildung 2.12 ▶
Nach dem Skalieren fehlen Bildinformationen.

Der Makel bei dieser Vorgehensweise liegt auf der Hand: Sie verlieren Bildinformationen am oberen und unteren Rand des Videos; ein Umstand, der je nach aufgenommenem Material mehr oder weniger schmerzlich in Kauf zu nehmen ist.

4 *Optional: Clip einseitig skalieren*

Es gibt noch eine andere Möglichkeit, die in den meisten Fällen aber noch weniger befriedigend ist als die zuvor genannte Methode. Dazu sollten Sie zunächst die soeben vorgenommene Skalierung rückgängig machen. Sie wissen ja: [Strg]/[⌘]+[Z].

Öffnen Sie danach die Registerkarte EFFEKTEINSTELLUNGEN (in der Bearbeiten-Ansicht FENSTER • ARBEITSBEREICH • BEARBEITUNG ist sie links neben dem Programmmonitor angeordnet) und das Listenfeld BEWEGUNG über das vorangestellte Dreieck-Symbol ❶. Deaktivieren Sie im Anschluss die Checkbox GLEICHMÄSSIGE SKALIERUNG ❷. Jetzt klicken Sie abermals auf das Video innerhalb des Programmmonitors und ziehen einen der beiden mittleren Anfasser links bzw. rechts ❸ so weit nach außen, bis das Video passt.

▼ **Abbildung 2.13**
Sie können auch einseitig skalieren.

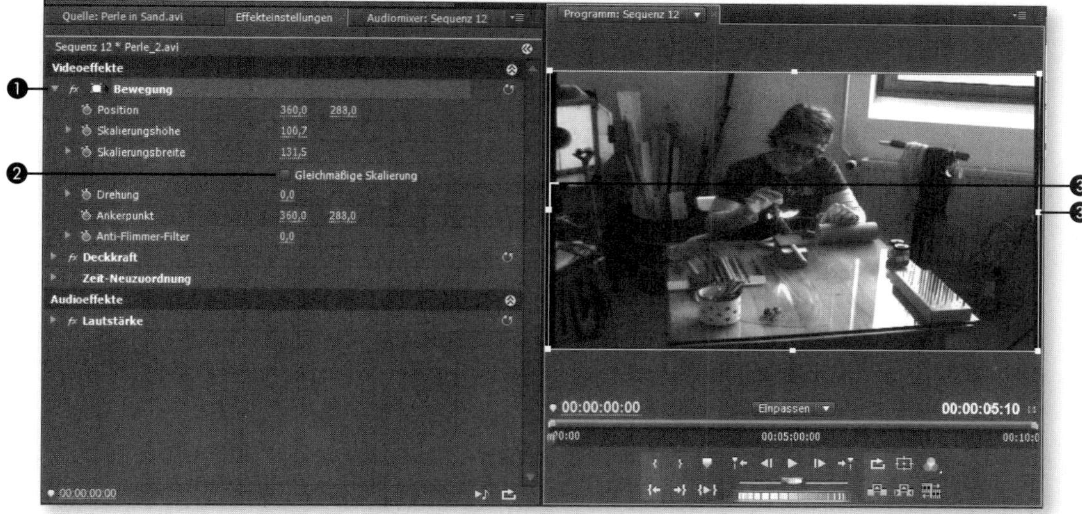

Jetzt sind allerdings die Proportionen nicht mehr erhalten geblieben. Das Video ist horizontal verzerrt – also auch keine richtig tolle Sache. Es kommt noch hinzu, dass jede Art von Skalierung (Vergrößerung des Originals) auch Qualitätseinbußen mit sich bringt – sowohl die eine als auch die andere Methode. Auf dem kleinen Programmmonitor werden Sie das kaum sehen können. Wenn Sie das Endergebnis auf einem großen TV anschauen, wird es jedoch möglicherweise sofort ins Auge fallen.

Abbildung 2.14 ▶ Durch die Skalierung ist der Film horizontal verzerrt (rechts).

Man sieht, wie wichtig es ist, Projekte so anzulegen, dass sie mit dem aufgenommenen Videomaterial zusammenpassen. Ob sich überdies eine Formatänderung überhaupt lohnt, sei dahingestellt, da moderne 16:9-TVs derartige Skalierungsfunktionen bereits unterstützen. Eine Wandlung wäre demzufolge unnütz. ■

2.3.5 4:3-Material maskieren

Wenn Sie jedoch alte 4:3-Aufnahmen in einem 16:9-Projekt verwenden müssen, beispielsweise um Zeitdokumente in einem aktuellen Beitrag zu präsentieren, ist es wesentlich galanter, das Material auch innerhalb der 16:9-Sequenz nicht zu skalieren, sondern stattdessen eine Maske zu bauen. Sie finden eine entsprechende Bilddatei im Ordner KAPITEL_02; sie trägt den Namen »Maske.png«.

Abbildung 2.15 ▶ Die Maske ist in der Mitte transparent.

Dabei handelt es sich um eine in der Mitte transparente Bilddatei (die karierten Flächen sind in Wirklichkeit inhaltlos). Bringen Sie die Datei in das Schnittfenster von Premiere Pro, und platzieren Sie das gute Stück auf einer Spur oberhalb des Videos. Die Dauer, für die die Maske angezeigt werden soll, können Sie prima verändern, so dass diese Maske das gesamte 4:3-Video überdeckt. Ziehen Sie dazu einfach an den Enden des »Clips« im Schnittfenster. Jetzt macht Ihr Video auch auf einem 16:9-Bildschirm eine gute Figur.

◀ **Abbildung 2.16**
Die Seiten sind maskiert. Das Video muss nicht verzerrt werden.

Eine solche Bilddatei können Sie prima in Photoshop, Photoshop Elements oder einer anderen Bildbearbeitungssoftware bauen. Sie müssen lediglich darauf achten, dass Sie ein Format ausgeben, das auch Transparenzen unterstützt. Zudem muss das Format mit Premiere Pro kompatibel sein. Deshalb bieten sich vor allem PSD und PNG an. Aber selbst ohne entsprechende Software ist eine derartige Maske ruck, zuck realisierbar. Produzieren Sie sie doch einfach im Titelgenerator. Links und rechts jeweils ein Rechteck, vielleicht noch ein paar Accessoires dazu – und fertig ist die Formatmaske. (Genauere Hinweise zum Titelgenerator finden Sie in Kapitel 14, »Titel erzeugen«.)

2.3.6 Cinemascope

Nun wären noch die herrlich breiten Kinofilme zu erwähnen, die selbst auf neuen Plasma- und LCD-TVs für Balken oben und unten sorgen – wenngleich diese schon wesentlich kleiner sind als am 4:3-Fernseher. Hier erstrecken sich die Pixel über ein Format von 2,35:1 – das sei aber nur am Rande erwähnt.

◀ **Abbildung 2.17**
Ein Cinemascope-Film auf einem 4:3-TV

2.4 Von Farben und Kanälen

Bevor wir uns anschauen, wie sich Farben an einem Fernsehgerät aufbauen, werfen wir einen Blick auf die Grundsätze der additiven Farbmischung. So ist es möglich, mit den drei Grundfarben Rot, Grün und Blau ein Spektrum von rund 16,7 Millionen Farben darzustellen. Jede einzelne Grundfarbe stellt einen Kanal dar (Farbkanal). Liegen alle drei Grundfarben in voller Intensität vor, erhalten Sie ein Weiß. Ist keine der Farben vorhanden, sehen Sie Schwarz (natürlich nur auf die Technik gemünzt ...).

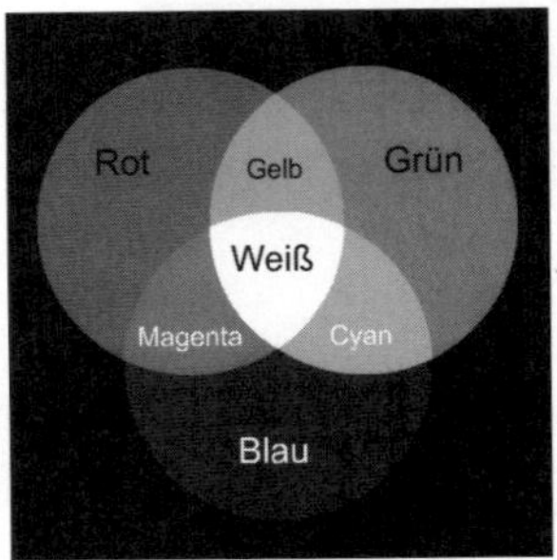

Abbildung 2.18 ▶ Das additive Farbsystem

Grundsätzlich werden die Farben auch im Film nach diesem System erzeugt. Allerdings würde eine derartige Definition der Farben einen unzumutbar großen Speicherplatz benötigen, der das flüssige Abspielen eines Videos unmöglich macht. Die Datenmengen wären einfach zu groß. Gehen wir etwas näher darauf ein: Bei der elektronischen Bildbearbeitung verfährt man nach dem Prinzip, wonach jedes einzelne Pixel beschrieben wird. Genauer gesagt speichert man, wie viele Anteile Rot, Grün und Blau in jedem einzelnen Bildelement enthalten sind.

Da eine derartige Beschreibung schon bei Einzelbildern zu einem nicht zu verachtenden Speicherplatzbedarf führen würde, werden Kompressionsverfahren eingesetzt. Umso wichtiger werden diese Verfahren, wenn man jede Sekunde 25 oder mehr Bilder präsentieren möchte.

2.4.1 Sampling

In Sachen Bewegtbild-Darstellung ging man deshalb andere Wege. So machte man sich z. B. die Tatsache zunutze, dass das menschliche Auge wesentlich unempfindlicher auf Farbveränderungen reagiert als auf Helligkeitsveränderungen. Damit sind wir bei der **YCC-Farbgebung** (analog=YUV). Diese erlaubt, 1/3 der Informationen der Luminanz (Helligkeit) und 2/3 der Chrominanz (Farbton/Sättigung) zuzuordnen. Damit allein gäbe es aber im Vergleich zu RGB noch keine Unterschiede in Sachen Dateigröße.

◀ **Abbildung 2.19** Jedes Pixel besteht aus drei Informationen.

Also lässt man bei der Beschreibung jedes einzelnen Pixels einfach einige Farbinformationen außer Acht, um so die Datenmenge möglichst gering zu halten. Das Auge bemerkt das Fehlen der Informationen nicht. Anders wäre das, wenn man die Helligkeit vernachlässigt. Im Klartext: Man nimmt beispielsweise vier zusammenliegende Pixel und bestimmt beim ersten sowohl die Luminanz als auch die Chrominanz. Beim zweiten, dritten und vierten Pixel lässt man die Chrominanz-Information einfach weg. Dieses Verfahren nennt sich Sampling. Um genauer zu sein, handelt es sich hierbei um das so genannte **4:1:1-Sampling**.

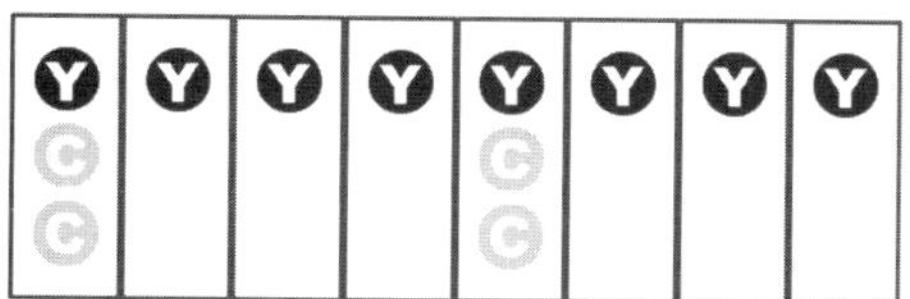

◀ **Abbildung 2.20** Nur jedes vierte Pixel wird mit Farbinformationen versehen (4:1:1-Sampling).

NTSC-Farbprobleme

Aufgrund der geringen Träger-Frequenzrate des ursprünglichen NTSC-Formats kam es hier im Laufe der Zeit zu recht deutlichen Farbverfälschungen, was dem System bisweilen den Namen »**N**ever **T**he **S**ame **C**olor« (engl. für »Niemals die gleiche Farbe«) eingebracht hatte. Diese Probleme gehören jedoch mittlerweile der Vergangenheit an.

Dieses Modell entspricht übrigens DV-NTSC. Man kann sich vorstellen, dass sich durch dieses Außerachtlassen von Informationen bereits eine gewaltige Speicherplatzersparnis erreichen lässt. Es gibt aber noch weitere Sampling-Modelle. Beim digitalen PAL z. B. wird 4:2:0 verwendet. Dies bedeutet, dass das erste Pixel mit einer Helligkeits- und einer Farbinformation versehen wird, während das zweite nur eine Helligkeitsinformation erhält. Das Ganze macht man viermal und greift dann den zweiten Chrominanzwert auf.

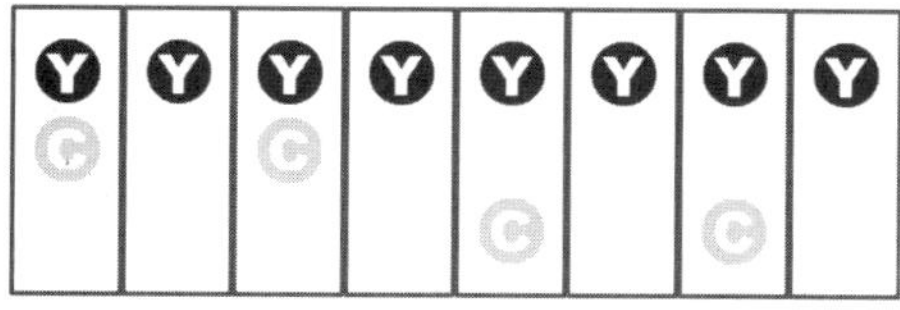

◀ **Abbildung 2.21** DV-PAL verwendet 4:2:0-Sampling.

2.5 Von Kompressoren

Damit wären wir mitten in der Kompressionsthematik. Ein digitales Vollbild-Video mit einer Frequenz von 25 Bildern pro Sekunde würde rund 30 MB Speicherplatz verschlingen – und zwar jede Sekunde. Damit wäre nicht nur die DVD in null Komma nichts gefüllt, sondern auch Festplatten wären außerstande, solche Datenströme zu verarbeiten. Deshalb ist Kompression unerlässlich. Im vorangegangenen Abschnitt haben Sie ja bereits einiges darüber erfahren. Dort bestand die Möglichkeit der Dateigrößenverringerung darin, einfach einige weniger relevante Informationen wegzulassen. Damit alleine ließe sich aber noch kein Staat machen. Irgendwie müssen auch die übrig gebliebenen Informationen noch weiter zusammengepresst werden.

Ein Grundprinzip dessen ist, nicht mehr jeden einzelnen Bildpunkt zu beschreiben, sondern nur einen zu definieren. Beim nächsten Pixel werden lediglich die Abweichungen beschrieben. Deshalb kommt es auch zu unterschiedlich hohen Dateigrößen bei im Grunde gleichen Formaten. Nehmen wir ein Bild als Beispiel:

Abbildung 2.22 ▸ Strahlend blauer Himmel über München

München – 10.00 Uhr – wolkenlos – die Frisur sitzt! Schauen Sie sich den gleichmäßigen Himmel an (wenngleich es in Graustufen nicht ganz so gut zu erkennen ist). Stellen Sie sich vor, wir müssten nun oben links beginnen und jedes Bildelement farblich beschreiben. Das sähe dann folgendermaßen aus: Rot=153, Grün=204, Blau=255. Danach käme das nächste Pixel an die Reihe: Rot=153, Grün=– den Rest kennen Sie ja.

Wäre es dann nicht viel einfacher, wir würden das erste Pixel beschreiben und als Information für das zweite festhalten: Farben = vorangegangenes Pixel? So könnten wir ganz schön lange fortfahren. Zumindest die ersten Zeilen lassen sich ja komplett ohne Veränderungen dokumentieren. Und wenn sich wirklich einmal etwas ändert, z. B. beim Erreichen der Türme, definieren wir einfach eine neue Beschreibung mit den neuen Farbwerten.

Das ist das Grundprinzip einer Dateikompression (wenngleich etwas frei interpretiert).

2.5.1 Codecs

Um es gleich vorwegzunehmen: Nur mit einer Codierung ließe sich ein solches System in der Praxis nicht realisieren. Prinzipiell sind nämlich zwei Arbeitsgänge erforderlich. Stellen Sie sich vor, Sie wollen eine DVD erzeugen. Dann müssen Sie die vorhandenen Datenströme zunächst komprimieren – also codieren. Wenn das Ganze nun aber auf dem TV ausgegeben werden soll, müssen diese codierten Dateien wieder decodiert, also in den ursprünglichen Zustand zurückversetzt werden. Ermöglicht wird das durch so genannte Codecs.

Die Erklärung liegt schon im Wort selbst: **Co**dieren und **dec**odieren. Allerdings geht das nicht ohne Qualitätsverluste vonstatten. Informationen, die einmal herausgerechnet worden sind, können in der Regel nicht wiederhergestellt werden. Dennoch gibt es äußerst leistungsstarke Codecs, bei denen die Qualität nicht allzu sehr leidet.

2.5.2 MPEG-2

Wenn Sie eine Standard-DVD erzeugen, egal welches Ausgangsmaterial Sie verwenden, werden Sie am Schluss immer ein MPEG-2 erhalten (MPEG: **M**otion **P**icture **E**xperts **G**roup). Bei einer derartigen Kompression werden mehrere Bilder zu so genannten GOPs (**G**roup **O**f **P**ictures) gebündelt. Diese GOPs setzen sich zusammen aus

- I-Frames,
- P-Frames und
- B-Frames.

Ein I-Frame steht immer am Anfang einer GOP. Er wird für sich allein komprimiert und ist unabhängig von allen nachfolgenden oder vorangegangenen Einzelbildern.

In einem P-Frame hingegen werden nur jene Bereiche gespeichert, die im vorangegangenen I-Frame nicht enthalten gewesen sind. Im Prinzip sieht ein P-Frame aus wie eine Maske. Stellen Sie sich vor, der vorangegangene I-Frame zeigt eine Landschaft. Plötzlich taucht ein

Vogel im Bild auf. Der Vogel wäre nun im P-Frame gespeichert – ohne die Landschaft. Demzufolge müssten natürlich auch nur diese Pixel beschrieben werden. Allerdings benötigt ein P-Frame Informationen aus dem vorangegangenen I-Frame, um überhaupt festmachen zu können, was anders ist als im I-Frame.

Ein B-Frame hingegen kann diese Änderungen (Bewegungen) sowohl aus einem P- als auch einem I-Frame ziehen. Alle diese Frames gemeinsam bilden die GOP. Wie groß sie ist, hängt von den jeweiligen Einstellungen ab.

Abbildung 2.23 ▶ Eine GOP mit I-Frame am Anfang und P- sowie B-Frames

2.5.3 MPEG-4

Eine Weiterentwicklung von MPEG-2 ist MPEG-4. Bei diesem Verfahren werden noch bessere Kompressionen bei vergleichsweise sehr guter Qualität erreicht. Das Format eignet sich besonders zur Kompression großer Datenmengen, wie sie beispielsweise bei HDV anfallen. MPEG-4 wird allerdings in einem Container untergebracht. Dieser wird als MP4 bezeichnet. Containerformate sind keine Seltenheit. Auch bei AVI beispielsweise handelt es sich um einen Container, der im Prinzip eine Ursprungsdatei ganz anderen Formats in sich trägt.

2.5.4 H.264

Schließlich ist in dieser Riege noch H.264 erwähnenswert. Dieses Format ist noch effizienter, da es noch wesentlich stärker komprimiert werden kann. Deshalb ist es geradezu ideal für HDTV und Blu-ray, aber auch Multimedia und portable Geräte.

2.5.5 MJPEG

Auch wenn MJPEG (**M**otion **J**oint **P**hotographic **E**xperts **G**roup) gute Ergebnisse erzielt, unterscheidet sich das Prinzip der Kompression völlig von MPEG. Hier wird nämlich nicht mit GOPs oder Ähnlichem gearbeitet, sondern jedes einzelne Bild komprimiert und gespeichert. Man kann dieses Verfahren für die Aufnahme (Digitalisierung) analoger Filme einsetzen.

2.6 Von Bit- und Datenraten

Letztendlich können wir mit Bitraten und Datenraten nahtlos an die Kompression anschließen. Die Datenrate ist nämlich entscheidend dafür, wie gut (oder wie schlecht) das Ergebnis auf der fertigen DVD ist. Grundsätzlich gilt: Je höher die Datenrate, desto besser das Ergebnis. In Premiere Pro können Sie diese Datenrate festlegen. Mehr dazu erfahren Sie in Kapitel 15, »Export«.

Wenn jedoch der zur Verfügung stehende Speicherplatz nicht ausreicht (z. B. um den gesamten Film auf eine DVD zu brennen), sind Sie gezwungen, mit der Datenrate herunterzugehen, sprich: die Qualität zu verringern.

2.6.1 VBR und CBR

Das ist eigentlich schade, denn bei einer variablen Bitrate (VBR) besteht immerhin – im Gegensatz zur konstanten Bitrate (CBR) – die Möglichkeit, den Datenstrom an die Erfordernisse anzupassen. Prinzipiell gilt nämlich: Je mehr Bewegung in einem Video vorhanden ist, desto höher sollte die Bitrate sein. Wenn die Action-Helden wieder einmal die Welt retten müssen und dabei zahllose Nobelkarossen in Flammen aufgehen, darf es durchaus etwas mehr sein in Sachen Bitrate.

Haben Sie im Gegenzug Aufnahmen, in denen kaum eine Bewegung stattfindet (z. B. Maddin Schneider oder Rüdiger Hoffmann hasten über den Bildschirm), könnten Sie mit der Datenrate drastisch heruntergehen, ohne sonderliche Qualitätseinbußen in Kauf nehmen zu müssen.

Entscheidend für eine hohe oder geringere Datenrate ist aber weniger der Umstand, mit welcher Geschwindigkeit sich die Protagonisten bewegen, sondern vielmehr, wie viele Veränderungen in welcher Zeit in einem Pixel auftreten. Dazu zwei Beispiele: Stellen Sie sich hohes Gras vor, in dem die Halme vom Wind sanft hin und her geweht werden. Oder nehmen Sie das Plätschern eines Gebirgsbaches. Beides sind eher beschauliche Sequenzen. Entscheidend ist aber, dass sich die Inhalte fast jedes Bildpunktes permanent ändern – und der Encoder in diesem Moment Höchstleistungen vollbringen muss. Hier sollten Sie mit einer möglichst hohen Datenrate zu Werke gehen.

2.7 Von Einzelbildern

Wenn Sie mit Einzelbildern in Premiere Pro arbeiten, können Sie verschiedene Dateiformate nutzen. Die wichtigsten sind hier in Kurzform beschrieben:

2.7.1 BMP

Bitmap-Bilder, die durch gute Qualität ansprechen. Dieses Dateiformat wird überwiegend für die Anzeige am Bildschirm genutzt. Deshalb ist es auch zur Verwendung im Video gut geeignet. Die Dateigrößen sind jedoch im Vergleich zu JPEG recht hoch.

2.7.2 JPEG

Stark komprimiertes Bildformat, das sich aufgrund der geringen Dateigrößen vor allem für Bilder im Internet eignet. Die JPEG-Kompression ist mit Verlust behaftet. Das bedeutet: Wenn Sie eine JPEG-Datei in einem Bildbearbeitungsprogramm öffnen und anschließend neu abspeichern, wird die Qualität abermals gemindert.

2.7.3 PSD

Das Photoshop-Format eignet sich hervorragend, da es in Premiere Pro nahtlos integriert werden kann. Zudem werden Ebenen, Masken und Alphakanäle unterstützt. Photoshop-Dokumente sind darüber hinaus zur Erstellung von DVD-Menüs für die Weiterverarbeitung in Encore DVD geeignet.

2.7.4 TIFF

Gilt als verlustfreies Kompressionsverfahren. Da Alphakanäle und Transparenzen unterstützt werden, eignet es sich hervorragend zur Maskenerstellung. Darüber hinaus liefert es eine erstklassige Bildqualität, die auch durch mehrmaliges Neuspeichern nicht beeinträchtigt wird.

2.7.5 PRTL

Hierbei handelt es sich um Titeldesigner-Dateien für Premiere Pro. Im Gegensatz zu den vorgenannten Dateiformaten lässt sich PRTL nicht anwendungsübergreifend einsetzen. Das Format eignet sich dazu, Titel zu erstellen und dort zur erneuten Verwendung abzuspeichern.

3 Dateien mit Adobe Bridge CS4 vorbereiten

Wenn Sie mit zahlreichen Videodateien arbeiten, auf die Sie immer mal wieder zugreifen wollen, empfiehlt es sich, die Adobe Bridge einzusetzen.

Bridge-Software

Adobe Bridge ist in den folgenden CS4-Anwendungen enthalten: After Effects, Contribute (englisch), Dreamweaver, Encore, Fireworks, Flash Professional, Illustrator, InDesign, InCopy, Photoshop, Photoshop Extended, Premiere Pro, Soundbooth (englisch).

Die Bridge unterstützt Sie nicht nur beim Archivieren und Auffinden Ihrer Videos, sondern hat darüber hinaus noch einiges mehr zu bieten. Deshalb wollen wir in diesem Kapitel vor allem folgende Fragen klären:

- Was ist Adobe Bridge?
- Welche Ansichtsoptionen kann ich wählen?
- Wie bewerte ich meine Videoclips, und wie zeichne ich sie aus?
- Wie filtert man Clips?
- Wie sortiert man Dateien?
- Wie kann man gezielt nach Assets suchen?

Bridge ist ein, zugegeben, nicht ganz neuer, aber äußerst effektiver Dateibrowser, der von Version zu Version recht eindrucksvoll erweitert wird. Er ermöglicht den schnellen und unkomplizierten Zugriff auf die Dateien innerhalb Ihres Festplattenarchivs sowie die Assets und Vorgaben, die der jeweiligen Adobe-Software von Hause aus beiliegen. Darüber hinaus können Sie hier Dateien entsprechend vorbereiten, sortieren und kennzeichnen. Dank der Möglichkeit, ihn in einen kompakten Modus zu versetzen, kann er ständig geöffnet bleiben, ohne übermäßig viel Platz auf der Arbeitsfläche zu beanspruchen. Doch das ist nur eine der Stärken des Browsers. Ein weiteres Highlight stellt nämlich die Möglichkeit dar, aus Anwendungen wie Photoshop, After Effects oder Premiere Pro heraus direkt auf das Archiv zuzugreifen.

3.1 Die Ansichtsoptionen

3.1.1 Bridge öffnen

Vorweg sei erwähnt, dass sich Bridge als eigene Anwendung starten lässt. Aus Premiere Pro heraus markieren Sie zuvor im Projektfenster einen Clip und entscheiden sich anschließend für Datei • In Bridge anzeigen. Nach dem Start der Anwendung wird zum Ordner verzweigt, der die betreffende Datei beinhaltet, und alle darin enthaltenen Assets werden in der Mitte der Anwendung gelistet. Der gesuchte Clip ist zudem dunkelgrau hinterlegt (hier: »Beispiele 06.avi«). Oben rechts gibt es zudem einen kleinen Monitor, der es erlaubt, den Film dort abzuspielen und zu begutachten.

Abbildung 3.1 ▼
Alles im Blick mit Adobe Bridge

Sie können die Bridge natürlich auch außerhalb von Premiere Pro als separate Anwendung starten und oben links im Fenster der Anwendung auf die Registerkarte Ordner ❶ wechseln. Damit liegt Ihnen der Inhalt Ihrer Festplatten und Archive buchstäblich zu Füßen.

◂ Abbildung 3.2
Das Register ORDNER offenbart den Zugriff auf sämtliche Verzeichnisse, die sich auf Ihrem Rechner bzw. den angeschlossenen Datenträgern befinden.

3.1.2 Ansicht wechseln

Die Standardansicht zeigt die Vorschaubilder in der Mitte des Fensters recht klein. Wenn sie Ihnen jedoch zu klein sind, vergrößern Sie die Ansicht, indem Sie den Regler in der Fußleiste ❷ nach rechts verschieben. Weitere Ansichtsoptionen lassen sich über die nebenstehenden Schaltflächen aktivieren.

◂ Abbildung 3.3
Steuerelemente zur Änderung der Darstellungsoptionen

3.1.3 Kompaktmodus aktivieren

Zu den Stärken von Bridge gehört sicherlich, dass man die Anwendung ganz schön klein machen kann. Wenn Sie nämlich auf die Schaltfläche IN KOMPAKTMODUS WECHSELN ❸ klicken, verkleinert sich die Ansicht beträchtlich.

◂ Abbildung 3.4
Rechts neben dem Suchfeld befindet sich eine kleine Schaltfläche zur Verkleinerung der Ansicht.

Abbildung 3.5 ▶
Die Adobe Bridge in der Mini-Ausgabe

Aber das ist noch nicht alles. Sollte Ihnen selbst das noch zu groß sein (immerhin ist Platz ein kostbares Gut auf Computermonitoren), dann betätigen Sie die Schaltfläche ❹, die sich neben dem Eingabefeld befindet. Damit wechseln Sie in den Ultrakompaktmodus.

Abbildung 3.6 ▶
Diese kleine Leiste findet doch überall Platz, oder?

Wenn Sie jetzt beispielsweise auf das kleine, nach unten weisende Dreieck klicken, haben Sie abermals Zugriff auf den Rechner – und die Bridge kehrt zurück zur Kompaktansicht.

Abbildung 3.7 ▶
Selbst aus der Ultrakompaktansicht heraus können Sie noch auf die Dateien des Rechners zugreifen.

Mit diesen Optionen können Sie den Dateibrowser einfach geöffnet lassen und immer wieder schnell darauf zugreifen, zumal Bridge in dieser Darstellung immer im Vordergrund bleibt.

3.1.4 Mehrere Browser bereitstellen

Gerade wenn Sie Dateien und Ordner suchen, ist es interessant, mit mehreren Bridge-Fenstern zu arbeiten. So erhalten Sie in einem Interface das aktuelle Suchergebnis, während Sie sich mit einem zweiten

Fenster auf die Suche nach anderen Dateien begeben. Drücken Sie dazu einfach [Strg]/[⌘]+[N]. Welche Möglichkeiten sich hierdurch in Sachen Sortierfunktionen eröffnen, muss sicher nicht extra erwähnt werden. Oder doch? Na gut: Zum Sortieren der Dateien öffnen Sie zwei oder mehr Fenster und verschieben die Assets fensterübergreifend von einer Bridge in die nächste. So macht das Sammeln von Videoclips ja sogar richtig Spaß. Wenn Sie fertig sind, sollten Sie den Kompaktmodus verlassen und stattdessen wieder in den Standardmodus zurückkehren.

3.1.5 Weitere Ansichtsoptionen

Neu in Bridge CS4 ist die Möglichkeit, direkt oben in der Anwendung zwischen verschiedenen Ansichtsmodi ❶ zu wechseln. Hier ist vor allem der Button METADATEN zu erwähnen, der eine Fülle zusätzlicher Informationen zum jeweiligen Asset zur Verfügung stellt. Gerade wenn Sie mit Videos arbeiten, werden Sie Spalten wie GRÖSSE, MASSE usw. zu schätzen wissen.

▼ Abbildung 3.8
In der Metadatenansicht werden wichtige Infos preisgegeben.

3.2 Clips organisieren mit Adobe Bridge

3.2.1 Clips auszeichnen

Sie werden nicht mit jeder Ihrer Aufnahmen zufrieden sein – die eine ist richtig gut geworden, die andere eher misslungen. Um diese

Unterschiede zu katalogisieren, bietet Bridge ein Bewertungsschema an. Markieren Sie einen der Clips, und vergeben Sie anschließend einen bis fünf Sterne, indem Sie in der Metadaten-Ansicht auf einen der kleinen Punkte in der Spalte WERTUNG klicken. Nehmen Sie den linken Punkt, vergeben Sie einen Stern, bei einem Klick auf den rechten fünf Sterne (das sind dann Ihre Highlights). In der Standardansicht (GRUNDLAGEN) finden Sie die Punkte ebenfalls. Allerdings werden diese dort nur angezeigt, wenn das betreffende Asset markiert ist.

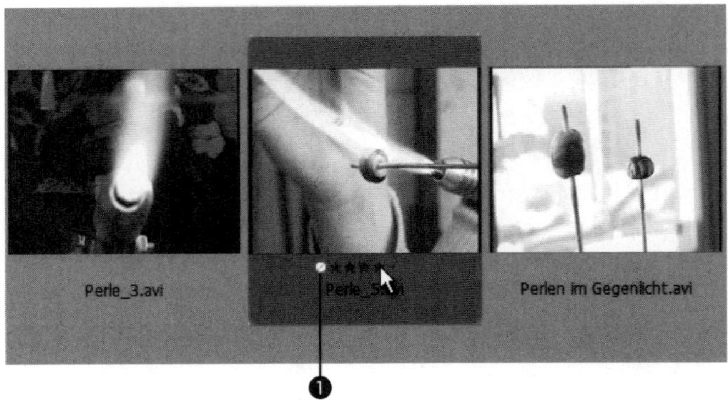

Abbildung 3.9 ▶ And the Winner is … – Bewerten Sie Ihre Clips.

Nun können Sie beliebig viele Sterne vergeben – und diese Wertung auch jederzeit wieder ändern, indem Sie auf einen anderen Punkt bzw. Stern klicken. Doch was ist zu tun, wenn Sie nachträglich doch wieder alle Sterne entfernen wollen? Dann klicken Sie in den freien Bereich links neben dem ersten Stern. Hier ist zunächst einmal nichts zu sehen. Wenn Sie aber Sterne vergeben, ist genau an dieser Stelle kurzzeitig ein kleines, weißes Halt-Symbol zu sehen ❶.

3.2.2 Beschriftungen vergeben

Neben der Möglichkeit, Sterne zu vergeben, können die Clips auch farbig markiert werden. Klicken Sie dazu mit der rechten Maustaste auf eine der Miniaturen, und entscheiden Sie sich im Kontextmenü für BESCHRIFTUNG sowie die gewünschte Beschriftung. Zur besseren Übersicht hat jede Beschriftung eine unterschiedliche Farbe:

- AUSWÄHLEN: Rot
- ZWEITE WAHL: Gelb
- GENEHMIGT: Grün
- ÜBERPRÜFUNG: Türkis
- AUFGABE: Lila

Das ist vor allem dann interessant, wenn Sie zunächst einzelne Clips auswählen (also zum Beispiel rot markieren), ehe Sie sie später gemeinsam importieren.

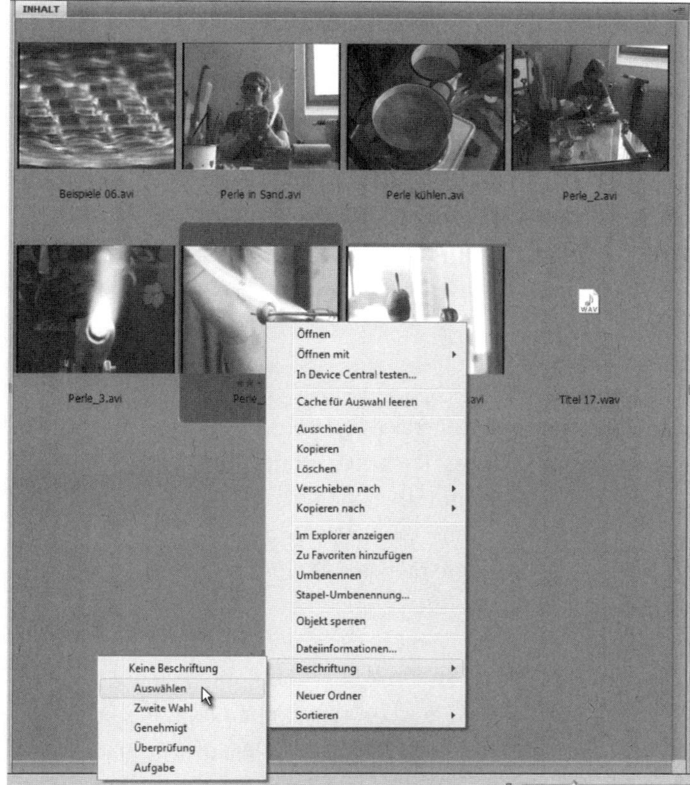

▲ **Abbildung 3.10**
Auch farbige Auszeichnungen sind in Bridge kein Problem.

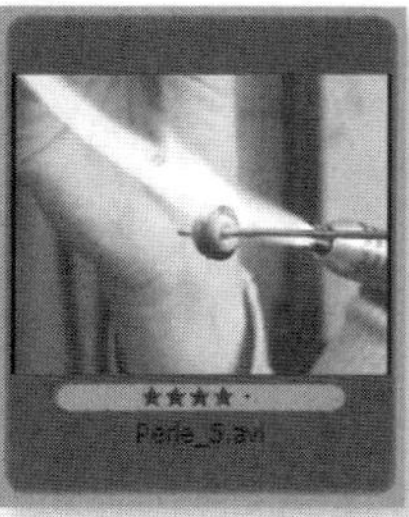

▲ **Abbildung 3.11**
Der Clip ist jetzt rot markiert.

3.2.3 Clips filtern

Damit haben Sie aber Ihre Clips nicht nur bewertet und farbig markiert, sondern können sie auch nach Kategorien sortiert anzeigen lassen. Wenn Sie beispielsweise nur die Clips sehen möchten, denen Sie zuvor beispielsweise drei Sterne oder mehr gegeben haben, erreichen Sie dies über die Palette FILTER. Markieren Sie einfach den Eintrag, dessen Zuordnungen Sie sehen wollen. Sie müssen dabei aber einen der Untereinträge ❺ markieren. Klicken Sie auf eine der Überschriften ❹, erreichen Sie damit lediglich, dass die Liste geschlossen wird. Stellen Sie nun eine oder mehrere Suchoptionen ein, indem Sie die jeweiligen Untereinträge aktivieren. Dadurch wird dem jeweiligen Parameter ein Häkchen ❷ vorangestellt. Wollen Sie diese Suchoptionen beibehalten, klicken Sie den kleinen Pin ❸ unten links an. Wenn Sie das Halt-Symbol ❻ markieren oder [Strg]/[⌘]+[Alt]/[⌥]+[A] betätigen, wird der Suchfilter gelöscht, und alle Dateien werden wieder angezeigt.

Abbildung 3.12 ▶
Die Filter-Palette hilft beim Suchen.

3.2.4 Clips sortieren

Bei der Vorbereitung eines Projekts wollen Sie sicher die Clips auf der Festplatte sortieren. Auch das lässt sich prima mit Hilfe des Dateibrowsers erledigen. Eine komfortable Möglichkeit haben Sie ja bereits kennengelernt: die Verwendung mehrerer Bridge-Fenster. Sie können aber auch über die Registerkarte ORDNER ❼ zu einem Ihrer Festplatten-Ordner navigieren. Öffnen Sie die gewünschten Ordner, indem Sie das jeweils vorangestellte Dreieck-Symbol ❽ markieren. Nun kann es sinnvoll sein, die Liste der Ordner so weit zu öffnen, dass Sie auch andere Ordner sehen können, in die Sie Clips verschieben können. Das erreichen Sie, indem Sie den Steg ❾ mit gedrückter Maustaste nach unten ziehen. Im nächsten Schritt ziehen Sie die Miniaturen aus der Mitte einfach auf den gewünschten Ordner oben links.

Abbildung 3.13 ▶
Videoclips können in Bridge per Drag & Drop sortiert werden.

Natürlich funktioniert das auch mit mehreren Dateien gleichzeitig. Markieren Sie zusammenliegende Objekte, indem Sie [⇧] gedrückt halten, während Sie einzelne, nicht zusammenliegende Dateien mit [Strg]/[⌘] markieren. Klicken Sie anschließend erneut auf eine der Miniaturen, und ziehen Sie alle markierten Assets gemeinsam herüber.

3.2.5 Objekte löschen

Das Löschen eines zuvor markierten Objekts mit Hilfe des Papierkorb-Symbols oben rechts bedarf sicher keiner großen Erwähnung mehr. Doch Vorsicht: Damit verschieben Sie das Objekt tatsächlich in den Papierkorb des Betriebssystems und entfernen es nicht nur aus Bridge.

3.2.6 Weitere Sortieroptionen

Natürlich steckt noch eine ganze Menge mehr in Bridge. So ist etwa erwähnenswert, dass es im Ansicht-Menü weitere Sortieroptionen gibt, die gerade im Zusammenhang mit Ihrer Schnittsoftware eine sinnvolle Ergänzung darstellen. Sie können hier Dateien z. B. NACH TYP sortieren. Dies offenbart ja die Möglichkeit, Videoclips gezielt von anderen Dateiformaten zu trennen und entsprechend anzeigen zu lassen. Aber auch die Dateigröße könnte mitunter ein wichtiges Kriterium bei der Verschiebung Ihrer Dateien sein.

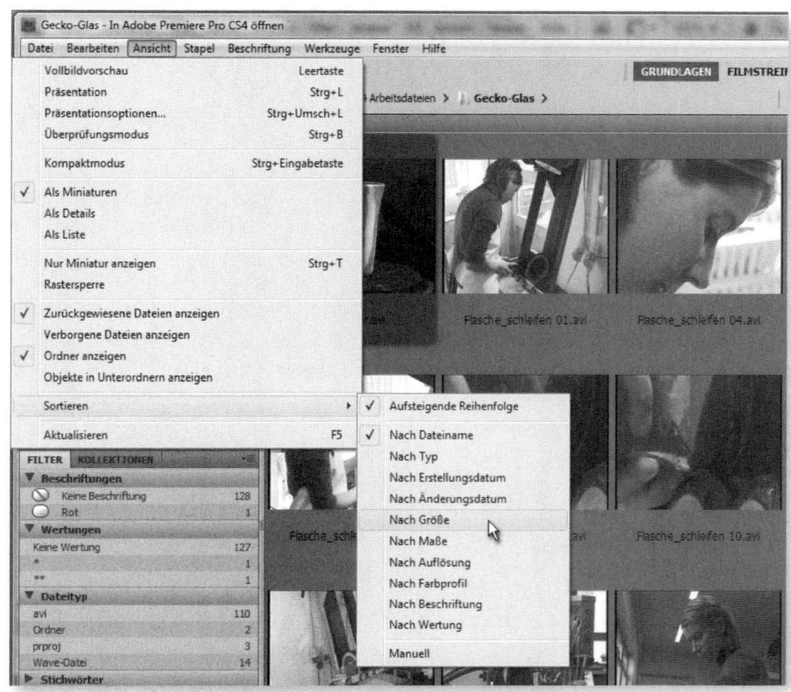

◄ **Abbildung 3.14**
Verwenden Sie auch die Sortieroptionen des Ansicht-Menüs.

3.3 Assets suchen

Mit zunehmender Größe eines Videoarchivs wird der Bestand auch zwangsläufig unübersichtlicher. Deshalb kann es vorkommen, dass Sie Assets suchen müssen. Aber was sage ich? Wie wäre es mit einem Workshop dazu?

Schritt für Schritt: Dateien suchen

Wir wollen jetzt nach bestimmten Assets Ausschau halten. Suchen Sie doch einmal die Filme heraus, die in irgendeiner Form mit Tellern bzw. Drehtellern zu tun haben.

1 *Dateien auf den Rechner kopieren*

Falls Sie es nicht bereits getan haben, sollten Sie jetzt den kompletten Ordner BEISPIELDATEIEN von der Buch-DVD auf Ihren Rechner kopieren. Am besten wird es sein, Sie verwenden den gleichen Ordner, in dem Sie auch das Beispiel-Projekt des Buchs speichern.

2 *Ordner einstellen*

Damit Bridge nicht den gesamten Rechner inklusive aller Peripherie durchsucht, stellen Sie zunächst oben links das Bedienfeld ORDNER nach vorne. Navigieren Sie auf dieser Registerkarte zu dem Ordner, der die Beispieldateien zum Hauptfilm beinhaltet. Gemeint ist der Ordner GECKO-GLAS.

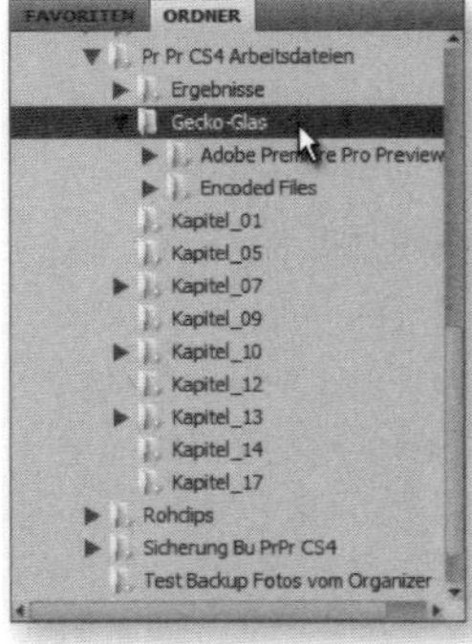

Abbildung 3.15 ▶ Halten Sie nach dem Ordner GECKO-GLAS Ausschau, und markieren Sie ihn.

3 *Suchwort eingeben*

In der Mitte der Bridge werden nun die enthaltenen Assets gezeigt. Natürlich sind das alle, die in diesen Ordner eingebettet sind – und eben nicht nur die Teller-Clips. Deshalb sollten Sie oben rechts im Eingabefeld mit der kleinen Lupe ❶ nun »teller« eintragen (auf eine korrekte Großschreibung können Sie verzichten). Bestätigen Sie mit [↵].

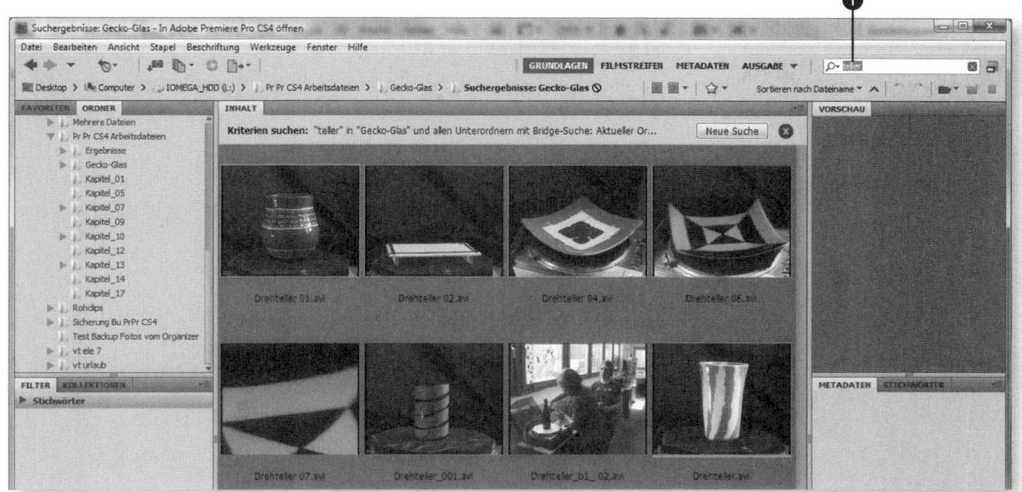

▲ **Abbildung 3.16**
Bridge liefert das Suchergebnis.

4 *Suchergebnis löschen*

Schauen Sie auf die Bezeichnungen in der Mitte der Anwendung, unterhalb der Vorschaubilder. Diese Clips sind übrig geblieben, und die Namen weisen alle in irgendeiner Weise das Wort »teller« auf. Damit Sie aber das Ergebnis auch wieder verwerfen und letztendlich wieder alle Clips anzeigen lassen können, müssten Sie auf die kleine Kreuz-Schaltfläche ❸ in der Kopfleiste der Inhalt-Palette klicken. Dadurch wird das Suchergebnis gelöscht. Alternativ könnten Sie eine komplett neue Suche starten, indem Sie auf NEUE SUCHE ❷ klicken. Letzteres offenbart eine Eingabemaske, die Sie aber ohnehin im Anschluss an diesen Workshop noch kennen lernen.

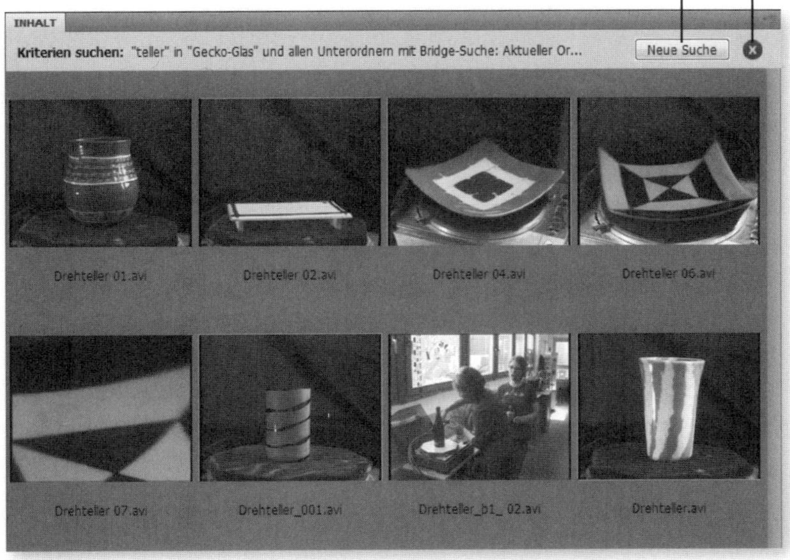

◀ **Abbildung 3.17**
Verlassen Sie die Suchauswahl. ■

3.3.1 Fortgeschrittenes Suchen

Sollte die schnelle Suche nicht zum gewünschten Ergebnis führen, oder werden einfach zu viele Treffer angezeigt, können Sie eine kombinierte Suchmaske verwenden. Gehen Sie dazu auf BEARBEITEN • SUCHEN.

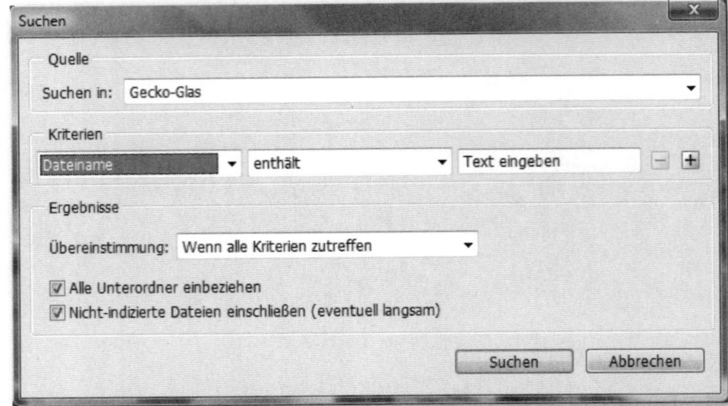

Abbildung 3.18 ▶ In diesem Dialog lassen sich mehrere Suchparameter formulieren.

1. Ganz oben unter SUCHEN IN legen Sie fest, in welchem Ordner Bridge nach den relevanten Dateien Ausschau halten soll. Unterhalb formulieren Sie Ihre Suchoptionen. So könnten Sie beispielsweise mit dem Dateinamen beginnen. Lassen Sie das erste Pulldown-Menü unverändert (hier steht DATEINAME), und klicken Sie in das dritte Feld (hier steht TEXT EINGEBEN). Tragen Sie erneut »teller« ein.
2. Da diese Option alleine aber eventuell noch nicht reichen könnte, müssen Sie auf das kleine Plus-Symbol am Ende dieser Zeile klicken und so eine zweite Suchoption zugänglich machen. Wenn Sie beispielsweise wissen, dass die gesuchte Videodatei im Jahr 2008 integriert worden ist, könnte der zweite Satz lauten: »Erstellungsdatum – ist größer als – 31.12.2007«.
3. Jetzt müssen Sie noch einen dritten Satz formulieren. Deshalb klicken Sie auch in der zweiten Zeile auf das Plus-Symbol. Geben Sie hier ein: »Erstellungsdatum – ist kleiner als – 01.01.2009«.
4. Zudem müssen Sie noch darauf achten, dass es im Bereich ÜBEREINSTIMMUNG heißt: WENN ALLE KRITERIEN ZUTREFFEN. Missachten Sie das, zeigt die Anwendung ein Asset auch dann als Treffer an, wenn nur eine einzige der formulierten Bedingungen erfüllt ist. Und das ist ja bei dieser Vorgehensweise eben nicht gewollt.

Natürlich funktioniert diese Vorgehensweise nur, wenn Ihre Clips eindeutig benannt sind.

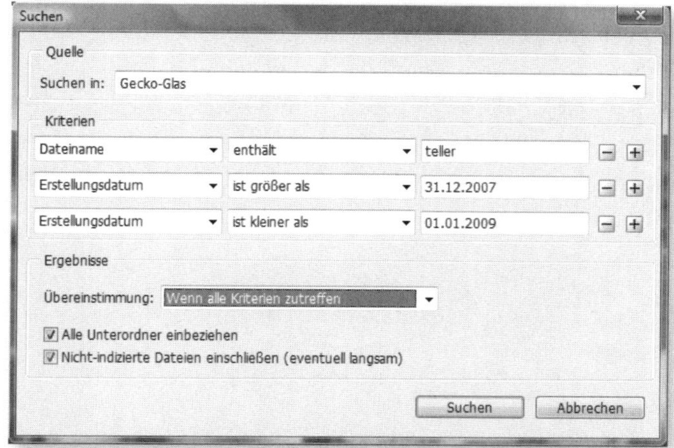

◀ **Abbildung 3.19**
Diese drei Parameter sorgen dafür, dass alle »teller«-Filme des Jahres 2008 gefunden werden.

3.4 Assets übergeben

Mit Adobe Bridge CS4 sollten Sie schnell und zuverlässig fündig werden, was die Assets auf Ihrem Rechner angeht. Allerdings werden Sie diese Anwendung sicher allenfalls als emsiges Helferlein betrachten. Die hauptsächliche Arbeit werden Sie in Premiere Pro oder Encore verrichten. Deshalb muss es natürlich auch einen Weg geben, gefundene Assets an die jeweilige Anwendung zu übergeben. Markieren Sie die Assets, die Sie übergeben wollen (das können neben Videos auch Audiodateien, Fotos o. Ä. sein), gehen Sie in das Menü DATEI • ÖFFNEN MIT, und entscheiden Sie sich in der Liste für die bevorzugte Anwendung (hier: ADOBE PREMIERE PRO CS4).

▼ **Abbildung 3.20**
Ab damit zum Videoschnitt.

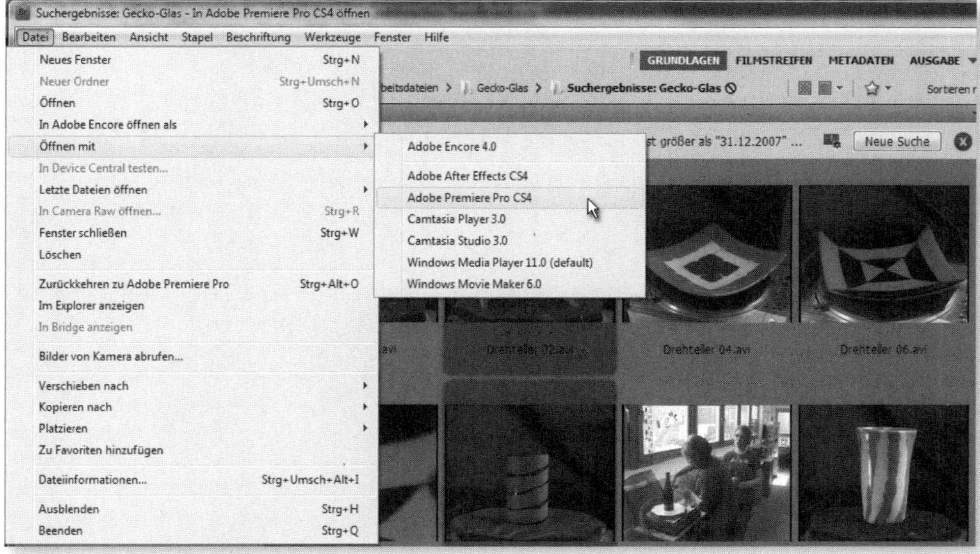

Übrigens lassen sich durchaus auch mehrere Dateien markieren und in einem Arbeitsgang übergeben. Wenn die Assets nebeneinanderliegen, markieren Sie das erste, halten ⇧ gedrückt und klicken auf das letzte. Dadurch werden alle dazwischen befindlichen Assets ebenfalls markiert. Wenn Sie einzelne, nicht beisammenliegende Assets auswählen wollen, halten Sie während des Markierens Strg/⌘ gedrückt.

4 Arbeitsoberfläche und Grobschnitt

4

Die Arbeitsoberfläche von Premiere Pro ist wie ein »Fachdiscounter« in Sachen Videoschnitt. Zwar gibt es dort alles, was das Herz begehrt, doch ist nicht alles immer gleich zu finden. So sollte man sich zunächst eine Übersicht verschaffen. Einen entscheidenden Vorteil gegenüber dem Fachdiscounter hat Premiere aber doch zu bieten. Sie können sich nämlich Ihren Laden so einrichten, wie Sie es gerne hätten.

In diesem Kapitel erfahren Sie Folgendes:

- Was muss ich über Projektverknüpfungen wissen?
- Wie lässt sich die Arbeitsoberfläche individuell anpassen?
- Wie wird das Projektfenster verwaltet?
- Wie werden Clips im Quellmonitor vorbereitet?
- Welche Funktionen stellen die Monitore zur Verfügung?
- Welche Funktionen bietet das Schnittfenster?
- Wie funktioniert der Timecode?
- Wie passt man die Tastatur individuell an?

4.1 Projektverknüpfungen reparieren

Möglicherweise werden Sie nach dem erneuten Start eines Premiere Pro-Projekts auf ein Fenster stoßen, in dem nach Dateien gesucht wird.

Premiere Pro legt nämlich nach dem Import von Assets Verweise zu den Originalen an. Sollten Sie jedoch Asset-Ordner auf Ihrem Rechner verschieben, kann Premiere diese nicht mehr ausfindig machen. Das Gleiche gilt übrigens auch, wenn Sie die verwendeten Assets bzw. Ordner umbenennen. Haben Sie Lust, das einmal auszuprobieren? Dann befolgen Sie die Anweisungen des folgenden Workshops.

Schritt für Schritt: Verknüpfungen reparieren

1 ***Ordner umbenennen***

Zunächst einmal müssen Sie dafür sorgen, dass die Verknüpfungen verloren gehen. Das können Sie ganz einfach machen, indem Sie den Ordner umbenennen, der die Projekt-Assets enthält. Minimieren Sie Premi-

▲ **Abbildung 4.1**
Für dieses Beispiel reicht es, wenn Sie etwa einen Unterstrich hinzufügen.

ere Pro und navigieren zum Ordner, den Sie im Projekt von Kapitel 1 erzeugt haben. Hängen Sie jetzt ein beliebiges Zeichen an die Bezeichnung an.

Übung aus Kapitel 1 nicht gemacht?

Falls Sie die erwähnte Übung noch nicht absolviert haben, legen Sie ein neues Projekt in 48 KHZ STANDARD an und importieren alle Dateien, die sich im Ordner KAPITEL_01 Ihrer Buch-DVD befinden, in dieses Projekt. Vorab sollten Sie den erwähnten Ordner aber auf Ihre Festplatte kopieren. Am Schluss speichern Sie das Projekt.

2 *Optional: Verknüpfungen direkt reparieren*

Wenn Sie nun zu Premiere Pro zurückkehren, werden Sie sehen, dass hier gleich Alarm geschlagen wird. Die Anwendung stellt nämlich einen Dialog bereit, mit dessen Hilfe Sie den geänderten Pfad mitteilen können.

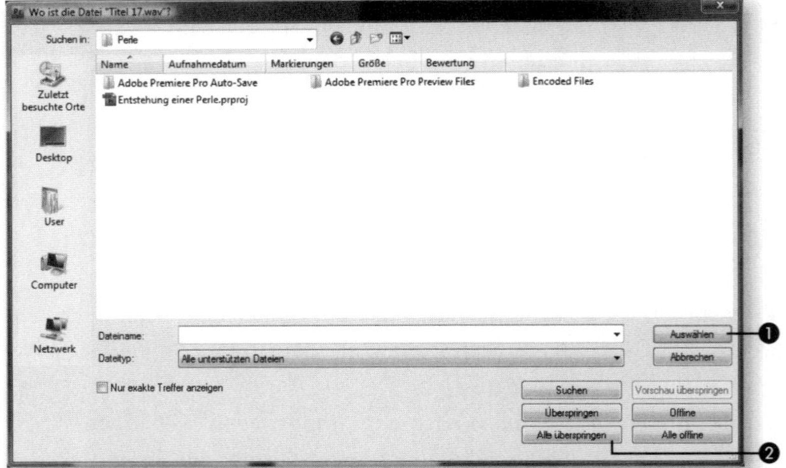

Abbildung 4.2 ▶
Aus diesem Dialog heraus müssten Sie den umbenannten Ordner nun neu einstellen.

Bitte machen Sie diesen Schritt jetzt nicht, da ich Ihnen noch einen anderen Weg zeigen möchte. Sie sollten dennoch wissen, wie Sie in einem solchen Fall generell vorgehen können: Sie navigieren über diesen Dialog zum Ordner, der die Assets enthält, markieren darin die Datei, die in der Kopfleiste des Dialogs angegeben ist, und klicken auf AUSWÄHLEN ❶. Die anderen Assets innerhalb dieses Ordners würden dann automatisch mit aktualisiert.

3 *Projektfenster öffnen*

Und hier nun die Alternative, die sich vor allem dann eignet, wenn nur bestimmte Asset-Verknüpfungen verloren gegangen sind: Verlassen Sie den Dialog zunächst, indem Sie auf ALLE ÜBERSPRINGEN ❷ klicken. Das hat zur Folge, dass keines der Assets aktualisiert wird. Werfen Sie anschließend einen Blick auf das entsprechende Projektfenster, das die relevanten Dateien enthält. Sollte es nicht geöffnet sein, doppelklicken Sie auf den Ordner KAPITEL_01 im Projektfenster.

4 *Offline-Dateien suchen*

Auch hier hat sich etwas getan. Die Dateien werden nämlich mit geänderten Symbolen ❸ dargestellt. Dabei handelt es sich um die so genannten **Offline-Dateien**. Sollten Sie bereits Clips in Ihr Schnittfenster gezogen haben (wie das funktioniert, haben Sie bereits in Kapitel 1 erfahren), zeigt auch der Programmmonitor statt einer Miniaturvorschau ein Offline-Bild.

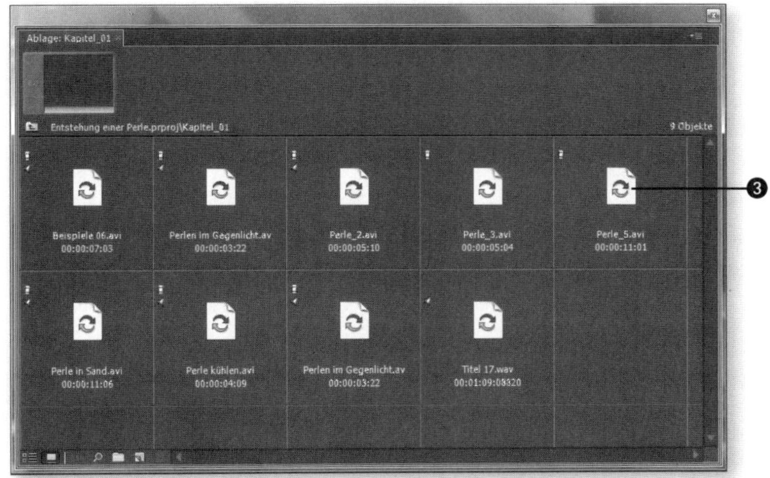

◂ **Abbildung 4.3**
Schluss mit lustig – im Projekt sind keine Medien mehr vorhanden.

5 *Verknüpfungen reparieren*

Um jetzt die Verknüpfungen zu reparieren, reicht es prinzipiell aus, den Pfad einer einzelnen Datei neu anzugeben. Dies gilt allerdings nur, wenn alle verloren gegangenen Dateien im selben Ordner liegen. Wären die Originale auf mehrere Clips verstreut, müssten Sie jeweils eine Datei pro Ordner angeben.

Projekte archivieren

Möglicherweise wollen Sie ein Projekt komplett mit allen Assets verschieben. Das lässt sich prima realisieren, indem Sie im Menü PROJEKT den Eintrag PROJEKTMANAGER wählen. Welche Einstelloptionen in diesem Zusammenhang wichtig sind, erfahren Sie in Kapitel 15, »Export«.

Ich weiß ja nicht, wie Sie darüber denken, aber mir persönlich gefiel der Name KAPITEL_01 besser. Wenn Sie also die Verknüpfungen auf Grundlage des ursprünglichen Namens aktualisieren wollen, entfernen Sie den Unterstrich wieder aus dem Namen des Ordners. Danach gibt es zwei Möglichkeiten:

Entweder Sie schließen Premiere Pro, ohne die Datei zu speichern, und öffnen die Anwendung danach wieder, oder Sie markieren alle Clips im Projektfenster, die aktualisiert werden müssen. Danach klicken Sie mit rechts auf eine der markierten Dateien und entscheiden sich im Kontextmenü für den Eintrag MEDIEN VERBINDEN. Das bringt den soeben bereits angesprochenen Dialog wieder auf die Bildfläche. Halten Sie auch hier wieder Ausschau nach dem Asset, das im Kopf des Dialogs angegeben ist. Navigieren Sie zum Ordner, der diese Datei enthält, markieren Sie dort den Dateinamen, und klicken Sie auf AUSWÄHLEN.

Abbildung 4.4 ▶ Nun erstrahlt das Projekt wieder in altem Glanz, und alle Assets sind wieder verbunden.

4.1.1 Alternative: Keine Unterordner erzeugen

Das Erzeugen von Unterordnern innerhalb des Projektordners dient natürlich der besseren Orientierung. Wer es aber weniger »ordentlich« mag, ist in einer Hinsicht klar im Vorteil: Er muss sich um unterschiedliche Verknüpfungen keine Sorgen machen. Wenn Sie also sämtliche Filme, Clips, Bilder und Sounds direkt in den Ordner befördern, der auch Ihr Premiere Pro-Projekt beherbergt, wird Ihre Schnittsoftware die Verknüpfung zu allen verwendeten Dateien jederzeit wiederherstellen können – egal, wohin Sie den Ordner verschieben.

4.2 Die Arbeitsoberfläche

4.2.1 Die Arbeitsoberfläche, kurz vorgestellt

Adobe Premiere Pro präsentiert sich nach dem Start eines Projekts mit dem Arbeitsbereich BEARBEITUNG.

▼ **Abbildung 4.5**
So präsentiert sich Premiere Pro CS4.

Folgende Paletten und Fenster sind zu sehen:

❶ Menüleiste
❷ Projektfenster
❸ Quellmonitor
❹ Programmmonitor
❺ Effekte-Palette
❻ Audio-Master-Aussteuerung
❼ Schnittfenster (Timeline)
❽ Toolbox

Vordefinierte Arbeitsbereiche | Premiere Pro bringt außerdem einige vordefinierte Bereiche mit. Öffnen Sie das Fenstermenü, und entscheiden Sie sich für ARBEITSBEREICH • EFFEKTE. Alternativ dazu reicht der Druck der Tastenkombination [Alt]/[⌥]+[⇧]+[3]. Nach kurzer Zeit werden Sie eine leicht veränderte Arbeitsoberfläche vorfinden.

Noch deutlicher wird die Veränderung, wenn Sie beispielsweise [Alt]/[⌥]+[⇧]+[4] drücken bzw. FENSTER • ARBEITSBEREICH • FARBKORREKTUR wählen.

Abbildung 4.6 ▲
Eine Software mit vielen Gesichtern – hier in der optimierten Ansicht zur Farbkorrektur.

4.2.2 Arbeitsoberfläche umgestalten

Die dynamische Oberfläche von Premiere Pro soll dafür sorgen, dass kein Fenster von einem anderen verdeckt wird. Deshalb ist es möglich, Fenster und Paletten gemeinsam zu verschieben. Stellen Sie die Maus an einen Zwischensteg, der zwei Fenster voneinander trennt. Die richtige Position ist gefunden, wenn der Mauszeiger zum Doppelpfeil mutiert. Wenn Sie jetzt den Zwischensteg mit gedrückter Maustaste verziehen, werden beide Fenster entsprechend reagieren.

Auf diese Weise lassen sich auch drei oder sogar vier Fenster gleichzeitig verstellen. Dazu gehen Sie dann mit der Maus nicht an einen Zwischensteg, sondern auf eine »Kreuzung«.

Palettenbereiche scrollen | Bestimmt sind Ihnen schon die kleinen grauen Balken ❶ oberhalb der Bedienfelder aufgefallen. Diese verändern sich in der horizontalen Ausdehnung, je nachdem, wie viel Platz für die jeweilige Gruppe zur Verfügung steht. Das Geheimnis dieser Balken: Es handelt sich um Scrollleisten. Wenn also eine Registerkarte nicht zugänglich ist, weil dem jeweiligen Fenster zu wenig Platz zur Verfügung steht, können Sie die Leiste per Drag & Drop verschieben und so die verborgenen Registerkarten erreichen.

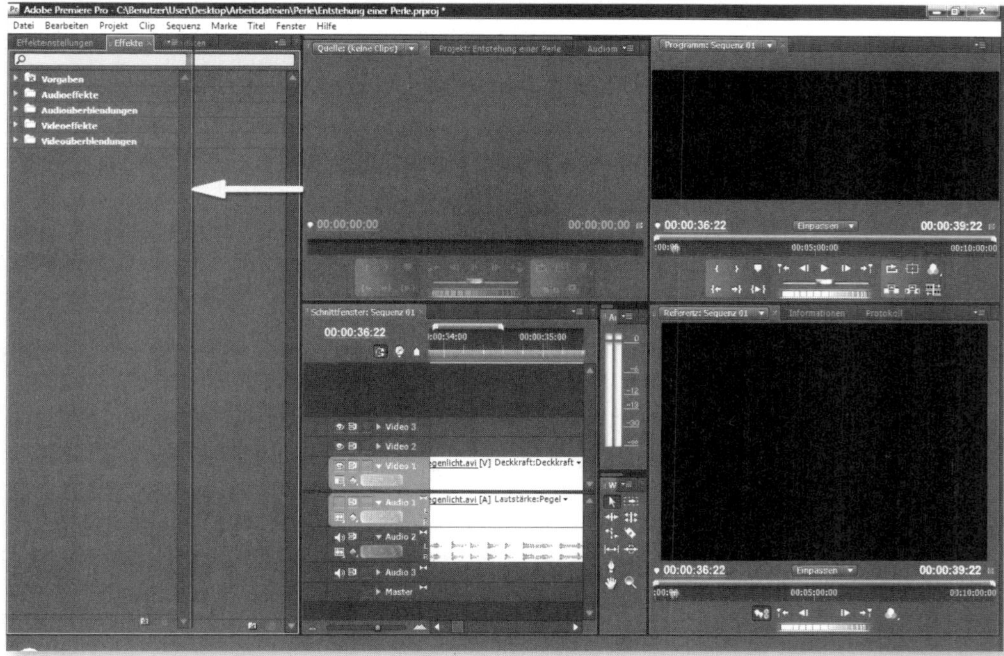

▲ **Abbildung 4.7**
Diese Technik funktioniert nicht nur bei vertikalen, sondern auch bei horizontalen Stegen.

Fenster schließen und wieder öffnen | Sämtliche Bedienfelder und Fenster können über die jeweilige Kreuzschaltfläche ❷ geschlossen werden, was für den versierten Anwender natürlich nichts Neues ist. Interessanter ist da schon die Möglichkeit, dass sich sämtliche Bedienfelder auch wieder über das Fenster-Menü öffnen lassen.

Paletten verschieben | Wenn Sie eine Palette oder ein Fenster komplett vom vordefinierten Ort lösen möchten, klicken Sie einfach auf den Kopf der Registerkarte und ziehen das gute Stück mit gedrückter Maustaste an die gewünschte Position. Dort lassen Sie die Taste dann los. Achten Sie darauf, dass teiltransparente Rechteck-Flächen symbolisieren, wo die Palette eingeordnet werden kann.

Paletten herauslösen | Nun ist diese Art der Dynamisierung von Oberflächen natürlich ganz reizvoll – in der Praxis werden aber noch längst nicht alle Gestaltungswünsche erfüllt. Wenn Sie beispielsweise mit zwei Monitoren arbeiten, werden Sie den Wunsch verspüren, Paletten komplett herauszulösen und als eigenständige Fenster anzuordnen. Auch das ist kein Problem: Ziehen Sie das zu separierende Fenster an eine beliebige Position, während Sie [Strg]/[⌘] gedrückt halten, bzw. ziehen Sie das Bedienfeld auf die Kopfleiste der Anwendung.

Abbildung 4.8 ▸
Lösen Sie Bedienfelder heraus, indem Sie sie per Drag & Drop auf die Kopfleiste der Anwendung ziehen.

Wenn Sie das Bedienfeld hingegen ohne die zuvor erwähnte Taste verschieben und irgendwo auf der Arbeitsoberfläche fallen lassen, wird es an dieser Stelle fest in die Oberfläche integriert. Lilafarbene Overlays zeigen während des Ziehens an, wo Sie ein Bedienfeld ablegen können.

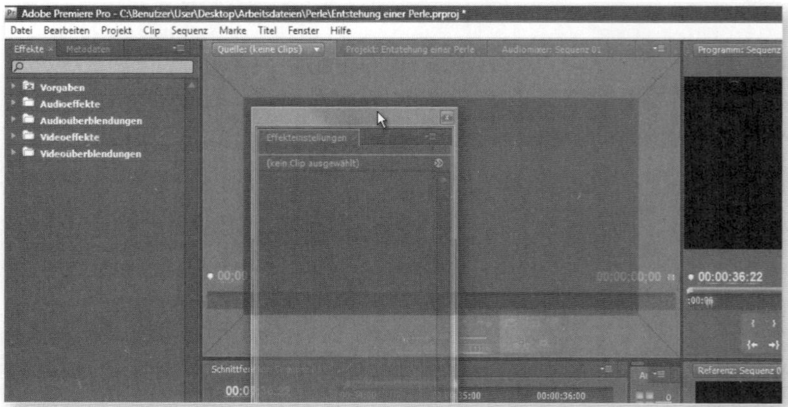

Abbildung 4.9 ▸
Wenn die Bedienfelder mit der dynamischen Arbeitsoberfläche verschmelzen sollen, lassen Sie das Objekt auf einer gefärbten Fläche fallen.

4.2.3 Eine eigene Arbeitsoberfläche definieren

Nun ist es ja ganz nett, dass Premiere Pro mit mehreren verschiedenen Oberflächen aufwartet und Sie überdies noch Ihren eigenen

Arbeitsbereich definieren können. Aber wie sieht es aus, wenn Sie selbst entweder mehrere Bereiche definieren möchten oder wenn mehrere User mit der gleichen Software arbeiten? Dann wählen Sie zunächst Fenster • Arbeitsbereich • Neuer Arbeitsbereich. Geben Sie der zu erstellenden Oberfläche einen Namen.

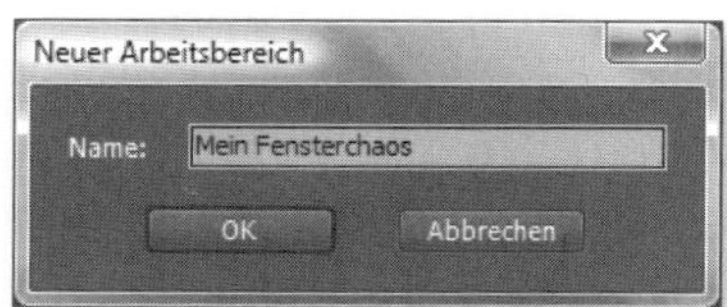

◂ **Abbildung 4.10**
Benennen Sie die Arbeitsbereiche nach Möglichkeit aussagekräftiger, als es hier der Fall ist.

Danach ziehen Sie die Fenster und Paletten so in Position, wie Sie das für die jeweilige Aufgabe gerne hätten. Wollen Sie auf Grundlage des aktuellen Arbeitsbereichs dann vielleicht noch einen weiteren erstellen, müssen Sie lediglich Fenster • Arbeitsbereich • Arbeitsbereich speichern wählen und die Paletten anschließend wieder nach Wunsch anordnen.

Wenn Sie abermals das Arbeitsbereichsmenü (Fenster • Arbeitsbereich) öffnen, werden Sie feststellen, dass Premiere Pro den Namen in das Menü übernommen hat. Freundlicherweise wurde gleich ein Tastaturkürzel vergeben: Alt/⌥+⇧+5.

▾ **Abbildung 4.11**
Auf diese Weise können weitere Arbeitsbereiche definiert werden.

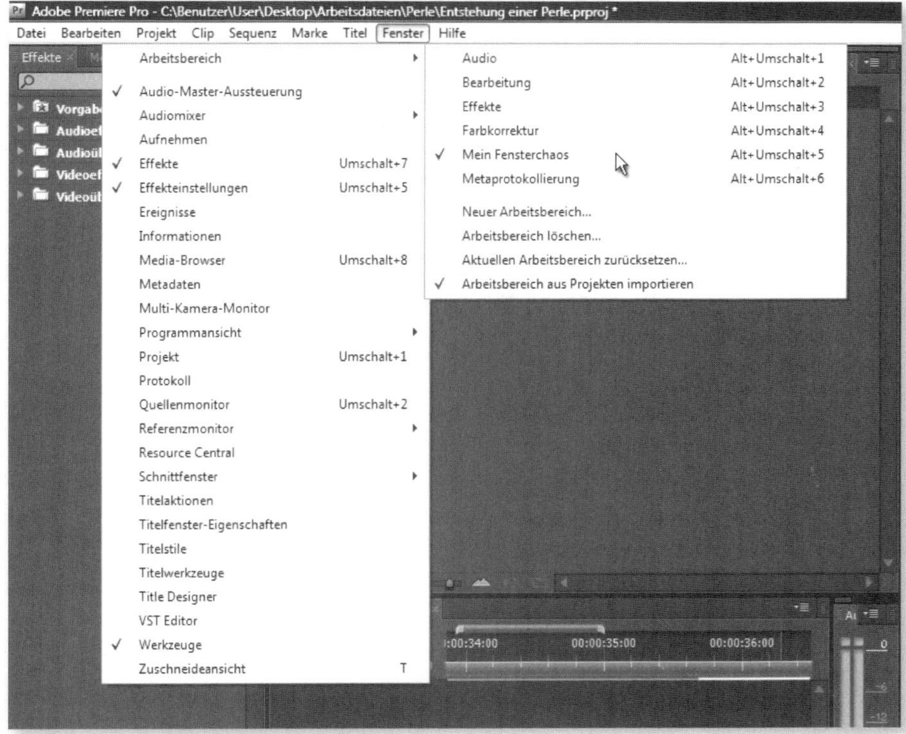

Glücklicherweise lassen sich zuvor definierte Arbeitsbereiche auch wieder löschen. Dazu müssen Sie nichts weiter tun, als FENSTER • ARBEITSBEREICH • ARBEITSBEREICH LÖSCHEN auszuwählen, im bereitgestellten Pulldown-Menü auf den Arbeitsbereich und anschließend auf LÖSCHEN zu klicken.

Allerdings müssen Sie dabei Folgendes beachten: Der Arbeitsbereich, den Sie löschen wollen, darf aktuell auf der Oberfläche nicht eingestellt sein. In diesem Fall wird er nämlich gar nicht zum Löschen angeboten. Wenn Sie also beispielsweise »Mein Fensterchaos« entfernen wollen, müssen Sie zunächst einen anderen Arbeitsbereich wählen (z. B. Audio) und erst im Anschluss ARBEITSBEREICH LÖSCHEN auswählen.

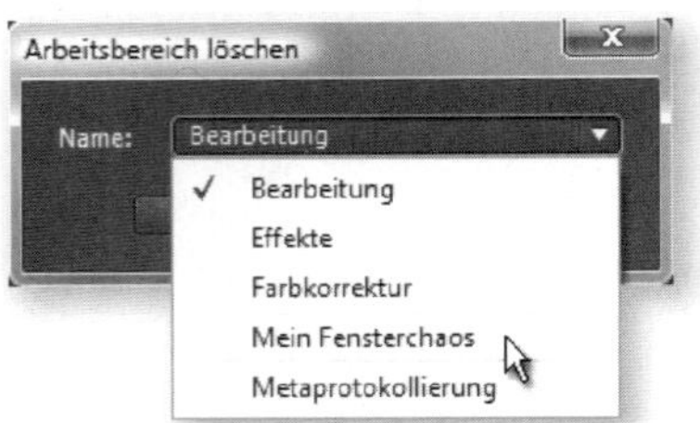

Abbildung 4.12 ▶ Am besten wird sein, Sie benennen die Arbeitsbereiche etwas sinnvoller als in diesem Beispiel.

Letztendlich werden aber alle Änderungen, die Sie nachträglich an einem Arbeitsbereich vornehmen, in das aktuelle Layout der Arbeitsoberfläche übernommen. Dies ist auch zunächst einmal gut so, weil Sie andernfalls nach jeder Änderung einen neuen Arbeitsbereich definieren müssten. Manchmal ist das Ganze aber auch hinderlich, und Sie wünschen sich das ursprünglich eingestellte Interface zurück. Das realisieren Sie dann kurzerhand über FENSTER • ARBEITSBEREICH • AKTUELLEN ARBEITSBEREICH ZURÜCKSETZEN. Den Folgedialog bestätigen Sie dann mit JA.

Abbildung 4.13 ▶ Premiere Pro will es ganz genau wissen und fragt lieber noch einmal nach.

4.3 Der Media-Browser

Neu in Adobe Premiere Pro CS4 integriert ist der Media-Browser, der sich standardmäßig in der Bedienfeldgruppe unten links befindet. Sollte er noch nicht sichtbar sein, wählen Sie ihn über das Menü FENSTER • MEDIA-BROWSER an.

4.3.1 Ansicht des Media-Browsers optimieren

Der Media-Browser stellt sich wesentlich besser dar, wenn Sie Fenster • Arbeitsbereich • Metaprotokollierung einstellen. Er ist nämlich bei gängigen Bildschirmauflösungen zunächst nicht komplett sichtbar. Wenn Sie die aktuell eingestellte Arbeitsfläche allerdings weitgehend erhalten wollen, sollten Sie den vertikalen Steg zwischen Media-Browser und Schnittfenster etwas nach rechts verziehen. Im Anschluss daran lassen sich die Festplattenverzeichnisse öffnen, indem Sie die vorangestellten Dreieck-Symbole markieren. Navigieren Sie weiter bis zum Ordner, der die gewünschten Arbeitsdateien enthält. Diese werden dann auf der rechten Seite des Media-Browsers angezeigt und können jetzt bequem in das gewünschte Projektfenster gezogen werden. So haben Sie also direkt aus Premiere Pro heraus Zugriff auf sämtliche Festplattenverzeichnisse und können diese direkt Ihren Projekten hinzufügen.

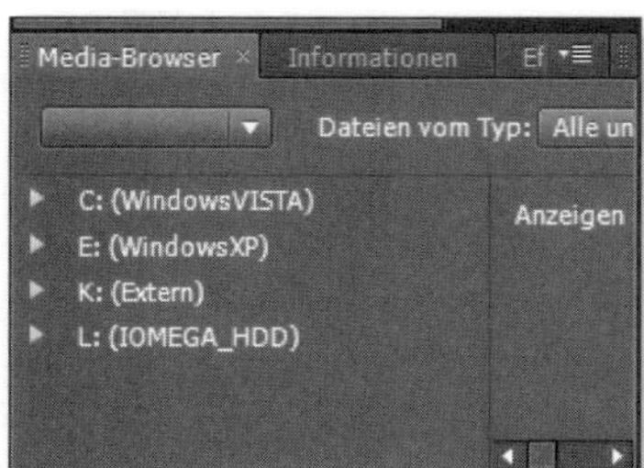

▲ **Abbildung 4.14**
Die Steuerelemente des Bedienfeldes sind teilweise nur zur Hälfte sichtbar.

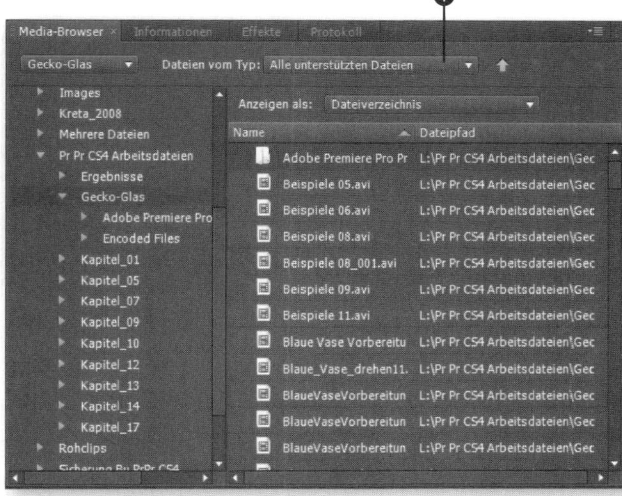

▲ **Abbildung 4.15**
Von hier aus lassen sich die einzelnen Assets in die unterschiedlichen Projektfenster stellen.

Grundsätzlich werden im Media-Browser alle mit Premiere Pro kompatiblen Dateien angezeigt. Wenn Sie allerdings bestimmte Dateien aus einem ansonsten prall gefüllten Ordner heraussuchen wollen, wird die Sache ganz schnell unübersichtlich. Deshalb ist es möglich, die Auswahl auf bestimmte Dateitypen zu beschränken. Dazu klicken Sie in das Pulldown-Menu Dateien vom Typ (hier steht aktuell: Alle unterstützten Dateien) ❶ und entscheiden sich für das Dateiformat, das angezeigt werden soll.

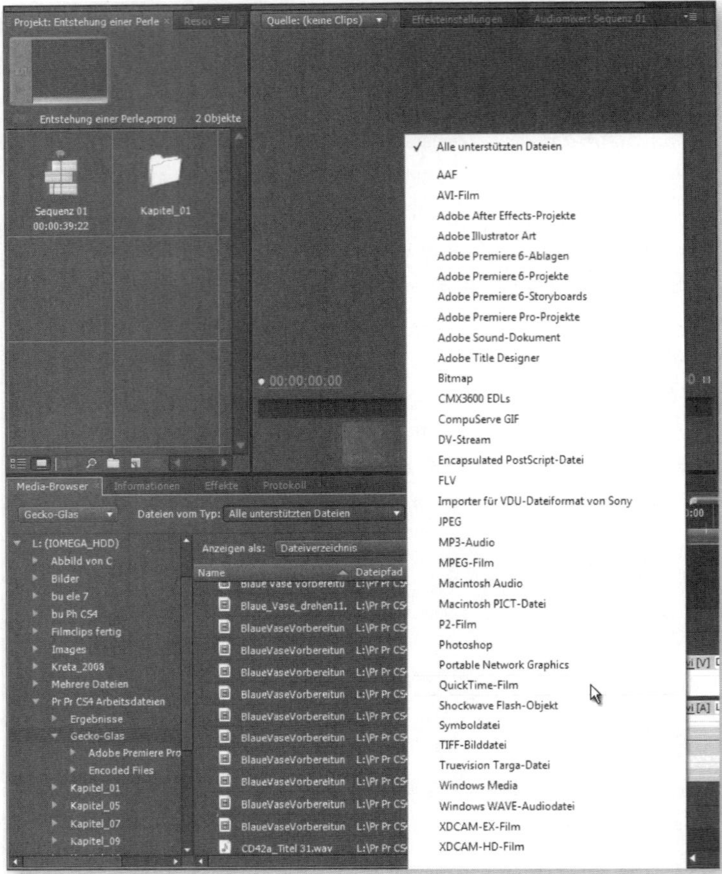

Abbildung 4.16 ▶
Im Anschluss an diese Einstellung werden nur noch QuickTime-Filme angezeigt.

4.3.2 Anzeige für Kameras optimieren

Unterhalb dieses Pulldown-Menüs befindet sich ein weiteres Auswahlfeld, das mit ANZEIGEN ALS betitelt ist. Hier haben Sie die Möglichkeit, kameraspezifische Anzeigen zu wählen. Was hat es nun damit auf sich? – Solange DATEIVERZEICHNIS eingestellt ist, sehen Sie stets alle Dateien, die sich innerhalb eines Ordners befinden. Das ist ja prinzipiell auch so in Ordnung. Aber in einem bestimmten Fall wird das sehr schnell unübersichtlich: Grundsätzlich besteht vom Media-Browser aus nämlich ein direkter Zugang zu den Speichermedien angeschlossener Kameras. Wenn Sie also auf den Datenbestand bandloser Kameras zugreifen wollen, können Sie das direkt über den Media-Browser erledigen. Allerdings befinden sich meist sehr viele, für den Videoschnitt absolut uninteressante Dateien auf der Festplatte bzw. dem Speicher-Chip der Kamera. Diese Dateien erschweren nun die Suche nach den aufgenommenen Clips beträchtlich. Deshalb können unnütze Dateien ausgeblendet werden, indem Sie das Format wählen, das der angeschlossenen Kamera entspricht.

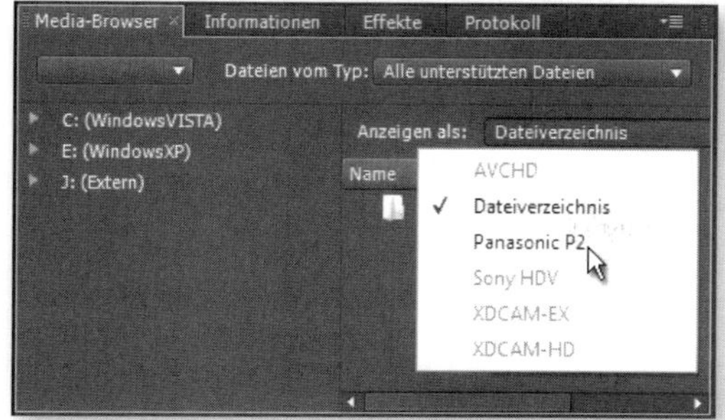

◂ **Abbildung 4.17**
Optimieren Sie die Anzeige für angeschlossene, bandlose Kameras.

4.4 Das Projektfenster

Betrachten Sie das Projektfenster (im Allgemeinen oben links zu finden) bitte als das Archiv Ihres jeweiligen Projekts. Hier lagern alle Utensilien, die für den zu erstellenden Film benötigt werden. Dabei spielt es überhaupt keine Rolle, ob Sie Videoclips, Audioclips, Titel, Bilder o. Ä. verwenden wollen. Zwar gibt es Ausnahmen, doch liegt in der Regel alles, was Inhalt Ihres Projekts werden soll, zunächst einmal hier als Datei vor.

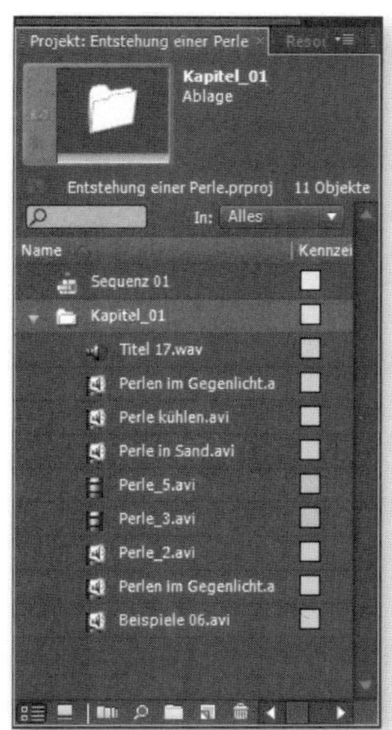

◂ **Abbildung 4.18**
Das Projektfenster bildet das Archiv zu Ihrem Film.

4.4.1 Assets importieren

Nun haben Sie im vorangegangenen Abschnitt bereits erfahren, dass sich Dateien ganz komfortabel und per Drag & Drop über den Media-Browser in das Projekt integrieren lassen. Wenn Sie die Assets allerdings lieber direkt über das Projektfenster integrieren wollen, können Sie das ebenfalls machen.

Falls Sie das Projekt aus Kapitel 1 nicht nachgebaut haben, ist Ihnen mächtig was entgangen! Na ja – ich möchte Ihnen nicht zumuten, dieses Kapitel noch einmal komplett durchzuarbeiten. Allerdings müssen Sie darüber in Kenntnis gesetzt werden, dass der Von-Anfang-an-Leser jetzt schon weiß, dass zu importierende Dateien als **Assets** bezeichnet werden und diese per Doppelklick auf einen freien Bereich ins Innere des Projektfensters importiert werden können. Wenn Ihnen das Menü mehr liegt, können Sie auch DATEI • IMPORTIEREN wählen, während Tastaturkürzel-Fans sich mit [Strg]/[⌘]+[I] begnügen. Im folgenden Dialog können dann einzelne Dateien per Anwahl und anschließenden Klick auf ÖFFNEN hinzugefügt werden.

Mehrere Dateien gleichzeitig hinzufügen

Wenn Sie mehrere nebeneinanderliegende Assets importieren wollen, markieren Sie die erste Datei, halten dann [⇧] gedrückt und klicken anschließend auf die letzte Datei. Mit [Strg]/[⌘] können mehrere nicht untereinanderliegende Dateien markiert bzw. bereits selektierte Assets wieder abgewählt werden.

Ordner importieren | Mitunter kann es sinnvoll sein, komplette Ordner zu importieren. Starten Sie dazu den Importvorgang, wie zuvor beschrieben, navigieren Sie zum Zielordner, der in das Projekt eingeführt werden soll, und entscheiden Sie sich anschließend für die Schaltfläche ORDNER IMPORTIEREN.

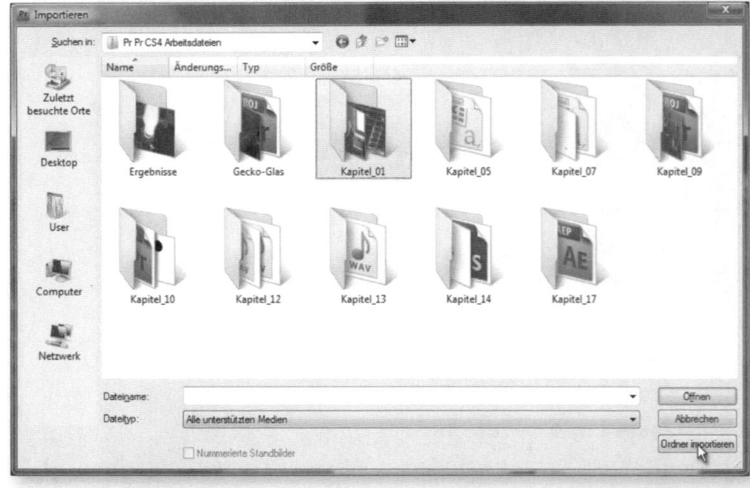

Abbildung 4.19 ▶ Mit Hilfe der untersten Schaltfläche lassen sich ganze Ordner in das Projektfenster importieren.

Ablagen öffnen | Ordner innerhalb des Projektfensters werden als **Ablagen** bezeichnet. Wenn Sie eine solche Ablage öffnen wollen, doppelklicken Sie auf den Ordner. Dadurch öffnet sich ein neues Projektfenster, das nun direkt oberhalb der Arbeitsfläche angeordnet wird. In dieser Ablage können Sie nun nach Herzenslust weiterarbeiten. Der Vorteil: Es dürften beliebig viele Projektfenster benutzt werden.

4

4.4.2 Listen- und Symbolansicht

Zwei äußerst wichtige Schaltflächen finden sich unten links in der Fußleiste. Hier können Sie die Ansicht des Projektfenster-Inhalts nämlich als Liste ❹ oder Miniatur ❺ begutachten.

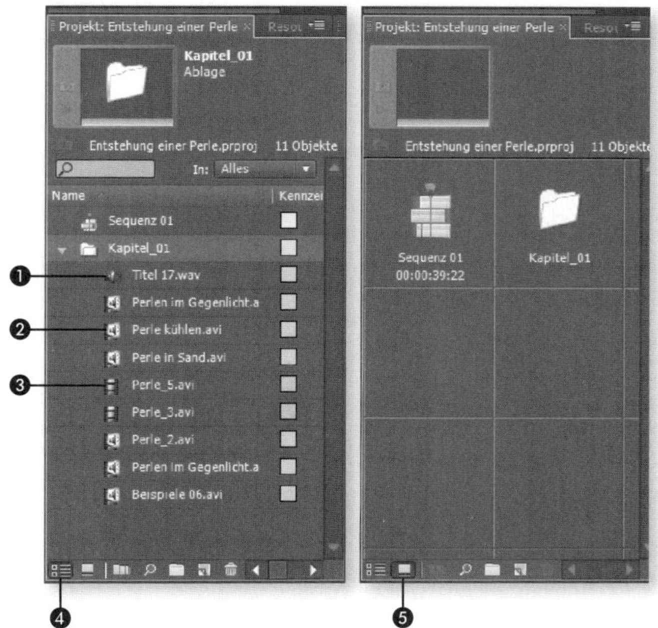

◄ **Abbildung 4.20**
Die Inhalte lassen sich als Miniaturen oder in Listenform anzeigen.

Bedeutung der Symbole | In beiden Ansichten lässt sich sehr gut ablesen, um welche Art von Assets es sich handelt. Die vorangestellten Symbole spielen dabei eine entscheidende Rolle. Sind sowohl ein Film- als auch ein Lautsprecher-Symbol vorhanden, handelt es sich um Filmdateien mit Sound ❷. Wenn hingegen nur eines der beiden Symbole angezeigt wird, liegt nur Filmmaterial ❸ bzw. nur eine Sounddatei ❶ vor.

Ordnerebenen wechseln | Falls Sie einen Ordner importiert haben, können Sie die gleichnamige Ablage per Doppelklick öffnen. Mit einem anschließenden Klick auf das Ordner-Symbol links neben dem Projektnamen ❽ wechseln Sie daraus wieder in die übergeordnete Ebene.

4.4.3 Miniaturen ändern und Assets begutachten

Alle Dateien, die sich innerhalb des Projektfensters befinden, können auch schnell begutachtet werden. Dazu hält dieses Fenster im oberen

Bereich einen Mini-Vorschaumonitor bereit. Markieren Sie eines der Assets, kann es per Klick auf den Play-Button ❻ abgespielt werden.

Titelframe einstellen | Allerdings stellt dieser Monitor eine Funktion zur Verfügung, die in der Praxis wesentlich häufiger Verwendung findet. Wenn Sie mit mehreren ähnlichen Assets arbeiten, lässt sich mitunter nicht genau bestimmen, um welchen Clip es sich gerade handelt – zu ähnlich sind die Bilder, die in der Symbolansicht gezeigt werden. In diesem Fall kann man die Datei mit Hilfe des Schiebereglers unterhalb des Mini-Monitors schnell sichten. Haben Sie ein Bild gefunden, das repräsentativer für den jeweiligen Clip ist, klicken Sie einfach auf das kleine Kamera-Symbol ❼, um dieses Einzelbild als Vorschaubild zu bestimmen.

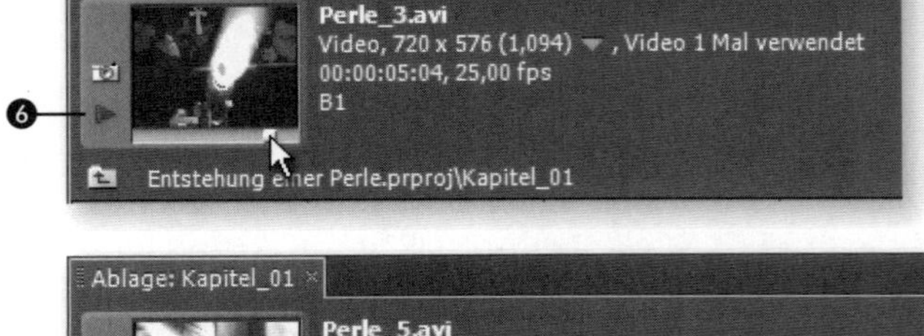

Abbildung 4.21 ▶ Schieben Sie den Regler an eine Position, die Sie für repräsentativ halten.

Abbildung 4.22 ▶ Danach legen Sie dieses Einzelbild als Titelframe fest.

4.4.4 Projektfenster organisieren

Sie wissen ja bereits, dass Sie ganze Ordner importieren können. Wenn aber irgendwann zu viele Assets Ihr Projektfenster schmücken, wird das Ganze leicht unübersichtlich. Für diesen Fall werden so genannte Ablagen bereitgestellt. Im Prinzip sind dies Ordner, die Assets aufnehmen können.

So können die Clips dann nach Art oder Inhalt sortiert werden. Das erledigen Sie einfach per Drag & Drop, indem Sie die jeweilige Datei auf die Ablage im Projektfenster ziehen.

Interessant in diesem Zusammenhang: Sogar bereits im Schnittfenster integrierte Dateien können nachträglich im Projektfenster umsortiert werden, ohne dass der Verweis zur Datei verloren geht. Achten Sie aber darauf, dass Sie beim Verziehen einer Datei immer auf das vorangestellte Symbol klicken und nicht auf die Bezeichnung. Dies hätte nämlich lediglich zur Folge, dass der Name der Datei geändert werden könnte.

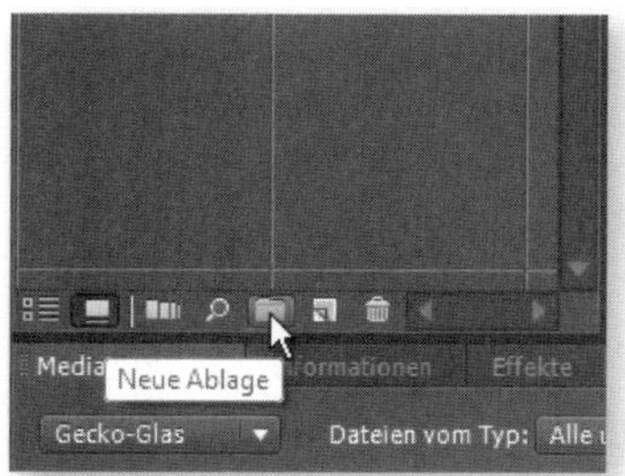

▲ **Abbildung 4.23**
Erzeugen Sie mehrere Ablagen, um den Überblick im Projektfenster zu behalten.

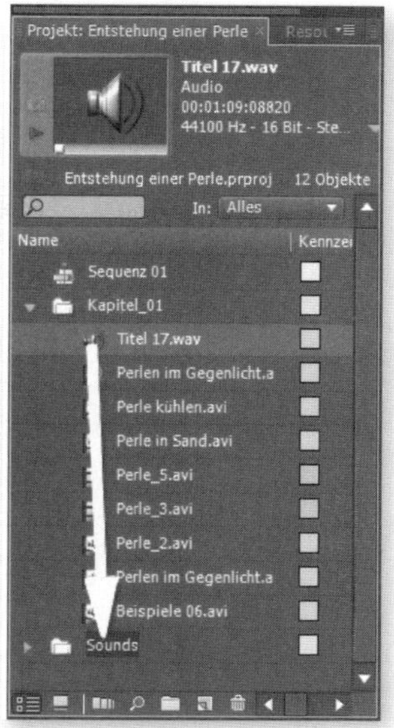

▲ **Abbildung 4.24**
Die Assets lassen sich auf diese Weise leicht sortieren.

Assets suchen | Im Laufe der Zeit wird sich das Projektfenster zunehmend füllen. Wenn irgendwann der Punkt gekommen ist, an dem Sie den gerade benötigten Clip nicht mehr finden, sollten Sie eine der Suchfunktionen im Projektfenster. Klicken Sie in das Eingabefeld SUCHEN ❶, und geben Sie den gewünschten Begriff bzw. Teile davon ein. Im nebenstehenden Feld IN ❷ lässt sich die Suche zudem auf bestimmte Bereiche eingrenzen.

◀ **Abbildung 4.25**
Wenn die Übersicht verloren geht, helfen die Suchfunktionen weiter.

Um eine umfangreichere Suche mit mehreren potenziellen Suchoptionen in Gang zu setzen, betätigen Sie das Lupen-Symbol ❸ in der Fußleiste bzw. verwenden die Tastenkombination [Strg]/[⌘]+[F]. Die

Anwendung stellt daraufhin einen zunächst wenig spektakulären Dialog zur Verfügung. Wenn Sie jedoch im Bereich SPALTE auf das Listenfeld mit dem Eintrag NAME klicken, offenbart sich eine beeindruckende Riege von Parametern. Wählen Sie aus, wonach Sie suchen. Im Feld rechts daneben können Sie den Suchbegriff weiter eingrenzen.

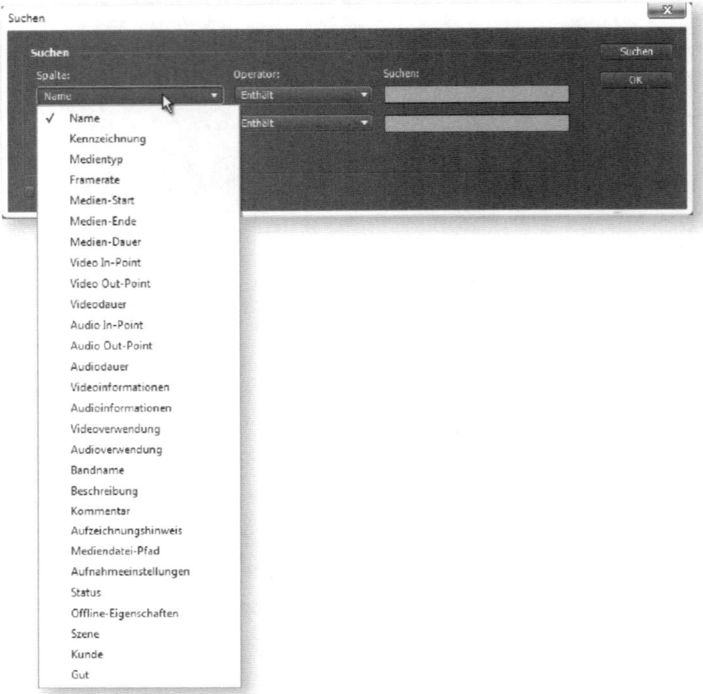

Abbildung 4.26 ▶
Im Listenfeld SPALTE (oben) bestimmen Sie, wonach gesucht wird.

Solange die Checkbox GROSS-/KLEINSCHREIBUNG BEACHTEN nicht angewählt ist, können die Suchbegriffe auch in Kleinschreibung angegeben werden. Außerdem müssen die in das Eingabefeld SUCHEN eingetragenen Suchbegriffe nicht ausgeschrieben werden. Der Suchbegriff »len« würde also auch sämtliche Dateien finden, die mit »Perlen« betitelt sind.

Ganz wichtig in diesem Zusammenhang ist jedoch die Tatsache, dass immer nur der nächste zutreffende Eintrag innerhalb des Projektfensters angezeigt wird, nachdem Sie SUCHEN angewählt haben. Sollte es sich dabei noch nicht um die gewünschte Datei handeln, müssen Sie abermals auf SUCHEN klicken.

Assets löschen | In der Praxis kommt es bisweilen vor, dass Sie wesentlich mehr Assets in Ihr Projekt bringen, als Sie tatsächlich für den Film benötigen. Deshalb lassen sich einzelne Dateien prima löschen, indem sie zunächst markiert und dann mit einem Klick auf das Papierkorb-

Symbol in der Fußleiste des Projektfensters in die ewigen Jagdgründe geschickt werden.

Sollte es sich bei dem Asset allerdings um eine bereits im Schnittfenster integrierte Datei handeln, die also schon Bestandteil Ihres Films ist, reagiert Premiere Pro mit einem Hinweis. Löschen Sie das Asset dennoch, wird es auch aus dem Schnittfenster entfernt.

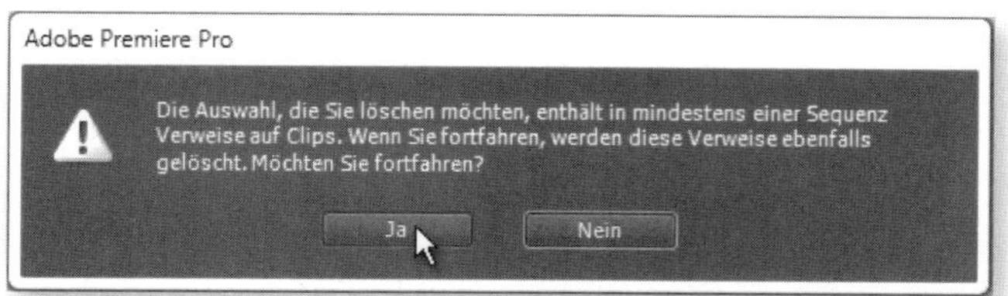

◂ **Abbildung 4.27**
Aus dem Projektfenster entfernte Assets werden auch im Schnittfenster gelöscht.

Rückgängigmachen und Wiederherstellen | Sollten Sie versehentlich eine Datei entfernt haben, die Sie eigentlich noch benötigen, können Sie das Löschen (wie im Übrigen so ziemlich jeden anderen Arbeitsschritt) rückgängig machen, indem Sie BEARBEITEN • RÜCKGÄNGIG auswählen oder die Tastenkombination [Strg]/[⌘]+[Z] drücken. Rückgängig gemachte Schritte lassen sich überdies mit [Strg]/[⌘]+[⇧]+[Z] wiederherstellen.

In Sequenz umwandeln | Sie haben die Möglichkeit, mehrere Clips innerhalb des Projektfensters zu markieren und diese in einem Arbeitsgang Ihrem Projekt hinzuzufügen. Dazu reicht ein Mausklick auf das entsprechende Symbol ❶ in der Fußleiste.

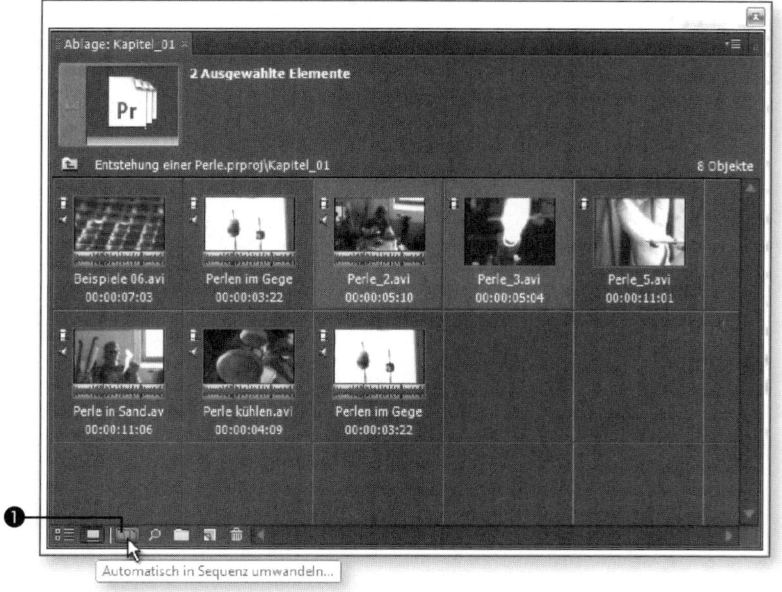

◂ **Abbildung 4.28**
Fügen Sie markierte Clips in Ihr Projekt ein.

Videospur wählen

Bevor Sie dem Schnittfenster Clips auf diese Art hinzufügen, sollten Sie dort zunächst eine der Spuren im Schnittfenster auswählen, indem Sie den Kopf der Spur anklicken. Letztere wird daraufhin dunkelgrau unterlegt. Im weiteren Verlauf dieses Kapitels werden wir noch häufiger damit arbeiten.

Sequenz-Problematik | Der Begriff AUTOMATISCH IN SEQUENZ UMWANDELN ist vielleicht etwas irreführend. Sie erzeugen nämlich mit Anwahl dieses Buttons keine neue Sequenz, sondern fügen lediglich alle zuvor markierten Clips an der aktuellen Position der Einfügemarke in das Schnittfenster ein – wohlgemerkt: in das Schnittfenster der aktuellen Sequenz, nicht in eine neue!

Was sind eigentlich Sequenzen?

Sequenzen sind eigenständige Schnittfenster innerhalb eines Projekts. Das bedeutet: Ein Projekt kann durchaus aus mehreren Sequenzen bestehen, die man dann per Anwahl der Registerkarte innerhalb des Schnittfensters anwählen und bearbeiten kann. Mehr über Sequenzen erfahren Sie in Kapitel 7, »Mit Sequenzen arbeiten«.

Der Dialog »Automatisch in Sequenz umwandeln« | Allerdings ist die Aktion damit noch nicht beendet. Premiere Pro möchte jetzt noch einiges wissen. Wie die Dateien angeordnet oder platziert werden und ob die Clips hier gleich mit einer Überblendung versehen werden sollen, entscheiden Sie im Folgedialog.

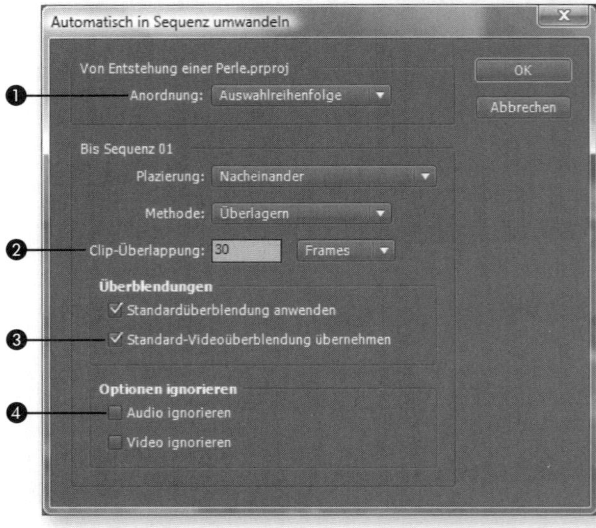

Abbildung 4.29 ▸
Mit Hilfe dieses Dialogs bestimmen Sie, wie die Clips eingefügt werden sollen.

Wenn Sie sich im Listenfeld ANORDNUNG ❶ für SORTIERREIHENFOLGE entscheiden, werden die Clips in der Reihenfolge übernommen, in der sie im Projektfenster vorliegen. Mit AUSWAHLREIHENFOLGE würden sie in der Reihenfolge eingefügt, in der sie im Projektfenster markiert worden sind – d.h., Sie bestimmen die Reihenfolge selbst. Im Workshop »Schritt für Schritt: Clips im Projektfenster schneiden« in Abschnitt 4.10 wird dieses Thema noch einmal aufgegriffen.

Sie können auch dafür sorgen, dass sich die Clips überlappen. Wie viele Einzelbilder dafür herangezogen werden, legen Sie mit dem Wert für die CLIP-ÜBERLAPPUNG ❷ fest. Entscheiden Sie ferner, ob die Clips ineinander überblendet werden sollen. In diesem Fall lassen Sie STANDARD-VIDEOÜBERBLENDUNG ÜBERNEHMEN ❸ aktiviert.

Falls Sie mit Clips arbeiten, die sowohl aus Audio als auch aus Video bestehen, können einzelne Elemente vom Hinzufügen ausgespart werden. Es ist ja durchaus denkbar, dass Sie den Originalton verwerfen wollen, weil die Videoclips mit Ihrer Lieblingsmusik untermalt werden sollen. In diesem Fall wäre es durchaus sinnvoll, das Originalaudio gar nicht erst hinzuzufügen. Das realisieren Sie durch Aktivierung der Checkbox AUDIO IGNORIEREN ❹.

4.5 Metadaten

Die vielleicht umfangreichste Neuerung in Premiere Pro CS4 ist die Verarbeitung von Metadaten. Damit gemeint sind Beschreibungen und Informationen, die in die dazugehörige Quelldatei, z.B. ein Video, eingebettet werden können. Nun bestehen derartige Daten aus zwei unterschiedlichen Kategorien:

- Zum einen finden sich bereits vorhandene Informationen, beispielsweise über die Beschaffenheit eines Clips, deren Dauer oder Framerate.
- Zum anderen können Sie aber selbst Metadaten hinzufügen.

Doch das herausragende Kriterium ist: Einige Metadaten bleiben anwendungsübergreifend während des gesamten Workflows erhalten. Dazu ein Beispiel: Sie geben in Premiere Pro Metadaten vor und können darauf auch in Encore noch zugreifen.

Und jetzt zur Praxis: Für die Arbeit mit Metadaten gibt es einen eigenen Arbeitsbereich, den Sie über FENSTER • ARBEITSBEREICH • METAPROTOKOLLIERUNG einstellen können.

Abbildung 4.30 ▲
Der eigens zur Metaprotokollierung erschaffene Arbeitsbereich

4.5.1 Clipdaten

Ganz oben rechts in der Ecke befindet sich das Bedienfeld METADATEN. Hier befinden sich die so genannten **Clipdaten**. Damit sind die Eigenschaften gemeint, die der jeweiligen Clipinstanz zugrunde liegen. Diese Daten werden direkt mit der Projektdatei von Premiere Pro gespeichert und stehen demzufolge auch nur in Premiere Pro zur Verfügung (das ist bei Datei-Metadaten anders, wie Sie gleich noch sehen werden).

Wenn in der rechten Spalte nichts angezeigt wird, liegt es daran, dass kein Clip markiert ist. Holen Sie das nach, indem Sie eine beliebige Datei (aus dem Projekt- oder Schnittfenster) per einfachem Mausklick auswählen. Weiß bzw. hellgrau dargestellte Parameter sind nicht veränderbar. So lässt sich ja beispielsweise die Framerate nachträglich nicht willkürlich verändern. Anders verhält es sich bei den orangefarbenen Parametern, die jederzeit geändert werden können. Da wir uns später damit noch ausführlich beschäftigen, wollen wir an dieser Stelle nicht näher darauf eingehen.

Wenn Sie jetzt in der Liste etwas nach unten scrollen, werden Sie auf Eingabefelder stoßen, in die Sie Ihre eigenen Metadaten eintragen können. Hier lassen sich z. B. Informationen über das verwendete Aufnahmeband sowie diverse Kommentare vergeben.

▲ **Abbildung 4.31**
Im Metadaten-Bedienfeld muss zwischen änderbaren ❶ (orange und mit einer gepunkteten Linie unterstrichen) und nicht änderbaren ❷ (hellgrauen) Informationen unterschieden werden.

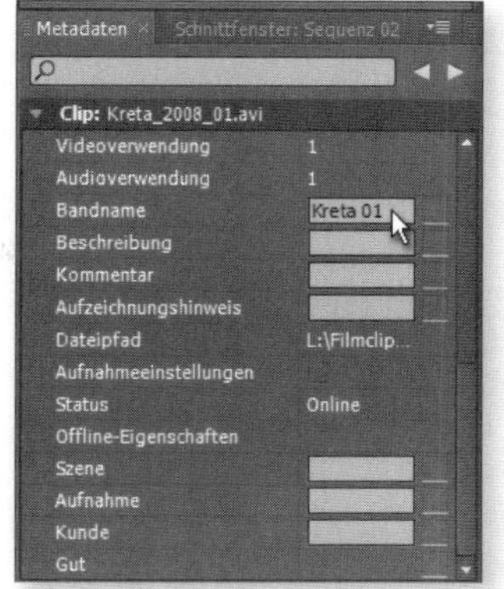

▲ **Abbildung 4.32**
Weiter unten finden Sie die editierbaren Clip-Eigenschaften.

4.5.2 Dateidaten

Im Gegensatz zu Clipdaten zeigen die Dateidaten die Eigenschaften der Quelldatei auf. Demzufolge werden sie auch direkt in die Quelldateien eingebettet, was es letztendlich ermöglicht, Dateidaten auch anwendungsübergreifend zu verwenden bzw. darauf zuzugreifen (z. B. in Bridge, After Effects oder Encore).

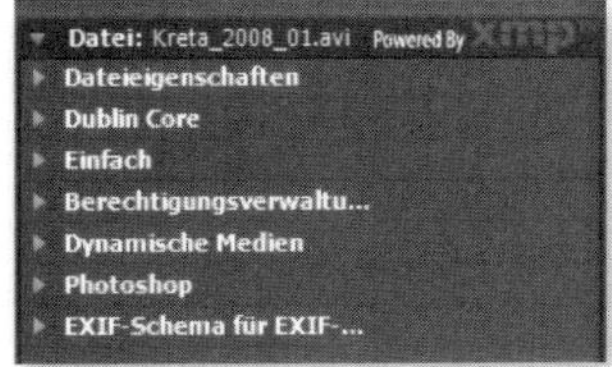

◀ **Abbildung 4.33**
Die Dateidaten sind ein Feld tiefer angeordnet.

Auch hier gibt es änderbare und nicht änderbare Daten. Die Dateieigenschaften selbst beispielsweise, die sich hinter dem obersten Eintrag verbergen, können nicht geändert werden, während sich andere Listen, wie z. B. Dublin Core, editieren lassen.

4.5.3 Nach Metadaten suchen

Gleich unter dem Register Metadaten, ganz oben im Bedienfeld, befindet sich eine Eingabemaske ❸, mit der Sie nach Metadaten suchen können. Die Ergebnisse werden während der Eingabe bereits dynamisch angezeigt, wobei Sie Groß- und Kleinschreibung durchaus ignorieren können. Bei der Suche werden übrigens sowohl Clipdaten als auch Dateidaten berücksichtigt. Denken Sie bitte am Schluss daran, die

Suchmaske wieder zu löschen, indem Sie das kleine Schließen-Symbol ❹ auf der rechten Seite betätigen. Ansonsten werden nämlich nur ergebnisbildrelevante Daten angezeigt.

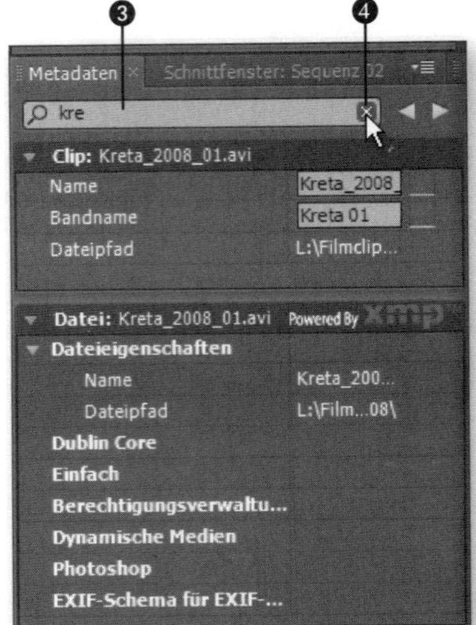

Abbildung 4.34 ▶
Das dynamische Suchfeld sorgt bereits während der Eingabe für die Anzeige der Ergebnisse.

4.6 Sprachtranskription

Premiere Pro CS4 geht in Sachen Metadaten noch einen Schritt weiter. So ist es neuerdings auch möglich, gesprochene Worte aus Video- oder Audioclips in Metadaten umzuwandeln. Das ist vor allen Dingen dann sinnvoll, wenn Sie es mit zahlreichen Kommentar-Clips zu tun haben und Sie nach einem bestimmten Zitat suchen müssen. Allerdings sind die Ergebnisse nicht immer zufrieden stellend – zumindest was die deutsche Sprache betrifft. Zudem dauert die Transkription doch recht lange. Dennoch wollen wir einen kurzen Blick auf diese Funktion werfen: Zunächst einmal sollten Sie auch hier auf FENSTER • ARBEITSBEREICH • METAPROTOKOLLIERUNG umschalten. Danach markieren Sie den Clip, dessen gesprochene Worte Sie in Metadaten umwandeln wollen. Klicken Sie anschließend ganz unten rechts im Bedienfeld SPRACHTRANSKRIPTION auf TRANSKRIBIEREN.

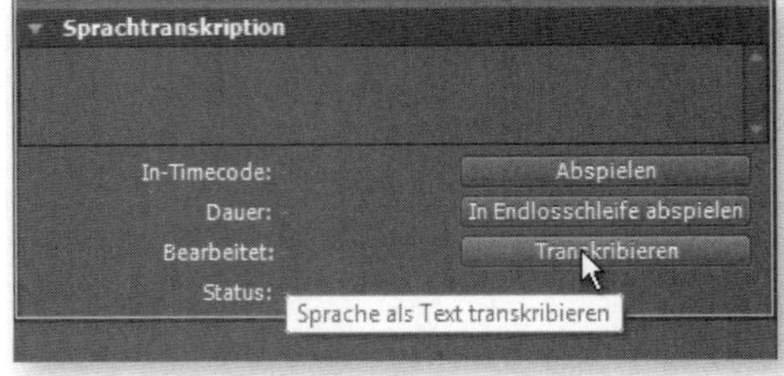

Abbildung 4.35 ▶
Jetzt wird die Umwandlung von Sprache in Text gestartet.

Im Anschluss daran können Sie noch festlegen, um welche Sprache es sich im Original-Video handelt und wie hoch die Qualität sein soll. Zudem lassen sich unterschiedliche Sprecher noch anhand von Tonhöhen und Sprachmustern unterscheiden.

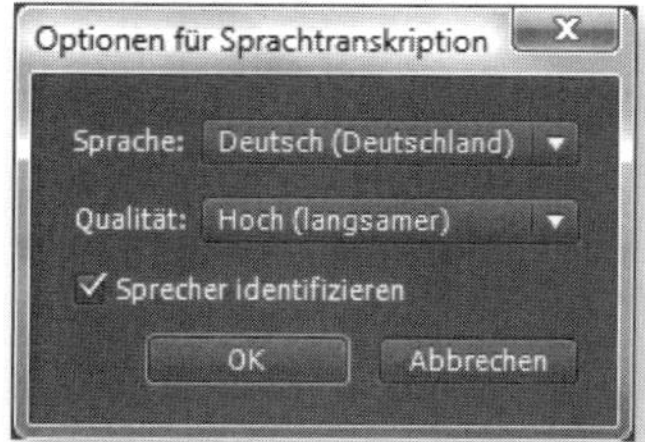

◀ **Abbildung 4.36**
Bevor Premiere Pro mit der Transkription beginnt, können noch einige Parameter verändert werden.

Alles Weitere übernimmt der **Adobe Media Encoder**, der sich nach einem Klick auf OK automatisch öffnet. Betätigen Sie im folgenden Dialog die Schaltfläche WARTESCHLANGE STARTEN ❶, damit die eigentliche Umwandlung beginnt. Ein Fortschrittbalken im unteren Bereich des Fensters symbolisiert, wie weit die Transkription fortgeschritten ist.

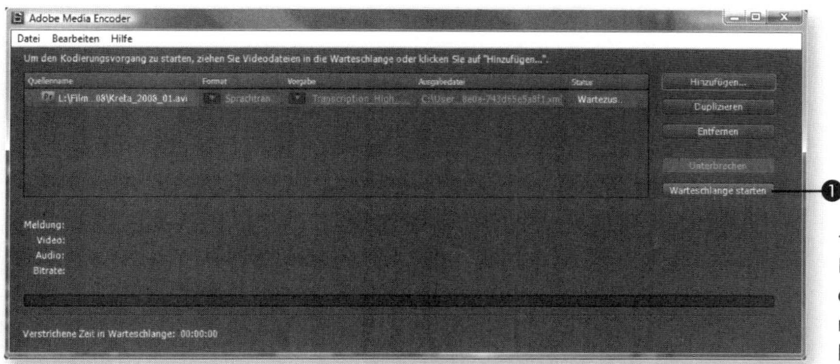

◀ **Abbildung 4.37**
Bedenken Sie, dass die Umwandlung recht lange dauern kann.

Wenn die Kodierung abgeschlossen ist, können Sie den Media Encoder wieder schließen und zu Premiere Pro zurückkehren. Das dritte Metadaten-Bedienfeld, SPRACHTRANSKRIPTION, ist jetzt erweitert worden. Hier werden die Worte zunächst so angeboten, wie der Media Encoder sie vernommen hat.

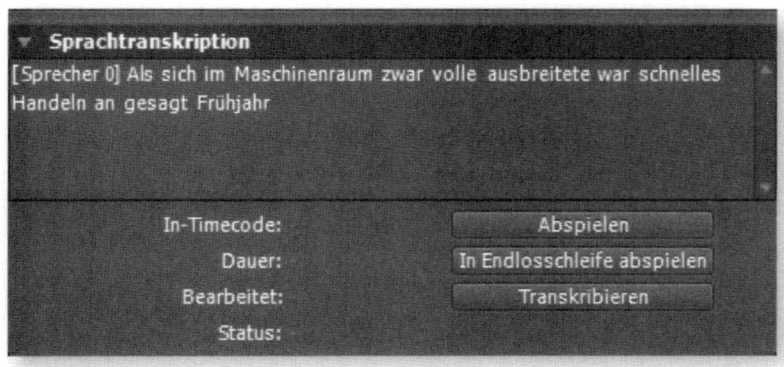

◀ **Abbildung 4.38**
Das Ergebnis muss noch korrigiert werden.

Das wird sicher nicht fehlerfrei vonstatten gegangen sein, weshalb Sie auch jetzt noch die Möglichkeit haben, einzelne oder mehrere Worte zu verändern. Wollen Sie ein einzelnes Wort überschreiben, empfiehlt sich der Vierfach-Klick, mit dessen Hilfe sich ein Wort komplett markieren lässt. Überschreiben Sie das Ganze, und bestätigen Sie die Änderungen mit [↵]. Umfangreichere Arbeiten werden über das Kontextmenü (Rechtsklick) erledigt. Hier werden zahlreiche weitere Optionen bereitgehalten.

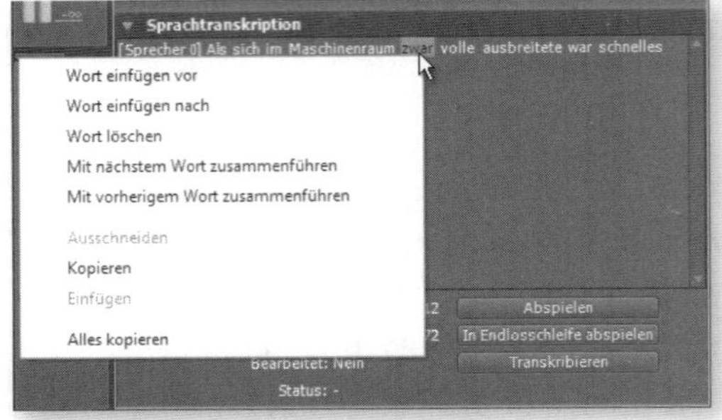

Abbildung 4.39 ▶ Im Kontextmenü lassen sich Worte hinzufügen, zusammenführen und löschen.

Prinzipiell wird die Sprachtranskription aber erst jetzt interessant. Spielen Sie den Clip jetzt im Quellmonitor ab, werden Sie feststellen, dass synchron jedes Wort innerhalb der Palette SPRACHTRANSKRIPTION markiert wird. Das bedeutet: Premiere Pro liest mit, während sich das Video im Play-Modus befindet.

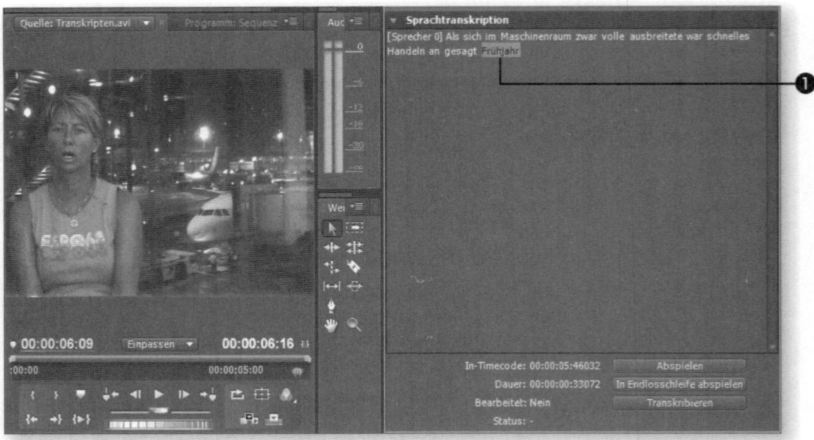

Abbildung 4.40 ▶ Premiere Pro kennzeichnet die aktuelle Textposition mit einer blauen Markierung ❶.

Das hat viele Vorteile: Zum einen können Sie einzelne Textstellen der Aufnahme komfortabel »anspringen«, indem Sie das Wort in der Sprachtranskription markieren. Der Abspielkopf bewegt sich dadurch automatisch zu dieser Stelle. Zum anderen lässt sich ein gesprochenes Wort bzw. eine bestimmte Textpassage auch bei umfangreichen

Aufnahme-Clips (die ja nicht selten auch mal rund eine Stunde dauern können) schnell wiederfinden. Gäbe es keine Sprachtranskription, müssten Sie unter Umständen den gesamten Clip anhören.

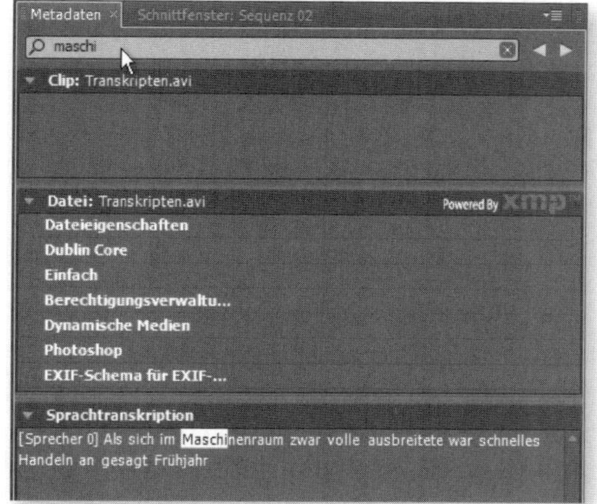

◄ **Abbildung 4.41**
Die Sprachtranskription kann mit Hilfe der Metadaten-Suchfunktion durchsucht werden.

4.7 Die Monitore

Standardmäßig präsentiert sich Premiere Pro mit zwei Monitoren, wovon der linke als Quell- und der rechte als Programmmonitor bezeichnet wird. Damit sich dies besser nachvollziehen lässt, kehren Sie zunächst wieder zur Standardoberfläche von Premiere Pro zurück, indem Sie FENSTER • ARBEITSBEREICH • BEARBEITUNG einstellen. Das hat zur Folge, dass Sie jetzt bereits den rechten, den Programmmonitor, sehen können. Fehlt noch der Quellmonitor: Doppelklicken Sie deshalb auf einen beliebigen Clip innerhalb des Projektfensters, das Sie daraufhin wieder schließen können. Der letzte Schritt sorgt dafür, dass auch der linke, der Quellmonitor, mit einem Clip gefüllt wird.

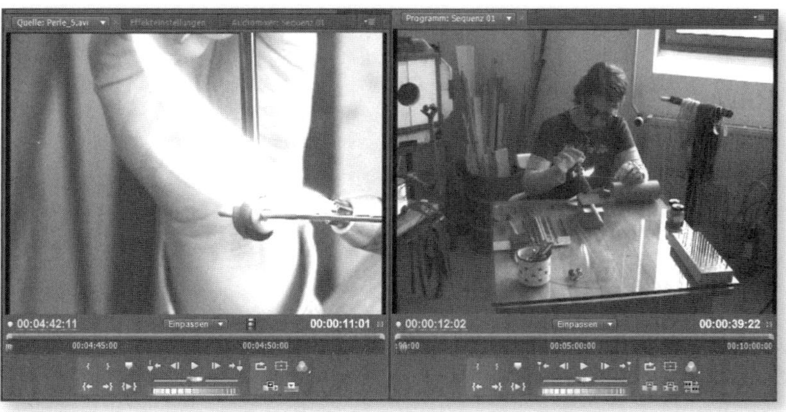

◄ **Abbildung 4.42**
Beide Monitore sind mit Clips gefüllt.

- Betrachten Sie den **Quellmonitor** als Verbindung zu Ihrem Projektfenster. Hier sichten Sie die Clips, setzen In- und Out-Points und bereiten die Clips für die spätere Verwendung im Schnittfenster vor.
- Der **Programmmonitor** hingegen ist Repräsentant Ihres Schnittfensters und zeigt an, was sich aktuell in der Sequenz befindet, genau genommen, wo sich gerade die Abspielmarke befindet.

4.7.1 Die Monitor-Steuerelemente

Bis auf wenige Ausnahmen sind die Steuerelemente unterhalb der Ansichten identisch. Hier werden zunächst die Steuerelemente gezeigt, die in beiden Monitoren vorkommen.

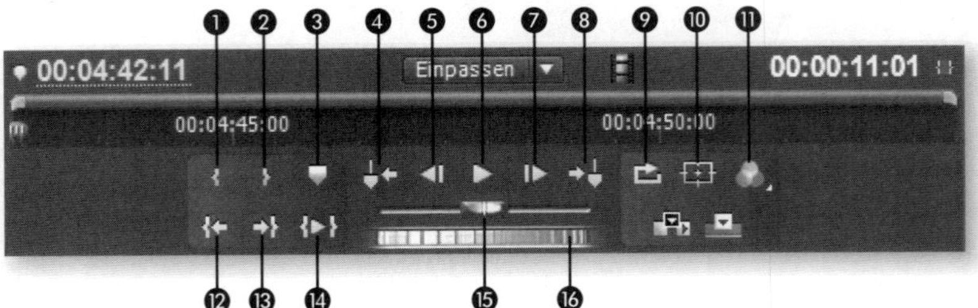

Abbildung 4.43 ▸ Die meisten Bedienelemente sind in beiden Monitoren gleich.

❶ **In-Point setzen** – legt fest, ab welchem Punkt der Clip berücksichtigt werden soll.

❷ **Out-Point setzen** – legt fest, bis zu welchem Punkt der Clip berücksichtigt werden soll.

❸ **Nicht nummerierte Marke setzen** – fügt an der aktuellen Position eine Marke ein, an der u. a. Clips ausgerichtet werden können. Weitere Hinweise dazu finden Sie in Kapitel 6, »Schneiden und Trimmen«.

❹ **Zur vorherigen Marke gehen (Quellmonitor)/Zum vorherigen Schnittpunkt gehen (Programmmonitor)** – springt zu einer Marke/einem Schnittpunkt, die/der links von der Einfügemarke positioniert ist.

❺ **Schritt zurück** – springt ein einzelnes Bild (Frame) zurück.

❻ **Abspielen/Stopp** – gibt den Inhalt des Clips wieder bzw. stoppt die Wiedergabe.

❼ **Schritt vor** – springt ein einzelnes Bild (Frame) vor.

❽ **Zur nächsten Marke gehen (Quellmonitor)/Zum nächsten Schnittpunkt gehen (Programmmonitor)** – springt zu einer Marke/einem Schnittpunkt, die/der rechts von der Einfügemarke positioniert ist.

❾ **Endlosschleife** – schaltet die Funktionen zum permanenten Abspielen eines Clips zwischen In- und Out-Point ein. Das eigentliche Abspielen wird mit dem Play-Button erreicht. Ein erneuter Klick auf diese Schaltfläche hebt die Funktion wieder auf. Alternativ können Sie zum schnellen Abspielen und Stoppen auch die Leertaste auf Ihrer Tastatur verwenden. Einmal drücken, und der Film startet; erneut drücken, und die Wiedergabe stoppt.

⑩ **Sichere Ränder** – schaltet den Bereich für geschützte Titel und den Bereich für geschützte Aktionen ein/aus. Nähere Hinweise dazu finden Sie in Kapitel 2, »Fachkunde – Das sollten Sie wissen«.

⑪ **Ausgabe** – schaltet die aktuelle Monitoransicht auf unterschiedliche Ausgabeformate um. Nähere Hinweise dazu finden Sie in Kapitel 15, »Export«.

⑫ **Zu In-Point gehen** – springt zum zuvor festgelegten In-Point.

⑬ **Zu Out-Point gehen** – springt zum zuvor festgelegten Out-Point.

⑭ **Von In bis Out abspielen** – spielt den Clip zwischen In- und Out-Point ab.

⑮ **Shuttle** – spielt den Clip mit unterschiedlicher Geschwindigkeit ab. Schieben Sie den Regler nach links, wird er rückwärts abgespielt, schieben Sie ihn nach rechts, wird er vorwärts abgespielt. Um den Clip anzuhalten, müssen Sie den Regler wieder loslassen oder in die Mitte stellen. Je weiter der Regler vom Mittelpunkt wegbewegt wird, desto schneller wird der Clip (vorwärts oder rückwärts) abgespielt.

⑯ **Jog** – spielt den Clip bildweise ab. Drehen Sie das Rad nach links, wird der Clip rückwärts abgespielt, drehen Sie das Rad nach rechts, wird der Clip vorwärts abgespielt. Je mehr Sie das Rad nach außen bewegen, desto höher wird die Abspielgeschwindigkeit. Sobald Sie das Jog-Wheel loslassen, bleibt der Clip an der aktuellen Position stehen.

Scrollrad benutzen

Falls Ihre Maus über ein Scrollrad verfügt, lässt sich dieses auch zur Navigation nutzen. Dabei ist aber – einmal mehr – zu entscheiden, welches Fenster gerade markiert ist. Haben Sie beispielsweise den Quellmonitor ausgewählt, können Sie mit Hilfe des Rades bildweise vor- oder zurückscrollen. Wenn hingegen das Schnittfenster ausgewählt ist, wird dessen Ansicht verschoben.

Unterschiede zwischen Quell- und Programmmonitor gibt es lediglich hinsichtlich der letzten Steuerelemente, die im folgenden vorgestellt werden sollen.

4.7.2 Quellmonitor

❶ **Einfügen** – der Clip wird an der aktuellen Position der Einfügemarke in das Schnittfenster eingebettet. Nachfolgende Clips verschieben sich.

❷ **Überlagern** – der Clip wird an der aktuellen Position der Einfügemarke in das Schnittfenster eingebettet. Nachfolgende Clips werden überdeckt.

Abbildung 4.44 ▶
Der Quellmonitor hat in der aktuellen CS4-Version einen Button eingebüßt.

4.7.3 Programmmonitor

❸ **Herausnehmen** – ein zuvor im Schnittfenster markierter Clip wird von dort entfernt. An dieser Stelle bleibt eine Lücke zurück.

❹ **Extrahieren** – ein zuvor im Schnittfenster markierter Clip wird von dort entfernt. Die dadurch entstehende Lücke wird geschlossen, indem dahinter befindliche Clips nach links verschoben werden.

❺ **Zuschneideansicht** – öffnet das Trimmen-Fenster. Nähere Hinweise zur Zuschneide-Technik finden Sie in Abschnitt 6.3, »Das Zuschneiden-Fenster«.

Abbildung 4.45 ▶
Vom Programmmonitor aus können Sie auch zum Zuschneiden gelangen.

4.7.4 Ansicht einpassen

Sicher ist es Ihnen bereits aufgefallen: Egal, wie groß oder klein das jeweilige Monitorfenster ist, es wird immer das gesamte Video dargestellt und durch Skalierung dem zur Verfügung stehenden Platz angepasst. Das ist prinzipiell löblich. Mitunter ist es aber sinnvoll, das Video in einer anderen Größe zu sehen – auch wenn dann vielleicht nur ein Ausschnitt oder eine Verkleinerung des Clips präsentiert wird. Bei geometrischen Änderungen oder Farbkorrekturen ist eine solche Größenveränderung wirklich sinnvoll. In diesem Fall klicken Sie auf den unterhalb der Vorschau befindlichen Eintrag EINPASSEN und stellen den gewünschten Wert ein.

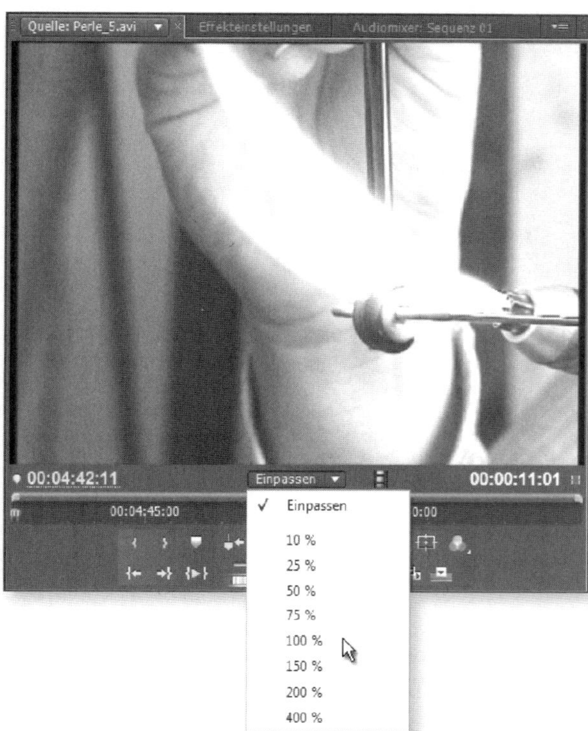

◀ **Abbildung 4.46**
Die Darstellung des Clips kann in unterschiedlichen Größen erfolgen.

4

4.7.5 Mehrere Clips im Quellmonitor bereitstellen

Nun haben Sie ja lediglich die Möglichkeit, jeweils einen einzelnen Clip aus dem Projektfenster im Quellmonitor zu begutachten, gelistet werden aber nach und nach alle ausgestrahlten Clips. Um diese nun abermals zugänglich zu machen, können Sie sich den Doppelklick im Projektfenster ersparen. Klicken Sie einfach auf die Registerkarte QUELLE, und wählen Sie den Clip aus, den Sie abermals im Quellmonitor abspielen wollen. Mit SCHLIESSEN bzw. ALLE SCHLIESSEN können Sie einzelne oder alle Clips aus dieser Liste entfernen.

Clipgruppen bereitstellen

Die Funktion ist vor allem dann praxisnah einsetzbar, wenn Sie kleinere Gruppen von Clips begutachten und vorschneiden wollen. So sorgen Sie dafür, dass die Übersicht erhalten bleibt. Markieren Sie zunächst (während Sie `Strg`/`⌘` gedrückt halten) mehrere Clips im Projektfenster, und ziehen Sie diese dann auf den Quellmonitor. Führen Sie die gewünschten Arbeiten aus (z. B. In- und Out-Points setzen), und wählen Sie anschließend ALLE SCHLIESSEN, ehe Sie mit der nächsten Clipgruppe ebenso verfahren.

Abbildung 4.47 ▸
Bereits begutachtete Clips werden über die Quellliste zugänglich.

4.8 Das Schnittfenster

Das Herzstück Ihrer Software ist das Schnittfenster. Was sich hier befindet, wird später im fertigen Film berücksichtigt. Also gilt es, einen Weg zu finden, die Clips im Schnittfenster zur Verfügung zu stellen.

4.8.1 Clips im Schnittfenster zur Verfügung stellen

Zwei Wege haben Sie in diesem Kapitel bereits kennengelernt. Sie können:

- einzelne Clips, die sich im Quellmonitor befinden, über die Buttons EINFÜGEN oder ÜBERLAGERN bzw. mit Hilfe der Tasten [,] (Komma) oder [.] (Punkt) in das Schnittfenster bringen, wobei für die Position der Einfügung entscheidend ist, welche Videospur gerade ausgewählt ist (hellgraue Darstellung).
- mehrere Clips im Projektfenster markieren und anschließend AUTOMATISCH IN SEQUENZ UMWANDELN betätigen.

4.8.2 Spurauswahl

Bei dieser Art der Einfügung müssen Sie allerdings darauf achten, welche Spurköpfe im Schnittfenster markiert sind. Vor den Spurköpfen befinden sich zudem noch zwei kleine, graue Schaltflächen, mit denen Sie markieren können, welche Spuren für die nächste Einfügung bzw. Überlagerung berücksichtigt werden sollen. Dazu folgendes Beispiel: Sie wollen ein Video auf Spur VIDEO 1 integrieren, während das Audio auf Spur AUDIO 2 eingebettet werden soll. In diesem Fall müssen Sie zunächst den Spurkopf von AUDIO 2 ❷ aktivieren, indem Sie ihn mit der Maustaste anklicken. Klicken Sie jedoch bitte genau auf den Namen und nicht auf eine der Schaltflächen. Der Spurkopf ist jetzt hellgrau hinterlegt.

Sie sehen, dass auch der Spurkopf von Audio 1 aktiviert bleibt. Das bedeutet prinzipiell, dass jetzt jede der beiden Spuren zur Einfügung berücksichtigt werden könnte. Welche aber nun Ihre Zielspur ist, legen Sie mit Hilfe der hellgrauen Fläche ❶ links neben dem Spurkopf fest. Diese Flächen lassen sich per Drag & Drop verschieben.

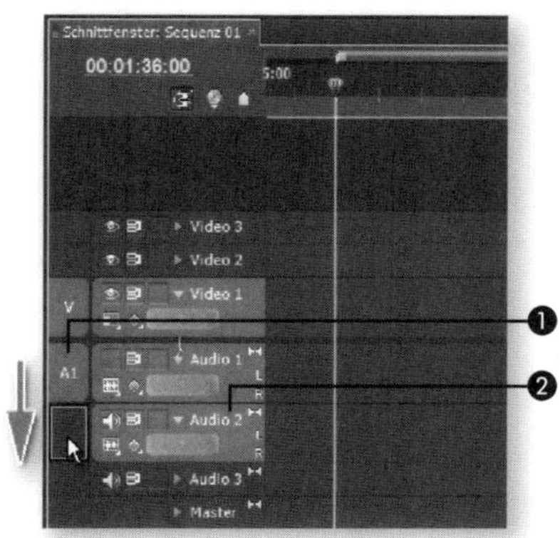

◀ **Abbildung 4.48**
Markieren Sie die Zielspur, bevor Sie den Clip aus dem Quellmonitor integrieren.

Wenn Sie jetzt Einfügen oder Überlagern aus dem Quellmonitor wählen, wird das Video in Spur Video 1 und das Audio in Spur Audio 2 eingebettet.

Nur Video einfügen | Und noch ein wichtiges Beispiel: Sie haben den Spurkopf von Audio 1 angewählt, jedoch Audio 2 als Einfügespur markiert. Wenn Sie jetzt einen Clip einfügen, wird nur die Videospur integriert; das Audio bleibt außen vor. Diese Technik ist vor allem dann interessant, wenn Sie Ihre Videoclips später mit einem Sound nachvertonen und dabei auf den Originalton verzichten wollen. In diesem Fall sollten Sie die Konstellation so wählen, wie es in Abbildung 4.49 der Fall ist. Drücken Sie anschließend [.] oder [,], findet immer nur das Video Berücksichtigung, und die Audiodateien bleiben außen vor.

◀ **Abbildung 4.49**
Bei dieser Konstellation können keine Audioclips eingefügt werden – zumindest nicht auf die zuvor beschriebene Weise.

4.8.3 Clips per Drag & Drop hinzufügen

Da in Premiere Pro so ziemlich alles per Drag & Drop bedienbar ist, lassen sich einzelne Clips auf diese Weise in das Schnittfenster ziehen. Zeigen Sie dazu auf den Clip im Quellmonitor, klicken Sie ihn an, und ziehen Sie das gute Stück einfach in das Schnittfenster. Wenn die gewünschte Videospur und Position erreicht sind, lassen Sie die Maustaste los.

Abbildung 4.50 ▼
Clips können per Drag & Drop in das Schnittfenster gezogen werden.

Vertikales Einrasten | Premiere Pro CS4 hat noch eine wichtige Neuerung in petto. Gemeint ist nämlich das vertikale Einrasten bei übereinander anzuordnenden Clips. Sollten sich bereits Clips im Schnittfenster befinden, und Sie fügen weitere hinzu, können diese am Anfang oder Ende der bereits vorhandenen Assets ausgerichtet werden. Vertikale, schwarze ❶ Linien verdeutlichen dies.

◀ **Abbildung 4.51**
Der neue Clip wird am Anfang des vorhandenen ausgerichtet.

Ausrichten-Funktion aktivieren/deaktivieren | Wenn Sie Clips im Schnittfenster aneinanderhängen, werden Sie feststellen, dass sie an den Schnittpunkten wie magnetisch angezogen werden. Ermöglicht wird diese Technik durch die Ausrichten-Funktion. Wollen Sie dieses so genannte **Snapping** deaktivieren, klicken Sie einfach auf das Magnet-Symbol oben links im Schnittfenster (siehe Abbildung 4.52). Ein erneuter Klick darauf aktiviert die Funktion wieder. Tastenkürzel gefällig? Dann merken Sie sich doch [S] wie Snapping.

◀ **Abbildung 4.52**
Die Ausrichten-Funktion kann jederzeit deaktiviert werden.

4.8.4 Clips aus dem Projektfenster hinzufügen

Der Weg über den Quellmonitor ist keinesfalls verbindlich. Es reicht, wenn Sie die Clips gleich aus dem Projektfenster in das Schnittfenster ziehen. Beachten Sie, dass grundsätzlich nur der Bereich zwischen In- und Out-Point Berücksichtigung findet. Sie laufen also nicht Gefahr, den gesamten Clip in das Schnittfenster einzubinden, sondern werden immer nur den Teil berücksichtigen, der durch die Points festgelegt ist.

4.9 Organisation im Schnittfenster

Schnittfenster skalieren | Bei größeren Projekten wird der Platz im Schnittfenster natürlich schnell eng. Ohne eine Änderung der Ansicht wären Sie gezwungen, ständig hin und her zu scrollen, um den gewünschten Bereich einsehen zu können. Hier sollten Sie die Skalierungsmöglichkeiten der Software nutzen. Entsprechende Steuerelemente stellt

Premiere Pro unten links im Schnittfenster zur Verfügung. Klicken Sie auf Auszoomen ❶, um die Ansicht zu verkleinern, bzw. auf Einzoomen ❸, um sie zu vergrößern. Das Gleiche erreichen Sie übrigens durch das Verschieben des Reglers ❷.

Abbildung 4.53 ▼
Nutzen Sie die Zoomfunktionen des Schnittfensters.

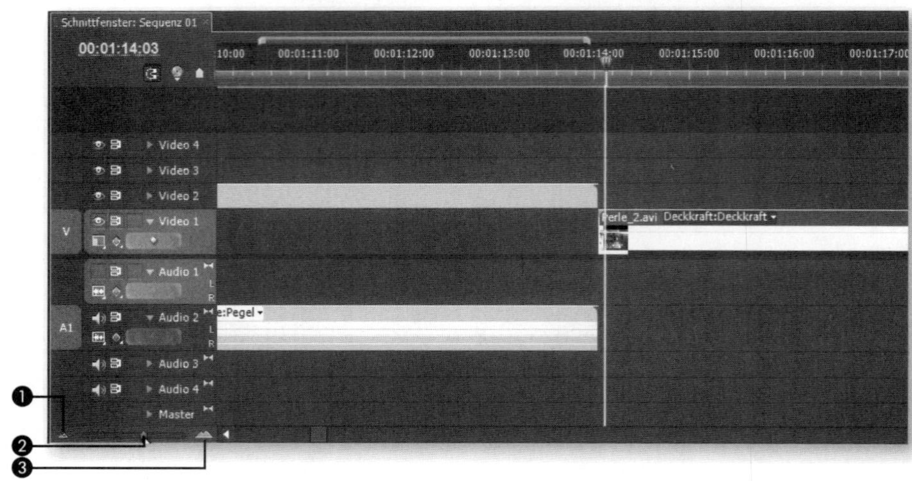

Zoom per Tastatur | Die einfachste Art und Weise, den Inhalt eines Schnittfensters zu vergrößern oder zu verkleinern, sind [+] und [-] auf der Tastatur. Damit können Sie schnell an eine Stelle heranzoomen, um diffizile Arbeiten zu erledigen ([+] drücken), und anschließend wieder auf eine verkleinerte Ansicht zurückkehren, die mehr vom Schnittfenster preisgibt ([-] drücken). Dabei müssen Sie jedoch stets berücksichtigen, dass die Einfügemarke den Mittelpunkt des neuen Bildausschnitts darstellen wird.

Weitere Skalierungsmöglichkeiten werden durch die kleine graue Leiste oberhalb der Skala bereitgestellt. So können Sie z. B. eine der Eckmarkierungen (❹ und ❻) verschieben. Je mehr Sie diese Markierungen zusammenstellen, desto größer wird die Ansicht im Schnittfenster gezoomt. Wenn Sie nicht zoomen, sondern nur den Ausschnitt innerhalb des Schnittfensters verändern wollen, können Sie die Leiste irgendwo in der Mitte ❺ anfassen und verschieben.

Abbildung 4.54 ▶
Die Leiste symbolisiert, welcher Bereich gerade im Schnittfenster sichtbar ist.

Spuren zusammenfalten/auffalten | Wie bereits erwähnt, ist Platz ein kostbares Gut auf der Arbeitsoberfläche einer jeden umfangreichen Software. Deshalb kann es in Premiere Pro mitunter sinnvoll sein,

Spuren zu öffnen oder zu schließen. Das realisieren Sie, indem Sie das Dreieck-Symbol der jeweiligen Spur markieren.

◄ **Abbildung 4.55**
Um Platz zu sparen, können Spuren per Klick auf das Dreieck-Symbol zusammengefaltet werden.

Spurausgabe deaktivieren | Falls Sie eine Spur ausblenden wollen – sie wird dann bei der Wiedergabe ignoriert –, klicken Sie einfach auf das vorangestellte Augen-Symbol. Diese Funktion benutzt man häufig, um eine Spur vorübergehend auszublenden, damit man einen Effekt oder eine Bewegung auf einer anderen Spur besser beurteilen kann. Beachten Sie in diesem Zusammenhang aber, dass ausgeschaltete Spuren auch bei der Ausgabe des fertigen Videos ignoriert werden. Vergessen Sie also nicht, das Auge nach getaner Arbeit durch einen erneuten Klick auf diese Schaltfläche wieder sichtbar zu machen.

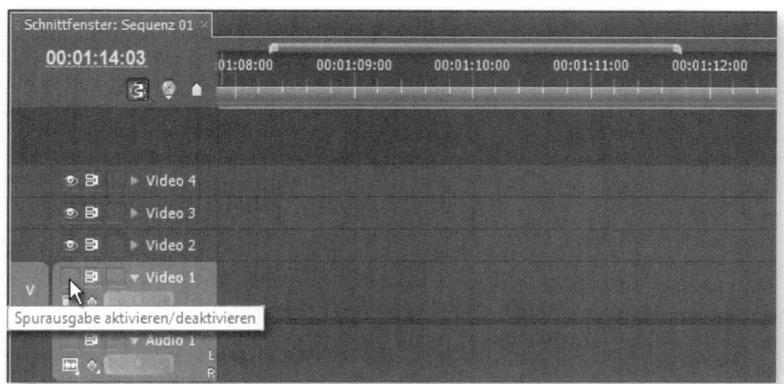

◄ **Abbildung 4.56**
Das Auge sorgt für die Sichtbarkeit einer Spur.

Synchronisationssperre | Beim Einfügen und Löschen sowie beim Löschen und Lückeschließen verschieben sich nachfolgende Clips entsprechend. Das bedeutet: Wenn Sie beispielsweise eine Lücke schließen, rücken alle rechts von dieser Lücke befindlichen Clips nach links auf. Mit der Synchronisationssperre können Sie nun bestimmen, wie sich die Clips auf den anderen Spuren verhalten sollen, also auf den Spuren, die nicht unmittelbar von der Aktion betroffen sind. Bei aktivierter Synchronisationssperre werden auch diese Clips entsprechend verschoben. Wenn Sie also realisieren möchten, dass sich bestimmte

Clipinhalte außerhalb der Zielspuren nicht mit verschieben, müssen Sie für diese Spuren die Synchronisationssperre vorab deaktivieren.

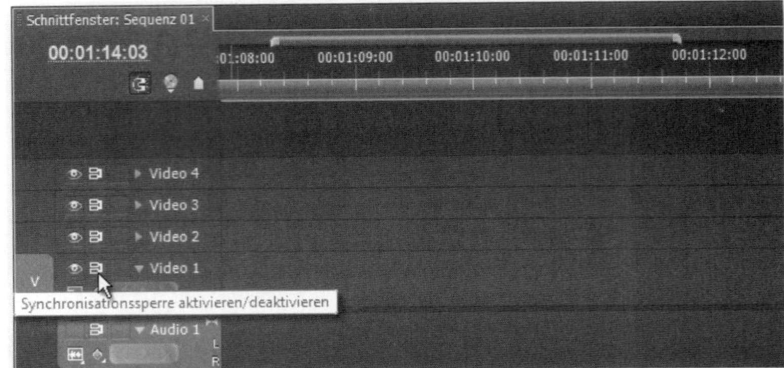

Abbildung 4.57 ▶
Die Synchronisationssperre kann über das kleine Icon aktiviert bzw. deaktiviert werden.

Spur schützen | Rechts neben der Synchronisationssperre befindet sich noch ein gleich großes inhaltsloses Quadrat, dem man auf den ersten Blick seine Schaltflächen-Eigenschaft nicht so recht ansehen mag. Wenn Sie es jedoch anklicken, erscheint ein Schloss-Symbol, mit dem Sie die aktuelle Spur schützen können. Ist das Schloss aktiv, lässt sich die Spur nicht mehr bearbeiten. Dies verdeutlichen auch die diagonalen Linien in der Spur selbst.

Abbildung 4.58 ▼
Die Spur VIDEO 1 ist gegen jegliche Bearbeitung geschützt.

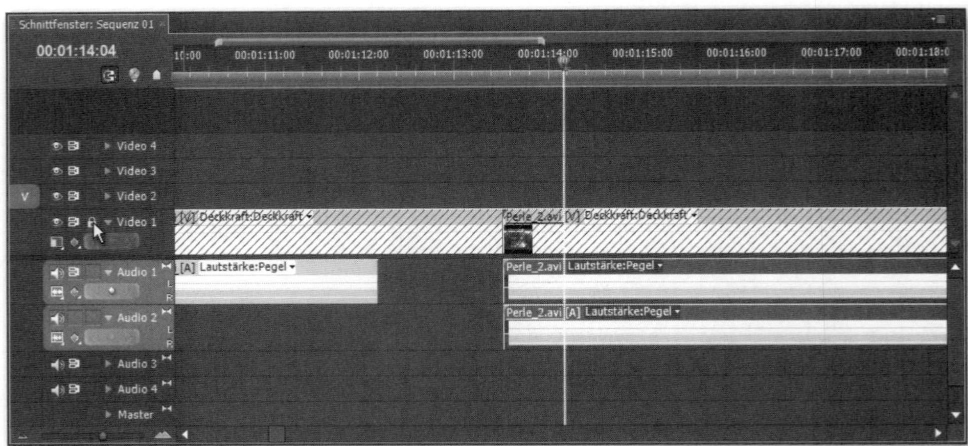

Schutz nur für ausgewählte Spur

Bitte beachten Sie, dass dieser »Spurschutz« nur auf die ausgewählte Spur angewendet wird. Im konkreten Fall würde das bedeuten, dass die zu dieser Videospur gehörige Audiospur weiterhin bearbeitbar bleibt.

4.10 Praxiseinsatz: Clips vorschneiden

4

Natürlich werden Sie für Ihre Projekte nicht immer das gesamte zur Verfügung stehende Clipmaterial benötigen. Sicherheitshalber werden interessante Motive oft viel länger als nötig gefilmt, um später genügend Auswahlmaterial zu haben. Sie müssen sich dann am Anfang und Ende des Clips von redundantem Material trennen. Hierbei gibt es verschiedene Wege, von denen ich Ihnen zunächst zwei vorstellen möchte. Der Vorteil: Sie werden das Projektfenster, die Monitore und das Schnittfenster jetzt im Praxiseinsatz erleben.

Schritt für Schritt: Clips im Quellmonitor schneiden

Sofern Sie nicht den gesamten Clip verwenden wollen, müssen Sie In- und Out-Points setzen. Damit teilen Sie Premiere Pro mit, welcher Teil eines jeden Clips verwendet und welcher vernachlässigt werden soll. Alles, was sich zwischen einem In- und Out-Point befindet, wird benutzt; alles jenseits der Points bleibt außen vor.

1 *Clips in den Quellmonitor stellen*

Doppelklicken Sie auf den ersten Clip »Beispiele 06.avi«. (Falls er noch nicht geöffnet ist: Sie finden ihn im Beispiel-Ordner von Kapitel 1.) Der Film wird im Quellmonitor zur Verfügung gestellt.

2 *Clips abspielen*

Klicken Sie auf den Wiedergabe-Button unterhalb des Bildes, oder drücken Sie einfach die Leertaste.

Mit einem erneuten Druck auf die Leertaste können Sie die Wiedergabe beenden. Achten Sie auf die kleine blaue Abspielmarke ❶, die sich oberhalb der Steuerelemente dieses Fensters nach rechts bewegt – natürlich nur, sofern das Video läuft. Stoppen Sie die Wiedergabe, und ziehen Sie den Knopf mit gedrückter Maustaste einmal nach links und rechts. Wie Sie sehen, können Sie damit ebenfalls durch den Clip navigieren; das nennt man **Scrubbing**.

3 *In- und Out-Points setzen*

Schieben Sie die Marke nach rechts, und positionieren Sie sie in etwa so, wie in der Abbildung dargestellt. Danach drücken Sie die Taste IN-POINT SETZEN ❷. Lassen Sie das Video etwa fünf bis sechs Sekunden lang laufen, und drücken Sie dann abermals die Leertaste. Danach klicken Sie auf den Button OUT-POINT SETZEN ❸.

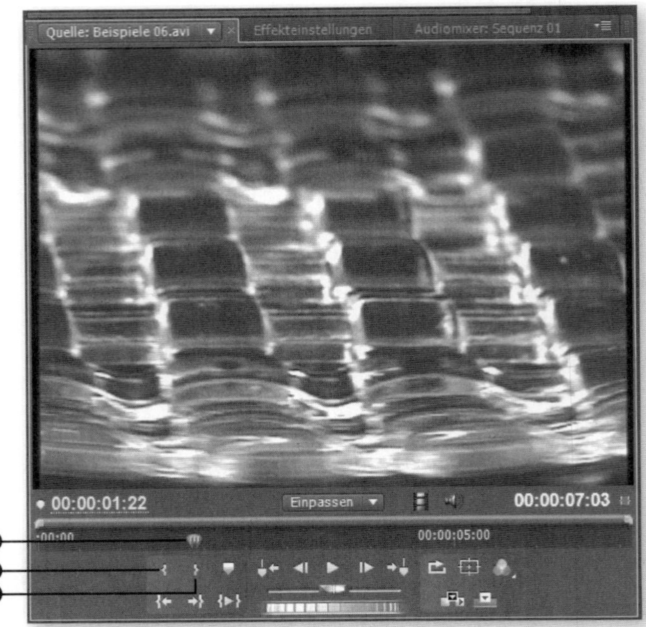

Abbildung 4.59 ▶
Setzen Sie einen In- und Out-Point.

Somit haben Sie den Bereich, den Sie für Ihr Projekt verwenden wollen, vorselektiert. Unterhalb des Monitors wird dieser Bereich ebenfalls angezeigt (dunkelblau). Genau dieser Teil wird jetzt verwendet, und alles, was sich links und rechts daneben befindet (dunkelgrau), wird fein säuberlich ignoriert.

Abbildung 4.60 ▶
Der selektierte Bereich

4 *Einfügemarke positionieren*

Nur das, was sich später unten rechts im Schnittfenster befindet, wird am Ende Inhalt des Projekts sein. Um den Clipteil, der sich zwischen In- und Out-Point befindet, nun dorthin zu befördern, sollten Sie zunächst die Einfügemarke des Schnittfensters an den Anfang scrubben bzw. [Pos1] bzw. [↖] auf Ihrer Tastatur betätigen.

5 *Optional: Einen einzelnen Clip einfügen*

Sie können diesen einzelnen Clip nun in das Schnittfenster einfügen, indem Sie auf Einfügen innerhalb des Programmmonitors klicken oder die Kommataste [,] auf der Tastatur wählen.

In unserem Beispiel wollen wir auch die anderen Videodateien entsprechend vorbereiten. Erst wenn alle Clips vorgeschnitten sind, sollen sie dem Projekt hinzugefügt werden. Sollten Sie also den Clip gerade eingefügt haben, drücken Sie [Strg]/[⌘]+[Z]. Das macht die Einfügung in das Schnittfenster wieder rückgängig. ■

Schritt für Schritt: Clips im Projektfenster schneiden

Um einzelne Clips zu bearbeiten und mit Points zu versehen, ist die vorgenannte Methode durchaus geeignet. Wenn Sie jedoch mehrere Clips vorschneiden wollen, sollten Sie einmal mehr das Projektfenster zu Hilfe nehmen.

1 *Arbeitsfläche einstellen*

Für den nächsten Schritt benötigen wir ein sehr breites Projektfenster. Ziehen Sie deshalb seinen rechten Steg etwa bis zur Mitte der Arbeitsoberfläche. Das Ganze geht zulasten des Quellmonitors, der dadurch stark verkleinert wird. Sie benötigen ihn aber ebenfalls, weshalb auch hier eine Skalierung nach rechts erforderlich ist. Schalten Sie danach im Projektfenster auf die LISTENANSICHT ❷ um. Die obere Hälfte Ihrer Arbeitsoberfläche sollte nun in etwa wie in Abbildung 4.61 aussehen.

▼ **Abbildung 4.61**
Die angepasste Oberfläche für den Grobschnitt mehrerer Clips

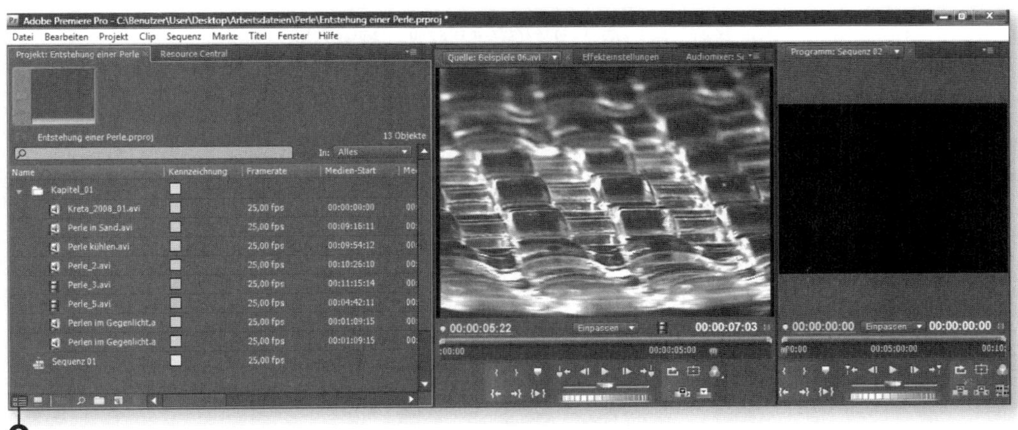

Arbeitsbereich speichern

Wie wäre es, wenn Sie diese Arbeitsoberfläche gleich einmal abspeichern, damit sie Ihnen für spätere Aufgaben wieder genauso zur Verfügung steht? Sie müssen dazu ja lediglich FENSTER • ARBEITSBEREICH • ARBEITSBEREICH SPEICHERN anwählen und einen aussagekräftigen Namen vergeben (z. B. »Points setzen«).

2 *Projektfenster einrichten*

Doppelklicken Sie jetzt auf den zweiten Clip innerhalb des Projektfensters. Danach schieben Sie die horizontale Scrollleiste im Fuß dieses Fensters etwas nach rechts, so dass Sie die Spalten VIDEO IN-POINT und VIDEO OUT-POINT gut einsehen können.

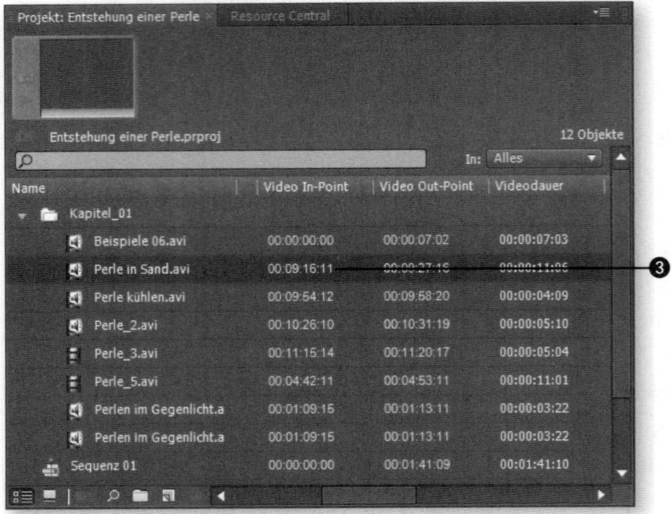

Abbildung 4.62 ▶ Lassen Sie sich weitere Spalten anzeigen.

3 *In-Point im Projektfenster verändern*

Zeigen Sie nun in Höhe des markierten Clips auf den Wert für VIDEO IN-POINT ❸, klicken Sie darauf, und ziehen Sie mit gedrückter Maustaste nach rechts. Sobald Sie loslassen, wird nicht nur der Wert dort übernommen, sondern auch der In-Point unterhalb des Quellmonitors verschoben.

4 *Weitere Punkte setzen*

Verfahren Sie entsprechend mit dem Out-Point, und legen Sie so die Endposition für diesen Clip fest. Wenn Sie mit diesem Clip fertig sind, doppelklicken Sie auf den nächsten und wiederholen die zuvor beschriebenen Schritte.

5 *Optional: Clips bildgenau schneiden*

Sollte das Verstellen auf die beschriebene Art ungenau werden, lassen sich natürlich auch die Markierungen In- und Out-Point unterhalb des Quellmonitors benutzen. Wenn Sie bildgenau schneiden wollen, können Sie sogar die Einzelbild-Tasten links und rechts neben dem Play-Button benutzen. Nachdem Sie dann auf IN-POINT SETZEN oder OUT-POINT SETZEN geklickt haben, werden die Werte auch im Projektfenster aktualisiert. Die Einzelbild-Navigation lässt sich übrigens auch über die Tastatur regeln. Benutzen Sie dazu einfach [←] und [→].

◀ **Abbildung 4.63**
So schneiden Sie bildgenau.

Setzen von Points ist nicht zwingend erforderlich

Sie müssen nicht unbedingt In- und Out-Points setzen. Wenn Sie keine Points platzieren, nimmt Premiere Pro das erste Bild eines Clips als In- und das zweite als Out-Point – der Clip wird also komplett berücksichtigt.

6 *Clips sortieren*

Wenn die In- und Out-Points für alle Clips gesetzt sind, können Sie, sofern noch nicht geschehen, mit dem Sortieren der Clips beginnen. Denken Sie aber bitte daran, dass die Videos in der LISTENANSICHT stets alphabetisch geordnet bleiben. Das eigentliche Sortieren müssen Sie also in der SYMBOLANSICHT vornehmen.

7 *Schnittfenster vorbereiten*

Klicken Sie einmal auf das Schnittfenster, damit es markiert ist, und drücken Sie anschließend [Pos1] bzw. [↖] auf Ihrer Tastatur, damit die Einfügemarke an den Anfang des Schnittfensters gesetzt wird. Diese gibt ja die aktuelle Einfügeposition an. Markieren Sie außerdem den Kopf der Spur VIDEO 1 an einer freien Stelle, sofern diese noch nicht hellgrau hinterlegt angezeigt wird, und sorgen Sie dafür, dass links daneben V1 und A1 hellgrau dargestellt werden. Dadurch werden diese Spuren als Zielspuren für die folgende Einfügung ausgewählt.

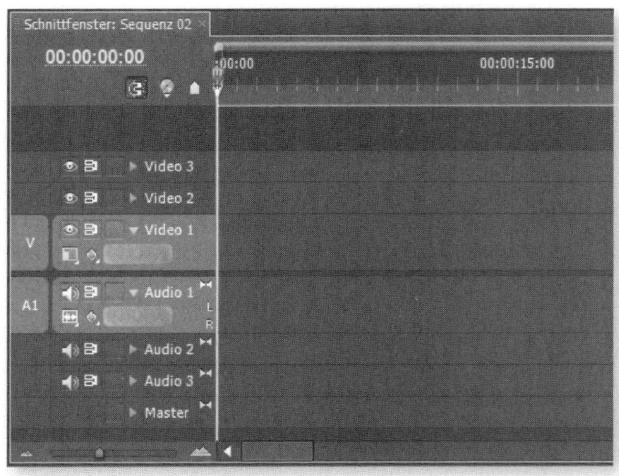

◀ **Abbildung 4.64**
Wählen Sie die Zielspuren aus.

8 *Clips in das Schnittfenster einfügen*

Jetzt markieren Sie wieder das Projektfenster, markieren darin alle Clips und klicken anschließend auf AUTOMATISCH IN SEQUENZ UMWANDELN in der Fußleiste. Im folgenden Dialog entscheiden Sie sich unter ANORDNUNG für SORTIERREIHENFOLGE – und fertig ist der Videoschnitt.

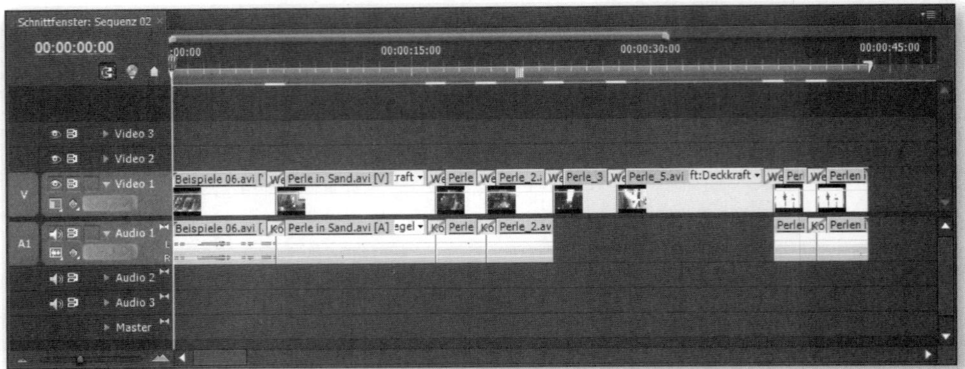

Abbildung 4.65 ▼
So schnell werden Videos geschnitten.

4.11 Der Timecode

An verschiedenen Stellen der Anwendung lassen sich blau gefärbte Zahlenkombinationen erkennen. Dabei handelt es sich, wie der aufmerksame Leser von Kapitel 1 längst weiß, um den so genannten Timecode. Sie finden ihn nicht nur unterhalb des Quell- und Programmmonitors, sondern auch im Projektfenster in der Liste VIDEO IN-POINT und VIDEO OUT-POINT. Im weiteren Verlauf werden Sie in anderem Zusammenhang noch auf so manchen Timecode stoßen.

4.11.1 Darstellung des Timecodes

Alle diese vorgenannten Anzeigen beziehen sich auf den jeweils zugehörigen Clip. Anders ist das beim Schnittfenster-Timecode. Dieser bezieht sich stets auf die gesamte Sequenz, also den Inhalt des Schnittfensters.

Abbildung 4.66 ▶
Timecode eines PAL-Projekts

Die Zahlenpärchen haben folgende Bedeutung:

❶ Stunden
❷ Minuten
❸ Sekunden
❹ Frames

Die ersten drei Zahlenpärchen sind wenig spektakulär und erklären sich von selbst. Anders sieht es mit den Frames aus. Hier wird nämlich die Anzahl von Bildern pro Sekunde als Maßeinheit herangezogen. In einem PAL-Projekt, das aus 25 Einzelbildern pro Sekunde besteht, werden auch hier nur 25 Einheiten benutzt, bei einem NTSC-Projekt sind es jedoch 30 Einheiten.

Beachten Sie in diesem Zusammenhang aber, dass das erste Bild einer Sekunde immer das Bild 00 ist. Die Zählung beginnt also nicht bei 1, sondern bei 0. Demzufolge ist das letzte Bild einer Sekunde auch stets Bild Nummer 24. Anfangs mag dies etwas befremdlich wirken, Sie werden sich aber schnell daran gewöhnen.

4.11.2 Timecode-Eingabe

Sie haben verschiedene Möglichkeiten, den Wert zu ändern. Speziell im Schnittfenster würde dies bedeuten, dass die Einfügemarke an die Stelle springt, die Sie mit Hilfe des Timecodes angeben. Nun handelt es sich bei derartigen Anzeigen um Bedienelemente, genauer gesagt um Hot-Text-Steuerelemente. Ihre Funktionsweise besteht darin, dass Sie die Maus darauf stellen und mit gedrückter Taste nach links oder rechts ziehen. Probieren Sie es aus. Achten Sie darauf, wie sich die Einfügemarke des Schnittfensters synchron mitbewegt.

Es gibt aber noch eine weitere Möglichkeit, die das exakte Positionieren der Einfügemarke wesentlich effektiver unterstützt. Dazu klicken Sie den Timecode-Wert einfach an und lassen die Maustaste los.

◀ **Abbildung 4.67**
Der gesamte Timecode ist jetzt markiert.

Geben Sie nun den gewünschten Timecode über die Tastatur ein. Dabei können Sie getrost die Doppelpunkte ignorieren. Selbst vorangestellte Nullen können Sie missachten. Wenn Sie also zum Beispiel zu

Sekunde 1, Frame 05 springen wollen, reicht es, wenn Sie die Zahlenkombinationen »105« eingeben. Praktisch, oder?

Sie müssen dabei allerdings stets den Wert bis zum letzten Frame auffüllen. Wenn Sie also genau auf Sekunde 1 springen möchten, reicht es keinesfalls, nur die Zahl »1« einzugeben. Das würde die Einfügemarke nämlich auf Sekunde 0, Frame 1 positionieren. Premiere Pro ermittelt den Wert stets von der letzten Ziffer aus. Um Sekunde 1 zu erreichen, müssen Sie also »100« eingeben. Bestätigen Sie derartige Werte nach deren Eingabe stets mit [↵].

Heißer Tipp: Timecode-Eingabe über den Ziffernblock

Verwenden Sie den Ziffernblock Ihrer Tastatur, ersparen Sie sich sogar das vorherige Anklicken des Timecode-Steuerelements. Dabei müssen Sie aber darauf achten, welches Fenster gerade markiert ist. Dort wird dann nämlich auch der Timecode angenommen.

PAL- und NTSC-Timecode

Achten Sie bitte auf die unterschiedliche Darstellung des Timecodes in PAL und NTSC. Während die Zahlenpärchen bei 25 Einzelbildern (PAL) stets mit Doppelpunkten voneinander getrennt sind, stellt sich der Timecode mit 30 Einzelbildern (NTSC) mit Semikola dar.

4.12 Die Protokoll-Palette

Sofern Sie sich in der Bearbeiten-Ansicht (Fenster • Arbeitsbereich • Bearbeitung bzw. [⇧]+[F9]) befinden, wird unten links eine Registerkarte mit der Bezeichnung Protokoll zur Verfügung gestellt. Falls die Palette nicht sichtbar ist, können Sie sie über das Fenster-Menü (Fenster • Protokoll) öffnen.

Wenn Sie bereits mit Adobe-Produkten (z. B. Photoshop) arbeiten, wird die Palette eine alte Bekannte für Sie sein. Hier werden nämlich die letzten Schritte gelistet, und zwar in der Reihenfolge ihrer Ausführung von oben nach unten. Sie sehen: Premiere Pro entgeht nichts. Klicken Sie auf einen übergeordneten Eintrag, um zu diesem Punkt zurückzugelangen. Erst wenn Sie anschließend einen neuen Schritt ausführen, werden unterhalb befindliche Einträge unwiderruflich gelöscht.

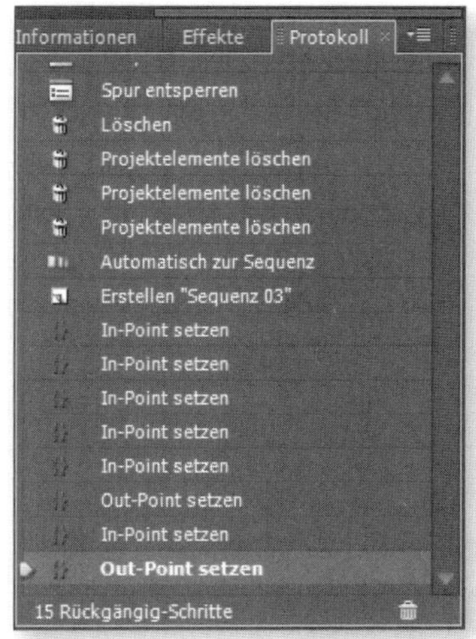

◀ **Abbildung 4.68**
Eine Funktion mit Überwachungscharakter: Alle Ihre Schritte werden protokolliert.

Sie wissen ja längst, dass Sie Schritte in umgekehrter Reihenfolge auch widerrufen können, indem Sie die Tastenkombination [Strg]/[⌘]+[Z] benutzen. Um jedoch rückgängig gemachte Schritte wiederherzustellen, verwenden Sie [Strg]/[⌘]+[⇧]+[Z]. Das ersetzt dann den Gang zur Protokoll-Palette.

4.13 Tastaturanpassung

Wenn Sie viel mit Adobe-Produkten arbeiten, wird Ihnen möglicherweise die vorgenannte Tastenkombination entgegenkommen. Wer jedoch häufiger mit Microsoft-Anwendungen zu tun hat, dem wird die Tastenkombination [Strg]/[⌘]+[Y] für das Wiederherstellen unter Umständen lieber sein. Auch so etwas lässt sich in Premiere Pro anpassen. Zeit für den nächsten Workshop.

Schritt für Schritt: Tastaturkürzel anpassen

Die Tastenkombination [Strg]/[⌘]+[⇧]+[Z] zum Wiederherstellen bereits editierter Schritte soll in diesem Workshop gegen [Strg]/[⌘]+[Y] ausgetauscht werden.

1 *Tastaturanpassung aktivieren*

Entscheiden Sie sich zunächst für BEARBEITEN • TASTATURANPASSUNG. Eigentlich sollte es auch dafür eine Tastenkombination geben, finden Sie nicht? Gut, erledigen wir das in diesem Workshop doch gleich mit. Zunächst geht es aber um das Wiederherstellen. Sie befinden sich jetzt im Dialog ANPASSUNG DER TASTATUR.

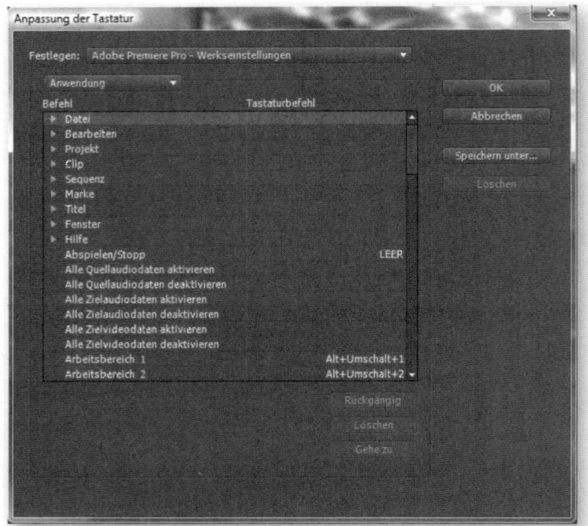

Abbildung 4.69 ▶ Dialog ANPASSUNG DER TASTATUR

Umsteiger von Avid Xpress und Final Cut

Sollten Sie bisher mit Schnittlösungen wie Avid Xpress oder Final Cut Pro gearbeitet haben, können die dort gültigen Tastenkombinationen auf Premiere Pro übertragen werden. Dazu müssen Sie lediglich den entsprechenden Eintrag im Selektionsfeld FESTLEGEN aktivieren.

2 *Bereich festlegen*

In Premiere Pro werden nicht gerade wenige Tastaturkürzel vergeben bzw. können vergeben werden. Um innerhalb dieser Mammutliste nicht den Überblick zu verlieren, gibt es zahlreiche Gruppierungen. Sie müssen zunächst entscheiden, ob Sie die Tastenkombination für eine ANWENDUNG, ein FENSTER oder die WERKZEUGE ändern wollen. Für die Wiederherstellen-Funktion ist ANWENDUNG der richtige Eintrag.

Abbildung 4.70 ▶ Wählen Sie eine Kategorie.

3 *Befehlsliste öffnen*

Die kleinen Dreieck-Schaltflächen vor den Untereinträgen sind ja alte Bekannte. Damit lassen sich weitere Einträge anzeigen. WIEDERHERSTELLEN befindet sich standardmäßig im Menü BEARBEITEN. Deshalb sollten Sie jetzt auch die Liste BEARBEITEN öffnen.

4 *Eintrag auswählen*

Bereits an zweiter Stelle wird WIEDERHERSTELLEN gelistet. Rechts daneben finden Sie den zugeordneten Tastaturbefehl. Klicken Sie auf diesen Eintrag, so dass er hell markiert wird.

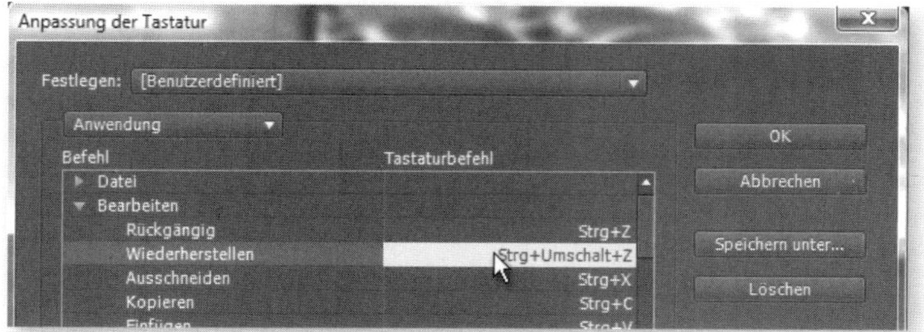

◂ **Abbildung 4.71**
Wählen Sie den zu ändernden Tastaturbefehl aus.

5 *Ersten Eintrag ändern*

Nun bleibt nichts weiter zu tun, als die neue Tastenkombination zu bestätigen. Wenn sie nicht bereits vergeben ist, wird auch kein Hinweis mehr von Premiere Pro ausgegeben (das ändert sich bei der nächsten Tastenkombination, wie Sie gleich sehen werden).

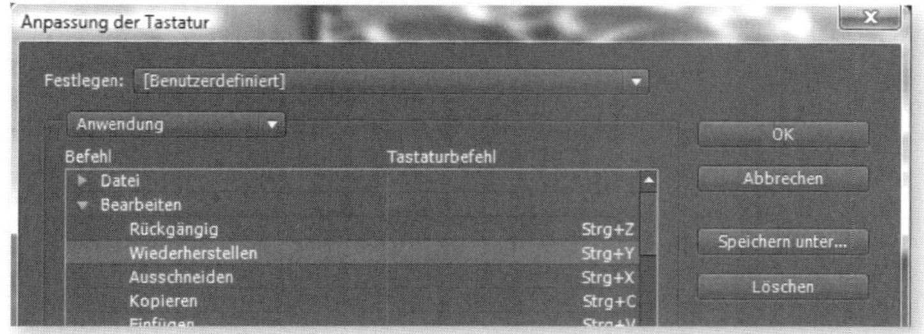

◂ **Abbildung 4.72**
Der Tastaturbefehl wurde geändert.

6 *Zweiten Eintrag ändern*

Kümmern wir uns nun um eine Tastenkombination zum Aufruf der eigentlichen Tastaturanpassung. Im Übrigen hat die Funktion erst dann wirklich Stil. Scrollen Sie in der noch geöffneten Liste BEARBEITEN nach unten, bis Sie zum Eintrag TASTATURANPASSUNG gelangen. Klicken Sie wieder rechts neben den Eintrag (innerhalb der Spalte Tastaturbefehl), um dort eine helle Markierung zu erhalten.

Wir wollen zunächst eine bereits vergebene Tastenkombination ausprobieren. Nahe liegend wäre ja, die Tastaturanpassung mit [Strg]/[⌘]+[T] zu aktivieren. Legen Sie diese Tastenkombination bitte fest. Infolgedessen wird nun die Zeile markiert, der diese Tastenkombination bislang zugeordnet war. Außerdem finden Sie weiter unten einen Hinweis.

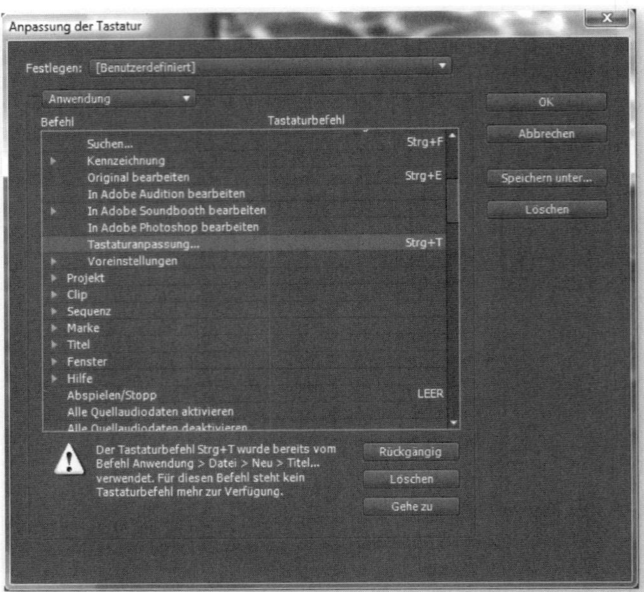

Abbildung 4.73 ▸
Der Tastaturbefehl ist bereits vergeben!

Selbstverständlich könnten Sie die Bemühungen Ihrer Videoschnittsoftware völlig ignorieren und Ihre Einstellungen mit OK bestätigen. Das hätte dann aber zur Folge, dass die Funktion »Titel« fortan nicht mehr über das vordefinierte Tastaturkürzel erreichbar wäre. Denken wir uns also lieber eine andere Tastenkombination aus. Klicken Sie erneut den Tastaturbefehl-Eintrag an (der ja jetzt mit [Strg]/[⌘]+[T] ausgewiesen ist), und versuchen Sie es mit [Strg]/[⌘]+[Alt]/[⌥]+[T]. Hier dürfte Premiere Pro nichts zu meckern haben.

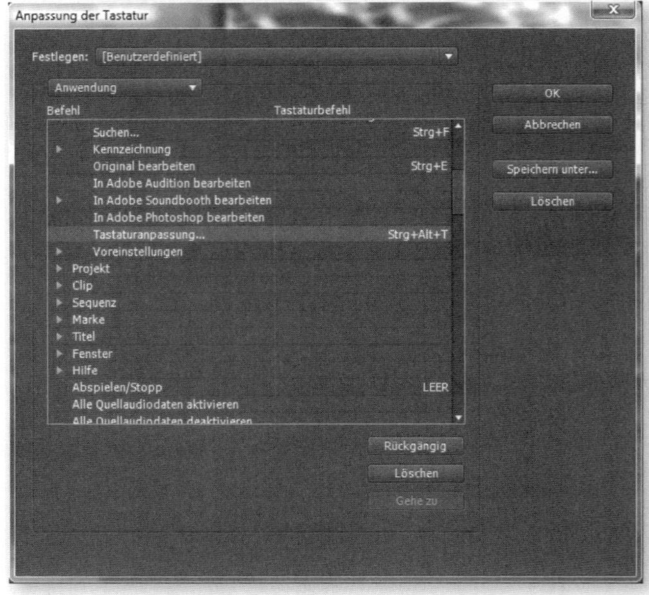

Abbildung 4.74 ▸
Diese Kombination geht.

7 *Einstellungen speichern*

Danach könnten Sie den Dialog mit einem Klick auf OK verlassen. Das hätte zur Folge, dass diese neue Tastatureinstellung ab sofort [BENUTZERDEFINIERT] heißt. Kein schöner Name. Deshalb sollten Sie noch auf SPEICHERN UNTER klicken und der neuen Tastaturbelegung einen aussagekräftigeren Namen geben. Betätigen Sie SPEICHERN und im Anschluss OK.

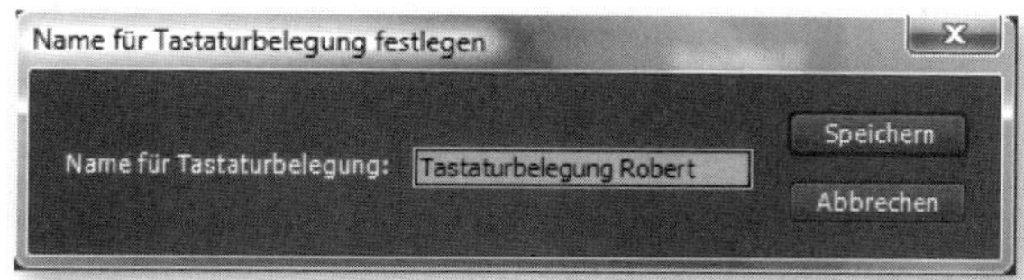

◂ **Abbildung 4.75**
Vergeben Sie zunächst einen Namen.

8 *Änderungen kontrollieren*

Die Änderungen lassen sich prima kontrollieren, indem Sie das entsprechende Menü öffnen. Dort sollten neben dem relevanten Eintrag auch die neuen Tastaturkürzel (❶ und ❷) gelistet sein.

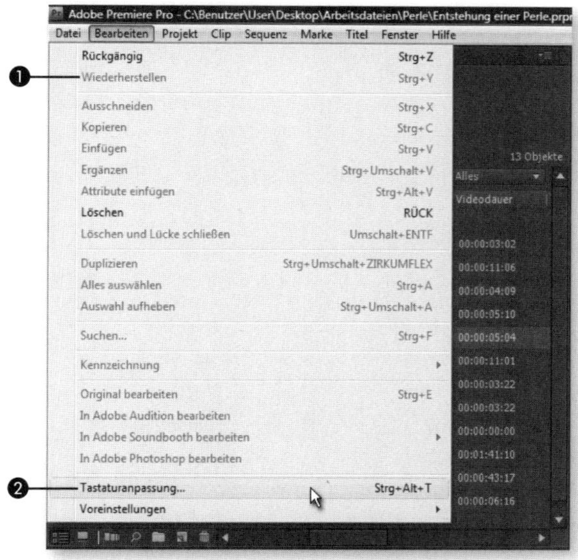

◂ **Abbildung 4.76**
Die Tastenkombination wurde von Premiere Pro übernommen und im Menü entsprechend ausgewiesen. ■

4.13.1 Werkseinstellungen wiederherstellen

Wenn Sie den Dialog ANPASSUNG DER TASTATUR geöffnet haben, achten Sie auf das Selektionsfeld FESTLEGEN ganz oben. Sobald Sie irgendwelche Änderungen an den Tastaturkürzeln vornehmen, wird hier [BENUTZERDEFINIERT] eingetragen. Möchten Sie die Einstellungen, mit denen Premiere Pro ursprünglich ausgestattet war, wieder übernehmen, stellen Sie hier ADOBE PREMIERE PRO – WERKSEINSTELLUNGEN ein und bestätigen mit OK. Ein anschließender Neustart der Software ist nicht erforderlich.

5 Aufnahme

5

Ebnen Sie Ihren Takes den Weg in den Rechner. Dazu stellt Premiere Pro verschiedene Wege zur Verfügung. Zu unterscheiden ist grundsätzlich, ob das Material zuvor bereits aufgenommen worden ist und, wenn ja, ob es sich auf Band oder einem anderen Speichermedium, wie z. B. einer Festplatte oder einer Speicherkarte befindet. Ist das Material hingegen noch gar nicht angefertigt worden, hilft OnLocation CS4 weiter, eine Direct-to-Disc-Lösung, die Ihnen eine Menge Komfort bei der Aufnahme am Set ermöglicht. Alle drei Wege wollen wir uns in diesem Kapitel ansehen.

Und darum geht's in diesem Kapitel:

- Wie bewältige ich einen bandlosen Workflow?
- Wie bereite ich Band-Projekte für die Aufnahme vor?
- Wie konfiguriere ich die Gerätesteuerung?
- Wie nehme ich digitales Filmmaterial auf?
- Wie lässt sich analoges Filmmaterial digitalisieren?
- Wie erzeuge ich eine Batchaufnahme?
- Wie können Batchlisten im- und exportiert werden?
- Wie nehme ich direkt am Set mit OnLocation auf?

5.1 Der bandlose Workflow

Der bandlose Workflow, wie er beispielsweise bei neueren HD- oder HDV-Kameras zum Einsatz kommt, ist prinzipiell keine große Sache, da die Dateien selbst bereits in einem Format vorliegen, das nativ von Premiere Pro verarbeitet werden kann. Dazu zählen die P2-Formate DVCPRO 50 und DVCPRO HD sowie XDCAM EX, XDCAM HD und HDV.

Schritt für Schritt: Ein Projekt für den bandlosen Workflow erstellen (P2)

1 *Neues Projekt erstellen*

Zunächst einmal müssen Sie ein neues Projekt erstellen. Sollte aktuell noch ein Projekt geöffnet sein, speichern Sie es, und wählen Sie anschließend DATEI • NEU • PROJEKT. Den Folgedialog können Sie mit OK überspringen.

2 *Vorgaben-Ordner wählen*

Der Dialog Neue Sequenz ist da schon interessanter. Hier müssen Sie nämlich je nach verwendetem Format entscheiden, welchen Ordner Sie öffnen. Im Beispiel entscheiden wir uns für ein P2-Projekt für Panasonic-Kameras. Der Workflow bei Sony ist prinzipiell identisch, obwohl Sie hier in der Regel eines der DVCPRO-Verzeichnisse auswählen werden.

3 *Vorgabe wählen*

Öffnen Sie den Ordner DVCPRPOHD • 1080i, wenn Sie mit Halbbild-Material zu tun haben, während die Formate für progressive Vollbilder im Ordner DVCPRPOHD • 720p zu finden sind (eine Ausnahme stellt 24p dar, das für die Verwendung professioneller Filmkameras mit 24 Bildern pro Sekunde vorgesehen ist).

Danach entscheiden Sie sich für das Format, das Ihrem Kameratyp entspricht. Im Beispiel steht 50i für die hiesige Norm mit 2×25 Halbbildern pro Sekunde, während 60i den US-Standard repräsentiert. Wenn Sie mögen, können Sie die Sequenz ebenfalls noch benennen, ehe Sie mit OK betätigen.

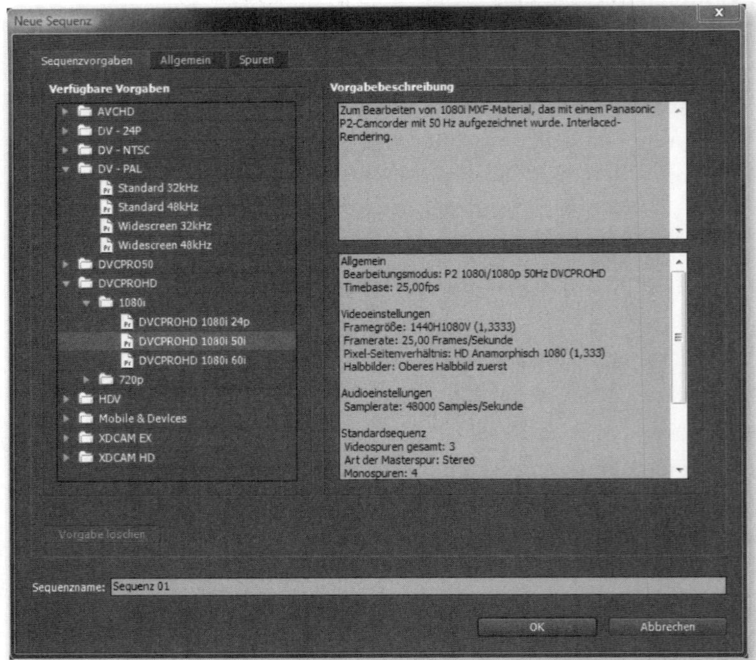

Abbildung 5.1 ▶ Die Einstellungen für dieses DVCPRO HD-Projekt können auf der rechten Seite noch einmal kontrolliert werden.

4 *Referenzen importieren*

Den nächsten Schritt kennen Sie bereits aus dem vorigen Kapitel. Sie können nämlich direkt aus Premiere Pro heraus auf den Datenträger der angeschlossenen Kamera zugreifen, und zwar mit Hilfe des Media-

Browsers. Denken Sie daran, dass Sie hier unter Anzeigen als auf den zugrunde liegenden Dateitypus umschalten, damit redundante Dateien ausgeblendet werden und nur die relevanten Dateiformate (im Beispiel MXF-Dateien) angezeigt werden. Bei diesem Vorgang werden übrigens lediglich Referenzen zu Ihren Originaldateien angelegt, weshalb der Import wirklich zügig vonstatten geht – und die Metadaten der Kamera werden auch gleich mitgeliefert.

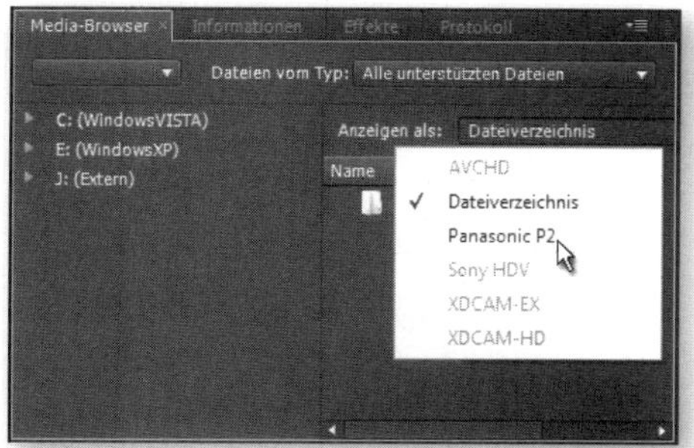

◀ **Abbildung 5.2**
Wählen Sie vor dem Import den richtigen Anzeigetypus aus.

5 *Material sichten*

Nun können Sie das Material, das Sie verwenden wollen, vom Media-Browser aus ins Projektfenster ziehen und dort in aller Ruhe sichten. Dazu empfiehlt es sich, auf die Symbolansicht umzuschalten. Wenn Sie einzelne Clips wieder aus dem Projektfenster entfernen wollen, markieren Sie sie und drücken `Entf`.

6 *Optional: Material schneiden*

Sie könnten nun das Material direkt schneiden. Wenn Sie aber bereits an dieser Stelle lieber das Originalmaterial verwenden, fahren Sie mit dem nächsten Schritt fort, ohne das Schnittfenster zu bestücken. Bedenken Sie, dass sich derzeit noch kein Originalmaterial auf der Festplatte Ihres Rechners befindet. Im Moment arbeiten Sie noch mit Referenzen.

7 *Original-Clips importieren*

Deshalb sollten Sie auch das Material zunächst sichten, ehe Sie am Schluss nur die wirklich wichtigen Clips auf Ihr System übertragen. Und das machen Sie, indem Sie Projekt • Projektmanager auswählen. Entscheiden Sie sich hier für Dateien sammeln und in neues Verzeichnis kopieren ❶. Die Option Nicht verwendete Clips ausschliessen ❷ müssen Sie deaktivieren (sofern das Schnittfenster noch leer ist), da ansonsten nur Clips importiert werden, die sich aktuell in der Timeline befinden. Und wenn Sie hier noch keine Clips haben, würde auch nichts herüberkopiert. Entsprechendes erreichen Sie übrigens auch, wenn Sie unter QUELLE die Sequenz abwählen. Stellen Sie im unteren Teil des Fensters jetzt noch ein PROJEKTZIEL ein, und bestätigen Sie mit OK.

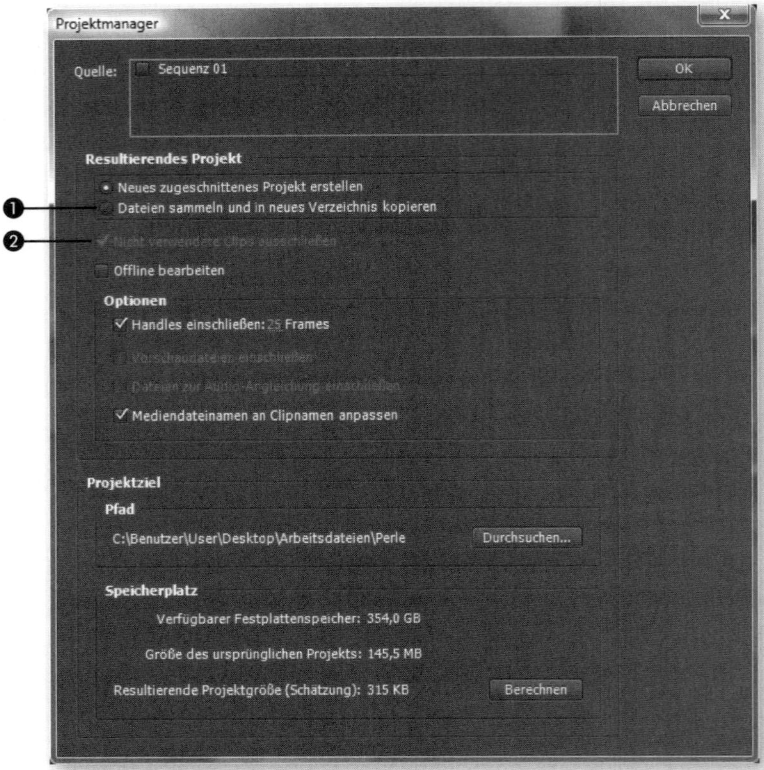

Abbildung 5.3 ▶
Der Projektmanager sorgt für den Import der finalen Daten.

8 *Projektdatei öffnen*

Der letzte Schritt ist nun die Anwahl des Projekts, das Sie soeben erstellt haben. Der Projektmanager hat nämlich mit dem Import auch gleich eine neue Projektdatei erzeugt. Diese finden Sie über den Pfad, den Sie im vorangegangenen Dialog unter PROJEKTZIEL eingestellt hatten. ■

5.2 Band-Workflow vorbereiten

Das Material von Digital-Camcordern hat gegenüber analogen Camcordern einen entscheidenden Vorteil – es muss nicht mehr digitalisiert werden, da es bereits digital vorliegt (z. B. Mini-DV, Digital-8). Dennoch muss es irgendwie in den Rechner gelangen, da die direkte Übertragung, wie sie ja beim bandlosen Workflow möglich ist, hier nicht funktioniert.

5.2.1 Die erforderliche Hardware

Damit das Filmmaterial den Weg in den Rechner findet, muss es über eine OHCI-fähige Schnittkarte übertragen werden. Wenn der Camcorder über einen digitalen Ausgang (**FireWire** bzw. **i.Link**) verfügt und ebenso ein entsprechender Eingang im Rechner bereitsteht, sind bereits alle Voraussetzungen geschaffen.

5

OHCI

Die Abkürzung steht für **O**pen **H**ost **C**ontroller **I**nterface und bezeichnet eine Standard-Schnittstelle zwischen FireWire-Geräten und einer Software. Sinn des Ganzen ist, die Kompatibilität zwischen Software und FireWire-Geräten mit Hilfe universeller Treiber zu gewährleisten. Diese Treiber sind standardmäßig in Ihrem Betriebssystem enthalten, so dass eine zusätzliche Treiberinstallation im Allgemeinen entfällt.

5.2.2 Ein neues Projekt erstellen

Verbinden Sie zunächst den Camcorder mit Ihrem Rechner, und schalten Sie die Kamera ein. Erst danach sollten Sie Premiere Pro starten. Zwar können Sie auch aus einem bereits vorhandenen Projekt heraus aufnehmen, normalerweise beginnen Sie aber mit einem neuen Projekt.

Welche Einstellungen Sie im Dialog Neues Projekt verwenden, hängt im Wesentlichen von dem auf den Rechner zu übertragenden Material ab. Ein Beispiel: Wenn Ihre Aufnahmen mit einem High-Definition-Camcorder gemacht wurden, wählen Sie einen entsprechenden Eintrag, beispielsweise aus dem Ordner HDV. Haben Sie hingegen mit DV-PAL gearbeitet, ist lediglich zu entscheiden,

1. in welchem Seitenformat (4:3 oder 16:9 = Widescreen) die Aufnahmen gemacht wurden und
2. ob für Audio 32 kHz oder 48 kHz in Anwendung gebracht werden sollen.

5.2.3 32 kHz oder 48 kHz?

32 kHz entspricht 12 Bit Audio, während 48 kHz 16 Bit Audio bedeutet. Camcorder sind schon seit langem in der Lage, 16 Bit aufzuzeichnen, was natürlich mehr Qualität verspricht. Für eine spätere Ausgabe auf DVD sind grundsätzlich beide Formate geeignet. Für die interne Verarbeitung in Premiere Pro ist das Ganze eher unerheblich, da die Anwendung ohnehin sämtliche Audiodateien in eine sehr viel höhere Bitrate konvertiert und bei der Ausgabe wieder reduziert. Das bedeu-

tet: Premiere Pro wird sämtliche Audiodateien angleichen, also neue Audiodateien erstellen.

Schritt für Schritt: Ein Projekt für den Band-Workflow erstellen (DV)

1 *Projekt benennen*

Stellen Sie zunächst ein neues Projekt ein. Im Dialog NEUES PROJEKT weisen Sie dem Projekt zunächst einen Speicherort sowie einen Namen zu. Das machen Sie ganz unten über DURCHSUCHEN (SPEICHERORT) ❶ und NAME ❷ (Bezeichnung der Projektdatei).

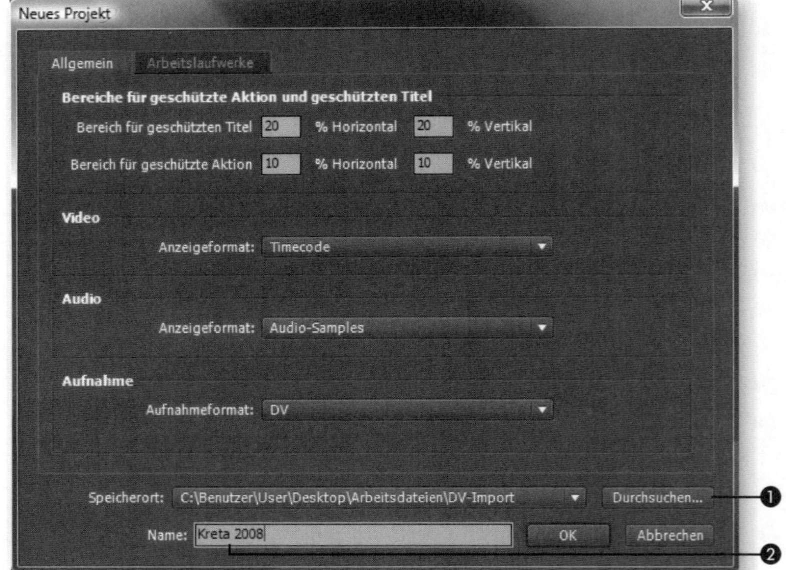

Abbildung 5.4 ▶ Zunächst sollten Sie Speicherort und Namen angeben.

2 *Optional: Arbeitslaufwerke ändern*

Standardmäßig gilt, dass sämtliche Video- und Audioaufnahmen, die Sie im Zusammenhang mit dem aktuellen Projekt anfertigen, im gleichen Verzeichnis gespeichert werden wie die Projektdatei. Und deren Speicherort haben Sie ja soeben festgelegt. Dennoch kann es interessant sein, beides voneinander zu trennen. Wenn Sie die aufzunehmenden Videos lieber auf eine angeschlossene, externe Festplatte auslagern wollen, damit Ihre Systemplatte nicht zu voll wird, ist dagegen nichts einzuwenden. In diesem Fall sollten Sie vor dem Klick auf OK noch das Register ARBEITSLAUFWERKE ❸ anwählen. Stellen Sie die Speicherorte für VIDEOAUFNAHME ❹ und AUDIOAUFNAHME ❺ nach Wunsch um, indem Sie jeweils auf DURCHSUCHEN klicken und den gewünschten Pfad festlegen.

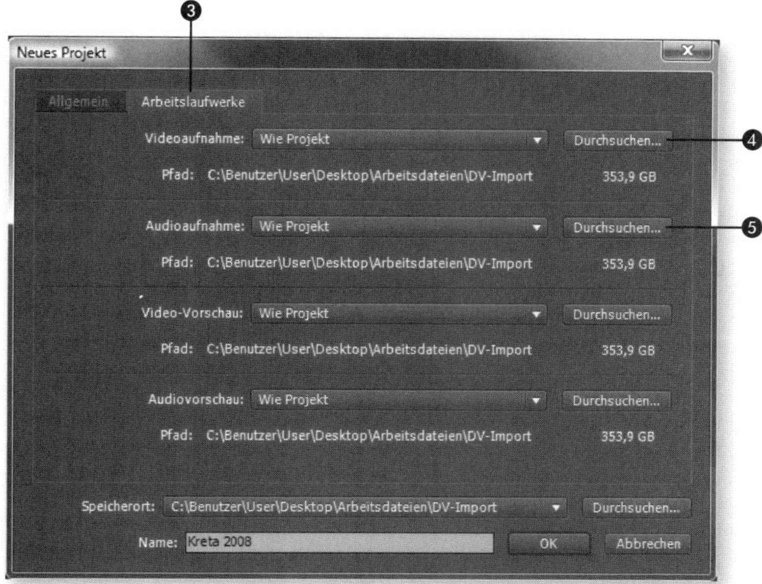

◄ **Abbildung 5.5**
Bereits an dieser Stelle können die Arbeitslaufwerke eingerichtet werden.

Außerdem lassen sich noch die Speicherorte für die Video- und Audiovorschau angeben. Damit gemeint sind von Premiere Pro zu berechnende Arbeitsdateien, wie z. B. eine Überblendung zwischen zwei Clips. Dieses Material gibt es ja noch gar nicht und muss eigens erzeugt werden. Und wo diese eigens erzeugten Dateien abgelegt werden sollen, bestimmen Sie mit den unteren beiden Zeilen VIDEO-VORSCHAU und AUDIO-VORSCHAU. Wenn alles eingestellt ist, drücken Sie auf OK.

Voreinstellungen nachträglich festlegen

Sie können die Laufwerke auch später noch über PROJEKT • PROJEKTEINSTELLUNGEN • ARBEITSLAUFWERKE ändern. Sie müssen also nicht befürchten, dass die jetzt getroffenen Einstellungen nicht mehr editierbar sind. Allerdings ist es nicht ratsam, dies zu einem Zeitpunkt zu tun, an dem das Projekt bereits relativ weit fortgeschritten ist, da die Dateien von Premiere Pro nachträglich nicht automatisch verschoben werden.

Abweichende Projekteinstellung

Grundsätzlich sind Sie nicht verpflichtet, Projekteinstellungen zu verwenden, die dem vorhandenen Filmmaterial entsprechen. So ist es durchaus denkbar, 4:3-Aufnahmen in ein 16:9-Projekt einzubinden. Bedenken Sie aber, dass Sie in diesem Fall entweder mit schwarzen Rändern leben oder Teile des Videos abschneiden müssten, indem Sie es später skalieren. Dies führt leider unweigerlich zu Qualitätseinbußen.

3 *Sequenzvorgaben einstellen*

Nun geht es um die eigentlichen Projekteinstellungen. Entscheiden Sie sich hier für das Format, das Ihren Aufnahmen entspricht (im Beispiel ein DV-PAL-Projekt im Seitenformat 16:9). Für 4:3-Aufnahmen wählen Sie STANDARD, während das modernere Breitbildformat durch WIDESCREEN repräsentiert wird. Danach reicht ein Klick auf OK.

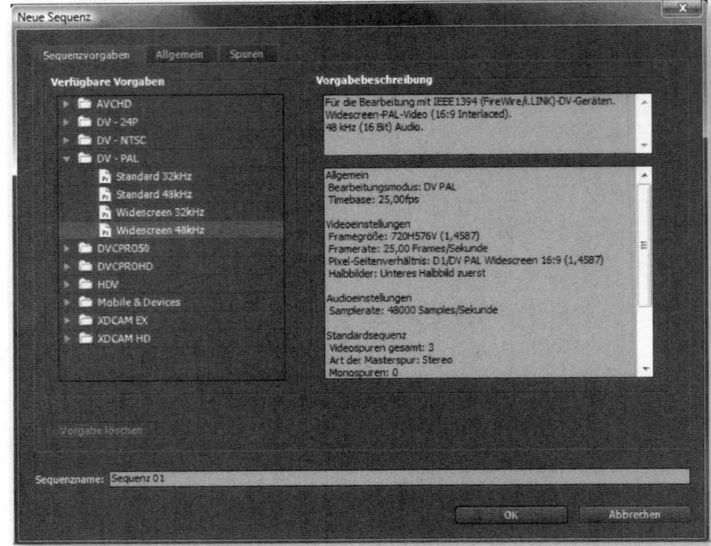

Abbildung 5.6 ▸
Wählen Sie diese Einstellungen, wenn Sie einen DV-Camcorder angeschlossen und in 16:9 gefilmt haben.

4 *Aufnahmeeinstellungen ändern*

Die Anwendung selbst bietet ebenfalls noch einige Möglichkeiten in Sachen Voreinstellungen, die Sie zumindest vor der ersten Aufnahme einmal ansehen sollten. Gehen Sie deshalb zunächst auf BEARBEITEN/PREMIERE PRO • VOREINSTELLUNGEN • AUFNEHMEN.

Hier werden nämlich weitere wichtige Einstelloptionen zugänglich. Zwar sollen diese jetzt nicht geändert werden, doch möchte ich Ihnen kurz vorstellen, welche Funktionen sich dahinter verbergen.

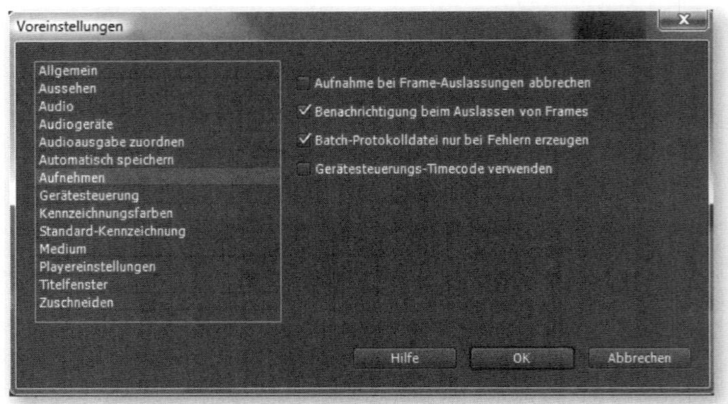

Abbildung 5.7 ▸
Einstellungen unter AUFNEHMEN

- Aufnahme bei Frame-Auslassungen abbrechen – Aktivieren Sie diese Checkbox, wird Premiere Pro die spätere Aufnahme sofort abbrechen, sobald einzelne Bilder während der Aufnahme ausgelassen werden. Da Sie hierüber, wie Sie gleich noch sehen werden, ohnehin stets im Bilde sind, ist diese Funktion nicht sonderlich sinnvoll.
- Benachrichtigung beim Auslassen von Frames – Wenn bei der Aufnahme Bilder vernachlässigt wurden, sollte dies in einem anschließenden Bericht angezeigt werden. Lassen Sie diese Checkbox bitte ebenso angewählt wie die darunter befindliche.
- Gerätesteuerungs-Timecode verwenden – Beachten Sie bitte hierzu die Ausführungen im Anschluss an diesen Workshop, und verzichten Sie zunächst darauf, diese Checkbox zu aktivieren.

5 ***Optional: Gerätesteuerung definieren***

Im Anschluss daran dürfen Sie beherzt auf OK klicken, obwohl ich nicht versäumen möchte, Sie auf eine weitere Möglichkeit aufmerksam zu machen.

Hier in den Voreinstellungen lässt sich nämlich bereits die Gerätesteuerung definieren. Klicken Sie dazu einfach links in der Liste auf den Eintrag Gerätesteuerung. ■

5.3 Filmmaterial vom Band einspielen

Sobald die Vorarbeiten erledigt sind, können Sie mit der eigentlichen Aufnahme beginnen. Na ja, noch nicht ganz. Einige kleine Einstellungen sind noch erforderlich. So wollen wir zunächst dafür sorgen, dass Premiere Pro und Ihr Camcorder überhaupt Bereitschaft zur Zusammenarbeit zeigen. Machen wir beide also miteinander bekannt.

5.3.1 Die Gerätesteuerung

Mit Hilfe der Gerätesteuerung können Sie einen angeschlossenen Camcorder gleich aus Premiere Pro heraus bedienen.

Schritt für Schritt: Die Gerätesteuerung aktivieren

Es sei noch einmal darauf hingewiesen, dass der Camcorder zunächst mit dem Rechner verbunden und erst danach eingeschaltet werden sollte. Wählen Sie den Wiedergabemodus. Daraufhin dürfte sich das Betriebssystem melden.

Abbildung 5.8 ▶
Welche Aktion soll ausgeführt werden?

Jetzt wird möglicherweise VIDEO AUFZEICHNEN MIT ADOBE ONLOCATION vorgeschlagen, was Sie jedoch nicht annehmen sollten. Entscheiden Sie sich lieber für den Eintrag VIDEO BEARBEITEN UND AUFZEICHNUNG MIT ADOBE PREMIERE PRO. Übrigens müssen Sie prinzipiell gar nichts anwählen; Sie können den Dialog auch gerne abbrechen.

1 *Aufnahme-Dialog öffnen*

In den eigentlichen Aufnahme-Dialog von Premiere Pro gelangen Sie, indem Sie entweder DATEI • AUFNEHMEN wählen oder F5 drücken.

2 *Optional: Verbindungen prüfen*

Sollte irgendetwas mit der Verbindung nicht in Ordnung sein – sei es, dass die Kabel nicht richtig miteinander verbunden sind oder der Camcorder nicht eingeschaltet ist –, meldet die Anwendung »Aufnahmegerät offline« oben links im Fenster. Des Weiteren werden sämtliche Steuerelemente im unteren Bereich dieses Dialogs ausgegraut dargestellt – ein Indiz dafür, dass sie nicht bedienbar sind. Wird der Camcorder hingegen nicht offline, sondern mit dem Eintrag »Angehalten« ❶ präsentiert, haben Sie allen Grund zum Jubeln, denn das Gerät wurde erkannt. Die Steuerelemente sollten jetzt auch bedienbar sein. Notfalls starten Sie Premiere Pro neu, und öffnen Sie abermals den Aufnahmemodus.

HD-Aufnahmen

Wenn Sie HD-Material in den Rechner bringen wollen, müssen Sie eine mit Premiere Pro kompatible HD-Aufnahmekarte mit SDI-Eingang einsetzen.

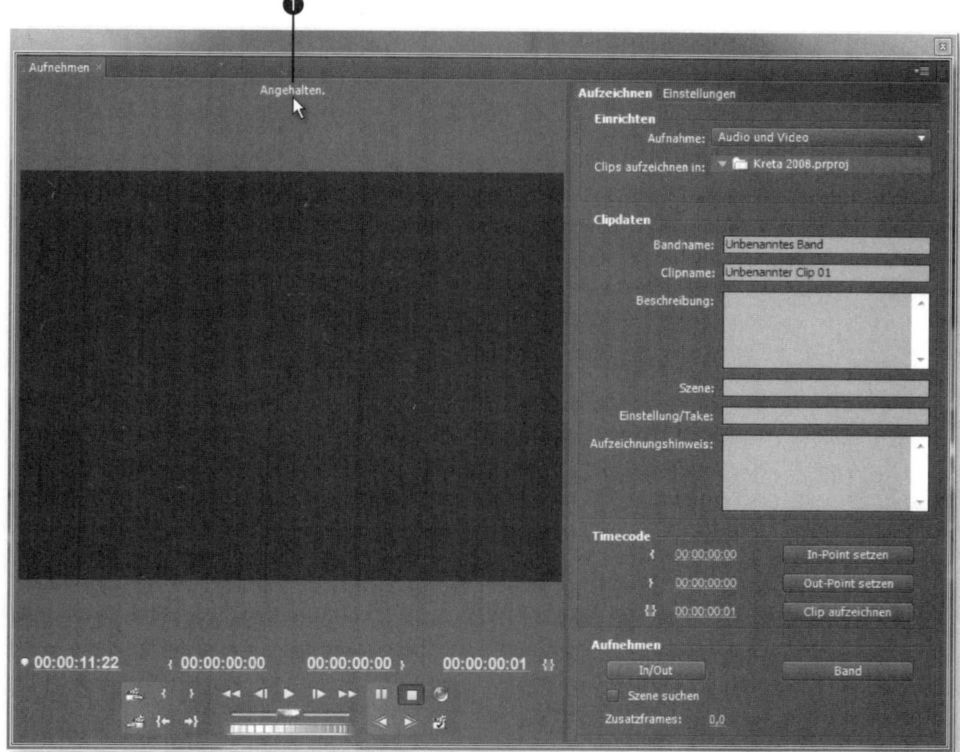

▲ **Abbildung 5.9**
Hier gibt es keine Probleme.

Eintrag: Festgestellt

Wird hingegen »Festgestellt« ausgewiesen, bedeutet dies, dass Ihr Gerät zwar erkannt wurde, eine Steuerung aber nicht möglich ist. Die häufigste Ursache: Im Camcorder befindet sich kein Band.

3 *Optional: Aufnahmepfad ändern*

Aktivieren Sie zunächst oben rechts die Registerkarte EINSTELLUNGEN ❷ (siehe Abbildung 5.10). Hier können Sie im Bereich AUFNAHME-SPEICHERORT bestimmen, wo die Aufnahmen abgelegt werden sollen. Im vorangegangenen Workshop hatten Sie ja bereits erfahren, dass sich solche Pfadangaben auch über die Voreinstellungen realisieren lassen. Falls Sie diese Einstellung noch nicht vorgenommen haben, besteht nun im Aufnahme-Dialog erneut die Möglichkeit dazu. Zur Änderung des Pfades klicken Sie dann lediglich auf DURCHSUCHEN.

Achten Sie auch darauf, dass sich links unterhalb der Schaltfläche sowohl der Pfad als auch der auf der Festplatte noch zur Verfügung stehende Speicherplatz präsentieren.

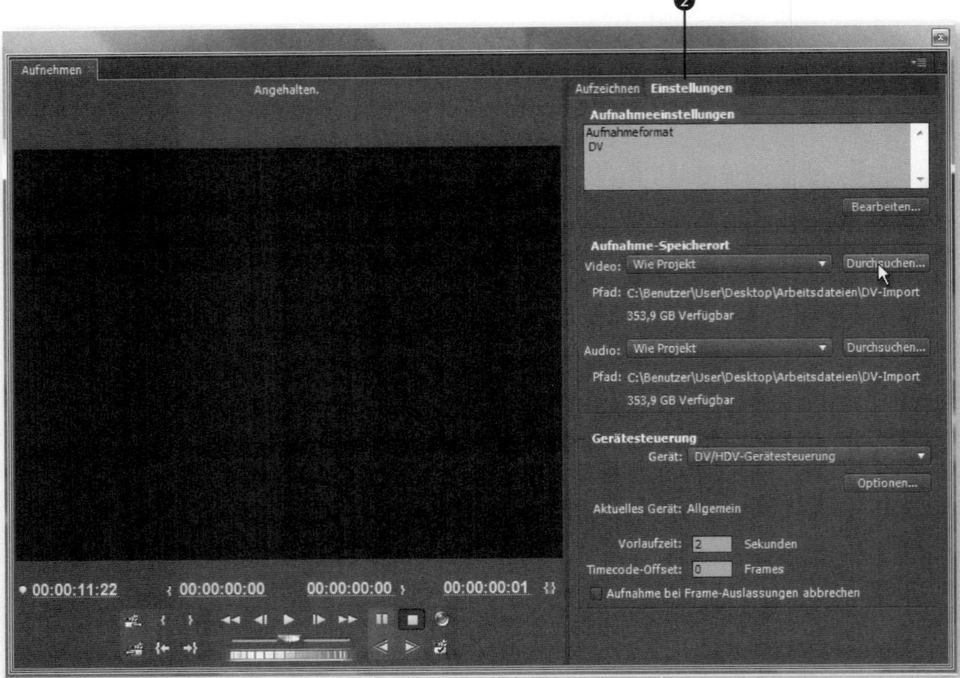

Abbildung 5.10 ▲
Ändern Sie hier den Aufnahme-Speicherort.

4 *Optionen für die Gerätesteuerung aktivieren*

Sollte »Angehalten« noch nicht ausgewiesen sein oder sollte nach Druck des Play-Buttons nur ein Schwarzbild gezeigt werden, gehen Sie folgendermaßen vor: Falls noch die Registerkarte AUFZEICHNEN im Vordergrund steht, klicken Sie oben rechts auf EINSTELLUNGEN. Wählen Sie jetzt im Frame GERÄTESTEUERUNG den Button OPTIONEN an.

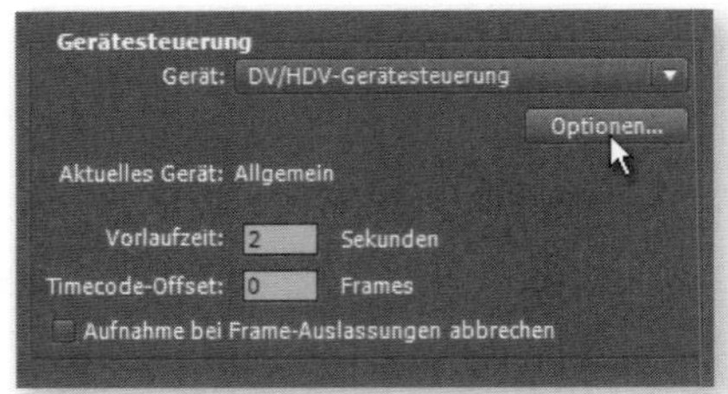

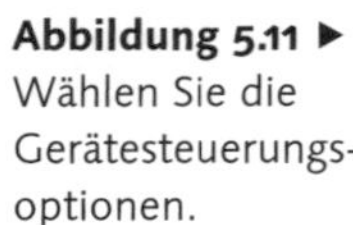

Abbildung 5.11 ▶
Wählen Sie die Gerätesteuerungsoptionen.

5 *Camcorder-Steuerung auswählen*

Nachdem sich der Dialog OPTIONEN geöffnet hat, können Sie zunächst den VIDEOSTANDARD (PAL oder NTSC) einstellen. Wechseln Sie danach auf das zweite Steuerelement GERÄTEMARKE. Hier wählen Sie das Fabrikat, das Ihrem Camcorder entspricht. Sollte das gewünschte Fabrikat hier nicht auftauchen, lassen Sie den Eintrag GENERIC stehen, wobei dann nicht auszuschließen ist, dass die Gerätesteuerung gar nicht oder zumindest nicht optimal funktioniert.

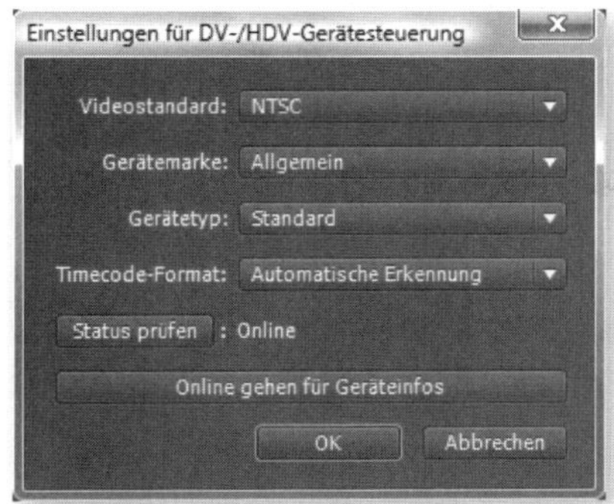

◀ **Abbildung 5.12**
Optionen der Gerätesteuerung

Hardware-Kompatibilität im Internet ermitteln

Falls Ihr Gerät nicht aufgelistet wird, können Sie ermitteln, ob der Camcorder unterstützt wird, indem Sie ONLINE GEHEN FÜR GERÄTEINFOS anklicken. Nun wird eine Verbindung zur Adobe-Homepage hergestellt. Dort wählen Sie im obersten Feld zunächst die Premiere Pro-Version, die Sie benutzen. Unter TYPE OF HARDWARE entscheiden Sie sich für CAMERAS & VTRS, ehe Sie im dritten Listenfeld wählen, ob Sie mit PAL oder NTSC arbeiten. Klicken Sie anschließend auf SUBMIT. Aber selbst wenn das Gerät hier nicht gelistet wird, besteht die Möglichkeit einer Zusammenarbeit mit Premiere und Ihrem Camcorder. Mit der Einstellung STANDARD im Bereich GERÄTETYP funktioniert es häufig.

Im Anschluss daran öffnen Sie die Liste GERÄTETYP und versuchen, Ihren Camcorder ausfindig zu machen. Sollte Ihr Typ nicht vorkommen, lassen Sie den Eintrag STANDARD stehen.

6 *Optional: Weitere Einstellungen festlegen*

Bestätigen Sie anschließend mit OK. Das aktuelle Gerät sollte jetzt unterhalb der Schaltfläche OPTIONEN gelistet sein. Darunter finden Sie noch drei Steuerelemente, die normalerweise nach keiner Umstellung verlangen.

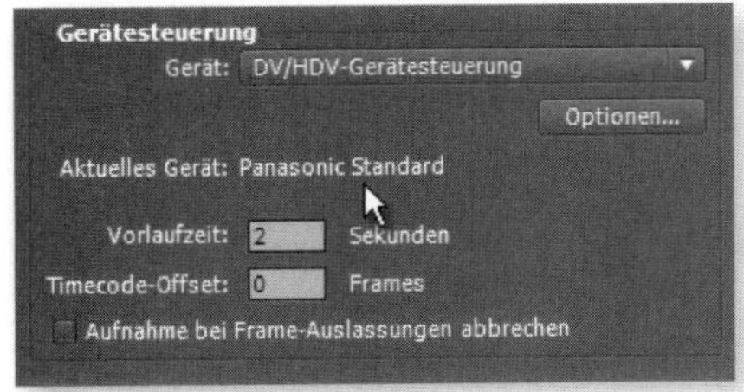

◀ **Abbildung 5.13**
Hier sollte das angeschlossene Gerät aufgeführt sein.

Dennoch sollen sie an dieser Stelle kurz beschrieben werden:

- VORLAUFZEIT – Wenn Sie die Aufnahmen später mit In- und Out-Points steuern, geben Sie mit diesem Wert an, wie weit das Band vor den In-Point zurückgespult werden soll. Eine Erhöhung dieses

Wertes ist nur dann zu empfehlen, wenn Premiere Pro bei der späteren Aufnahme meldet, dass der In-Point nicht gefunden werden konnte.

- TIMECODE-OFFSET – Der Timecode Ihrer fertigen Aufnahme wird vom Original übernommen. Ändern Sie den Wert, legen Sie damit fest, wie viele Frames zur Anpassung dieses Timecodes verwendet werden sollen. Auch hier ist eine Änderung des Wertes 0 (Erhöhung) nur dann zu empfehlen, wenn es beim Capturing zu einer Fehlermeldung kommt.
- AUFNAHME BEI FRAME-AUSLASSUNGEN ABBRECHEN – Sollten Frames bei der Aufnahme ausgelassen worden sein, meldet das Premiere Pro im Anschluss. Deshalb ist es nicht zu empfehlen, die Aufnahme wegen eines einzelnen ausgelassenen Bildes gleich abzubrechen. Hinzu kommt: Wenn Sie über ausreichende Rechnerleistung und eine zeitgemäße Peripherie verfügen, wird es ohnehin nicht zu Frame-Auslassungen kommen. ■

5.3.2 Vom Camcorder aufnehmen

Damit wären alle Einstellungen in Bezug auf die Gerätesteuerung erledigt. Nun ist es Zeit für eine erste Probeaufnahme. Die hier beschriebene Funktion stellt außerdem eine unkomplizierte Möglichkeit dar, einzelne Clips zu überspielen, wenngleich es elegantere Methoden gibt. Doch dazu später mehr.

Schritt für Schritt: Eine Probeaufnahme erzeugen

Ist der Camcorder eingeschaltet (Wiedergabemodus) und der Aufnahme-Dialog von Premiere Pro geöffnet (F5)? Wird die Kamera außerdem als »Angehalten« gemeldet? Glückwunsch! Dann steht der ersten Aufnahme nichts mehr im Wege.

1 *Optional: Aufnahmeart ändern*

Im Frame EINRICHTEN der Registerkarte AUFZEICHNEN haben Sie die Möglichkeit, zu bestimmen, was aufgenommen werden soll. In den meisten Fällen möchte man sowohl Bild als auch Ton aufzeichnen, weshalb Sie kontrollieren sollten, ob hier AUDIO UND VIDEO angegeben ist.

Wenn Sie nur das Bild ohne Ton aufzeichnen wollen, schalten Sie hier auf VIDEO um. Dies bietet sich z. B. an, wenn von vornherein klar ist, dass der Originalton im Projekt keine Verwendung finden wird. Klassisches Beispiel: Das gesamte Video wird mit Musik untermalt, ohne dass der Originalton mit einwirken soll.

Umgekehrt könnte natürlich auch das Bild vernachlässigt und nur der Ton aufgenommen werden. In beiden Fällen sparen Sie erheblichen Speicherplatz, da die aufzunehmenden Dateien natürlich entsprechend kleiner werden.

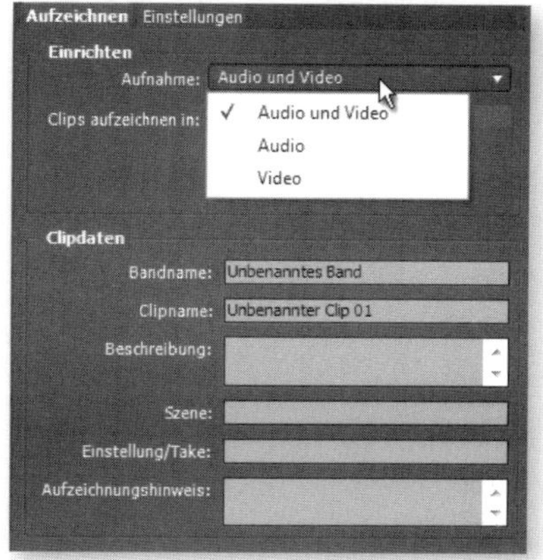

◀ **Abbildung 5.14**
Bestimmen Sie, was vom Camcorder aufgenommen werden soll: Audio und Video bzw. Audio oder Video.

2 *Film abspielen und aufnehmen*

Drücken Sie jetzt die Abspielen-Schaltfläche ❶. Kurz darauf sollte das Bild auch im oberhalb befindlichen Monitor wiedergegeben werden. Betätigen Sie nun den Button AUFNAHME ❸, und lassen Sie das Band einige Sekunden weiterlaufen. Wenn Sie die Aufnahme beenden möchten, klicken Sie entweder erneut auf den Aufnahme-Button oder bedienen sich der Stopp-Schaltfläche ❷.

▼ **Abbildung 5.15**
Starten Sie den Abspielvorgang.

3 *Aufnahme speichern*

Sobald die Aufnahme beendet wurde, benötigt Ihre Software wieder »Input«. Erfüllen Sie ihr den Wunsch, indem Sie zunächst einen Clipnamen vergeben. Wenn Sie mögen, können Sie anschließend noch eine Beschreibung hinzufügen. Bestätigen Sie das Ganze mit OK.

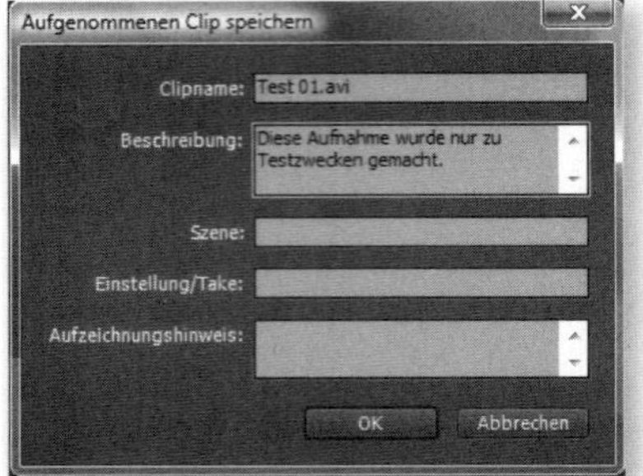

Abbildung 5.16 ▶
Aufgenommene Clips speichern

4 *Aufnahme kontrollieren*

Schieben Sie das Aufnahmefenster etwas zur Seite, oder schließen Sie es. Widmen Sie sich anschließend dem Projektfenster. Die soeben vollzogene Aufnahme sollte sich jetzt auch als Asset in Ihrem Projektfenster befinden. Hier können Sie den Clip ganz normal weiterverarbeiten.

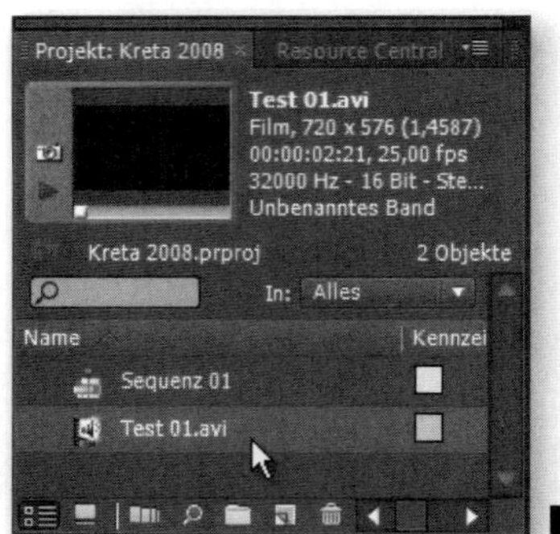

Abbildung 5.17 ▶
Die Probeaufnahme im Projektfenster

In der zuvor beschriebenen Weise lassen sich Aufnahmen natürlich ganz schnell realisieren. Der Nachteil: Anfang und Ende sind eher dem Zufall überlassen und wenig präzise. Außerdem hätten Sie bei, sagen wir mal, 500 Clips eine Menge Arbeit vor sich. Aber für eine Probeaufnahme war das allemal ausreichend.

5.3.3 Aufnahmen mit In- und Out-Points

Da Digitalaufnahmen mit einem Timecode versehen sind, ist es möglich, bildgenau aufzunehmen. Den Einsatz von In- und Out-Points haben Sie ja bereits kennengelernt. Diese Technik kann man sich auch bei der Aufnahme zunutze machen.

Schritt für Schritt: Einzelne Timecode-Aufnahmen erzeugen

Ziel dieses Workshops ist es, eine genaue Aufnahme zwischen zwei Punkten zu realisieren und auf diese Weise redundantes Material auszusparen.

1 *Startpunkt der Aufnahme festlegen*

Die Steuerelemente, die sich im Fuß des Aufnahmefensters befinden, haben Sie bei der Arbeit mit den Monitoren ja bereits kennengelernt. So können Sie z. B. zunächst den Wiedergabemodus aktivieren und grob an die Stelle navigieren, die Sie aufnehmen möchten. Danach setzen Sie den Camcorder in den Pause-Modus.

▼ Abbildung 5.18
Navigieren Sie zum gewünschten Startpunkt der Aufnahme.

Mit Hilfe des Jog-Wheels, des Shuttle-Schiebers oder der Einzelbild-Tasten (SCHRITT ZURÜCK ❸ und SCHRITT VOR ❹) navigieren Sie nun an die Stelle, die den Startpunkt Ihrer Aufnahme darstellen soll. Belassen Sie die Kamera im Pause-Modus, und setzen Sie einen In-Point, indem Sie entweder ❶ oder ❻ drücken. Alternativ reicht ein Druck auf das [I] Ihrer Tastatur.

Hot-Text-Steuerelemente benutzen

Bei den orange eingefärbten Timecode-Angaben ❺ handelt es sich ebenfalls um die bereits bekannten Hot-Text-Steuerelemente, die per Drag & Drop verstellt werden können. Entsprechendes gilt für die vier unterhalb der Vorschau befindlichen Timecodes. Aber damit nicht genug: Auch alle nebenstehenden Symbole (Klammern) sind mit dieser Eigenschaft ausgestattet.

2 *Den Endpunkt der Aufnahme festlegen*

Spielen Sie anschließend das Band weiter ab, und legen Sie in der zuvor beschriebenen Weise auch den Endpunkt der Aufnahme fest. Das machen Sie mit den Tasten OUT-POINT SETZEN (❷ und ❼) oder [O] auf Ihrer Tastatur.

3 *Clip zwischen In und Out aufnehmen*

Wenn beide Punkte gesetzt sind, markieren Sie die Schaltfläche IN/OUT im Frame AUFNEHMEN. Jetzt wird der Camcorder kräftig spulen und anschließend die Aufnahme erzeugen.

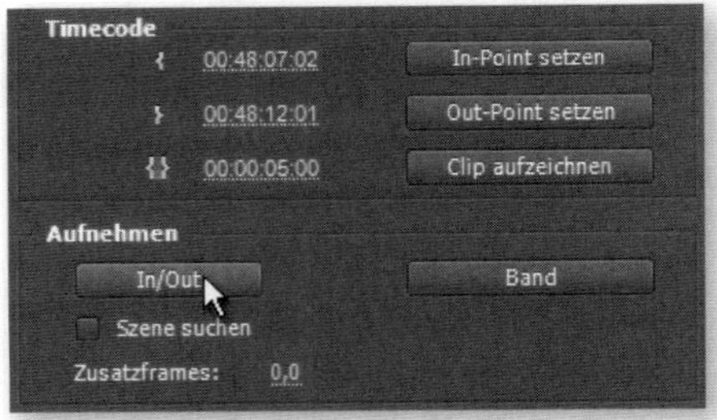

Abbildung 5.19 ▸
Clip zwischen In und Out aufnehmen

4 *Clip speichern*

Der bereits bekannte Dialog AUFGENOMMENEN CLIP SPEICHERN sorgt für den Rest. Geben Sie auch hier wieder einen Namen an, sofern Ihnen der vorgegebene nicht zusagt, und schließen Sie die Aktion mit einem Klick auf OK ab. ■

5.3.4 Mehrere Szenen hintereinander aufnehmen

Sicher wird es Ihnen keine große Freude bereiten, jede einzelne Aufnahme auf diese Art und Weise durchzuführen. Interessanter wäre es doch, wenn Sie sämtliche Szenen von Premiere Pro erzeugen lassen könnten, oder? Nichts leichter als das. Der folgende Workshop verrät Ihnen, wie das funktioniert.

Schritt für Schritt: Mit der Szenenerkennung aufnehmen

Ziel dieses Workshops ist es, ein DV-Band (oder zumindest einen Teil dessen) auf den Rechner zu übertragen, während Premiere Pro die Szeneneinteilung für Sie übernimmt.

1 *Startpunkt einstellen*

Spulen Sie zunächst das Band an die Stelle, an der Sie mit der Aufnahme beginnen möchten. Mitunter ist es erforderlich, einige Bilder zurückzuspulen, damit Sie den Anfang des ersten relevanten Clips nicht verpassen.

2 *Clipnamen vergeben*

Widmen Sie sich zunächst dem Frame CLIPDATEN in der Mitte der Registerkarte AUFZEICHNEN. Im Bereich CLIPNAME können Sie nun einen Namen für die folgenden Szenen vergeben. Premiere Pro wird alle Szenen anschließend durchnummerieren.

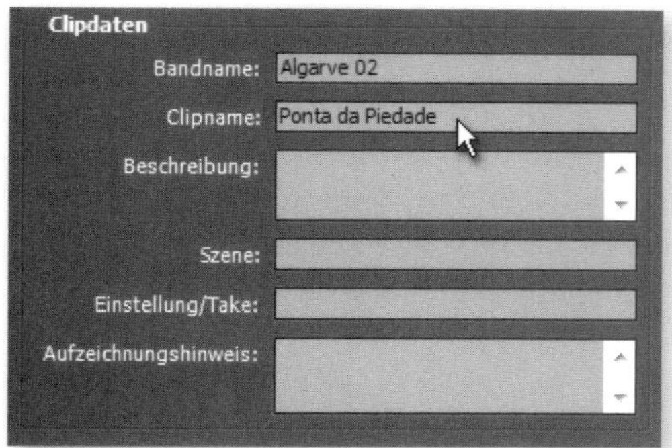

◀ **Abbildung 5.20**
Einstellungen für die Bandaufnahme

3 *Suchfunktion aktivieren*

Im unteren Frame AUFNEHMEN aktivieren Sie jetzt die Checkbox SZENE SUCHEN. Dies hat zur Folge, dass Premiere Pro für jede neue Szene auf Ihrem Band auch einen neuen Clip anlegt. Dabei orientiert sich die Anwendung an den Informationen des Bandes. Dabei wird registriert, wann Sie seinerzeit die Kamera mit Hilfe der Pause- oder Stopptaste angehalten haben. An dieser Stelle wird beim Überspielen auf den Rechner ein neuer Clip erzeugt. Dies ist nicht der Fall, wenn Sie SZENE SUCHEN inaktiv lassen.

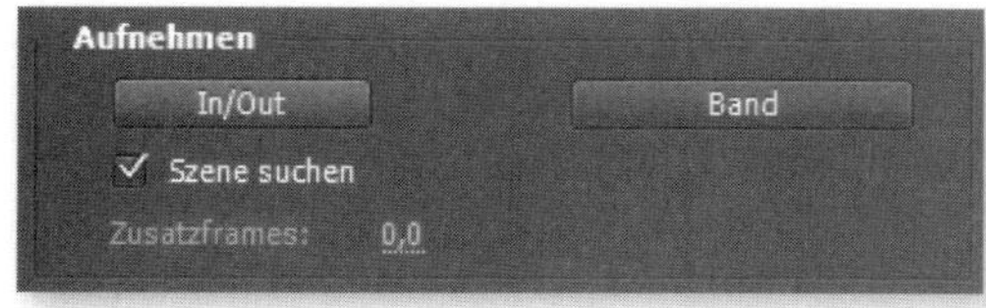

◀ **Abbildung 5.21**
Aktivieren Sie die Checkbox, ehe sie fortfahren.

Klicken Sie am Schluss auf die Schaltfläche BAND, und genießen Sie die neu gewonnene Freizeit. Während Premiere Pro nämlich die Arbeit für Sie erledigt und alle Szenen nacheinander in das Projektfenster manövriert, können Sie Ihren wohlverdienten Feierabend genießen. ■

5.4 Batchaufnahmen

Die Möglichkeit, Aufnahmen in einer Stapelverarbeitung abzuwickeln, stellt zweifellos ein besonderes Highlight dar. Zur Vorgehensweise: Sie nehmen nicht mehr (wie im vorangegangenen Workshop beschrieben) alle Szenen eines Bandes auf, sondern nur solche, die Sie wirklich haben wollen. Noch besser: Das Ganze funktioniert sogar bildgenau, will heißen: Sie können Ihre Szenen von redundantem Material befreien, noch ehe sie sich auf Ihrem Rechner befinden. Es wird also nur das auf die Festplatte übertragen, was später tatsächlich Verwendung finden soll. Cool, oder?

Schritt für Schritt: Clips im Stapel aufnehmen (Batchaufnahme)

Auch bei der Batchaufnahme wird Premiere Pro wieder den eigentlichen Aufnahmevorgang für Sie erledigen. Sie müssen der Software vorab nur mitteilen, welche Szenen Sie benötigen und wie sie heißen sollen.

1 *Band benennen*

Bevor Sie mit einer Batchaufnahme beginnen, sollten Sie dem Band einen aussagekräftigen Namen geben. Dies ist vor allem dann wichtig, wenn Sie Batchdateien von mehreren Bändern anlegen wollen. Deshalb tragen Sie auf der Registerkarte AUFZEICHNEN im Frame CLIPDATEN den gewünschten Namen im Eingabefeld BANDNAME ein.

2 *Szenen vorbereiten*

Spielen Sie das Band nun ab, und navigieren Sie zum ersten In-Point. Klicken Sie anschließend auf die Schaltfläche IN-POINT SETZEN. Fahren Sie bis zum gewünschten Ausstieg der Szene, und platzieren Sie dort einen Out-Point.

3 *Batchdatei erzeugen*

Wenn der Clip durch die Punkte selektiert worden ist, klicken Sie auf die Schaltfläche CLIP AUFZEICHNEN. Jetzt wird sich abermals der bereits bekannte Dialog CLIP AUFZEICHNEN öffnen, wobei Sie nun die Möglichkeit haben, den Namen zu ändern bzw. eine Beschreibung anzugeben. Bestätigen Sie das Ganze mit OK.

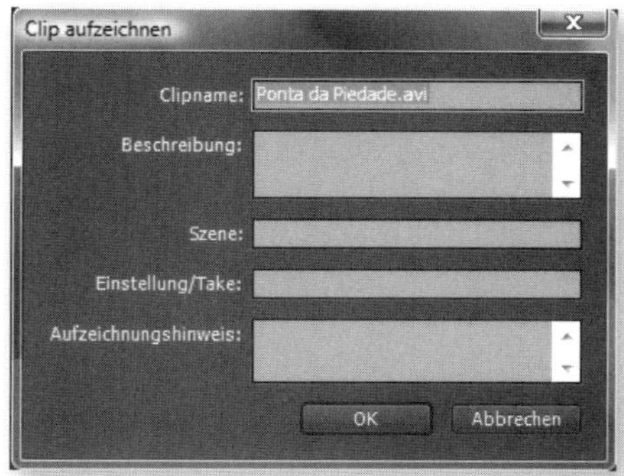

◀ **Abbildung 5.22**
Dialog CLIP AUFZEICHNEN

Werfen Sie nun einen Blick auf Ihr Projektfenster. Dort wird nämlich ein so genannter **Offline-Clip** gelistet. Dieser steht für eine Datei, die sich noch gar nicht auf Ihrem Rechner befindet. Tatsächlich haben Sie der Anwendung ja bislang lediglich mitgeteilt, welche Szene Sie aufnehmen möchten und wie diese heißen soll.

▲ **Abbildung 5.23**
Ein Offline-Clip wird gelistet.

4 *Weitere Batchdateien erzeugen*

Die eigentliche Aufnahme ist noch nicht vollzogen worden. Muss sie aber auch nicht, da jetzt die nächste Szene bestimmt werden soll, dann die übernächste usw. Wenden Sie die soeben beschriebenen Schritte auf jeden Clip erneut an. Ganz wichtig dabei ist, dass Sie jede vorbereitete Aufnahme an Premiere Pro übergeben, indem Sie auf die Schaltfläche CLIP AUFZEICHNEN klicken, *nachdem* Sie In- und Out-Point vergeben haben. Arbeiten Sie den Folgedialog jedes Mal entsprechend Ihren Wünschen ab. Sie werden dabei sehr schön beobachten können, wie sich das Projektfenster zunehmend mit Offline-Clips füllt. Falls nicht die gesamte Dateibezeichnung angezeigt wird, können Sie auch gerne wieder auf die Listenansicht umschalten.

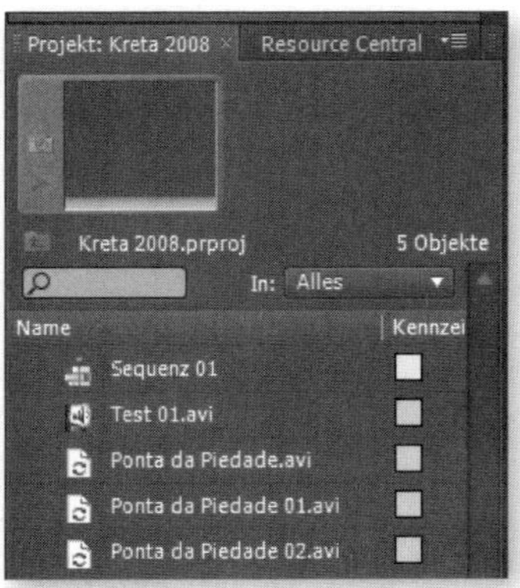

◀ **Abbildung 5.24**
Das Projektfenster verfügt jetzt über mehrere Offline-Clips.

5 *Band aufnehmen*

Nun werden Sie sich fragen, wann denn endlich die Aufnahmen auf den Rechner gebracht werden. Die Antwort darauf ist denkbar einfach: Wann immer Sie wollen. Und wissen Sie, was noch schöner ist? Sie haben es sogar in der Hand, zu bestimmen, welche Aufnahmen zum gegenwärtigen Zeitpunkt überspielt werden und welche noch länger offline bleiben sollen.

Markieren Sie einfach die Dateien, die aufgenommen werden sollen, und klicken Sie anschließend mit rechts auf eines der ausgewählten Symbole. Im Kontextmenü entscheiden Sie sich für BATCHAUFNAHME. Bestätigen Sie den nächsten Dialog mit OK.

Abbildung 5.25 ▶
Legen Sie das geforderte Band ein.

Sollten Sie mit mehreren Bändern arbeiten, werden Sie nach einiger Zeit gebeten, ein anderes Band einzulegen, damit die Batchaufnahme fortgesetzt werden kann. Ist das nicht der Fall, und Sie haben mit nur einem Band gearbeitet, wird Premiere Pro nach einiger Zeit melden, dass die Batchaufnahme beendet ist. Die Offline-Symbole innerhalb des Projektfensters sind jetzt auch durch Originalsymbole ausgetauscht worden. So bleibt stets die Übersicht erhalten, was bereits online und was noch offline ist. ■

5.4.1 Offline-Clips weiterverarbeiten

Offline-Clips verfügen bereits über sämtliche Parameter, die zur Bearbeitung erforderlich sind. So steht z. B. die Länge des Clips fest, bevor das Originalmaterial in den Rechner gespielt worden ist. Ferner kann er, wie im Übrigen jeder andere Clip auch, ganz normal weiterverarbeitet werden. Sie können einen Offline-Clip sogar schon in der Timeline platzieren und sogar Effekte und dergleichen hinzufügen. Das Einzige, was noch fehlt, ist der Clip selbst. Und der wird dem Schnittfenster, wie Sie ja wissen, später nachgereicht.

Sofern der Clip noch nicht online ist, werden Sie natürlich kein Originalbild sehen. Premiere Pro verdeutlicht aber anhand einer Platzhalter-Datei, dass es sich bei diesem Clip um eine Offline-Datei handelt. Geometrische Parameter, wie z. B. das Skalieren oder Verformen des Clips, wären schon jetzt sichtbar.

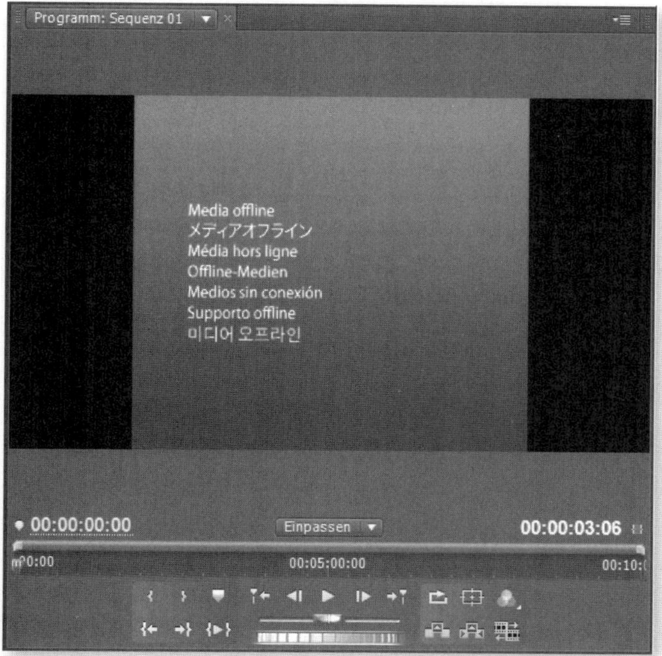

◄ **Abbildung 5.26**
Der Inhalt des Clips ist noch offline.

5.4.2 Batchlisten importieren/exportieren

Zum Zweck der Weiterverarbeitung auf anderen Schnittplätzen kann von Ihren Projekten eine Batchliste exportiert werden. Premiere Pro erstellt daraufhin eine .csv-Datei, die z.B. in Microsoft Excel oder im Editor des Betriebssystems bearbeitet werden kann.

Für den Export haben Sie folgende Möglichkeiten:

- Sie können einzelne Dateien des Projektfensters als Batchliste exportieren. Markieren Sie dazu zunächst im Projektfenster alle Dateien, die in die Batchliste geschrieben werden sollen.
- Sie können alle Dateien des Projektfensters als Batchliste exportieren. Stellen Sie sicher, dass keine Datei innerhalb des Projektfensters markiert ist.

Das Erzeugen der Liste realisieren Sie über PROJEKT • BATCHLISTE EXPORTIEREN.

◄ **Abbildung 5.27**
Die aus Premiere Pro exportierte Batchliste wurde anschließend im Editor des Betriebssystems geöffnet.

Beispieldatei

Die exportierte Batchliste finden Sie auf der Buch-DVD im Ordner KAPITEL_05. Sie trägt den Namen »Perle_Batchliste.csv« und verfügt neben den Hinweisen zu Original-Clips auch über einige fiktive Offline-Clips.

Hier könnten nun weitere Arbeiten erfolgen. So lassen sich z. B. die Zeiten für den jeweiligen In- und Out-Point ändern. Eventuell werden Sie aber auch gewillt sein, eine solche Batchliste zusammen mit dem Original-Videoband weiterzugeben. Der Empfänger hat dann nämlich seinerseits die Möglichkeit, die Clips auf seinen Rechner zu übertragen.

Der Reimport einer Batchliste in Premiere Pro gelingt im Übrigen über PROJEKT • BATCHLISTE IMPORTIEREN. Daraufhin wird im Projektfenster ein Ordner erzeugt, der die gleiche Benennung hat wie die importierte .csv-Datei. Darin finden Sie dann alle gelisteten Clips als Offline-Dateien.

5.5 Analoges Filmmaterial mit Premiere Pro digitalisieren

Mit analogem Filmmaterial, also Aufnahmen, die möglicherweise einer analogen Hi8-Kamera, einem VHS- oder SVHS-Rekorder entstammen, kann Ihr Rechner leider so gar nichts anfangen. Voraussetzung für eine Nachbearbeitung am Computer ist nämlich digitalisiertes Filmmaterial. Um analoges Filmmaterial zu digitalisieren, bieten sich grundsätzlich zwei Wege an. Beide machen den Einsatz zusätzlicher Peripherie erforderlich.

- Digitalisierung über eine Video-Capture-Karte
- Digitalisierung über ein externes Digitalgerät

5.5.1 Digitalisieren mit einer Video-Capture-Karte

Wenn Sie Ihren Rechner mit einer Video-Capture-Karte ausgestattet haben, sollten Sie zunächst kontrollieren, ob Premiere Pro diese auch erkennt. Über den Pfad PROJEKT • PROJEKTEINSTELLUNGEN • AUFNEHMEN lässt sich das Aufnahmeformat einstellen. Da Capture-Karten das Video bei der Aufnahme komprimieren, wird ein so genannter Codec erforderlich, der in der Liste AUFNAHMEFORMAT enthalten sein sollte.

Ist dies nicht der Fall, kontrollieren Sie, ob der Gerätehersteller ein entsprechendes Plug-in mitgeliefert hat, und installieren Sie es gegebenenfalls nach. Starten Sie Premiere Pro anschließend neu.

Die meisten Schnittkarten machen außerdem eine allgemeine Konfiguration erforderlich, die aber je nach Karte differiert. Anschließend sollten Sie in den zuvor beschriebenen Aufnahme-Dialog von Premiere Pro gelangen.

5.5.2 Digitalisieren mit einem externen Digitalgerät

Wenn für den Einsatz des Digitalisierens keine Capture-Karte zur Verfügung steht, kann ein kleiner, aber effizienter Trick weiterhelfen. Sofern Sie im Besitz eines digitalen Camcorders sind, lassen sich die alten VHS-Schätzchen prima auf den Rechner spielen, indem Sie den Camcorder einfach dazwischensetzen. Dieser muss seinerseits aber in der Lage sein, das Eingangssignal direkt zu digitalisieren, und verfügt sinnigerweise über analoge Eingänge sowie digitale Ausgänge. Viele Camcorder-Hersteller liefern dazu benötigtes Kabelmaterial gleich mit oder bieten es zumindest zum Kauf an.

Sollte der Camcorder nicht in der Lage sein, das Eingangssignal direkt zu digitalisieren, bleibt Ihnen nur die Möglichkeit, das analoge Material zunächst auf dem Camcorder aufzunehmen (analoge Eingänge erforderlich) und erst im zweiten Schritt von dort aus in den Rechner zu bringen. Letzteres geschieht dann über die FireWire-Verbindung (IEEE1394 bzw. i.Link).

5.6 Direct-to-Disk-Aufnahmen mit OnLocation vorbereiten

Adobe OnLocation CS4 ist gewissermaßen eine Aufnahme-Umgebung, mit der Sie die Möglichkeit haben, über die angeschlossene Kamera direkt auf die Festplatte Ihres Rechners aufzunehmen. OnLocation ist zudem sowohl in Premiere Pro CS4 als auch in der Production Premium Suite bzw. Master Collection enthalten. Prinzipiell erfüllt OnLocation alle Voraussetzungen, um gleich am Set optimale Aufnahmen anfertigen zu können – und zwar »on the fly« von der Kamera aus direkt auf die Festplatte. Bei derartigen Vorhaben wird wohl vor allem das Notebook zum Einsatz kommen, da sich dieses Equipment an praktisch jedem Set ruck, zuck bereitstellen lässt – auch draußen.

Band-Import

Prinzipiell lassen sich auch bereits in der Kamera befindliche Aufnahmen mit Hilfe von OnLocation in den Rechner einspielen, obwohl das ausdrücklich nicht das erklärte Einsatzgebiet der Anwendung ist.

Sie gehen hierzu genauso vor, wie im Folgenden beschrieben, mit der Ausnahme, dass Sie die Kamera nicht in den Aufnahme-, sondern in den Wiedergabe-Modus versetzen. Des Weiteren benutzen Sie anstelle des Record-Buttons den Play-Button.

OnLocation für Mac | Die Anwendung gibt es unter CS4 erstmals auch für den Apple-Rechner, zumindest dann, wenn Sie einen Intel-Mac besitzen. Bislang waren Mac-User nämlich außen vor oder mussten ein Windows-Betriebssystem auf ihrem Rechner installieren.

5.6.1 Vorbereitungen

Nachdem Sie OnLocation gestartet haben, müssen Sie zunächst einmal ein neues Projekt anlegen. Sie kennen das ja bereits von Premiere Pro. Die Anwendung will wissen, wo und unter welchem Namen sie das OnLocation-Projekt ablegen soll.

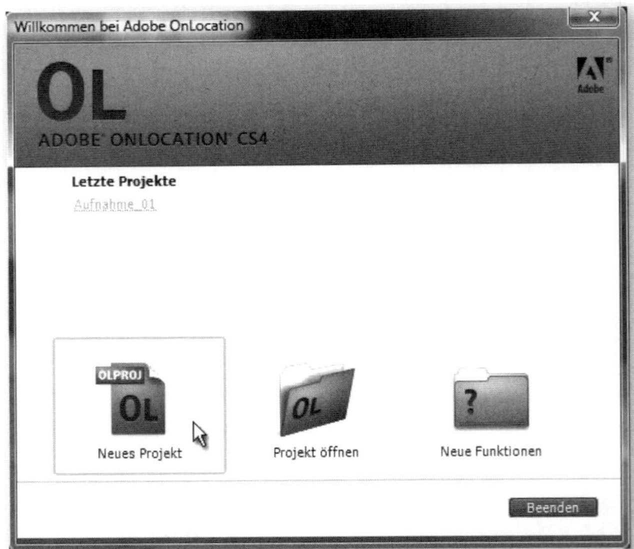

Abbildung 5.28 ▸ OnLocation lässt grüßen.

5.6.2 Kamera anschließen

Sollten Sie aktuell noch keine Kamera angeschlossen haben, wird das natürlich sofort bemängelt. Sie erhalten in diesem Fall einen entsprechenden Hinweis im Feldmonitor oben links.

Verbinden Sie in diesem Fall die Kamera mit Ihrem Rechner, und schalten Sie sie anschließend ein. (Die Kabelverbindung sollten Sie übrigens grundsätzlich bei ausgeschalteter Kamera herstellen.) Wählen Sie den Aufnahme-Modus. Falls sich ein Fenster des Betriebssystems öffnet, das nach dem Einsatzgebiet der Kamera fragt, können Sie diesen Dialog ganz einfach abbrechen.

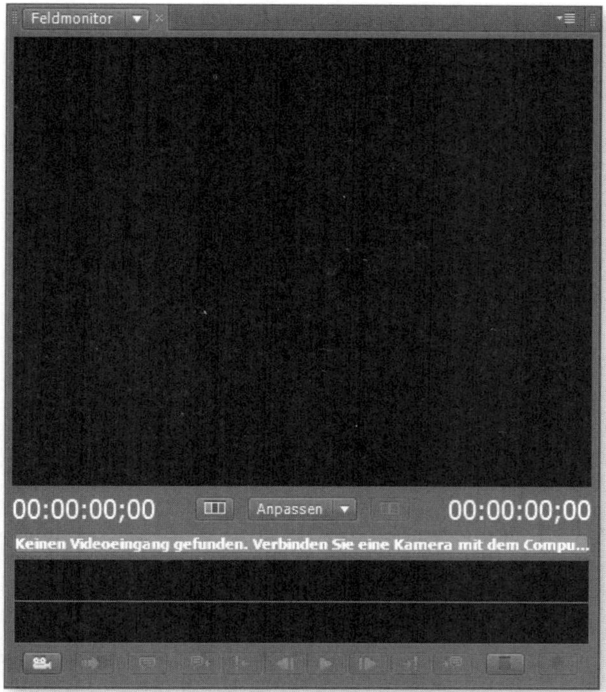

◀ **Abbildung 5.29**
Hier ist keine Kamera verfügbar.

5

Voraussetzungen für den Kameraanschluss | OnLocation arbeitet allerdings leider nicht mit allen Kameras zusammen. So werden beispielsweise keine DVD-, Festplatten- oder Flashspeicher-Kameras unterstützt, es sei denn, sie sind für die DV- bzw. HDV- oder P2-Ausgabe via IEEE1394-Schnittstelle (FireWire oder i.Link) ausgelegt.

Zudem gilt, dass der Rechner selbst OHCI-kompatibel sein muss. Ob Ihr Aufnahmegerät nun auf PAL oder NTSC basiert oder ob der DV- oder HDV-Standard zum Einsatz kommt, wird normalerweise automatisch erkannt.

Kameraanschluss prüfen | Wenn Ihre Kamera angeschlossen, eingeschaltet und OnLocation gestartet ist, sollte sich auch gleich einiges auf der Arbeitsoberfläche getan haben. So sehen Sie beispielsweise Audiopegel rechts neben dem Feldmonitor sowie eine Wellenform-Darstellung. Außerdem können Sie gleich einmal nachsehen, ob der Kamerahersteller erkannt wird. Dieser sollte nämlich oben links im Feldmonitor angezeigt werden. Falls erforderlich, öffnen Sie das kleine Pulldown-Menü (siehe Abbildung 5.30 auf der nächsten Seite).

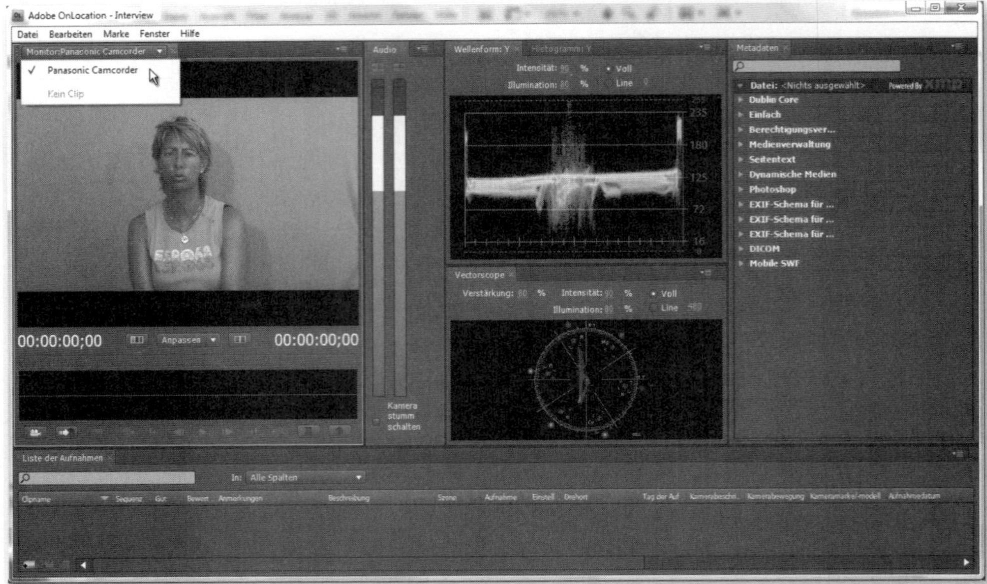

Abbildung 5.30 ▲
Die verwendete Kamera wird oben links angezeigt.

5.7 Die Arbeitsoberfläche von OnLocation

Bevor Sie die ersten Aufnahmearbeiten erledigen, sollten Sie sich mit der Arbeitsoberfläche von OnLocation vertraut machen. Zunächst einmal lassen sich auch hier verschiedene Arbeitsbereiche auswählen. Dazu klicken Sie auf den Menüeintrag FENSTER und gehen auf ARBEITSBEREICH. In der folgenden Liste finden Sie, wie Sie das bereits von Premiere Pro kennen, verschiedene Optionen zur Anordnung der Bedienfelder. Lassen Sie hier zunächst PRODUKTIONSPHASE stehen.

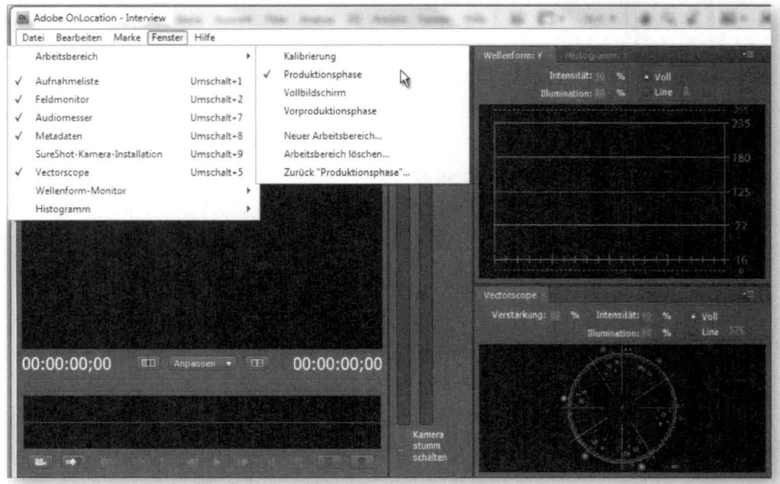

Abbildung 5.31 ▶
Auch OnLocation verfügt über verschiedene Arbeitsbereiche.

5.7.1 Seitenverhältnis festlegen

Neben dem allgemeinen Kamera-Standard erkennt OnLocation normalerweise auch das zugrunde liegende Seitenverhältnis. Dennoch können Sie auch diese Option manuell beeinflussen. Dazu gehen Sie in das Menü des Feldmonitors (die kleine Listen-Schaltfläche ❶ oben rechts) und entscheiden sich hier für den Eintrag MONITOREINSTELLUNGEN.

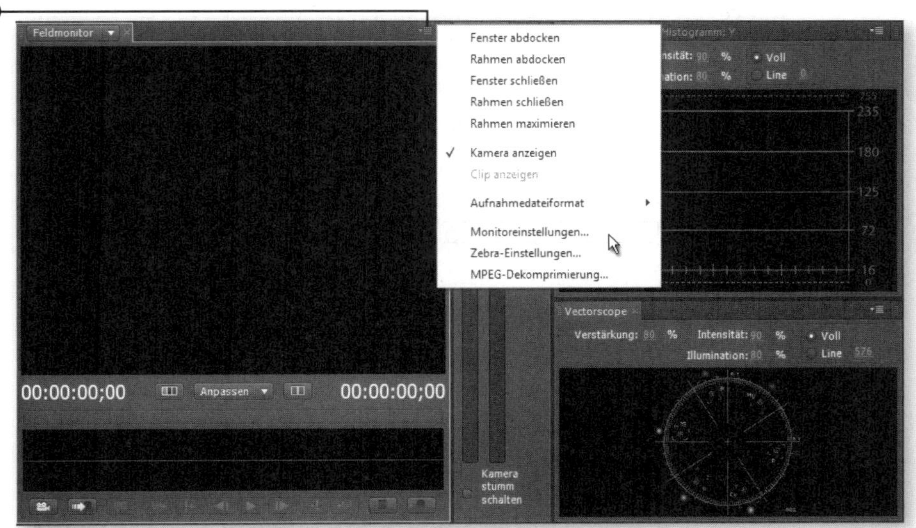

▼ Abbildung 5.32
Auch hier kommt jedes Bedienfeld mit einem eigenen Menü daher.

Im Normalfall dürfte es reichen, wenn Sie im Bereich MONITOR-SEITENVERHÄLTNIS den Radio-Button AUTOMATISCH angewählt lassen. Sollte es allerdings nicht zur gewünschten Darstellung kommen, wählen Sie ganz einfach einen der anderen Buttons.

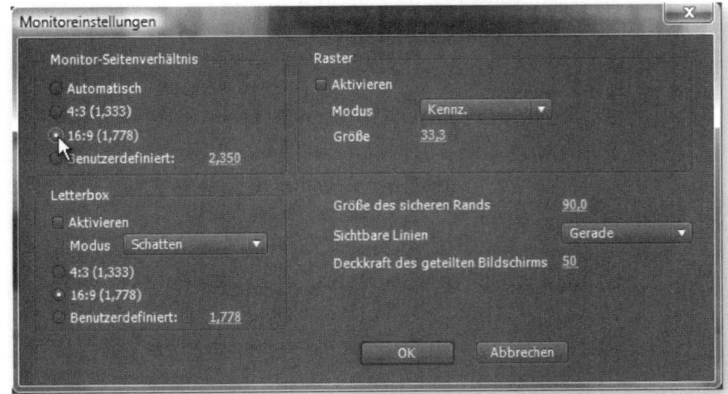

◀ Abbildung 5.33
Das Seitenverhältnis lässt sich individuell anpassen.

5.7.2 Der Feldmonitor

Damit haben Sie bereits das erste Bedienfeld kennengelernt, nämlich den Feldmonitor. Dieser soll natürlich zum einen das Bild darstellen, zum anderen aber als Aufnahme-Recorder fungieren. Wie das genau funktioniert und wie der Feldmonitor eingestellt wird, erfahren Sie etwas später.

5.7.3 Das Wellenform-Bedienfeld

Das Wellenform-Bedienfeld gibt Auskunft über die Helligkeitswerte, die aktuell vorliegen. Je höher die Wellenform an einer bestimmten Stelle (von oben nach unten) ausgeprägt ist, desto heller ist das Bild an dieser Position. Horizontal wird immer die Position des Bildes repräsentiert. Das bedeutet: Wenn das Bild ziemlich weit links besonders hell ist, werden die Erhebungen im Wellenform-Bedienfeld entsprechend auf der linken Seite angezeigt.

Abbildung 5.34 ▶ Die Wellenform verrät, wo sich im Bild die Helligkeitsspitzen zeigen.

Betrachten Sie dazu das Beispiel mit der Schreibtischlampe. Die Lampe befindet sich sehr weit rechts im Bild, weshalb es rechts in der Wellenform auch zu einer deutlichen Erhebung kommt ❷. Die Spitze in der Mitte ❶ repräsentiert hingegen die hell reflektierende, seitliche Kante des Computermonitors.

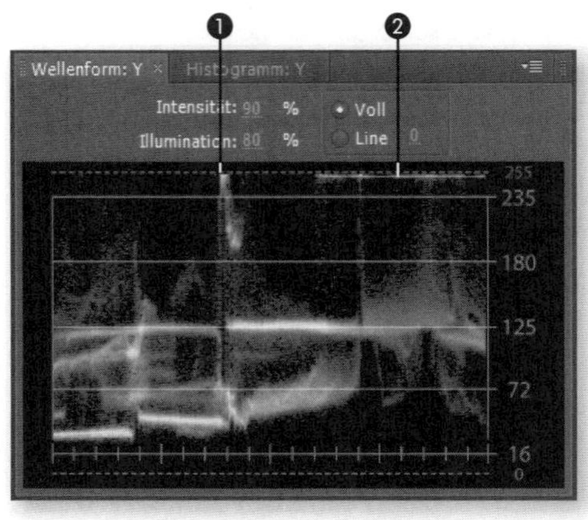

Abbildung 5.35 ▶ Die Helligkeit wird hier grafisch dargestellt.

Was haben nun diese Erhebungen zu bedeuten? Grundsätzlich sind Helligkeitsinformationen oberhalb von 235 und unterhalb von 16 nicht mehr sendesicher. Deshalb sollten Sie dafür sorgen, dass die höchsten Spitzen der Wellenform nicht oberhalb von 235 zu finden sind. Das erreichen Sie, indem Sie die Beleuchtungsverhältnisse am Set entsprechend anpassen oder die Kamera selbst nachjustieren.

5.7.4 Das Histogramm-Bedienfeld

Wenn Sie sich mit Photoshop beschäftigen, wird Ihnen die Bedeutung eines Histogramms sicher schon geläufig sein. Auch hier werden zunächst einmal Helligkeitsinformationen repräsentiert. Das Histogramm unterscheidet sich aber insofern von der Wellenform, als hier nicht mehr abgelesen werden kann, an welcher Position des Bildes sich die besonders hellen oder dunklen Bereiche befinden. Im Histogramm ist es vielmehr so, dass Sie ablesen können, wie groß die hellen bzw. dunklen Anteile des Bildes sind. Dabei werden auf der linken Seite des Histogramms die dunklen Bildinformationen angezeigt, während nach rechts hin mehr Helligkeit erreicht wird. Ganz links befindet sich reines Schwarz, ganz rechts ist reines Weiß zu finden. Wie groß der Anteil eines bestimmten Helligkeitswertes nun ist, wie oft er also vorhanden ist, das verrät die Erhebung, sprich der Ausschlag nach oben. Sie finden das Histogramm-Bedienfeld übrigens hinter der Wellenform.

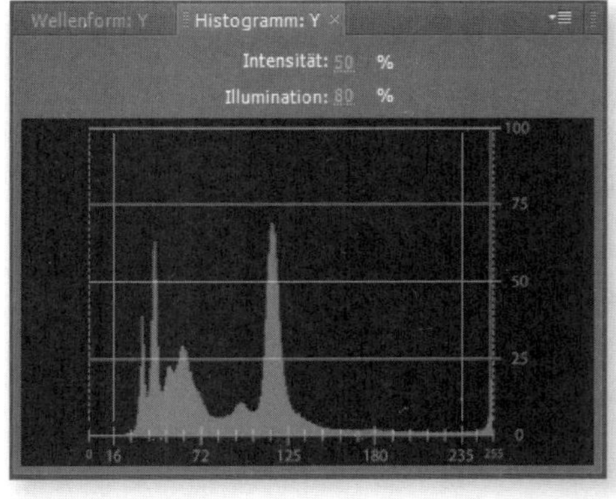

◀ **Abbildung 5.36**
So sieht die vorangegangene Einstellung als Histogramm aus.

Noch interessanter wird das Ganze, wenn Sie einmal in das Fenstermenü gehen und dort RGB: Parade einstellen. Dann sehen Sie nämlich die Helligkeitsinformationen für alle drei Grundkanäle (Rot, Grün, Blau) separat.

Ebenso interessant ist die Möglichkeit, sich alle drei Kanäle einzeln anzeigen zu lassen. Am Schluss sollten Sie aber wieder YCbCR: Y einstellen, was stets die Gesamt-Helligkeitswerte repräsentiert.

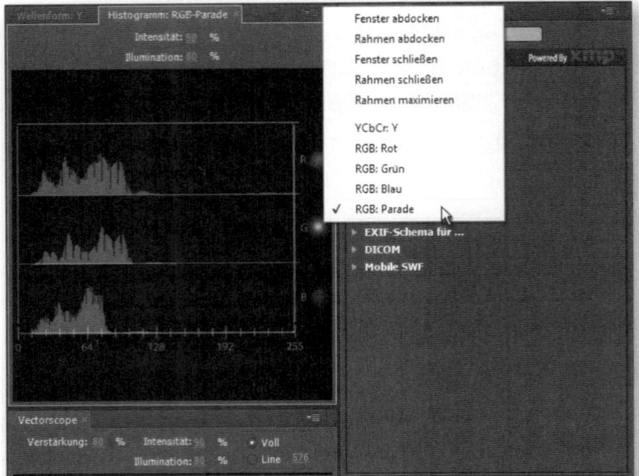

Abbildung 5.37 ▶
Die Helligkeitsinformationen können auch kanalweise angezeigt werden.

5.7.5 Das Vectorscope-Bedienfeld

Falls Sie das Vectorscope-Bedienfeld vorübergehend etwas vergrößern wollen, verziehen Sie den Steg zwischen Histogramm- bzw. Wellenform-Bedienfeld und dem Vectorscope mit gedrückter Maustaste. Das Vectorscope zeigt an, in welchen Bereichen die dominanten Farben der Aufnahme zu finden sind. Das Licht kommt hier von einer herkömmlichen Glühlampe, die für gelbliches Licht sorgt. Deshalb wandert das Vectorscope auch etwas nach oben links ab, in den Bereich Yl. Dieser wiederum steht für Yellow, also Gelb. Je weiter der Ausschlag nun in Richtung Kreisskala ragt, desto heller sind die hier zugrunde liegenden Farben. Ein Beispiel zum besseren Verständnis: Würden Sie die Schutzkappe auf dem Objektiv belassen, also reines Schwarz aufnehmen, dann würden Sie einen unendlich kleinen Punkt genau in der Mitte des Vectorscopes finden.

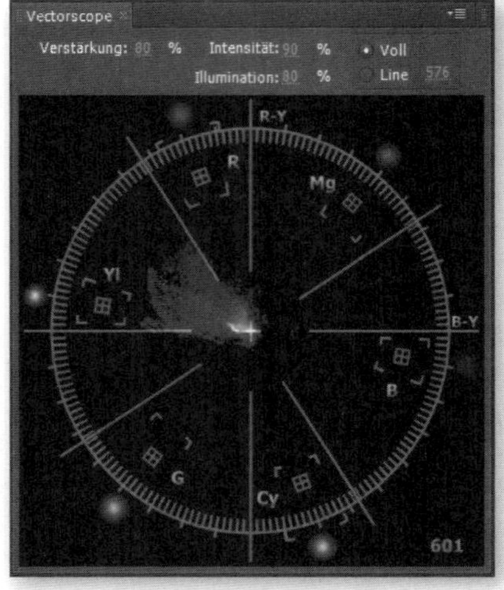

Abbildung 5.38 ▶
So sieht die Aufnahme der Schreibtischlampe im Vectorscope aus.

Um die ursprüngliche Arbeitsoberfläche wiederherzustellen, sollten Sie am Schluss wieder FENSTER • ARBEITSBEREICH anwählen und auf ZURÜCK »PRODUKTIONSPHASE« klicken. Das sorgt dafür, dass der Arbeitsbereich wieder in der ursprünglichen Verfassung ist – natürlich erst, nachdem Sie die Abfrage mit JA bestätigt haben.

5

◀ **Abbildung 5.39**
Setzen Sie die Arbeitsfläche zurück.

5.8 Monitor und Kamera kalibrieren

Bevor Sie mit den Arbeiten beginnen, sollten Sie den Feldmonitor sowie die angeschlossene Kamera noch kalibrieren. Damit ist gemeint, dass Sie am Computermonitor die größtmögliche Wiedergabequalität erreichen, damit Sie die Qualität der Aufnahmen zuverlässiger beurteilen können. Außerdem sollte die Kamera einen Fokus- und Weißabgleich durchführen, der für scharfe Bilder und Echtheit der Farben sorgt. Nicht jedes Licht hat die gleiche Farbe. Wie bereits erwähnt, sorgen herkömmliche Glühlampen mehr für gelbliches Licht, während Neonröhren für bläuliche Lichtverhältnisse sorgen. Damit das Weiß Ihrer Aufnahmen aber nun wirklich weiß und nicht hellgelb oder hellblau ist, muss ein Weißabgleich durchgeführt werden.

5.8.1 Monitor kalibrieren

Je nach vorherrschenden Lichtverhältnissen stellen sich natürlich Farben und Helligkeitsinformationen auf Ihrem Computermonitor bzw. Notebook unterschiedlich dar. Sollten sich also die Lichtverhältnisse drastisch ändern, sind Sie grundsätzlich gehalten, eine neue Kalibrierung vorzunehmen. Und vor der ersten Benutzung sollten Sie das sowieso machen.

Kalibrierung ist nicht aufnahmerelevant

Der Feldmonitor muss als Endgerät betrachtet werden. Deshalb hat es auch keinerlei Auswirkungen auf die eigentlichen Aufnahmen, wenn Sie den Feldmonitor kalibrieren. Die Vorgehensweise sorgt lediglich dafür, dass Sie am Feldmonitor möglichst genau das sehen, was das Objektiv ebenfalls »sieht«.

Schritt für Schritt: Feldmonitor kalibrieren

1 Kalibrierung einleiten

Betätigen Sie zunächst die Schaltfläche FELDMONITOR KALIBRIEREN im Fuß des Feldmonitors.

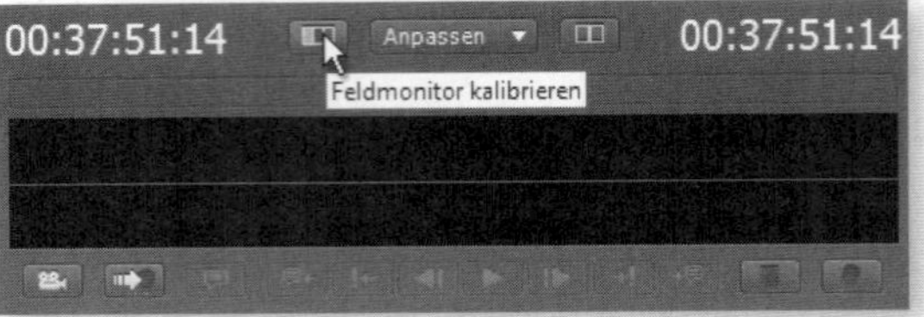

Abbildung 5.40 ▶
Mit diesem Button starten Sie die Kalibrierung.

Daraufhin wird der Monitor selbst mit einem Farbbalken dargestellt. Des Weiteren öffnet sich das Dialogfenster ÜBERWACHEN DER KALIBRIERUNG.

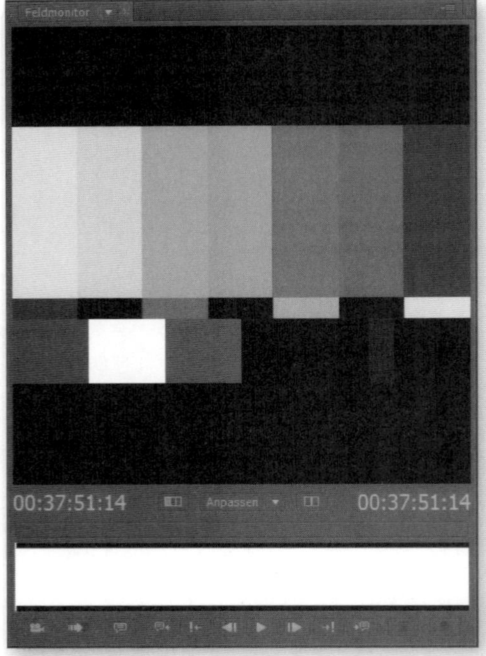

▲ Abbildung 5.41
Auf dem Feldmonitor ist nur ein Testbild zu sehen.

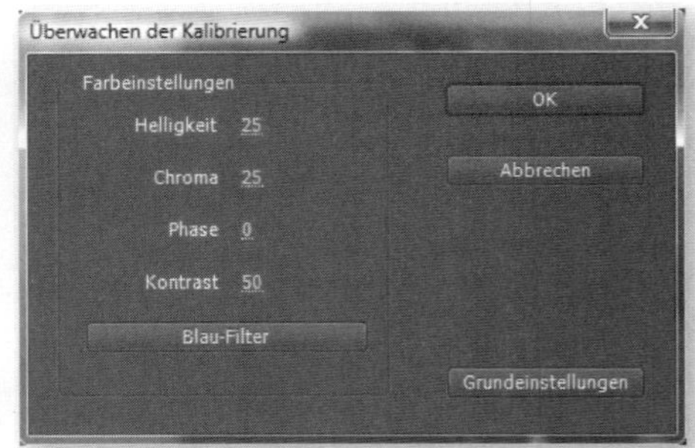

▲ Abbildung 5.42
Außerdem wird die Kalibrierung überwacht.

2 Chroma reduzieren

Klicken Sie auf den Wert, der sich rechts neben CHROMA befindet (die orangefarbene Ziffer). Geben Sie hier »0« ein, und bestätigen Sie mit [↵]. Daraufhin wird der Inhalt des Feldmonitors in Graustufen dargestellt.

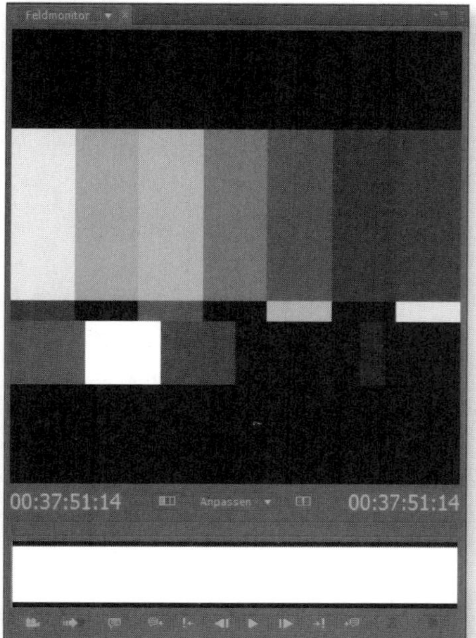

▲ **Abbildung 5.43**
Chroma = 0 bedeutet Farblosigkeit.

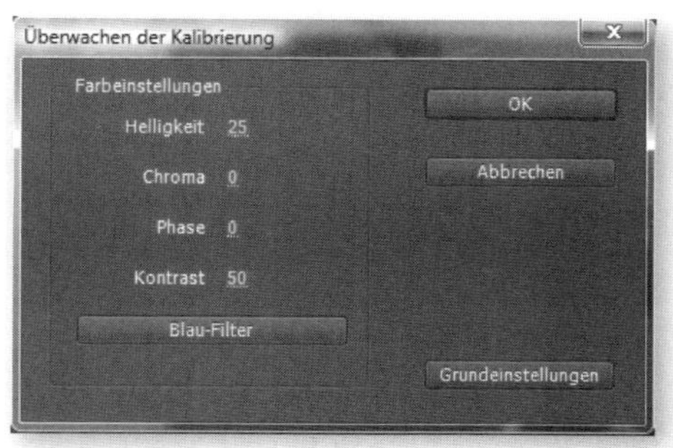

▲ **Abbildung 5.44**
Stellen Sie CHROMA auf 0.

3 *Kontrast einstellen*

Werfen Sie einen Blick auf den Feldmonitor. Unterhalb des drittletzten und vorletzten Balkens befinden sich drei weitere, sehr schmale und sehr dunkle Balken. Diese müssen Sie optisch erfassen. Falls sie aktuell schlecht zu sehen sind, senken Sie den Wert KONTRAST vorsichtig ab. Bei einem Kontrast unter 30 sollten die Balken dann auf jeden Fall gut zu sehen sein ❷.

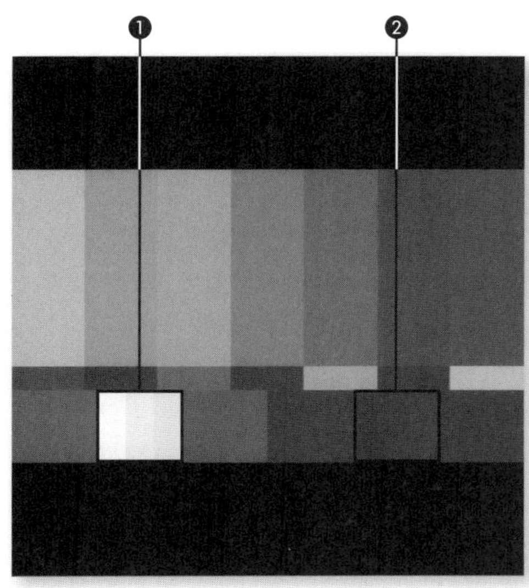

◀ **Abbildung 5.45**
Die drei Balken rechts dienen der Kontrast-Korrektur.

Erhöhen Sie jetzt den Kontrast so weit, bis sich zwischen linkem und mittlerem Balken kein Unterschied mehr ausmachen lässt. Allerdings muss zwischen mittlerem und rechtem Balken noch ein Unterschied zu sehen sein. Ist das nicht der Fall, müssen Sie den Kontrast wieder etwas absenken.

4 *Helligkeit einstellen*

Etwas weiter links befinden sich außerdem drei weiße Balken, die sich ebenfalls voneinander unterscheiden sollten ❶. Um jetzt die HELLIGKEIT des Feldmonitors zu kalibrieren, müssen Sie das gleichnamige Steuerelement so einstellen, dass zwischen linkem und mittlerem Balken kein Unterschied mehr auszumachen ist. Gleichzeitig müssen sich aber mittlerer und rechter Balken noch voneinander unterscheiden lassen.

5 *Farben einstellen*

Zum Schluss geht es noch um die korrekte Farbwiedergabe des Feldmonitors. Dazu klicken Sie zunächst einmal auf die Schaltfläche BLAU-FILTER, was zur Folge hat, dass die Balken des Feldmonitors alle in unterschiedlichen Blautönen angezeigt werden. Erhöhen Sie jetzt den Wert CHROMA langsam so weit, bis die oberen und unteren Enden der beiden äußeren Balken farblich identisch sind. An den Punkten ❷, ❸, ❹ und ❺ sollten sich keinerlei Farbunterschiede mehr ausmachen lassen. Falls erforderlich, ändern Sie die PHASE so weit ab, dass die Punkte ❻ und ❼ ebenfalls identisch sind. Machen Sie das aber nur, wenn sich über CHROMA nicht die gewünschten Resultate einstellen lassen.

Abbildung 5.46 ▶
Zum Schluss stellen Sie die Farben ein.

6 *Kalibrierung bestätigen*

Sie können die Änderungen jederzeit verwerfen, indem Sie unten rechts im Dialog ÜBERWACHEN DER KALIBRIERUNG auf GRUNDEINSTELLUNGEN klicken. Wenn Sie jedoch mit den Änderungen zufrieden sind, bestätigen Sie mit OK. ■

5.8.2 Kamera kalibrieren

Nachdem Sie den Feldmonitor eingerichtet haben, sollten Sie sich noch um die Kamera kümmern. Hier müssen, wie bereits erwähnt, Schärfe und Farbe noch getrimmt werden. Dazu bietet Adobe OnLocation mit SureShot ein Verfahren an, das die erforderlichen Einstellungen ausgesprochen intuitiv zulässt.

Schritt für Schritt: Kamera mit SureShot kalibrieren

1 ***Automatiken deaktivieren***

Bevor Sie beginnen, sollten Sie sämtliche Automatik-Funktionen der Kamera deaktivieren. Damit gemeint sind Irisblende, Autofokus und Weißabgleich. Für all diese Einrichtungen sollten manuelle Einstellungen verwendet werden. Und dass sich die Kamera idealerweise auf einem soliden Stativ befinden sollte, bedarf ja sicher keiner Erwähnung mehr, oder?

2 ***Optional: Arbeitsbereich einstellen***

Diesen Schritt müssen Sie nicht unbedingt machen, da auch die aktuelle Arbeitsoberfläche geeignet ist. Allerdings erhalten Sie über FENSTER • ARBEITSBEREICH • KALIBRIERUNG einen vergrößerten Feldmonitor.

▼ Abbildung 5.47
OnLocation grüßt mit einer eigenen Oberfläche für die bevorstehende Kalibrierung.

3 *ShureShot öffnen*

Danach gehen Sie in das Menü FENSTER und entscheiden sich für den Eintrag SURESHOT-KAMERA-INSTALLATION. Klicken Sie auf die Checkbox AKTIVIEREN, so dass sich dort ein Häkchen zeigt.

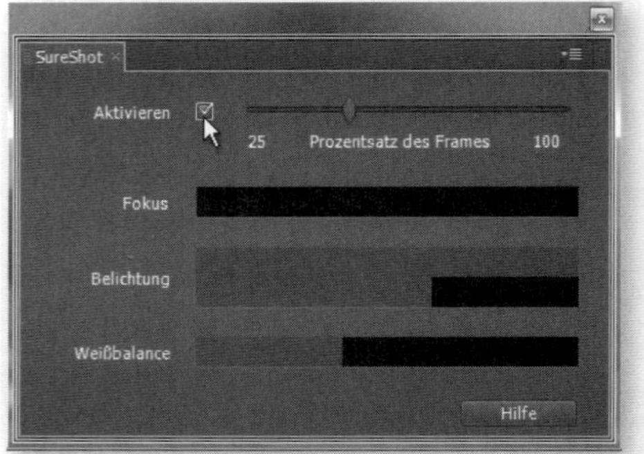

Abbildung 5.48 ▶
Der recht unspektakuläre, aber äußerst effiziente SureShot-Dialog.

4 *Optional: Diagramm erzeugen*

Im Lieferumfang von OnLocation ist standardmäßig ein so genanntes **Fokus- und Belichtungsdiagramm** enthalten, das Sie für die folgenden Schritte benötigen. Sollten Sie mit einer Download-Version arbeiten, können Sie die Karte bei Adobe optional erwerben. Die Alternative: Suchen Sie im Internet nach einem adäquaten Ersatz. Sie werden gleich massenhaft finden, wenn Sie als Suchbegriff »Siemensstern« eingeben. Diesen müssen Sie dann allerdings noch zu Papier bringen.

Abbildung 5.49 ▶
Diese Karte liegt der Box-Version bei.

5 *Karte anordnen*

Jetzt müssen Sie dafür sorgen, dass die Karte im Bereich der Kamera angeordnet wird – und zwar möglichst dicht am Hauptobjekt. Wenn Sie beispielsweise eine Kommentatorin oder einen Kommentator aufnehmen wollen, sollten Sie die Karte neben dem Kopf der Person positionieren. Achten Sie darauf, dass die Karte nicht zu stark reflektiert. Erforderlichenfalls drehen Sie sie etwas ein. Sorgen Sie dafür, dass die Karte zudem horizontal angeordnet ist. Wenn möglich, stellen Sie sie irgendwo ab.

6 *Rahmengröße anpassen*

Jetzt müssen Sie den Rahmen ❶, der aktuell im Feldmonitor angezeigt wird, auf den Stern einstellen. Und das machen Sie so: Verschieben Sie den gesamten Rahmen, indem Sie mit der Maus dort hinein klicken und ihn mit gedrückter Maustaste nach Wunsch verschieben. Der Mittelpunkt des Rahmens sollte sich auch auf dem Mittelpunkt der Karte befinden. Danach stellen Sie noch die Größe des Rahmens ein, indem Sie den Schieberegler PROZENTSATZ DES FRAMES im Bedienfeld SURESHOT anpassen.

◀ **Abbildung 5.50**
Jetzt ist der Rahmen auf die Karte eingestellt.

7 *Fokus einstellen*

Kümmern Sie sich zunächst um den Fokus der Kamera. Die optimale Einstellung ist gefunden, wenn der Balken FOKUS ❷ im SureShot-Bedienfeld so weit wie möglich nach rechts ausgedehnt ist. Sie werden feststellen, dass er nach links hin abfällt, wenn das Bild an Schärfe verliert.

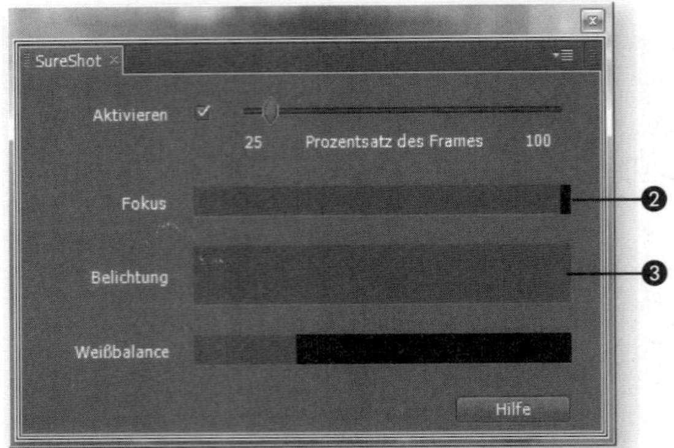

Abbildung 5.51 ▶
Die Schärfe kann über das SureShot-Bedienfeld optimiert werden.

8 *Belichtung einstellen*

Die Einstellung der Belichtung ist vielleicht am schwierigsten, da Sie hier mit einer Kombination aus Blendenöffnung, Verschlussgeschwindigkeit und Positionierung der Set-Beleuchtung für einen größtmöglichen Ausschlag des Belichtungsbalkens ❸ nach rechts sorgen müssen.

9 *Weißabgleich durchführen*

Zuletzt müssen Sie sich noch um den Weißabgleich bzw. die Weißbalance kümmern. Dazu nehmen Sie entweder ein weißes Blatt Papier oder drehen die Fokus- und Beleuchtungsdiagramm-Karte einfach herum und führen an Ihrer Kamera den manuellen Weißabgleich aus. Dabei wird das Bild kurz schwarz, ehe die Farbe angepasst wird.

Da es sich an der Kamera um manuelle Einstellungen handelt, die nicht von selbst wieder verworfen werden können, dürfen Sie das SureShot-Bedienfeld nun auch wieder schließen. Glückwunsch – Kamera und Feldmonitor sind nun zur Aufnahme bereit. ■

5.8.3 Zebras verwenden

OnLocation besitzt zwei Zebras, mit denen Sie schnell im Feldmonitor anzeigen lassen können, ob es gerade zu einer Über- oder Unterbelichtung kommt. Zeitgemäße Kameras (zumindest im Profi- und Prosumer-Bereich) haben solche Messeinrichtungen standardmäßig an Bord. Sollte das bei der verwendeten Kamera jedoch nicht der Fall sein, können Sie eines der Zebras von OnLocation benutzen.

Dazu klicken Sie unterhalb des Feldmonitors auf die Schaltfläche ❺ Zebra 1 oder Zebra 2.

- **Zebra 1** – Der Schwellenwert, also der Wert, der erreicht sein muss, um von einer Überbelichtung zu sprechen, liegt hier bei 96%, während der Dunkelheitsschwellenwert bei 25% angeordnet ist.
- **Zebra 2** – Der Schwellenwert für die Helligkeit liegt bei 75%, der Schwellenwert für die Dunkelheit bei 5%.

◀ **Abbildung 5.52**
Mit diagonal verlaufenden Linien wird verdeutlicht, wo es im Video zu Über- oder Unterbelichtung kommt.

Nun sind diese Werte nicht das Maß aller Dinge. So kann es beispielsweise gewünscht sein, den Dunkel-Schwellenwert noch weiter herabzusetzen, um eine Szene bewusst dunkler abdrehen zu können. In diesem Fall lässt sich der Schwellenwert für das Zebra anpassen. Dazu gehen Sie in das Fenster-Menü ❹ des Feldmonitor-Bedienfelds und entscheiden sich hier für den Eintrag Zebra-Einstellungen. Im Folgedialog lassen sich die Schwellenwerte für beide Zebras, sowohl in Sachen Helligkeit als auch bei der Dunkelheit, individuell einstellen. Zudem haben Sie noch die Möglichkeit, den Modus von Hell auf Dunkel umzustellen, je nachdem, was Sie gerne angezeigt haben möchten. Das macht es möglich, nur die unterbelichteten Bereiche anzeigen zu lassen. Kleiner Tipp: Richten Sie doch ein Zebra auf Helligkeit und das andere auf Dunkelheit ein.

◀ **Abbildung 5.53**
Der Zebra-Dialog lässt zahlreiche Einstelloptionen zu.

Abbildung 5.54 ▶
So könnte es aussehen, wenn der Modus des Zebras auf DUNKEL eingestellt ist.

5.8.4 Audiopegel einstellen

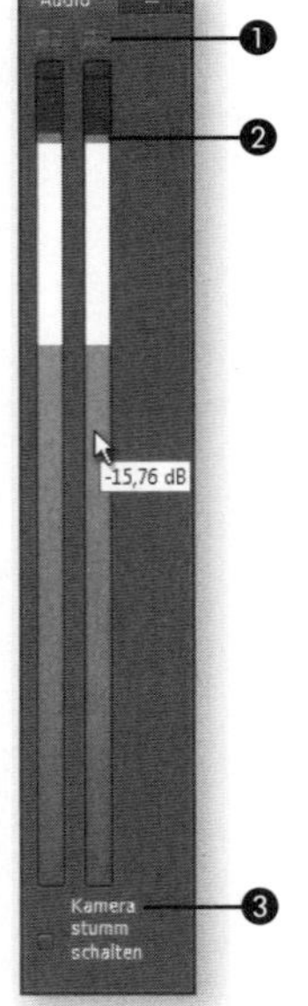

▲ **Abbildung 5.55**
Je höher Sie mit der Maus gehen, desto höher wird auch der Dezibel-Wert.

Zuletzt müssen Sie sich noch um die Audiopegel kümmern. Dazu finden Sie rechts neben dem Feldmonitor entsprechende Anzeigen. Wenn Sie mit dem Mauszeiger darübergehen, wird das Level per QuickInfo angezeigt. Dabei handelt es sich aber nicht um den aktuellen Lautstärkegrad in Dezibel, wie man vielleicht meinen könnte, sondern lediglich um eine Positionierung in der vertikalen Erhebung. Fahren Sie mit der Maus herauf, erhöht sich der Wert, fahren Sie herunter, wird er niedriger.

Sinn und Zweck des Ganzen ist, dass Sie die Maus nun in der Höhe stehen lassen können, die Sie für die Aufnahme für richtig erachten, und den Ton gegebenenfalls direkt an der Kamera oder durch Versetzen der Mikrofone nachjustieren, bis der von Ihnen angestrebte Zielwert erreicht ist. Achten Sie generell darauf, dass sich die Pegel in den Spitzen allenfalls gelegentlich und dann auch nur äußerst kurz und ansatzweise rot verfärben ❷. Nachweislich zu laut ist der Ton, wenn Sie eine **Clippingwarnung** erhalten ❶. Justieren Sie in diesem Fall die Audioeinrichtungen an der Kamera bzw. dem Mikrofon nach. Und damit der Ton während der Aufnahme nicht über die Kamera wiedergegeben wird, empfiehlt es sich, KAMERA STUMM SCHALTEN ❸ zu aktivieren.

5.9 Aufnahmevorbereitung mit OnLocation

Für alle, die es nicht mehr erwarten können, jetzt endlich aufzuzeichnen, sei der Sprung in den nächsten Abschnitt gestattet. Allerdings werden

Sie dann eine interessante Option verpassen. Wer die Aufnahmen nämlich lieber vorbereitet und das Drehbuch schon vor der Aufnahme am Set in OnLocation umsetzt, der kann so genannte Platzhalter-Aufnahmen hinzufügen, sich so eine Aufnahmeliste zusammenstellen und am nächsten Tag unbeschwert zum Set gehen.

5.9.1 Platzhalter erstellen

Zunächst empfiehlt es sich, den für diese Zwecke vordefinierten Arbeitsbereich einzuschalten. Das machen Sie über FENSTER • ARBEITSBEREICH • VORPRODUKTIONSPHASE. Wie Sie sehen, existieren jetzt nur noch zwei Fenster, nämlich LISTE DER AUFNAHMEN und METADATEN. Mehr benötigen Sie zum gegenwärtigen Zeitpunkt auch nicht, da Sie die Aufnahmen ja lediglich vorbereiten wollen.

▼ **Abbildung 5.56**
Gähnende Leere im Anwendungsfenster

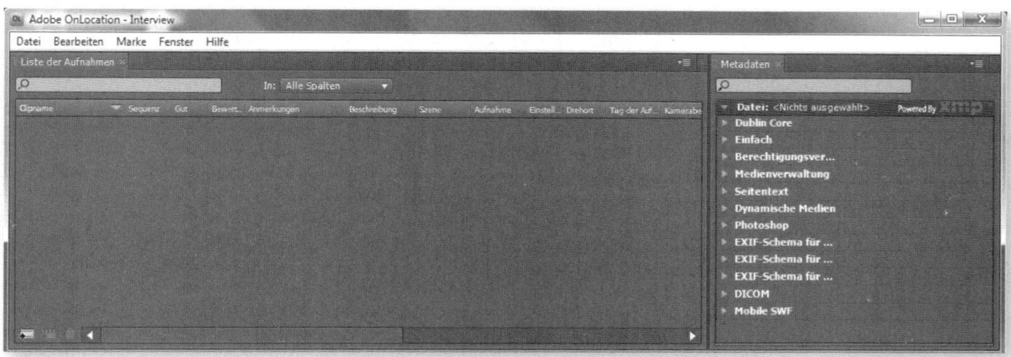

Nun ist grundsätzlich zu entscheiden, ob Sie aktuell den Aufnahmemodus oder den Einstellungsmodus bedienen wollen.

- **Aufnahmemodus** – Dieser Modus ist geeignet für Projekte, deren Aufnahmen alle recht unterschiedlich und spontan sind (z. B. Reportage).
- **Einstellungsmodus** – Dieser Modus ist geeignet, wenn Sie detaillierte Aufnahmen anfertigen wollen und eventuell von jeder Aufnahme mehrere Einstellungen abdrehen wollen (z. B. Film).

Die erste Platzhalter-Aufnahme ist eine Einstellung, weshalb Sie zunächst den Button EINSTELLUNGS-PLATZHALTER HINZUFÜGEN unten links im Bedienfeld LISTE DER AUFNAHMEN markieren sollten.

◂ **Abbildung 5.57**
Der erste Schritt ist die Erstellung eines Einstellungs-Platzhalters.

Nachdem der Platzhalter oben in der Liste aufgetaucht ist, können Sie die einzelnen Spalten bearbeiten. Geben Sie hier Anmerkungen und Beschreibungen an, bewerten Sie die Szene und vieles mehr. Vergessen Sie nicht, mit dem Scrollbalken im Fuß des Bedienfeldes einmal nach rechts zu scrollen, da sich hier noch zahlreiche weitere Optionen verbergen.

Abbildung 5.58 ▼
Tragen Sie alles Wichtige in die Spalten ein.

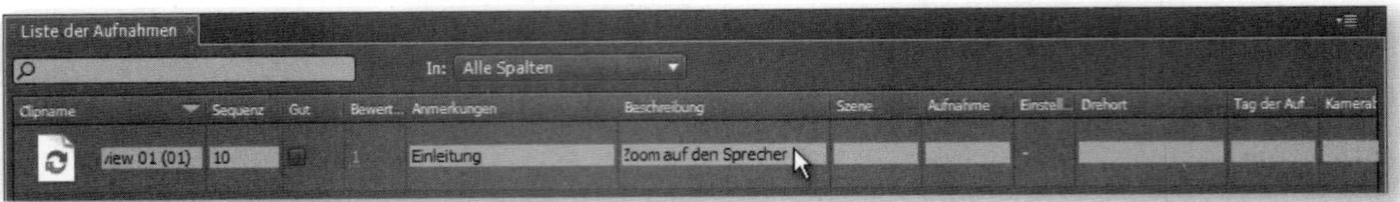

Natürlich dürfen Sie auch die Metadaten im rechten Bedienfeld individuell anpassen. Was es damit auf sich hat und wie die Steuerelemente bedient werden, haben Sie ja bereits im vorangegangenen Kapitel erfahren. Beachten Sie in diesem Zusammenhang auch das Suchfeld oben links, mit dem es möglich ist, Daten in einer umfangreichen Liste ausfindig zu machen.

Im Anschluss an die Bearbeitung der ersten Szene lassen sich nun weitere Einstellungs-Platzhalter auf zuvor beschriebene Weise hinzufügen. Haben Sie einen Einstellungs-Platzhalter markiert, können Sie auch einen **Aufnahme-Platzhalter** hinzufügen. Achten Sie dabei auf die Nummerierungen in der Spalte SEQUENZ. Da sich Aufnahme-Platzhalter immer an zuvor erzeugten Einstellungs-Platzhaltern orientieren, erhalten diese auch die gleiche Sequenznummer. Das ist anders, wenn Sie einen neuen Einstellungs-Platzhalter erzeugen.

Abbildung 5.59 ▼
Die Liste wächst an.

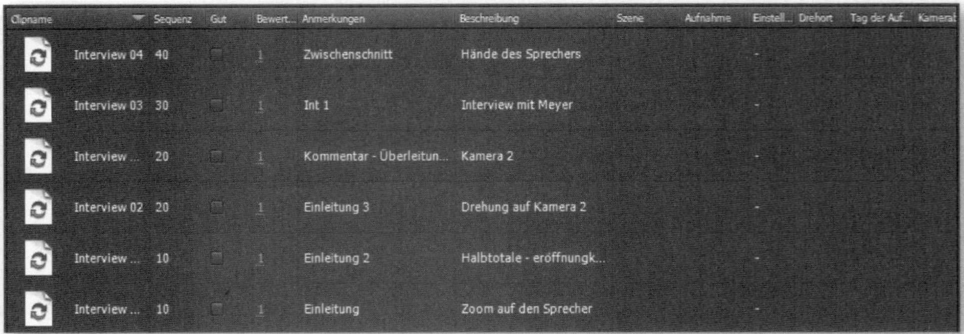

5.9.2 Doppelten Platzhalter erstellen

Nun existiert noch die Option DOPPELTEN PLATZHALTER ERSTELLEN, die Sie vorzugsweise nach einem Rechtsklick über das Kontextmenü einstellen. Dabei werden die zuvor vergebenen Metadaten kurzerhand auf das Duplikat übertragen. Das ist vor allem dann sinnvoll, wenn Sie die

Metadaten auf Grundlage des Originals erstellen wollen und keine Lust haben, sämtliche Spalten noch einmal neu einzugeben.

5.9.3 Listen sortieren

Grundsätzlich haben Sie die Möglichkeit, die Listen später anhand einzelner Spalten zu sortieren. Deshalb ist es vielleicht interessant, alphanumerische Bezeichnungen in ANMERKUNGEN, BESCHREIBUNGEN, SZENE oder AUFNAHME zu verwenden. Wenn Sie nämlich mit dem Hinzufügen der Metadaten fertig sind, können Sie auf den Kopf der jeweiligen Spalte klicken und so eine Sortierreihenfolge herstellen (siehe das Beispiel der Spalte SZENE in Abbildung 5.60).

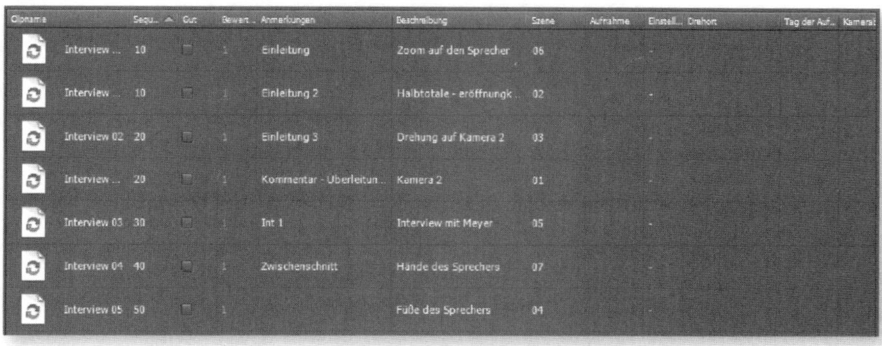

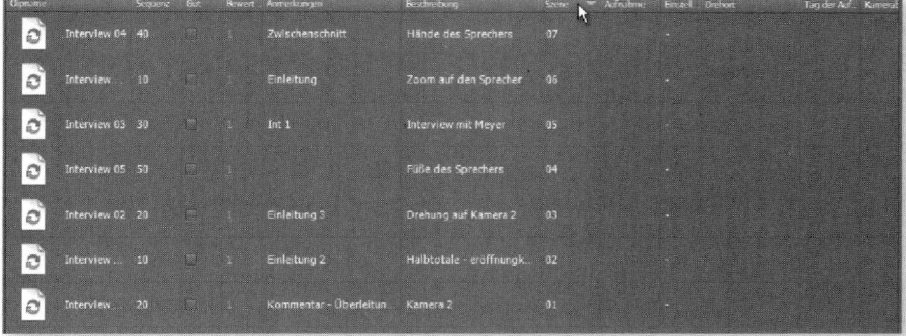

▼ **Abbildung 5.60**
Die Liste vor der Sortierung (oben) und anschließend nach zwei aufeinanderfolgenden Mausklicks auf SZENE (unten)

Im Bedienfeld-Menü besteht zudem die Möglichkeit, den Eintrag SEQUENZSPALTE NEU NUMMERIEREN zu wählen, was zur Folge hat, dass die Werte dieser Spalte nach unten hin ansteigen.

Das Sortieren der Listen gestaltet sich übrigens nicht zuletzt deshalb besonders komfortabel, weil Sie jede Spalte nach Wunsch horizontal verschieben können. Dazu klicken Sie die Kopfzeile der Spalte an und verschieben sie per Drag & Drop. Ebenso lassen sich über das Bedienfeld-Menü und den Eintrag SPALTEN AUSWÄHLEN explizite Einstellungen dazu vornehmen, welche Spalten denn überhaupt sichtbar sein sollen und welche nicht.

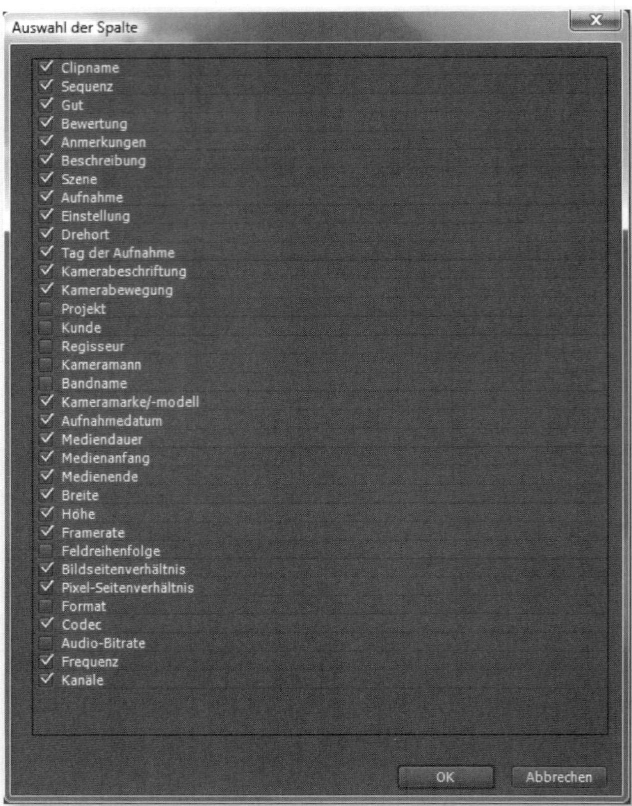

Abbildung 5.61 ▶ Sie sind der Regisseur – deshalb bestimmen Sie allein, welche Spalten es geben soll und welche nicht.

5.9.4 Platzhalter-Clips aufnehmen

Damit Sie die Platzhalter-Clips nun in echte Videoclips umwandeln können, müssen Sie nichts weiter tun, als die gewünschte Zeile in der Liste der Aufnahmen zu markieren und dann in der Fußleiste des Feldmonitors den Aufnahme-Button zu betätigen. Beachten Sie hierbei allerdings die Anweisungen im folgenden Abschnitt. Sollten Sie die Aufnahme starten, ohne dass zuvor eine Platzhalter-Zeile markiert wurde, wird einfach ein komplett neuer Clip erzeugt.

5.10 Mit OnLocation aufzeichnen

Nun haben Sie ja lange genug darauf warten müssen, bis Sie erstmals eine Videoszene einfangen dürfen. Aber es hat sich doch sicher gelohnt, oder? Immerhin sind die zahlreichen Möglichkeiten rund um Einstellungen und Kalibrierungen ja das, was OnLocation so stark macht. Obwohl ich Ihnen ein Geständnis machen muss: Wir sind noch immer nicht so weit. Sicher wollen Sie ja auch noch wissen, mit welchen Steuerelementen Sie es zu tun haben und welche Aufnahme-Voreinstellungen noch wichtig sind. Da wäre zunächst einmal der digitale Videorekorder zu erwähnen, der sich unten im Feldmonitor befindet.

5.10.1 Digitaler Videorekorder

Der digitale Videorekorder ist, wie der Name schon sagt, das Aufnahmegerät von OnLocation. Gleichzeitig dient er aber auch als Wiedergabegerät zur Begutachtung der eingefangenen Clips. Jetzt könnte es sein, dass Sie trotz angeschlossener Kamera gerade nicht das im Feldmonitor sehen, was die Kamera einfängt. In diesem Fall müssen Sie oben links auf die Kamera umschalten, ehe Sie fortfahren. Die Alternative: Klicken Sie unten links auf die Schaltfläche KAMERA ANZEIGEN ❶.

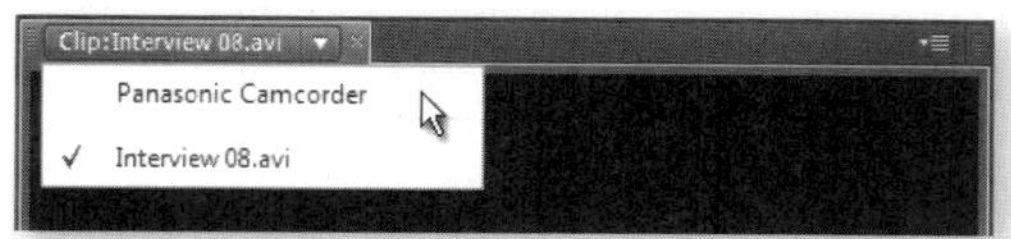

◀ **Abbildung 5.62** Treffen Sie die richtige Auswahl im Feldmonitor.

Unten rechts im Feldmonitor gibt es dann eigentlich nur zwei für die Aufnahme relevante Buttons, nämlich den zur Aufnahme ❹ und zum Aufnahmestopp ❸.

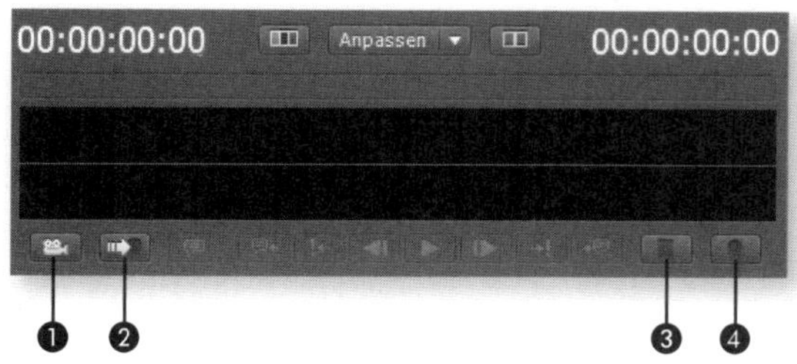

◀ **Abbildung 5.63** Die Steuerelemente zur Aufnahme

5.10.2 Aufnahme über die Kamera steuern

Grundsätzlich ist es ja ganz praktisch, dass sich die Aufnahmen direkt über die Fußleiste des Feldmonitors in OnLocation realisieren lassen. Wenn Sie das jedoch ausdrücklich nicht möchten und stattdessen lieber die Bedienelemente Ihrer Kamera benutzen, dann sollten Sie zuvor den Button FERNBEDIENUNG ❷ eindrücken.

5.10.3 Aufnahmedateiformate für DV und DVCPRO

Öffnen Sie das Bedienfeld-Menü des Feldmonitors und zeigen Sie auf AUFNAHMEDATEIFORMAT. Hier können Sie zwischen verschiedenen Typen unterscheiden, wobei die Einstellungen prinzipiell nur für DV- und DVCPRO-Kameras Gültigkeit haben. Grundsätzlich ist AVI TYP 2 (ALLE FRAMES) das in Adobe Premiere Pro verwendete Dateiformat, das unter Windows ohne anschließendes Rendering auskommt.

Format auf dem Mac

Unter Apple Macintosh können Sie dieses Format zwar ebenfalls benutzen, allerdings werden derartige Clips dann im Schnittfenster von Premiere Pro als nicht gerendert ausgewiesen. Das ist im Übrigen auch der Fall, wenn Sie das Mac-Standardformat, QuickTime (Alle Frames) verwenden.

Wenn es zu Problemen kommen sollte, können Sie Testaufnahmen mit unterschiedlichen Einstellungen vornehmen. Wenn Sie einen solchen Clip unter Windows korrekt in Premiere Pro importieren können, ohne dass ein entsprechendes Rendering erforderlich ist (das ist der Fall, wenn sich beim Clip im Schnittfenster oben kein roter Balken zeigt), dann haben Sie ein geeignetes Format gefunden und können die Einstellung beibehalten. Die Aufnahmedateiformate im Einzelnen:

- AVI-Typ 1 – Bei diesem Format werden Audio und Video in einem eingebetteten Stream aufgezeichnet. Das Format ist nur für DV-Kameras verfügbar.
- AVI-Typ 2 (Alle Frames) – Hierbei werden Audio und Video separat gestreamt. Das Format wird vorzugsweise von Premiere Pro verwendet.
- AVI-Typ 2 (Nur markierte Frames) – Audio und Video werden in separaten Streams aufgezeichnet. Das Format ist für DVCPRO 720p vorgesehen.
- QuickTime (Alle Frames) – Hier werden Dateien im Format MOV aufgezeichnet.
- QuickTime (Nur markierte Frames) – Hier werden Dateien ebenfalls im Format MOV aufgezeichnet, wobei das Format für DVCPRO 720p vorgesehen ist.

5.10.4 Aufnahmedateiformate für HDV

Wenn Sie mit einer HDV-Kamera arbeiten, werden die Clips im Format M2T aufgezeichnet, einem auf MPEG-2 basierenden Transport-Stream. Dabei werden dem Rechner hohe Leistungen abverlangt. Sollten die entstehenden Datenströme nicht unmittelbar verarbeitet werden können, kommt es zu Frame-Auslassungen. Wenn das passiert, müssen Sie entsprechend reagieren, denn der Verlust von Einzelbildern ist in den meisten Fällen nicht hinnehmbar.

Kein HDV mit der OnLocation-Testversion

Bitte beachten Sie, dass in der 30-tägigen-Testversion nur die Videoformate DV und DVCPro unterstützt werden. HDV wird nur in der Vollversion unterstützt. Hier führt also kein Weg am Kauf der Software vorbei.

Zur Verbesserung der Systemleistung können Sie die Anzeige der Videolinien im Feldmonitor auf die Hälfte begrenzen. Das gibt dringend benötigte Ressourcen frei. Öffnen Sie dazu das Bedienfeld-Menü des Feldmonitors, und entscheiden Sie sich für Monitoreinstellungen. Stellen Sie das Pulldown-Menü Sichtbare Linien von Alle auf Gerade oder Ungerade. (Weitere Hinweise zu Halbbildern entnehmen Sie bitte Kapitel 2, »Fachkunde – Das sollten Sie wissen«.)

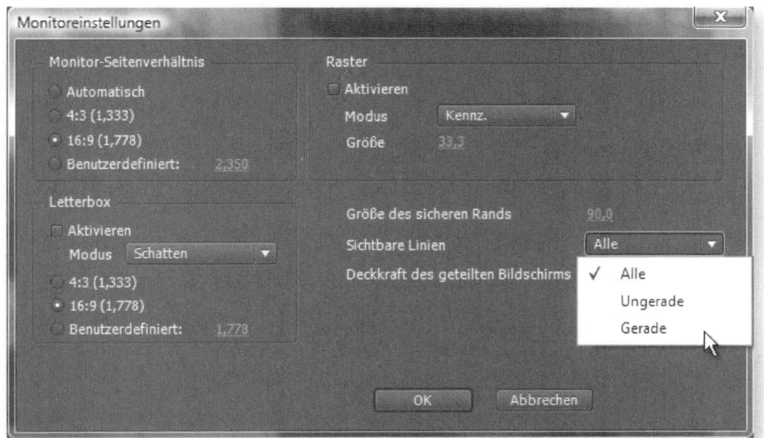

◂ **Abbildung 5.64**
Lassen Sie nur jede zweite Bildzeile anzeigen.

Wenn ein anschließender Aufnahmetest noch immer keine Verbesserung bringt, sollten Sie noch einmal in das Bedienfeld-Menü gehen und den Eintrag MPEG-Dekomprimierung aussuchen. Hier können Sie dann die Auflösung des Videobildes auf die Hälfte reduzieren. Bei der Umstellung auf Halb wird nur die Hälfte der YUV-Daten verwendet, um die CPU-Auslastung zu reduzieren. Das geht natürlich mit Verschlechterungen der Bildqualität einher.

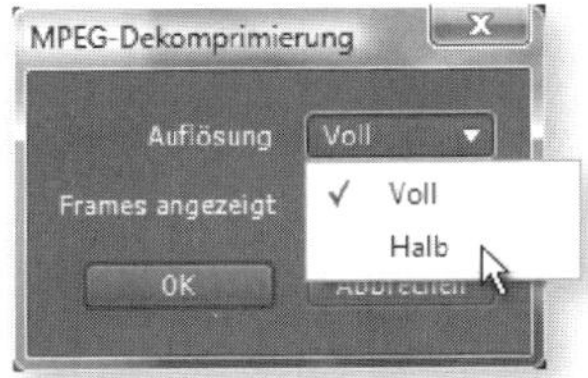

◂ **Abbildung 5.65**
Die Auflösung kann auf die Hälfte reduziert werden.

Zudem können Sie noch Einfluss darauf nehmen, welche Frames angezeigt und analysiert werden sollen. Das hat allerdings zur Folge, dass die Framerate verändert wird, wovon Sie wirklich nur in Ausnahmefällen Gebrauch machen sollten.

- ALLE – Dies ist die qualitativ beste Einstellung, da sämtliche Frame-Typen angezeigt werden.
- I + P – Es werden nur I- und P-Frames angezeigt, wodurch es zu einer Herabsetzung der Framerate kommt (PAL = 12 Frames pro Sekunde, NTSC = 15 Frames pro Sekunde).
- NUR I – Hier werden nur I-Frames angezeigt, wodurch es zu einer drastischen Herabsetzung der Framerate kommt (2–5 Frames pro Sekunde).

5.10.5 Aufnehmen von DVCPRO HD

Bei der Aufnahme von DVCPRO HD könnte es ebenfalls zu Problemen kommen, da auch hier enorme Datenmengen in kürzester Zeit verarbeitet werden müssen. Eine effiziente Arbeit mit diesem Format setzt voraus, dass der Datenstrom kontinuierlich abgelegt werden kann. Arbeiten Sie jedoch mit einem System bzw. mit Festplatten, die lange nicht defragmentiert worden sind, kann es besonders dann kritisch werden, wenn auf der Festplatte aufgrund der vielen Fragmente immer wieder nach freiem Speicherplatz gesucht werden muss. Deshalb sollten Sie dafür sorgen, dass DVCPRO HD-Daten nur auf defragmentierten Platten abgelegt werden.

5.10.6 Aufnehmen von AVCHD

AVCHD lässt sich aktuell noch nicht so flüssig bearbeiten, wie man sich das vielleicht wünschen würde (Stand: Februar 2009). Die Verarbeitungszeiten sind auch in der Post-Produktion noch vergleichsweise hoch. So kann es in Premiere Pro bei Verwendung von Effekten bzw. anspruchsvollen Überblendungen zu Wartezeiten kommen. Deshalb ist besonders hier ein leistungsstarkes System unabdingbar.

5.10.7 Aufnahme starten

Jetzt ist es endlich so weit. Drücken Sie den Record-Button unten rechts am digitalen Videorekorder des Feldmonitors, um mit der Aufnahme zu beginnen. Bei aktiviertem Aufnahme-Modus der Kamera wird jetzt das aufgezeichnet, was im Objektiv aktuell sichtbar ist. Allerdings können Sie auch bei eingeschaltetem Wiedergabe-Modus der Kamera aufnehmen. Dann wird eingefangen, was das Band der Kamera gerade wiedergibt.

Achten Sie während der Aufnahme auf die Pegel. Eventuell auftauchende rote Markierungen ❶ sind Indiz dafür, dass es hier zu einer Übersteuerung kommt (Clipping). Wenn die Aufnahme im Kasten ist, drücken Sie den Stopp-Button.

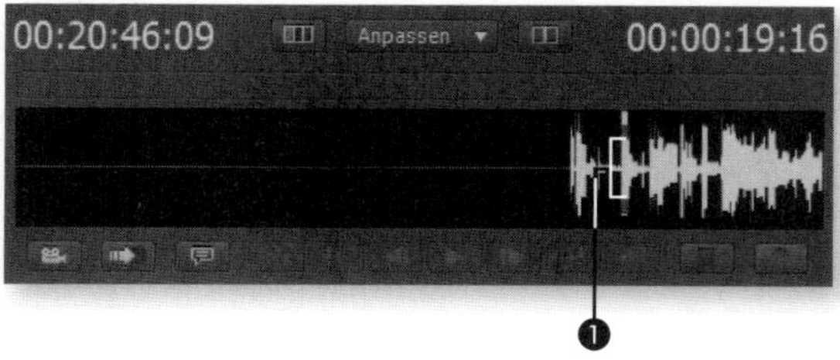

◂ **Abbildung 5.66**
Die Markierungen symbolisieren, dass die Pegel zu hoch sind.

5

5.10.8 Aufnahme kontrollieren

Im Anschluss an die Aufnahme sollten Sie den Clip kontrollieren. Dazu markieren Sie ihn zunächst in der Liste der Aufnahmen und benutzen die Steuerelemente des Videorekorders. Auch bei der Wiedergabe bleiben die Clipping-Markierungen übrigens erhalten ❺.

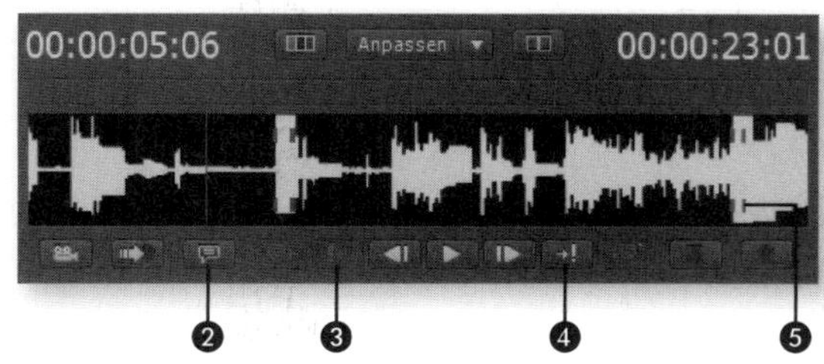

◂ **Abbildung 5.67**
Jetzt fungiert der Videorekorder als Abspielgerät.

5.10.9 Kommentarmarken

Mit den Schaltflächen GEHE ZU NÄCHSTER WARNUNG ❹ und GEHE ZU VORHERIGER WARNUNG ❸ können Sie nun die problematischen Stellen »anspringen«. Aber wozu soll das gut sein? Immerhin kann doch hier keine Audio-Restauration vorgenommen werden. Richtig – aber Sie können an diesen Stellen (und natürlich auch an jeder anderen Stelle) so genannte Kommentarmarken einfügen ❷ und erklärende Beschreibungen abgeben. Damit legen Sie fest, wo die Aufnahme möglicherweise Fehler oder Schwächen aufweist.

Um es aber gleich vorwegzunehmen: Die Kommentarmarken können bislang lediglich in After Effects, nicht aber in Premiere Pro angezeigt werden. Allerdings sind die Kommentarmarken dennoch sehr nützlich, da Sie bereits während der Aufnahme Anmerkungen hinzufügen und später ruck, zuck wieder auffinden können.

◂ **Abbildung 5.68**
Hier wird ein Kommentar angebracht.

Die Marken selbst werden in Form von kleinen Sprechblasen im Audiopegel angezeigt ❷. Mit Zur vorherigen Marke gehen ❸ und Zur nächsten Marke gehen ❹ lässt sich zwischen den Anmerkungen navigieren. Befindet sich die Abspielmarke auf einer der Markierungen, wird der dazugehörige Text zudem für einige Sekunden eingeblendet ❶.

Abbildung 5.69 ▶
Die Anmerkungen tauchen im Audiopegel als kleine Sprechblasen auf.

5.10.10 Clips übertragen und exportieren

Prinzipiell könnten Sie bereits jetzt auf die Dateien zugreifen. Immerhin hat OnLocation auf der Ebene der Projektdatei selbstständig einen Ordner angelegt, der sämtliche Clips enthält, die zuvor aufgenommen wurden. Wenn Sie jetzt allerdings versuchen, einen solchen Clip in Premiere Pro zu öffnen, wird dort eine Fehlermeldung ausgegeben. Schließen Sie deshalb OnLocation, und versuchen Sie es danach von Premiere Pro aus noch einmal.

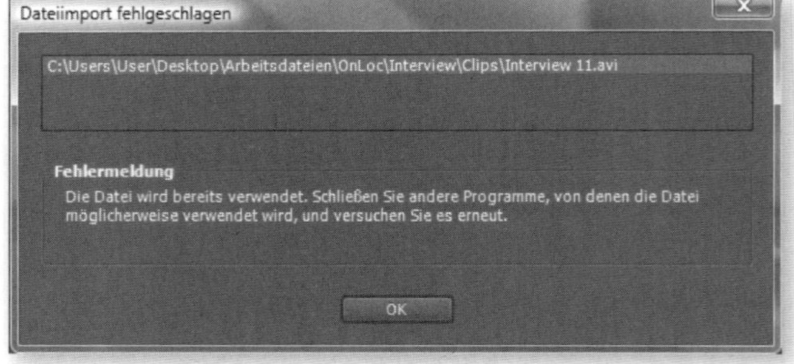

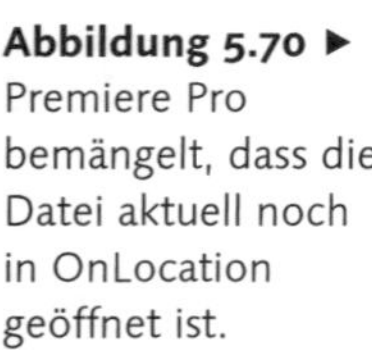

Abbildung 5.70 ▶
Premiere Pro bemängelt, dass die Datei aktuell noch in OnLocation geöffnet ist.

Die zuvor beschriebene Methode des Direktzugriffs aus der Videoschnitt-Anwendung heraus ist die einfachste Art der Übergabe. Allerdings müssen Sie dabei bedenken, dass Sie sehr schnell den Überblick verlieren. Wenn Sie zahlreiche Clips aufgenommen haben, aber nur wenige davon am Ende wirklich benötigen, schleppen Sie alle anderen als Datenmüll mit durch (es sei denn, Sie entfernen sie manuell). Zudem haben Sie gerade erfahren müssen, dass die Dateien nicht so ohne Weiteres in beiden Anwendungen genutzt werden können.

Deshalb bringt OnLocation eine **Exportfunktion** mit, die es Ihnen erlaubt, die gewünschten Clips gleich an einen beliebigen Zielort zu transferieren. Das ist vor allem deshalb praktisch, weil Sie nach Abschluss der Aufnahmen dann den kompletten OnLocation-Aufnahmeordner entsorgen könnten. Die einfachste Art des Exports ist folgende: Markieren Sie in der LISTE DER AUFNAHMEN alle Clips, die Sie weiterverarbeiten wollen, und wählen Sie DATEI • EXPORTIEREN • AUSGEWÄHLTE CLIPS. Alternativ haken Sie in der Liste alle Clips als GUT an, die exportiert werden sollen, und entscheiden sich für DATEI • EXPORTIEREN • ALS GUT MARKIERTE CLIPS. Daraufhin vermeldet die Anwendung, dass Ihr Befehl ausgeführt wird.

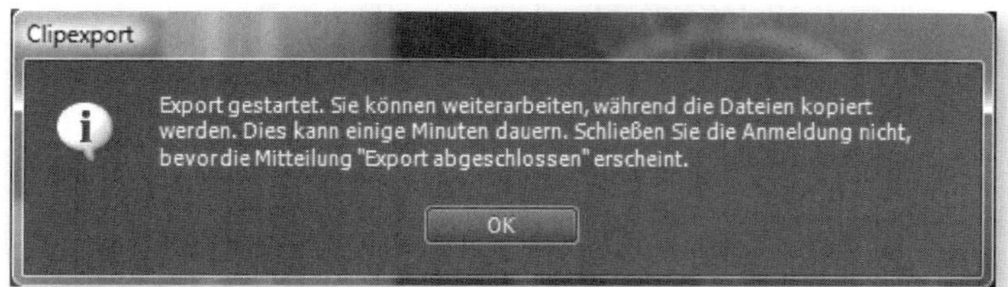

◀ **Abbildung 5.71**
Damit ist der Exportvorgang in die Wege geleitet.

Nachdem Sie den Hinweis mit OK bestätigt haben, können Sie zwar mit Ihren Arbeiten fortfahren (auch in anderen Anwendungen), sollten OnLocation aber unbedingt noch geöffnet lassen – und zwar so lange, bis eine abschließende Meldung den Export bestätigt hat. Danach können Sie die Clips übrigens auch in Premiere Pro öffnen, ohne dass Sie sie in OnLocation vorab schließen müssten.

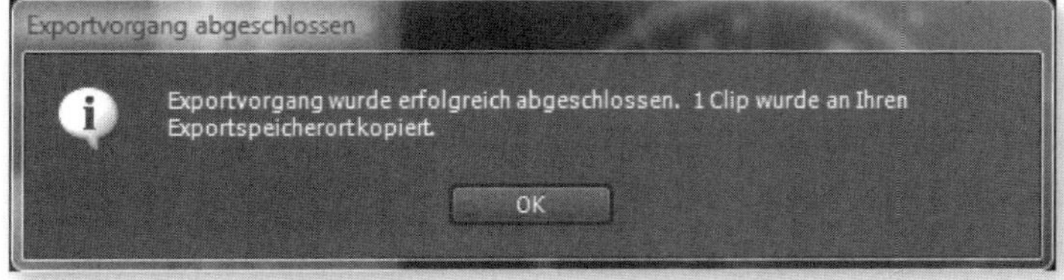

◀ **Abbildung 5.72**
Wenn alles korrekt ausgegeben wurde, erhalten Sie eine entsprechende Meldung.

5.10.11 XML-Dateien entfernen

Schauen Sie doch einmal in den Zielordner. Dort ist nämlich ein weiterer Ordner zu finden, der die exportierten Clips enthält. Zudem finden sich zahlreiche XML-Dateien auf einer Ebene mit diesem Ordner, die aber prinzipiell nicht mehr benötigt werden. Sie werden beim Export lediglich nebenher erzeugt und können ruhigen Gewissens entsorgt werden. Die Metadaten, die Sie zuvor in OnLocation vergeben haben, sind nämlich Teil der Exportdatei und bleiben auch ohne das XML-Dokument erhalten. Voraussetzung hierfür ist allerdings, dass unter BEARBEITEN/ONLOCATION • VOREINSTELLUNGEN • AUFNAHME LÄUFT die Checkbox QUELL-XMP-METADATEN IN AUSGABE MIT EINSCHLIESSEN aktiv ist.

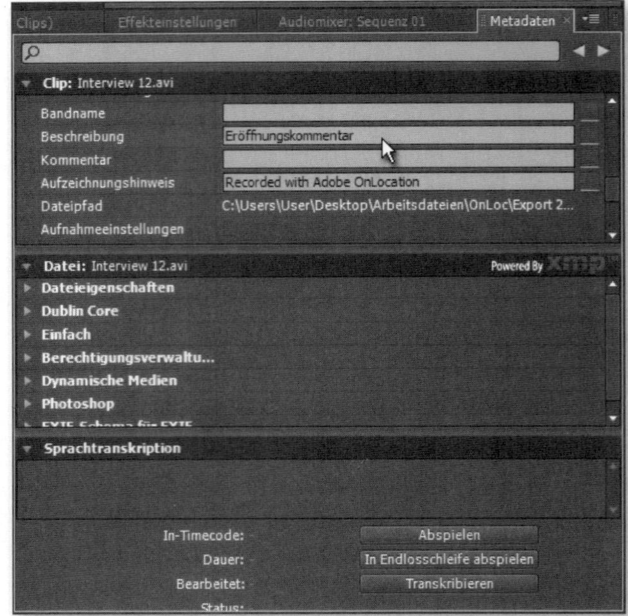

Abbildung 5.73 ▶ Auch ohne XML-Datei bleiben die Metadaten in Premiere Pro erhalten.

5.11 Tipps und Tricks zu OnLocation CS4

Abschließend noch ein paar nützliche Tipps und wichtige Hinweise zum Umgang mit OnLocation.

5.11.1 Projekte speichern

Möglicherweise werden Sie zwischendurch, spätestens jedoch, wenn Sie mit Ihren Arbeiten fertig sind, den Wunsch verspüren, Ihr Projekt zu speichern. Genau das entfällt aber bei der Arbeit mit OnLocation. Immerhin bietet die Anwendung lediglich Recording-Lösungen an. Ist ein Film aufgenommen, befindet er sich auf der Festplatte. Ein zusätzliches Speichern ist somit nicht nötig – und die Projektdatei ist stets automatisch auf dem neuesten Stand. Sollten Sie aber einmal einen Clip manuell verschieben, kann er anschließend in OnLocation nicht mehr dargestellt werden.

5.11.2 Clips entfernen

Clips können sehr einfach aus OnLocation herausgelöscht werden. Markieren Sie den Clip dazu in der Liste der Aufnahmen, und drücken Sie entweder die `Entf`-Taste, klicken Sie auf den Papierkorb-Button im Fuß des Listen-Bedienfelds, oder wählen Sie Entfernen aus dem Kontextmenü. Damit sind die Clips allerdings lediglich aus der Projektdatei entfernt, nicht jedoch von der Festplatte verschwunden. Schauen Sie dazu einmal in den Projektordner. Dort gibt es nämlich einen Ordner mit dem klangvollen Namen DELETED CLIPS (nur wenn Sie schon Clips gelöscht haben). Wenn Sie darin enthaltene Aufnahmen definitiv entfernen wollen, müssen Sie das manuell machen.

5.11.3 Puffer aktivieren

Eine wirklich interessante Funktion ist der Puffer von OnLocation. Hiermit wird nämlich permanent ein Vorlauf realisiert. Das heißt: Die Kamera nimmt permanent einen zu definierenden Zeitraum auf. Wenn diese Funktion aktiv ist, werden Sie nie mehr den Anfang einer Aktion verpassen, weil die Anwendung prinzipiell immer schon einige Sekunden im Kasten hat. Verantwortlich für diese wirklich nützliche Funktion ist das Steuerelement PRE-ROLL-PUFFER, das Sie über BEARBEITEN/ONLOCATION • VOREINSTELLUNGEN • AUFNAHME LÄUFT auf AKTIVIEREN stellen müssen. Mit dem rechts daneben befindlichen Hot-Text-Steuerelement können Sie zudem festlegen, wie groß der Vorlauf sein soll.

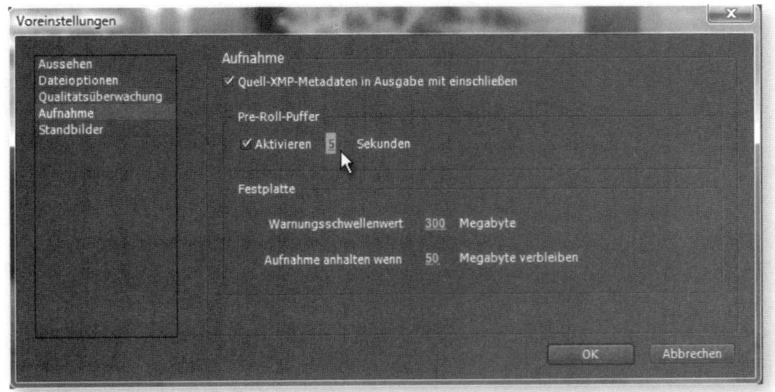

◀ **Abbildung 5.74**
Der Pre-Roll-Puffer sorgt dafür, dass Sie nie wieder den Anfang verpassen.

5.11.4 Overscan berücksichtigen

Grundsätzlich sehen Sie im Feldmonitor »alles« was über das Objektiv der Kamera eingefangen wird (Underscan). Das ist an einem Fernsehgerät anders. Hier werden Randbereiche des Bildes abgeschnitten (Overscan). Sie können das auch gerne einmal selbst prüfen, indem Sie die Kamera jetzt auf einen markanten Punkt einstellen. Bringen Sie beispielsweise die Ecke eines Möbelstücks mit der Ecke des Camcorder-Monitors in Deckung. Vergleichen Sie diesen Bildausschnitt mit dem im Feldmonitor – dann werden Sie sehen, dass der Feldmonitor am Rand mehr hergibt als der Monitor des herkömmlichen Camcorders. (Weitere Hinweise zum Overscan finden Sie in Kapitel 2, »Fachkunde – Das sollten Sie wissen«.)

Prinzipiell können Sie also im Feldmonitor viel mehr sehen als später am TV. Das müssen Sie aber auch bei der Aufnahme berücksichtigen, damit relevante Inhalte später nicht abgeschnitten werden. Wollen Sie in OnLocation lieber nur das sehen, was später am TV-Bild auch noch sichtbar sein wird, dann stellen Sie unterhalb des Feldmonitor-Bildes auf OVERSCAN um.

Abbildung 5.75 ▶
Auch im Feldmonitor kann der Rand beschnitten werden.

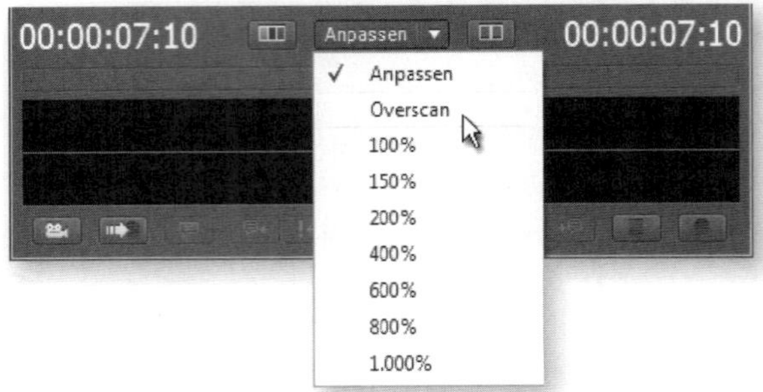

Das sollten Sie allerdings nur kurzzeitig machen, da die Underscan-Anzeige zur Gesamtbild-Beurteilung wirklich sehr nützlich ist. Sinnvoller ist es da, sich im Bild einen Rahmen anzeigen zu lassen. Dazu gibt es unterhalb des Feldmonitors einen Button, der allerdings nur dann sichtbar ist, wenn das Fenster horizontal weit genug aufskaliert ist. Sollte der Button nicht angezeigt werden, ziehen Sie das Feldmonitor-Bedienfeld in der Breite etwas größer auf.

Abbildung 5.76 ▶
Über diese Schaltfläche lässt sich ein Rahmen ein- und ausblenden.

5.11.5 Einzelbilder aufnehmen

Sie können direkt aus OnLocation heraus Einzelbilder aufnehmen. **Standbild-Grabbing** nennt sich diese Vorgehensweise, die je nach Voreinstellung (BEARBEITEN/ONLOCATION • VOREINSTELLUNGEN • STANDBILDER) JPEG-, PNG-24- oder BMP-Dateien anfertigt. Die Fotos finden Sie anschließend im Ordner GRABBED STILLS des Projektverzeichnisses.

Abbildung 5.77 ▶
Einzelbildaufnahmen sind ebenfalls möglich.

6 Schneiden und Trimmen

Nachdem Sie sich mit der Arbeitsfläche vertraut gemacht und Ihre Videos in den Rechner gebracht haben, soll nun mit der eigentlichen Schnittarbeit begonnen werden. Zu einem guten Schnitt gehört nämlich weit mehr, als nur In- und Out-Points zu setzen. Sie erfahren hier, wie Sie mit dem Schnittfenster optimal arbeiten und welche Spezialschnitte es gibt:

- Wie können Clips in das Schnittfenster eingefügt und dort angeordnet werden?
- Wie trimmt man Clips im Schnittfenster?
- Wie werden Clips im Zuschneiden-Fenster getrimmt?
- Wie führe ich einen 3-Punkt- und 4-Punkt-Schnitt aus?
- Wie führe ich einen L- und J-Schnitt aus?

6.1 Clips einfügen und anordnen

Wenn Sie Kapitel 1 bereits aufmerksam gelesen haben, werden Sie wissen, wie sich mehrere Clips in das Schnittfenster einbetten lassen. Des Weiteren haben Sie erfahren, dass sich derartige Dateien auch vorab im Quellmonitor zur Verfügung stellen lassen. Hier können Sie dann In- und Out-Points vergeben und den Bereich zwischen diesen beiden Punkten anschließend dem Schnittfenster hinzufügen.

6.1.1 Clips dem Schnittfenster hinzufügen

Ziehen Sie Clips direkt aus dem Projektfenster in das Schnittfenster. Aus dem Quellmonitor heraus funktioniert das im Übrigen auch. Hier stellen Sie die Maus einfach auf den Monitor selbst und ziehen das gute Stück dann herunter in Ihr Schnittfenster.

Nur Video oder Audio | Neu in Premiere Pro CS4 ist, dass Sie gleich unterhalb des Quellmonitors zwei Buttons vorfinden, die Ihnen das schnelle Hinzufügen von separiertem Audio oder Video ermöglichen. Damit gemeint ist Folgendes: Sie haben einen Clip in den Quellmonitor gebracht, der aus Audio und Video besteht. Sie wollen aber nur eines von beiden in das Schnittfenster ziehen. Dann klicken Sie auf den Video- ❶ oder Audio-Button ❷, halten die Maustaste gedrückt und ziehen die Schaltfläche in die gewünschte Spur. Dabei können Sie natürlich keine Videoclips in Audiospuren unterbringen und umgekehrt. Zudem erscheinen nicht vorhandene Bereiche ausgegraut. Ein Clip ohne Audio zeigt natürlich auch hier keinen bedienbaren Audio-Button an.

Abbildung 6.1 ▶
Der Clip hat keine Audiospur. Deshalb erscheint der Audio-Button auch ausgegraut.

Buttons werden nicht angezeigt?

Sollten die beiden Buttons für NUR VIDEODATEN ZIEHEN und NUR AUDIODATEN ZIEHEN nicht sichtbar sein, ist das Fenster für deren Anzeige zu klein. Vergrößern Sie es, indem Sie beispielsweise das Projektfenster etwas schmaler machen. Dann hat der Quellmonitor wieder mehr Platz, und die Buttons werden angezeigt.

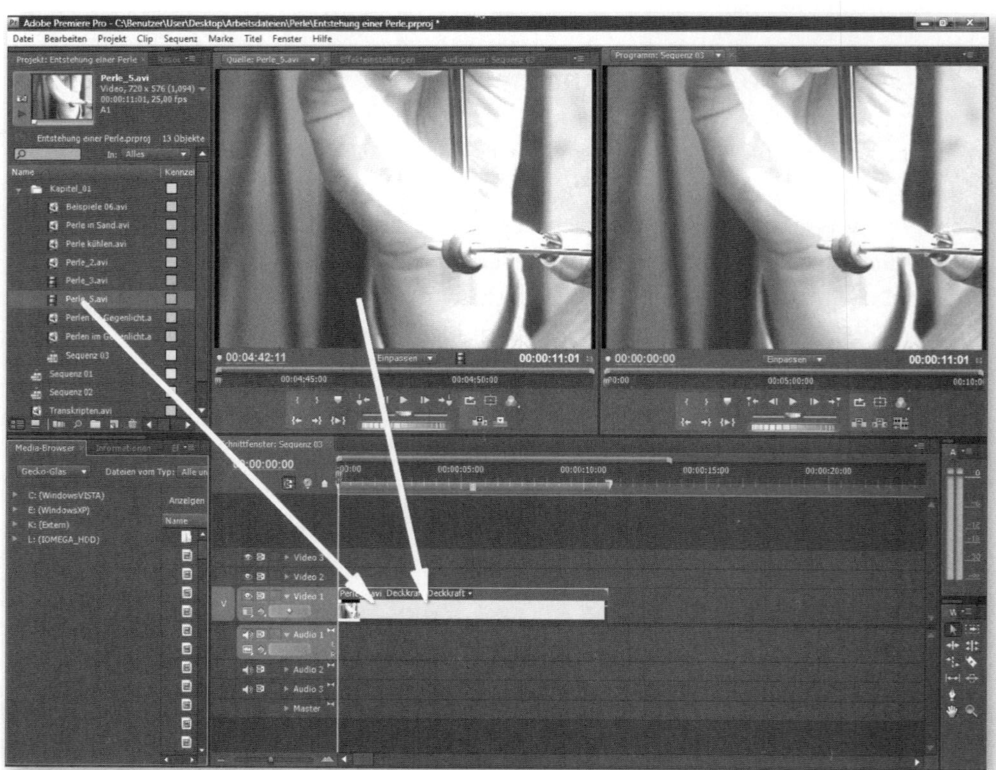

▲ **Abbildung 6.2**
Per Drag & Drop geht es in die Timeline.

6.1.2 Einfügen mit Spurauswahl

Clips aus dem Quellmonitor können überdies mit Hilfe der Buttons EINFÜGEN ❸ bzw. ÜBERLAGERN ❹ dem Schnittfenster übergeben werden. Hier ziehen Sie aber nicht den Button in das Schnittfenster, sondern klicken einfach kurz darauf.

- EINFÜGEN – Bereits vorhandene Clips werden überdeckt.
- ÜBERLAGERN – Bereits vorhandene Clips werden nach rechts verschoben.

Dabei ist jedoch zweierlei ganz entscheidend. Zum einen gilt es zu beachten, an welcher Position sich die Schnittfenster-Einfügemarke ❼ befindet. Hier wird nämlich der Clip im Schnittfenster beginnen. Zum anderen ist darauf zu achten, welche Videospur im Schnittfenster markiert ist. Links neben dem Kopf einer markierten Spur (dem so genannten Spurkopf ❻) ist nämlich die Spurauswahl für Video ❺ und Audio ❽ dafür verantwortlich, an welcher Stelle die Clips eingefügt werden bzw. ob sie überhaupt eingefügt werden sollen. Wenn Sie beispielsweise von einem kombinierten Video-Audio-Clip nur das Video verwenden wollen, müssen Sie die Spurauswahl des Audios ❽ deaktivieren, bevor Sie den Einfügen- oder Überlagern-Button betätigen. Ebenso müssten Sie die Spurauswahl des Audios auf AUDIO 2 ziehen ❾, wenn der Audioclip dort eingelagert werden sollte.

▼ **Abbildung 6.3**
Durch die vorherige Deaktivierung der Audiospur ist jetzt nur das Video eingefügt worden.

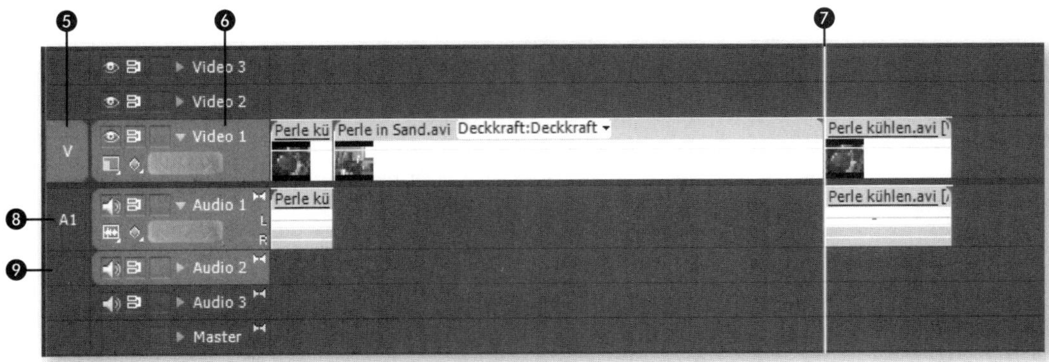

Die Spurauswahl wird stets heller dargestellt als die Fläche der nicht ausgewählten Spuren. Entsprechend verhält es sich auch mit den Spurköpfen. Wenn Sie also den Clip beispielsweise auf Spur VIDEO 2 einfügen möchten, müssen Sie auch den Spurkopf markieren, indem Sie per Mausklick seinen Namen anwählen.

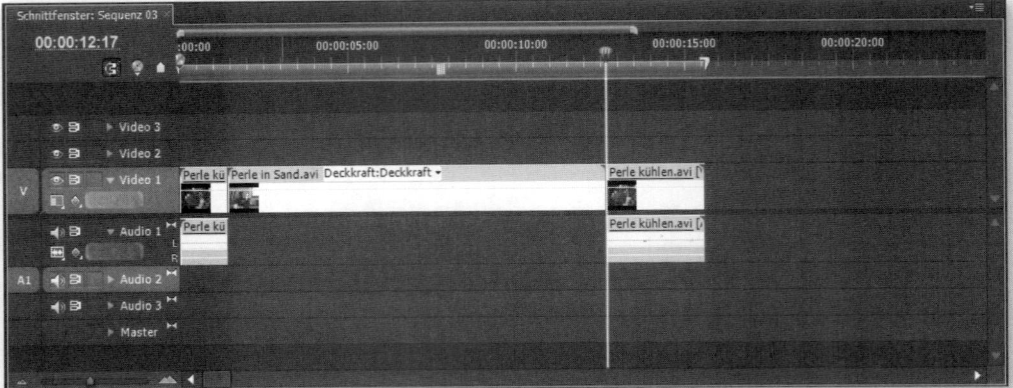

Abbildung 6.4 ▲
Das Einfügen bei dieser Vorauswahl würde dafür sorgen, dass das Video in Spur VIDEO 1, das Audio aber in Spur AUDIO 2 abgelegt würde.

6.1.3 Videospuren hinzufügen

Premiere Pro ist in Sachen Spuranzahl wirklich bestens ausgerüstet. Sie können einer einzelnen Sequenz nämlich bis zu 99 Videospuren hinzufügen. Wählen Sie dazu SEQUENZ • SPUREN HINZUFÜGEN. Im folgenden Dialog legen Sie fest, um wie viele und vor allem um welche Spuren (Audio und/oder Video) das aktuelle Schnittfenster erweitert werden soll. Wenn Sie also aktuell keine neuen Audiospuren benötigen, verstellen Sie die orangen Hot-Text-Steuerelemente mit gedrückter Maustaste oder klicken sie an und tragen dort 0 ein.

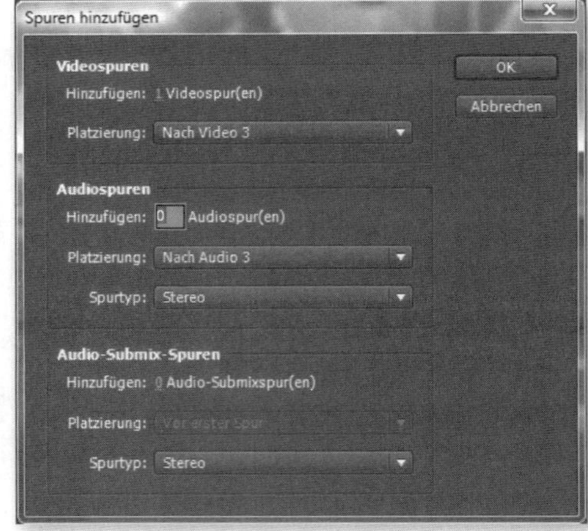

Abbildung 6.5 ▶
Das Schnittfenster kann mit Hilfe des Dialogs nach Wunsch erweitert werden.

Im Selektionsfeld PLATZIERUNG können Sie noch bestimmen, wo die neuen Spuren angeordnet werden sollen.

- NACH VIDEO/AUDIO [X] – fügt die neuen Spuren oberhalb der im Dialog ausgewählten ein.
- VOR ERSTER SPUR – fügt die neuen Spuren unterhalb von VIDEO 1 ein. Dabei werden die vorhandenen Spuren allerdings numerisch erhöht (Video 1 wird zu Video 2 usw.).

Es gibt aber eine wesentlich komfortablere Methode. Meist wird ohnehin zunächst nur eine weitere Spur benötigt. Ziehen Sie deshalb einfach einen Clip aus dem Projektfenster oder dem Quellmonitor auf die dunkelgraue Leiste oberhalb der obersten Videospur. Dort lassen Sie den Clip dann fallen. Dies hat zur Folge, dass automatisch eine neue Spur erzeugt wird.

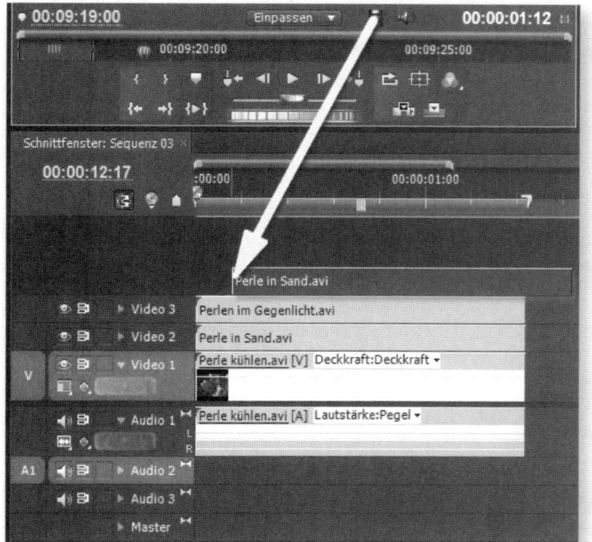

◀ **Abbildung 6.6**
Lassen Sie den Clip hier fallen, damit Premiere Pro eine neue Spur erzeugt.

Audiospur per Drag & Drop erzeugen

Das Erzeugen einer neuen Spur per Drag & Drop funktioniert im Übrigen auch im Audiobereich. Dazu müssen Sie allerdings den Audioclip auf die dunkelgraue Leiste unterhalb der untersten Audiospur (**Master**) ziehen.

6.2 Clips im Schnittfenster trimmen

Wenn Sie den Anfang bzw. das Ende eines Clips Ihren Erfordernissen anpassen, indem Sie den Clip kürzen, handelt es sich um das so genannte **Trimmen**. Zwar besteht die Möglichkeit (darüber haben Sie nun wirklich schon genug gelesen), Clips im Quellmonitor vorzubereiten. Es wird aber immer wieder vorkommen, dass Sie innerhalb der Sequenz (also im Schnittfenster) noch Korrekturen vornehmen müssen. Außerdem können Sie hier auch wesentlich besser experimentieren als im Quellmonitor.

6.2.1 Clip verkürzen oder erweitern

Zum Verkürzen oder Erweitern stellen Sie die Einfügemarke an den Anfang oder an das Ende des Clips und ziehen ihn wie gewünscht in Form. Wenn Sie dabei nur die Maustaste benutzen, wird eine Lücke entstehen. Halten Sie hingegen [Strg]/[⌘] gedrückt, wird die Lücke geschlossen, und nachkommende Clips werden entsprechend verschoben. – So viel zur Wiederholung.

Abbildung 6.7 ▼
Stutzen Sie Ihre Clips im Schnittfenster zurecht.

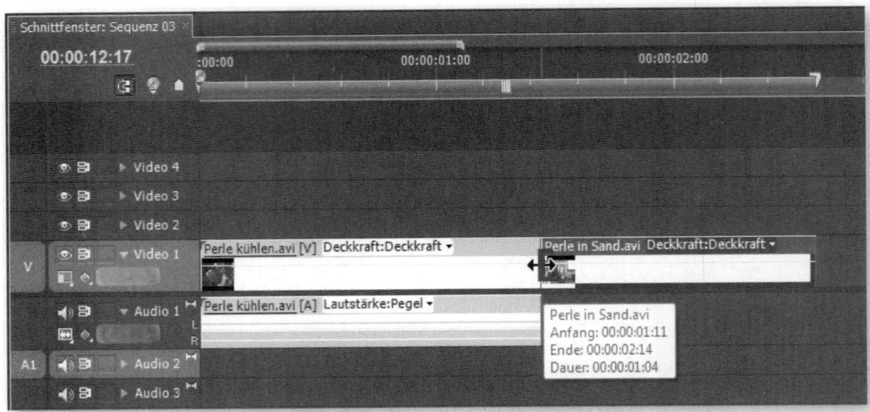

Löschen und Lücke mit dem Werkzeug schließen

Zweifellos ist das Entstehen einer Lücke am schnellsten zu verhindern, indem Sie beim Ziehen [Strg]/[⌘] halten. Wer aber lieber mit Werkzeugen arbeitet, der kann auch auf das Werkzeug LÖSCHEN UND LÜCKE SCHLIESSEN ([B]) zurückgreifen. Beachten Sie in diesem Zusammenhang aber, dass Sie anschließend wieder auf das Auswahl-Werkzeug ([V]) wechseln müssen. Diese Vorgehensweise ist natürlich nicht gerade benutzerfreundlich, da sie viel zu lange dauert.

6.2.2 Genügend Material ist wichtig

Darüber hinaus bieten sich noch zahlreiche Bearbeitungsmöglichkeiten innerhalb des Schnittfensters an. Die gängigsten möchte ich Ihnen in Form von Mini-Workshops präsentieren. Welches Videomaterial Sie dazu benutzen, ist prinzipiell unerheblich. Sie sollten aber dafür sorgen, dass ausreichend Material innerhalb der einzelnen Clips zur Verfügung steht. Ist dies nicht der Fall, lassen sich diese Funktionen nicht anwenden.

Wenn das Ende eines Clips erreicht ist, kann dieses Ende nämlich nur noch verkürzt, nicht aber verlängert werden, da der Clip ja dann über kein Material mehr verfügt. Haben Sie hingegen einen Clip mit In- und Out-Points versehen, bleibt immerhin noch »verdecktes« Material erhalten, das zur Anwendung der folgenden Techniken auch dringend erforderlich ist.

Dass ein Clip am Anfang oder Ende »ausgereizt« ist, erkennen Sie an den kleinen mittelgrauen Dreiecken oben links ❶ oder rechts ❷. In diesem Fall sollten Sie die Clips zuvor mit dem Verschieben-Werkzeug (V) kürzen und dabei das Entstehen von Lücken verhindern. Sie wissen ja: Strg/⌘ gedrückt halten.

Achtung – Gesammelte Clips!

Da es sich beim Beispielprojekt zu diesem Buch um ein gesammeltes Projekt handelt, in dem die Clips neu erstellt wurden, ist es möglich, dass sich viele der Videodateien nicht mehr strecken lassen, obwohl sie kein graues Dreieck aufweisen. Hier wird also nicht auf das Ende des Clips hingewiesen. Im Übrigen erfahren Sie in Kapitel 15, »Export«, wie derartige Sammlungen zu bewerkstelligen sind.

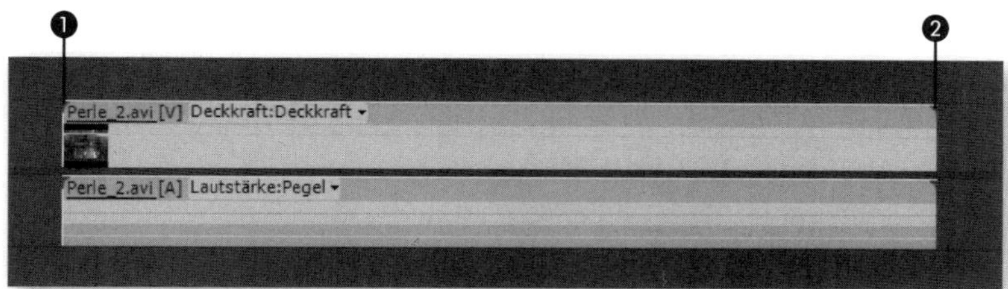

◄ **Abbildung 6.8**
Die kleinen grauen Ecken zeigen an, dass das Clipende erreicht ist.

Symbol durchgestrichen?

Ein durchgestrichenes Werkzeug-Symbol bedeutet, dass das entsprechende Werkzeug an dieser Stelle nicht angewendet werden kann. So lassen sich einzelne Werkzeuge z. B. nicht in der Clipmitte, sondern nur am Anfang oder Ende verwenden. Korrigieren Sie in diesem Fall die Position des Werkzeugs, was zur Folge haben sollte, dass das Werkzeug bedienbar wird.

6.2.3 Clips rollen

Das Rollen-Werkzeug (auch zu aktivieren über N) erlaubt es, Schnittpunkte zwischen zwei Clips zu verschieben, ohne dass die Clips selbst verschoben werden.

Schritt für Schritt: Einsatz des Rollen-Werkzeugs

1 *Rollen vorbereiten*

Um das Rollen nachvollziehen zu können, benutzen Sie bitte zwei Clips, die Sie zuvor mit In- und Out-Points versehen haben, und legen Sie diese (hintereinander) auf eine Spur. Anstelle der Ein- und Ausstiegspunkte

können Sie die Clips vorab selbstverständlich auch mit dem Auswahl-Werkzeug im Schnittfenster einkürzen.

Abbildung 6.9 ▼
Das Rollen-Werkzeug verschiebt den Schnittpunkt zwischen zwei Clips, ohne deren eigentliche Position zu verändern.

2 *Rollen-Werkzeug einsetzen*

Aktivieren Sie anschließend das Rollen-Werkzeug in der Werkzeugleiste [N], und stellen Sie es auf den Schnittpunkt zwischen beiden Clips. Verschieben Sie jetzt den Schnittpunkt mit gedrückter Maustaste in die gewünschte Richtung.

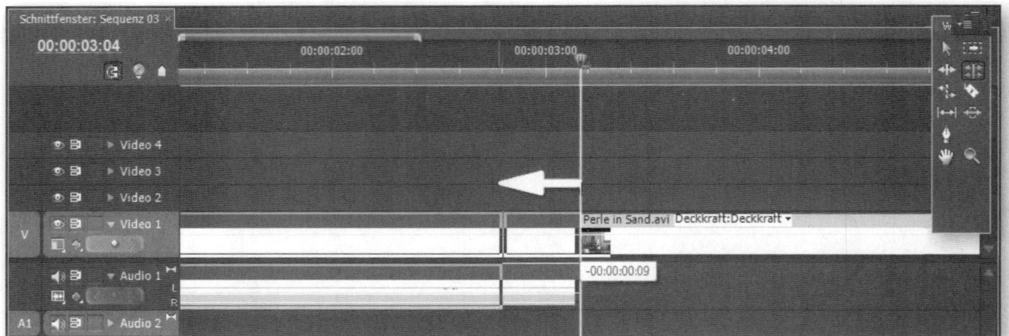

3 *Veränderungen im Programmmonitor beobachten*

Die Verschiebung des Schnittpunktes lässt sich sehr schön im Programmmonitor beobachten. Seit Premiere Pro 2 wird sogar der Timecode mit eingeblendet. Des Weiteren sehen Sie anhand des geteilten Monitors sofort, wie sich der Schnittpunkt verändert. Sobald Sie die Maustaste loslassen, wird hier wieder der aktuell durch die Einfügemarke bestimmte Frame angezeigt.

Abbildung 6.10 ▶
Beobachten Sie die Verschiebung im Programmmonitor.

6.2.4 Clips verschieben

Mit der Verschieben-Funktion ist es möglich, einen Clip, der sich zwischen zwei anderen befindet, zu verschieben, ohne dass sich die Startposition des ersten bzw. die Endposition des dritten Clips verändert.

Schritt für Schritt: Einsatz des Verschieben-Werkzeugs

1 *Verschiebung vorbereiten*

Um dieses Beispiel nachvollziehen zu können, benötigen Sie insgesamt drei Clips. (Hier im Buch wurden von links nach rechts »Perle kühlen.avi«, »Perle in Sand.avi« und »Perlen im Gegenlicht.avi« aus dem Ordner KAPITEL_01 verwendet.) Sorgen Sie auch hier dafür, dass zumindest an den Schnittpunkten die jeweiligen Clipenden noch nicht erreicht sind. Aktivieren Sie anschließend das Werkzeug VERSCHIEBEN, indem Sie es in der Werkzeugleiste markieren oder [U] drücken.

▼ Abbildung 6.11
Um allein die Position des mittleren Clips zu verändern, benutzen Sie das Verschieben-Werkzeug.

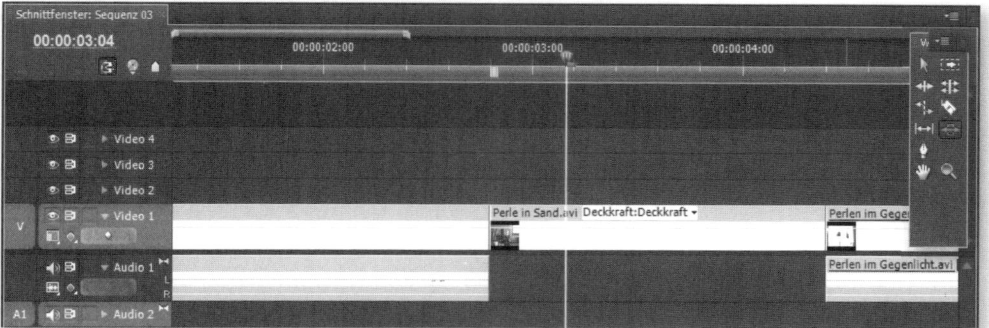

2 *Verschiebungen anwenden*

Klicken Sie jetzt auf den mittleren Clip, halten Sie die Maustaste gedrückt, und schieben Sie das Videomaterial in die gewünschte Richtung. Der Anfang des ersten Clips sowie das Ende des letzten Clips werden dabei nicht verändert. Auch wird keine Veränderung in der Länge des mittleren Clips erreicht, wohl aber in dessen Position.

▼ Abbildung 6.12
Die Clips wurden verschoben.

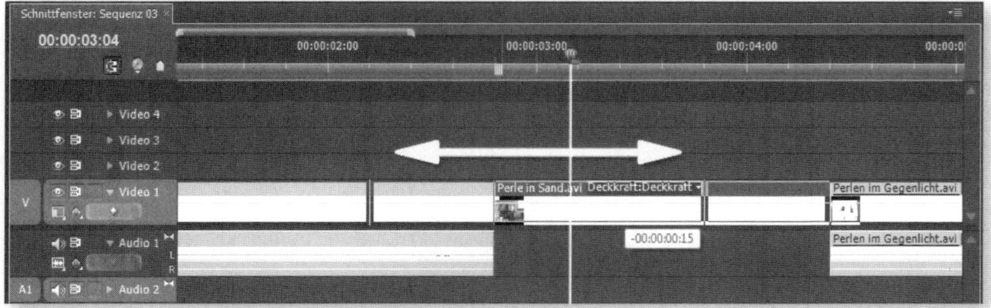

3 *Veränderungen im Programmmonitor beobachten*

Hier können Sie anhand vier verschiedener Ansichten sehr gut einsehen, wie sich die Veränderungen auswirken. Oben links und rechts sehen Sie den In- und Out-Point des mittleren Clips. Da er sich durch eine Verschiebung ja nicht ändert, werden Sie hier auch stets die gleichen Bilder sehen. Unten links kann der Out-Point des linken und unten rechts der In-Point des rechten Clips begutachtet werden.

Abbildung 6.13 ▶ Auch die Verschiebung lässt sich im Programmmonitor gut beobachten. In- und Out-Point des mittleren Clips werden oben angezeigt (kleine Bilder).

4 *Optional: Äußere Clips verschieben*

Nun ist es aber durchaus denkbar, anstelle des mittleren auch den linken oder rechten Clip zu verschieben. Nehmen wir als Beispiel den linken: Setzen Sie das Werkzeug hier an, wird sich der mittlere Clip entsprechend verkürzen und der In-Point des ersten synchron nach rechts verschieben. Probieren Sie es aus. Was Sie jetzt unten rechts im Programmmonitor sehen, ist der Schnittpunkt zwischen Clip 1 und 2. Dieser verändert sich natürlich durch die Verschiebung und wird entsprechend auch im Programmmonitor fortlaufend aktualisiert. Im oberen Bereich sehen Sie wieder den In- und Out-Point des Clips, der gerade verschoben wird.

Abbildung 6.14 ▶ Auch die äußeren Clips lassen sich verschieben.

6.2.5 Clips unterschieben

Das Interessante am Unterschieben ist, dass sich Clipinhalte verändern lassen, ohne die Länge des zu unterschiebenden oder benachbarten Clips in irgendeiner Weise zu verändern.

Schritt für Schritt: Einsatz des Unterschieben-Werkzeugs

1 ***Clips vorbereiten***

Positionieren Sie erneut mehrere Clips hintereinander, deren Clipenden noch nicht erreicht sind. Es dürfen also auch hier keine grauen Dreiecke an den oberen Ecken der Clips sichtbar sein.

2 ***Clips unterschieben***

Aktivieren Sie anschließend das Unterschieben-Werkzeug in der Werkzeugleiste, oder drücken Sie [Y] auf der Tastatur. Stellen Sie das Werkzeug auf den gewünschten Clip (im Buchbeispiel der mittlere), und bewegen Sie ihn in die gewünschte Richtung.

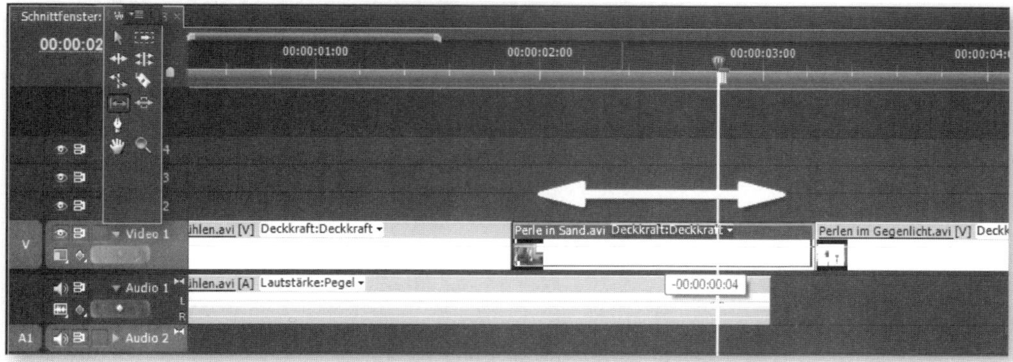

▲ **Abbildung 6.15**
Verwenden Sie das Unterschieben-Werkzeug.

3 ***Veränderungen im Programmmonitor beobachten***

Sie sehen, dass sich hier weder die Positionen der Clips noch die Schnittpunkte verschieben. Lediglich In-Point und Out-Point des unterschobenen Clips verändern sich permanent, wie ein Blick auf den Programmmonitor beweist. Weil sich der Out-Point des ersten und der In-Point des letzten Clips durch diese Vorgehensweise nicht ändern, bleiben auch hier die oberen Monitore unverändert.

Abbildung 6.16 ▶
Auswirkung des Unterschiebens im Programmmonitor

6.2.6 Clip strecken, stauchen und rückwärts ablaufen lassen

»Rate ausdehnen« bezeichnet das Strecken bzw. Stauchen von Clips. Dies bedeutet, dass Sie damit die Laufzeit eines Clips ändern, ohne seinen Inhalt zu verändern. Wenn Sie also einen Clip strecken, erreichen Sie gewissermaßen eine **Zeitlupe**, während beim Stauchen ein **Zeitraffer** erzeugt wird.

Schritt für Schritt: Einsatz des Werkzeugs »Rate ausdehnen«

Der Clip, dessen Rate Sie ausdehnen möchten, benötigt an der entsprechenden Stelle Platz im Schnittfenster. Wenn Sie im vorgenannten Beispiel also versuchen, den mittleren Clip zu strecken, wird das nicht gelingen. Sie könnten jedoch den ersten Clip am Anfang bzw. den letzten am Ende ausdehnen, selbst wenn eine graue Ecke verdeutlichen würde, dass eine Erweiterung an dieser Stelle nicht mehr möglich ist.

Wechseln Sie auf das Werkzeug RATE AUSDEHNEN in der Werkzeugleiste, oder drücken Sie [X].

1 *Rate ausdehnen*

Ziehen Sie jetzt den ersten Clip am Anfang oder den letzten am Ende nach außen oder nach innen – ganz wie Sie wünschen. Im Beispiel wird »Perlen im Gegenlicht.avi« am Ende gestreckt.

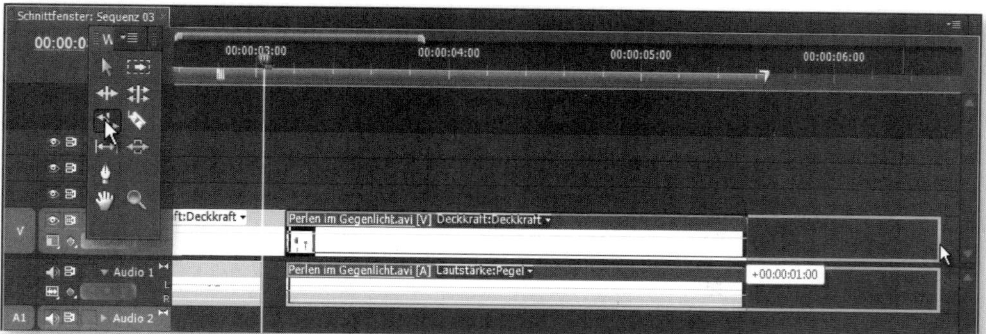

▲ Abbildung 6.17
Das Ende wird ausgedehnt.

2 *Render-Hinweis*

Bringen Sie die Einfügemarke anschließend vor den Clip, und spielen Sie ihn ab, indem Sie die Leertaste betätigen. Unterhalb der Schnittfenster-Skala werden Sie eine rote Linie ❶ ausfindig machen, die anzeigt, dass der Clip gerendert werden muss. Zwar können Sie ihn bestimmt in Echtzeit ohne jegliche Probleme abspielen, doch muss dieses Stückchen Video später noch erzeugt werden.

3 *Vorschaudateien rendern*

Da es sich, bedingt durch die Änderungen, um Filmmaterial handelt, das es eigentlich noch gar nicht gibt, sieht sich Premiere Pro löblicherweise dazu veranlasst, solche Dateien für Sie zu erstellen. Zwar können Sie dank Echtzeit-Fähigkeit Ihrer Software die Auswirkungen bereits im Programmmonitor begutachten, doch könnte es, je nach Rechnerleistung oder Umfang derartiger Effekte, zu einer qualitativ minderwertigen Vorschau bzw. Ruckel-Bildern kommen. In diesem Fall müssen Sie die Dateien berechnen.

Ab Kapitel 8 werden Sie regelmäßig mit diesen Gegebenheiten konfrontiert. Nur so viel vorab: Für die Berechnung einer Vorschau müssen Sie [↵] drücken. Im Anschluss an die Berechnung wird die Leiste grün dargestellt – ein Zeichen dafür, dass der Clip gerendert wurde.

▼ Abbildung 6.18
Die Leiste ❶ zeigt an, dass der Clip gerendert wurde.

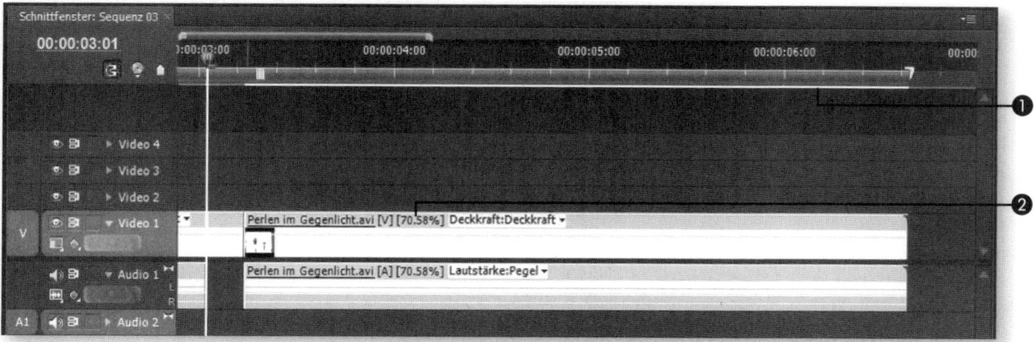

Doch zurück zum Clip: Interessant ist hier nämlich, dass eine kleine Prozentangabe ❷ darauf hinweist, dass der Clip nun nicht mehr mit der Originalgeschwindigkeit abgespielt wird. Besonders beim Verlängern von Clips, also bei der Simulation einer Zeitlupe, wird jedes der 25 Einzelbilder, aus denen eine Sekunde Clip besteht, geringfügig länger ausgestrahlt als sonst üblich. Sie können sich vorstellen, was das bedeutet: Dann wäre aber sehr schnell Schluss mit ruckelfreiem Filmgenuss. ■

Ein Problem gibt es noch mit dem Ton. Der ist nämlich jetzt mit gestreckt worden und läuft ebenfalls zu langsam. Deshalb können Sie diese Technik nicht auf alle AV-Clips (kombinierte Audio-Video-Clips) anwenden. Im nächsten Workshop möchte ich Ihnen aber eine Alternative anbieten, bei der das eventuell geht. Zudem gehen wir noch einen Schritt weiter und lassen den Clip rückwärts abspielen.

Schritt für Schritt: Clip rückwärts abspielen lassen

1 *Schritte verwerfen*

Falls Sie den letzten Workshop nachgebaut und den Clip gedehnt haben, machen Sie diesen Schritt bitte zunächst rückgängig, indem Sie [Strg]/[⌘]+[Z] drücken. Der Clip sollte am Ende ohne Geschwindigkeitsveränderung angezeigt werden – die rote Linie ist somit verschwunden.

2 *Geschwindigkeit/Dauer verändern*

Anstelle des Werkzeugs RATE AUSDEHNEN ist auch ein Rechtsklick auf den gewünschten Clip möglich. (Achten Sie auch hier darauf, dass dem Clip im Schnittfenster Platz zum Ausdehnen zur Verfügung steht.) Aus dem Kontextmenü wählen Sie den Eintrag GESCHWINDIGKEIT/DAUER. Im folgenden Dialog ist das oberste Eingabefeld bereits markiert. Hier können Sie nun die gewünschte Geschwindigkeit angeben. Na klar: Geschwindigkeiten über 100% sorgen für einen **Zeitraffer**, unter 100% wird eine **Zeitlupe** erzeugt.

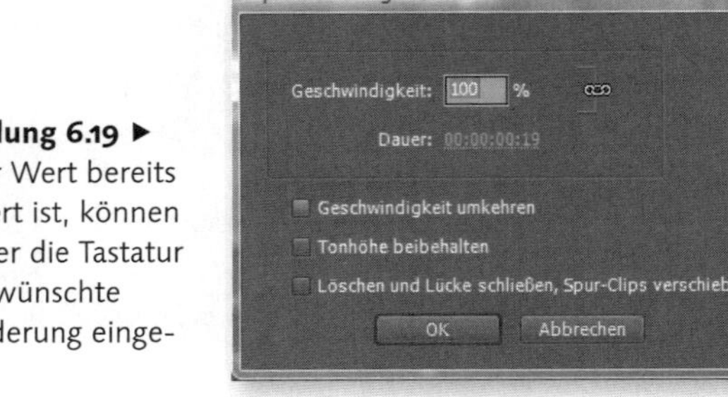

Abbildung 6.19 ▶ Da der Wert bereits markiert ist, können Sie über die Tastatur die gewünschte Veränderung eingeben.

3 *Tonhöhe beibehalten*

Sollte es sich um einen Clip handeln, der eine Audiospur mitbringt, wird diese natürlich ebenfalls beschleunigt oder verlangsamt. Sie können sich vorstellen, dass Geschwindigkeitsveränderungen bei einer gesprochenen Szene zu mehr oder weniger lustigen Verzerrungen führen. So erhält ein Sprecher diese sympathische Micky-Maus-Stimme, sofern die Geschwindigkeit erhöht wurde. Wenn Sie aber möchten, dass keine Erhöhung der Stimmlage stattfindet, sondern der Sprecher lediglich schneller (oder langsamer) sprechen soll, aktivieren Sie TONHÖHE BEIBEHALTEN.

6

4 *Clip rückwärts abspielen lassen*

Wenn der Clip rückwärts abgespielt werden soll, aktivieren Sie die Checkbox GESCHWINDIGKEIT UMKEHREN. Belassen Sie es bei der Geschwindigkeit von 100%, wird die Rate (in diesem Fall 25 Einzelbilder pro Sekunde) nicht verändert.

5 *Platz machen*

Nun kann es ja sein, dass der Clip im Schnittfenster bereits zwischen zwei anderen sitzt. Wenn Sie ihn jetzt verlangsamen, müsste er dort mehr Platz einnehmen. Nachfolgende Clips würden das allerdings verhindern. Umgekehrt entstünde eine Lücke, wenn Sie ihn mit mehr als 100% abspielen ließen. Wenn Sie beides unterbinden wollen und beispielsweise gestatten möchten, dass nachfolgende Clips im Schnittfenster verschoben werden dürfen, müssen Sie die unterste Checkbox, LÖSCHEN UND LÜCKE SCHLIESSEN, SPUR-CLIPS VERSCHIEBEN, anwählen. Doch Vorsicht: Sollten Sie das bei einem Clip machen, der nur aus Video besteht und hinter dem ein AV-Clip folgt, werden Audio und Video dort unsanft aus ihrer Synchronisation gerissen. Sie stehen danach nicht mehr parallel übereinander, sondern werden zu unterschiedlichen Zeitpunkten gestartet. Kleine rote Ziffern auf dem Audio ❷ und Video ❶ zeigen an, um wie viele Sekunden und Frames die beiden Teile jetzt voneinander versetzt sind. Deshalb ist zu empfehlen, in einem solchen Fall lieber auf diese CS4-Neuerung zu verzichten und die Clips manuell zu verschieben.

▼ **Abbildung 6.20**
Hier ist es zu einem Versatz gekommen, was bei einer Sprech-Szene unverzeihlich ist.

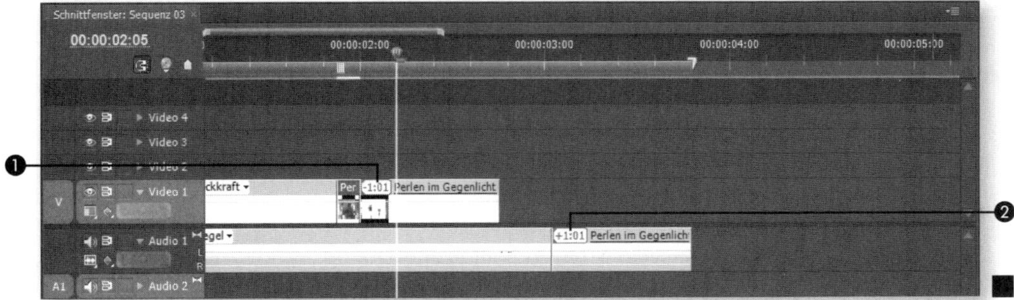

6.2.7 Clips ersetzen

Clips können natürlich jederzeit ausgetauscht werden. Weil das Anpassen des neuen Clips aber mehr als lästig ist, lassen sich die Filmstreifen direkt in der Timeline mit Hilfe des Kontextmenüs austauschen. Dabei haben Sie sogar die Wahl, ob Sie als Quelle den aktuell eingestellten Clip aus dem Quellmonitor oder aus der Zwischenablage verwenden wollen. Beim Austausch eines Clips über die Zwischenablage gehen Sie folgendermaßen vor: Markieren Sie den Clip, den Sie kopieren möchten, indem Sie [Strg]/[⌘]+[C] drücken oder BEARBEITEN • KOPIEREN einstellen. Im Anschluss selektieren Sie den Clip, der ersetzt werden soll, und öffnen das Kontextmenü mit einem Rechtsklick. Stellen Sie DURCH CLIP ERSETZEN • AUS ABLAGE ein.

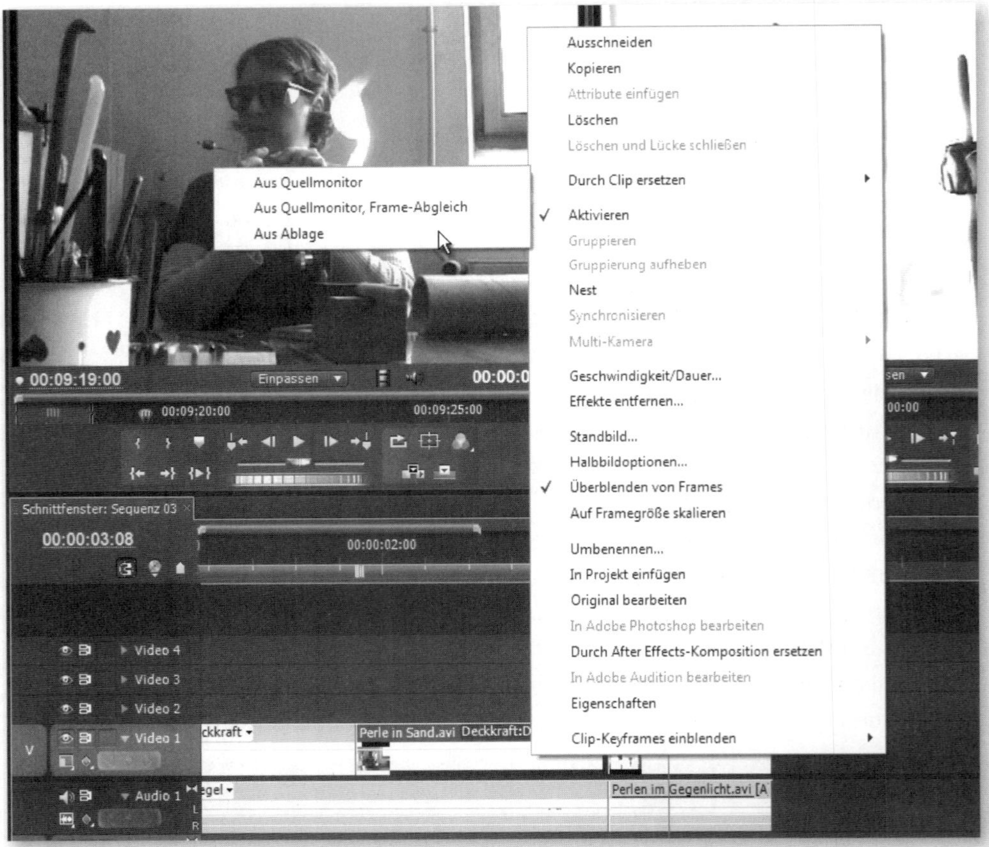

▲ **Abbildung 6.21**
Der Clip aus der Zwischenablage wird anstelle des aktuell markierten eingesetzt.

Die zweite Möglichkeit, einen Clip zu tauschen, besteht darin, dass Sie den einzusetzenden Zielclip zunächst im Quellmonitor bereitstellen. Nachdem dies geschehen ist, öffnen Sie das Kontextmenü auf dem

Clip, der getauscht werden soll, und DURCH CLIP ERSETZEN • AUS QUELLMONITOR. Bedienen Sie sich des zweiten Eintrags, AUS QUELLMONITOR, FRAME-ABGLEICH, wird die Länge des Quellclips mit der des Zielclips abgeglichen. Dabei ist auch entscheidend, ob der auszutauschende Clip von Anfang an in der Timeline berücksichtigt wurde oder nicht. Wenn etwas nicht passen sollte, wird ein Hinweis ausgegeben.

◄ **Abbildung 6.22**
Premiere Pro meldet, was nicht in Ordnung ist.

6.3 Das Zuschneiden-Fenster

Sie haben bisher eine Fülle von Möglichkeiten kennengelernt, die Clips innerhalb des Schnittfensters zu bearbeiten und einander anzupassen. Wenn es aber um das Feintuning geht, können Sie das Zuschneiden-Fenster benutzen. Dazu gleich mal ein Workshop, der die generelle Bedienung dieses Elements aufzeigt.

Schritt für Schritt: Clips im Zuschneiden-Fenster trimmen

Dieser Workshop soll Ihnen nicht nur verraten, was das Zuschneiden-Fenster so alles kann, sondern stellt auch eine kleine Wiederholung in Sachen Clip-Bearbeitung dar. Das ist ein Service, oder?

1 *Neue Sequenz erstellen*

Grundsätzlich müssen Sie kein neues Projekt erstellen. Im konkreten Fall möchte ich Ihnen vorschlagen, lediglich eine neue Sequenz zu erzeugen. Da Projekte grundsätzlich aus mehreren Sequenzen bestehen können und diese zudem noch unterschiedliche Standards haben dürfen (eine Neuerung in CS4), reicht es, wenn Sie im Fuß des Projekt-Bedienfeldes auf das Blatt-Symbol gehen und SEQUENZ aus der Liste aussuchen. Sie sehen schon, dass Sie jetzt durchaus auch in der Lage wären, eine andere Vorgabe zu wählen. Entscheiden Sie sich im Folgedialog aber trotzdem für DV-PAL • STANDARD 48 KHZ. Benennen Sie die Sequenz mit »Zuschnitt« (SEQUENZNAME unten im Fenster).

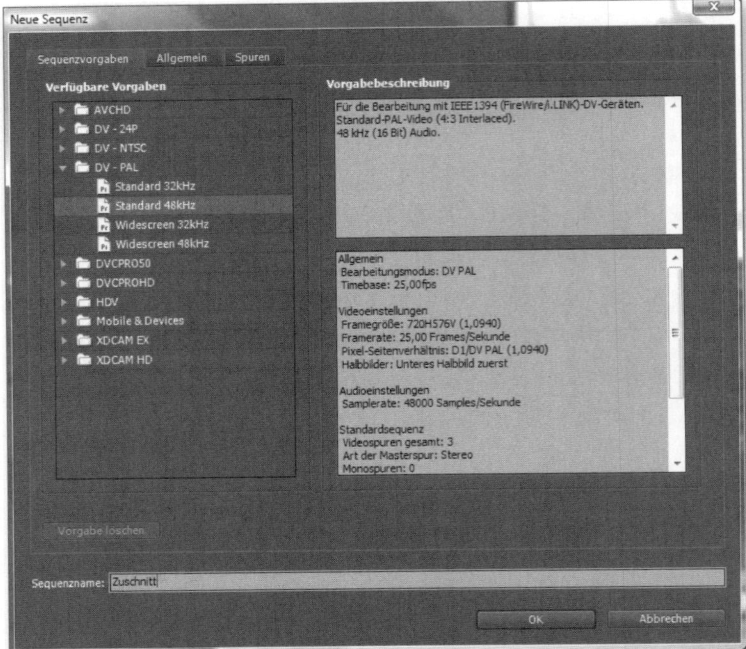

Abbildung 6.23 ▶
Seit Premiere Pro CS4 gelangen Sie bei der Erstellung einer neuen Sequenz wieder in den Voreinstellungsdialog.

2 *Assets hinzufügen*

Wenn Sie das Projekt »Entstehung einer Perle« bereits erzeugt haben, müssen Sie an dieser Stelle nichts weiter tun. Fahren Sie mit dem nächsten Schritt fort. Falls Sie den Schnellstart-Workshop aus Kapitel 1 nicht gemacht haben: Für dieses Beispiel arbeiten Sie mit den Dateien »Perle_3.avi« und »Perle_5.avi« aus dem Ordner KAPITEL_01 der beiliegenden Buch-DVD. Doppelklicken Sie auf einen freien Bereich des Projektfensters. Importieren Sie die beiden vorgenannten Clips, indem Sie den ersten markieren und auf den zweiten klicken, während Sie [⇧] gedrückt halten. Ein anschließender Klick auf ÖFFNEN schließt den Vorgang ab.

3 *Clips in das Schnittfenster bringen*

Im Projektfenster müssen Sie nun beide Clips (»Perle_3.avi« und »Perle_5.avi«) markieren. Übergeben Sie diese per Drag & Drop dem Schnittfenster. Dazu reicht es, wenn Sie das vorangestellte Symbol des ersten der beiden Clips markieren, dann [Strg]/[⌘] gedrückt halten und auch das Symbol des zweiten Clips markieren. Klicken Sie danach abermals auf eines der beiden Symbole, wobei Sie jetzt aber die Maustaste gedrückt halten. Jetzt ziehen Sie die beiden Clips mit immer noch gehaltener Maustaste in das Schnittfenster und lassen los, wenn die Clips sich in Spur VIDEO 1 ganz am Anfang der Timeline befinden.

◀ **Abbildung 6.24**
»Perle_3« und »Perle_5« werden ins Schnittfenster gezogen.

4 ***Ersten Clip kürzen***

Für die folgenden Schritte ist es besser, wenn Sie vorab die Ansicht des Schnittfensters etwas vergrößern. Zum Kürzen beider Clips wollen wir zwei verschiedene Wege benutzen. Zunächst »Perle_5.avi«: Der Clip liegt an zweiter Position innerhalb des Schnittfensters. Schneiden Sie ihn etwa in der Mitte durch, nachdem Sie in der Werkzeugleiste auf die RASIERKLINGE gewechselt haben. Sie erreichen das übrigens schneller, wenn Sie C auf der Tastatur drücken. Klicken Sie mit dem Werkzeug auf die Mitte des Clips.

▼ **Abbildung 6.25**
Der zweite Clip wurde in der Mitte geteilt.

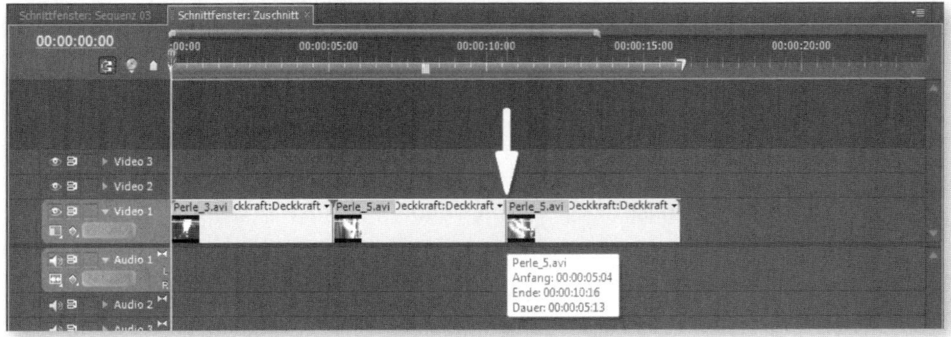

Alternativen zur Rasierklinge

Wenn Ihnen das Aktivieren und das anschließende Zerteilen mit der Rasierklinge zu umständlich ist, können Sie auch [Strg]/[⌘]+[K] drücken. Das führt dazu, dass der Clip an der aktuellen Position durchgeschnitten wird. Wer am liebsten mit Menübefehlen arbeitet, wählt SEQUENZ • AN AKTUELLER POSITION DURCHSCHNEIDEN. Doch Vorsicht! Wenn Sie Clips auf mehreren Videospuren übereinander angelegt haben, werden alle Clips an der Position der Einfügemarke zerteilt.

5 *Clip kürzen und Lücke schließen*

Bitte lesen Sie diesen Schritt zunächst komplett durch, ehe Sie die Arbeiten dazu erledigen: Sie finden nun drei Clips im Schnittfenster, von denen der letzte ganz nach vorne soll. Schalten Sie deshalb zunächst wieder auf das Auswahl-Werkzeug um, indem Sie [V] drücken. Markieren Sie den letzten Clip, und ziehen Sie ihn ganz an den Anfang der Timeline, wobei Sie gleichzeitig [Strg]/[⌘] gedrückt halten. Das wird nämlich dafür sorgen, dass der gezogene Clip den ersten nicht überlagert, sondern der dafür benötigte Platz freigegeben wird, die nachfolgenden Clips also nach rechts verschoben werden. Das erkennen Sie auch daran, dass sich am Anfang des Schnittfensters beim Ziehen eine senkrechte rote Linie mit kleinen Pfeilen zeigt. Wenn diese Position erreicht ist, lassen Sie zunächst die Maustaste und erst danach die Taste an Ihrer Tastatur los.

Abbildung 6.26 ▼
Der letzte Clip kommt nach vorne, und die anderen machen artig Platz.

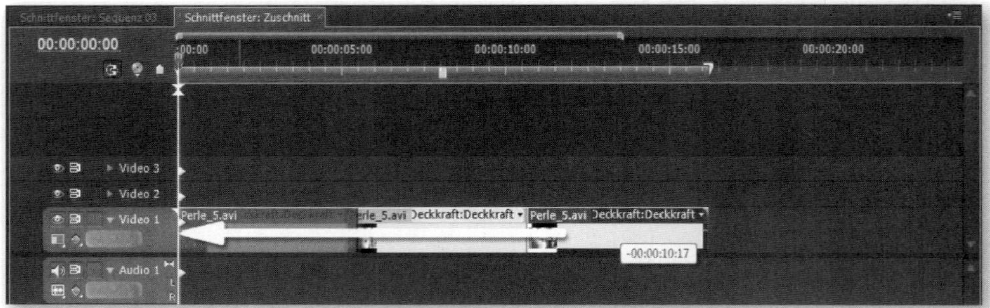

Jetzt muss »Perle_3.avi« am Anfang noch gekürzt werden. Auch das erledigen wir mit einem Schnitt. Drücken Sie [C] (das aktiviert wieder die Rasierklinge), und schneiden Sie auch den mittleren Clip in der Mitte durch. Danach aktivieren Sie wieder das Auswahl-Werkzeug, indem Sie [V] drücken, und markieren damit den ersten Teil dieses Clips. Drücken Sie jetzt [⇧]+[Entf], oder entscheiden Sie sich im Menü für BEARBEITEN • LÖSCHEN UND LÜCKE SCHLIESSEN. Das sorgt dafür, dass der Clip nicht nur entfernt, sondern auch der entstehende Freiraum geschlossen wird.

Sie haben damit erreicht, dass dem linken Filmschnipsel genügend Material zum Trimmen zur Verfügung steht. Bei genauer Betrachtung werden Sie sehen, dass bei diesem Clip oben rechts keine graue Ecke mehr sichtbar ist – Indiz dafür, dass aktuell nur ein Teil des gesamten Clips in der Sequenz verwendet wird.

▼ **Abbildung 6.27**
Nach dem Entfernen des ersten Clipteils bleibt keine Lücke zurück.

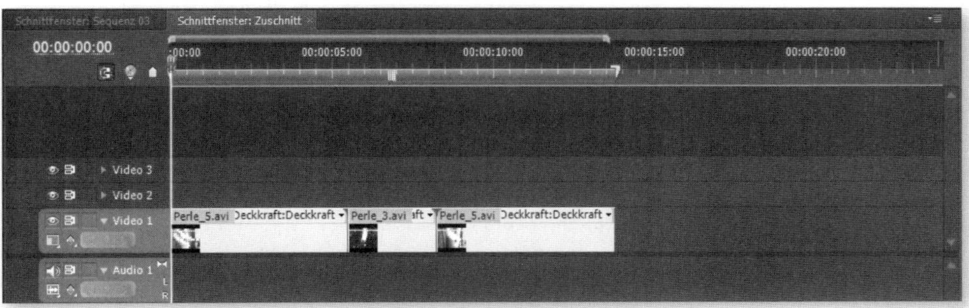

Nur am Rande sei erwähnt, dass Sie auch den Anfang von »Perle_3.avi« mit dem Auswahl-Werkzeug und gedrückter Taste [Strg]/[⌘] zur Mitte hin hätten ziehen können. Dann wäre die Lücke ebenfalls geschlossen worden. Aber hier haben wir uns ja für das Schneiden entschieden.

6 *Einfügemarke positionieren*

Bringen Sie jetzt noch die Einfügemarke an den ersten Schnitt, also den Übergang zwischen »Perle_5.avi« und »Perle_3.avi«. Das können Sie prima mit [Bild↑]/[⤒] bzw. [Bild↓]/[⤓] erledigen, da hier stets die Schnittpunkte angesprungen werden. Sie werden allerdings im übernächsten Schritt auch eine Alternative dazu kennenlernen, weshalb Sie hier auf diesen Schritt auch verzichten könnten.

▼ **Abbildung 6.28**
Die Einfügemarke befindet sich nun am ersten Schnitt.

7 *Zuschneideansicht öffnen*

Damit sind die Vorarbeiten erledigt, und Sie können sich an die Arbeit im Zuschneiden-Fenster machen. Um das Fenster zu öffnen, klicken Sie entweder auf den Button ZUSCHNEIDEANSICHT unten rechts im Programmmonitor oder drücken [T] auf der Tastatur. (Der Eintrag ZUSCHNEI-

DEANSICHT findet sich übrigens auch im Fenster-Menü – auch ein Weg also, um diesen Bereich zugänglich zu machen.)

Abbildung 6.29 ►
Öffnen Sie die Zuschneideansicht.

8 *Optional: Zum Schnittpunkt gehen*

Falls Sie den vorletzten Schritt nicht ausgeführt haben, werden Sie im oberen Bereich des Fensters nur auf der rechten Seite eine Vorschau sehen können. Das liegt dann schlicht und ergreifend daran, dass sich Ihre Einfügemarke möglicherweise noch ganz am Anfang der Sequenz befindet. Dort gibt es ja keinen Schnittpunkt zwischen zwei Clips, weshalb auch nur einer angezeigt werden kann. Drücken Sie in diesem Fall auf die Schaltfläche ZUM NÄCHSTEN SCHNITTPUNKT GEHEN, oder betätigen Sie [Bild↓]/[↧] auf der Tastatur. Sie sehen: Das funktioniert auch hier. Falls Sie jetzt nicht mehr sicher sind, ob Sie wirklich den ersten Schnittpunkt erwischt haben, schauen Sie in das Schnittfenster. Die Arbeiten werden hier nämlich synchron angezeigt.

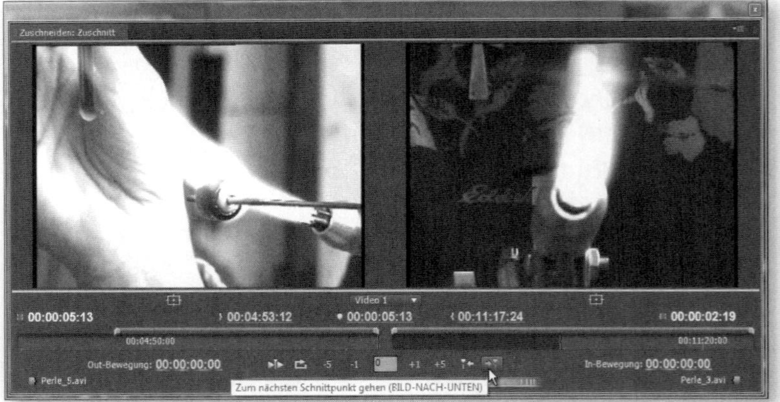

Abbildung 6.30 ►
Stellen Sie den ersten Schnittpunkt ein.

9 *In- und Out-Points trimmen*

Grundsätzlich bieten sich zwei Möglichkeiten der Nachbearbeitung an. Sie können nämlich die einzelnen Clips trimmen (genauer gesagt, den Out-Point des ersten und den In-Point des zweiten), indem Sie die Maus auf eine der beiden Miniaturen stellen und mit gedrückter Maustaste nach links oder rechts rollen. Das Symbol des Mauszeigers mutiert übrigens hierbei wieder zur Klammer ❹.

Streifen im Bild?

Mitunter werden Sie feststellen, dass sich nach einer Verschiebung horizontale Linien auf dem Videobild zeigen. Sie sehen in diesem Augenblick nämlich die Halbbilder des Clips. Was hier ausgesprochen störend aussieht, wird allerdings später im Film nicht mehr sichtbar sein. Sie müssen also nicht befürchten, dass Sie Störungen in das Bild hineinprojizieren. (Weitere Infos zum Thema Halbbilder entnehmen Sie bitte Kapitel 2, »Fachkunde – Das sollten Sie wissen«.)

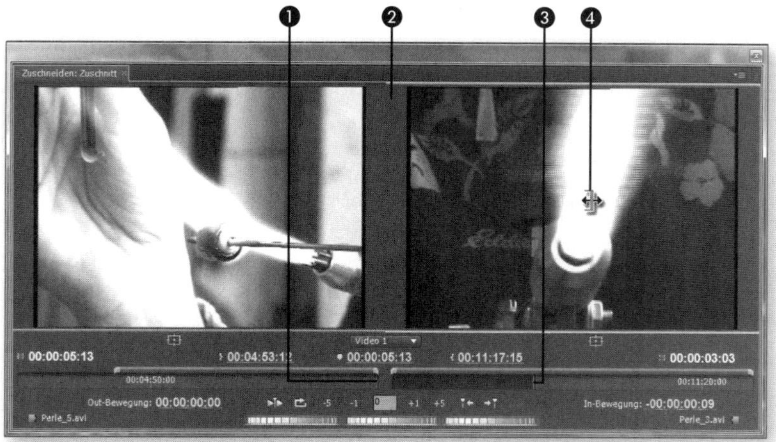

◄ **Abbildung 6.31**
Das Trimmen lässt sich ganz einfach durch Rollen des Mauszeigers bewerkstelligen.

Auch die hell- und dunkelgrauen Bereiche unterhalb der Vorschau dürften Ihnen bekannt vorkommen. Die kleinen Klammern ❶ und ❸ können ebenfalls verschoben werden. Damit erreichen Sie das Gleiche wie mit der zuvor beschriebenen Methode.

10 *Schnittpunkt trimmen*

Des Weiteren lässt sich aber auch der Schnittpunkt zwischen zwei Clips verschieben. Sie haben diese Technik schon im Workshop »Rollen« kennengelernt. Um innerhalb des Zuschneiden-Fensters zu rollen, stellen Sie die Maus einfach zwischen beide Vorschauen (auf den mittelgrauen Steg) ❷. Halten Sie hier ebenfalls die Maustaste gedrückt, und schieben Sie nach links oder rechts.

11 *Kleine und große Verschiebung einrichten*

Wenn Sie es ganz genau haben möchten, benutzen Sie doch die Zifferntasten in der Fußleiste des Fensters. Klicken Sie auf –5, wird der Schnittpunkt um fünf Bilder nach links verschoben; nach Betätigung der Taste +1 würde dieser Punkt sich um ein Bild nach rechts verlagern.

▲ **Abbildung 6.32**
Die In- und Out-Points lassen sich auch mit Hilfe der Tasten verschieben.

Betrag für die große Verschiebung ändern

Die kleine Verschiebung (Tasten +1 und –1) erfolgt immer pro Einzelbild. Die große Verschiebung (Tasten +5 und –5) lässt sich hingegen individuell anpassen. Wollen Sie diesen Wert beispielsweise auf +10 und –10 setzen, wählen Sie BEARBEITEN/PREMIERE PRO • VOREINSTELLUNGEN • ZUSCHNEIDEN. Im Eingabefeld GROSSE VERSCHIEBUNG: [X] FRAMES legen Sie daraufhin den gewünschten Wert fest. Im Zuschneiden-Fenster werden diese beiden Tasten dann sowohl in Funktion als auch Beschriftung aktualisiert.

12 *Jog-Wheels benutzen*

Damit noch nicht genug, verfügt auch dieses Fenster, wie schon die Monitore in der Standardansicht, über so genannte **Jog-Wheels**. Mit dem linken ❺ können Sie den Out-Point des ersten Clips verschieben und mit dem rechten ❼ – Sie ahnen es – natürlich den In-Point des zweiten. Das mittlere Rad ❻ verschiebt den Schnittpunkt selbst. Nur am Rande sei noch erwähnt, dass sämtliche orange eingefärbten Timecode-Anzeigen, wie gewohnt, als Hot-Text-Steuerelemente fungieren.

Abbildung 6.33 ▶
Zum Verschieben können Sie auch die Jog-Wheels benutzen.

13 *Weitere Schnittpunkte bearbeiten*

Wenn Sie sich jetzt vorstellen, Sie hätten eine ellenlange Sequenz mit zahllosen Clips zu bearbeiten, könnten Sie mit der eingangs erwähnten Schaltfläche ZUM NÄCHSTEN SCHNITTPUNKT GEHEN oder mit Hilfe der Taste [Bild↓]/[fn↓] von Schnitt zu Schnitt springen und das Feintuning Ihres Films vornehmen. Danach schließen Sie das Zuschneiden-Fenster wieder. Cool, oder? ■

6.4 Spezielle Schnitttechniken

Neben den klassischen Schnittvarianten, die Sie jetzt bestimmt schon aus dem Effeff beherrschen, existieren noch verschiedene Spezialschnitte. Die ersten beiden, die ich Ihnen gerne vorstellen möchte, konfrontieren Sie erstmals mit In- und Out-Points innerhalb des Schnittfensters: eine Technik, die das präzise Einfügen von Clips innerhalb eines bereits gefüllten Schnittfensters ermöglicht.

6.4.1 Der 3-Punkt-Schnitt

Beim 3-Punkt-Schnitt halten sich die Funktionen, die Sie noch nicht kennengelernt haben, ziemlich in Grenzen. Dennoch sollten Sie die Technik einmal selbst ausprobieren. Wie der Name schon sagt, benötigen Sie drei Punkte, um diese Art des Schnitts zu realisieren. Aber was sage ich: Bestimmt sehen Sie sich das lieber in einem Workshop an.

Schritt für Schritt: Einen 3-Punkt-Schnitt ausführen

1 ***Projekt vorbereiten***

Platzieren Sie zunächst einen längeren Clip im Schnittfenster. Hier eignet sich z. B. »Perle in Sand.avi«, da er recht lang ist und zudem über eine Audiospur verfügt. Diese benötigen wir zwar für die folgenden Beispiele nicht, doch lassen sich hier die Auswirkungen der Schnitttechnik sehr schnell erkennen.

Der zweite Clip, den es einzufügen gilt, soll »Perle_5.avi« werden – er ist geringfügig kürzer und bringt außerdem kein Audio mit.

Bringen Sie, falls nicht schon vorhanden, beide ins Projektfenster, und ziehen Sie danach den ersten (»Perle in Sand.avi«) auf Spur Video 1 des Schnittfensters.

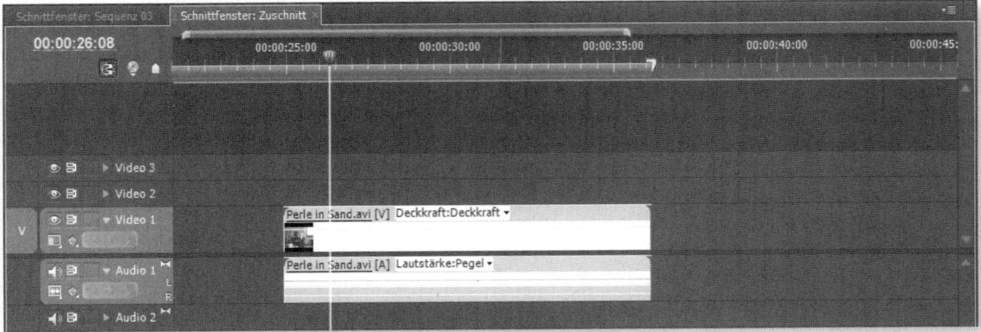

▼ **Abbildung 6.34**
»Perle in Sand.avi« ist damit im Schnittfenster gelandet.

2 *Zweiten Clip vorbereiten*

Doppelklicken Sie jetzt auf »Perle_5.avi« im Projektfenster. Daraufhin sollte der Clip im Quellmonitor zur Verfügung gestellt werden. Setzen Sie in bereits gewohnter Weise sowohl einen In-Point als auch einen Out-Point. Vorne und hinten sollte so jeweils ein Viertel des Clips ausgegrenzt werden. Voilà, die ersten beiden Punkte des 3-Punkt-Schnitts sind gesetzt.

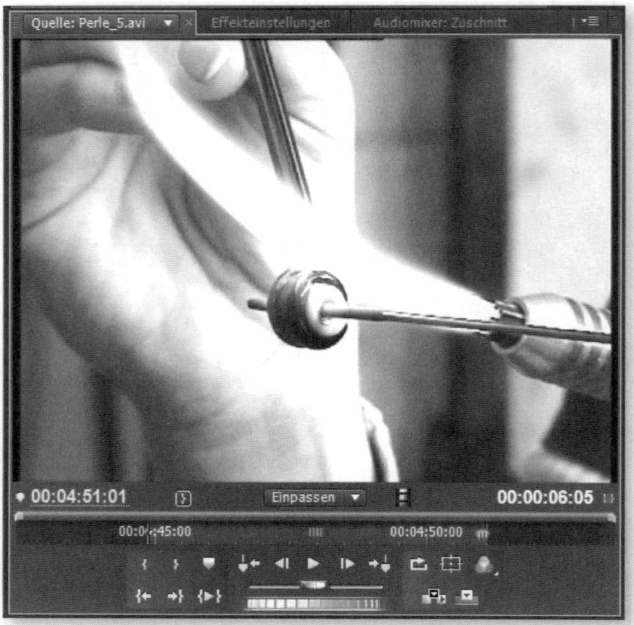

Abbildung 6.35 ▶
In- und Out-Point sind gesetzt, wie die Skala unter dem Bild zeigt.

3 *In-Point im Schnittfenster setzen*

Den dritten Punkt platzieren Sie jetzt innerhalb des Schnittfensters. Dieser regelt, an welcher Stelle »Perle_5.avi« eingefügt werden soll. Achten Sie zunächst jedoch darauf, dass die gleiche Spur aktiviert ist, die auch den Clip enthält (im Beispiel Video 1). Platzieren Sie anschließend die Einfügemarke etwas weiter nach rechts. Nehmen Sie auch hier das Ende des ersten Viertels.

Abbildung 6.36 ▼
Setzen Sie den In-Point im Schnittfenster.

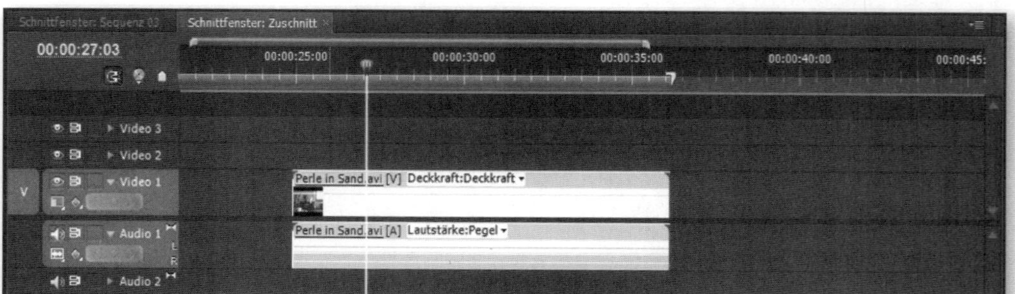

Achten Sie unbedingt darauf, dass das Schnittfenster jetzt markiert ist (orangefarbener Rahmen), und drücken Sie [I] auf Ihrer Tastatur. Alternativ dazu können Sie auch mit der rechten Maustaste auf den Kopf der Einfügemarke klicken und SEQUENZMARKE SETZEN • IN wählen. Damit wäre der dritte Punkt ebenfalls gesetzt.

▼ Abbildung 6.37
Die Skala im Schnittfenster hat sich eingefärbt.

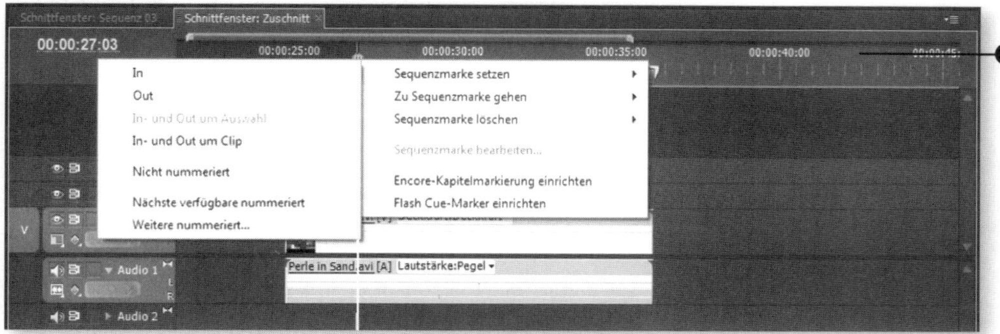

Achten Sie in diesem Zusammenhang auch darauf, dass sich die Skala oben im Schnittfenster ab der markierten Position blau eingefärbt hat ❶ – ein Zeichen dafür, dass auch hier, genau wie im Quellmonitor, In-Point und Out-Point gesetzt werden können.

4 *Clip einfügen oder überlagern*

Widmen Sie sich anschließend wieder dem Quellmonitor, und klicken Sie dort auf EINFÜGEN oder ÜBERLAGERN, je nachdem, was Ihnen gerade besser gefällt. Beim Einfügen wird der Clip »Perle in Sand.avi« an der Position des Sequenz-In-Points geschnitten und der Rest nach rechts verschoben. Sie können das anhand der geteilten Audiospur sehr gut sehen. Beim Überlagern wird »Perle in Sand.avi« hingegen für die Dauer von »Perle_5.avi« überdeckt. Eine Trennung der Audiodatei findet nicht statt.

▼ Abbildung 6.38
Der Clip wurde damit eingefügt (oben) bzw. überlagert (unten).

6.4.2 Der 4-Punkt-Schnitt

Sehr viel Neues wird es beim 4-Punkt-Schnitt im Vergleich zum 3-Punkt-Schnitt nicht geben. Obwohl das eigentlich nur die halbe Wahrheit ist, denn neben der Tatsache, dass Sie zusätzlich zum In- auch einen Out-Point innerhalb der Sequenz platzieren, ist noch ein individueller Dialog zu bewältigen. Hier können Sie bestimmen, wie mit dem einzufügenden und den nachfolgenden Clips verfahren werden soll.

Schritt für Schritt: Einen 4-Punkt-Schnitt ausführen

Stellen Sie sich vor, Sie hätten bereits einen recht langen Film zusammengestellt und wollten nun, irgendwo in der Mitte, noch einen Clip von bestimmter Dauer einfügen. Dabei soll der neue Clip die nachfolgenden aber nicht verschieben. In solchen Fällen kommen Sie am 4-Punkt-Schnitt nicht vorbei, sofern Sie keine weitere Videospur nutzen wollen – oder können.

1 ***Datei vorbereiten***

Wenn Sie den letzten Workshop nachgebaut haben, machen Sie doch alle Schritte rückgängig (mehrmals [Strg]/[⌘]+[Z] drücken), die dem Einfügen des Clips »Perle in Sand.avi« gefolgt sind. Ihr Schnittfenster sollte jetzt nur diesen Clip beherbergen; der Sequenz-In-Point ist ebenfalls nicht mehr vorhanden. Bringen Sie die Einfügemarke des Schnittfensters wieder an das Ende des ersten Clip-Viertels. An dieser Position soll jetzt die Einfügung erfolgen. Achten Sie auch darauf, dass die graue Markierung in der Zeitleiste verschwunden ist (In-Point). Falls erforderlich, drücken Sie noch einmal [Strg]/[⌘]+[Z].

Abbildung 6.39 ▼
Lassen Sie die Einfügemarke nach etwa einem Viertel des Clips stehen.

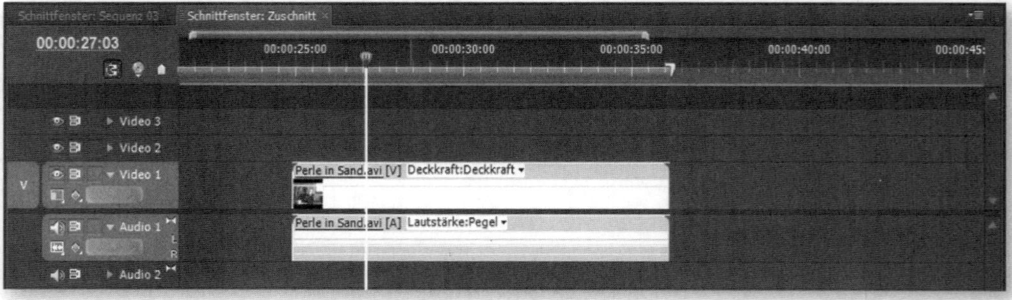

2 ***Clip im Quellmonitor vorbereiten***

Platzieren Sie zunächst, sofern nicht bereits geschehen, »Perle_5.avi« im Quellmonitor, und vergeben Sie In- und Out-Point. Prinzipiell dürfte das aber hier noch eingestellt sein, da die Schritte im Quellmonitor beim Rückgängigmachen nicht involviert sind.

Der Clip soll insgesamt recht lang sein. Lassen Sie deshalb vorne und hinten nur wenig Material fehlen. Kontrollieren Sie das anhand der Skala des Quellmonitors. Am einfachsten ist es, wenn Sie beide Klammern etwas nach außen ziehen.

◀ **Abbildung 6.40**
Lassen Sie nur wenig Material außen vor.

3 *Sequenz-In- und -Out-Point setzen*

Widmen Sie sich nun dem Schnittfenster. Erzeugen Sie an der aktuellen Position einen In-Point (wenn Sie das mit [I] machen, müssen Sie vorab das Schnittfenster markieren). Danach bringen Sie die Einfügemarke vor das letzte Viertel des Clips und platzieren hier einen Sequenz-Out-Point. Drücken Sie dazu [O], oder gehen Sie über das Kontextmenü, gefolgt von SEQUENZMARKE SETZEN • OUT. Achten Sie darauf, dass der angegebene Bereich zum einen in der Zeitleiste des Schnittfensters, zum anderen aber auch in der Videospur blau markiert ist. Letzteres ist meist erst nach genauem Hinsehen zu erkennen.

▼ **Abbildung 6.41**
In- ❶ und Out-Point ❷ sind gesetzt.

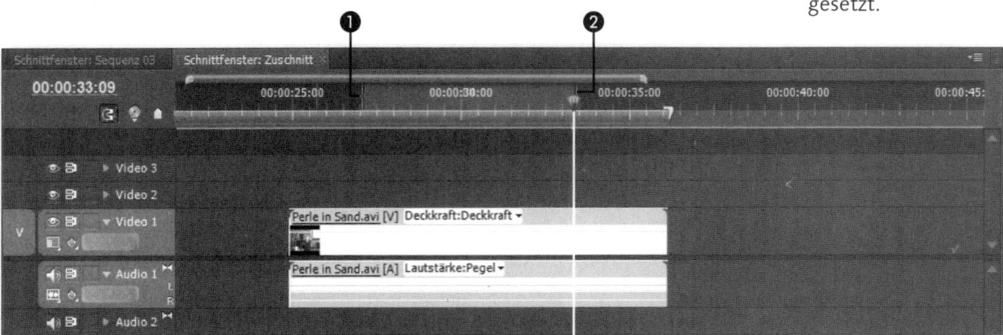

4 *Clip hinzufügen*

Drücken Sie jetzt auf Ihrer Tastatur [.] (Punkt), um den Clip, der sich aktuell noch im Quellmonitor befindet, in das Schnittfenster zu stellen. (Alternativ ist natürlich auch nichts dagegen einzuwenden, auf ÜBERLAGERN zu klicken.) Daraufhin öffnet sich ein Dialog, der Ihnen zahlreiche Optionen zur Verfügung stellt. Er ist mit CLIP EINPASSEN betitelt.

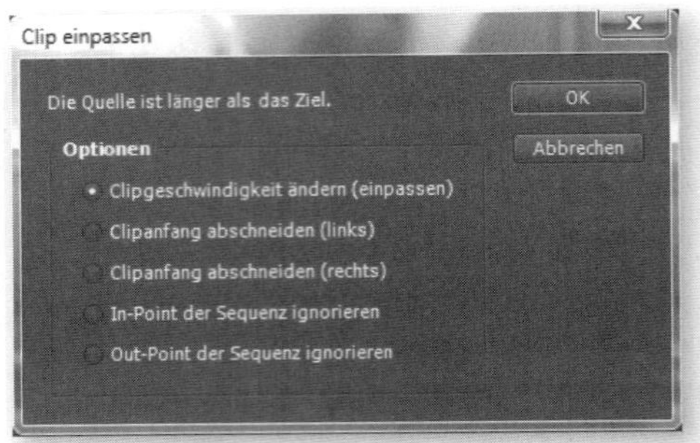

Abbildung 6.42 ▶ Sie werden darüber informiert, dass der einzufügende Clip länger ist als der zur Verfügung stehende Bereich im Schnittfenster.

5 *Einfügeoptionen festlegen*

Sie können nun also die Geschwindigkeit ändern (entspricht der Funktion RATE AUSDEHNEN) oder einen der beiden Points innerhalb des Schnittfensters ignorieren. Da der Clip selbst länger ist als der zwischen den Points zur Verfügung stehende Platz im Schnittfenster, werden jetzt auch die Funktionen CLIPANFANG ABSCHNEIDEN (LINKS) und CLIPANFANG ABSCHNEIDEN (RECHTS) angeboten. Lassen Sie Letzteres wirksam werden, und bestätigen Sie mit OK. Mit CLIPANFANG ABSCHNEIDEN (RECHTS) ist eigentlich das Clipende gemeint. (Leider ist diese Funktion seit dem Release CS4 so übersetzt.)

Abbildung 6.43 ▼ Schneiden Sie das Clipende einfach ab.

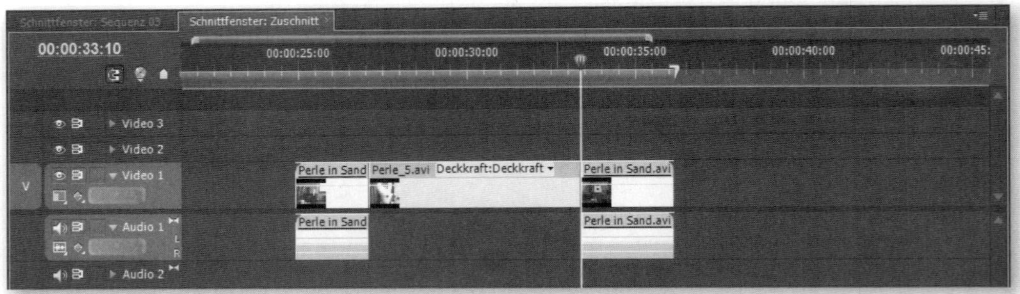

Der Clip wird nun genau in den durch die Points zur Verfügung stehenden Platz integriert. Des Weiteren spielt die Position der Einfügemarke beim Einfügen des Clips keine Rolle mehr, da diese bereits durch den In-Point definiert wurde. Nicht schlecht, oder?

6 *Optional: Einfügeoptionen erneut festlegen*

Machen Sie doch den letzten Schritt noch einmal rückgängig, und verschieben Sie In- und Out-Point des Quellmonitor-Clips so weit nach innen, dass der einzufügende Clip erheblich kürzer ist als der Bereich, der zwischen den Sequenz-In- und -Out-Points zur Verfügung steht. Das ist entweder per Drag & Drop möglich oder indem Sie die Einfügemarke an die gewünschte Position stellen und anschließend [0] drücken. (Achten

Sie darauf, nicht die Taste [0] (Null) zu erwischen. Sie lachen – aber was glauben Sie, wie oft das passiert!)

◀ **Abbildung 6.44**
Die Distanz zwischen In- und Out-Point ist im Quellmonitor damit geringer als im Schnittfenster.

Klicken Sie auf ÜBERLAGERN, oder drücken Sie [.] (Punkt). Sie sehen: Wenn die Distanz zwischen In- und Out-Point im Schnittfenster größer ist als im Quellmonitor, sind die Optionen CLIPANFANG ABSCHNEIDEN (LINKS) und CLIPANFANG ABSCHNEIDEN (RECHTS) nicht mehr anwählbar. Was jetzt noch bleibt, ist nämlich entweder eine Zeitänderung oder einen der Punkte ganz einfach zu ignorieren. Logisch, oder? Am besten wird es sein, dass Sie den OUT-POINT DER SEQUENZ IGNORIEREN.

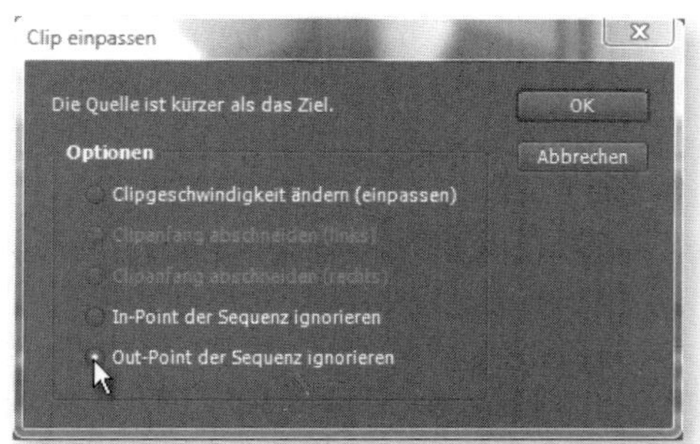

◀ **Abbildung 6.45**
Es können keine Clipteile mehr abgeschnitten werden.

Sie haben vollkommen recht. Technisch gesehen haben Sie jetzt wieder einen 3-Punkt-Schnitt realisiert. Aber gut, dass die Anwendung grundsätzlich auf derartige Probleme aufmerksam macht, denn die Hauptsache ist ja, dass sich die nachfolgenden Clips nicht verschieben. ■

6.4.3 Sequenzmarken setzen und löschen

Natürlich lassen sich In- und Out-Points auch im Schnittfenster komfortabel mit den Tasten [I] und [O] setzen bzw. per Drag & Drop verschieben – genauso wie im Quellmonitor. Wenn Sie die Marken löschen wollen, klicken Sie mit rechts auf die Zeitskala des Schnittfensters und wählen SEQUENZMARKE LÖSCHEN • IN UND OUT. Soll hingegen nur eine der beiden entfernt werden, entscheiden Sie sich in dieser Rubrik für IN oder OUT.

6.4.4 L-Schnitt und J-Schnitt

Beim L- und J-Schnitt werden Audio und Video zu unterschiedlichen Zeiten überblendet. Beim L-Schnitt ragt der Ton des ersten Clips noch in das Video des zweiten hinein. Beim J-Schnitt ist das umgekehrt. Der Ton des zweiten Clips ist bereits zu hören, während das Video des ersten noch sichtbar ist. Beide Techniken werden im professionellen Film sehr gerne eingesetzt, um den Zuschauer mal gefühlvoll, mal spannungsgeladen in die nächste Szene hinüberzugeleiten.

Wenn Sie derartige Schnitte auch realisieren wollen, stehen Sie zunächst vor dem Problem, dass Sie Audio und Video nicht unabhängig voneinander verschieben können. Das ist ja auch gut so, da sonst beide Elemente allzu schnell asynchron liefen.

Schritt für Schritt: Einen L- und J-Schnitt ausführen

1 *Clips vorbereiten*

Sorgen Sie zunächst dafür, dass Ihr Schnittfenster leer ist, oder benutzen Sie eine freie Stelle. Danach importieren Sie zwei Clips aus den Beispieldateien in KAPITEL_01 und legen diese im Schnittfenster nebeneinander ab. Im konkreten Beispiel kommen »Perle in Sand.avi« und »Perle kühlen.avi« zum Einsatz, da beide über eine Audiospur verfügen. Kürzen Sie das Ende des ersten und den Anfang des zweiten Clips wieder etwas ein, damit beiden Clips noch ausreichend Material zur Ausdehnung zur Verfügung steht.

Abbildung 6.46 ▼
Video- und Audiomaterial wurden eingekürzt.

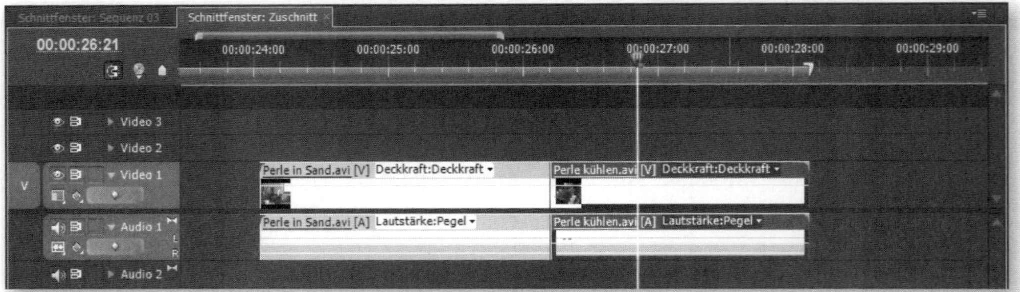

2 *Einen L-Schnitt durchführen*

Aktivieren Sie das Rollen-Werkzeug (N), und stellen Sie es auf den Schnittpunkt der beiden Audiodateien. Halten Sie danach Alt/⌥ gedrückt, und ziehen Sie den Schnitt nach rechts. Dabei müssen Sie aber zunächst die Taste Ihrer Tastatur betätigen und erst im Anschluss den Mausklick ausführen. Wenn Sie das missachten, werden Sie beide Clips (also auch das Video) verziehen. Ob Sie nach dem Verziehen dann zuerst die Maustaste oder Alt/⌥ loslassen, spielt hingegen keine Rolle.

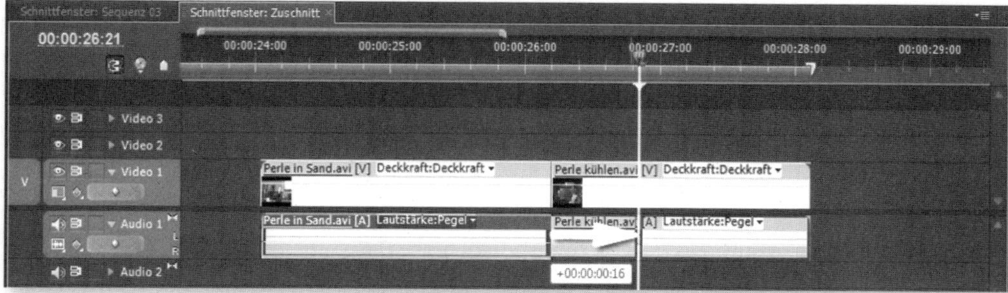

▲ **Abbildung 6.47**
Damit haben Sie einen L-Schnitt erzeugt.

3 *Einen J-Schnitt durchführen*

Um einen J-Schnitt anzuwenden, würden Sie die Schnittkante der Audiodateien nach links ziehen, während Sie Alt/⌥ gedrückt halten.

4 *Clips anschließend verschieben*

Wenn Sie im Anschluss einen der Clips mit dem Verschieben-Werkzeug umpositionieren, bleiben Audio und Video in der gewählten Form zusammen.

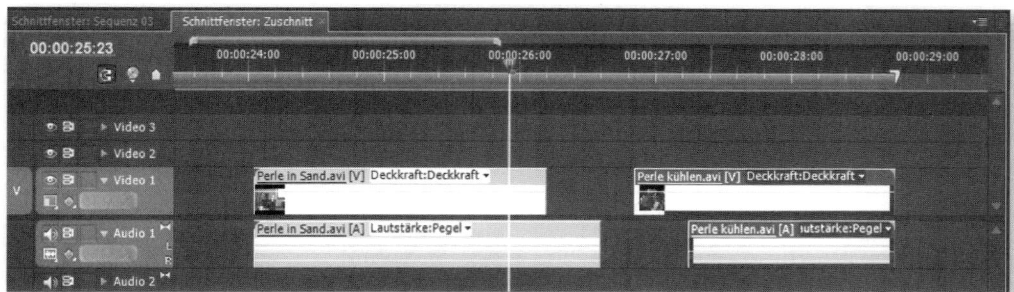

▲ **Abbildung 6.48**
Nach dem Verschieben eines Clips bleiben Audio und Video dennoch zusammen. ■

Sollten Sie sich entscheiden, die Audiodatei nun doch wieder auf die Länge des Videos zu strecken, müssen Sie das mit dem Verschieben-Werkzeug und Alt/⌥ tun. Halten Sie aber grundsätzlich Alt/⌥ gedrückt, bevor Sie den Mausklick ausführen.

6.4.5 Gesamte Spur auswählen

Auch im Schnittfenster lassen sich – Sie kennen das vom Projektfenster – mehrere Clips markieren und gleichzeitig verschieben. Halten Sie einfach ⇧ gedrückt, während Sie die Markierungen vornehmen. Um schnell eine ganze Spur auszuwählen, benutzen Sie am besten das Spurauswahl-Werkzeug (M). Stellen Sie das Tool an den Anfang der Spur, und klicken Sie diese an. Die zugehörige Audiospur wird übrigens mitmarkiert. Dabei ist aber entscheidend, wo innerhalb des Schnittfensters Sie das Werkzeug ansetzen. Grundsätzlich werden nämlich nur

Clips rechts neben dem Tool markiert. So ist es auch möglich, Clips am Anfang der Spur außen vor zu lassen.

6.4.6 Gesamte Sequenz auswählen

Halten Sie bei der zuvor beschriebenen Vorgehensweise zusätzlich [⇧] gedrückt, lässt sich der komplette Inhalt des Schnittfensters in einem Arbeitsgang auswählen – also auch die Clips der anderen Spuren. Auch hier gilt übrigens: Es werden nur Clips markiert, die sich rechts neben dem Werkzeug befinden. Sie können also bei dieser Art der Auswahl Clips am Anfang auslassen.

Abbildung 6.49 ▼
Klicken Sie mit dem Spurauswahl-Werkzeug und [⇧] diese Stelle an, werden die Clips links daneben nicht mit markiert.

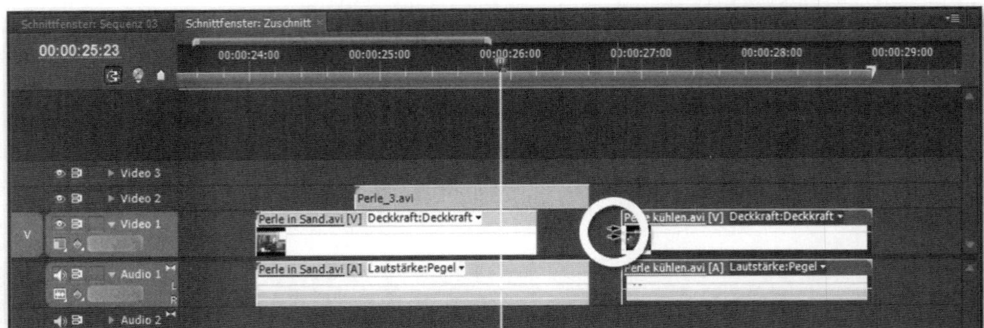

7 Mit Sequenzen arbeiten

In Sachen Schneiden und Trimmen macht Ihnen nun niemand mehr etwas vor. Zwar werden darauf aufbauende Arbeiten auch in diesem Kapitel zur Sprache kommen, doch wird es hier in der Hauptsache um die Arbeit mit Sequenzen gehen. Außerdem ist es an der Zeit, mit dem Buchprojekt zu beginnen, finden Sie nicht auch?

- Wie arbeite ich mit mehreren Sequenzen?
- Wie werden Sequenzen ineinander verschachtelt?
- Wie verändere ich den Sequenz-Nullpunkt?
- Wie können Clipmarken und Sequenzmarken die Arbeit erleichtern?
- Was sind Clipkopien und Clipinstanzen?
- Wie schneide ich eine Sequenz mit der Multi-Kamera-Funktion?

7.1 Mehrere Sequenzen einsetzen

Als Premiere seinerzeit namentlich zu Premiere Pro 2 befördert wurde, fand eine Neuerung besondere Beachtung: die Möglichkeit, mit mehreren Sequenzen zu arbeiten. Das allein wäre aber nicht spektakulär genug, um es ausführlich zu erwähnen. Richtig interessant wird die Sache nämlich dadurch, dass sich Sequenzen auch ineinander verschachteln lassen.

In der Praxis sieht das so aus: Sie arbeiten mit einer Sequenz, die den eigentlichen Film ausmacht – der Master-Sequenz. Nun können Sie weitere Sequenzen erzeugen, dort neue Clips zusammenstellen und bearbeiten und diese Sequenzen anschließend in die Master-Sequenz einbinden. Schauen wir uns das Ganze in der Praxis an:

Benutzen Sie noch einmal die Premiere-Datei »Entstehung einer Perle«, die Sie im ersten Kapitel erzeugt haben. Was? Sie haben diesen wunderschönen Workshop nicht nachgebaut? Dann sollten Sie aber den Ordner KAPITEL_07 der beiliegenden Buch-DVD öffnen. Darin finden Sie einen weiteren Ordner namens »Entstehung einer Perle_1«. Öffnen Sie auch diesen, und doppelklicken Sie auf »Entstehung einer Perle.prproj«. Verraten Sie die Existenz dieser Projektdatei aber bitte niemandem, der Kapitel 1 noch nicht absolviert hat.

Verknüpfungen reparieren | Falls die Anwendung jetzt nach einer Videodatei fragt, achten Sie darauf, was im Kopf des Dialogfeldes steht ❶. Die gleichnamige Originaldatei ❷ markieren Sie daraufhin auch im Ordner KAPITEL_01 von der Buch-DVD und bestätigen das Ganze mit einem Klick auf AUSWÄHLEN ❸.

Abbildung 7.1 ▶
Zunächst einmal müssen die Verknüpfungen repariert werden.

Im Anschluss daran wird sich Premiere Pro eher schlicht präsentieren. Problematisch ist nämlich, dass aktuell noch keine Sequenz geöffnet ist. Das holen Sie nach, indem Sie auf das Icon ❹ vor Sequenz 01 doppelklicken. Die Folge ist, dass sich das Schnittfenster füllt.

Abbildung 7.2 ▼
Damit wäre auch die Sequenz gefüllt.

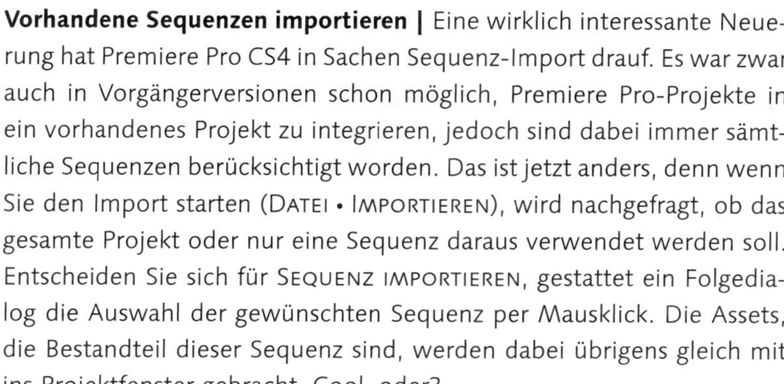

Vorhandene Sequenzen importieren | Eine wirklich interessante Neuerung hat Premiere Pro CS4 in Sachen Sequenz-Import drauf. Es war zwar auch in Vorgängerversionen schon möglich, Premiere Pro-Projekte in ein vorhandenes Projekt zu integrieren, jedoch sind dabei immer sämtliche Sequenzen berücksichtigt worden. Das ist jetzt anders, denn wenn Sie den Import starten (DATEI • IMPORTIEREN), wird nachgefragt, ob das gesamte Projekt oder nur eine Sequenz daraus verwendet werden soll. Entscheiden Sie sich für SEQUENZ IMPORTIEREN, gestattet ein Folgedialog die Auswahl der gewünschten Sequenz per Mausklick. Die Assets, die Bestandteil dieser Sequenz sind, werden dabei übrigens gleich mit ins Projektfenster gebracht. Cool, oder?

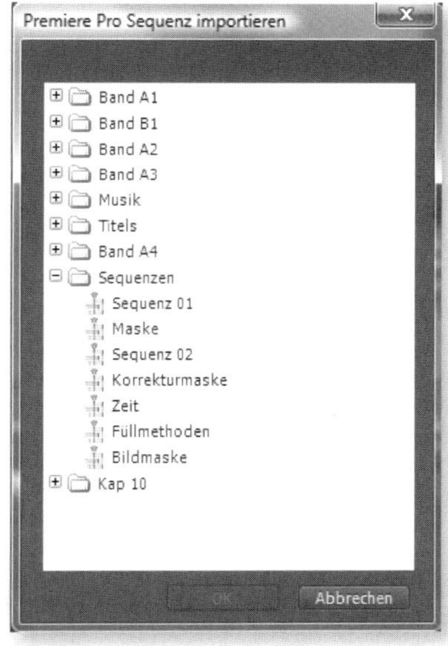

◄ **Abbildung 7.3**
Sequenz importieren

Schritt für Schritt: Sequenzen verschachteln

Kurze Lagebesprechung: Innerhalb einer separaten Sequenz soll nun die Maske eines Camcorder-Suchers simuliert werden. Das Ganze wird am Schluss in die Master-Sequenz eingebettet. Keine große Sache, aber es zeigt, wie mit verschachtelten Sequenzen gearbeitet werden kann und – noch viel wichtiger – welche Möglichkeiten dadurch in Sachen Editierbarkeit entstehen.

1 *Sequenzen benennen*

Schauen Sie sich das Projekt an. Es spielt eigentlich keine Rolle, ob Sie sich innerhalb des Projektfensters in der Listen- oder Symbolansicht befinden. In jedem Fall sollte SEQUENZ 01 dort gelistet sein.

Abbildung 7.4 ▶
Sequenz 01 im Projektfenster

Setzen Sie einen Mausklick auf den Namen ❶. Dieser wird daraufhin markiert und lässt sich somit umbenennen. Bezeichnen Sie die Sequenz mit MASTER, und bestätigen Sie mit [↵]. Werfen Sie auch einen Blick auf die Registerkarte des Schnittfensters. Hier hat die Umbenennung ebenfalls Früchte getragen.

Abbildung 7.5 ▶
Die Sequenz heißt MASTER.

2 *Sequenzen hinzufügen*

Wenn Sie vermuten, dass es zum Hinzufügen von Sequenzen ebenfalls mehrere Wege gibt, liegen Sie vollkommen richtig. Sie können z. B. das kleine Blatt-Symbol (NEUES OBJEKT) ❷ in der Fußleiste des Projektfensters anklicken und danach den Eintrag SEQUENZ auswählen. Etwas umständlicher, aber mindestens genauso erfolgreich ist der Weg über das Menü DATEI • NEU • SEQUENZ. Richtig toll finde ich ja die Tastenkombination [Strg]/[⌘]+[N].

3 *Sequenzvorgaben wählen*

Egal, für welche Vorgehensweise Sie sich entschieden haben – in jedem Fall sollte der Dialog NEUE SEQUENZ jetzt zur Verfügung stehen. Hier legen Sie jetzt zunächst fest, wie die Sequenz beschaffen sein sollte. Grundsätzlich darf jede Sequenz mit eigenen Einstellparametern kommen. Dennoch wählen wir hier das zum Projekt passende Format DV-PAL • STANDARD 48KHZ. Geben Sie der Sequenz ganz unten im Fenster den Namen »Camcorder«. Klicken Sie aber bitte noch nicht auf OK!

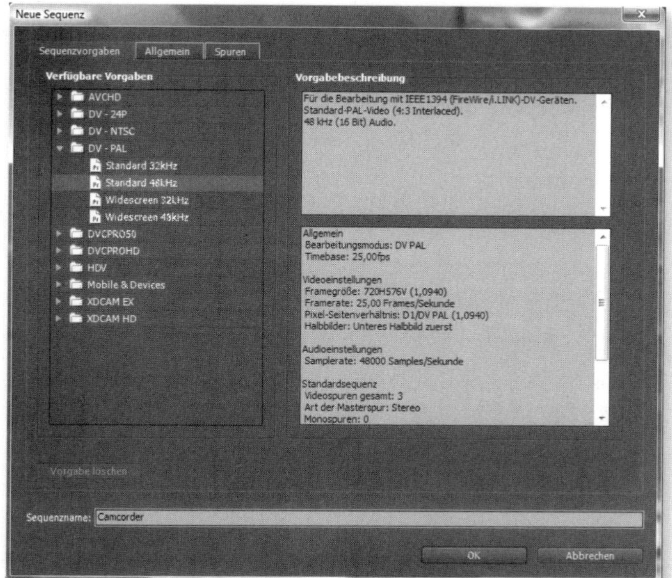

◀ **Abbildung 7.6**
Zuerst steht die Definition der Sequenzvorgaben an.

4 *Optional: Allgemeine Einstellungen ändern*

Schalten Sie jetzt um auf die Registerkarte ALLGEMEIN. Grundsätzlich können Sie hier noch sämtliche Vorgaben ändern, wobei Sie sich dann aber darüber im Klaren sein müssen, dass Sie Normen verletzen. Die zuvor angewählte Vorgabe DV-PAL • STANDARD 48KHZ ist nämlich ein Standard und sollte eigentlich nicht geändert werden. Dennoch sollen Sie natürlich wissen, dass Sie hier sämtliche Ausgabeformate, von HD bis Web, aussuchen und frei definieren könnten.

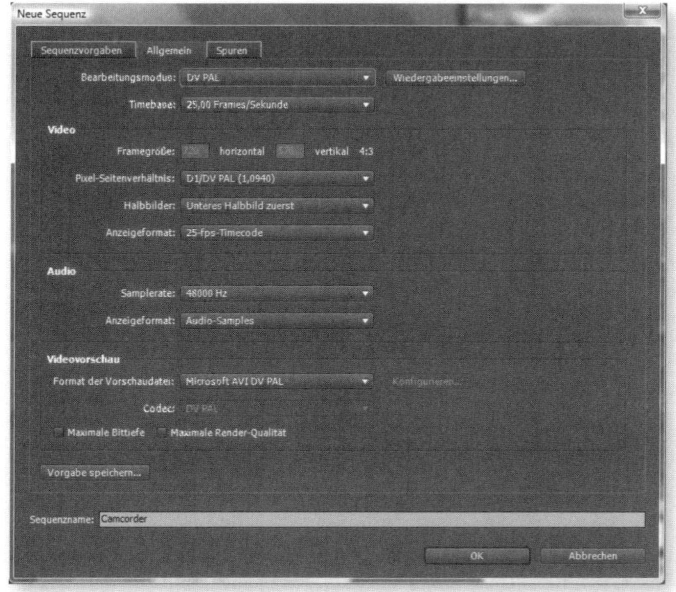

◀ **Abbildung 7.7**
Hier lassen sich alle erdenklichen Videoformate einstellen.

5 *Spuren einstellen*

Springen Sie deshalb gleich zur dritten Registerkarte, SPUREN. Hier legen Sie fest, aus wie vielen Video- und Audiospuren die neue Sequenz bestehen soll. Wir benötigen zwei Videospuren und eigentlich keine Audiospur. Weil sich Sequenzen ohne Audio aber nicht anlegen lassen, tragen Sie bei STEREO »1« ein. Danach dürfen Sie beherzt auf OK klicken.

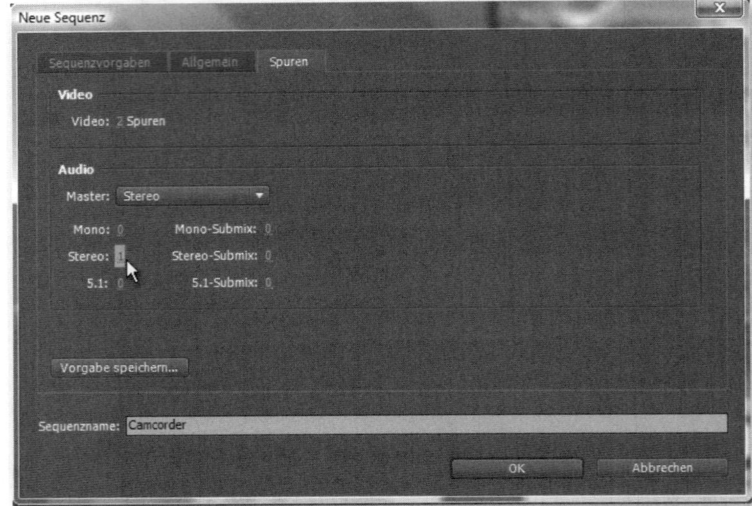

Abbildung 7.8 ▶ Der Dialog NEUE SEQUENZ wartet auch mit einer Spureneinstellung auf.

Abbildung 7.9 ▶ Begutachten Sie die neue Sequenz innerhalb des Schnittfensters. Die Registerkarte CAMCORDER ist hinzugefügt worden und steht vorne.

6 *Clips importieren*

Importieren Sie nun die beiden Dateien »Punkt.gif« und »Rahmen.gif«, die sich im Ordner KAPITEL_07 der Buch-DVD befinden. Diese sollten sich daraufhin in das Projektfenster einreihen.

Abbildung 7.10 ▶ Die GIF-Dateien im Projektfenster

GIF-Dateien

GIF-Dateien werden hauptsächlich auf Internetseiten und im Screen-Design verwendet. Für Video sind sie jedoch nur bedingt geeignet, da die Qualität, vor allem bei Verwendung von Verläufen, rasch abnimmt.

Für dieses Beispiel soll es aber genügen. Die Vorteile von GIFs: Zum einen sind die Dateigrößen sehr gering, zum anderen werden Transparenzen unterstützt.

7 *Clips anordnen*

Markieren Sie beide Objekte im Projektfenster, und ziehen Sie die Assets in die neu angelegte Sequenz. Am besten wird es sein, wenn Sie anschließend die Schnittfenster-Ansicht etwas aufskalieren. Sorgen Sie dafür, dass die Datei »Rahmen.gif« am Anfang von VIDEO 1 und »Punkt.gif« ebenfalls am Anfang, jedoch in Spur VIDEO 2 liegt. Rücken Sie die Datei also entsprechend zurecht, und sorgen Sie dafür, dass »Rahmen.gif« genauso lang ist wie »Punkt.gif«.

▼ Abbildung 7.11
So sollten Ihre Clips angeordnet werden.

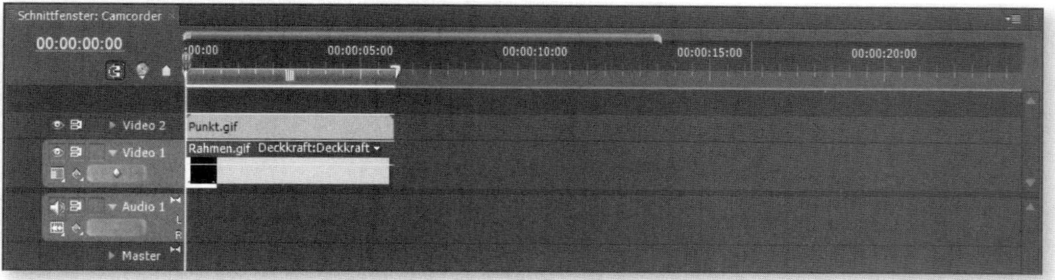

8 *Sequenz vorbereiten*

Klicken Sie anschließend im Schnittfenster auf die Registerkarte SCHNITTFENSTER: MASTER. Sollte der Reiter nicht mehr sichtbar sein, doppelklicken Sie auf das Icon vor MASTER im Projektfenster. Dadurch rückt diese Sequenz im Schnittfenster wieder in den Vordergrund. Springen Sie danach an den Startpunkt von Clip »Perle_2.avi«, indem Sie zunächst [Pos1] bzw. [↖] drücken, um die Einfügemarke an den Anfang der Sequenz zu bringen, und anschließend zweimal [Bild↓] / [↧] drücken.

▼ Abbildung 7.12
Springen Sie an den Startpunkt von Clip »Perle_2.avi«.

9 *Video ohne Audio verschachteln*

Widmen Sie sich nun erneut dem Projektfenster, und ziehen Sie das Icon der Sequenz »Camcorder« mit gedrückter Maustaste auf den Quellmonitor. Daraufhin sollte sich das erste Bild der Sequenz dort zeigen. Klicken Sie jetzt auf die Schaltfläche NUR VIDEODATEN ZIEHEN, halten Sie die Maustaste gedrückt, und setzen Sie das Symbol rechts neben der Einfügemarke auf der Spur VIDEO 2 ab. Dort lassen Sie los.

Abbildung 7.13 ▼
Mit der Schaltfläche NUR VIDEODATEN ZIEHEN sorgen Sie dafür, dass die Audiospuren der Sequenz unverändert bleiben.

Dieser Schritt war nötig, weil Sie sich von der Audiodatei verabschieden mussten, die in der Sequenz »Camcorder« enthalten ist. Würden Sie die Sequenz so, wie sie ist, in die Master-Sequenz bringen, würde auch das Audio mit eingebettet. Die Folge wäre: Der Sound in AUDIO 2 würde an dieser Stelle überschrieben. Um das zu vermeiden, hätten Sie natürlich auch die Spur AUDIO 2 vorab sperren können (Schloss-Symbol). Ich denke aber: So war es einfacher.

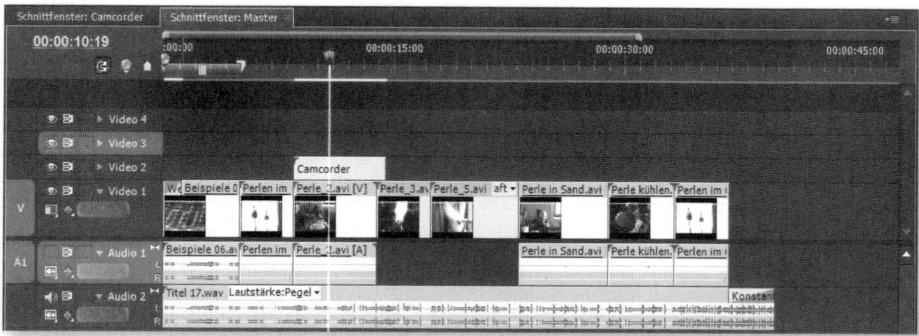

Genießen Sie, dass die Sequenz »Camcorder« nun wie ein Clip im Master vorhanden ist. Das heißt: Sie können sie verschieben und könnten Effekte darauf anwenden – eben alles, was Sie mit einem normalen Clip auch machen können. Im folgenden Workshop geht es jedoch noch einen Schritt weiter. Dort werden Sie nämlich sehen, was passiert, wenn Änderungen an der verschachtelten Sequenz vorgenommen werden.

▲ **Abbildung 7.14**
Verschachteln Sie die Sequenz. ■

Schritt für Schritt: Verschachtelte Sequenzen ändern

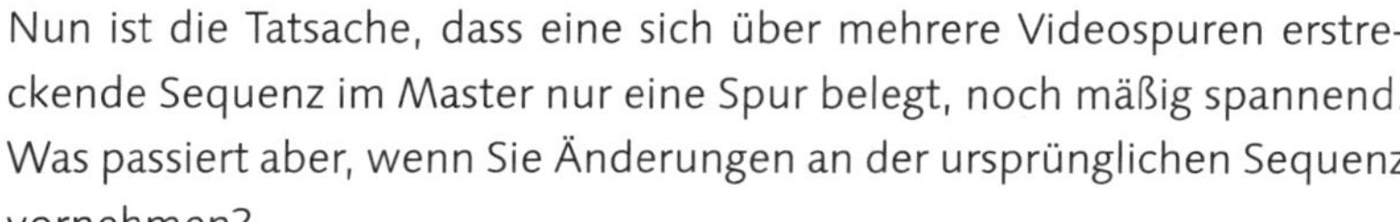

Nun ist die Tatsache, dass eine sich über mehrere Videospuren erstreckende Sequenz im Master nur eine Spur belegt, noch mäßig spannend. Was passiert aber, wenn Sie Änderungen an der ursprünglichen Sequenz vornehmen?

1 ***Clips kopieren***

Versuchen Sie doch zunächst einmal, den Clip mit dem Verschieben-Werkzeug an der rechten Seite auszudehnen. Das wird nicht gelingen, da die Sequenz ja kein Material mehr hergibt.

Klicken Sie auf die Registerkarte SCHNITTFENSTER: CAMCORDER, und markieren Sie dort beide Clips. Setzen Sie die Maus zunächst außerhalb der Clips an, und ziehen Sie mit gedrückter Maustaste einen Rahmen auf, der beide Clips berührt.

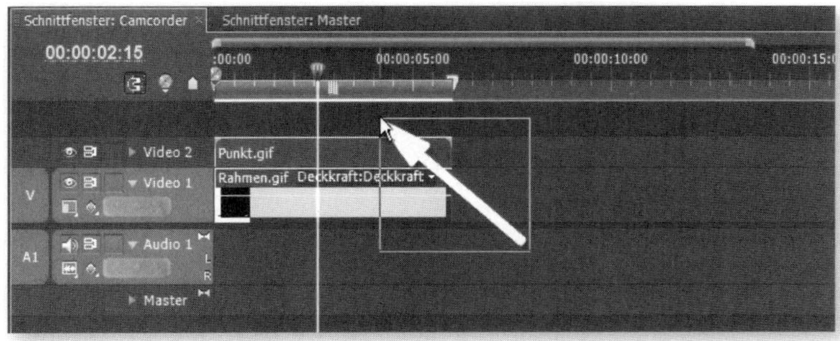

◀ **Abbildung 7.15**
Ziehen Sie einen Rahmen auf.

Drücken Sie nun [Strg]/[⌘]+[C] (kopiert beide Clips in die Zwischenablage), und bringen Sie die Einfügemarke an das Ende der beiden Clips ([Bild↓]/[↧]). Betätigen Sie nun [Strg]/[⌘]+[V], um die Clips dort erneut einzufügen. Wiederholen Sie die letzte Tastenkombination noch zweimal, so dass jeder der beiden Clips insgesamt viermal im Schnittfenster liegt.

Abbildung 7.16 ▼
Die Clips sind mehrfach vorhanden.

2 *Geänderte Sequenz im Master bearbeiten*

Wechseln Sie anschließend wieder zurück in die Sequenz Schnittfenster: Master, und versuchen Sie abermals, den Sequenz-Clip so weit wie möglich nach rechts auszudehnen. Jetzt sollte es funktionieren.

3 *Sequenz kürzen*

Kürzen Sie diesen Clip am Ende so weit ein, dass er mit dem Ende des Clips »Perle in Sand.avi« bündig ist. Damit wäre dann die Sequenz »Camcorder« inhaltlich gut auf die Sequenz »Master« abgestimmt. Spielen Sie das Video ab.

Abbildung 7.17 ▼
So sieht die Timeline nach dem Workshop aus.

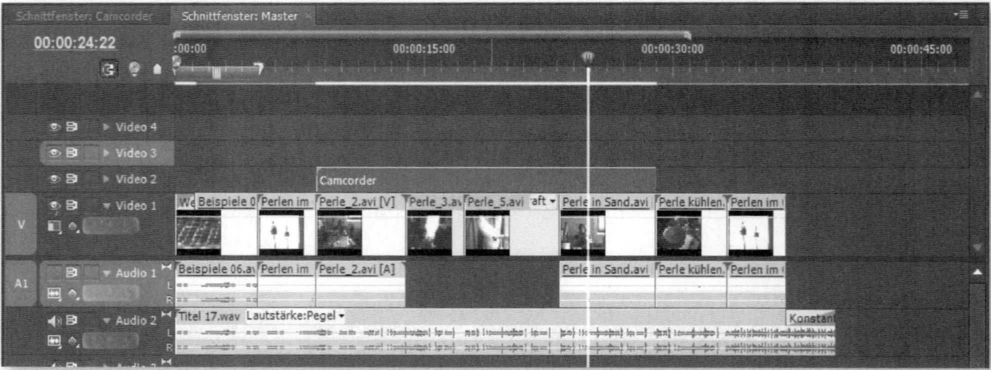

7.1.1 Verschachtelte Sequenz aus Clip erzeugen

Neu in Premiere Pro CS4 ist, dass Sie direkt aus einem Clip heraus eine verschachtelte Sequenz erzeugen können. Markieren Sie dazu den Clip im Schnittfenster mit rechts, und entscheiden Sie sich im Kontextmenü für den Eintrag Nest ❶. Die Folge ist, dass sich die Clipfarbe innerhalb der Sequenz ändert (hellblau steht für Sequenzen). Aber das ist noch nicht alles, denn zudem nennt sich der Clip jetzt »Verschachtelte Sequenz« und taucht als Sequenz-Asset im Projektfenster auf ❷. Im Anschluss daran könnten Sie auf dieses Projektfenster-Asset nun doppelklicken und die Sequenz bearbeiten.

▼ Abbildung 7.18
Clips können bereits im Schnittfenster in verschachtelte Sequenzen umgewandelt werden.

Begriff: Nest

Möglicherweise wird dieser Begriff im Laufe der Zeit noch umbenannt. In der Version 4.0.0 wurde hier noch »Nest« gelistet. Sollte sich diese Bezeichnung später im Menü nicht mehr finden lassen, halten Sie nach einem Begriff Ausschau, der »In Sequenz umwandeln« oder ähnlich heißt bzw. unterhalb von »Gruppierung aufheben« steht.

7.1.2 Vorteile verschachtelter Sequenzen

Nun werden Sie nicht ganz zu Unrecht behaupten, Sie hätten alles auch in einer einzigen Sequenz realisieren können. Vollkommen richtig! Aber bedenken Sie: Wenn Sie diese Sequenz innerhalb eines längeren Videos mehrfach verwenden und später noch Änderungen vornehmen wollen, müssten Sie diese Änderungen an jeder Stelle erneut vornehmen.

Entscheiden Sie sich hingegen für verschachtelte Sequenzen, müssen Sie lediglich die Ursprungssequenz ändern, um die Änderungen überall im Master wirksam werden zu lassen. Im Beispiel wurde ja lediglich die

Länge verändert. Es wäre aber auch denkbar, dass Sie die Simulation des Camcorder-Rahmens noch vervollständigen wollen, beispielsweise indem Sie eine Batteriestandanzeige hinzufügen. Diese Änderungen nehmen Sie dann in der Camcorder-Sequenz vor und können sich anschließend darüber freuen, dass die Sequenz, wo immer sie auftaucht, im Master ebenfalls aktualisiert wurde – und zwar vollautomatisch.

Ach ja: Dann wäre da noch die Möglichkeit, verschachtelte Sequenzen abermals zu verschachteln. Dies bedeutet: Sie könnten die Master-Sequenz erneut in eine andere einfügen. Nur so am Rande: Damit hebeln Sie auch die 99-Spuren-Begrenzung von Premiere Pro aus. Wenn Sie 99 Spuren ausgereizt haben, verschachteln Sie diese Sequenz einfach in eine neue – und weiter geht's. Nur für den Fall, dass es mit 99 Spuren mal ein bisschen eng werden sollte.

7.1.3 Sequenz-Nullpunkt verändern

Eine weitere gängige Vorgehensweise ist es, verschiedene Handlungsabläufe innerhalb eines Projekts auf verschiedene Sequenzen aufzuteilen. Am Schluss hängen Sie alle Sequenzen, wie bereits besprochen, in einem Master aneinander. Das wird beispielsweise im professionellen Schnitt sehr gerne gemacht, da mehrere Cutter an einem Gesamtwerk arbeiten und jeder am Ende eine Sequenz beisteuert. Um hier die Orientierung zu behalten, empfiehlt es sich, mit verschiedenen Sequenz-Nullpunkten zu arbeiten.

Ein Beispiel: Der erste Handlungsablauf beginnt logischerweise bei 00:00:00:00. Das Ende von SEQUENZ 01 ist beispielsweise bei 00:00:59:24, also nach 60 Sekunden erreicht. Jetzt beginnen Sie eine neue Sequenz bei 00:01:00:00. Damit dies auch auf der Zeitskala ersichtlich wird, ändern Sie für die zweite Sequenz einfach den Sequenz-Nullpunkt. Öffnen Sie dazu das Fenstermenü über die Listen-Schaltfläche ❶ oben rechts im Schnittfenster, und wählen Sie dort den Eintrag SEQUENZ-NULLPUNKT an.

Abbildung 7.19 ▼ Über das Fenster-Menü erreichen Sie den Dialog SEQUENZ-NULLPUNKT.

Natürlich stellt Premiere Pro im Anschluss hier wieder einen Dialog zur Verfügung. Der orange eingefärbte Wert stellt auch hier ein Hot-Text-Steuerelement dar, das Sie per Drag & Drop einstellen könnten. Genauer geht es aber, wenn Sie den Wert per Mausklick markieren und dann den neuen Sequenz-Nullpunkt angeben. Im vorliegenden Beispiel würden Sie »10000« eintragen. Das wäre dann stellvertretend für Minute 01, Sekunde 00 und Frame 00.

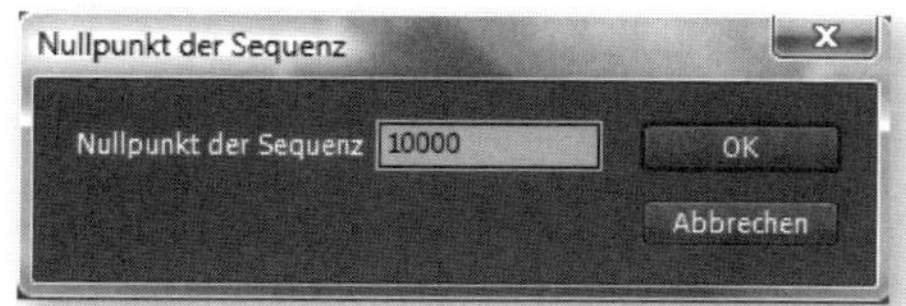

◀ **Abbildung 7.20**
Der neue Sequenz-Nullpunkt läge bei exakt einer Minute.

Drücken Sie anschließend die [↵]. Wenn Sie danach [Pos1] bzw. [↖] drücken, um die Einfügemarke an den Anfang der Sequenz zu bewegen, werden Sie am Schnittfenster-Timecode den neuen Wert ebenfalls ablesen können.

◀ **Abbildung 7.21**
Das erste Bild der Sequenz liegt bei genau einer Minute.

7.2 Marken: Sequenzmarken und Clipmarken

Nicht nur im Quell- und Programmmonitor, sondern auch im Schnittfenster ist der Einsatz von Marken möglich. Sie haben ja bereits erfahren, dass eine wichtige Funktion der Marken darin besteht, dass sich Objekte mit deren Hilfe ausrichten lassen. Der zweite unschlagbare Vorteil: Sie können wichtige Stellen damit markieren, um später schnell an derartige Positionen springen zu können.

7.2.1 Sequenzmarken setzen

Bringen Sie die Einfügemarke an die gewünschte Position, und öffnen Sie das Kontextmenü, indem Sie mit rechts auf die Skala klicken. Beachten Sie, dass nicht die Position des Mausklicks, sondern die der Einfügemarke über die Platzierung der Marke entscheidet.

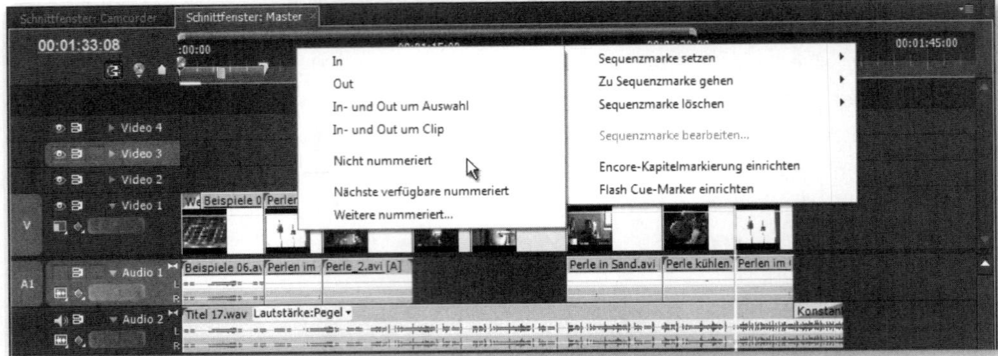

▲ **Abbildung 7.22**
Ein Rechtsklick auf die Skala gewährt Zugang zu den Sequenzmarken.

Noch einfacher geht es aber, indem Sie zunächst die Einfügemarke platzieren und dann auf das Marken-Symbol im Kopf des Schnittfensters klicken.

Abbildung 7.23 ▶
Mit einem Klick auf das Marken-Symbol wird eine neue Sequenzmarke eingefügt.

7.2.2 Nummerierte und nicht nummerierte Marken setzen

Marken dienen in erster Linie dazu, Objekte an ihnen auszurichten. Wenn Sie eine Marke gesetzt und die Ausrichten-Funktion [S] aktiviert haben, lassen sich Clips prima anordnen, da auch nummerierte und nicht nummerierte Sequenzmarken die Magnetfunktion unterstützen. Ziehen Sie einen Clip unter die Marke, rastet er ein.

Abbildung 7.24 ▼
Die senkrechte schwarze Linie ❷ verdeutlicht, dass der Clip an der Sequenzmarke ausgerichtet wird. Voraussetzung: Ausrichten im Kopf des Schnittfensters ❶ ist aktiviert.

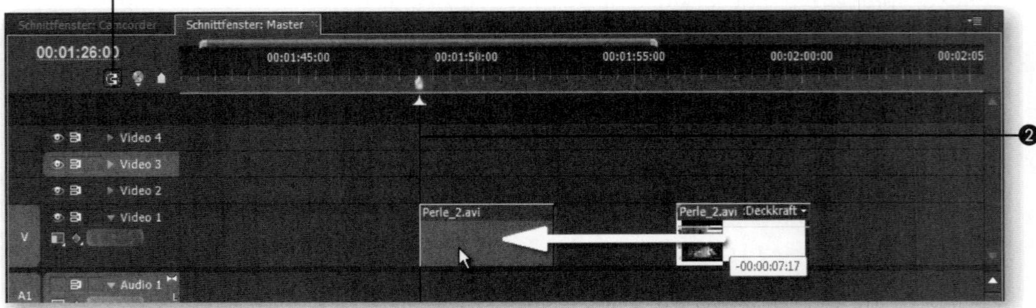

Wenn Sie eine nummerierte Marke setzen wollen, wählen Sie im Kontextmenü SEQUENZMARKE SETZEN • NÄCHSTE VERFÜGBARE NUMMERIERT oder WEITERE NUMMERIERT. Ob Sie sich prinzipiell für nummerierte oder nicht nummerierte Marken entscheiden, spielt in Sachen Funktion keine Rolle. Interessant ist nur, dass nummerierte schneller angesprungen werden können als nicht nummerierte.

7.2.3 Zu Sequenzmarken gehen

In einem umfangreichen Projekt mit zahllosen Sequenzmarken macht es durchaus Sinn, mit nummerierten Marken zu arbeiten. Im Kontextmenü besteht zwar generell die Möglichkeit, in Abhängigkeit der Position der Einfügemarke die nächste oder vorherige Schnittfenster-Marke anzuspringen, indem Sie ZU SEQUENZMARKE GEHEN anklicken und sich danach für NÄCHSTE oder VORHERIGE entscheiden. Bei nummerierten Marken entscheiden Sie sich aber für den Eintrag ZU SEQUENZMARKE GEHEN • NUMMERIERT. Premiere Pro stellt dann eine Liste der nummerierten Marken zur Verfügung, aus denen Sie die gewünschte selektieren können. Den gleichen Dialog erreichen Sie übrigens auch mit [Strg]/[⌘]+[1]. (Benutzen Sie aber hierzu bitte nicht den Nummernblock Ihrer Tastatur.)

◀ **Abbildung 7.25**
Hier werden alle nummerierten Marken gelistet.

7.2.4 Sequenzmarken verschieben und löschen

Sie können Sequenzmarken auch ganz einfach per Drag & Drop verschieben. Zum Löschen einer Marke gehen Sie abermals über das Kontextmenü. Leider lassen sich Marken nicht, wie das bei Tabulatoren in einem Textverarbeitungsprogramm der Fall ist, per Drag & Drop herausziehen. (Aber das wäre ja vielleicht einmal etwas für eine nachfolgende Version.)

7.2.5 Clipmarken setzen

Neben Sequenzmarken existieren noch die so genannten Clipmarken. Einziger Unterschied zu Sequenzmarken: Die Marke sitzt nicht in der Skala des Schnittfensters, sondern im Clip selbst.

Hier gibt es zwei Möglichkeiten. Erstens können Sie sich im Programmmenü für MARKE • CLIPMARKE SETZEN entscheiden. Das setzt allerdings voraus, dass der Clip im Schnittfenster markiert und zudem die Einfügemarke über dem Clip positioniert ist. Der zweite Weg ist, wie ich finde, wesentlich angenehmer: Sie doppelklicken auf den Clip im Schnittfenster und setzen die Marke im Quellmonitor. Hier haben

Sie nämlich auch die Möglichkeit, die Marken wesentlich besser anzuspringen, indem Sie die Schaltflächen ZUR VORHERIGEN MARKE GEHEN ❹ und ZUR NÄCHSTEN MARKE GEHEN ❺ benutzen. Zur Platzierung einer neuen Marke benutzen Sie die Schaltfläche NICHT NUMMERIERTE MARKE SETZEN ❸. Ein Symbol direkt unterhalb des Monitors ❶ zeigt Ihnen darüber hinaus an, dass Sie sich gerade auf einer Marke befinden. Die Marke selbst ❷ wird ebenfalls in der Skala angezeigt.

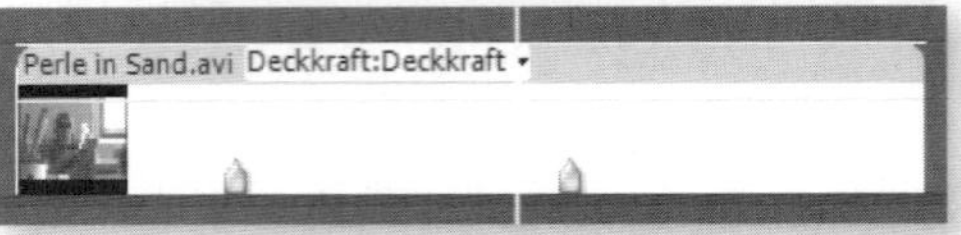

Abbildung 7.26 ▸ Auf diesem Clip befinden sich zwei Marken.

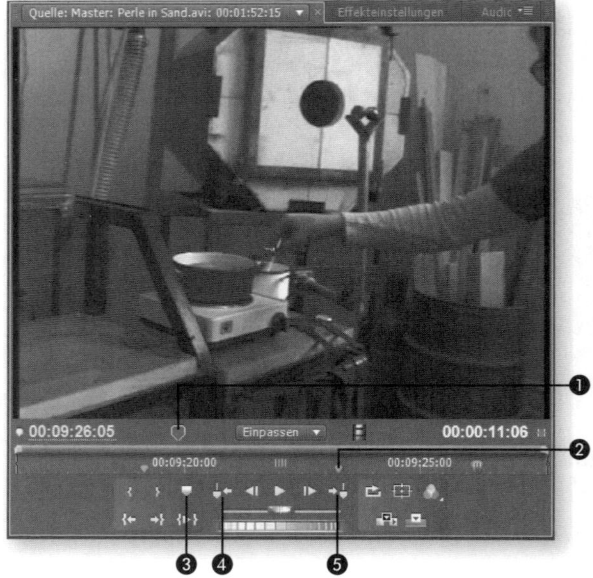

Abbildung 7.27 ▸ Clipmarken setzen macht im Quellmonitor doppelt so viel Spaß.

7.3 Clipkopien und Clipinstanzen

Klar, dass Sie einen Clip mehrmals verwenden können. So ist es z. B. denkbar, dass Sie bei Verwendung eines längeren Clips zunächst im vorderen Bereich einen In- und Out-Point setzen. Das machen Sie im Quellmonitor. Danach befördern Sie das gute Stück ins Schnittfenster. Berücksichtigung findet ja jetzt nur der Bereich, der innerhalb der Skala hervorgehoben ist.

Abbildung 7.28 ▸ Nur der gefärbte Bereich eines Clips wird in das Schnittfenster eingefügt.

7.3.1 Clipinstanzen erstellen

Wenn Sie jetzt auf die Mitte dieses eingefärbten Bereichs klicken (der Mauszeiger mutiert zur Hand), können Sie den gesamten Bereich an eine andere Stelle verschieben. Damit haben Sie eine Instanz des Originalclips erzeugt. Instanz deshalb, weil es den Clip nicht ein zweites Mal innerhalb des Projektfensters gibt.

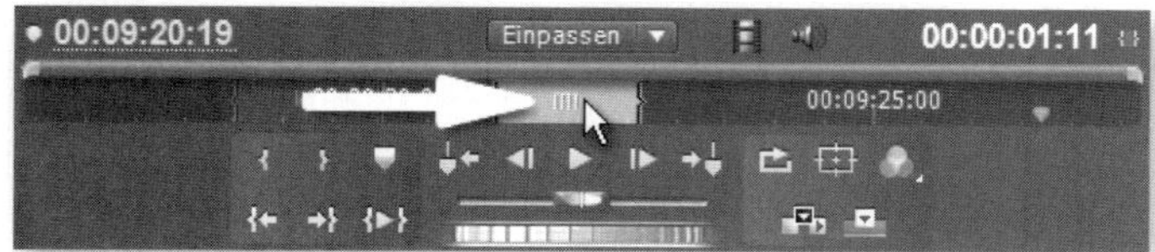

◀ **Abbildung 7.29**
Selektieren Sie Teile des Clips ein weiteres Mal, spricht man von einer Instanz.

7.3.2 Clipkopien erstellen

Nun ist es jedoch auch möglich, anstelle von Clipinstanzen Clipkopien zu erstellen. Derartige Kopien stellen eigene Assets im Projektfenster dar und werden somit auch separat mit der Originaldatei verknüpft. Der größte Vorteil einer Clipkopie: Wenn Sie das Original löschen – also den Clip, aus dem die Kopie erstellt wurde –, wird nur das Original gelöscht; die Kopie selbst bleibt erhalten.

Aber wann ist es nun sinnvoll, mit Kopien statt mit dem Original zu arbeiten? Wenn Sie z. B. lange Originalclips (Masterclips) haben, ist es sinnvoll, mehrere kleine Kopien mit unterschiedlichen In- und Out-Points zu erstellen. So wird nicht nur das Projekt übersichtlich gehalten, sondern zusätzlich das Handling der Clips verbessert.

Schritt für Schritt: Eine Clipkopie erzeugen

1 *Clip vorbereiten*

Doppelklicken Sie auf einen Clip im Projektfenster, damit dieser sich im Quellmonitor öffnet. Legen Sie dort anschließend mit Hilfe von In- und Out-Point fest, über welchen Bereich sich die Clipkopie erstrecken soll. Achten Sie unbedingt darauf, dass sich diese Punkte von eventuell bereits gesetzten In- und Out-Points unterscheiden, da ansonsten das Erstellen einer Clipkopie nicht möglich ist.

2 *Erste Clipkopie erstellen*

Im Anschluss daran wählen Sie aus dem Menü CLIP • CLIPKOPIE ERSTELLEN. Geben Sie, wenn Sie es denn wünschen, einen aussagekräftigeren Namen als den angebotenen an.

Abbildung 7.30 ▶
Erstellen Sie die Clipkopie eines vorhandenen Assets.

Clipkopien nicht nur von Videos

Clipkopien können übrigens nicht nur von Videodateien, sondern auch von Sounds und Bildern erstellt werden.

3 *In- und Out-Point verschieben*

In diesem Beispiel soll davon ausgegangen werden, dass Sie eine zweite Clipkopie benötigen. Diese soll genau am Out-Point des ersten Clips beginnen und darüber hinaus auch die gleiche Länge haben wie die erste Kopie.

Da Sie ja zuletzt einen Out-Point gesetzt haben, dürfte sich die Einfügemarke innerhalb des Quellmonitors noch genau auf diesem Punkt befinden. Ist das nicht der Fall, drücken Sie einmal [W] auf Ihrer Tastatur. Das schickt die Abspielmarke zum Out-Point. Alternativ betätigen Sie den Button Zu Out-Point gehen ❹. ([Q] bzw. Zu In-Point gehen ❸ würde übrigens bewirken, dass die Marke zum In-Point springt.) Klicken Sie auf den Quellmonitor-Button Nicht nummerierte Marke setzen ❺, und verschieben Sie den markierten Bereich ❻ so weit nach rechts, bis das In-Point-Symbol ❶ unterhalb des Bildes erscheint. Möglicherweise müssen Sie kurz loslassen, ehe sich das Symbol zeigt. Sie müssen die Markierung jedoch so weit herüberziehen, dass der In-Point mit der Abspielmarke in Deckung ist. Wann immer Sie sich mit der Abspielmarke auf einer Markierung befinden, wird dies übrigens ebenfalls symbolisiert ❷.

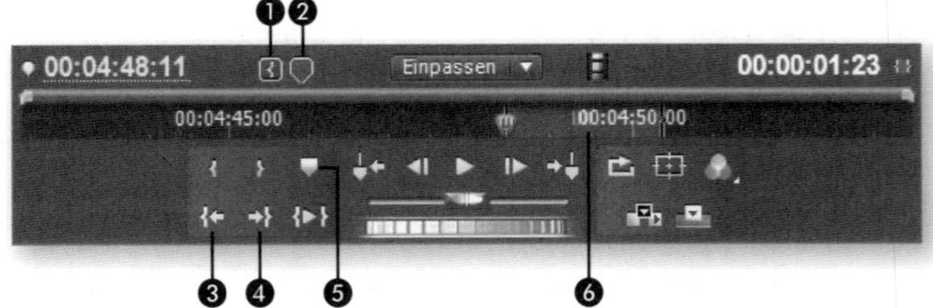

Abbildung 7.31 ▶
Zwei Symbole erscheinen unterhalb des Bildes.

4 *Weitere Clipkopien erstellen*

Damit wären beide Punkte synchronisiert, und Sie haben sichergestellt, dass die nächste Clipkopie genau dort beginnt, wo die erste geendet hat. Entscheiden Sie sich abermals für Clip • Clipkopie erstellen, und geben

Sie erneut einen Namen an. Beachten Sie das Projektfenster, aus dem ersichtlich wird, dass eigene Assets erzeugt wurden. Auch die zugehörigen Symbole haben sich entsprechend verändert und deuten auf Clipkopien hin. Wenn Sie wollten, könnten Sie jetzt sogar den Originalclip (Master) löschen.

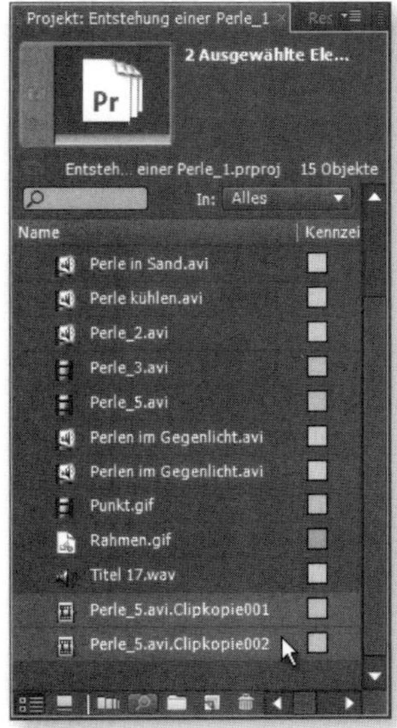

◀ **Abbildung 7.32**
Erstellen Sie weitere Clipkopien.

5 *Clipkopie bearbeiten*

Markieren Sie eines der beiden Assets, und entscheiden Sie sich für CLIP • CLIPKOPIE BEARBEITEN. Im folgenden Dialog können Sie sowohl den Anfang als auch das Ende noch verschieben. Sie haben aber auch die Möglichkeit, das Ganze wieder in einen Master-Clip zu konvertieren. Haken Sie in diesem Fall die Checkbox ❼ an, damit der Clip auch im Projektfenster wieder mit einem Master-Symbol gekennzeichnet wird. In diesem Fall werden allerdings die Zeitangaben im Bereich CLIPKOPIE deaktiviert, da es sich dadurch ja nicht mehr um eine Kopie handelt.

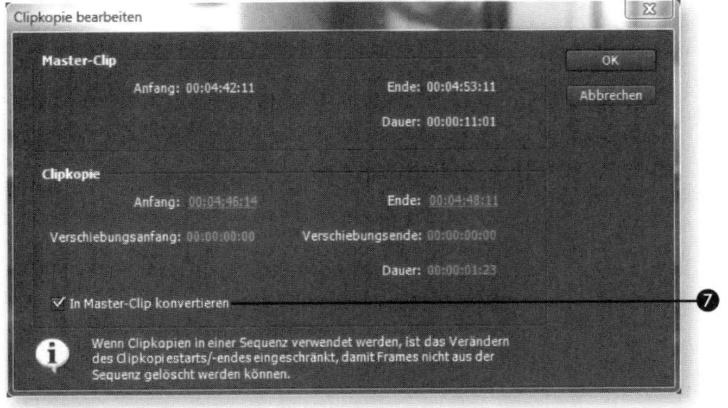

◀ **Abbildung 7.33**
Clipkopie bearbeiten ■

Clipkopien im Schnittfenster erstellen | Im CS4-Release von Premiere Pro gibt es die Möglichkeit, gleich aus dem Schnittfenster heraus eine Clipkopie zu erstellen. Dazu müssen Sie nichts weiter tun, als den Clip in ein Projektfenster zu ziehen. Wollen Sie die Instanz in diesem Zusammenhang auch gleich benennen, verziehen Sie den Clip, während Sie [Strg]/[⌘] gedrückt halten.

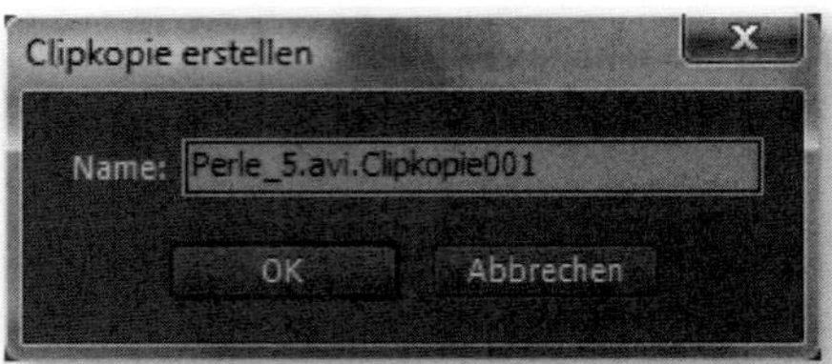

▲ **Abbildung 7.34**
So lässt sich die Clipkopie auch gleich benennen.

7.4 Multi-Kamera-Bearbeitung

Mit dem Multi-Kamera-Modus haben Sie die Möglichkeit, Clips ganz individuell zu schneiden und als Sequenz in Ihre Master-Sequenz zu stellen. Im Prinzip wird hier ein Live-Kamerawechsel simuliert.

Eigentlich hat der Multi-Kamera-Modus die Funktion, Filmmaterial aus verschiedenen Aufnahmegeräten zusammenzuführen. Stellen Sie sich vor, Sie haben eine Szene mit mehreren Kameras gedreht, die gleichzeitig im Einsatz waren, und wollen nun einen Mix aus diesen verschiedenen Einstellungen realisieren. Dann ist Multi-Kamera eine gelungene Erweiterung. Sie sollten in diesem Fall das Filmmaterial aber vorab synchronisieren. Wie das funktioniert, erfahren Sie am Ende dieses Abschnitts. Für den folgenden Workshop bedienen Sie sich eines einfacheren Beispiels.

Schritt für Schritt: Clips mit der Multi-Kamera schneiden

1 *Neue Sequenz erzeugen*

Zunächst benötigen Sie eine neue Sequenz. Drücken Sie [Strg]/[⌘]+[N], und benennen Sie die Sequenz mit »Multi-Kamera«. Verlassen Sie den Dialog erst, nachdem Sie die Anzahl der Videospuren auf 4 erhöht haben (Registerkarte SPUREN).

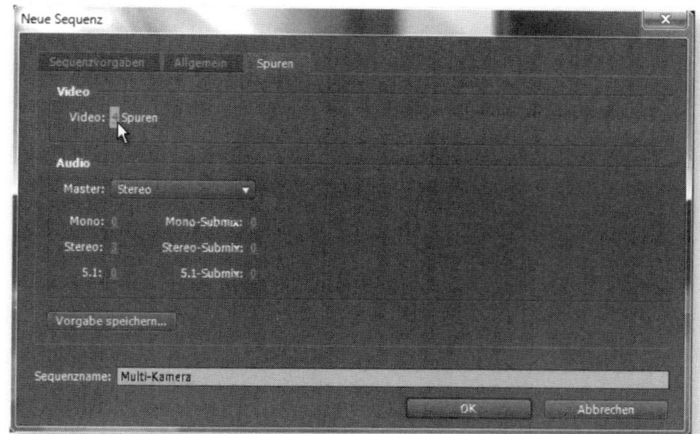

◂ **Abbildung 7.35**
Einstellungen im Dialog NEUE SEQUENZ ERZEUGEN

2 *Clips platzieren*

Im Schnittfenster wird jetzt die neue Sequenz angezeigt. Betten Sie dort vier Videoclips Ihrer Wahl ein, wobei Sie ausschließlich die Spuren VIDEO 1 bis VIDEO 4 benutzen sollten. Zwar könnten Sie weitere Spuren integrieren, doch würde der Multi-Kamera-Modus sie ignorieren.

▾ **Abbildung 7.36**
Verwenden Sie vier Spuren.

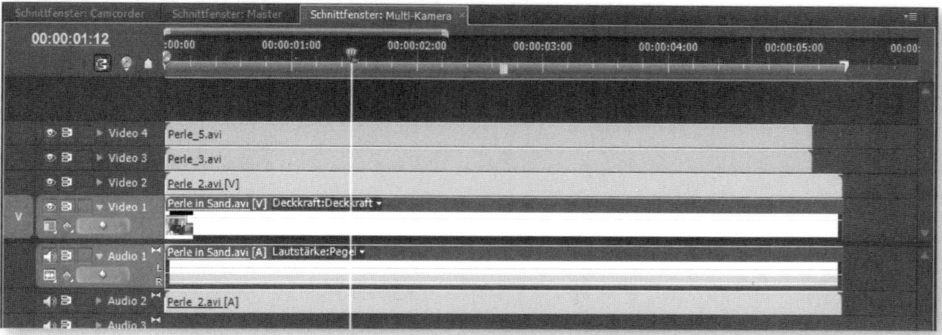

3 *Clips kürzen*

Sie können natürlich auch mehrere Clips auf einer Spur miteinander verbinden – das wäre überhaupt kein Problem. Für das Beispiel sollen jedoch alle Clips so weit eingekürzt werden, dass sie an ihrem Ende mit dem kürzesten bündig sind.

▾ **Abbildung 7.37**
Kürzen Sie die Clips auf eine Länge.

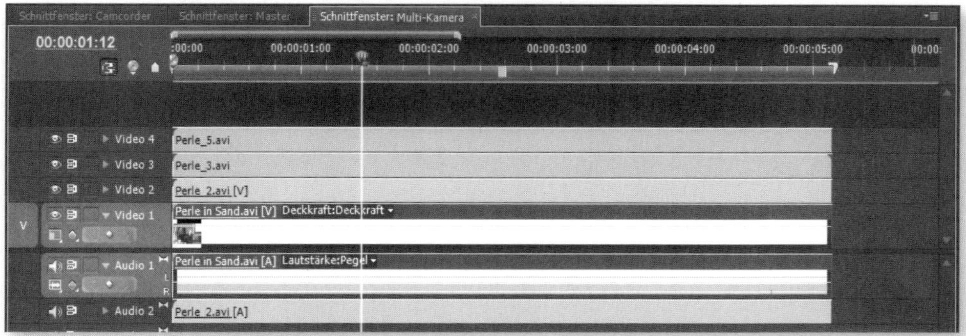

4 *Multi-Kamera-Sequenz einbinden*

Damit sind alle Vorbereitungen hinsichtlich der neuen Sequenz getroffen. Wechseln Sie deshalb wieder zum SCHNITTFENSTER: MASTER bzw. zu einer Sequenz, in die der Multi-Kamera-Schnitt integriert werden soll. Bringen Sie hier zunächst die Einfügemarke an die Position, an der mit dem Multi-Kamera-Editing begonnen werden soll. Ziehen Sie die Sequenz MULTI-KAMERA aus dem Projektfenster in die Zielsequenz. Auf welcher Videospur diese Sequenz abgelegt werden soll, können Sie frei wählen.

Abbildung 7.38 ▼
Die Multi-Kamera-Sequenz wurde in die Master-Sequenz eingebettet.

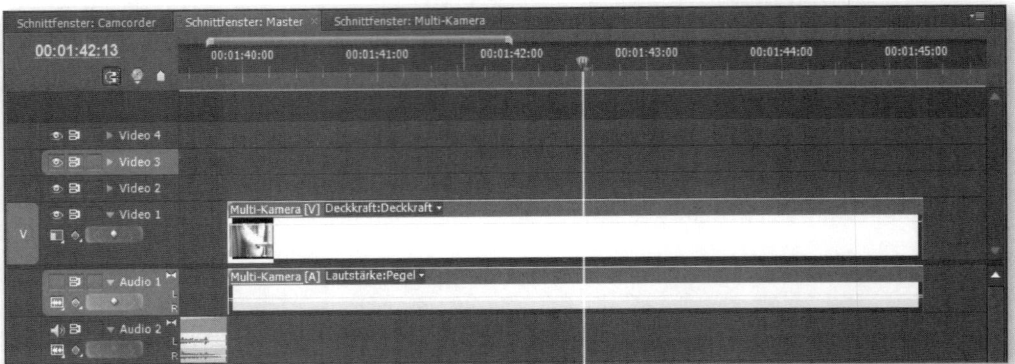

5 *Multi-Kamera aktivieren*

Sorgen Sie auf jeden Fall dafür, dass der Multi-Kamera-Clip innerhalb der Zielsequenz markiert ist. Außerdem sollten Sie die Einfügemarke an den Anfang des Clips stellen. Danach entscheiden Sie sich für CLIP • MULTI-KAMERA • AKTIVIEREN.

6 *Multi-Kamera-Monitor bereitstellen*

Jetzt benötigen Sie noch einen speziellen Monitor, der das Arbeiten mit dieser Technik überhaupt erst möglich macht. Öffnen Sie dazu das Menü FENSTER, und entscheiden Sie sich hier für MULTI-KAMERA-MONITOR.

7 *Startclip festlegen*

Aktivieren Sie nun zunächst in der linken Hälfte des Anzeigebereichs den Clip, mit dem die Aufnahme beginnen soll. Sie können eine der vier Miniaturen bequem per Maus anwählen. Daraufhin wird ein gelber Rahmen angezeigt, der standardmäßig dem ersten Video oben links vorbehalten ist.

◀ **Abbildung 7.39**
Der ausgewählte Clip (oben links) wird umrahmt.

Spurauswahl per Tastatur

Die Spuren können Sie auch mit Hilfe der Tastatur auswählen. Drücken Sie dazu einfach 1, 2, 3 oder 4.

8 *Multi-Kamera-Clip zurechtschneiden*

Im Anschluss daran bestehen grundsätzlich zwei Möglichkeiten, die folgenden Schnittpunkte festzulegen. Fürs Grobe: Drücken Sie die Wiedergabe-Schaltfläche in der Fußleiste des Fensters, und klicken Sie die oben links befindlichen Miniaturen in der Reihenfolge an, in der Sie den Videoschnitt wünschen. Wer es etwas genauer mag: Scrubben Sie den Abspielkopf ❷ oder den Timecode ❶ an die Stelle, an der Sie eine Umschaltung auf eine der anderen Spuren wünschen. Danach klicken Sie die Miniatur an, deren Clip ab dieser Position ausgestrahlt werden soll. Schließen Sie den Multi-Kamera-Monitor danach, und begutachten Sie den Clip im Master-Schnittfenster – fertig ist der Videoschnitt.

▼ **Abbildung 7.40**
Multi-Kamera-Clip zurechtschneiden

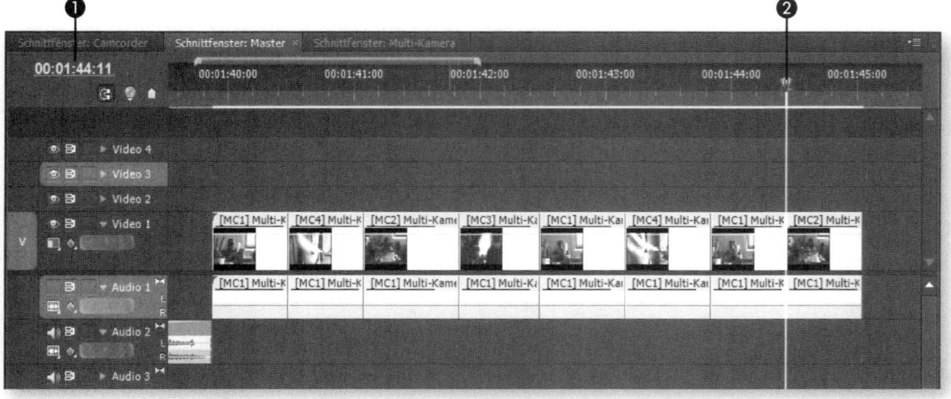

7.4.1 Kameras synchronisieren

Falls Sie, wie eingangs bereits erwähnt, Filmmaterial aus unterschiedlichen Kameras synchronisieren wollen, können Sie hierzu identisch nummerierte Marken verwenden, die Sie an relevanten Punkten innerhalb der jeweiligen Clips ansetzen. Ein relevanter Punkt innerhalb unterschiedlicher Filmmaterialien könnte beispielsweise das Schlagen der Filmklappe sein. In der Praxis funktioniert das so: Zunächst werden die Aufnahmemodi sämtlicher Kameras gestartet. Danach wird die Filmklappe so positioniert, dass sie sowohl optisch als auch akustisch von allen involvierten Kameras erfasst werden kann. Jetzt wird die Klappe geschlagen – und selbstverständlich dürfen die Kameras fortan nicht mehr ausgeschaltet werden. Später am Schneidetisch wird exakt der Punkt des Kameraschlages zur Synchronisation verwendet. Hier können Sie dann Clipmarken platzieren und diese im Schnittfenster miteinander synchronisieren. Wie das funktioniert, sehen Sie gleich. Übrigens wäre es ebenso möglich, den Original-Timecode jeder Kamera zu verwenden. Dieser würde dann als Grundlage für die Synchronisation herangezogen. Das machen Sie über Datei • Timecode, und zwar direkt am Projektfenster-Asset.

Abbildung 7.41 ► Über diesen Dialog lassen sich für jeden Clip identische Timecodes vergeben.

7.4.2 Clips synchronisieren

Falls Sie, wie eingangs bereits erwähnt, zeitgleich angefertigtes Filmmaterial aus unterschiedlichen Kameras synchronisieren wollen, können Sie hierzu identisch nummerierte Marken verwenden, die Sie an relevanten Punkten innerhalb des jeweiligen Clips ansetzen. Suchen Sie sich dazu in jedem Clip einen synchronisationsfähigen Punkt (z. B. die Betätigung der Filmklappe oder eine markante Bewegung), und platzieren Sie dort jeweils eine (identisch nummerierte) Clipmarke.

Dazu müssen Sie nacheinander auf jeden Clip in der Timeline doppelklicken, damit er im Quellmonitor bereitgestellt wird, und anschließend die Einfügemarke an die gewünschte Position bringen. Klicken Sie danach mit rechts auf den Abspielkopf des Quellmonitors, und entscheiden Sie sich für CLIPMARKE SETZEN • NÄCHSTE VERFÜGBARE NUMMERIERT.

◀ **Abbildung 7.42**
Geben Sie jedem Clip eine nummerierte Marke.

Im Anschluss markieren Sie alle vier Clips in der Timeline und öffnen das Kontextmenü. Entscheiden Sie sich hier für SYNCHRONISIEREN und anschließend für NUMMERIERTE CLIPMARKE. Sobald Sie mit OK bestätigen, werden alle Marken übereinander ausgerichtet.

◀ **Abbildung 7.43**
Lassen Sie alle Clips an der Marke »0« synchronisieren.

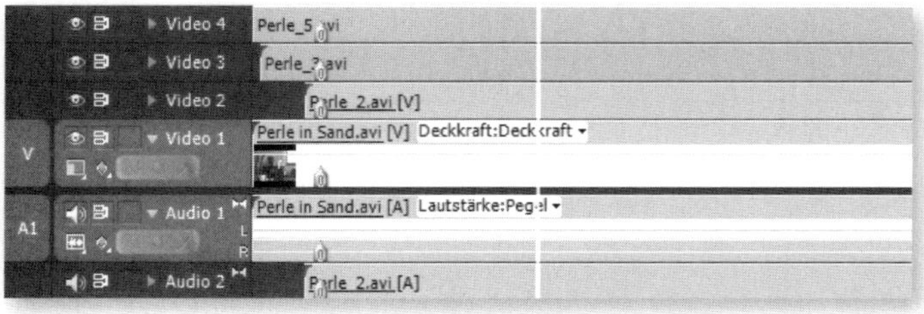

◀ **Abbildung 7.44**
Jetzt sind die Clips an den einzelnen Marken bildgenau synchronisiert.

7.5 Erstellung des Buchprojekts

Weil Sie nun topfit in Sachen Videoschnitt und Sequenzen sind, möchte ich mein Versprechen vom Beginn des Kapitels einlösen und Ihnen das eigentliche Buchprojekt anbieten. Schauen Sie sich zunächst den fertigen Film an.

Sie finden ihn im Ordner ERGEBNISSE der beiliegenden DVD unter dem Namen »Gecko-Glas.avi«. Lehnen Sie sich entspannt zurück, und betrachten Sie das Ergebnis. Ich finde, Sie haben sich diese schöpferische Pause wirklich verdient.

Nun gibt es für Ihr weiteres Vorgehen zwei Möglichkeiten:

- Sie können das komplette Projekt nachbauen. Die dazugehörige Batchliste mit allen Clipnamen und den dazugehörigen In- und Out-Points finden Sie im Ordner KAPITEL_07 unter dem Namen »Buchprojekt.csv«. Die Clips selbst werden im Ordner BEISPIELDATEIEN • GECKO-GLAS gelistet. Viel Spaß dabei.

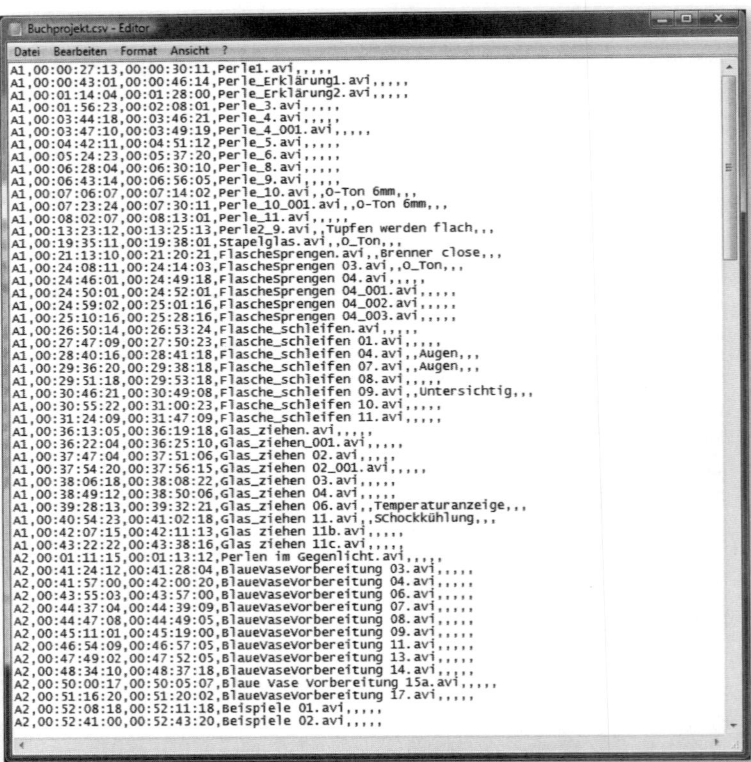

Buchprojekt.csv - Editor

Datei Bearbeiten Format Ansicht ?

```
A1,00:00:27:13,00:00:30:11,Perle1.avi,,,,,
A1,00:00:43:01,00:00:46:14,Perle_Erklärung1.avi,,,,,
A1,00:01:14:04,00:01:28:00,Perle_Erklärung2.avi,,,,,
A1,00:01:56:23,00:02:08:01,Perle_3.avi,,,,,
A1,00:03:44:18,00:03:46:21,Perle_4.avi,,,,,
A1,00:03:47:10,00:03:49:19,Perle_4_001.avi,,,,,
A1,00:04:42:11,00:04:51:12,Perle_5.avi,,,,,
A1,00:05:24:23,00:05:37:20,Perle_6.avi,,,,,
A1,00:06:28:04,00:06:30:10,Perle_8.avi,,,,,
A1,00:06:43:14,00:06:56:05,Perle_9.avi,,,,,
A1,00:07:06:07,00:07:14:02,Perle_10.avi,,O-Ton 6mm,,,
A1,00:07:23:24,00:07:30:11,Perle_10_001.avi,,O-Ton 6mm,,,
A1,00:08:02:07,00:08:13:01,Perle_11.avi,,,,,
A1,00:13:23:12,00:13:25:13,Perle2_9.avi,,Tupfen werden flach,,,
A1,00:19:35:11,00:19:38:01,Stapelglas.avi,,O_Ton,,,
A1,00:21:13:10,00:21:20:21,FlascheSprengen.avi,,Brenner close,,,
A1,00:24:08:11,00:24:14:03,FlascheSprengen 03.avi,,O_Ton,,,
A1,00:24:46:01,00:24:49:18,FlascheSprengen 04.avi,,,,,
A1,00:24:50:01,00:24:52:01,FlascheSprengen 04_001.avi,,,,,
A1,00:24:59:02,00:25:01:16,FlascheSprengen 04_002.avi,,,,,
A1,00:25:10:16,00:25:28:16,FlascheSprengen 04_003.avi,,,,,
A1,00:26:50:14,00:26:53:24,Flasche_schleifen.avi,,,,,
A1,00:27:47:09,00:27:50:23,Flasche_schleifen 01.avi,,,,,
A1,00:28:40:16,00:28:41:18,Flasche_schleifen 04.avi,,Augen,,,
A1,00:29:36:20,00:29:38:18,Flasche_schleifen 07.avi,,Augen,,,
A1,00:29:51:18,00:29:53:18,Flasche_schleifen 08.avi,,,,,
A1,00:30:46:21,00:30:49:08,Flasche_schleifen 09.avi,,Untersichtig,,,
A1,00:30:55:22,00:31:00:23,Flasche_schleifen 10.avi,,,,,
A1,00:31:24:09,00:31:47:09,Flasche_schleifen 11.avi,,,,,
A1,00:36:13:05,00:36:19:18,Glas_ziehen.avi,,,,,
A1,00:36:22:04,00:36:25:10,Glas_ziehen_001.avi,,,,,
A1,00:37:47:04,00:37:51:06,Glas_ziehen 02.avi,,,,,
A1,00:37:54:20,00:37:56:15,Glas_ziehen 02_001.avi,,,,,
A1,00:38:06:18,00:38:08:22,Glas_ziehen 03.avi,,,,,
A1,00:38:49:12,00:38:50:06,Glas_ziehen 04.avi,,,,,
A1,00:39:28:13,00:39:32:21,Glas_ziehen 06.avi,,Temperaturanzeige,,,
A1,00:40:54:23,00:41:02:18,Glas_ziehen 11.avi,,SChockkühlung,,,
A1,00:42:07:15,00:42:11:13,Glas ziehen 11b.avi,,,,,
A1,00:43:22:22,00:43:38:16,Glas ziehen 11c.avi,,,,,
A2,00:01:11:15,00:01:13:12,Perlen im Gegenlicht.avi,,,,,
A2,00:41:24:12,00:41:28:04,BlaueVaseVorbereitung 03.avi,,,,,
A2,00:41:57:00,00:42:00:20,BlaueVaseVorbereitung 04.avi,,,,,
A2,00:43:55:03,00:43:57:00,BlaueVaseVorbereitung 06.avi,,,,,
A2,00:44:37:04,00:44:39:09,BlaueVaseVorbereitung 07.avi,,,,,
A2,00:44:47:08,00:44:49:05,BlaueVaseVorbereitung 08.avi,,,,,
A2,00:45:11:01,00:45:19:00,BlaueVaseVorbereitung 09.avi,,,,,
A2,00:46:54:09,00:46:57:05,BlaueVaseVorbereitung 11.avi,,,,,
A2,00:47:49:02,00:47:52:05,BlaueVaseVorbereitung 13.avi,,,,,
A2,00:48:34:10,00:48:37:18,BlaueVaseVorbereitung 14.avi,,,,,
A2,00:50:00:17,00:50:05:07,Blaue Vase Vorbereitung 15a.avi,,,,,
A2,00:51:16:20,00:51:20:02,BlaueVaseVorbereitung 17.avi,,,,,
A2,00:52:08:18,00:52:11:18,Beispiele 01.avi,,,,,
A2,00:52:41:00,00:52:43:20,Beispiele 02.avi,,,,,
```

Abbildung 7.45 ▶ Die Batchliste zum Buchprojekt

- Sie nehmen die fertige Premiere Pro-Datei und befolgen die weitere Anleitung.

Schritt für Schritt: Buchprojekt öffnen

1 *Dateien kopieren*

Der Ordner mit den Beispieldateien (Gecko-Glas) muss auf den Rechner kopiert werden. Wenn Sie direkt auf die DVD-Daten zugreifen wollen, funktionieren die folgenden Schritte nicht, da neue Daten geschrieben werden müssen. Sollte das also noch nicht geschehen sein, holen Sie das jetzt bitte nach.

2 *Projektdatei wählen*

Starten Sie Premiere Pro CS4. Im Begrüßungsbildschirm entscheiden Sie sich für PROJEKT ÖFFNEN. Navigieren Sie jetzt zu dem Ordner, den Sie auf Ihre Festplatte kopiert haben (Gecko-Glas). Hier müssen Sie je nach verwendetem Betriebssystem unterschiedliche Projektdateien auswählen. Entscheiden Sie sich unter Windows für »Gecko-Glas_Win.prproj«, während Sie unter Apple Macintosh »Gecko-Glas_Mac.prproj« verwenden sollten. Wählen Sie diese Datei aus, und schließen Sie die Aktion mit einem Klick auf ÖFFNEN ab. Gedulden Sie sich bitte einen Moment. Denn jetzt sehen Sie zunächst einmal einen Fortschrittbalken, der zeigt, dass das Projekt geöffnet wird.

▲ **Abbildung 7.46**
Starten Sie die beiliegende Premiere Pro-Arbeitsdatei.

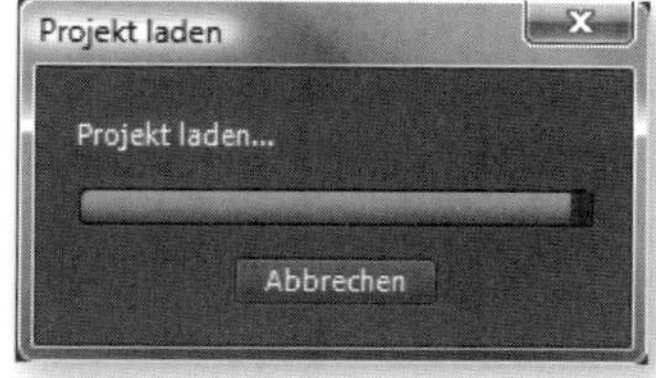

▲ **Abbildung 7.47**
Der Fortschrittbalken zeigt an, wie weit das Projekt bereits geladen ist.

3 *Meldung bestätigen*

Kurze Zeit später meldet sich die Anwendung mit einer Hinweistafel, die besagt, dass ein Videofilter nicht vorhanden ist. Das liegt daran, dass dieses Projekt seinerzeit mit einer Vorgängerversion von Premiere Pro CS4 erstellt wurde. Darin hat es Videofilter gegeben, die in der aktuellen Version nicht mehr enthalten sind. Das fällt beim Start natürlich auf, weshalb es zu dieser sonderbaren Meldung kommt. Bestätigen Sie das mit OK.

Abbildung 7.48 ▶
Die Anwendung gibt den Hinweis auf einen nicht mehr vorhandenen Videofilter aus.

4 *Referenzdatei suchen*

Jetzt tritt eventuell noch das Problem auf, dass die ursprünglich angegebenen Dateiverweise auf die Videos nicht mehr mit Ihren übereinstimmen. Sie müssen Premiere Pro jetzt gewissermaßen verraten, wo die Videos zum Projekt zu finden sind. Dass diese im gleichen Ordner liegen wie die soeben erzeugte Datei, weiß die Anwendung jetzt noch nicht. Deshalb wird jetzt nach einer bestimmten Datei gefragt. Welche das ist, können Sie der Kopfleiste entnehmen (im Buchbeispiel »Perle_Erklärung2.avi«).

Scrollen Sie durch die Liste in der Fenstermitte, und halten Sie dort genau nach dieser Datei Ausschau. (Möglicherweise müssen Sie hier zunächst den Ordner GECKO-GLAS einstellen, falls er augenblicklich nicht bereits angeboten wird.) Wenn Sie die Datei gefunden haben, markieren Sie »Perle_Erklärung2.avi« mit einem einzelnen Mausklick, und drücken Sie die Taste AUSWÄHLEN.

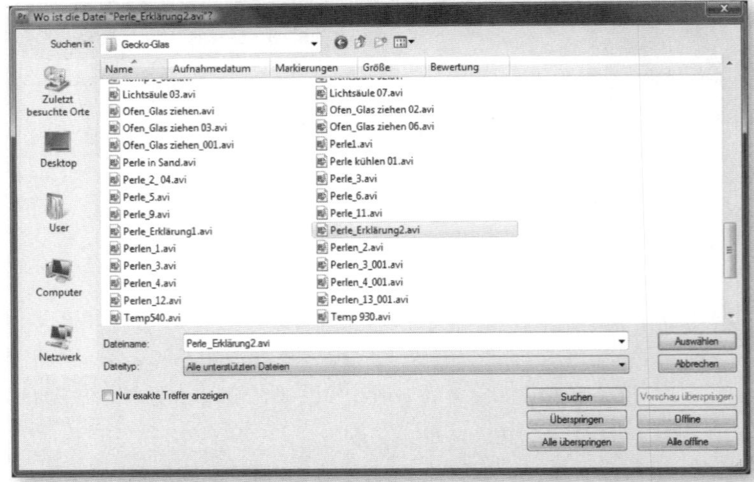

Abbildung 7.49 ▶
Sie müssen die in der Kopfleiste angegebene Datei in der Mitte des Fensters suchen und markieren.

5 *Projekt laden*

Glücklicherweise müssen Sie diesen Vorgang jetzt nicht für alle anderen Dateien wiederholen. Denn jetzt kann Premiere Pro davon ausgehen, dass sich alle anderen Dateien ebenfalls in diesem Ordner befinden.

Deshalb wird sich das Projekt einige Zeit später auch darstellen – wenngleich noch recht unspektakulär.

6 *Peak-Dateien*

Achten Sie doch einmal darauf, was sich gerade ganz unten rechts im Anwendungsfenster tut. Hier füllt sich nämlich permanent ein kleiner Fortschrittbalken. Das ist Indiz dafür, dass gerade so genannte Peak-Dateien erstellt werden. Das sind hochwertige Audio-Einheiten, die für die weitere Arbeit mit Premiere Pro benötigt werden.

◄ **Abbildung 7.50**
Die Peak-Dateien werden erstellt.

7 *Dateiordner kontrollieren*

Minimieren Sie doch Premiere Pro einmal kurz, und werfen Sie noch einmal einen Blick in den Ordner GECKO-GLAS. Dort finden Sie noch zwei neue Verzeichnisse – ADOBE PREMIERE PRO PREVIEW FILES und ENCODED FILES. Dies ist einer der Gründe, warum Sie darauf angewiesen waren, die Dateien auf den Rechner zu übertragen. Auf der DVD zum Buch hätte Premiere Pro diese Ordner nicht ablegen können.

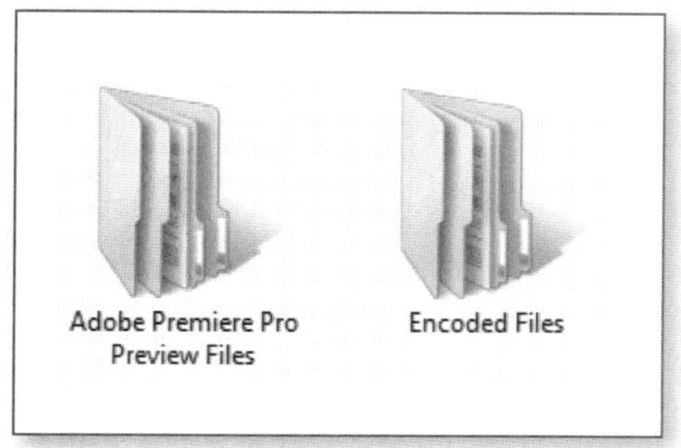

◄ **Abbildung 7.51**
Premiere Pro hat bereits zusätzliche Ordner erzeugt.

8 *Schnittfenster öffnen*

Jetzt müssen Sie noch dafür sorgen, dass die eigentliche Arbeitsdatei auch im Schnittfenster der Anwendung angezeigt wird (falls das nicht bereits der Fall ist). Suchen Sie deshalb im Projektfenster nach dem Ordner SEQUENZEN, und öffnen Sie ihn, indem Sie das vorangestellte Dreieck-Symbol markieren. Darin befindet sich ein Eintrag, der mit »Sequenz 01« betitelt ist. Doppelklicken Sie auf das vorangestellte Icon (nicht die Bezeichnung, weil Sie ansonsten nur den Namen der Sequenz ändern könnten!). Jetzt sollte sich das Schnittfenster entsprechend füllen.

▲ **Abbildung 7.52**
Die Sequenz ist gefüllt und zur weiteren Bearbeitung frei.

9 *Projekt neu abspeichern*

Im weiteren Verlauf dieses Buches werden Sie immer wieder mit diesem Projekt konfrontiert werden. So erfahren Sie beispielsweise im folgenden Kapitel, wie man Überblendungen setzt. Aber nicht nur das. Speichern Sie die Datei deshalb bitte unter einem anderen Namen ab (beispielsweise »Gecko-Glas_2«). Das machen Sie über DATEI • SPEICHERN UNTER. Dabei müssen Sie übrigens nicht befürchten, dass die Anwendung jetzt noch einmal damit beginnt, Peak-Dateien zu erzeugen. Das ist ja bereits erledigt – und auch spätere Projektversionen werden sich mit diesen Dateien begnügen. Damit haben Sie zudem eine Datei, mit der Sie fortan arbeiten können, während die Original-Import-Datei unverändert erhalten bleibt. In Zukunft geht es deshalb mit »Gecko-Glas_2« weiter. ■

7.5.1 Schnittfenster schließen

Sie haben ja sicher schon gesehen, dass jede Schnittfenster-Registerkarte über eine eigene, kleine Schließen-Schaltfläche verfügt. Wenn es also innerhalb des Schnittfensters eng wird und Sie derzeit nicht alle Sequenzen benötigen, schließen Sie diese doch einfach. Allerdings hat das Ganze einen Haken: Zwar gibt es im Menü FENSTER einen Eintrag mit dem Namen SCHNITTFENSTER, doch sind hier nur jene Sequenzen gelistet, die aktuell auch geöffnet sind.

Schließen Sie jedoch eine der vorhandenen Sequenzen, wird der Eintrag im Menü nicht mehr gelistet. Damit Sequenzen, nachdem sie geschlossen wurden, nicht für alle Zeiten verschollen bleiben, gibt es auch hierfür eine Lösung: Doppelklicken Sie auf die Sequenz im Projektfenster.

8 Überblendungen

Überblendungen geleiten den Zuschauer nicht nur von einem Eindruck zum nächsten, sondern sorgen auch für unterschiedliche Stimmungen. Eine Überblendung ist weit mehr als nur ein Szenenübergang. Hier gilt mehr als in allen anderen Bereichen der Videobearbeitung: »Weniger ist mehr!« Zeigen Sie nicht, wie viele Überblendungen Ihre Schnittsoftware hat, sondern setzen Sie sie sparsam und gezielt ein. Erst dann können stimmungsvolle Überblendungen ihre ungeteilte Wirkung entfalten.

- Wie werden Standardüberblendungen definiert?
- Wie werden Überblendungen im Schnittfenster bearbeitet?
- Wie werden Überblendungseffekte eingestellt?
- Wie lassen sich mehrere Überblendungen schnell zuweisen?
- Wie werden Vorschaudateien erzeugt?

8.1 Wissenswertes zu Überblendungen

Wissen Sie, welcher Szenenübergang im Film am häufigsten verwendet wird? Gar keiner. Gemeint ist der harte Schnitt, bei dem eine Szene nahtlos in die nächste übergeht. So effektvoll die eine oder andere Überblendungstechnik auch sein mag – letztendlich ermüdet sie das Auge des Zuschauers. Deshalb kann dieser nicht zu viele davon vertragen. Wenn sie aber vereinzelt in Erscheinung tritt und dann auch noch exakt zum Thema passt, wird er sie als etwas ganz Besonderes empfinden. Weniger ist eben mehr!

Wenn dennoch überblendet werden soll, dann bitte inhaltlich passend. Stellen Sie sich eine aufwändige Explosionsblende vor, in der die Partikel dem Zuschauer um die Ohren fliegen, während das seichte Plätschern eines Gebirgsbaches zu sehen ist. Natürlich soll dabei auch nicht verschwiegen werden: Wenn Sie keine Gebirgsbäche mögen, können Sie so etwas natürlich machen, sollten dann aber auch auf den Soundtrack von Motörhead oder Rammstein zurückgreifen – mindestens.

8.1.1 Die weiche Blende

Bei der weichen Blende werden zwei angrenzende Clips weich ineinander überblendet. Schauen Sie sich die ersten 20 Sekunden des

Beispielprojekts an. Hier tauchen gleich mehrere weiche Überblendungen auf. Das passt und sorgt dank eines ausgeglichenen Soundtracks für eine ruhige Stimmung. Es wäre aber kaum vorstellbar, jede einzelne Szene des gesamten Films so ineinander übergehen zu lassen. Da die weiche Blende, sofern sie nicht thematisch zweckentfremdet wird, ausgesprochen harmonisch wirkt, gelten für sie auch andere Maßstäbe als für andere Überblendungen.

8.1.2 Standardüberblendung ändern

Premiere Pro listet die Weiche Blende als Standardüberblendung. Sie finden diese übrigens im Effekte-Bedienfeld im Ordner Videoüberblendungen, Unterordner Blende. Dort ist der Eintrag Weiche Blende mit einem roten Quadrat umrandet – ein Hinweis darauf, dass es sich hierbei um die Standardüberblendung handelt. Das können Sie ändern, indem Sie eine beliebige andere Blende innerhalb des Effekte-Bedienfeldes mit rechts anklicken und Auswahl als Standardüberblendung einstellen selektieren. Fortan wird diese anstelle der weichen Blende als Standardüberblendung angesehen.

Effekte-Bedienfeld einblenden

Das Effekte-Bedienfeld befindet sich, sofern Sie den Standard-Arbeitsbereich Bearbeitung eingestellt haben, hinter den Registern Media-Browser und Informationen. Sollte das Effekte-Bedienfeld auf Ihrer Arbeitsoberfläche jedoch derzeit nicht angezeigt werden, aktivieren Sie es über Fenster • Effekte.

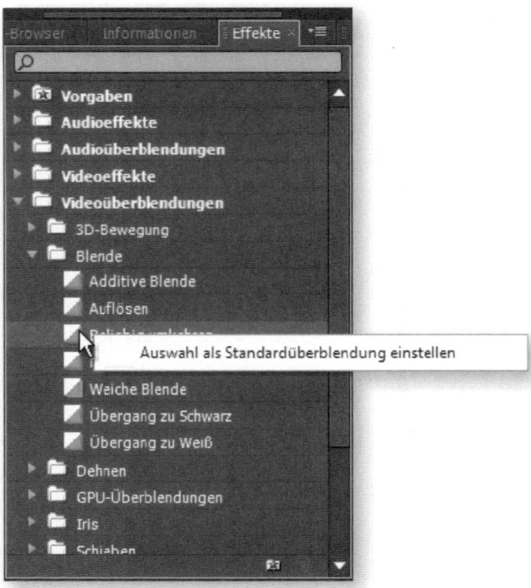

Abbildung 8.1 ► Die Standardüberblendung lässt sich über das Kontextmenü verändern.

8.1.3 Überblendungen automatisch zuweisen

Wozu ist denn die Definition einer Standardüberblendung überhaupt nötig? Wenn Sie mehrere Clips innerhalb des Projektfensters markieren, können Sie diese gleich über dessen Fenster-Menü in eine Sequenz umwandeln, indem Sie den Eintrag AUTOMATISCH IN SEQUENZ UMWANDELN aktivieren. Im darauf folgenden Dialog finden Sie auch die Möglichkeit, alle Clips gleich mit einer Standard-Videoüberblendung zu versehen. Hier ist dann natürlich entscheidend, was zuvor als Standardüberblendung definiert wurde.

8

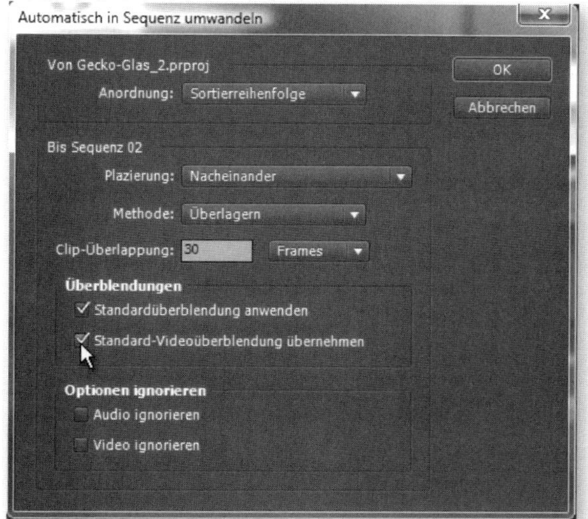

◀ **Abbildung 8.2**
Die zuvor im Projektfenster selektierten Clips werden im Anschluss automatisch mit einer Videoüberblendung versehen.

Audioüberblendungen

Während in Premiere Pro stets eine Videoüberblendung als Standardblende angesehen wird, ist auch eine Standard-Audioüberblendung vorgesehen. Dabei handelt es sich um die Überblendung KONSTANTE LEISTUNG, die Sie im Ordner AUDIOÜBERBLENDUNGEN • CROSSFADE finden. Nähere Hinweise zum Thema »Audio« finden Sie in Kapitel 12. Ansonsten lassen sich Audioüberblendungen prinzipiell genauso handhaben wie Videoüberblendungen.

Wie lange eine solche Überblendung standardmäßig dauert, legen Sie übrigens in den Voreinstellungen fest. Der korrekte Pfad: BEARBEITEN/PREMIERE PRO • VOREINSTELLUNGEN • ALLGEMEIN. Ändern Sie hier den Wert STANDARDDAUER DER VIDEOÜBERBLENDUNG [X] FRAME(S). Ebenso können Sie eine Zeile tiefer die STANDARDDAUER DER AUDIOÜBERBLENDUNG nach Wunsch anpassen.

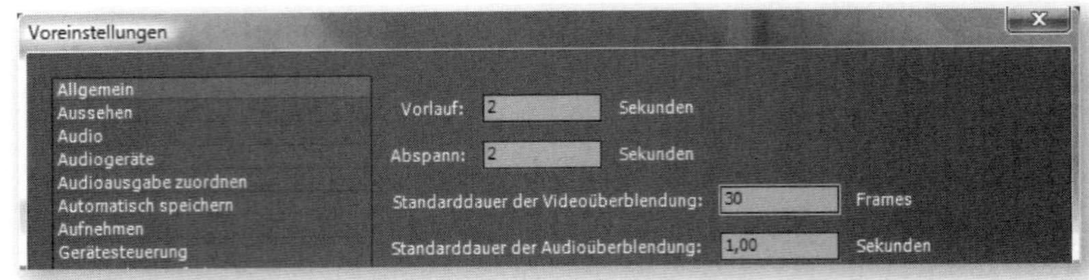

Abbildung 8.3 ▸
Doppelklicken Sie auf das Eingabefeld, und geben Sie den neuen Wert ein.

8.2 Überblendungen im Schnittfenster bearbeiten

Natürlich haben Sie auch die Möglichkeit, Überblendungen separat zuzuweisen. Positionieren Sie dazu zwei Clips auf derselben Spur hintereinander. (Am besten, Sie probieren das in einer neuen Sequenz aus, damit Sie das Beispielprojekt nicht verändern müssen.) Danach sollten Sie den ersten Clip am Ende und den zweiten am Anfang etwas einkürzen, damit es nicht zu wiederholenden Frames kommt. Was es damit auf sich hat, werden Sie gleich erfahren. Wenn das erledigt ist, ziehen Sie die gewünschte Überblendung aus dem Effekte-Bedienfeld heraus und deponieren sie auf dem Schnittpunkt zwischen beiden Clips.

Abbildung 8.4 ▸
Die Überblendung liegt auf beiden Clips.

8.2.1 Einseitige Überblendungen

Wenn Sie eine Überblendung zwischen zwei Clips ziehen, handelt es sich um eine so genannte zweiseitige Überblendung, da diese zu beiden Seiten wirkt. Allerdings können Überblendungen nicht nur zwischen zwei Clips, sondern auch am Anfang oder Ende eines einzelnen Clips platziert werden. In diesem Fall handelt es sich um einseitige Überblendungen. Damit kann man eine Sequenz beispielsweise prima mit einer **Auf- bzw. Abblende** versehen. Ziehen Sie die gewünschte Überblendung an den Anfang des ersten Clips, wird dieser von Schwarz ausgehend eingeblendet. Eine Überblendung am Ende des letzten Clips sorgt hingegen für das Ausblenden nach Schwarz.

8.2.2 Überblendung verschieben

Eine Überblendung lässt sich per Drag & Drop auf den Clips hin und her verschieben. So können Sie veranlassen, dass die Überblendung eher oder später beginnt. Voraussetzung dafür ist aber, dass beide Clips noch über ausreichend Material jenseits der In- und Out-Points verfügen.

◀ Abbildung 8.5
Hier wird die Überblendung gerade ganz nach links geschoben.

8.2.3 Wiederholte Frames

Sollten nicht genügend Frames jenseits des In- oder Out-Points zur Verfügung stehen, sehen Sie das auch an der Darstellung der Überblendung im Schnittfenster. Die Anwendung verdeutlicht dies durch violette, diagonale Balken.

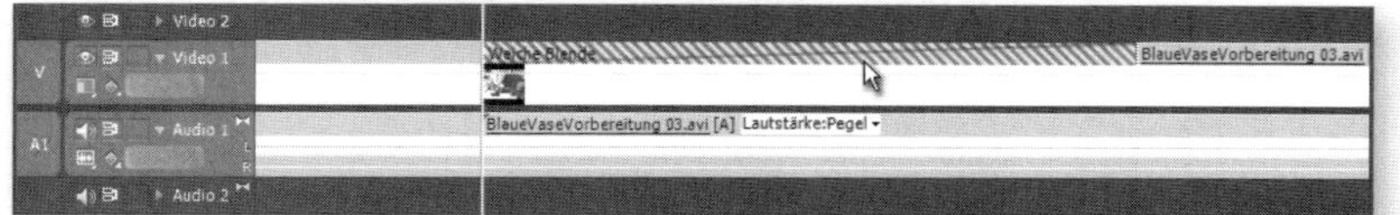

◀ Abbildung 8.6
Schraffierte Überblendungen: ein Indiz für wiederholte Frames

8.2.4 Überblendungen entfernen und Längen verändern

Wenn Sie eine Überblendung wieder entfernen wollen, markieren Sie sie einfach per Mausklick (sie ist jetzt grün eingefärbt) und drücken [Entf] bzw. [←] auf der Tastatur (Alternative: BEARBEITEN • ENTFERNEN). Außerdem können Sie die Länge verändern. Auch das gelingt per Drag & Drop, indem Sie den Mauszeiger an eines der Enden stellen und nach Wunsch verziehen. Sie erhalten wieder die bereits bekannte Klammer. Achten Sie darauf, dass in der Werkzeugleiste das Verschieben-Werkzeug aktiv ist.

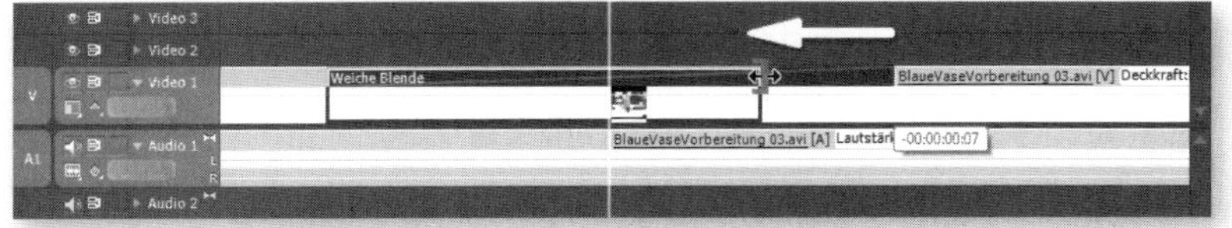

◀ Abbildung 8.7
Ziehen Sie die Überblendungen wie Clips in Form.

8.3 Überblendungen in den Effekteinstellungen bearbeiten

Neben den zuvor beschriebenen Möglichkeiten, Überblendungen innerhalb des Schnittfensters zu verändern, verfügen unterschiedliche Überblendungen auch über unterschiedliche Einstellparameter. Diese Parameter finden Sie im Bedienfeld EFFEKTEINSTELLUNGEN, das sich in der Bearbeitungsansicht von Premiere Pro hinter dem Quellmonitor befindet. Sollte das Fenster geschlossen sein, können Sie es über FENSTER • EFFEKTEINSTELLUNGEN wieder zum Vorschein bringen.

Das gute Stück wird allerdings lediglich die »ostfriesische Nationalflagge« zeigen (grauer Adler auf grauem Grund), wenn die Überblendung nicht markiert ist. In diesem Fall klicken Sie die Überblendung im Schnittfenster kurz an, so dass sie grün wird.

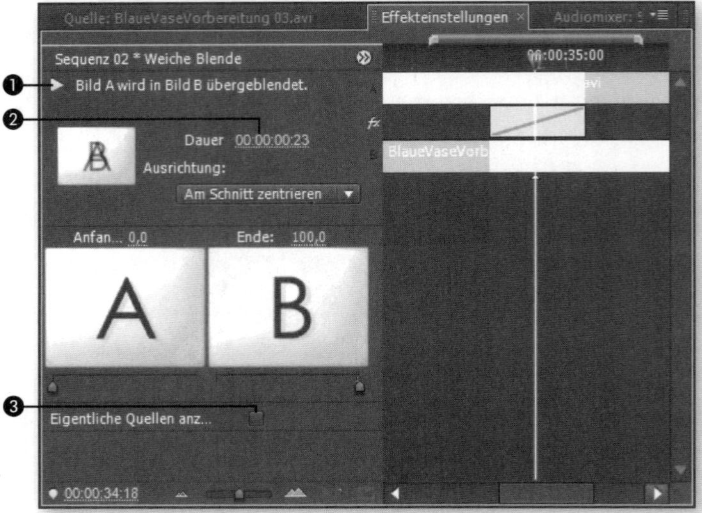

Abbildung 8.8 ▶
Das Fenster EFFEKT-EINSTELLUNGEN

In den Effekteinstellungen haben Sie die Möglichkeit, die Wirkungsweise der Überblendungen zu begutachten. Klicken Sie dazu einfach auf die Abspiel-Schaltfläche ❶. Die direkt unterhalb befindliche Miniatur repräsentiert die Wirkungsweise. Wenn Sie statt der Platzhalter A und B lieber die Originalclips sehen wollen, aktivieren Sie die Checkbox EIGENTLICHE QUELLEN ANZEIGEN ❸. Des Weiteren lässt sich die Dauer der Überblendung verändern. Scrubben Sie dazu die Zeitanzeige ❷ entsprechend.

8.3.1 Start und Ende der Überblendung einstellen

Sie haben auch die Möglichkeit, eine Überblendung mittendrin beginnen zu lassen. Dazu stellen Sie den Regler ❺ nach rechts bzw. ändern den Anfangsbetrag ❹. Soll die Überblendung nicht bis ganz zum Schluss ausgeführt, sondern vorzeitig abgebrochen werden, schieben Sie den Regler ❼ nach links oder geben im Steuerelement ENDE ❽ einen anderen Wert ein.

Oft wird einer der Regler zur Begutachtung der Überblendung verwendet. Das ist auch in Ordnung, da es schnell geht und eine recht zuverlässige Begutachtung der Einstellungen gestattet. Allerdings wird im Eifer des Gefechts häufig vergessen, den Regler wieder an die Ausgangsposition zurückzustellen. Später fragt man sich dann vielleicht, warum das Ganze so »unsanft« läuft, und denkt zunächst nicht an eine falsche Einstellung dieses Steuerelements. Deshalb sollte für Sie grundsätzlich gelten: Wenn Sie die Schieberegler bewegen, dann nur kurz!

Danach gehört Regler A unbedingt wieder ganz nach links und Regler B ganz nach rechts. Außerdem sind die Überblendungen zumeist echtzeittauglich, weshalb Sie die Wirkungsweise auch gleich im Schnittfenster testen können.

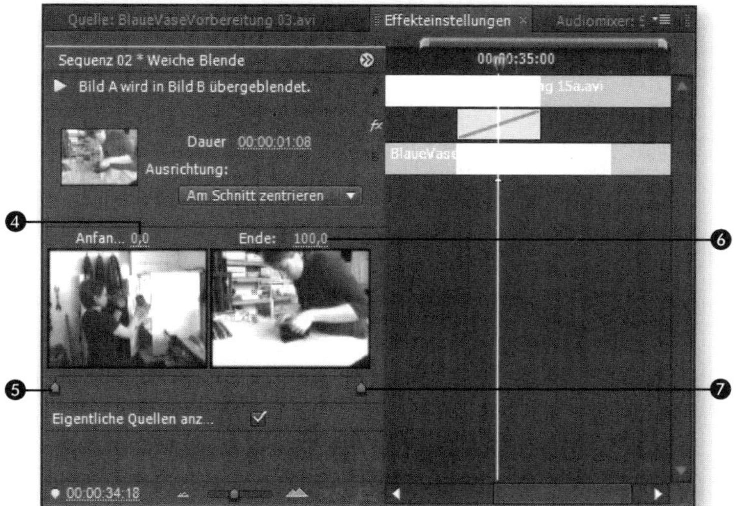

◀ **Abbildung 8.9**
Zahllose Einstelloptionen in den Effekteinstellungen

8.3.2 Die weiteren Bedienelemente der Überblendungseffekte

Hinter der Schaltfläche BENUTZERDEFINIERT (nicht in allen Überblendungen vorhanden) verbergen sich die je nach gewählter Überblendung unterschiedlichen Einstellparameter, während sich sämtliche Steuerelemente in der Fußleiste dieses Fensters auf das Schnittfenster beziehen. Ein Abbild dessen ist auch in den Effekteinstellungen auf der rechten Seite zu sehen. So lässt sich z. B. mit der Timecode-Anzeige ganz unten links die Einfügemarke des Schnittfensters bewegen – und damit synchron auf der rechten Seite des Effekteinstellungsfensters. Skalieren Sie die Schnittfenster-Ansicht innerhalb der Effekteinstellungen mit den nebenstehenden Steuerelementen. Sollten Sie diesen Bereich nicht einsehen können oder vielleicht gerade nicht einsehen wollen (Platz ist ja immer ein kostbares Gut), klicken Sie einfach auf SCHNITTFENSTER ANZEIGEN/AUSBLENDEN ❶ (siehe Abbildung 8.10).

Damit wären wir bei den Möglichkeiten, Überblendungen per Drag & Drop anzupassen. Der rechte Bereich des Fensters ist durchgehend in dieser Form bedienbar. Außerdem dürfte Usern, die Premiere noch in der Version 6 oder 6.5 kennengelernt haben, diese AB-Spuransicht bekannt vorkommen. Sie können hier die Clips (wie im Schnittfenster selbst) kürzen, die Überblendung verschieben oder deren Länge verändern. Selbst der eigentliche Schnittpunkt lässt sich noch verschieben, indem Sie die Maus auf die Linie bzw. das darunter befindliche Dreieck

❹ stellen. – Ach, ja, falls Sie den Schnittfensterbereich innerhalb der Effekteinstellungen vergrößern wollen, stellen Sie den Mauszeiger einfach an den Rand ❸ und ziehen die Ansicht nach Wunsch auf.

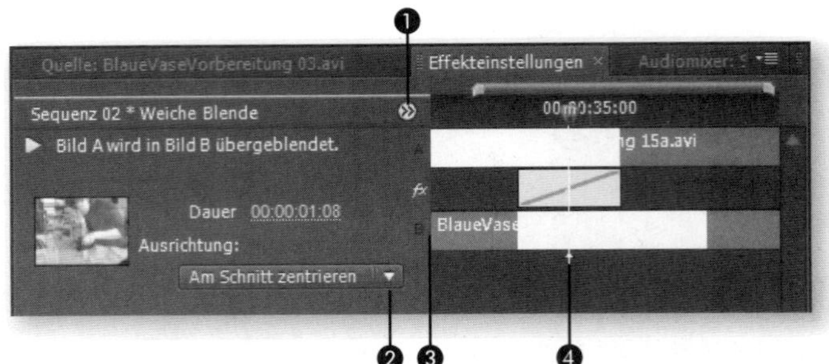

Abbildung 8.10 ▶ Drag-&-Drop-Paradies: Effekteinstellungen

Außerdem können Sie auf eine kleine, aber interessante Liste zugreifen. Nachdem Sie Blende und Clips individuell mit der Maus angepasst haben, können Sie bestimmen, ob die Überblendung am Schnitt beginnen oder enden soll. Ferner lässt sie sich am Schnitt zentrieren. Klicken Sie dazu auf ❷, und selektieren Sie den gewünschten Eintrag (BEGINN AM SCHNITT, ENDE AM SCHNITT, AM SCHNITT ZENTRIEREN).

8.3.3 Überblendungsmittelpunkt verändern

Einige Überblendungen, wie z. B. die Irisblenden, verfügen über einen verstellbaren Mittelpunkt. Was es damit auf sich hat, soll der folgende Mini-Workshop zeigen.

Schritt für Schritt: Irisblende einstellen

Leider passt die Irisblende nicht so richtig in unser Beispielprojekt. Dennoch möchte ich nicht darauf verzichten, Ihnen die Möglichkeiten dazu kurz vorzustellen. Die Irisblende stellt eine uralte und dennoch zeitlose Möglichkeit dar, einen Film zu beenden. Damit gemeint ist, dass die letzte Einstellung zu einem immer kleiner werdenden Punkt wird, ehe sie sich ganz auflöst.

1 *Clip hinzufügen*

Erzeugen Sie doch einmal eine neue Sequenz (damit Sie das Beispielprojekt nicht verändern müssen!), und ziehen Sie einen Clip in das Schnittfenster. Geeignet ist hier beispielsweise »BlaueVaseVorbereitung 07.avi« aus dem Ordner BAND A2.

2 *Irisblende hinzufügen*

Öffnen Sie den Ordner IRIS in den VIDEOÜBERBLENDUNGEN des Effekte-Bedienfeldes. Entscheiden Sie sich für IRISBLENDE (RUND), und ziehen Sie diesen Listeneintrag an das Ende des Clips.

▼ **Abbildung 8.11**
Diese Überblendung wird am Ende des Films eingesetzt.

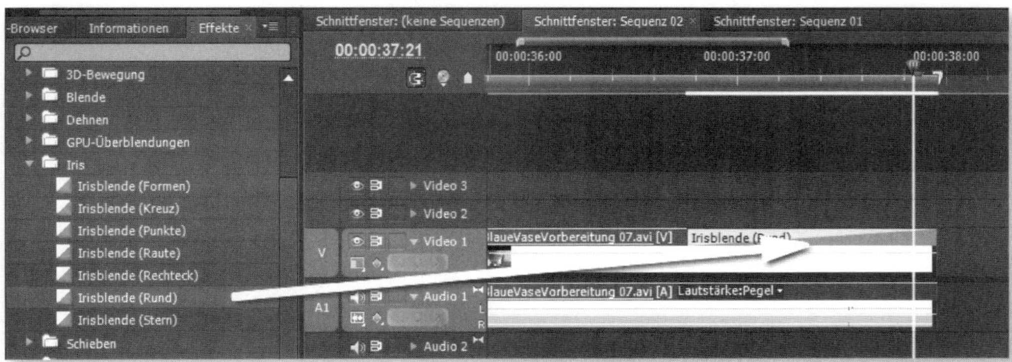

8

3 *Clip abspielen*

Setzen Sie die Einfügemarke des Schnittfensters nun ein Stück zurück, so dass sie vor der Überblendung steht. Danach drücken Sie die Leertaste und sehen sich die Überblendung an. Sie werden feststellen, dass nun ein schwarzer Punkt im Bild auftaucht, der immer größer wird.

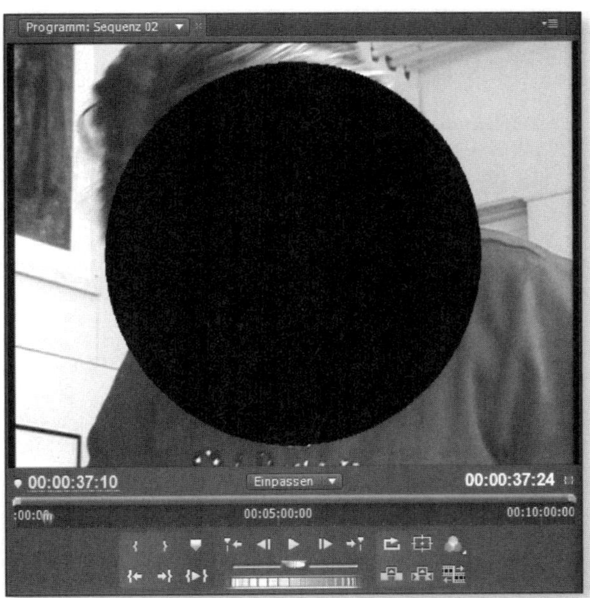

◀ **Abbildung 8.12**
Der Punkt überdeckt das Video.

4 *Überblendung umkehren*

An dieser Stelle kommen wir bestürzt zu der Erkenntnis, dass die Überblendung gar nicht so funktioniert, wie wir das wollen. Doch die Stimmung dürfte sich schlagartig bessern, wenn Sie die Überblendung im Schnittfenster markieren (sie wird dort grün) und in den EFFEKTEINSTELLUNGEN die Checkbox UMKEHREN aktivieren. Spielen Sie den Clip noch einmal ab.

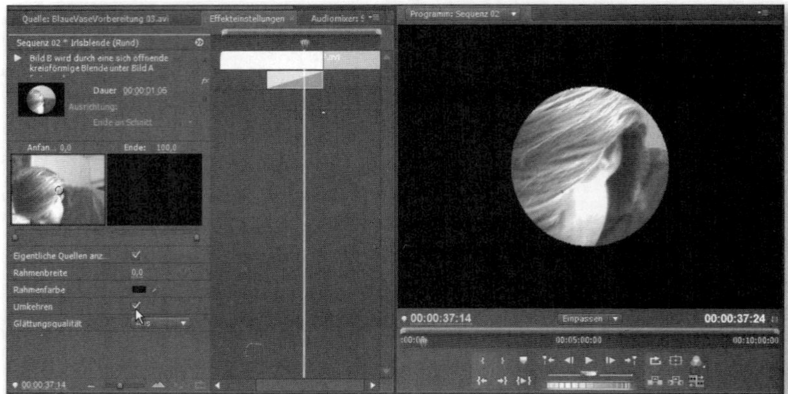

Abbildung 8.13 ▶
Jetzt wird anstelle des schwarzen Punktes das Videobild immer kleiner.

5 *Mittelpunkt verschieben*

Schauen Sie in die Effekteinstellungen – und zwar auf die Miniaturvorschau ANFANG (die linke der beiden). Sollten hier statt des Original-Videobildes die Platzhalter A und B angezeigt werden, aktivieren Sie EIGENTLICHE QUELLEN ANZEIGEN. Der kleine Kreis in der Mitte lässt sich per Drag & Drop verschieben. Ziehen Sie ihn etwas weiter nach unten links, und spielen Sie den Clip anschließend noch einmal ab.

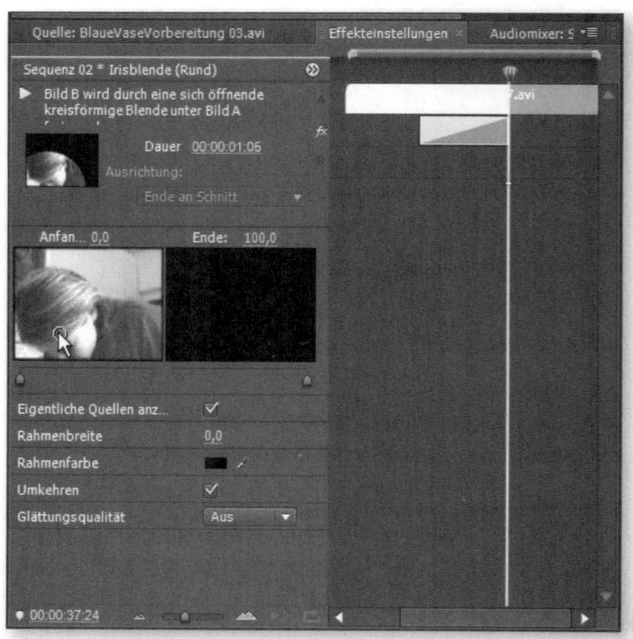

Abbildung 8.14 ▶
Jetzt läuft die Irisblende nicht mehr in der Bildmitte aus.

8.3.4 Rahmenfarben verwenden

Wollen Sie der Irisblende noch einen Rahmen geben? Dann haben Sie dazu zwei Möglichkeiten. Beide werden im folgenden Workshop vorgestellt.

Schritt für Schritt: Überblendungsrahmen definieren

Die Überblendung erfolgt ziemlich schmucklos nach Schwarz. Schön wäre, wenn zudem noch ein kleiner farbiger Rahmen auftauchen würde, oder?

1 *Optional: Farbe per Farbwähler definieren*

Wenn Sie die Farbe mittels Farbwähler selbst definieren wollen, dann betätigen Sie zunächst die kleine Farb-Schaltfläche ❶. Im Folgedialog lässt sich die Zielfarbe dann aussuchen. Fahren Sie anschließend mit dem übernächsten Schritt fort.

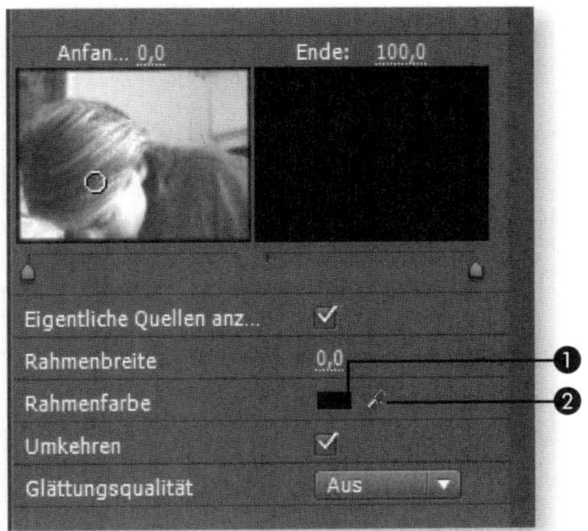

◀ **Abbildung 8.15**
Die Rahmenfarbe kann per Farbwähler oder Pipette bestimmt werden.

2 *Optional: Farbe aufnehmen*

Wenn Sie aber lieber eine Farbe aus dem Video aufnehmen wollen, dann sollten Sie die Einfügemarke des Schnittfensters zunächst so weit zurückziehen, dass sie sich vor der Überblendung befindet. So erreichen Sie, dass das Video im Programmmonitor nicht durch die Überblendung verdeckt wird. Betätigen Sie danach die kleine Pipette ❷ in den Effekteinstellungen der Überblendung. Jetzt gehen Sie auf den Programmmonitor und stellen die Spitze der Pipette auf Ihre Wunschfarbe (beispielsweise den roten Pullover, wobei Sie hier einen relativ hellen Ton treffen sollten). Setzen Sie einen Mausklick auf die gewünschte Farbe. Die Folge ist, dass sich auch die Farbfläche neben der Pipette dadurch entsprechend ändert.

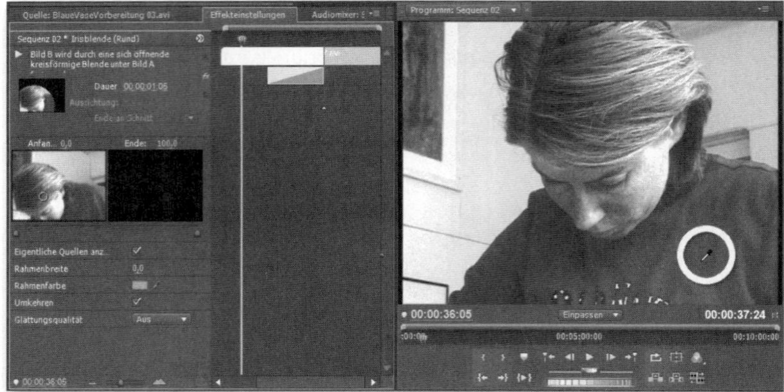

Abbildung 8.16 ▶
Die aufgenommene Farbe wird auch in den Effekteinstellungen angezeigt.

Damit allein haben Sie aber noch keinen Rahmen erzeugt. Zunächst müssen Sie nämlich noch die Breite angeben. Und das machen Sie, indem Sie das Steuerelement RAHMENBREITE ❸ verstellen, das sich gleich oberhalb der Farbfläche befindet. Stellen Sie hier 2,5 Pixel ein, und lassen Sie das Video abspielen.

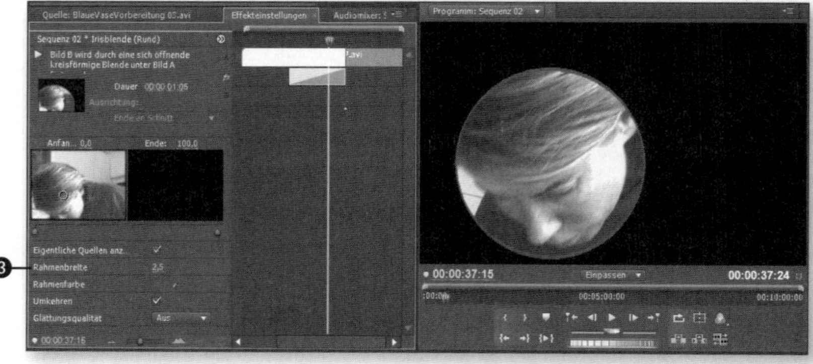

Abbildung 8.17 ▶
Jetzt erscheint ein Rahmen um die Irisblende.

8.3.5 Überblendung kopieren

Überblendungen lassen sich neuerdings auch prima per Copy & Paste duplizieren. Und das geht so: Weisen Sie die erste Überblendung zu, indem Sie sie aus dem Effekte-Bedienfeld auf den Schnittpunkt zwischen zwei Clips ziehen. Danach markieren Sie die Überblendung im Schnittfenster (sie wird grün), drücken Bild↓/⤓ (das lässt die Einfügemarke zum nächsten Schnittpunkt springen) und drücken Strg/⌘+V. Dabei wird die kopierte Überblendung eingefügt. Die zuvor eingestellten Parameter, wie Länge oder Richtung der Überblendung, bleiben erhalten. Allerdings: Die Position der Überblendung (beispielsweise »Am Schnitt zentriert«) wird bislang noch ignoriert. Die Überblendung sitzt am Anfang des rechten Clips und muss von hier aus manuell im Form gezogen werden. Ebenso werden umfangreiche Einstellungen, wie z. B. selbst definierte Rahmen, dabei vernachlässigt.

8.3.6 Überblendungen austauschen

Falls Sie sich nach Zuweisung einer Überblendung doch nachträglich für eine andere entscheiden wollen, ist das auch kein Problem. Ziehen Sie die neue Überblendung einfach aus dem Effekte-Bedienfeld heraus, und lassen Sie sie auf die vorhandene im Schnittfenster fallen. Die Überblendungsdauer bleibt dabei erhalten.

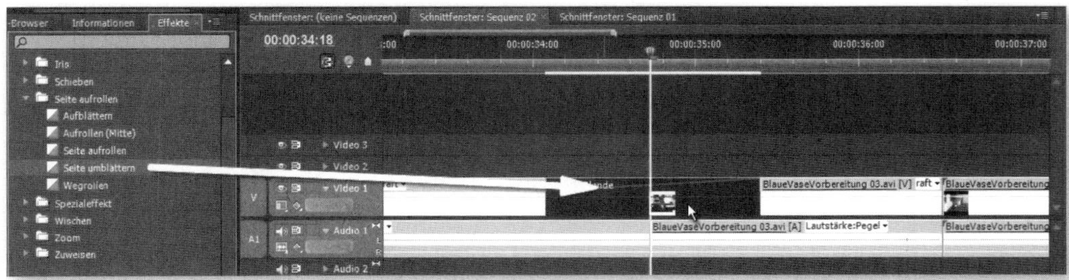

▼ Abbildung 8.18
Das Wechseln einer Überblendung ist keine große Sache.

8.3.7 Überblendungsrichtung ändern

Einige Überblendungen bringen zusätzliche Steuerelemente mit, die unbedingt angesprochen werden müssen. Nehmen Sie als Beispiel die Überblendung SEITE UMBLÄTTERN aus dem Ordner SEITE AUFROLLEN. (Danach müssen Sie die Überblendung im Schnittfenster wieder neu markieren.) In dieser Überblendung finden Sie kleine Dreieck-Symbole an den Ecken der Mini-Vorschauen. Wer hätte das gedacht – auch hierbei handelt es sich um Steuerelemente. Wenn Sie eine der vier Ecken anklicken, bestimmen Sie damit, in welche Richtung das Umblättern erfolgen soll. Welche der vier Ecken gerade aktiv ist, wird dadurch angezeigt, dass das Steuerelement dunkler ist als die anderen drei.

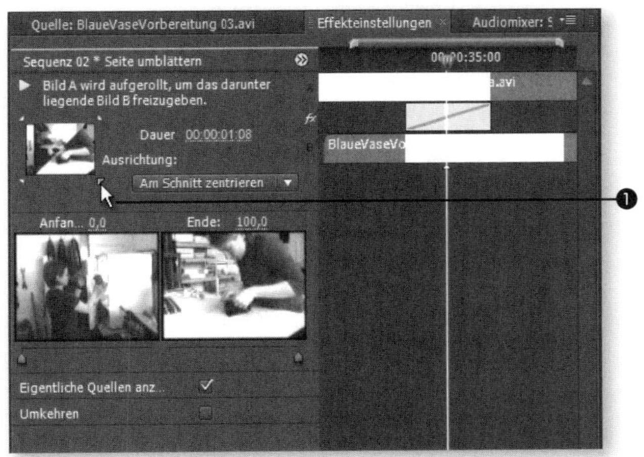

◄ Abbildung 8.19
Die Ecke unten rechts ❶ gibt jetzt die Richtung an.

Umkehren

Aktivieren Sie die Checkbox UMKEHREN, damit der zweite Clip über den ersten geblendet wird. Lassen Sie die Funktion inaktiv, wird VIDEO 1 über VIDEO 2 hinweggerollt.

8.4 Überblendungen für das Buchprojekt

Jetzt sind aber wieder Sie an der Reihe. Ihre Aufgabe: Realisieren Sie die ersten vier Überblendungen des Buchprojekts. Die Schwierigkeit dabei besteht darin, dass alle vier unterschiedlich lang sind.

Schritt für Schritt: Überblendungen schnell zuweisen

1 *Überblendungen analysieren*

Schauen Sie sich den Anfang von SEQUENZ 01 an, und markieren Sie nacheinander alle vier Überblendungen per Mausklick im Schnittfenster. Lesen Sie die Dauer der jeweiligen Überblendung in den Effekteinstellungen ab. Halten wir fest, dass es sich bei allen vier Überblendungen um eine WEICHE BLENDE handelt, deren Dauer aber von Blende zu Blende differiert.

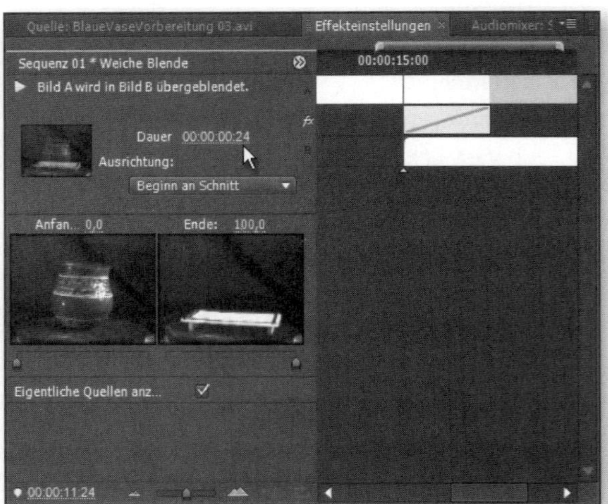

Abbildung 8.20 ▶ Lesen Sie die Zeiten ab.

2 *Überblendungen löschen*

Markieren Sie alle vier Überblendungen im Schnittfenster, während Sie [⇧] gedrückt halten. Achten Sie darauf, dass Sie nicht versehentlich einen der Clips mit markieren. Anschließend drücken Sie [Entf].

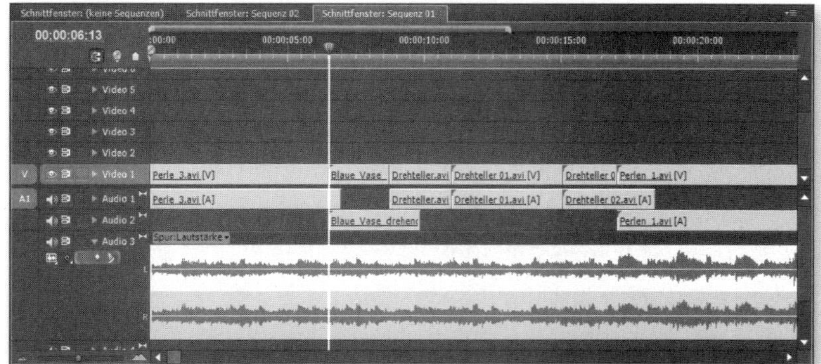

◀ **Abbildung 8.21**
Die alten Überblendungen sind gelöscht worden.

3 *Optional: Standardüberblendungen ändern*

Da alle vier Überblendungen unterschiedlich lang sind, ergibt es nicht viel Sinn, die STANDARDDAUER DER VIDEOÜBERBLENDUNG in den Voreinstellungen zu ändern. Das würde sich lediglich dann anbieten, wenn Sie mit gleich langen Überblendungen arbeiten. Kontrollieren Sie aber, ob die WEICHE BLENDE auch als Standardüberblendung eingestellt ist. Öffnen Sie dazu den Ordner VIDEOÜBERBLENDUNGEN im Effekte-Bedienfeld, und markieren Sie das Dreieck-Symbol vor dem Ordner BLENDE. Hier sollte die WEICHE BLENDE jetzt mit einem roten Quadrat versehen sein. Ist das nicht der Fall, klicken Sie mit rechts darauf und wählen den einzigen zur Verfügung stehenden Eintrag des Kontextmenüs an.

4 *Einfügemarke positionieren*

Als Nächstes soll der Schnittpunkt zwischen »Perle_3.avi« und »Blaue_Vase_drehen11.avi« aufgesucht werden. Markieren Sie dazu zunächst das Schnittfenster, und drücken Sie anschließend zunächst [Pos1] bzw. [↖] und danach [Bild↓]/[↧].

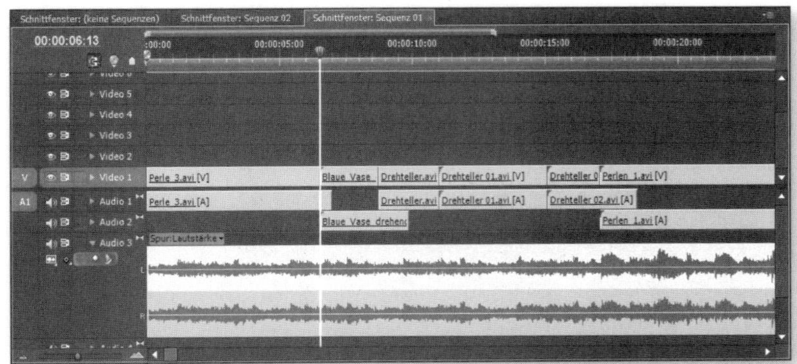

◀ **Abbildung 8.22**
Die Einfügemarke sollte genau hier positioniert werden.

5 *Überblendungen zuweisen*

Drücken Sie nun [Strg]/[⌘]+[D]. Damit sorgen Sie dafür, dass die Standardüberblendung an der aktuellen Position der Einfügemarke platziert wird. Drücken Sie noch einmal [Bild↓]/[↧]. Damit dürften Sie den Übergang zum nächsten Clip gefunden haben. Betätigen Sie auch hier wieder [Strg]/[⌘]+[D]. Wiederholen Sie das, bis alle vier Blenden positioniert sind. (Beim letzten Schritt reicht es übrigens, wenn Sie nur einmal [Bild↓]/[↧] drücken. Aber ich verplaudere mich.)

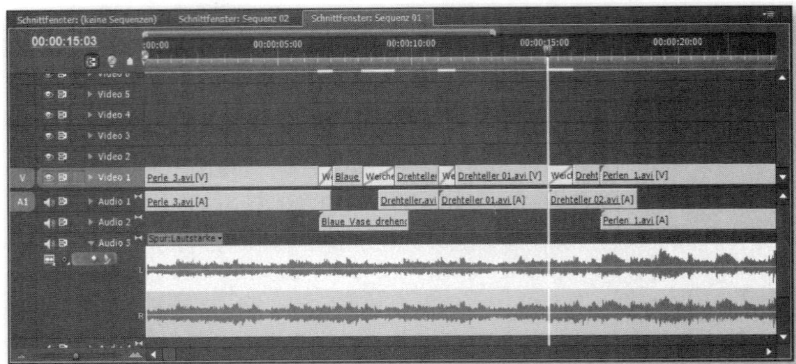

Abbildung 8.23 ▶
Überblendungen zuweisen

6 *Zeiten anpassen*

Jetzt sollten Sie die Zeiten der einzelnen Überblendungen anpassen. Markieren Sie sie nacheinander, und geben Sie die folgenden Werte ein:

- Überblendung 1 – 00:00:00:13
- Überblendung 2 – 00:00:00:23
- Überblendung 3 – 00:00:00:15
- Überblendung 4 – 00:00:00:24

Das können Sie ja prima machen, indem Sie zunächst die Überblendung im Schnittfenster markieren und dann den Wert Dauer in den Effekteinstellungen anpassen.

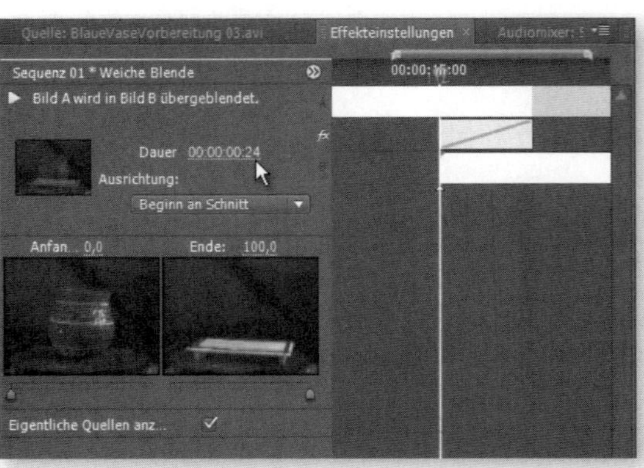

Abbildung 8.24 ▶
Wenn Sie die Zeit ändern wollen, klicken Sie sie an, halten die Maus gedrückt und schieben dann nach links oder rechts.

7 *Überblendung verschieben*

Kontrollieren Sie, ob alle Überblendungen richtig positioniert sind. Eigentlich müsste nur die zweite noch eine Korrektur erfordern. Markieren Sie diese, und ziehen Sie die Überblendungsfläche im Schnittfenster so weit nach rechts wie möglich.

▼ **Abbildung 8.25**
Überblendung verschieben

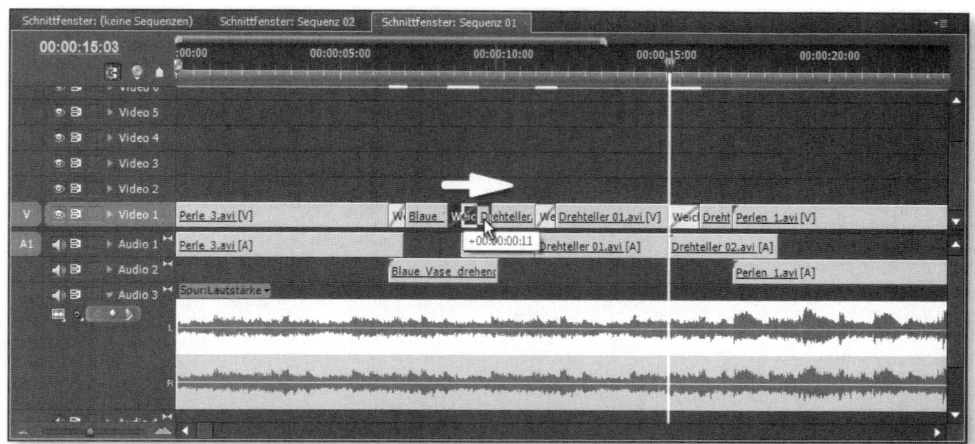

8.4.1 Überblendungen rendern

Überblendungen sollten gerendert werden. Darauf weisen auch die roten Balken ❹ unterhalb der Schnittfenster-Skala hin (siehe Abbildung 8.26). Zwar ist die Echtzeit-Vorschau so leistungsfähig, dass man zur Ansicht meist schon darauf verzichten kann; doch wenn das Bild zu ruckeln beginnt, während Sie eine Überblendung abspielen, lassen Sie Premiere Pro eine Vorschaudatei dieses Bereichs erzeugen. Das leiten Sie ein, indem Sie [↵] betätigen.

Die roten Balken werden, wenn denn eine Vorschaudatei erstellt wurde, gegen grüne ausgetauscht. Sollten Sie im Anschluss irgendetwas an der Überblendung verändern, ist das erneute Berechnen einer Vorschaudatei erforderlich. Der grüne Balken wird wieder rot.

In Sachen Vorschauberechnung müssen Sie allerdings noch wissen: Es wird immer nur das berechnet, was sich gerade innerhalb der **Arbeitsbereichsleiste** befindet.

Arbeitsbereichsleiste? Das ist dieses mittelgraue Band direkt unterhalb der Schnittfenster-Zeitskala ❶. Wenn Sie auf diese doppelklicken, erstreckt sie sich über den aktuellen, im Schnittfenster sichtbaren Bereich. Sie erkennen das auch daran, dass die Begrenzungen links und rechts ❷ innerhalb des Schnittfensters liegen. Dieses Maß wird auch dann beibehalten, wenn Sie anschließend die Schnittfenster-Ansicht vergrößern oder verkleinern. Erst ein erneuter Doppelklick passt die Leiste wieder den aktuellen Gegebenheiten an.

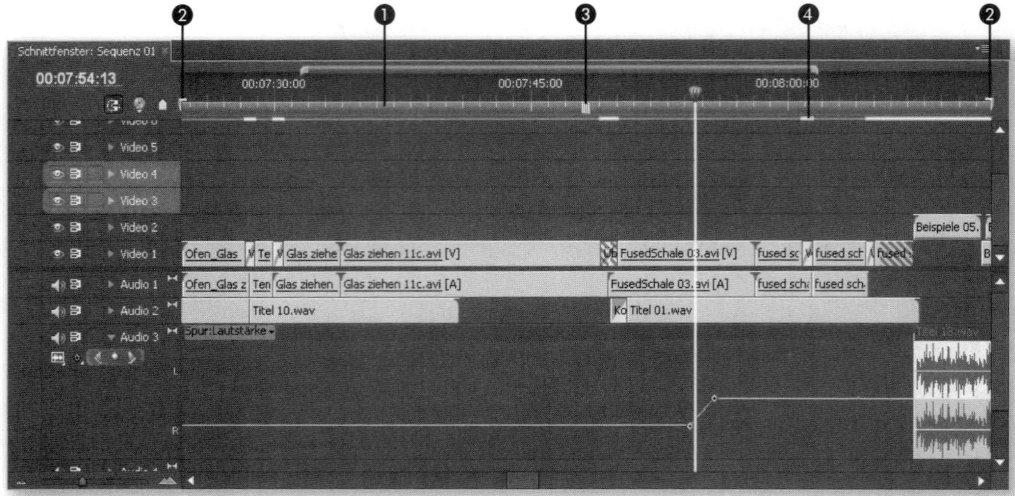

Abbildung 8.26 ▲
Die Arbeitsbereichsleiste ist ein wichtiges Steuerelement – nicht nur, wenn es um Überblendungen geht.

Die Begrenzungen ❷ können Sie auch einzeln per Drag & Drop verschieben. Um die gesamte Leiste zu verstellen, ohne ihre Gesamtlänge zu verändern, greifen Sie den Anfasser in der Mitte ❸ und verschieben die Leiste nach Wunsch. Grundsätzlich sollten Sie die Arbeitsbereichsleiste aber nur auf den Teil ausdehnen, dessen Render-Vorschauen Sie unmittelbar beurteilen wollen. Machen Sie das nicht, wird stets die gesamte Breite der Arbeitsbereichsleiste berechnet, sofern Stellen zur Vorschauberechnung vorhanden sind.

9 Effekteinstellungen und Bewegungsanimationen

Jetzt werden Videos im wahrsten Sinne des Wortes »in Bewegung versetzt«. Mit Hilfe der Effekteinstellungen werden Clips zu »Flugobjekten« und rotieren nach Wunsch. Aber auch mit der Änderung der Deckkraft lassen sich interessante Effekte erzielen. Dazu benötigen Sie eigentlich nur einige Keyframes.

Sie erfahren in diesem Kapitel:

- Wie werden Videoeffekte auf Clips angewendet?
- Wie animiert man Videoeffekte?
- Wie realisiert man einen Bild-in-Bild-Effekt?
- Wie werden Animationspfade verändert?
- Wie bearbeitet man Keyframes im Schnittfenster?
- Wie können Clips im Wechsel rückwärts und vorwärts abgespielt werden?
- Was werden Überblendmodi sinnvoll eingesetzt?

9.1 Grundsätzliches Effekt-Handling

Zunächst sind in Sachen Videoeffekte zwei unterschiedliche Gruppierungen auszumachen.

- **Fixierte Effekte** – Diese werden jedem Clip automatisch zugewiesen, sobald dieser in das Schnittfenster integriert wird. Dabei handelt es sich um die Effekte **Bewegung**, **Deckkraft** und **Zeit-Neuzuordnung**. (Prinzipiell handelt es sich auch bei der Lautstärke um einen fixierten Effekt. Da sich in diesem Kapitel aber alles um Videoeffekte dreht und das grundsätzliche Handling exakt den im Folgenden beschriebenen Methoden entspricht, lassen wir die Lautstärke hier außer Acht.)
- **Standardeffekte** – Diese befinden sich im Ordner **Videoeffekte** und können per Drag & Drop auf den Clip gezogen werden.

9.1.1 Effekte vs. Effekteinstellungen

Noch ein Wort zur Begrifflichkeit in diesem Kapitel. Sie werden es im Folgenden sehr häufig mit den Effekteinstellungen und dem Effekte-

Bedienfeld zu tun bekommen. Da kann es leicht passieren, dass man mal im falschen Fenster nach der genannten Einstellung oder dem erwähnten Steuerelement sucht. Deshalb noch einmal zu Erinnerung: Das EFFEKTE-Bedienfeld ❷ befindet sich (im Arbeitsbereich BEARBEITUNG) unten links. Hier werden Effekte gelistet, die zugewiesen werden können. Das EFFEKTEINSTELLUNGEN-Bedienfeld ❶ ist hingegen links neben dem Programmmonitor zu finden und dient, wie der Name schon sagt, zur Einstellung bereits zugewiesener Effekte.

Abbildung 9.1 ▼
Effekteinstellungen und Effekte

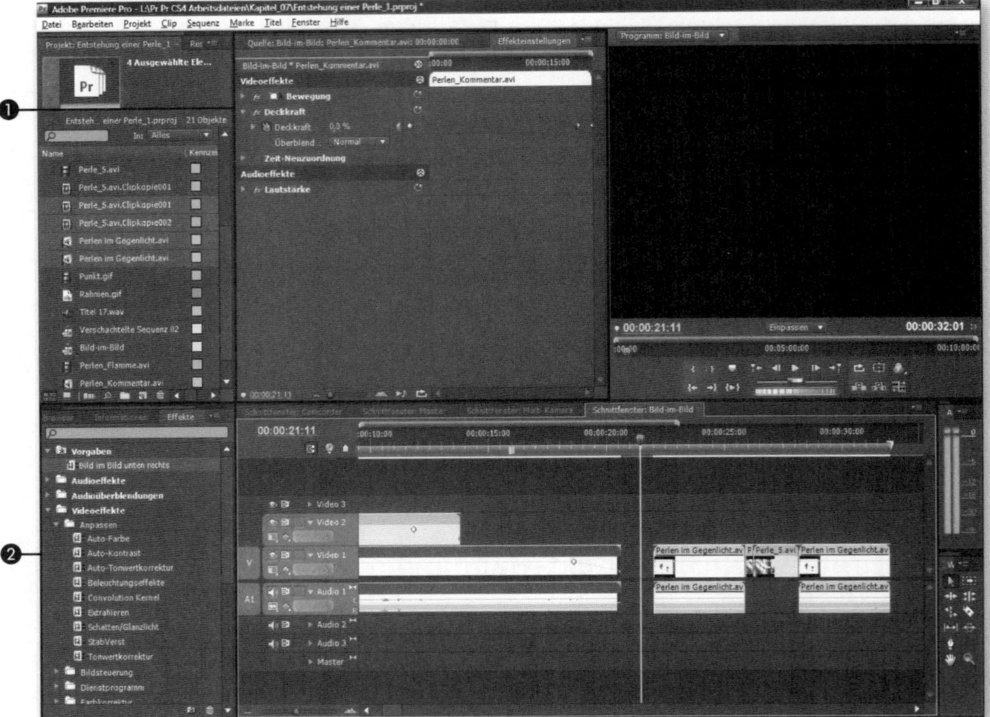

9.2 Die fixierten Videoeffekte

Markieren Sie einen Clip innerhalb des Schnittfensters, und öffnen Sie die Registerkarte EFFEKTEINSTELLUNGEN. Dieses Bedienfeld haben Sie ja bereits im vorangegangenen Kapitel kennengelernt, obwohl sich beide, Effekte und Überblendungen, lediglich das Fenster teilen. Die Vorgehensweise ist in beiden Fällen komplett anders. Wenn sich das Bedienfeld übrigens nicht auf der Arbeitsoberfläche befindet, entscheiden Sie sich für FENSTER • EFFEKTEINSTELLUNGEN. Damit hier überhaupt etwas angezeigt wird, sollten Sie einen Clip im Schnittfenster markieren.

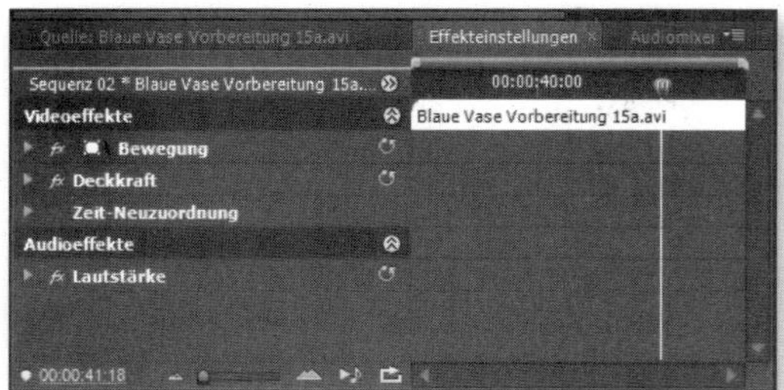

◀ **Abbildung 9.2**
Die Liste der Effekteinstellungen sieht zunächst einmal recht unspektakulär aus.

Hier sehen Sie bereits, dass die beiden Effekte BEWEGUNG und DECKKRAFT zugewiesen sind (ferner verfügt der dazugehörige Audioclip über einen Lautstärke-Effekt). Öffnen Sie die Liste BEWEGUNG, indem Sie das vorangestellte Dreieck-Symbol ❸ markieren. Daraufhin offenbart sich eine Liste mit zahlreichen Steuerelementen, mit deren Hilfe sich Clips in allen erdenklichen Formen bewegen lassen.

9.2.1 Position eines Clips verändern

So ließe sich z.B. die POSITION ändern, indem Sie auf eines der beiden rechts daneben aufgeführten Hot-Text-Steuerelemente ❹ und ❺ klicken und den Wert mit gedrückter Maustaste verändern. Halten Sie zusätzlich [⇧] gedrückt, geht die Verschiebung wesentlich schneller. Nehmen Sie den linken der beiden Werte ❹, wird das Video in x-Richtung, also horizontal verschoben. Der rechte Wert ❺ verschiebt den Clip in y-Richtung, also vertikal. Dabei ist zu beachten, dass sich derartige Veränderungen stets auf den gesamten Clip auswirken. Weiter unten werden Sie noch sehen, wie Sie Effekte auch zeitlich unterschiedlich gestalten können.

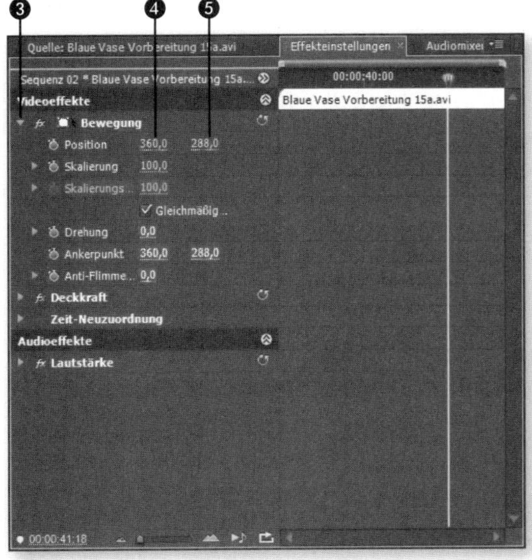

◀ **Abbildung 9.3**
Schauen Sie sich zunächst die Liste BEWEGUNG an.

Bedeutung der Koordinaten | Die Koordinaten selbst geben die Position des Clip-Mittelpunktes wieder, gemessen von der oberen linken Ecke des Bildschirmbereichs – und zwar in Pixel. Bei einem Projekt, das in der Horizontalen aus 720 und vertikal aus 576 Bildpunkten besteht, liegt die horizontale Mitte demzufolge bei 360,0 und die vertikale bei 288,0 – also genau bei den standardmäßig eingestellten Werten. Der Clip liegt dadurch mittig auf der Arbeitsfläche. Ein Beispiel: Wenn Sie die x- und y-Koordinaten beide auf 0 setzen, wird der Mittelpunkt des Clips anschließend mit dem oberen linken Punkt der Bildfläche identisch sein.

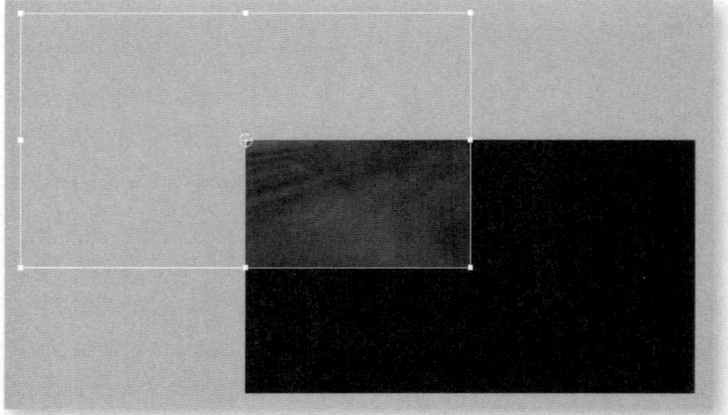

Abbildung 9.4 ▸ Wenn beide Koordinaten mit 0 angegeben werden, liegt der Mittelpunkt des Clips genau an der oberen linken Ecke.

Sie sehen also, dass bei Verwendung der Koordinaten die Auflösung des Projekts von besonderer Bedeutung ist. Erstellen Sie beispielsweise ein HDV-Projekt (HDV 1080i25), stehen die Positionskoordinaten standardmäßig nicht mehr auf 360,0 und 288,0, sondern auf 720,0 und 540,0. Immerhin ist das HDV-Bild ja auch 1440 × 1080 Pixel groß.

Mittelpunkt verändern | Was aber, wenn Sie einmal den Wunsch verspüren, die Position eines Assets nicht anhand seines Mittelpunktes, sondern lieber anhand seiner oberen linken Ecke zu bestimmen? Stellen Sie sich vor, Sie müssen genau diese Ecke an eine bestimmte Position bringen. Dann müssten Sie ja zunächst einmal ausrechnen, wohin Sie den Mittelpunkt verschieben müssen, damit die Ecke passt. Das geht natürlich einfacher. Schauen Sie sich zunächst einmal die weiteren Zeilen des Bewegungs-Effekts an. Hier gibt es auch den Eintrag ANKERPUNKT. Und dieser ist genau auf den Mittelpunkt eingestellt (360,0 und 288,0). Wenn Sie hier jetzt 0,0 und 0,0 festlegen, wird der Clip nach unten rechts verschoben, und die obere linke Ecke liegt jetzt genau auf dem Mittelpunkt der Bildfläche. Versuchen Sie das einmal mit einem beliebigen Beispielclip (im Buch: »BlaueVaseVorbereitung 04.avi« aus dem Ordner GECKO-GLAS).

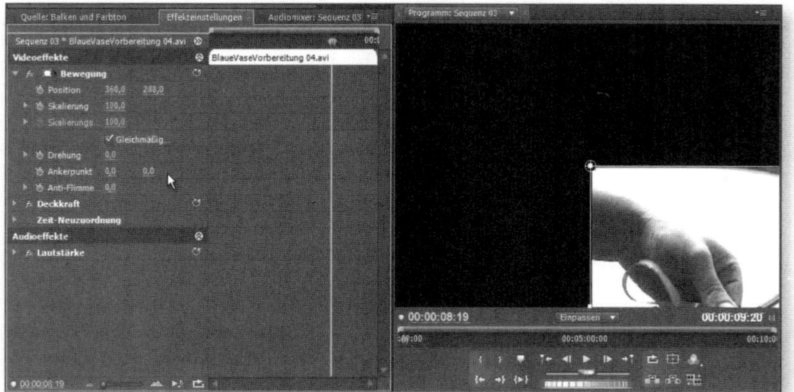

◂ Abbildung 9.5
Der Clip ist nach unten rechts gerutscht.

Warum ist das gute Stück denn jetzt überhaupt verschoben worden? Na, weil die Bewegungsparameter der POSITION noch immer auf 360,0 und 288,0 stehen. Das bedeutet: Sie müssten jetzt auch diese beiden Werte auf 0 setzen, damit der Clip (genauer gesagt, dessen Mittelpunkt) nach oben links wandert. Versuchen Sie es einmal. Weitere Infos zur Positionierung erhalten Sie in Abschnitt 9.4, »Effekte animieren«.

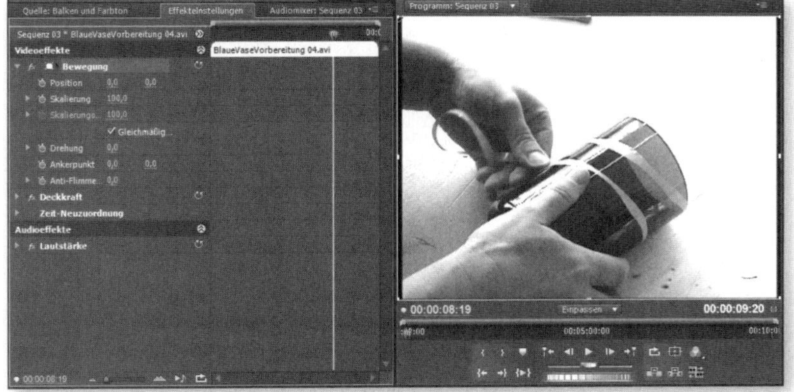

◂ Abbildung 9.6
Jetzt steht alles auf null!

9.2.2 Clips skalieren

Wollen Sie ein Video vergrößern oder verkleinern, erreichen Sie dies proportional (also unter Einhaltung des Seitenverhältnisses), indem Sie den Wert SKALIERUNG ❸ entsprechend Ihren Wünschen verändern (siehe Abbildung 9.7). Wenn Sie allerdings beabsichtigen, einen Clip nur in horizontaler bzw. vertikaler Richtung zu skalieren, sollten Sie das Steuerelement GLEICHMÄSSIGE SKALIERUNG ❹ zuvor abwählen. Möglicherweise wollen Sie den Steuerelementen vorübergehend mehr Platz einräumen. In diesem Fall können Sie die Schnittfenster-Ansicht auf der rechten Seite des Fensters schließen, indem Sie SCHNITTFENSTER ANZEIGEN/AUSBLENDEN ❶ betätigen.

9.2.3 Bewegungseffekte per Drag & Drop verändern

Schauen Sie einmal auf das Symbol ❷, das sich unmittelbar vor dem Eintrag Bewegung befindet. Dieses deutet darauf hin, dass der Effekt auch direkt im Programmmonitor (mittels Drag & Drop) verändert werden kann. Um die Möglichkeit bereitzustellen, müssen Sie entweder die Zeile Bewegung markieren oder auf die aktuelle Ansicht des Programmmonitors klicken. Das Video wird dort mit einem Rahmen versehen. Die quadratischen Anfasser können per Drag & Drop nach Wunsch verschoben werden. Versuchen Sie es doch einmal, indem Sie einen dieser Punkte nach innen ziehen.

Abbildung 9.7 ▼
Der Clip lässt sich auch direkt im Programmmonitor bearbeiten.

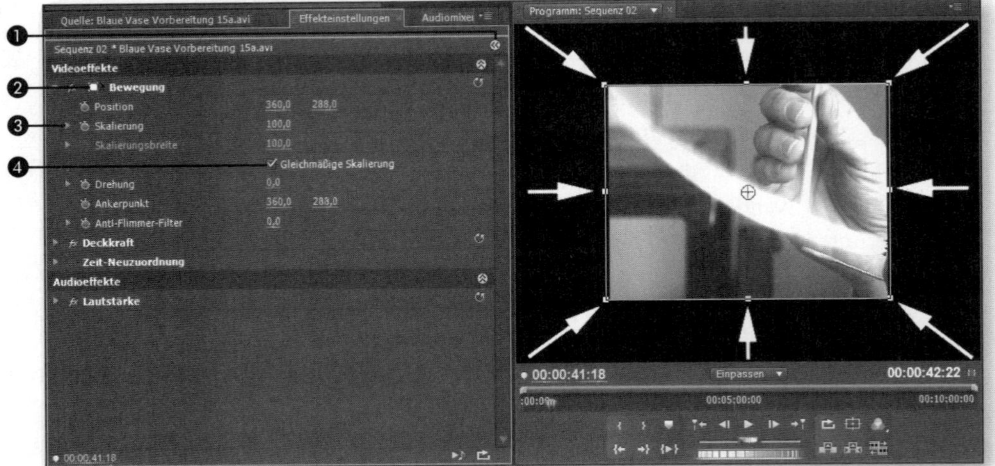

Sie werden sehr schnell feststellen: Egal, an welchem Anfasser Sie den Clip verziehen, Sie werden ihn nur proportional verändern können. Wenn Sie das nicht wollen, müssen Sie vorab das Steuerelement Gleichmässige Skalierung deaktivieren.

Position verändern

Möchten Sie das gesamte Video verschieben, klicken Sie den Clip innerhalb des Rahmens an und verziehen ihn mit gedrückter Maustaste.

9.2.4 Clip drehen

Neben der Möglichkeit, über das gleichnamige Steuerelement im Fenster Effekteinstellungen eine Drehung auszuführen, lässt sich das Video aber auch im Programmmonitor drehen. Das Einzige, was Sie tun müssen: die Maus etwas außerhalb eines Eckpunktes ansetzen.

Sobald sich der Mauszeiger in einen 90°-Doppelpfeil verwandelt, ist die richtige Position gefunden. Jetzt können Sie den Clip mit gedrückter Maustaste nach Wunsch verdrehen.

9.2.5 Effekte zurücksetzen

Gerade am Anfang werden Sie geneigt sein, unterschiedliche Einstellungen in Sachen Effektparameter auszuprobieren. Wollen Sie anschließend alle Änderungen eines Videoeffekts in einem Arbeitsgang wieder rückgängig machen, klicken Sie einfach auf die Schaltfläche ZURÜCKSETZEN.

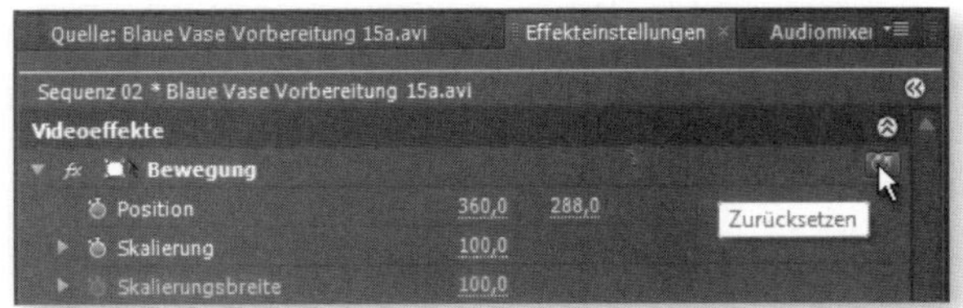

◄ **Abbildung 9.8**
Verwerfen Sie alle Änderungen.

9.2.6 Effekte deaktivieren

Des Weiteren besteht aber auch die Möglichkeit, den Effekt nur »unsichtbar« zu schalten, und zwar über das kleine Effekt-Symbol. Dabei wird der Clip im Programmmonitor so dargestellt, als wären gar keine Veränderungen vorgenommen worden. Tatsächlich bleiben die Effekte aber erhalten und werden wieder sichtbar, sobald Sie die Schaltfläche abermals betätigen.

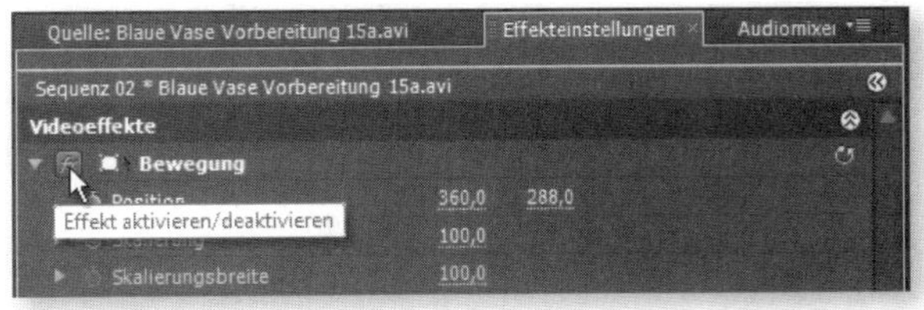

◄ **Abbildung 9.9**
Effekte können vorübergehend deaktiviert werden.

9.2.7 Deckkraft verändern

Auch die Deckkraft eines Clips lässt sich über das entsprechende Hot-Text-Steuerelement verändern. Häufig ergibt dies aber nur dann einen Sinn, wenn sich der Clip auf einer übergeordneten Videospur befindet. So lässt man ihn dann teiltransparent über einem anderen Clip erscheinen.

9.2.8 Hinweis zur Zeit-Neuzuordnung

Eigentlich wäre es jetzt an der Zeit, den Effekt ZEIT-NEUZUORDNUNG zu erwähnen. Immerhin handelt es sich hierbei ebenfalls um einen fixierten Effekt. Ich möchte ihn aber dennoch zunächst zurückstellen, weil er seine wahre Leistungsfähigkeit erst so richtig entfalten kann, wenn man ihn zusammen mit animierten Keyframes einsetzt. Lassen Sie uns jedoch mit den Standardeffekten fortfahren und ansehen, wie Effekte animiert werden. In Abschnitt 9.6, »Zeitabläufe neu zuordnen«, greifen wir dann das Thema Zeit-Neuzuordnung wieder auf – versprochen!

9.3 Die Standard-Videoeffekte

Sobald Sie etwas anderes wollen, als »nur« die Bewegung oder Deckkraft zu verändern, müssen Sie auf einen der zahlreichen Standard-Videoeffekte zurückgreifen. Diese finden Sie im Bedienfeld EFFEKTE im Ordner VIDEOEFFEKTE. Einen Videoeffekt weisen Sie zu, indem Sie ihn per Drag & Drop auf den Clip im Schnittfenster befördern.

9.3.1 Effekte suchen

Nun können Sie sich vorstellen, dass es bei der Fülle von Unterordnern nicht gerade leicht ist, den gewünschten Effekt zu finden. In diesem Fall sollten Sie sich von der integrierten Suchfunktion unterstützen lassen. Tragen Sie einen Suchbegriff, oder Teile dessen, in das Eingabefeld ENTHÄLT ein. Je genauer der Suchbegriff ist, desto präziser wird natürlich die Ergebnisauswahl sein.

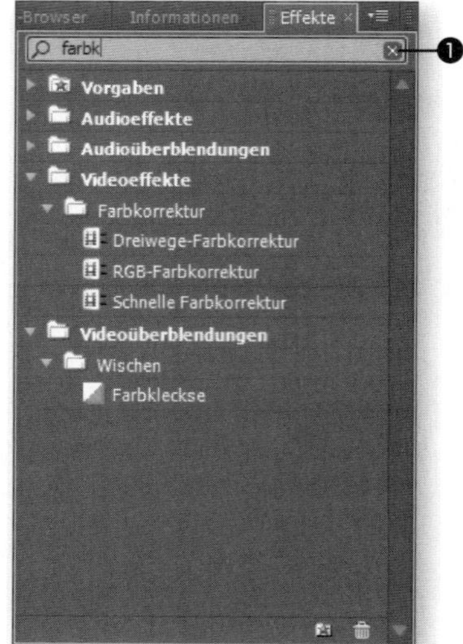

Abbildung 9.10 ▶ Nur was in irgendeiner Form dem Suchkriterium entspricht, wird in der Liste angezeigt.

Bitte denken Sie daran, den Suchbegriff im Anschluss per Klick auf das Kreuz wieder zu löschen ❶, da Sie ansonsten nur noch Zugriff auf die Effekte haben, die der Suchwortvorgabe entsprechen.

9.3.2 Standardeffekte bearbeiten

Zugewiesene Effekte werden auf dem Clip im Schnittfenster in Form einer violetten Linie ❷ dargestellt. Das ist leider sehr schlecht zu sehen, wenn dieser noch markiert ist. Klicken Sie in diesem Fall auf einen freien Bereich des Schnittfensters, um ihn abzuwählen.

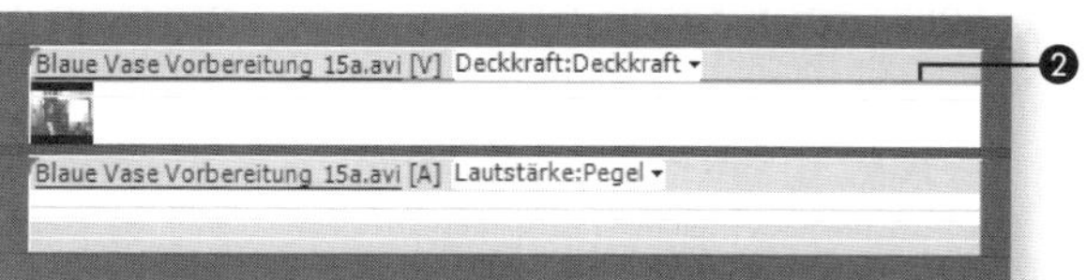

◂ **Abbildung 9.11** Die violette Linie im oberen Drittel weist auf einen zugewiesenen Standardeffekt hin.

Wenn Sie den Effekt anschließend wieder markieren, können Sie seine Parameter in den Effekteinstellungen bearbeiten. Öffnen Sie die Liste über das vorangestellte Dreieck-Symbol ❸. Die Steuerelemente sind natürlich je nach verwendetem Effekt unterschiedlich. Manche Effekte bringen sogar eine ganze Armada von Listen, Schaltern und Reglern mit, die vielfach erst zu sehen sind, wenn Sie im Effekteinstellungen-Bedienfeld etwas nach unten scrollen ❹.

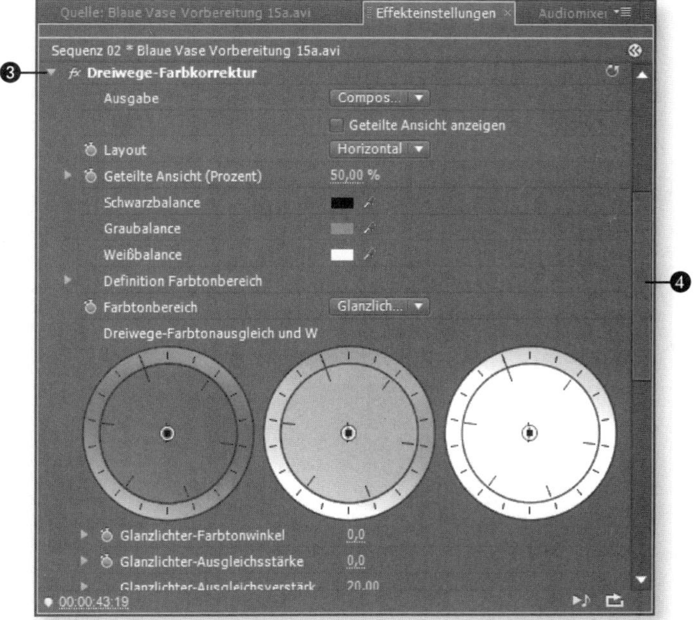

◂ **Abbildung 9.12** Die Steuerelemente des Effekts Dreiwege-Farbkorrektur

9.4 Effekte animieren

Jetzt kommen erstmals die so genannten Keyframes ins Spiel. Mit Keyframes (das sind so genannte **Schlüsselbilder**) steuern Sie nämlich (unter anderem) den zeitlichen Ablauf eines zugewiesenen Effekts. Sie können dadurch bestimmen, ab welchem Zeitpunkt beispielsweise eine Skalierung beginnt und wann der zugewiesene Effekt zu sehen sein soll. Dazu wollen wir zunächst einen Bild-in-Bild-Effekt realisieren. Eigentlich könnte das doch gleich in Form eines Workshops geschehen; was meinen Sie? Darüber hinaus lernen Sie eine Menge interessanter Neuerungen kennen – versprochen!

Schritt für Schritt: Bild-in-Bild-Effekt erzeugen

Sie kennen es aus zahlreichen Nachrichtensendungen: Ein Bild verkleinert sich und wird zeitgleich in eine Ecke verschoben, während darunter der Moderator erscheint.

1 *Projekt vorbereiten*

Erzeugen Sie zunächst ein neues Projekt oder zumindest eine neue Sequenz im Format DV-PAL • STANDARD 48KHZ. Zur besseren Übersicht benennen Sie die Sequenz mit »Bild-im-Bild«. Importieren Sie die Dateien »Perlen_Flamme.avi« und »Perlen_Kommentar.avi« aus dem Ordner KAPITEL_09. Bringen Sie den zuletzt genannten Clip in Spur VIDEO 1. Den anderen platzieren Sie eine Spur höher, wobei Sie beide Clips am Sequenz-Nullpunkt beginnen lassen.

Abbildung 9.13 ▼
Projekt vorbereiten

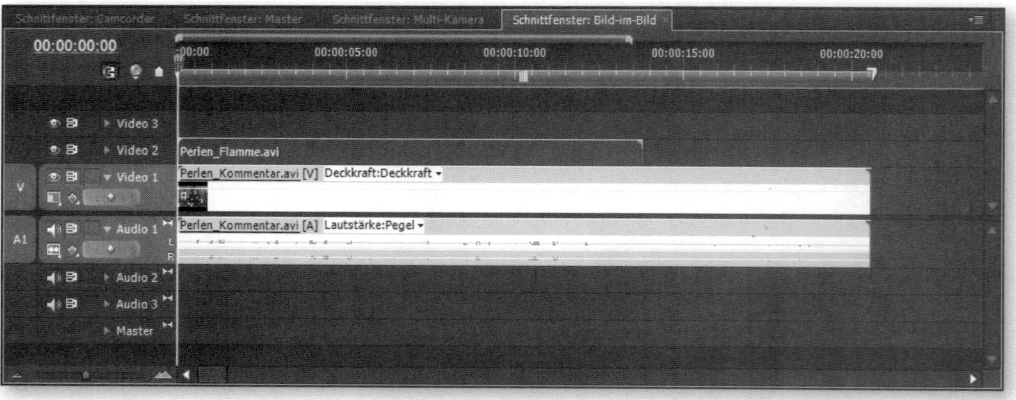

2 *Einfügemarke positionieren*

Der obere Clip verdeckt selbstverständlich den unteren. Um Letzteren nach einer gewissen Zeit sichtbar zu machen, muss der obere Clip mit Keyframes versehen werden. Bringen Sie die Einfügemarke dazu an Position 00:00:04:14.

3 *Erste Animation aktivieren*

Ab dieser Position soll der in Spur VIDEO 2 befindliche Clip kontinuierlich verkleinert werden. Stellen Sie sicher, dass »Perlen_Flamme.avi« im Schnittfenster markiert ist, und klicken Sie in den Effekteinstellungen auf das Stoppuhr-Symbol vor SKALIERUNG ❶ in der Liste BEWEGUNG. Damit schalten Sie die Animationen ein. Werfen Sie einen Blick auf die Schnittfenster-Ansicht rechts in den Effekteinstellungen. Falls sie verschlossen ist, klicken Sie einmal kurz auf SCHNITTFENSTER ANZEIGEN/AUSBLENDEN ❷. An der aktuellen Position der Einfügemarke wurde soeben ein Keyframe eingefügt ❸.

9

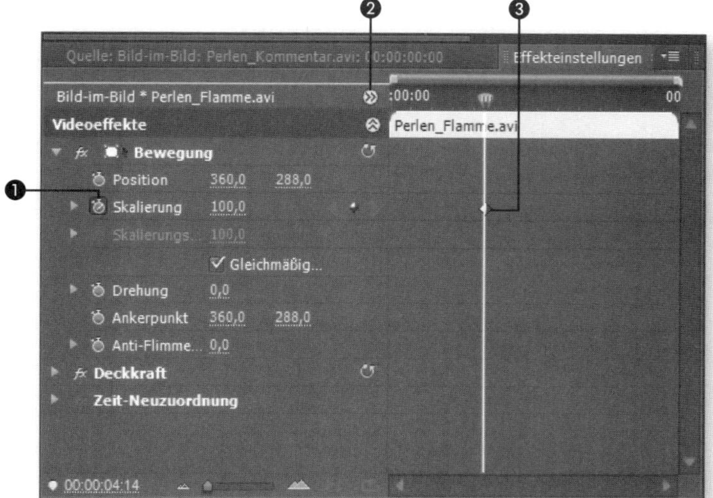

◀ **Abbildung 9.14**
Der Clip soll kontinuierlich verkleinert werden.

Animationsparameter

Bedenken Sie, dass sich Änderungen der Parameter grundsätzlich auf den gesamten Clip beziehen, sofern die Animation noch nicht aktiviert wurde. Sobald Sie jedoch das Stoppuhr-Symbol aktiviert haben, beziehen sich die Modifikationen auf die aktuelle Position der Einfügemarke und werden auch erst ab dieser Position wirksam. Im weiteren Verlauf des Workshops werden Sie das noch nachvollziehen können.

4 *Zweite Animation aktivieren*

Genau an dieser Stelle soll aber gleichzeitig damit begonnen werden, den oberen Videoclip zu verschieben. Aktivieren Sie deshalb auch das Stoppuhr-Symbol ANIMATION AKTIVIEREN/DEAKTIVIEREN vor POSITION.

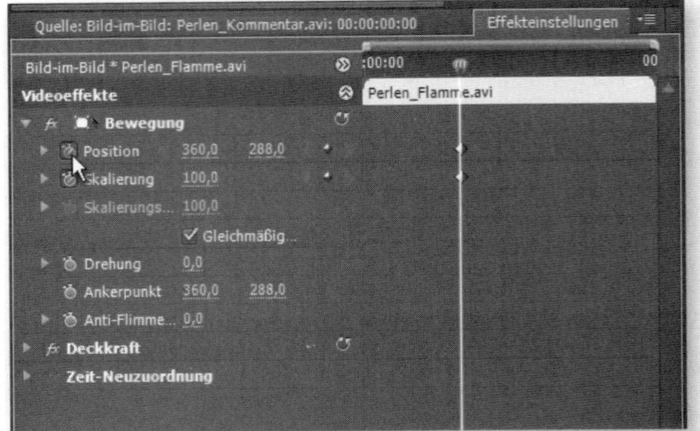

Abbildung 9.15 ▶
Wir verschieben den oberen Videoclip.

5 *Sichere Ränder einschalten*

Haben Sie sich schon mit dem Thema »Overscan« vertraut gemacht (siehe Kapitel 2, »Fachkunde – Das sollten Sie wissen«)? Dann wissen Sie ja bereits, dass auf einem TV-Monitor nicht das gesamte Bild sichtbar ist. Für die bevorstehende Verschiebe-Aktion ist es daher hilfreich, wenn Sie im Programmmonitor die »sicheren Ränder« einschalten. Im nächsten Schritt können Sie sich dann nämlich prima am inneren Rechteck orientieren – gewissermaßen als Positionierungshilfe.

Abbildung 9.16 ▶
Lassen Sie sich die sicheren Ränder anzeigen.

6 *Einfügemarke exakt positionieren*

Bringen Sie nun die Einfügemarke exakt zwei Sekunden weiter nach rechts. Hier können Sie sich übrigens eine löbliche Eigenschaft Ihrer Software zunutze machen. Sie kann nämlich rechnen! Geben Sie deshalb den folgenden Timecode entweder unten links im Fenster EFFEKTEIN-

STELLUNGEN ❶, im Programmmonitor ❷ oder aber im Schnittfenster ❸ ein: »+200«. Danach bestätigen Sie mit OK.

◄ **Abbildung 9.17**
Positionieren Sie nun die Einfügemarke.

7 *Position und Skalierung verändern*

Damit befinden Sie sich genau an der Stelle, an der sowohl die POSITION als auch die SKALIERUNG beendet sein soll (00:00:06:14). Klicken Sie einmal kurz auf das Hot-Text-Steuerelement SKALIERUNG innerhalb der Effekteinstellungen (die orangefarbene Zahl), und geben Sie »40« ein. Bestätigen Sie das mit [↵]. Sie sehen, dass rechts erneut ein Keyframe hinzugefügt wurde.

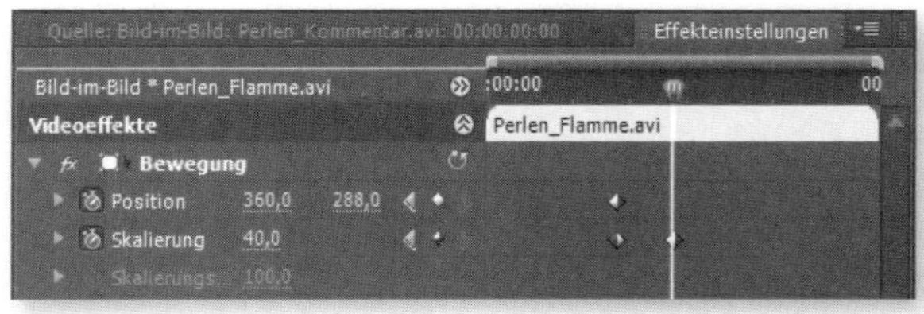

◄ **Abbildung 9.18**
Ein weiterer Keyframe wurde hinzugefügt.

Widmen Sie sich jetzt den Positions-Steuerelementen, und sorgen Sie dafür, dass das Video unten rechts im inneren Rahmen der »sicheren Ränder« sitzt. Um dies zu erreichen, müsste die x-Position mit etwa 500 und die y-Position mit etwa 400 festgelegt werden. Vergleichen Sie das mit Abbildung 9.19. Premiere Pro CS4 erlaubt übrigens mittlerweile den Sprung von einem Eingabefeld ins nächste. Gehen Sie also so vor, dass Sie zunächst den linken der beiden Werte anklicken, dort »500« eingeben, dann [⇆] drücken, im zweiten Feld »400« eintippen und das Ganze mit [↵] beenden.

Abbildung 9.19 ▲
Das Video soll im inneren Rahmen der »sicheren Ränder« sitzen.

In Sachen Positionierung und Skalierung ist jetzt bereits alles erledigt. Schauen Sie sich das Video an ([Pos1] bzw. [↖] gefolgt von einem Druck auf die Leertaste). Im nächsten Workshop sollten Sie allerdings noch dafür sorgen, dass der Clip am Schluss sanft ausgeblendet wird. Schalten Sie die sicheren Ränder wieder aus, wenn sie stören.

8 *Optional: Vorschau erzeugen*

Sollte die Wiedergabe nicht flüssig laufen, rendern Sie eine Vorschau, indem Sie [↵] drücken.

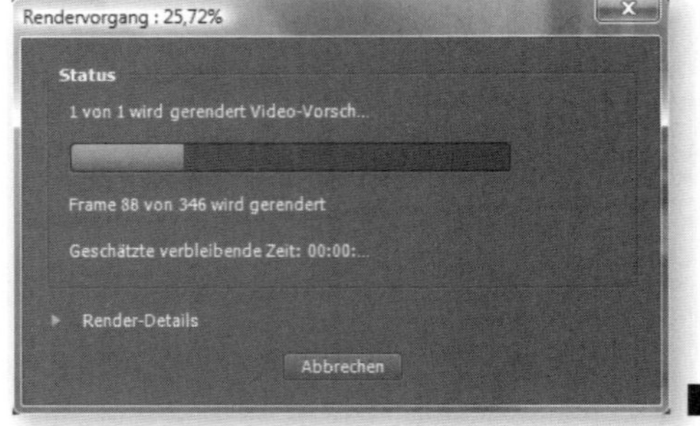

Abbildung 9.20 ▶
Während des Berechnungsvorgangs zeigt sich ein Fenster mit Fortschrittbalken.

■

Schritt für Schritt: Clip-Deckkraft reduzieren

1 *Einfügemarke in den Effekteinstellungen positionieren*

Um die Deckkraft am Schluss des überlagernden Clips zu reduzieren, widmen Sie sich jetzt wieder der Registerkarte EFFEKTEINSTELLUNGEN.

Möglicherweise ist dort auf der rechten Seite die Einfügemarke nicht mehr sichtbar. Das gleichen Sie aus, indem Sie ziemlich weit links auf die kleine Skala klicken.

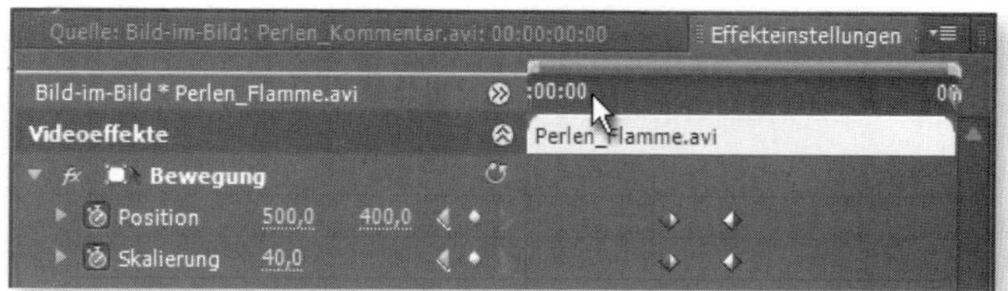

◀ **Abbildung 9.21**
Positionieren Sie die Einfügemarke.

9

2 *Nun die Einfügemarke am Clipende positionieren*

Anschließend betätigen Sie einmal [Bild↓]/[↧] oder klicken im Programmmonitor auf ZUM NÄCHSTEN SCHNITTPUNKT GEHEN. Dies bewirkt, dass die Einfügemarke am Clipende positioniert wird.

3 *Deckkraft herabsetzen*

Markieren Sie den Clip in der Spur VIDEO 1, öffnen Sie die Liste DECKKRAFT im Bedienfeld EFFEKTEINSTELLUNGEN, und setzen Sie diese auf 0 %, gefolgt von [↵].

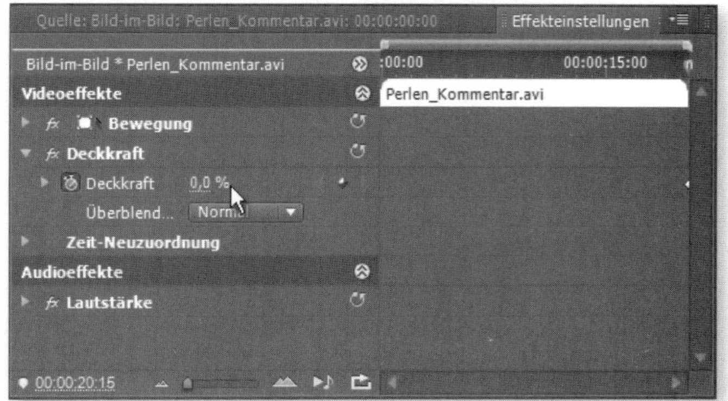

◀ **Abbildung 9.22**
Verändern Sie die Deckkraft.

4 *Deckkraft erhöhen*

Jetzt müssen Sie festlegen, dass genau zwei Sekunden vorher noch die volle Deckkraft des Clips zur Verfügung steht. Geben Sie deshalb über eines der Timecode-Steuerelemente »–200« ein. Die Einfügemarke rückt dann entsprechend nach links.

Hier verändern Sie jetzt die Deckkraft auf die zuvor beschriebene Weise, wobei Sie hier allerdings 100 % Deckkraft festlegen. Im Prinzip haben Sie damit die Animation von hinten nach vorne aufgebaut. Das wäre selbstverständlich auch umgekehrt möglich gewesen; doch wollte ich keinesfalls darauf verzichten, Ihnen zu demonstrieren, dass auch diese Reihenfolge praktikabel ist.

5 *Spur 2 aktivieren*

Beim oberen Clip könnten wir nun genauso vorgehen. Allerdings müssen Sie jetzt zunächst den Spurkopf von VIDEO 2 anklicken, damit er bei Nutzung von [Bild↑]/[⇧] berücksichtigt wird. Klicken Sie dazu einmal auf seine Bezeichnung. Der Spurkopf wird daraufhin hellgrau hinterlegt. Wenn Sie jetzt [Bild↑]/[⇧] betätigen, springt die Einfügemarke an das Ende dieses Clips.

Abbildung 9.23 ▼
Die Einfügemarke springt nur Clips an, deren Spur aktiviert ist.

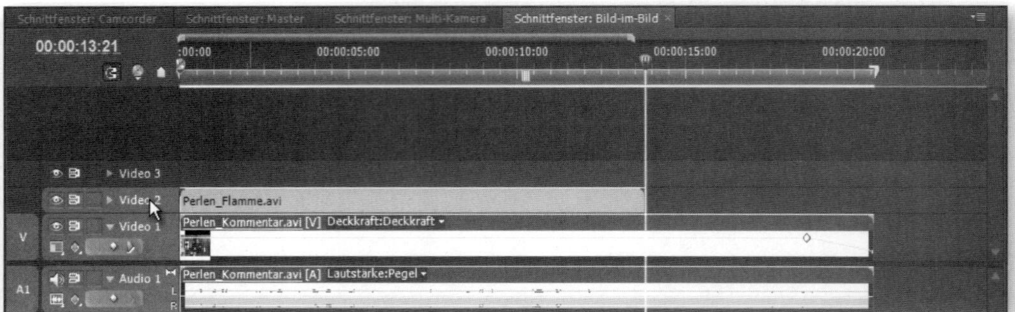

6 *Clip 2 ausblenden*

Bevor Sie jetzt fortfahren, müssen Sie den Clip der Spur VIDEO 2 im Schnittfenster markieren. Danach reduzieren Sie die DECKKRAFT auf 0%, geben in einem geeigneten Timecode-Steuerelement »–200« ein und bestätigen mit OK. Jetzt setzen Sie die DECKKRAFT des Clips wieder auf 100% – und fertig ist die Ausblendung. Wenn Sie die Spur von VIDEO 2 einmal öffnen ❶, sollten auch dort die soeben erzeugten Keyframes zu sehen sein (❷ und ❸).

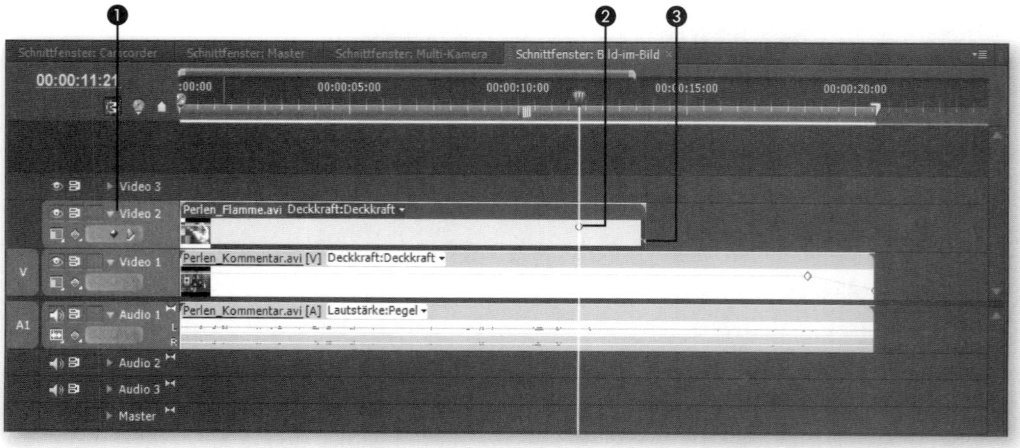

▲ Abbildung 9.24
So sollte das technische Ergebnis dieses Workshops aussehen …

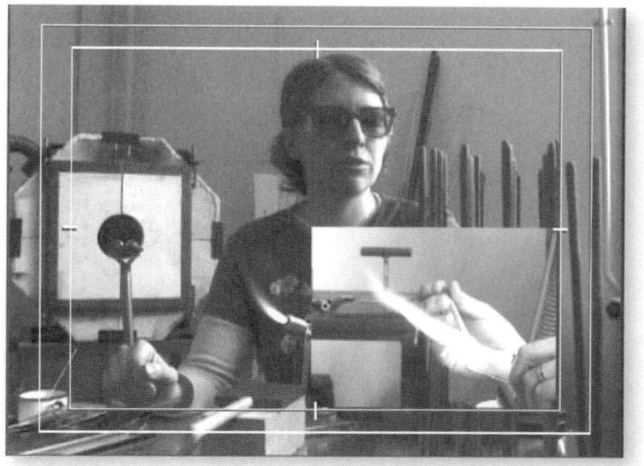

◀ **Abbildung 9.25**
... und so das praktische. ■

Keine Frage – Sie hätten selbstverständlich anstelle der Keyframe-Platzierungen auch Überblendungen (weiche Blende) einsetzen können – zumindest an den Clipenden. Aber hier sollten ja ausdrücklich Keyframes zum Einsatz kommen. Und mit denen geht es ja auch.

9.5 So arbeiten Sie mit Keyframes

Die letzten beiden Workshops haben Ihnen ja bereits die Arbeit mit Keyframes (den so genannten Schlüsselbildern) näher gebracht. Positionieren Sie Keyframes demnach immer dort, wo eine prägnante Änderung der Clip-Attribute eintreten soll. Wenn Sie also eine Bewegung erzeugen wollen, benötigen Sie mindestens zwei Keyframes. Das erste setzen Sie an die Stelle, an der die Bewegung beginnen soll, während das zweite am Ende der Bewegung platziert wird. Die Bilder dazwischen erzeugt Premiere Pro für Sie.

9.5.1 Keyframes verschieben

Nun kann es sein, dass Sie das eine oder andere Schlüsselbild (Keyframe) verschieben wollen, um die Start- oder Endzeit Ihrem Video genauer anzupassen. In diesem Fall können Sie die kleinen Rauten per Drag & Drop verschieben. Das selektierte Schlüsselbild wählen Sie wieder ab, indem Sie auf eine freie Stelle außerhalb der Keyframes klicken.

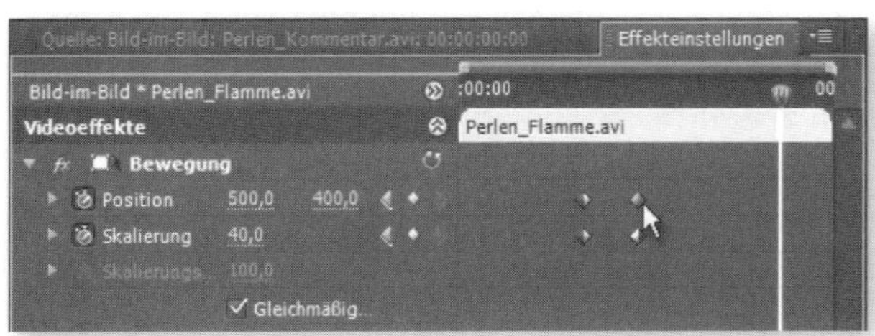

◀ **Abbildung 9.26**
Keyframes lassen sich ganz einfach verschieben.

Oftmals werden Sie mehrere Keyframes gleichzeitig verschieben wollen. Im vorliegenden Fall wäre es z. B. ratsam, die Schlüsselbilder für POSITION und SKALIERUNG gemeinsam zu markieren. Das erreichen Sie, indem Sie die Maus außerhalb der Keyframes ansetzen und um beide einen Rahmen ziehen. Wenn Sie anschließend auf einen der Keyframes klicken und die Maustaste gedrückt halten, können Sie alle markierten gleichzeitig verschieben.

Abbildung 9.27 ▶ Mit Hilfe eines aufgezogenen Rahmens lassen sich mehrere Keyframes gleichzeitig markieren.

Keyframes löschen

Zum Entfernen eines Keyframes markieren Sie ihn und drücken [Entf] bzw. [←]. Alternativ dazu können Sie das Kontextmenü öffnen und hier den Eintrag LÖSCHEN wählen.

9.5.2 Zu Keyframes springen

In den Spalten der Effekteinstellungen befinden sich weitere Steuerelemente, mit denen es möglich ist, Keyframes zu setzen, sie wieder zu entfernen oder den nächsten bzw. vorhergehenden anzuspringen.

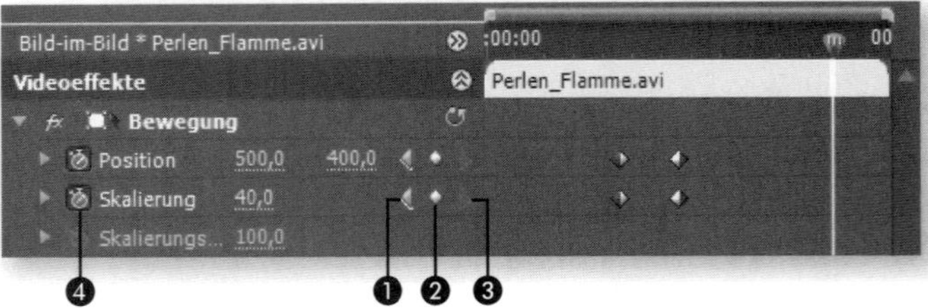

Abbildung 9.28 ▶ Nutzen Sie die Keyframe-Optionen in den Effekteinstellungen.

- ❶ **Zum vorherigen Keyframe gehen** – sucht von der Einfügemarke ausgehend das zurückliegende Schlüsselbild auf. Diese Funktion steht nur dann zur Verfügung, wenn vor der Einfügemarke noch ein Keyframe vorhanden ist.
- ❷ **Keyframe hinzufügen/entfernen** – fügt an der aktuellen Position der Einfügemarke einen Keyframe ein, sofern dort noch keiner vorhanden ist. Befindet sich die Einfügemarke auf einem Keyframe, wird dieser hingegen gelöscht.

❸ **Zum nächsten Keyframe gehen** – sucht von der Einfügemarke ausgehend den nächsten Keyframe auf. Diese Funktion steht nur dann zur Verfügung, wenn hinter der Einfügemarke noch ein Keyframe vorhanden ist.

❹ **Animation aktivieren/deaktivieren** – schaltet die Animation ein. Betätigen Sie die Schaltfläche bei aktiver Animation, werden (nach entsprechender Kontrollabfrage) sämtliche Keyframes dieser Zeile gelöscht.

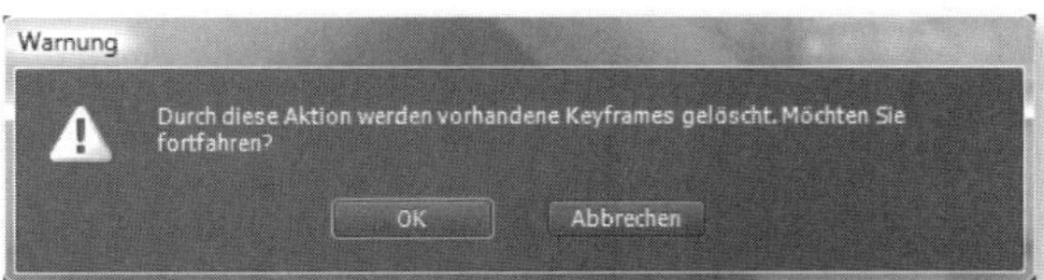

◄ **Abbildung 9.29**
Hier fragt Premiere Pro lieber noch einmal nach.

9.5.3 Keyframes kopieren

Mitunter werden identische Keyframes mehrfach benötigt. Diese können Sie ganz einfach (nachdem sie markiert wurden) mit Strg/⌘+C in die Zwischenablage befördern. Bringen Sie anschließend die Einfügemarke an die gewünschte Stelle, und betätigen Sie Strg/⌘+V, was zur Folge hat, dass die Keyframe-Kopien dort eingefügt werden. Das Gleiche ist übrigens mit Hilfe der Einträge KOPIEREN und EINFÜGEN aus dem Kontextmenü möglich, wenn Sie dieses auf einem Keyframe öffnen.

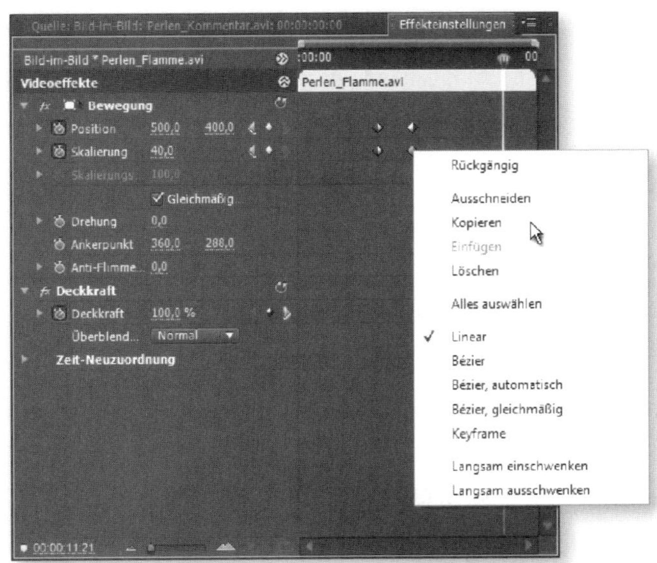

◄ **Abbildung 9.30**
Das Kontextmenü gestattet ebenfalls das Kopieren und Einfügen.

9.5.4 Keyframes auf andere Clips übertragen

Stellen Sie sich vor, Sie arbeiten mit einem recht umfangreichen Projekt und wollen einen soeben erzeugten Effekt an zahlreichen anderen

Stellen mit denselben Parametern wiederholen. Dann wäre es ja nicht gerade prickelnd, wenn Sie die Keyframes für jeden relevanten Clip erneut erzeugen und anschließend einstellen müssten.

In diesem Fall ist es sinnvoll, die Bewegungsparameter zu kopieren. Klicken Sie dazu auf die entsprechende Zeile (entweder BEWEGUNG oder DECKKRAFT), und kopieren Sie sämtliche dazugehörigen Keyframe-Attribute auf die zuvor beschriebene Weise (Kontextmenü oder Tastenkombination). Das geht natürlich auch mit mehreren Zeilen. Dazu müssen Sie dann allerdings Strg/⌘ gedrückt halten. So ist es beispielsweise möglich, die Bewegung und die Zeit-Neuzuordnung zu kopieren und die Deckkraft dabei außen vor zu lassen. Anschließend markieren Sie den nächsten Clip im Schnittfenster und fügen die Attribute ein – fertig ist die Parameterkopie.

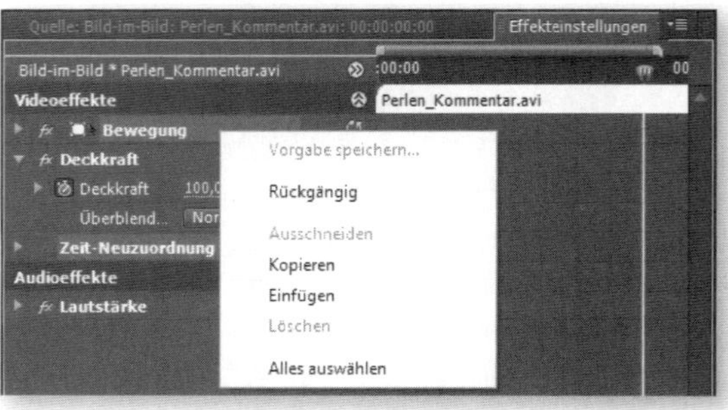

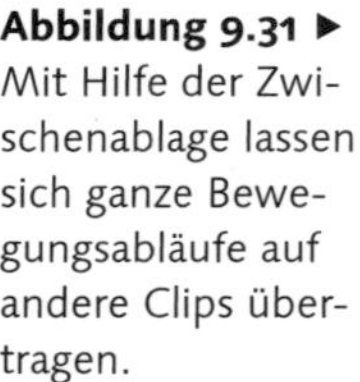
Abbildung 9.31 ▶
Mit Hilfe der Zwischenablage lassen sich ganze Bewegungsabläufe auf andere Clips übertragen.

9.5.5 Keyframe-Vorgaben speichern

Noch interessanter ist die Möglichkeit, derartige Parameter dauerhaft als Vorgabe zu sichern. Klicken Sie auch hier die Zeile wieder mit rechts an, und entscheiden Sie sich für VORGABE SPEICHERN. Im folgenden Dialog können Sie u. a. einen Namen sowie eine Beschreibung vergeben.

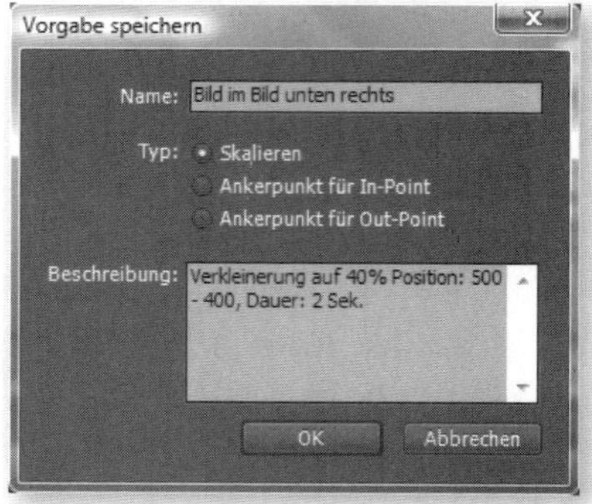

Abbildung 9.32 ▶
Benennen Sie die Vorgabe entsprechend.

Wenn Sie jetzt auf das Effekte-Bedienfeld wechseln und den obersten Ordner VORGABEN öffnen, werden Sie die soeben gespeicherten Attribute wiederfinden. Zeigen Sie auf den Eintrag, um die soeben hinzugefügte Beschreibung in Form einer QuickInfo anzeigen zu lassen. Wenn Sie diese Vorgaben nun auf andere Clips übertragen wollen – Sie ahnen es –, geschieht das wieder per Drag & Drop. Einfach die Vorgabe auf den Clip ziehen – fertig.

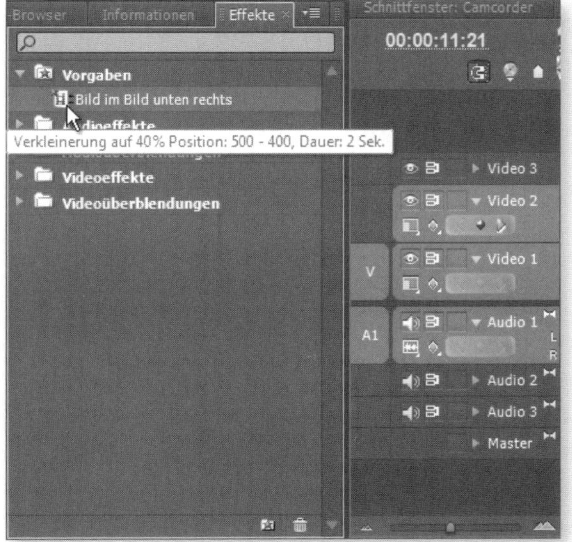

◀ **Abbildung 9.33**
Hier geht nichts verloren: Die Vorgaben werden im Effekte-Bedienfeld gelistet.

9.5.6 Effekte auf mehrere Clips anwenden

Leider ist es nicht möglich, mehreren im Schnittfenster markierten Clips in einem Arbeitsgang die gleichen Effekte zuzuweisen. Das Effekteinstellungen-Bedienfeld bleibt nämlich leer, sobald Sie mehr als einen Clip markieren. Wenn Sie allerdings erst einmal eine Effektvorgabe erzeugt haben, dann lässt sich diese auf mehrere Clips gleichzeitig anwenden. Und so geht's: Legen Sie zunächst eine Vorgabe an, und markieren Sie anschließend im Schnittfenster alle Clips, die mit dieser Effektvorgabe versehen werden sollen. Jetzt ziehen Sie die Vorgabe aus dem Vorgabenordner heraus und lassen sie auf einem der markierten Clips fallen. Die anderen Clips werden jetzt ebenfalls mit den Einstellungen bedacht.

9.5.7 Vorgaben und Effekte löschen

Wenn Sie einen einzelnen Effekt aus einem Clip löschen wollen, markieren Sie die entsprechende Zeile in den Effekteinstellungen und wählen entweder aus dem Bedienfeld-Menü AUSGEWÄHLTEN EFFEKT LÖSCHEN oder drücken [Entf] bzw. [←]. Das funktioniert allerdings nur bei Standardeffekten. Die fixierten Effekte können nicht gelöscht, sondern lediglich zurückgesetzt werden. Dazu benutzen Sie die Schaltfläche ganz rechts in der Zeile.

Vorgaben löschen Sie, indem Sie die Vorgabe markieren und unten rechts im Effekte-Bedienfeld auf das Papierkorb-Symbol klicken.

9.5.8 Keyframe-Pfade ändern

Die letzten beiden Workshops haben gezeigt, dass Sie einen Clip im wahrsten Sinne des Wortes über den Bildschirm »fliegen« lassen können. So weit, so gut. Was aber, wenn das Ganze nicht schnurgerade, sondern vielleicht in einer Kurvenlinie erfolgen soll? Wie Sie das realisieren, eignen Sie sich am besten wieder in Form eines Workshops an.

Schritt für Schritt: Bewegungspfade ändern

1 *Projekt vorbereiten*

Als Grundlage benötigen Sie die beiden vorangegangenen Workshops, zumindest jedoch den vorletzten. Sollten Sie sich nicht die Mühe gemacht haben, diese nachzubauen, öffnen Sie die Datei »09_Bild-im-Bild_CS4.prproj«, die Sie im Beispielordner zu diesem Kapitel finden. Wenn Sie nach dem Speicherort einer der Dateien gefragt werden (siehe Kopfleiste: Wo ist die Datei »Perlen_Kommetar.avi«?), navigieren Sie zum Ordner KAPITEL_09, markieren diese Datei dort und bestätigen das Ganze mit einem Klick auf AUSWÄHLEN.

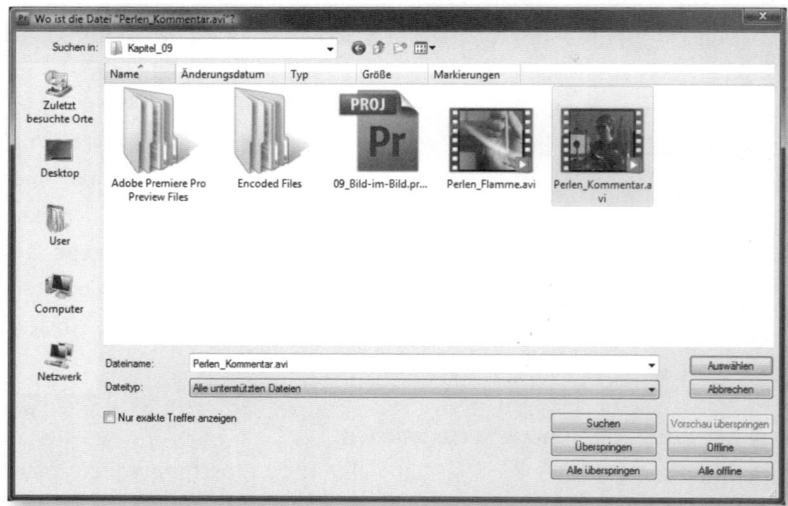

Abbildung 9.34 ▸
Stellen Sie den korrekten Pfad wieder her.

2 *Einfügemarke platzieren*

Doppelklicken Sie auf die SEQUENZ 01, und markieren Sie den Clip auf VIDEO 2. Öffnen Sie dann die Registerkarte EFFEKTEINSTELLUNGEN, und stellen Sie die Einfügemarke auf den letzten Positions-Keyframe. Das erreichen Sie, indem Sie in der Zeile POSITION oder SKALIERUNG die Tasten ZUM VORHERIGEN KEYFRAME GEHEN bzw. ZUM NÄCHSTEN KEYFRAME GEHEN benutzen.

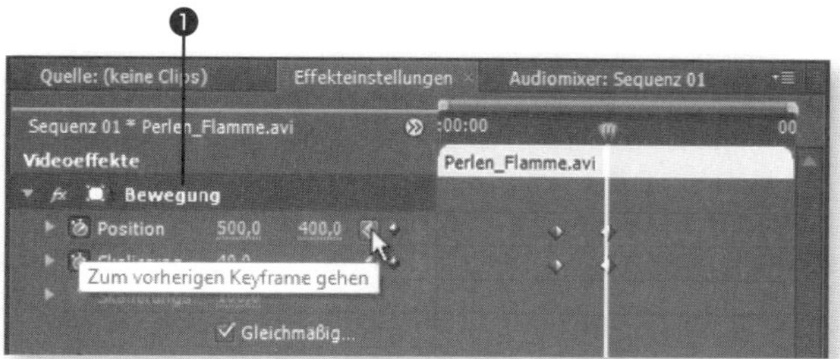

◀ **Abbildung 9.35**
Taste ZUM VORHERIGEN KEYFRAME GEHEN

9

3 *Bewegungspfad aktivieren*

Klicken Sie anschließend oberhalb auf die Zeile BEWEGUNG ❶. Alternativ dazu können Sie auch direkt auf den kleinen Clip innerhalb des Programmmonitors klicken. Was Sie jetzt in Form einer gepunkteten Linie ❸ sehen, entspricht genau dem Pfad, auf dem das Video entlangläuft. Der Kreis in der Mitte dieses Clips ❹ symbolisiert die Position des letzten Keyframes (auf dem Sie sich gerade befinden), während das kleine Kreuz ❷ den Startpunkt der Animation wiedergibt.

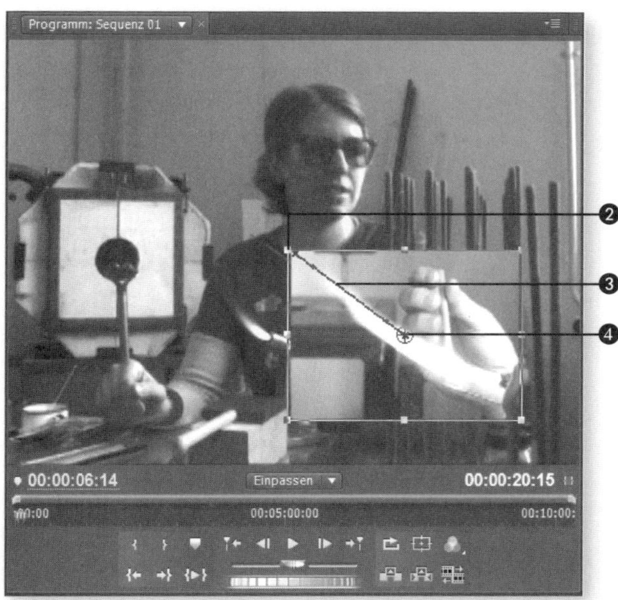

◀ **Abbildung 9.36**
Bewegungspfad aktivieren

4 *Ansicht vergrößern*

Falls Ihnen die aktuelle Ansicht zu klein ist, rücken Sie doch die Arbeitsfläche dahingehend zurecht, dass Sie dem Programmmonitor mehr Platz einräumen. Unterhalb des Videobildes können Sie noch auf den Eintrag

Einpassen klicken und dort einen Vergrößerungswert festlegen. 100 % sollten es schon sein. Daraufhin werden rechts unten Scrollleisten zugänglich, mit deren Hilfe Sie den verkleinerten Videoclip in die Mitte des Ausschnitts rücken können.

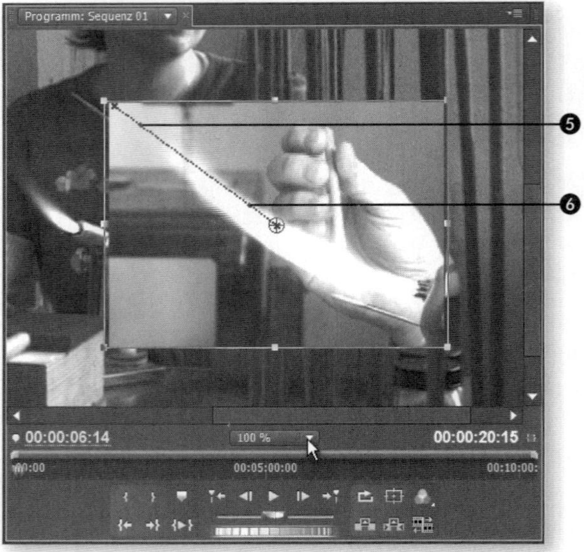

Abbildung 9.37 ▶
Diese Größe muss sein.

Hand-Werkzeug benutzen

Alternativ zur Benutzung der Scrollleisten können Sie auf das Hand-Werkzeug H umschalten und dann den Ausschnitt mit gedrückter Maustaste innerhalb des Programmmonitors bewegen. Falls Sie geneigt sind, das Hand-Werkzeug durch Drücken der Leertaste (wie z. B. in Adobe Photoshop) vorzunehmen, bedenken Sie, dass das hier nicht funktioniert. Die Leertaste spielt lediglich die Sequenz ab. Hinzu käme im vorliegenden Fall noch, dass Sie sich dann nicht mehr auf den Keyframes befinden.

5 *Keyframes im Schnittfenster bearbeiten*

Nur am Rande sei erwähnt, dass Sie sowohl das X ❷ als auch den Kreis ❹ per Drag & Drop verschieben könnten. Damit ließen sich Start- bzw. Endpunkt neu positionieren. Diese sollen aber im vorliegenden Fall bleiben, wo sie sind; lediglich der Pfad soll geändert werden.

Schauen Sie noch einmal genau auf die gepunktete Linie. Ein wenig außerhalb des Start- und Endpunkts finden Sie zwei kleine Anfasser (die so genannten **Tangenten-Anfasser** ❺ und ❻), die sich mit gedrückter Maustaste herausziehen lassen. Probieren Sie das mit dem unteren ❻, indem Sie ihn nach unten links ziehen ❼. Achten Sie darauf, dass dazu das Verschieben-Werkzeug V aktiv sein muss.

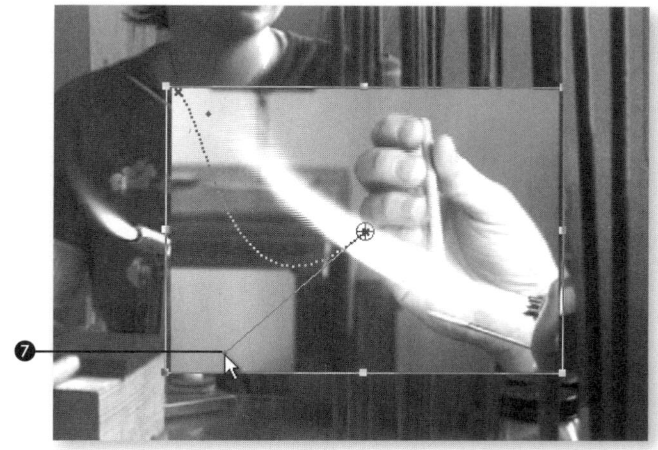

◀ **Abbildung 9.38**
Die untere Tangente wird herausgezogen.

6 *Video abspielen*

Passen Sie das Schnittfenster wieder ein, bringen Sie die Einfügemarke an den Anfang des Schnittfensters (Pos1 bzw. ↖), und spielen Sie das Video ab (Leertaste). Gefällt es Ihnen? Sobald Sie anhalten, indem Sie abermals die Leertaste drücken, wird der Pfad wieder sichtbar.

◀ **Abbildung 9.39**
Der Kreis bewegt sich über den Bewegungspfad. ■

9.5.9 Vorsicht bei Bewegungsveränderungen!

Wenn Sie nachträglich Änderungen an dem Pfad vornehmen wollen, sollten Sie unbedingt darauf achten, dass Sie sich auf einem Keyframe befinden. Benutzen Sie deshalb unbedingt vorab die Tasten Zum nächsten Keyframe gehen oder Zum vorherigen Keyframe gehen. Damit stellen Sie sicher, dass sich die Einfügemarke nicht zwischen zwei Keyframes befindet. Das hätte nämlich bei einer anschließenden Änderung der Parameter zur Folge, dass nicht der Pfad zwischen den beiden vorhandenen Keyframes korrigiert würde, sondern an genau dieser Position ein weiteres Schlüsselbild eingefügt würde. Zur Platzierung eines Keyframes reicht es nämlich, wenn Sie die Einfügemarke an eine Position setzen, an der sich aktuell noch kein Keyframe befindet, und danach einen Bewegungsparameter verändern. Damit wäre aber der gesamte Bewegungsablauf verändert. Die Animation findet jetzt nicht mehr zwischen zwei, sondern zwischen drei Keyframes statt.

Besonders fatal ist das, wenn Sie die Position eines Keyframes durch Verschieben der Einfügemarke ausfindig machen wollen. Wenn Sie auch nur ein einziges Bild daneben liegen, wird nicht das gewünschte Schlüsselbild bearbeitet, sondern ein neues erzeugt (ein Bild daneben). Und das fällt meist noch nicht einmal auf, da die Keyframe-Rauten in den Effekteinstellungen fast deckungsgleich übereinander liegen. Nur bei genauem Hinsehen kann man feststellen, dass es sich hier in Wahrheit um zwei Keyframes handelt. Die Folge wäre, dass das Bild springt, da jetzt theoretisch eine Bewegungsanimation von 1/25 Sekunde Dauer erzeugt worden wäre.

Abbildung 9.40 ▶ Schwer zu sehen, aber mit verheerenden Folgen: Hier liegen zwei Keyframes direkt nebeneinander.

9.6 Zeitabläufe neu zuordnen

Kommen wir jetzt, wie versprochen, zur Funktion Zeit-Neuzuordnung. Sie gestattet es Ihnen, bestimmte Bereiche eines Clips schneller oder langsamer ablaufen zu lassen als den Rest des Streifens. Sie kennen diese Technik sicher aus zahllosen TV-Spots oder Spielfilmen. Auch die Werbeindustrie ist (spätestens seit »Matrix«) davon angetan – und eine Zeit lang wurde der Effekt geradezu überstrapaziert. Schade eigentlich, denn das hat schon was, wenn der Fußballer (in Normalgeschwindigkeit) zum Ball hechtet, um ihn dann mit äußerster Präzision Volley zu nehmen – und zwar in Zeitlupe. Wenn er den Schuss dann vollendet hat, kehrt er wie von Geisterhand wieder zur normalen Geschwindigkeit zurück.

Schritt für Schritt: Eine Zeitlupe erzeugen

Einen solchen Zeitlupen-Effekt wollen wir nun ebenfalls realisieren.

1 *Neue Sequenz erzeugen*

Legen Sie doch einmal den Clip »Perle_11.avi« in eine eigene, neue Sequenz (DV-PAL • STANDARD 48KHZ). Falls Sie gerade das Beispielprojekt des Buchs geöffnet haben, schauen Sie im Ordner BAND A1 nach, oder benutzen Sie die Suchfunktion des Projektfensters, um den Clip ausfindig zu machen. Wenn Sie ein neues Projekt erzeugen wollen, müssen Sie im Ordner GECKO-GLAS danach Ausschau halten.

2 *Film ansehen*

Lassen Sie den Film abspielen. Es würde sich anbieten, die Geschwindigkeit in jenem Moment zu verlangsamen, in dem Bettina die Perle aus dem Feuer nimmt. Wenn der Clip am Sequenz-Anfang liegt, dürfte das etwa bei Position 00:00:01:20 der Fall sein.

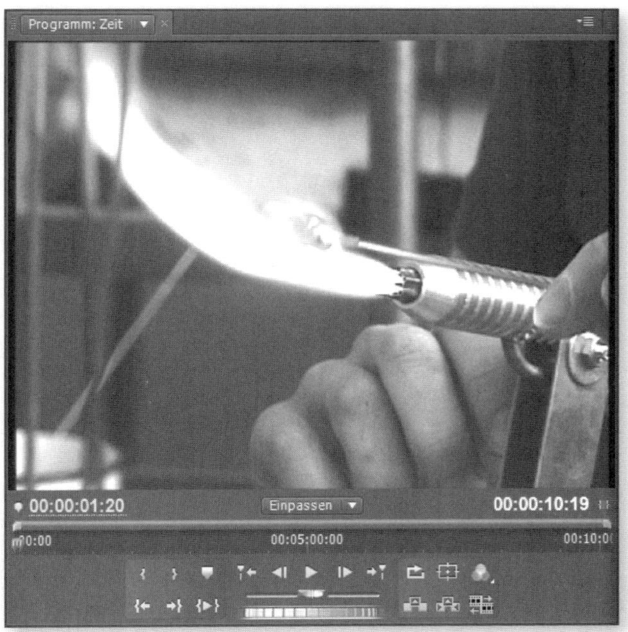

◀ **Abbildung 9.41**
Hier soll der Einstieg in die Zeitlupe vollzogen werden.

3 *Effekteinstellungen vorbereiten*

Markieren Sie den Clip im Schnittfenster, und widmen Sie sich dem Fenster EFFEKTEINSTELLUNGEN. Öffnen Sie die Liste ZEIT-NEUZUORDNUNG, indem Sie das vorangestellte Dreieck-Symbol ❶ anklicken. Auch die darunter befindliche Liste GESCHWINDIGKEIT ❷ sollten Sie öffnen.

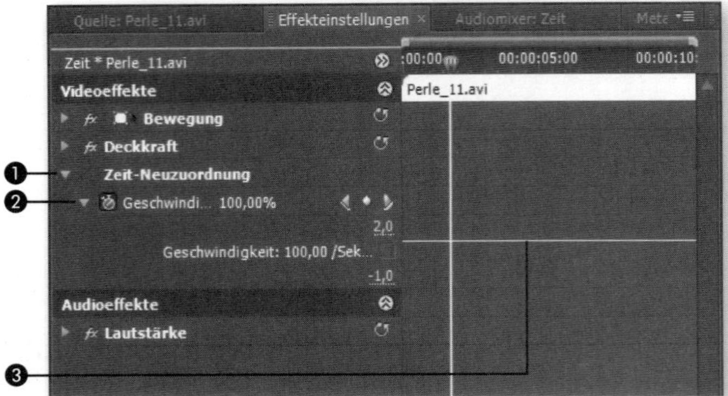

Abbildung 9.42 ▶ Die Geschwindigkeitskurve ❸ ist jetzt zu sehen.

4 *Keyframe hinzufügen*

Was sich dort so elegant und schwarz von links nach rechts erstreckt ❸, ist die Geschwindigkeitskurve. Zugegeben: Momentan ist das noch eine Gerade, aber das wird sich gleich ändern. Klicken Sie auf den Button KEYFRAME HINZUFÜGEN/ENTFERNEN ❺, der sich in der Zeile GESCHWINDIGKEIT befindet. Sofort wird ein Keyframe erzeugt ❻. Damit haben Sie erreicht, dass Sie die Geschwindigkeit genau ab diesem Punkt manipulieren können. Hätten Sie den Punkt nicht gesetzt, könnten Sie die Geschwindigkeit lediglich für den gesamten Clip verändern.

5 *Geschwindigkeit verringern*

Stellen Sie jetzt den Mauszeiger auf die horizontale, weiße Linie. (Sollten Sie eine sehr helle Arbeitsoberfläche gewählt haben, ist diese Linie möglicherweise schwarz.) Achten Sie aber bitte darauf, dass Sie sich rechts vom soeben erzeugten Keyframe befinden. Wenn der Mauszeiger zu einem Doppelpfeil mutiert, haben Sie die Position erreicht, an der Sie die Linie verformen können. Ziehen Sie die Linie nach unten ❼, wobei Sie beobachten sollten, welcher Wert neben der Geschwindigkeit angezeigt wird ❹. Lassen Sie die Maustaste los, wenn hier ca. 20% gelistet werden.

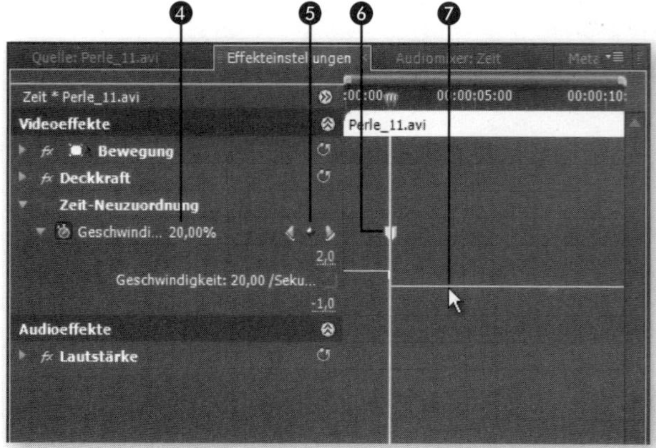

Abbildung 9.43 ▶ Auch die Geschwindigkeit lässt sich mit Keyframes manipulieren.

6 *Geschwindigkeit erhöhen*

Sie sehen, dass Ihr Keyframe gleich etwas nach links gesprungen ist, als Sie losgelassen haben. Das liegt daran, dass sich die Cliplänge innerhalb der Timeline geändert hat. Immerhin haben Sie ja dessen Geschwindigkeit verändert.

Scrubben Sie nun weiter nach rechts, bis die Perle wieder in die Flamme gehalten wird. Wenn Sie an Position 00:00:04:02 angelangt sind, haben Sie die ideale Position für den nächsten Geschwindigkeitswechsel erreicht. Setzen Sie auch hier einen Keyframe, und platzieren Sie den Mauszeiger anschließend wieder auf der weißen Linie. Bleiben Sie abermals rechts vom gerade erzeugten Keyframe. Ziehen Sie die Linie nach oben, bis wieder eine Geschwindigkeit von 100% angezeigt wird.

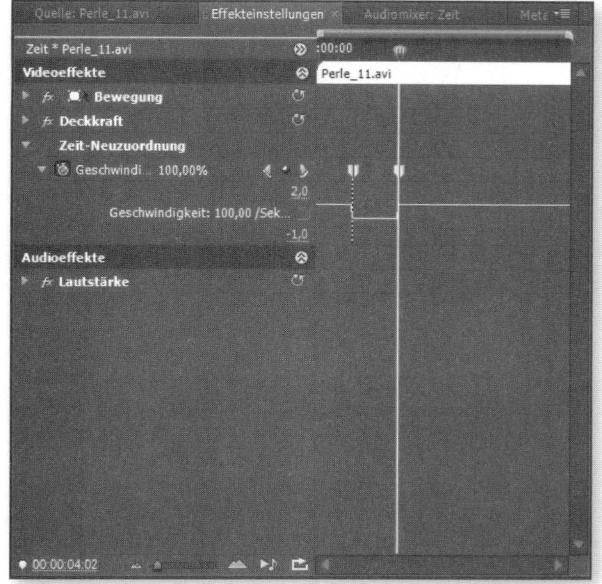

◂ **Abbildung 9.44**
Die Manipulation der Geschwindigkeit ist beendet.

7 *Clip kürzen*

Kürzen Sie den Clip jetzt noch an Position 00:00:06:13 ein, und rendern Sie eine Vorschaudatei, indem Sie [↵] drücken. Den fertigen Film finden Sie im Ordner ERGEBNISSE der Beispieldateien. Er trägt den Namen »Zeitverzerrung.mp4« bzw. »Zeitverzerrung.avi«. ■

9.6.1 Keyframe-Übergänge schaffen

Das sieht zwar schon ganz nett aus, aber so richtig ausgereizt ist damit die Funktion der Zeit-Neuzuordnung noch nicht. Denn das, was wir bislang erreicht haben, hätten wir auch mit einigen Schnitten und der Funktion GESCHWINDIGKEIT/DAUER erreichen können. Nicht so komfortabel zwar, doch wäre es realisierbar gewesen. Deshalb soll noch ein Workshop her:

Schritt für Schritt: Geschwindigkeitsübergänge erzeugen

Das Highlight dieser Methode ist nämlich, dass Sie auch Übergänge zwischen den verschiedenen Geschwindigkeiten gestalten können. – Sehen Sie sich einen der beiden Keyframes einmal genauer an: So ein Frame besteht nämlich aus zwei nebeneinander angeordneten Hälften. Wenn Sie jetzt an einer Hälfte ziehen, bleibt die andere stehen.

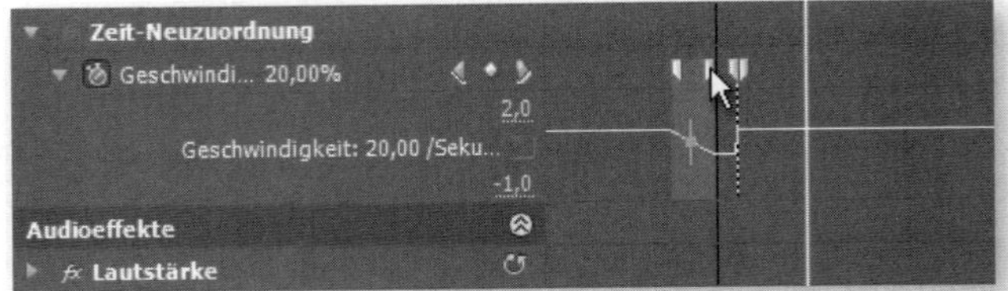

Abbildung 9.45 ▸
Auch die Übergänge können noch individuell geformt werden.

Gleich unterhalb zeigen sich seltsame blaue Punkte. Da diese aber wieder verschwinden, wenn Sie die Maustaste loslassen, klicken Sie eine Hälfte des Keyframes erneut an. Danach sollten die Punkte dauerhaft sichtbar bleiben.

1 *Weiche Übergänge formen*

Platzieren Sie die Maus jetzt auf einem der Punkte (wir entscheiden uns hier für den unteren), und verschieben Sie diesen nach rechts. Formen Sie aus der weißen Linie eine weiche Kurve. Das hat in der späteren Animation zur Folge, dass sich die Geschwindigkeit nicht abrupt ändert, sondern allmählich angepasst wird. Achten Sie bei dieser Aktion darauf, dass Sie den Punkt nur dann verziehen können, wenn Sie ihn zuvor genau angeklickt haben. Dass die korrekte Position erreicht ist, wird durch ein kleines Kreis-Symbol am Mauszeiger verdeutlicht. Sollten Sie klicken, wenn dieser Kreis nicht angezeigt wird, heben Sie lediglich die Keyframe-Auswahl auf. In diesem Fall markieren Sie den halben Keyframe zunächst wieder, ehe Sie es erneut versuchen.

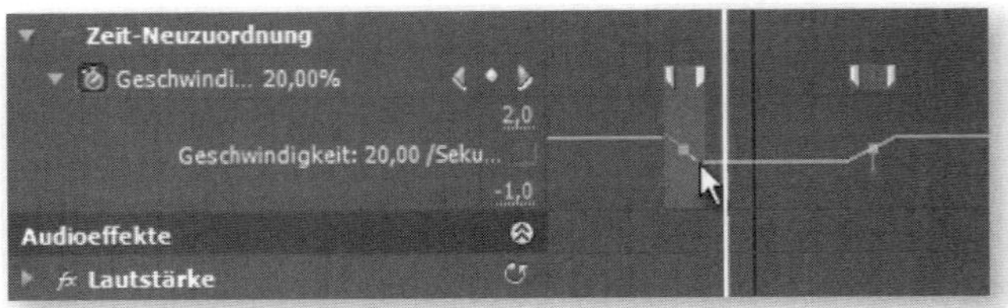

Abbildung 9.46 ▸
Mit dieser Einstellung wird der Geschwindigkeitsübergang linear.

Lassen Sie den Clip erneut rendern, und vergleichen Sie das Ergebnis mit dem aus dem vorangegangenen Workshop. Sie werden sehen, dass die Bewegung jetzt nicht abrupt, sondern zunehmend verlangsamt wird. Wenn es nicht deutlich genug wird, ziehen Sie den rechten Teil des Keyframes noch etwas weiter nach rechts.

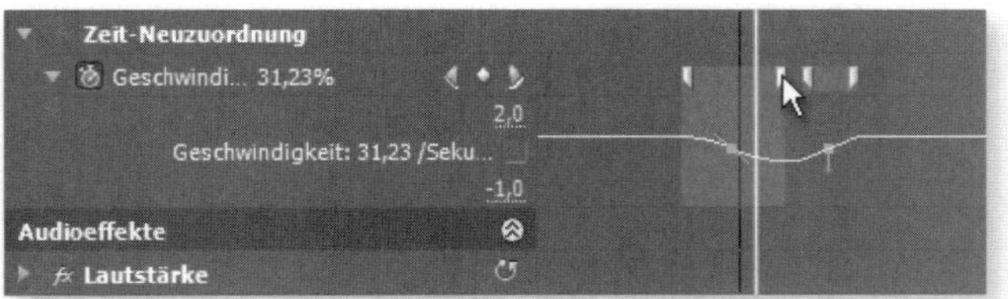

◄ **Abbildung 9.47**
Ziehen Sie den rechten Teil des Keyframes noch etwas herüber. ■

9

9.6.2 Weitere Zeit-Neuzuordnungsfunktionen

Mit Hilfe der Zeit-Neuzuordnungsfunktionen können Sie einen Clip auch schneller abspielen lassen. Dazu müssten Sie die Linie lediglich nach oben ziehen. Eine Verstellung auf 1 % würde hingegen bedeuten, dass das Bild für die Dauer der Zuordnung eingefroren wird. Sie haben innerhalb Ihrer Clips also sämtliche Möglichkeiten der Zeitmanipulation.

Achten Sie jedoch bei dieser Technik darauf, dass der Ton eines Clips nicht von der Zeitverzerrung betroffen ist. Wenn Sie also die Zeit neu zuordnen, sind Audio und Video nicht mehr synchron, da die Clips unterschiedlich lang werden. In der Regel ist das aber auch besser als ein verzerrter Ton. – Und noch etwas ist im Zusammenhang mit der Zeitverzerrung wichtig: Im Schnittfenster nachfolgende Clips machen nicht Platz für die zeitliche Ausdehnung eines zuvor angeordneten Filmschnipsels. Verlangsamen Sie den Clip, kann dieser sich maximal bis zum rechts daneben befindlichen Clip ausdehnen. Aber auch das ist begrüßenswert, weil Sie mit einer solchen Aktion ja sonst den kompletten Timeline-Inhalt ruinieren könnten.

9.6.3 Frame-Blending

Wirklich herausragend ist die Technik, die dahintersteckt. Bei Zeitlupenaufnahmen werden nämlich Bilder in die Szene hineininterpretiert, also hinzugerechnet. In älteren Versionen von Premiere Pro (vor CS3) war es so, dass bei Verwendung einer Zeitverzögerung lediglich dafür gesorgt wurde, dass die einzelnen Bilder länger dargestellt wurden. Die Folge waren Ruckelbilder. Verantwortlich für die soft interpretierten Zeitlupen ist übrigens das Häkchen, das sich hinter CLIP • VIDEO-OPTIONEN • ÜBERBLENDEN VON FRAMES verbirgt. Den Eintrag finden Sie übrigens auch im Kontextmenü. Klicken Sie diesen Befehl an, entfernen Sie damit das Häkchen, und das Frame-Blending ist deaktiviert. Jetzt kommt es zum

Ruckeln – auch wenn Sie den Film erneut berechnen. Aktivieren Sie den Eintrag deshalb am besten gleich wieder.

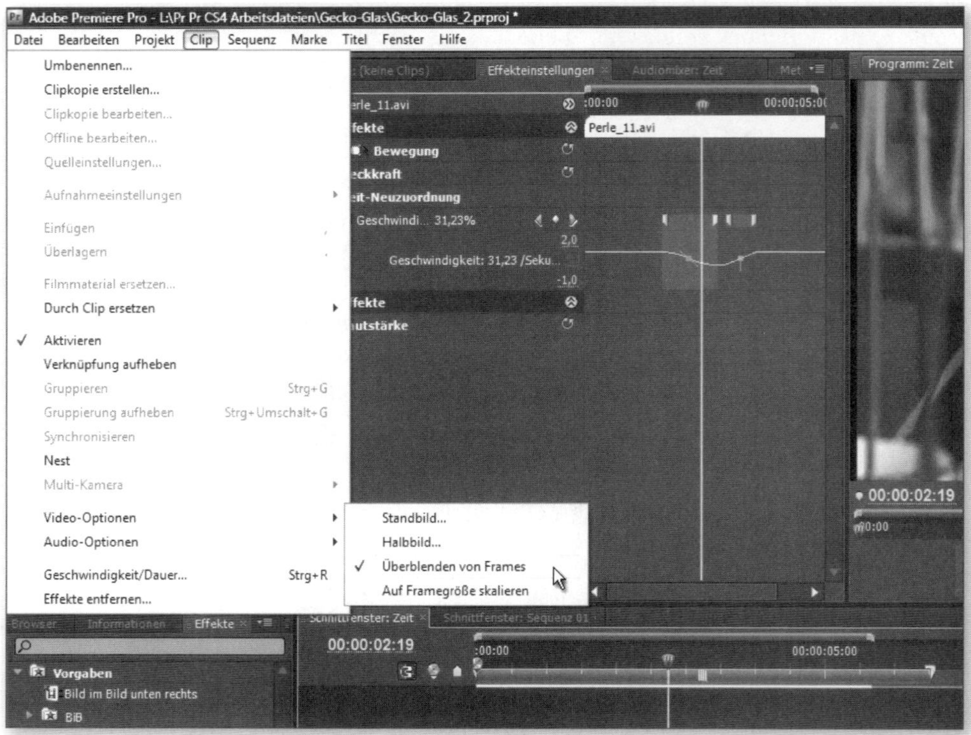

Abbildung 9.48 ▲
»Frame-Blending« war eine Zeit lang nur in After Effects möglich.

Grundsätzlich müssen Sie berücksichtigen, dass die getroffene Einstellung nur für den gerade markierten Clip Gültigkeit hat – und nicht für das gesamte Schnittfenster. Fügen Sie einen weiteren Clip hinzu, den Sie in der Zeit verändern, wird dieser wieder mit aktiviertem Frame-Blending versehen sein.

9.6.4 Bereichsskalierung einstellen

Lassen Sie uns im Bedienfeld Effekteinstellungen noch einmal etwas genauer hinschauen. Mit den links neben der weißen Linie befindlichen, orange eingefärbten Hot-Text-Steuerelementen ❶ und ❸ (sie zeigen 2,0 und –1,0) können Sie einstellen, welcher Geschwindigkeitsbereich innerhalb des Effekteinstellungsfensters angezeigt werden soll (standardmäßig also der Bereich von 2,0-facher Geschwindigkeit, bis hin zu –1,0, was gleichbedeutend ist mit minus 100%, also mit Bewegungslosigkeit). Wollen Sie die Bereichsskalierung verändern, zeigen Sie mit der Maus darauf, klicken den Wert an und ziehen die Maus nach links oder rechts. Denken Sie jedoch daran: Je höher die Werte sind, desto schlechter lassen sich die Veränderungen in der Linienhöhe ausmachen.

Zur besseren Darstellung können Sie aber auch den Steg ❺ verziehen. Stellen Sie dazu die Maus darauf (es zeigt sich ein Doppelpfeil), und ziehen Sie die Linie weit nach unten. Damit Sie nun aber die Kurve wieder einsehen können, sollten Sie auf den Button klicken, der sich zwischen den beiden Werten befindet ❷. Damit setzen Sie die AUTOMATISCHE BEREICHSSKALIERUNG wieder auf die Standardwerte zurück und können jetzt einen wesentlich höheren Kurvenausschlag sehen ❹, der sich demzufolge auch viel besser einstellen lässt. Bedenken Sie aber bitte, dass diese Einstellung lediglich Einfluss auf die grafische Darstellung hat, nicht jedoch auf das Verhalten des Clips.

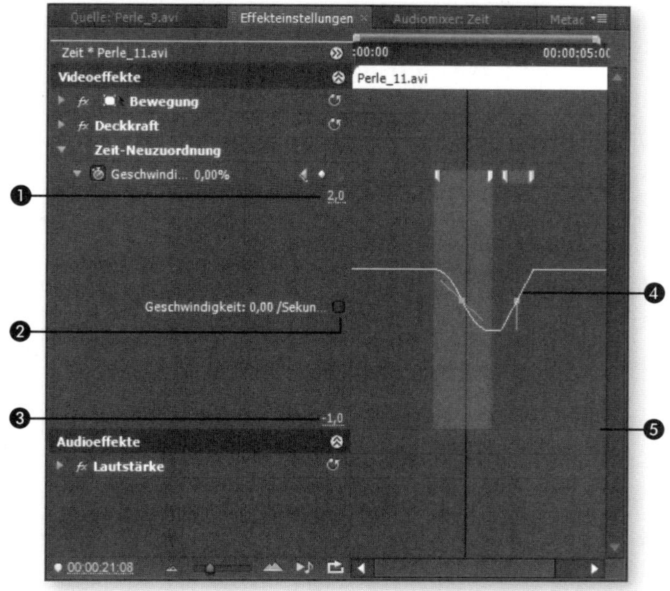

◀ **Abbildung 9.49**
Für diffizile Arbeiten lässt sich die Ansicht in den Effekteinstellungen durchaus noch optimieren.

9.6.5 Keyframes schnell platzieren

Bei der Zeit-Neuzuordnung gibt es zur Platzierung von Keyframes per Taste noch eine alternative Möglichkeit. Halten Sie [Strg]/[⌘] gedrückt, und nähern Sie sich der weißen Linie. Der Mauszeiger mutiert jetzt zur Zeichenfeder und erlaubt das Platzieren von Keyframes direkt auf der Linie.

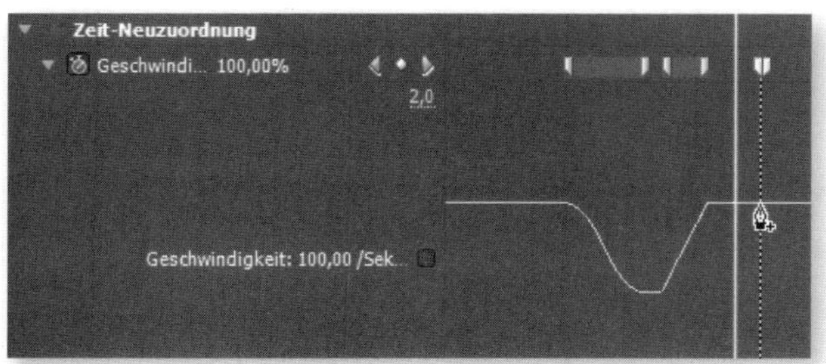

◀ **Abbildung 9.50**
Die Keyframes können auch direkt auf der Linie erzeugt werden.

An dieser Stelle ist ein kleiner Abstecher in das Schnittfenster angesagt. Denn auch hier können Keyframes bearbeitet werden. Wir werden uns aber zu einem späteren Zeitpunkt noch einmal mit der Zeit-Neuzuordnung beschäftigen – und zwar in Abschnitt 9.8, »Palindrom erzeugen«. Dort erfahren Sie dann auch, wie Sie die Zeit rückwärts laufen lassen können. Und warum kommt das nicht jetzt? Ganz einfach; weil Sie dazu mit den Vorgehensweisen in Sachen Keyframing im Schnittfenster vertraut sein sollten. Ansonsten ist dieses Thema nur schwer nachvollziehbar. Der kleine Abstecher ist also nötig – und zudem ausgesprochen interessant.

9.7 Keyframes im Schnittfenster bearbeiten

In den Effekteinstellungen können Sie mit den Keyframes ja sehr komfortabel arbeiten. Wenn es jedoch einmal schnell gehen soll oder wenn Ihnen die Arbeit im Schnittfenster mehr liegt, lässt sich das auch direkt in der Timeline machen.

Besonders, wenn Sie die Zeit-Neuzuordnung bearbeiten wollen, ist es manchmal sinnvoller, diese im Schnittfenster zu vervollständigen. Das geht schnell und intuitiv. Zudem haben Sie dort bessere Ansichtsoptionen als in der Palette EFFEKTEINSTELLUNGEN. Außerdem können Sie sich hier bereits gesetzte Keyframes anzeigen lassen. Auch deshalb sollten Sie sich diesen Abschnitt nicht entgehen lassen.

Ist Ihnen schon aufgefallen, dass die Keyframes, die Sie im Effekteinstellungsfenster platziert haben, auf dem Clip im Schnittfenster »mitgeschrieben« werden? Allerdings müssen Sie dazu einiges umstellen. Markieren Sie den Clip im Schnittfenster doch einmal mit rechts, und entscheiden Sie sich für CLIP-KEYFRAMES EINBLENDEN, gefolgt von ZEIT-NEUZUORDNUNG • GESCHWINDIGKEIT. Sofort wird ersichtlich, dass auch hier die Keyframes vorhanden sind.

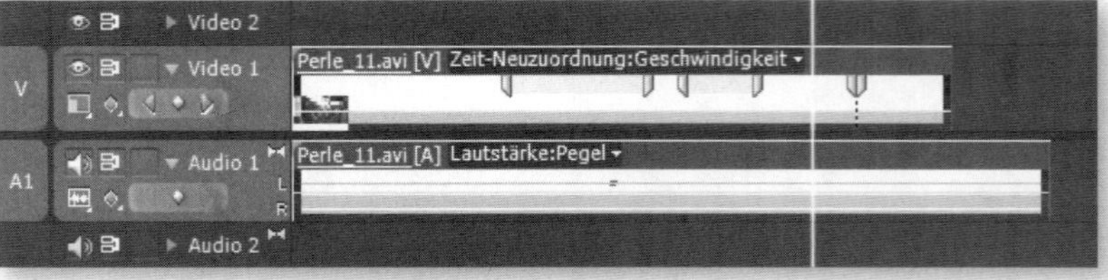

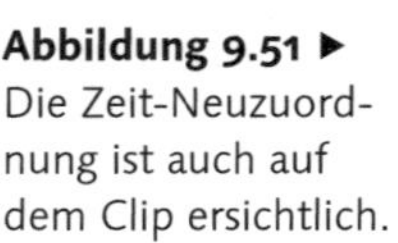
Abbildung 9.51 ▶ Die Zeit-Neuzuordnung ist auch auf dem Clip ersichtlich.

9.7.1 Spur vergrößern

Damit Sie das Ganze aber besser beurteilen können, sollten Sie zunächst die Maustaste auf die untere Begrenzungslinie des Spurkopfes VIDEO 1 stellen und den Steg, der Audio und Video voneinander trennt ❷, nach unten ziehen. Dadurch haben Sie der Videospur mehr Platz eingeräumt. Dass Sie diesen Steg ziehen können, wird übrigens dadurch symbolisiert, dass der Mauszeiger zum Doppelpfeil wird.

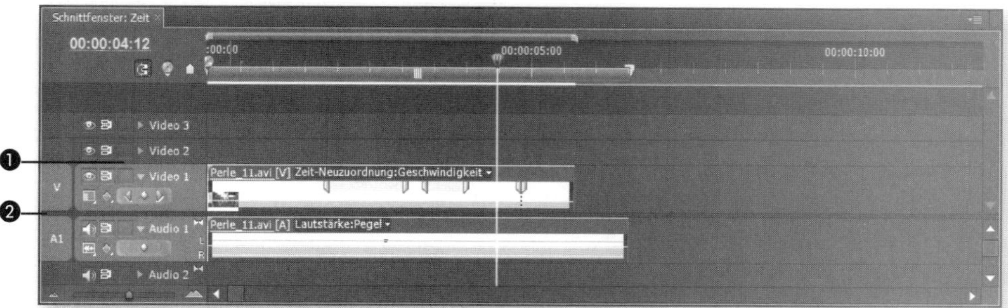

▼ **Abbildung 9.52**
Vor der weiteren Bearbeitung wird die Ansicht optimiert.

Jetzt ziehen Sie auch den oberen Steg ❶ des Spurkopfes noch nach oben, so dass sich fast die gesamte Spur VIDEO 1 im Schnittfenster breitmacht.

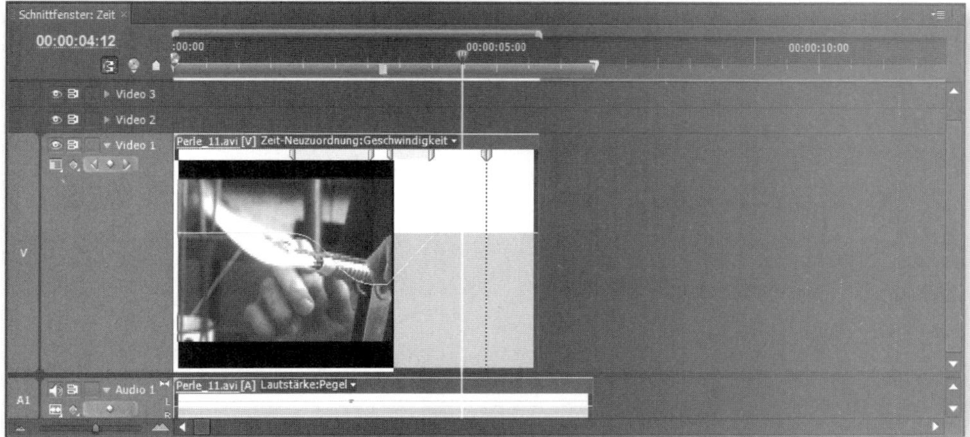

▲ **Abbildung 9.53**
Die Spur VIDEO 1 genießt im Schnittfenster alle Aufmerksamkeit.

9.7.2 Anzeigestil festlegen

Bei Keyframe-Arbeiten innerhalb der Timeline können die Miniaturbilder am Anfang eines Clips wirklich stören. Hier würde sich eher der grüne Hintergrund eignen. Dazu müssen Sie die Frames allerdings manuell ausblenden, was Sie über die Schaltfläche ANZEIGESTIL FESTLEGEN ❸ erreichen (siehe Abbildung 9.54). Entscheiden Sie sich im Pulldown-Menü für NUR NAMEN EINBLENDEN. Jetzt genießen Sie auch im Schnittfenster einen unverbaubaren Blick auf die Kurve. Und wenn Sie zudem noch eines der Schlüsselbilder ❹ anklicken, können sogar die Kurven-Steuerelemente, genauer gesagt, die Tangenten-Anfasser wieder sichtbar gemacht und bedient werden (z. B. ❺).

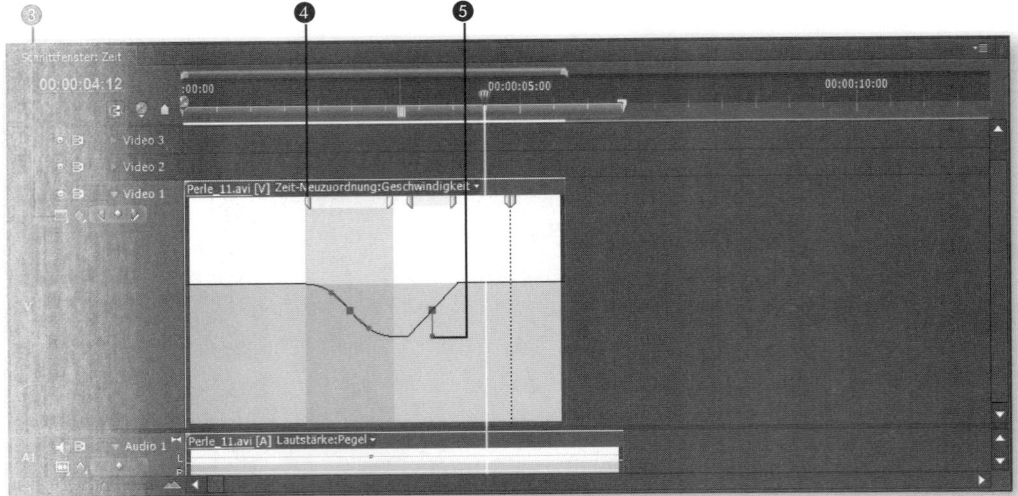

Abbildung 9.54 ▲
Veränderte Ansichtsoptionen können bei Keyframe-Arbeiten im Schnittfenster sehr hilfreich sein.

9.7.3 Deckkraft-Keyframes

Verändern Sie doch einmal die Deckkraft eines Clips, indem Sie zwei Keyframes innerhalb des Fensters EFFEKTEINSTELLUNGEN setzen. Sie haben diese Technik ja bereits kennengelernt. Im konkreten Beispiel wäre es ja interessant, den Clip am Schluss sanft ausblenden zu lassen. Dazu muss das linke Schlüsselbild 100% und das rechte 0% Deckkraft haben.

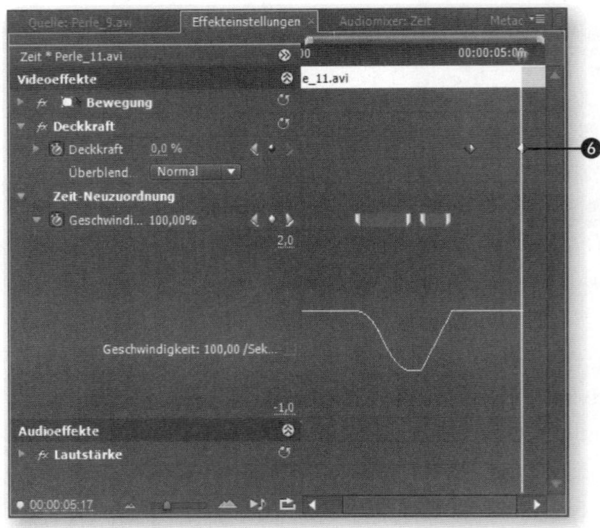

Abbildung 9.55 ▶
Platzieren Sie zwei Keyframes in der Zeile DECKKRAFT ❻.

Wenn Sie jetzt wieder einen Blick auf den Clip im Schnittfenster werfen, werden Sie hier keine Unterschiede ausmachen können. Der Grund: Hier werden noch die Zeit-Neuzuordnungs-Keyframes angezeigt. Klicken Sie deshalb mit rechts auf den Clip, und stellen Sie CLIP-KEYFRAMES EINBLENDEN • DECKKRAFT • DECKKRAFT ein.

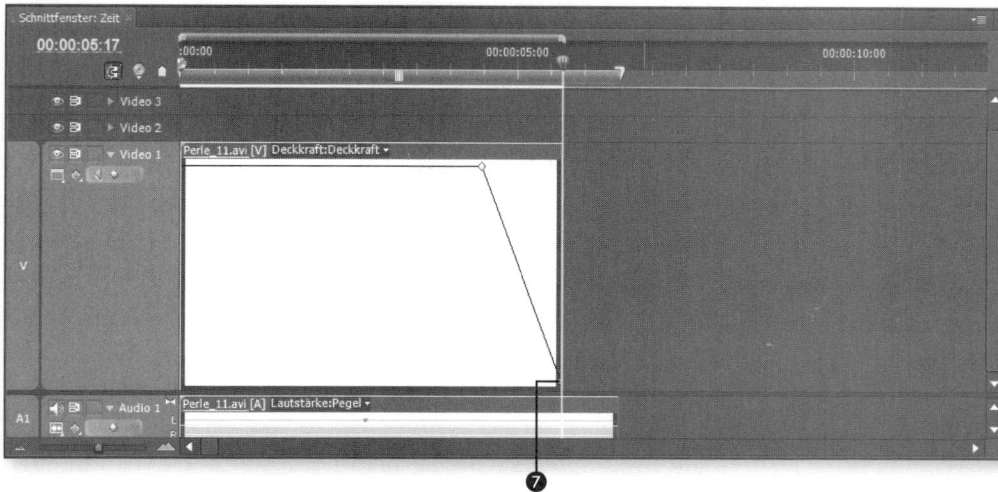

▲ **Abbildung 9.56**
Das Abfallen der Deckkraft wird anhand der schwarzen Linie verdeutlicht.

Hier sieht man jetzt schön, wie die Deckkraft am Ende des Clips abnimmt. Wenn Sie den Vorgang beschleunigen wollen, müssen Sie das rechte Schlüsselbild etwas nach links verschieben. Die Keyframe-Raute ist aber schlecht zu sehen, da sie nur teilweise eingeblendet wird ❼. Wenn Sie aber die Maus darauf stellen, wird der Mauszeiger um ein kleines Rauten-Symbol erweitert – Indiz dafür, dass Sie sich jetzt auf dem Keyframe befinden. Schieben Sie jetzt das gute Stück mit gedrückter Maustaste ein wenig mehr nach links.

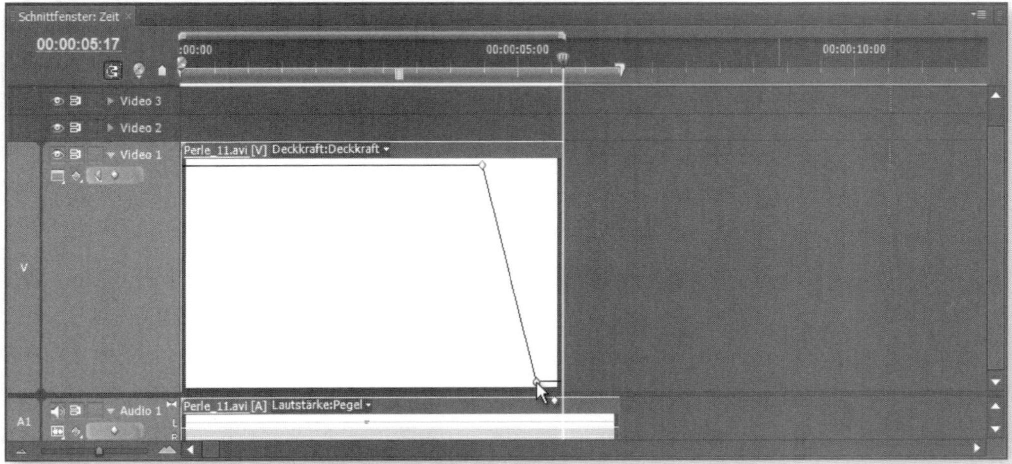

▲ **Abbildung 9.57**
Mit dieser Bewegung wird die Ausblendung beschleunigt.

Die Auswirkungen einer Veränderung von Keyframes innerhalb der Effekteinstellungen betreffen synchron auch die Keyframes innerhalb der Timeline – und umgekehrt. Wo Sie also die Keyframes bearbeiten, spielt für das Ergebnis keine Rolle. Die schwarze Linie innerhalb des Clips symbolisiert zudem den Verlauf der jeweiligen Animation. Standardmäßig sehen Sie dort die Deckkraftlinie.

Beachten Sie, dass die grafische Darstellung der Keyframes und Linien nur dann sichtbar ist, wenn die Spur geöffnet dargestellt wird. Ist das nicht der Fall, klicken Sie auf das Dreieck-Symbol (SPUR ZUSAMMENFALTEN/AUFFALTEN), das dem Spurnamen vorangestellt ist.

9.7.4 Schnell auf andere Keyframes umschalten

Nun können Sie auch auf dem Clip selbst festlegen, welche Keyframes angezeigt werden sollen. Das lässt sich außerdem für jeden Clip individuell festlegen. So ist es denkbar, beim ersten Clip die Deckkraft und beim nächsten die Geschwindigkeit anzeigen zu lassen. Aber es geht noch wesentlich mehr. Klicken Sie innerhalb des Clips auf den Eintrag, der oben rechts gelistet ist (im konkreten Beispiel DECKKRAFT), werden zahlreiche weitere Effekte zugänglich. Hier sehen Sie dann im Übrigen nicht nur fixierte Effekte, sondern auch manuell zugewiesene Standardeffekte. Im Beispiel wurde dem Clip zuvor der Effekt KOMPLEXE WELLEN hinzugefügt. Auch dieser erscheint dann in der Liste.

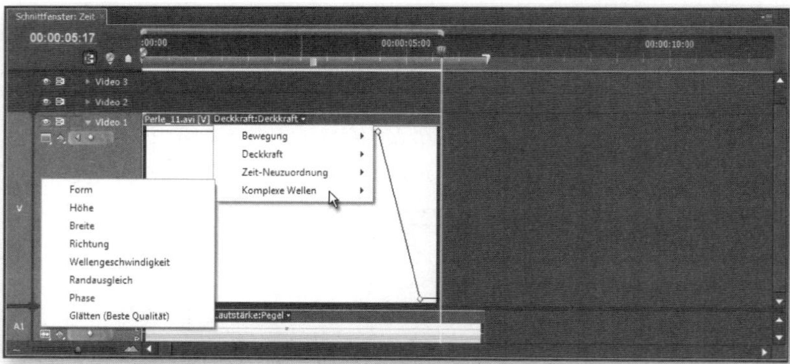

Abbildung 9.58 ▶ Alle zugewiesenen Effektparameter sind vom Schnittfenster aus erreichbar.

9.7.5 Keyframes hinzufügen und entfernen

Nun lassen sich aber nicht nur bereits gesetzte Keyframes bearbeiten. Vielmehr können Sie auch neue Keyframes direkt im Schnittfenster hinzufügen bzw. gesetzte Keyframes löschen. Zum Hinzufügen klicken Sie die schwarze Linie an, während Sie [Strg]/[⌘] gedrückt halten – genauso wie in den Effekteinstellungen. Achten Sie darauf, dass Sie die exakte Position mit der Maus erreichen. Das Hinzufügen klappt nämlich nur, wenn neben dem Mauszeiger ein kleines Plus-Symbol sichtbar wird. Um einen solchen Punkt wieder zu entfernen, drücken Sie [Entf] oder wählen BEARBEITEN • LÖSCHEN, nachdem Sie den Punkt markiert haben. Das Verschieben eines Punktes erledigen Sie wie gewohnt per Drag & Drop. In diesem Fall wird die korrekte Position durch eine kleine Raute neben dem Mauszeiger symbolisiert. Ein aktiviertes Schlüsselbild ist zudem gelb eingefärbt, während noch ausgewählte weiß bleiben.

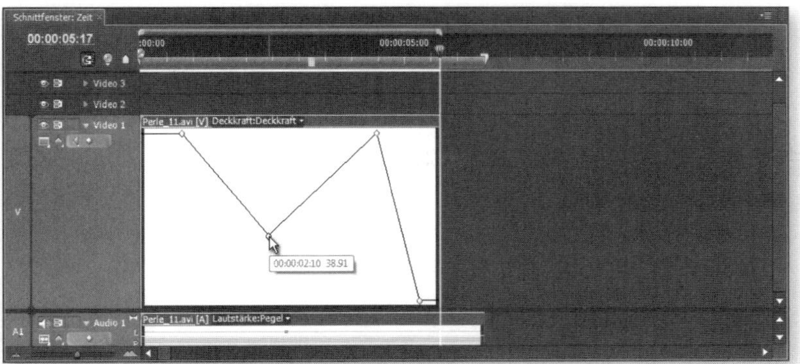

◀ **Abbildung 9.59** Keyframes können im Schnittfenster meist noch schneller bearbeitet werden als in den Effekteinstellungen.

9

9.7.6 Verbindungen anpassen

Dass Sie Keyframes per Drag & Drop verschieben können, ist ja nichts Neues. Sie haben aber auch die Möglichkeit, Verbindungen zwischen zwei Keyframes zu verändern. Stellen Sie dazu den Mauszeiger auf eine Linie (hier sollte sich kein Keyframe befinden), und verschieben Sie diese. Der Mauszeiger wird dabei um ein Doppelpfeil-Symbol erweitert. Jetzt lässt sich die gesamte Linie anheben oder absenken.

Was bedeutet das aber in der Praxis? Verändern Sie die Höhe der Linie zwischen zwei Keyframes, wird die Änderung für die Dauer vom linken bis zum rechten Schlüsselbild wirksam. Eine kleine QuickInfo unterhalb des Clips zeigt dabei übrigens den aktuellen Wert an. Und solange Sie ziehen, wird die ursprüngliche Linie (oben) ebenfalls noch angezeigt.

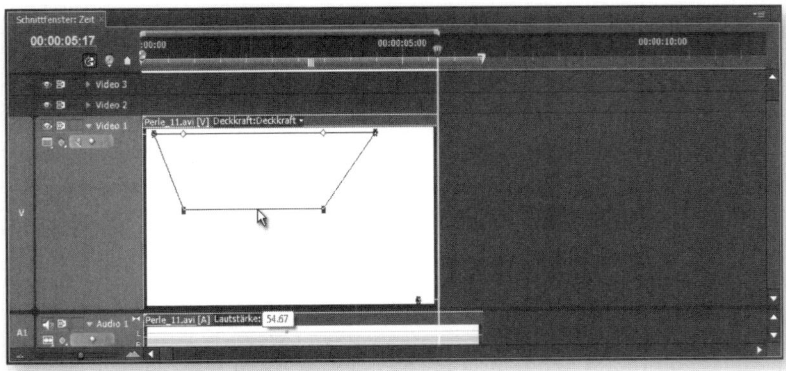

◀ **Abbildung 9.60** Hier verändern Sie die Deckkraft des Clips.

9.7.7 Bézier-Kurven erzeugen

Nun haben Sie in den Workshops bereits mit Tangenten gearbeitet. Dort wurde die Bewegungsrichtung des überlagernden Clips von einer Geraden in eine Kurve umgewandelt. Ähnlich lassen sich die Verbindungslinien zwischen zwei Keyframes auch hier im Schnittfenster anpassen.

Stellen Sie die Maus zunächst auf eines der Schlüsselbilder. Drücken Sie anschließend Strg/⌘, und halten Sie diese Taste gedrückt. Erst jetzt führen Sie den Mausklick aus und ziehen mit gedrückter Maustaste vom Keyframe weg. Dadurch erhalten Sie die bereits bekannten Tangenten-Anfasser, die Sie jetzt nach Belieben einstellen können.

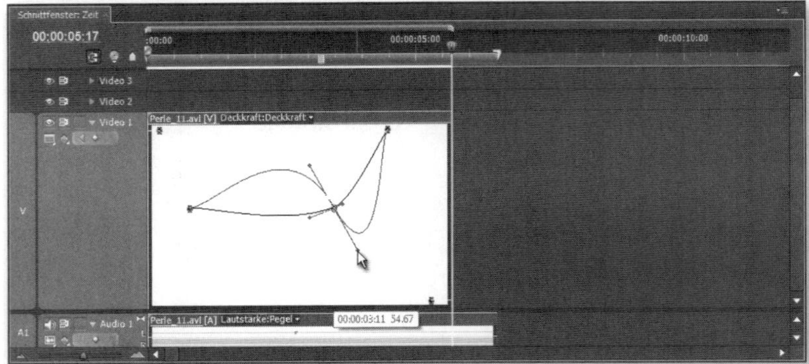

Abbildung 9.61 ▶
Ziehen Sie Tangenten aus den Keyframes heraus.

Interessanterweise erhalten Sie hier gleich **zwei** Tangenten und nicht nur eine nach rechts weisende. Das war nicht immer so, weshalb es hier noch einmal gesondert erwähnt werden soll. Diese Erweiterung macht das Keyframe-Handling natürlich noch einmal intuitiver.

Sie können im Weiteren die Anfasser der Tangenten (also die blauen Köpfe) per Drag & Drop verschieben und so jede erdenkliche Kurvenform erzeugen. Jede? Nein, nicht jede; denn wenn Sie nur eine einzelne Tangente verändern wollen, müssen Sie zusätzlich Strg/⌘ festhalten. Die gegenüberliegende Tangente bleibt dann von der Veränderung ausgenommen.

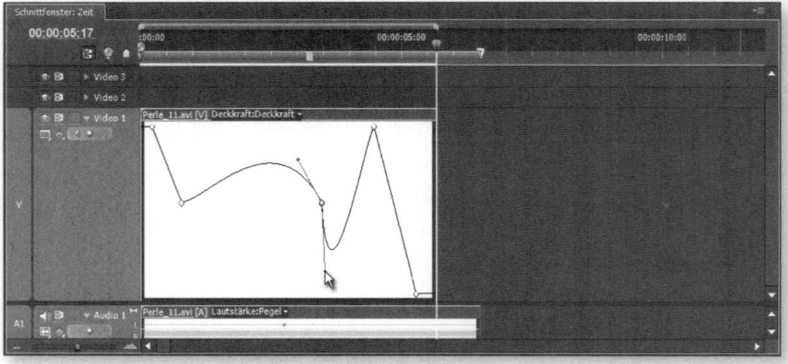

Abbildung 9.62 ▶
Die Arbeit mit zwei Tangenten macht das Handling noch intuitiver.

9.7.8 Keyframes umwandeln

Bei Verbindungen, die mit Hilfe von Tangenten geformt wurden, spricht man von Bézier-Kurven. Die dazugehörigen Keyframes werden auch auf der Registerkarte EFFEKTEINSTELLUNGEN anders dargestellt als normale Keyframes. Klicken Sie ein solches Schlüsselbild mit rechts an (es spielt übrigens keine Rolle, ob Sie das innerhalb der Sequenz oder in den Effekteinstellungen tun), haben Sie die Möglichkeit, das Schlüsselbild umzuwandeln. Wählen Sie hier beispielsweise KEYFRAME an, wird die Linie ab diesem Schlüsselbild horizontal weitergeführt. So lassen sich Kurven nachträglich aufheben und ursprüngliche Verbindungen wiederherstellen.

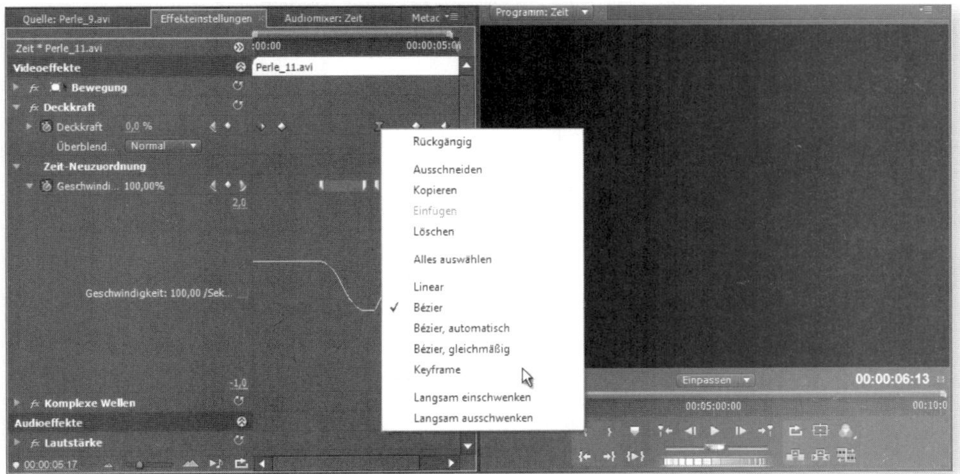

▼ **Abbildung 9.63**
Über das Kontextmenü können Sie vorhandene Bézier-Keyframes nachträglich umwandeln.

In diesem Zusammenhang ist besonders auf die beiden Einträge LANGSAM EINSCHWENKEN und LANGSAM AUSSCHWENKEN hinzuweisen, die insgesamt für einen weichen Übergang sorgen, indem die Bézier-Linie angepasst wird. Machen Sie das im Schnittfenster, können Sie die Kurvenauswirkungen besser beurteilen als in den Effekteinstellungen, obwohl beide Kurven prinzipiell den gleichen Verlauf zeigen.

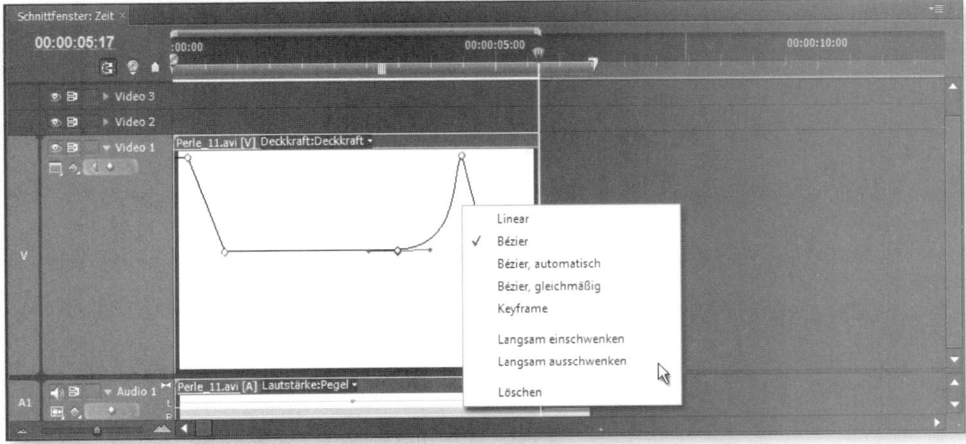

▼ **Abbildung 9.64**
Durch das langsame Ausschwenken wird der Anstieg der Kurve hinter dem Keyframe gleichmäßiger.

9.8 Palindrom erzeugen

Alles einsteigen! Die nächste Fahrt geht rückwärts! Zudem hatte ich Ihnen ja versprochen, dass wir noch einmal zur Zeit-Neuzuordnung zurückkehren. Vielleicht haben Sie es auch schon selbst ausprobiert. Aber so weit Sie die Linie der Zeit-Neuzuordnung auch nach unten ziehen, Sie werden mit der Geschwindigkeit niemals in den Minusbereich kommen – rückwärts ist also nicht. Oder doch? Na, klar. Lassen wir einen Clip zunächst vorwärts, dann rückwärts und zum Schluss wieder vorwärts laufen – und zwar ohne Sprünge.

Schritt für Schritt: Einen Clip rückwärts und wieder vorwärts laufen lassen

1 *Neue Sequenz erzeugen*

Erzeugen Sie eine neue Sequenz im Format DV-PAL • STANDARD 48KHZ, und integrieren Sie den Clip »Drehteller 02.avi« aus dem Ordner BAND A3 des Beispielprojekts Gecko-Glas. Wenn Sie das Projekt nicht geöffnet haben, erzeugen Sie ein neues Projekt mit den zuvor genannten Einstellungen, und integrieren Sie den Clip aus dem Ordner GECKO-GLAS.

2 *Ansicht optimieren*

Optimieren Sie die Ansicht im Schnittfenster, indem Sie in die Zeitleiste einzoomen. Ziehen Sie den Steg zwischen Video und Audio in Höhe des Spurkopfes nach unten. Danach ziehen Sie auch den Steg zwischen den Spuren VIDEO 1 und VIDEO 2 nach oben, so dass der Clip groß im Schnittfenster dargestellt wird und Sie dessen Fläche gut einsehen können. Zum Schluss stellen Sie über die Schaltfläche ANZEIGESTIL FESTLEGEN um auf NUR NAMEN EINBLENDEN. Das alles ist Ihnen ja bereits hinlänglich bekannt. (Gut, dass wir die Arbeit im Schnittfenster vorgezogen haben, oder?)

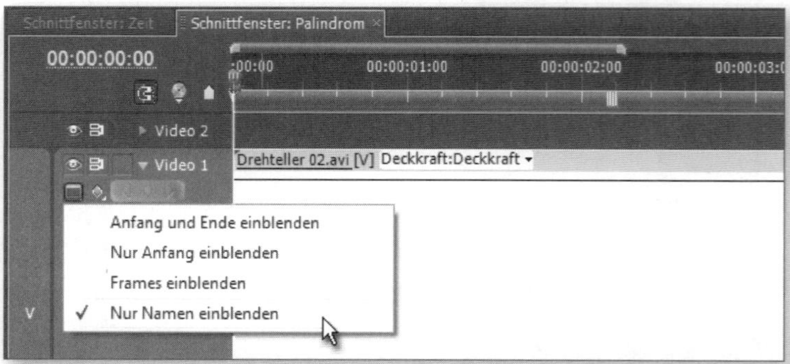

Abbildung 9.65 ▶ Die Ansicht im Schnittfenster ist schon fast perfekt.

3 *Geschwindigkeit anzeigen lassen*

Jetzt sollten Sie noch dafür sorgen, dass auch im Clip selbst die GESCHWINDIGKEIT angezeigt wird. Klicken Sie deshalb auf die Bezeichnung DECKKRAFT, und wählen Sie ZEIT-NEUZUORDNUNG • GESCHWINDIGKEIT.

◄ **Abbildung 9.66**
Hier muss nur noch die Geschwindigkeit eingestellt werden.

4 *Keyframes hinzufügen*

Positionieren Sie die Einfügemarke des Schnittfensters hinter dem ersten Drittel des Clips. Ab hier soll mit der Rückwärts-Bewegung begonnen werden. Fügen Sie an dieser Position einen Geschwindigkeits-Keyframe ein, indem Sie die Schaltfläche KEYFRAME HINZUFÜGEN/ENTFERNEN in der Zeile GESCHWINDIGKEIT des Bedienfeldes EFFEKTEINSTELLUNGEN betätigen.

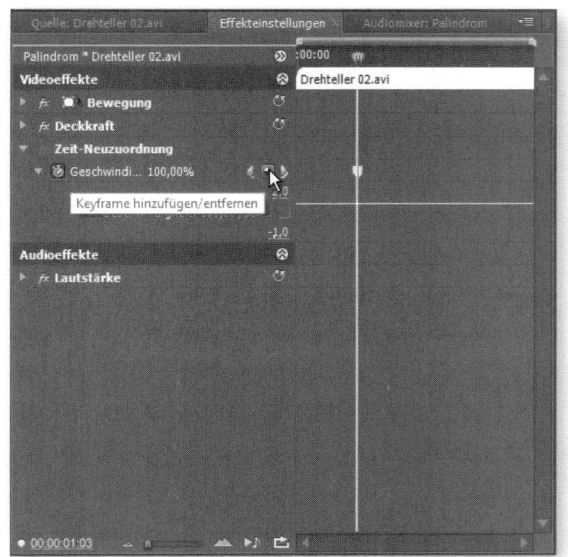

◄ **Abbildung 9.67**
Hier wird das erste Schlüsselbild platziert.

Zunächst halten Sie [Strg]/[⌘] gedrückt, klicken dann entweder in den Effekteinstellungen oder im Schnittfenster auf den soeben platzierten Keyframe und ziehen so weit wie möglich nach rechts. Danach lassen Sie beide Tasten los. Die Clip-Positionen können Sie sehr gut im Programmmonitor beobachten.

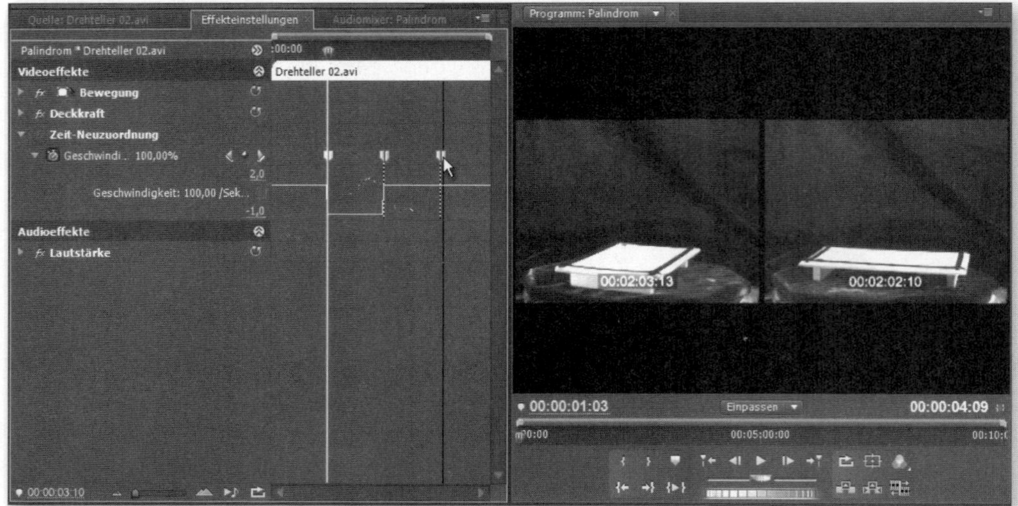

Abbildung 9.68 ▲
Vergessen Sie nicht, [Strg]/[⌘] gedrückt zu halten, während Sie ziehen! Ansonsten funktioniert es nicht.

Sie sehen schon: Der Bereich, der rückwärts abgespielt wird, ist mit kleinen, mittelgrauen Pfeilen markiert. Leider ist der Untergrund in den Effekteinstellungen ebenfalls grau, weshalb Sie die Pfeile dort kaum ausmachen können. Auf dem Clip im Schnittfenster ist das viel besser zu erkennen.

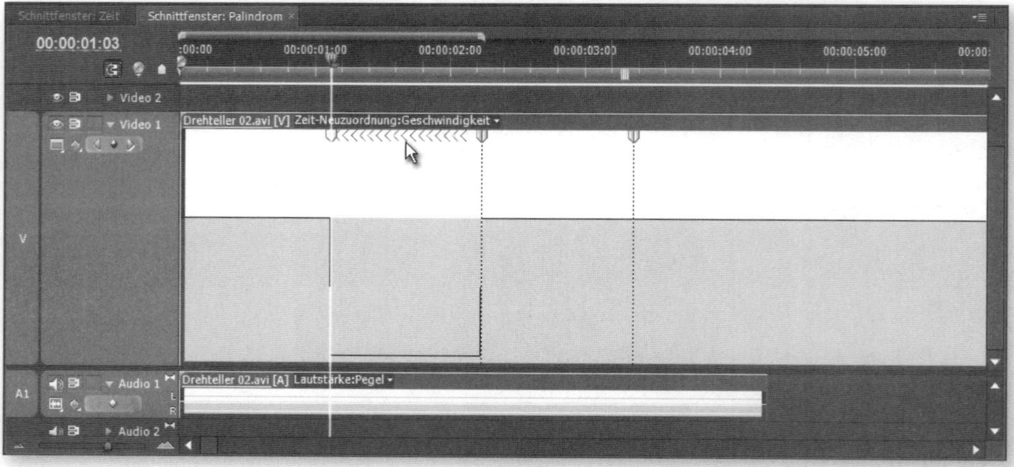

Abbildung 9.69 ▲
Diese Stelle des Clips wird rückwärts abgespielt.

5 *Zeitübergänge erzeugen*

Lassen Sie den Film einmal abspielen. Sie werden sehen, dass die Übergänge nahtlos sind. Was aber, wenn die Bewegungen an den beiden Richtungsänderungen kurz ausgebremst und wieder beschleunigt werden sollen? Dazu müssen Sie den ersten und mittleren Geschwindigkeits-Keyframe wieder strecken, also jeweils eine der Hälften zur Seite ziehen.

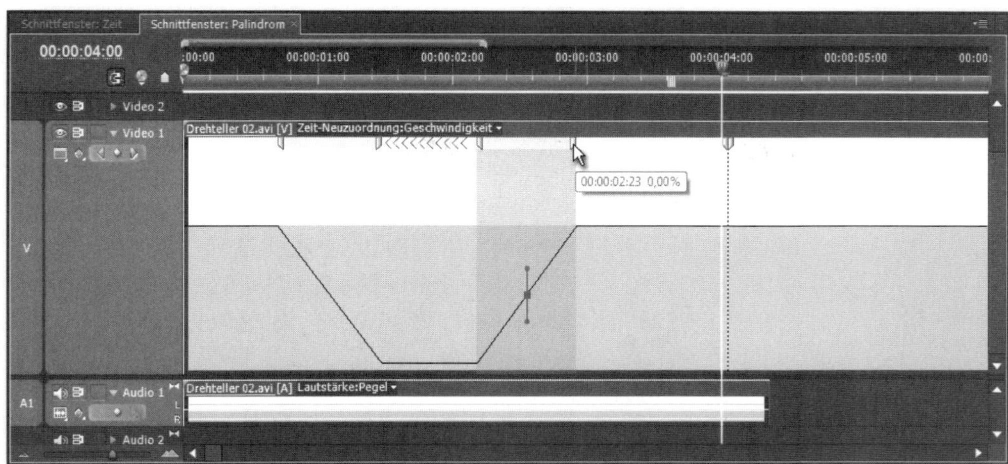

▲ **Abbildung 9.70**
Die äußeren Halb-Keyframes müssen verschoben werden.

6 *Bewegung abbremsen*

Am Ende markieren Sie noch das erste Halb-Schlüsselbild, damit Sie die Eingangskurve noch etwas weicher gestalten können. Ziehen Sie die Tangente etwas nach links – und fertig ist Ihr Palindrom. Der Film ist mit »Palindrom.avi« bezeichnet und befindet sich im Ordner Ergebnisse.

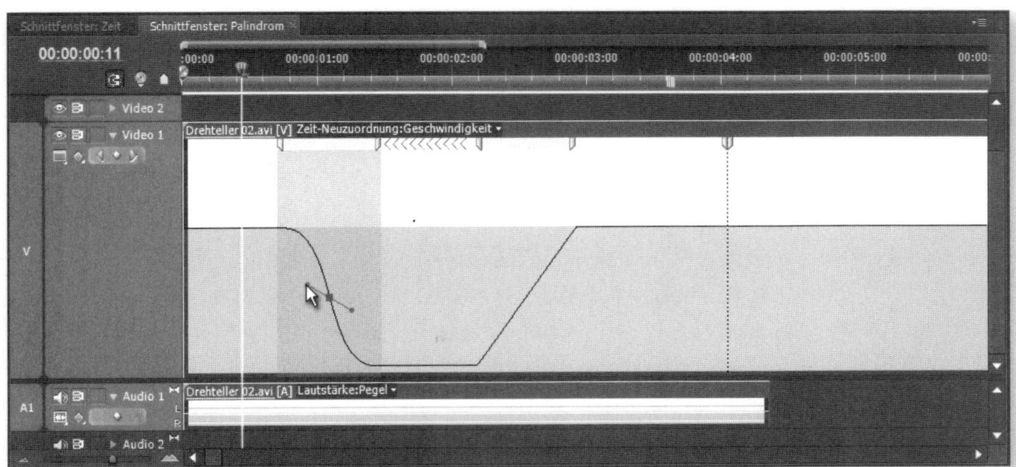

▲ **Abbildung 9.71**
So wird die Eingangsbewegung verändert. ■

9.9 Überblendmodi

Wer schon einige Erfahrungen mit Premiere Pro gesammelt hat, der wird sich über diese CS4-Neuerung bestimmt ganz besonders freuen – die Überblendmodi. Was in Photoshop und After Effects schon seit ewigen Zeiten möglich ist, geht jetzt endlich auch in der Videoschnitt-Applikation. In Photoshop ist das Ganze übrigens mit **Füllmethoden** betitelt.

Prinzipiell ist es ja so, dass ein Clip, der im Schnittfenster weiter oben liegt, die darunter befindlichen Clips überdeckt. Durch Änderung der Füllmethoden können Sie aber Inhalte unterschiedlicher Spuren zusammen wirken lassen. Wir werden das einmal anhand von zwei Spuren ergründen, wobei aber prinzipiell mehrere Spuren mit unterschiedlichen Füllmethoden übereinander angeordnet werden können.

Schritt für Schritt: Ebenen ineinander wirken lassen

1 *Neue Sequenz erstellen*

Zunächst einmal muss wieder eine neue Sequenz im Format DV-PAL • STANDARD 48KHZ her. Falls Sie das Beispielprojekt nicht geöffnet haben, legen Sie ein neues Projekt mit den gleichen Einstellungen an.

2 *Ersten Clip integrieren*

Sie benötigen nun zwei Clips: zunächst »Lichtsäule 02.avi« aus dem Ordner BAND A3 sowie »Flasche schleifen 11.avi« aus dem Ordner BAND A1. Beide Dateien können Sie natürlich auch in ein komplett neues Projekt integrieren, indem Sie diese Filme aus dem Ordner GECKO-GLAS direkt in das Projektfenster integrieren.

3 *Clip kürzen*

Nehmen Sie sich zunächst den Lichtsäulen-Clip vor. Ziehen Sie ihn ganz an den Anfang von Spur VIDEO 1. Wenn Sie die Sequenz abspielen, sehen Sie, dass der Anfang etwas ruckelt. Zudem ist im oberen Bildbereich ein schwarzer Hintergrund zu sehen. Stellen Sie die Einfügemarke deshalb auf 00:00:01:13, und kürzen Sie das linke Ende bis an die Einfügemarke ein.

Abbildung 9.72 ▼
Der Anfang ist zu unruhig, weshalb er entfernt werden muss.

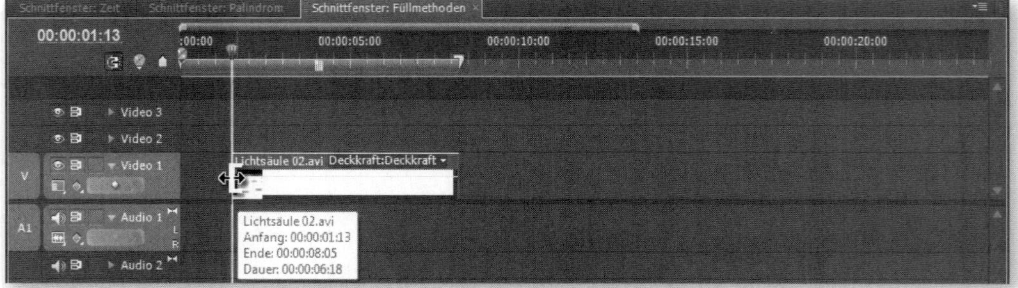

4 *Clip schneiden*

Nehmen Sie jetzt den zweiten Clip, und bringen Sie ihn an den Anfang der Spur VIDEO 2. Achten Sie darauf, dass der Spurkopf von Video 1 angewählt (hellgrau) ist, und drücken Sie [Pos1] bzw. [↖] (das sorgt dafür, dass die Einfügemarke an den Anfang der Timeline gestellt wird), gefolgt von [Bild↓]/[↧]. Dadurch springt die Einfügemarke an den Anfang des Clips in Spur 1. Drücken Sie [C], um das Rasierklinge-Werkzeug zu aktivieren, und schneiden Sie den Clip in Spur VIDEO 2 an dieser Stelle durch.

▼ **Abbildung 9.73**
Der erste Schnitt erfolgt an Position 00:00:01:13.

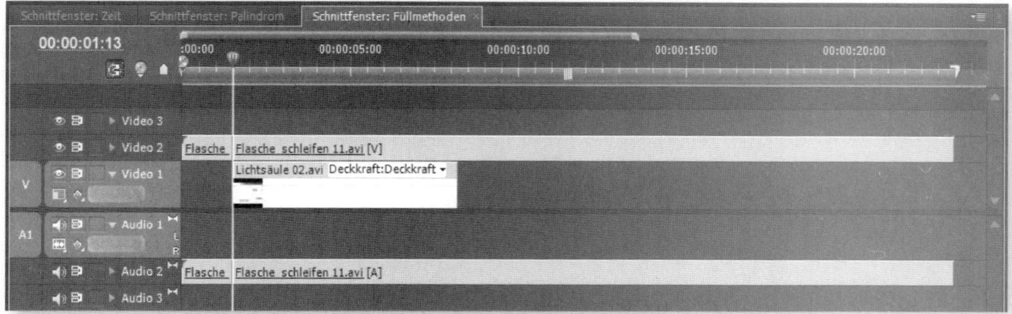

Danach drücken Sie abermals [Bild↓]/[↧] (das setzt die Einfügemarke an das Ende des Lichtsäulen-Clips) und schneiden auch hier den Schleif-Clip durch.

5 *Clip markieren*

Jetzt drücken Sie [V], damit das Auswahl-Werkzeug wieder eingestellt wird, und markieren per Mausklick den mittleren der drei Clipteile in Spur VIDEO 2. Ihr Schnittfenster sollte jetzt wie in Abbildung 9.74 aussehen.

▼ **Abbildung 9.74**
Der Mittelteil des oberen Clips ist markiert.

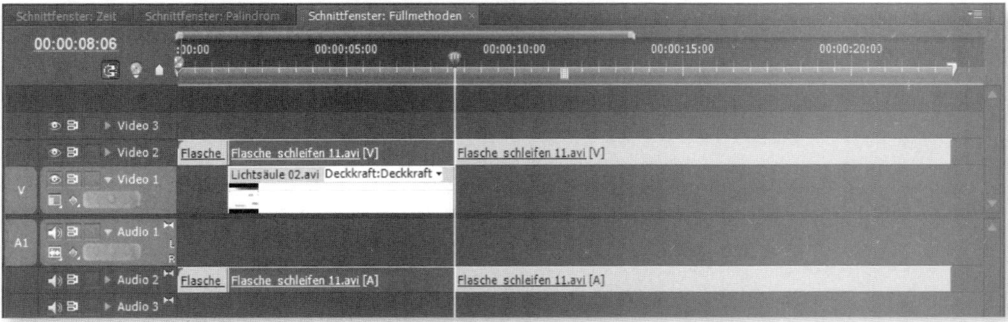

6 *Überblendmodus ändern*

Widmen Sie sich nun dem Bedienfeld EFFEKTEINSTELLUNGEN. Öffnen Sie darin die Liste DECKKRAFT, und stellen Sie den ÜBERBLENDMODUS von

Normal auf Abdunkeln. Das bewirkt, dass nun die Clips auf beiden Spuren gleichzeitig zu sehen sind. Spielen Sie die Sequenz ab.

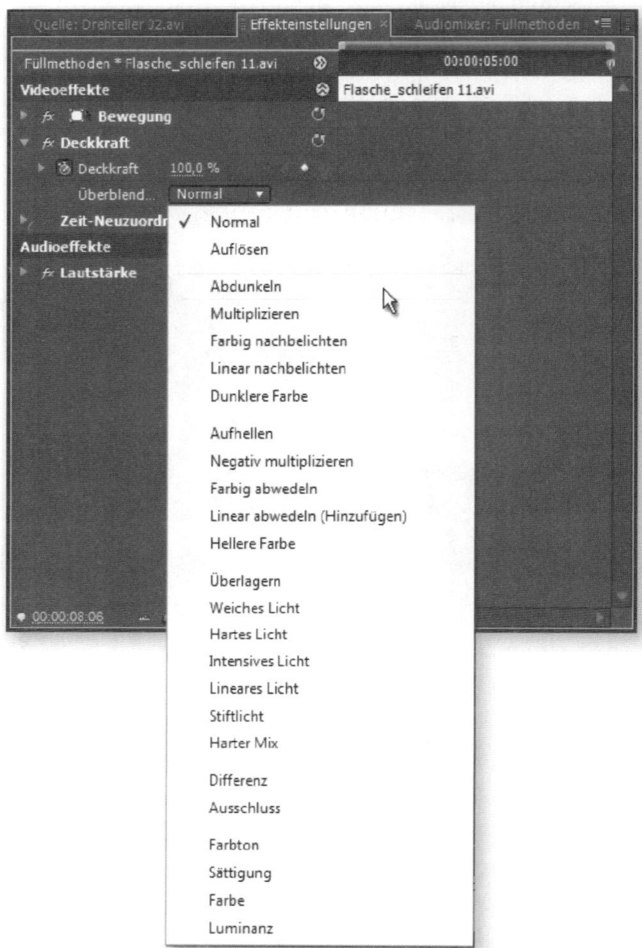

Abbildung 9.75 ▶
Hier wird der Modus geändert.

7 *Überblendungen einfügen*

Da der Übergang noch recht hart ist, sollten Sie den Clip in Videospur 1 noch ein- und ausblenden. Öffnen Sie im Effekte-Bedienfeld den Ordner Videoüberblendungen und darin das Verzeichnis Blende. Ziehen Sie den Eintrag Weiche Blende einmal an den Anfang des Clips und ein weiteres Mal an das Clipende. Am Schluss können Sie den letzten Clip in Spur Video 2 noch etwas einkürzen. Das Endergebnis ist mit »Füllmethoden.avi« betitelt und befindet sich, wie gewohnt, im Ordner Ergebnisse.

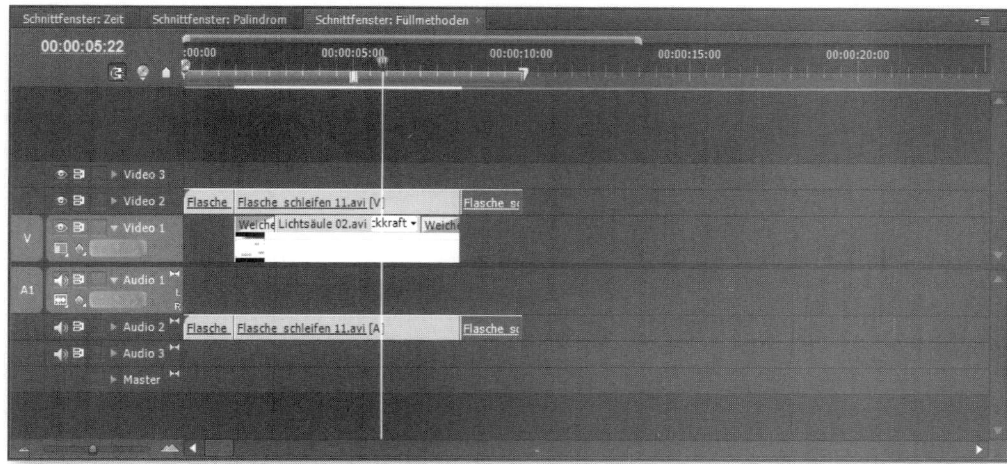

▲ **Abbildung 9.76**
Das Schnittfenster am Ende dieses Workshops. ■

9.9.1 Prinzip der Überblendmodi

Wenn Sie einen Modus auf einen übergeordneten Clip anwenden, wirkt sich das auch auf den darunter liegenden Clip aus. Leider kann nicht generell gesagt werden, welcher Modus für die jeweilige Vorgehensweise die richtige ist, da das Ergebnis immer von den Clipinhalten und den darin enthaltenen Farben und Helligkeitsinformationen abhängig ist. Dennoch sollen die folgenden Hinweise beispielhaft einen Anhaltspunkt darüber geben, was mit dieser Technik prinzipiell möglich ist:

- **Abdunkeln** – Beide Videos werden miteinander verglichen. Alle Bildbereiche, die im unteren Clip heller sind als im oberen, werden ersetzt, während alle Bildbereiche, die im unteren Clip dunkler sind, nicht ersetzt werden. Die jeweils dunklere Farbe wird also für das Ergebnis verwendet.
- **Aufhellen** – Hier wird genau die umgekehrte Wirkung erzielt wie beim Abdunkeln. Hellere Bildteile des unteren Clips bleiben unverändert, während dunklere Bildteile ersetzt werden. So ist die jeweils hellere Farbe ergebnisrelevant.
- **Multiplizieren** – Die Farben beider Clips werden miteinander verrechnet. Das Ergebnis ist immer dunkler als der Einzelclip. Wird zudem eine beliebige Farbe mit Schwarz multipliziert, ergibt sich Schwarz, wird mit Weiß multipliziert, bleibt die Farbe unverändert.
- **Negativ multiplizieren** – Die Farben beider Clips werden hier ebenfalls miteinander verrechnet, wobei das Ergebnis immer heller ist als der Einzelclip. Wird zudem eine beliebige Farbe mit Schwarz multipliziert, bleibt die Farbe unverändert, während eine Multiplikation mit Weiß im Ergebnis ebenfalls Weiß ergibt.

- **Überlagern** – Abhängig von der Ausgangsfarbe wird entweder multipliziert oder negativ multipliziert. Dabei bleiben Schatten und Glanzlichter des unteren Clips erhalten.
- **Sättigung** – Das Ergebnis ist eine Zusammensetzung aus dem Farbton des unteren Clips sowie der Sättigung des oberen.
- **Luminanz** – Hierbei ist das Ergebnis eine Zusammensetzung aus dem Farbton und der Sättigung des unteren Clips sowie der Luminanz des oberen Clips.

10 Masken und Keying

Logisch: Mit Masken lassen sich gezielt Bereiche eines Clips entfernen. Doch das allein wäre kaum der Rede wert. Masken geben Ihnen nämlich darüber hinaus auch ungeahnte gestalterische Möglichkeiten an die Hand.

In diesem Kapitel erhalten Sie Antworten auf die folgenden Fragen:

- Wie werden Korrekturmasken angewendet?
- Wie realisiere ich einen Bild-in-Bild-Effekt?
- Wie kann ich einen Clip zuschneiden?
- Wie funktionieren Spurmaske- und Bildmaske-Key?
- Wie erzeuge ich eine Alphamaske?
- Wie funktioniert der Chroma-Key?
- Was sind Bluescreen-, Greenscreen- und Non-Red-Key?
- Wie lässt sich die Reihenfolge von Effekten verändern?

10.1 Korrekturmaske-Key

Zunächst einmal können Sie mit Korrekturmasken Bereiche eines Clips aussparen. Sie bestimmen also selbst, welcher Bereich des Videos sichtbar ist und welcher dem Zuschauer verborgen bleibt. Premiere Pro hält drei verschiedene Korrekturmasken bereit:

- Vierpunkt-Korrekturmaske
- 8-Punkt-Korrekturmaske
- 16-Punkt-Korrekturmaske

Das Prinzip dieser drei Masken ist identisch. Lediglich die Anzahl der Punkte, die verändert werden können, ist unterschiedlich. Nach Zuweisung eines solchen Effekts finden Sie kleine kreisrunde Anfasser entlang der äußeren Konturen. Diese können per Drag & Drop nach Wunsch verschoben werden. Was sich innerhalb der Kontur befindet, bleibt sichtbar, während die äußeren Bereiche vernachlässigt werden.

Abbildung 10.1 ▶
Die Vierpunkt-, 8-pt- und 16-pt-Korrekturmaske

Keying

Mit Keying wird im Fall der Videobearbeitung das Aussparen bestimmter Bereiche bezeichnet. Neudeutsch wird diese Vorgehensweise auch Auskeyen genannt.

10.1.1 Maskenbezeichnungen

Bevor es richtig losgeht und mit derartigen Effekten gearbeitet wird, möchte ich Sie noch auf eine Problematik hinweisen: Beim Aufstöbern des Effekts mit Hilfe der Effekte-Suchfunktion kann es nämlich ganz schnell zu Problemen kommen. Wenn Sie beispielsweise die Vierpunkt-Korrekturmaske suchen und geben »4« ein, werden Sie einfach nicht fündig. Im Gegenzug werden auch die Begriffe »acht« oder »sechzehn« keine relevanten Treffer bieten.

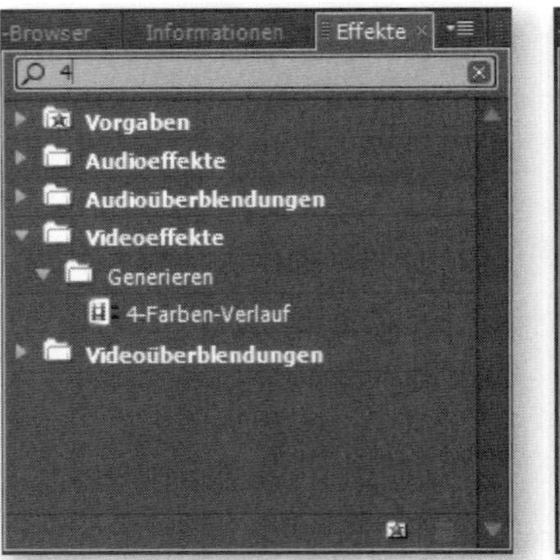

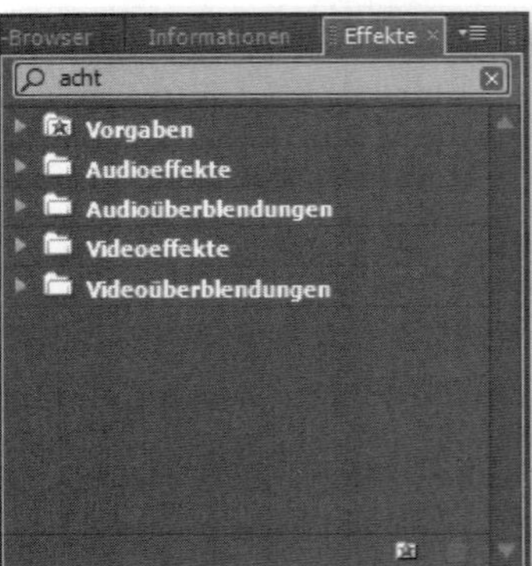

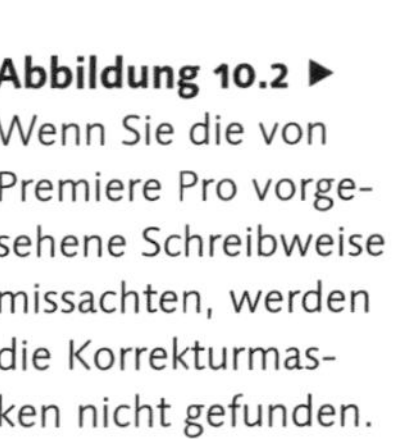

Abbildung 10.2 ▶
Wenn Sie die von Premiere Pro vorgesehene Schreibweise missachten, werden die Korrekturmasken nicht gefunden.

Sie müssen also die im Programm verwendete Schreibweise beachten. Dabei können Sie der Problematik natürlich entgegenwirken, indem Sie sich ganz einfach merken, dass alle Korrekturmasken im Ordner VIDEOEFFEKTE, Unterordner KEYING, zu finden sind. Die darin enthaltenen Effekte werden allerdings nur angezeigt, wenn Sie deren Darstellung nicht durch ein Suchwort verhindern. Erforderlichenfalls löschen Sie den Inhalt des Suchen-Eingabefeldes.

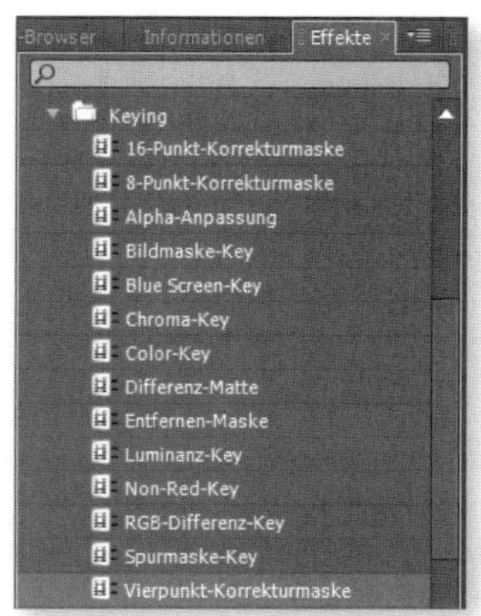

◀ **Abbildung 10.3**
Maskeneffekte werden im Ordner KEYING gelistet.

10

Schritt für Schritt: Korrekturmaske einsetzen

Im diesem Workshop soll die Kopie eines Videoclips im geänderten Überblendmodus über das Original fahren. Das Ganze wird mit einer animierten Korrekturmaske bewerkstelligt. Nein, keine Sorge. Das hört sich viel komplizierter an, als es ist.

1 *Projekt vorbereiten*

Erzeugen Sie ein neues Projekt. Wenn Sie sich im Gecko-Glas-Projekt befinden, reicht auch das einfache Anlegen einer neuen Sequenz aus. Benutzen Sie, wie gewohnt, DV-PAL • STANDARD 48KHZ. Für diesen Workshop benötigen Sie die Datei »BlaueVaseVorbereitung 09.avi«, die Sie im Ordner GECKO-GLAS der Beispieldateien finden. Wenn Sie im Buchprojekt arbeiten, können Sie den Import sparen und die Datei aus dem Ordner BAND A2 verwenden. Doppelklicken Sie auf die Datei im Projektfenster, damit sie im Quellmonitor bereitgestellt wird.

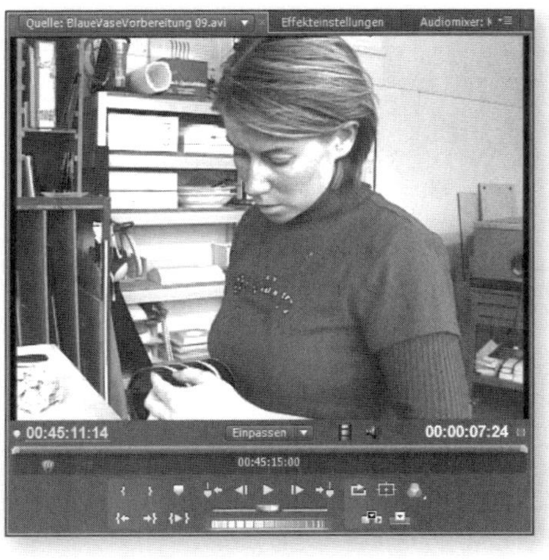

◀ **Abbildung 10.4**
Der Clip soll zunächst in den Quellmonitor, ehe er maskiert wird.

2 *Clip einfügen*

Ziehen Sie den kompletten Clip an den Anfang der Spur VIDEO 1. Das machen Sie, indem Sie auf das Bild im Quellmonitor klicken und den Clip ins Schnittfenster ziehen. Es ist sinnvoll, die Ansicht des Schnittfensters etwas zu vergrößern. Benutzen Sie dazu die Zoom-Steuerelemente im Fuß des Schnittfensters.

3 *Clip ohne Audio einfügen*

Nun benötigen Sie den Clip noch ein zweites Mal, und zwar deckungsgleich in Spur VIDEO 2. Klicken Sie deshalb im Quellmonitor auf die Schaltfläche NUR VIDEODATEN ZIEHEN, halten Sie die Maustaste gedrückt, und ziehen Sie den Clip ganz an den Anfang der Spur VIDEO 2.

Abbildung 10.5 ▶ Der Clip muss noch einmal in der übergeordneten Videospur untergebracht werden.

4 *Clip kürzen*

Bringen Sie die Einfügemarke des Schnittfensters an die Position 00:00:01:16, und entfernen Sie alles, was sich links von der Einfügemarke in Spur VIDEO 2 befindet. Dabei darf der Clip selbst aber nicht verschoben werden. Am besten stellen Sie die Maus bei aktiviertem Auswahl-Werkzeug an den Anfang des Clips (der Mauszeiger mutiert zur Klammer) und ziehen den Anfang bis an die Einfügemarke heran.

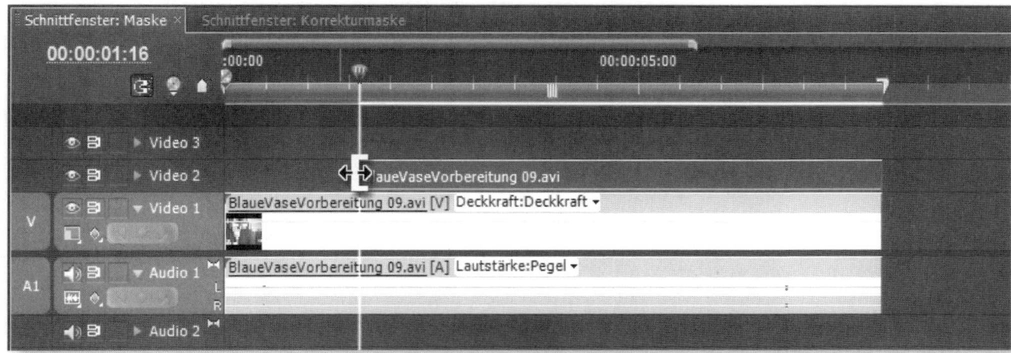

▲ **Abbildung 10.6**
Der Anfang des Clips muss weg.

5 *Korrekturmaske zuweisen*

Widmen Sie sich jetzt dem Bedienfeld EFFEKTE (FENSTER • EFFEKTE), und ziehen Sie den Eintrag VIERPUNKT-KORREKTURMASKE aus dem Ordner VIDEOEFFEKTE • KEYING auf den oberen Clip des Schnittfensters.

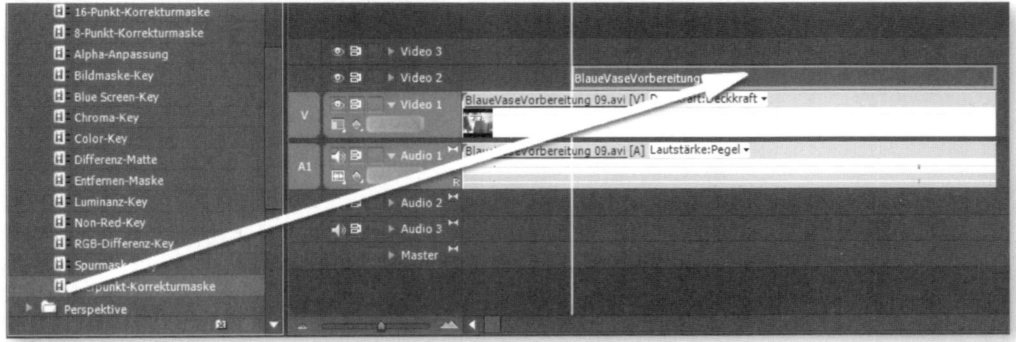

▲ **Abbildung 10.7**
Der Effekt wird ganz unkompliziert per Drag & Drop zugewiesen.

6 *Schlagschatten zuweisen*

Da wir für diesen kleinen Trick noch einen weiteren Effekt benötigen, müssen Sie jetzt noch den Ordner PERSPEKTIVE aus den Videoeffekten öffnen und darin den Eintrag SCHLAGSCHATTEN suchen. Ziehen Sie auch diesen Effekt auf den oberen Clip.

7 *Vorbereitungen abschließen*

Öffnen Sie anschließend das Bedienfeld EFFEKTEINSTELLUNGEN, das sich standardmäßig hinter dem Quellmonitor befindet. Hier ist ebenfalls zu sehen, dass der Clip mit zwei unterschiedlichen Effekten versehen wurde. Betätigen Sie die kleine Dreieck-Schaltfläche vor dem Eintrag VIERPUNKT-KORREKTURMASKE ❷, um die darin enthaltenen Steuerelemente zugänglich zu machen. Danach ziehen Sie die Einfügemarke ❶ auf die Position 00:00:02:00. Beobachten Sie dabei die Zeitanzeige ❸. Hier soll die Animation beginnen.

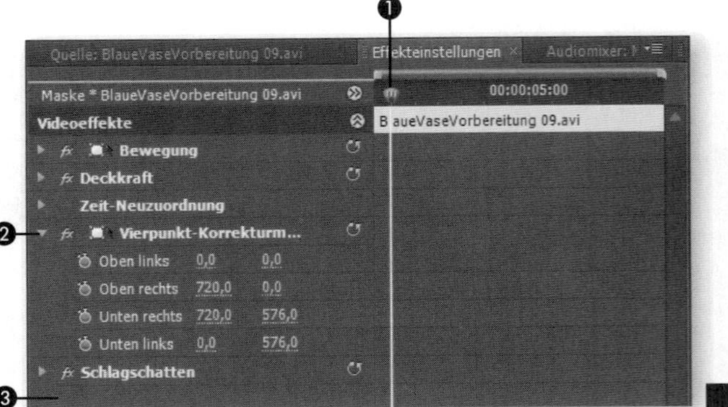

Abbildung 10.8 ▶
Damit ist alles vorbereitet. Im nächsten Workshop wird die Animation gestartet.

Schritt für Schritt: Korrekturmaske animieren

Klicken Sie jetzt einmal auf die Zeile VIERPUNKT-KORREKTURMASKE im Effekteinstellungen-Bedienfeld. Dadurch wird der Videoclip im Programmmonitor mit einem Rahmen versehen, dessen Eckpunkte Sie jetzt dort verschieben könnten. Das ist allerdings für unser Vorhaben viel zu ungenau. Wir benutzen lieber die Steuerelemente in den Effekteinstellungen.

1 *Maskenpunkte verschieben*

Schauen Sie sich die einzelnen Zeilen einmal etwas genauer an. In jeder befinden sich nämlich Koordinaten. Die linke repräsentiert jeweils die horizontale Position, während die rechte für die vertikale Position verantwortlich ist. Ändern Sie den Wert für die horizontale Positionierung in der Zeile OBEN LINKS ❹ auf 520,0. Am einfachsten ist das, wenn Sie auf die Zahl klicken, »520« über die Tastatur eingeben und mit [↵] bestätigen. Das Gleiche erledigen Sie mit der horizontalen Position für UNTEN LINKS ❺. Beachten Sie, dass sich die beiden Punkte mittlerweile auch im Programmmonitor entsprechend verschoben haben (❻ und ❼).

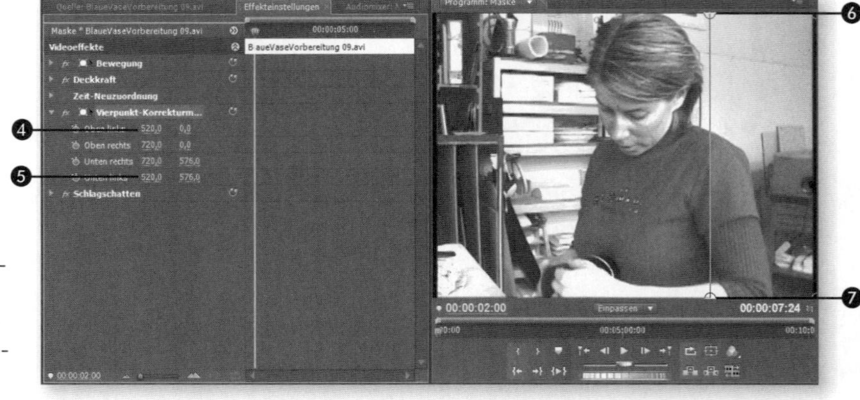

Abbildung 10.9 ▶
In den Effekteinstellungen lassen sich die Punkte wesentlich genauer positionieren.

2 *Keyframes animieren*

Mit dieser Aktion haben Sie allerdings lediglich die Abmessungen des Clips eingestellt. Eine Animation ist damit noch nicht zustande gekommen. Betätigen Sie deshalb alle vier Stoppuhr-Symbole ❽. Dadurch werden weiter rechts vier kleine Rauten sichtbar, die Sie ja bereits kennengelernt haben. Hierbei handelt es sich um Keyframes.

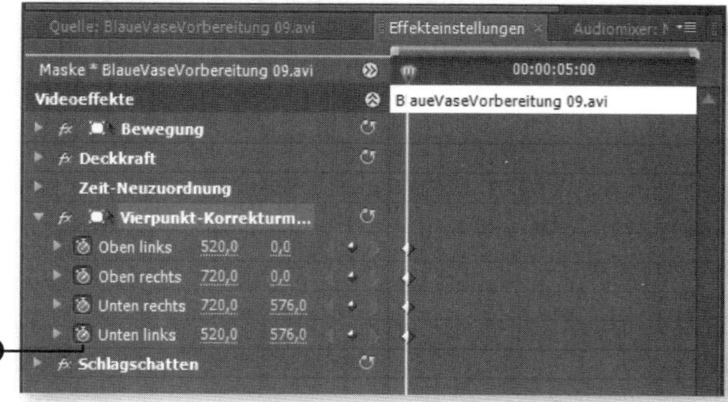

◄ **Abbildung 10.10**
Der Grundstein für eine Animation ist gelegt.

Platzieren Sie die Einfügemarke jetzt auf 00:00:03:00. An dieser Position soll die Maske nun das linke Ende des Bildes erreicht haben. Demzufolge müssen alle vier horizontalen Koordinatenpunkte neu eingegeben werden. Benutzen Sie die folgenden Werte, wobei jeweils nur das linke Steuerelement (horizontale Positionierung) verändert werden darf.

- Oben links = 0,0
- Oben rechts = 200,0
- Unten rechts = 200,0
- Unten links = 0,0

Warum »200«?

Warum mussten es nun ausgerechnet diese Werte sein? Nun, Sie sind mit den horizontalen Parametern für Oben links und Unten rechts jeweils 200 Bildpunkte vom rechten Rand weggeblieben. Deshalb mussten Sie ja auch im ersten Schritt 520,0 eintragen (der rechte Rand befindet sich bei 720,0, da das Video aus immerhin 720 Bildpunkten in der Horizontalen besteht). Demzufolge müssen Sie jetzt mit den Steuerelementen Oben rechts und Unten rechts auf 200 gehen. Dadurch ist gewährleistet, dass die Punkte während der Animation parallel zueinander bleiben. Bei der Vierpunkt-Korrekturmaske ist es nämlich anders als bei den Bewegungs-Steuerelementen, die Sie im vorangegangenen Kapitel bereits kennengelernt haben. Dort wird immer der Mittelpunkt repräsentiert. Das ist bei Korrekturmasken anders. Die obere linke Ecke des Videos ist horizontal und vertikal stets mit der Position 0,0 angegeben.

3 *Keyframes markieren*

Jetzt wird es spannend: Nachdem sich der Filmstreifen zum linken Bildrand hin bewegt hat, soll er auch wieder nach rechts zurücklaufen. Deshalb positionieren Sie die Einfügemarke auf 00:00:04:00. Danach markieren Sie alle vier Keyframes, die sich in der Reihe ganz links befinden. Das geht am schnellsten, wenn Sie die Maus außerhalb ansetzen (beispielsweise an Punkt ❶) und mit gedrückter Maustaste alle vier Keyframes umrahmen. (Lassen Sie die Maustaste beispielsweise an Punkt ❷ los.) Die vier Keyframes werden daraufhin blau markiert.

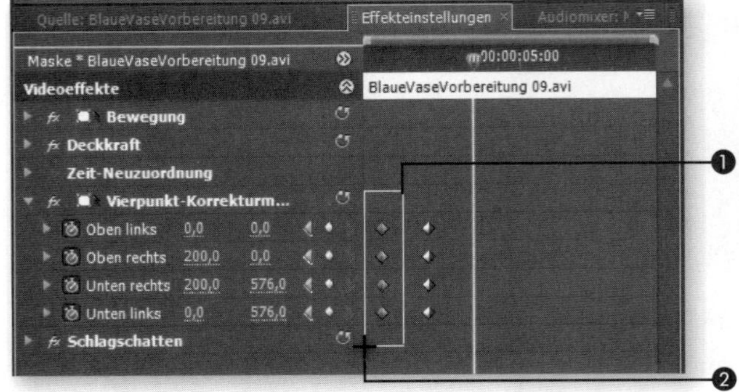

Abbildung 10.11 ► Die ersten vier Schlüsselbilder werden selektiert.

4 *Keyframes duplizieren*

Um die Keyframes nun in die Zwischenablage zu befördern, reicht es, wenn Sie [Strg]/[⌘]+[C] drücken. Sie können die Duplikate sogar gleich im Anschluss mit [Strg]/[⌘]+[V] wieder einsetzen, da für die Platzierung der Kopien die Einfügemarke zuständig ist. Und die befindet sich ja immerhin an Position 00:00:04:00. Vergleichen Sie den Inhalt Ihres Effekteinstellung-Bedienfeldes mit Abbildung 10.13.

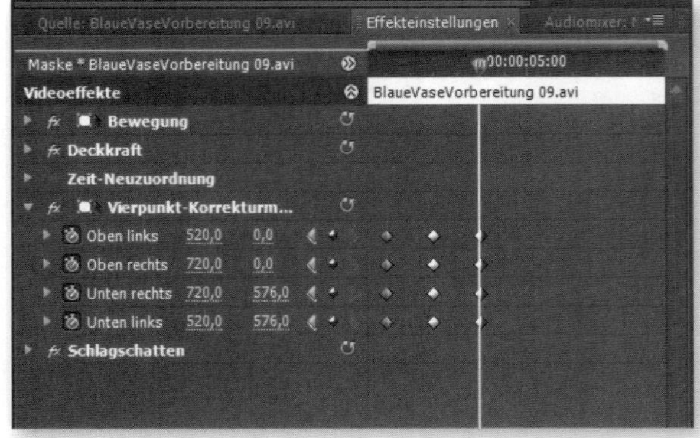

Abbildung 10.12 ► Die Kopien sind direkt an der richtigen Stelle eingefügt worden.

5 *Überblendmodus ändern*

Nun lässt sich die Bewegung noch nicht wirklich gut ausmachen, wenn Sie die Sequenz abspielen. Immerhin sind die Bildinhalte auf beiden Videospuren grundsätzlich gleich. Deshalb sollte jetzt noch der Modus des oberen Clips geändert werden. Öffnen Sie dazu die Liste DECKKRAFT, und stellen Sie den ÜBERBLENDMODUS ❸ auf MULTIPLIZIEREN. Lassen Sie das Video abspielen.

▼ **Abbildung 10.13**
Der überblendete Balken bewegt sich zunächst nach links und danach wieder nach rechts.

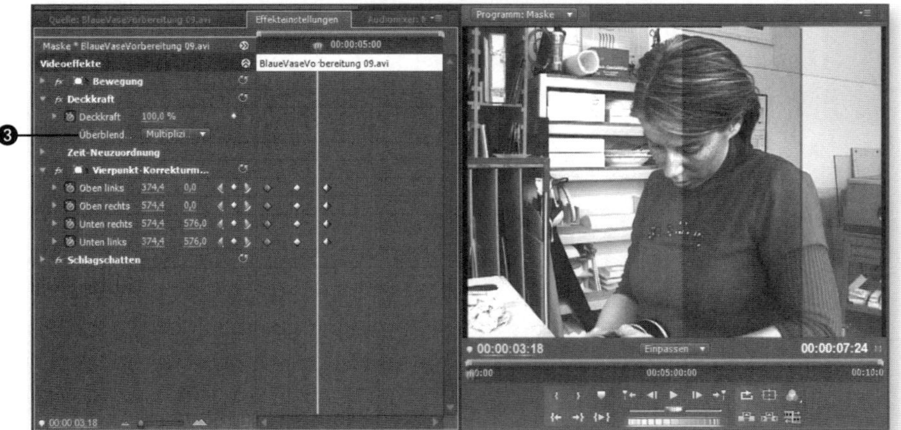

10

6 *Schlagschatten einstellen*

Gegen Ende wollen wir uns noch um den Schlagschatten kümmern, der alles in allem etwas auffälliger sein könnte. Öffnen Sie deshalb die Liste SCHLAGSCHATTEN in den Effekteinstellungen, und erhöhen Sie den ABSTAND ❺ auf ca. 8,0 sowie die WEICHE KANTE ❻ auf etwa 30,0. Die RICHTUNG ❹ stellen Sie auf 90,0°.

▼ **Abbildung 10.14**
Mit den letzten Handgriffen wurde der Schlagschatten optimiert.

7 *Überblendung hinzufügen*

Springen Sie jetzt an Position 00:00:02:00 zurück (hier hat die Animation der VIERPUNKT-KORREKTURMASKE begonnen), und versehen Sie den Clip auf Spur VIDEO 2 mit einer WEICHEN BLENDE, die Sie im Bedienfeld

Effekte im Ordner Videoüberblendungen • Blende finden. Die ursprüngliche Länge der Überblendung (30 Frames = eine Sekunde und fünf Frames) müssen Sie gar nicht verändern, denn so ist gewährleistet, dass sich der obere Clip erst langsam einblendet.

8 *Clips kürzen*

Wenn Sie wollen, können Sie jetzt beide Clips noch bis auf Position 00:00:05:00 kürzen und das Ende des oberen Clips ebenfalls mit einer Weichen Blende versehen. Vergleichen Sie Ihr Ergebnis mit »Vierpunktmaske.avi« aus dem Ergebnisse-Ordner.

Abbildung 10.15 ▼ Die Timeline sollte jetzt genau so aussehen.

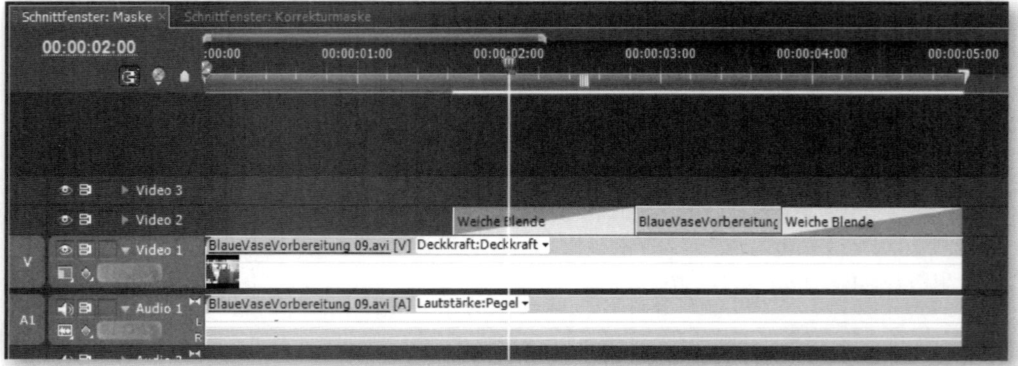

10.1.2 Pfad im Programmmonitor verändern

Wenn die Animation nicht so präzise verlaufen muss, wie im vorangegangenen Beispiel beschrieben, können die Maskenpunkte auch direkt im Programmmonitor verschoben werden – und zwar genauso, wie Sie das schon vom Bewegungseffekt her kennen. Auch hier ist allerdings zu beachten, dass zum einen der Clip im Schnittfenster, und zum anderen die betreffende Zeile im Bedienfeld Effekteinstellungen markiert sein muss (im Beispiel Vierpunkt-Korrekturmaske ❶). Das ist wichtig, weil Sie die nachfolgenden Schritte ansonsten nicht anwenden können.

Ziehen Sie doch den Programmmonitor einmal etwas größer auf, und stellen Sie die Ansichtsgröße ❷ etwas kleiner ein, beispielsweise auf 75 %. Dadurch gewinnen Sie viel Platz um das Bild herum. Wenn Sie jetzt einmal genau hinschauen, werden Sie kleine Kreuze ❸ vorfinden. Das sind die Koordinaten der Keyframes. Des Weiteren befinden sich aber auch kleine Tangenten an den Korrekturpunkten ❹. Wenn Sie jetzt einmal eine der Tangenten herausziehen (beispielsweise ❺), wird zudem eine kleine gepunktete Linie sichtbar ❻, die den Pfad zwischen zwei Keyframes repräsentiert. Zugegeben – diese ganzen Hilfsmittel sind wirklich nicht besonders gut zu erkennen; dennoch sollte man unbedingt wissen, dass sie da sind, oder?

▲ **Abbildung 10.16**
Die Animation kann auch im Programmmonitor vervollständigt werden.

10.2 Der Zuschneiden-Effekt

Sehen Sie sich einmal die Beispiel-Sequenz zum Gecko-Glas-Film ab circa 8:11:00 an. Der verwendete Key des Clips auf Spur VIDEO 5 (beginnend bei 00:08:12:21) ist mit dem Effekt ZUSCHNEIDEN aus dem Ordner VIDEOEFFEKTE • TRANSFORMIEREN realisiert worden. Alle unterhalb befindlichen Clips begnügen sich mit Veränderungen der Bewegungs-Steuerelemente POSITION und SKALIERUNG.

◀ **Abbildung 10.17**
Das Keying kommt nur in einem Clip zum Tragen.

Bezeichnung: Zuschneiden

Leider ist dieser Effekt im neuesten Release, Premiere Pro CS4, umbenannt worden. Er hieß bis dato immer Beschneiden & Skalieren, was die Sache wesentlich besser getroffen hat. Jetzt muss sich der User auch hier an »Zuschneiden« gewöhnen, obwohl er diesen Begriff ja eigentlich schon für das Trimmen von Clips verwendet.

Schritt für Schritt: Clips zuschneiden und skalieren

1 *Effekt zuweisen*

Das Zuweisen des Effekts können Sie sich im vorliegenden Fall natürlich sparen, weil der Effekt bereits zugewiesen ist. Wollen Sie ihn jedoch auf andere Clips anwenden, finden Sie ihn im Ordner Transformieren der Videoeffekte.

2 *Effekt auswählen*

Markieren Sie zunächst den Clip in Spur Video 5. Im Anschluss daran öffnen Sie die Registerkarte Effekteinstellungen. Setzen Sie einen Mausklick auf die Zeile Zuschneiden. Achten Sie auch auf den Programmmonitor. Der Clip wird dort mitsamt Rahmen dargestellt.

Abbildung 10.18 ▼
Der Clip wird im Programmmonitor dargestellt.

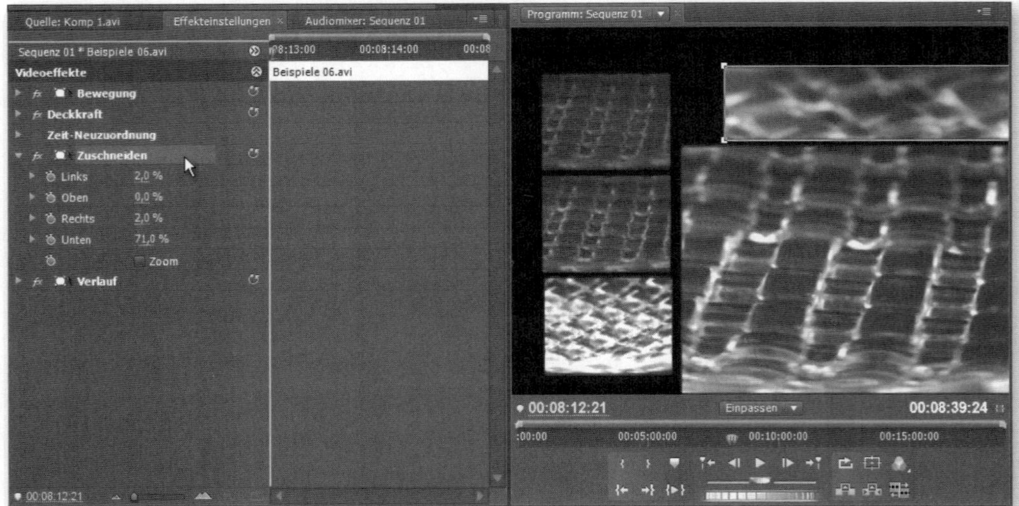

3 *Ausschnitt verändern*

Sie können nun den sichtbaren Ausschnitt gemäß Ihren Wünschen verändern, indem Sie einen der vier Anfasser per Drag & Drop im Programmmonitor verschieben. Dabei bleibt das Video selbst an seiner ursprünglichen Position – lediglich der Ausschnitt verändert sich.

4 *Effekt zurücksetzen*

Die vorhandenen Effektparameter verwerfen Sie, indem Sie auf ZURÜCKSETZEN ❶ innerhalb der Effekteinstellungen klicken. Beachten Sie dabei, dass sich die Größe des Videos nicht verändert. Diese ist nämlich in der Liste BEWEGUNG herabgesetzt worden (Steuerelement: SKALIERUNG).

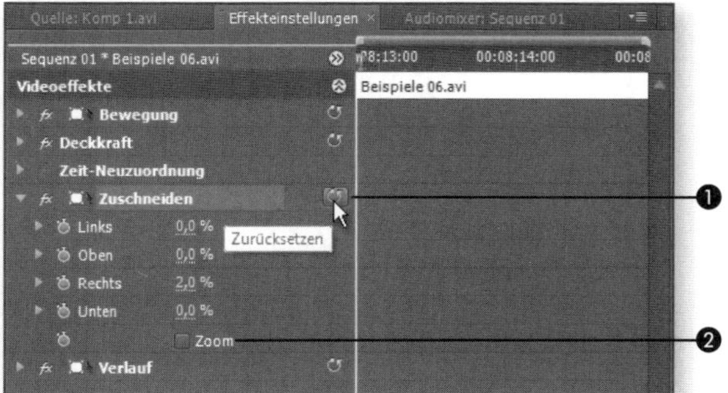

◀ **Abbildung 10.19**
Setzen Sie die Effekte zurück.

5 *Ausschnitt skalieren*

Wenn Sie den Ausschnitt vergrößern oder verkleinern wollen, aktivieren Sie ZOOM ❷. Je kleiner der Rahmen wird, desto größer fällt die Skalierung aus. Achten Sie aber darauf, dass weiterhin ZUSCHNEIDEN in den Effekteinstellungen markiert bleibt. Sollte hier der Videoeffekt BEWEGUNG selektiert werden, klicken Sie ZUSCHNEIDEN abermals an. ■

10.3 Bildmaske-Key

Ein Bildmaske-Key sorgt ähnlich wie das Zuschneiden dafür, dass nur bestimmte Bereiche eines Videos sichtbar sind. Auch hier lassen sich interessante Bild-in-Bild-Effekte realisieren.

10.3.1 Maske erstellen

Es wird Sie sicherlich interessieren, dass eine Bildmaske nicht, wie sonst üblich, als Asset in das Projektfenster eingebunden werden muss. Vielmehr reicht es aus, lediglich einen Verweis von Premiere Pro aus auf den Speicherort der Maske zu setzen. Grundsätzlich können Sie eine Bildmaske, beispielsweise in Photoshop, frei nach Wunsch gestalten. In diesem Workshop gehen Sie allerdings einen Schritt weiter und passen die Maske exakt an das Video an.

Wenn Sie Lust auf einen kleinen Photoshop-Abstecher haben, sind Sie hier genau richtig. Falls nicht, machen Sie bitte nur den ersten Schritt des folgenden Workshops; den Rest überspringen Sie ganz einfach. Das

Ergebnis finden Sie nämlich auch im Ordner KAPITEL_10 unter dem Namen »Bildmaske.tif«.

Schritt für Schritt: Eine Bildmaske erzeugen

1 *Sequenz vorbereiten*

Wie immer steht auch hier zunächst einmal die Vorbereitung des Projekts an. Erzeugen Sie eine neue Sequenz. Importieren Sie zwei AVI-Dateien aus dem Ordner KAPITEL 10. Darin befinden sich zwei Clips, die Sie jetzt importieren müssen. Den Clip »Drehteller_b1_ 02.avi« bringen Sie auf Spur VIDEO 2 und »Flaschenhals05_001.avi« auf VIDEO 1. Kürzen Sie anschließend den oberen Clip etwas ein. Ein idealer Ausstieg aus der Szene befindet sich an der Stelle, wo es heißt: »... Schnitt sich nicht wieder schließen kann.« Kürzen Sie den Clip bis zu diesem Punkt ein. Ziehen Sie ihn anschließend etwas nach rechts, so dass er mittig über dem unteren Video angeordnet ist. Zuletzt platzieren Sie die Einfügemarke ebenfalls mittig darüber.

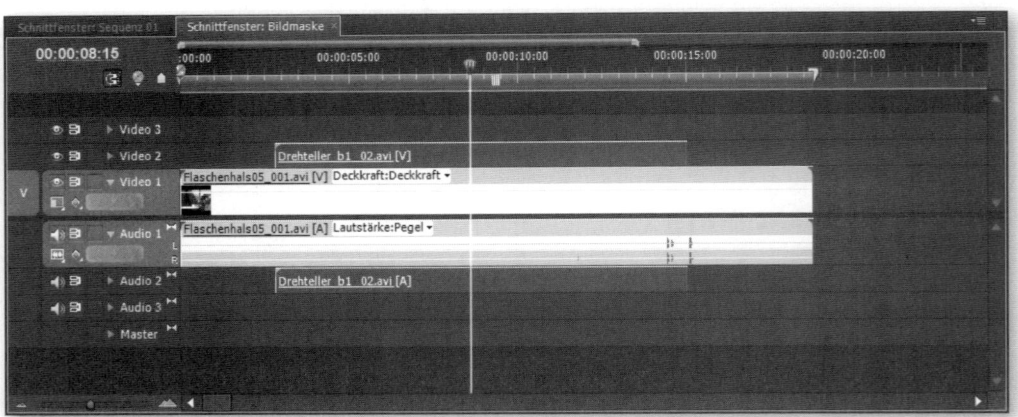

Abbildung 10.20 ▼ So sollten Sie Ihr Projekt vorbereiten.

2 *Einzelbild exportieren*

Um im Anschluss besser beurteilen zu können, wie die Maske aussehen muss, exportieren Sie zunächst ein einzelnes Bild, das Sie als Muster in Photoshop verwenden können. Wählen Sie DATEI • EXPORTIEREN • MEDIEN. Denken Sie aber daran, zuvor das Schnittfenster zu markieren, weil das Exportieren sonst nicht möglich ist.

Stellen Sie unter FORMAT jetzt TIFF sowie PAL TIFF unter VORGABE ein. Weisen Sie dem Bild einen Speicherort zu, indem Sie auf das Hot-Text-Steuerelement neben AUSGABENAME klicken. Danach bestätigen Sie mit OK. Warten Sie ab, bis der Adobe Media Encoder eine entsprechende Datei in den Zielordner gelegt hat. Sie finden das Bild übrigens auch unter dem Titel »Musterbild.tif« im Ordner KAPITEL_10 der Beispieldateien. Öffnen Sie entweder diese Datei oder Ihren gerade selbst produzierten Export in Photoshop.

▼ **Abbildung 10.21**
Dieses Bild wurde exportiert.

Photoshop testen

Adobe stellt auch zum aktuellen Photoshop-Release eine 30 Tage gültige Testversion zur Verfügung, die Sie unter *www.adobe.com/de* herunterladen können.

3 *Photoshop: Standardfarben einstellen*

Wir entscheiden uns im Beispiel dafür, eine Maske zu erzeugen, die nur den Kopf der Kommentatorin im Hintergrund zeigt. Dazu werden wir das exportierte Standbild ein wenig modifizieren. Drücken Sie zunächst einmal [D] auf Ihrer Tastatur. Das sorgt dafür, dass in der Werkzeugleiste Schwarz als Vordergrund- und Weiß als Hintergrundfarbe eingestellt werden.

▲ **Abbildung 10.22**
Schwarz und Weiß sind die Standardfarben in Photoshop CS4.

4 *Photoshop: Werkzeug wählen*

Aktivieren Sie in der Werkzeugleiste das Auswahlellipse-Werkzeug. Sollte an dieser Position das Auswahlrechteck gezeigt werden, klicken Sie diese Schaltfläche an und halten die Maustaste einen Moment lang gedrückt. Betätigen Sie jetzt den Eintrag AUSWAHLELLIPSE-WERKZEUG. Die Liste wird sich daraufhin automatisch schließen, und das Werkzeug ist selektiert.

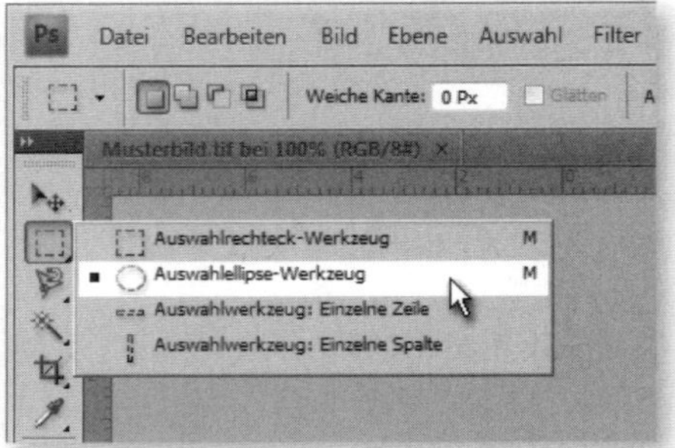

Abbildung 10.23 ▶ Für den nächsten Schritt wird die Auswahlellipse benötigt.

5 *Photoshop: Auswahl erzeugen*

Stellen Sie jetzt die Maus auf das Gesicht der Frau (der Mauszeiger mutiert dabei zum Fadenkreuz). Jetzt bitte erhöhte Aufmerksamkeit: Führen Sie einen Mausklick aus, halten Sie die Maustaste gedrückt, und betätigen Sie zusätzlich noch [Alt]/[⌥] sowie [⇧].

Neben der Maustaste müssen Sie auch beide Tasten der Tastatur gedrückt halten. Ziehen Sie die Maus jetzt etwas zur Seite, so dass sich der gestrichelte Kreis mehr und mehr vergrößert. Danach lassen Sie zunächst die Maustaste und erst danach die Tasten der Tastatur los. Wenn Ihnen die Position der Auswahllinie noch nicht gefällt, können Sie sie mit Hilfe der Pfeiltasten Ihrer Tastatur noch bewegen.

Funktionsweise der Tasten

Mit [⇧] erreichen Sie, dass anstelle einer Ellipse ein exakter Kreis erzeugt wird, während [Alt]/[⌥] dafür sorgt, dass die Auswahl nicht vom Rand, sondern aus ihrer Mitte heraus produziert wird. Die Stelle des Mausklicks wird so zum Mittelpunkt der späteren Auswahl.

Abbildung 10.24 ▶ Die Auswahl schließt das Gesicht ein.

6 *Photoshop: Fläche füllen*

Drücken Sie jetzt entweder [⇧]+[F5], oder gehen Sie in das Menü. Dort müssen Sie sich dann für BEARBEITEN • FLÄCHE FÜLLEN entscheiden. Im Folgedialog muss unter VERWENDEN der Eintrag VORDERGRUNDFARBE gelistet werden. Bestätigen Sie mit OK, woraufhin der eingekreiste Bereich mit Schwarz gefüllt wird.

◀ **Abbildung 10.25**
Ein schwarzer Punkt überdeckt das Gesicht.

10

7 *Photoshop: Auswahl umkehren*

Jetzt müssen Sie alles andere noch weiß einfärben. Dazu muss die Auswahl zunächst einmal umgekehrt werden. Drücken Sie [Strg]/[⌘]+[⇧]+[I], oder entscheiden Sie sich für AUSWAHL • AUSWAHL UMKEHREN. Jetzt ist alles ausgewählt, was zuvor nicht ausgewählt war. Im Gegenzug wurde der ausgewählte Bereich jetzt deselektiert.

8 *Photoshop: Fläche erneut füllen*

Betätigen Sie abermals [⇧]+[F5] oder BEARBEITEN • FLÄCHE FÜLLEN. Diesmal müssen Sie im Folgedialog aber unter VERWENDEN auf HINTERGRUNDFARBE umschalten, ehe Sie mit OK bestätigen.

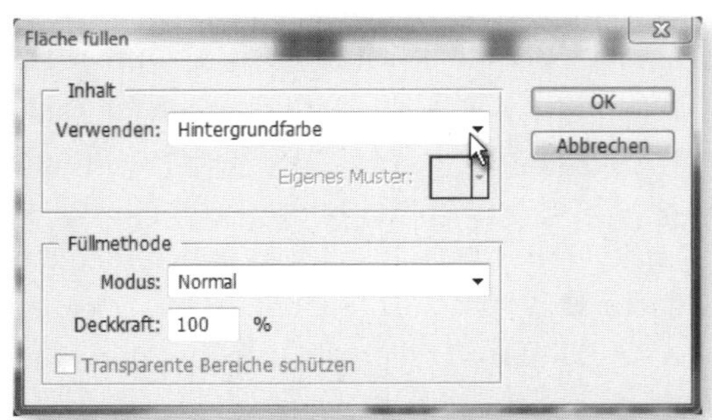

◀ **Abbildung 10.26**
Die eingekreiste Fläche wird mit der aktuell eingestellten Hintergrundfarbe (Weiß) gefüllt.

9 *Photoshop: Auswahl aufheben*

Am Schluss müssen Sie die Auswahllinien noch loswerden. Das realisieren Sie über das Menü AUSWAHL • AUSWAHL AUFHEBEN oder mit der Tastenkombination Strg/⌘+D. Speichern Sie das Bild unter einem anderen Namen, indem Sie DATEI • SPEICHERN UNTER wählen oder Strg/⌘+⇧+S drücken. Als Format wählen Sie TIFF. Die fertige Datei finden Sie, wie bereits erwähnt, im Ordner KAPITEL_10 unter dem Namen »Bildmaske.tif«.

Abbildung 10.27 ▶
So sieht Ihre Maske aus.

10.3.2 Maske zuweisen

Das eigentliche Zuweisen der Bildmaske ist keine große Sache. Wie Sie bereits erfahren haben, müssen Sie die Maske selbst nicht einmal in das Premiere-Projekt einbinden.

Schritt für Schritt: Einen Clip mit einer Bildmaske versehen

1 *Key zuweisen*

Öffnen Sie den Ordner VIDEOEFFEKTE innerhalb des Effekte-Bedienfeldes von Premiere Pro. Darin befindet sich der Ordner KEYING. Öffnen Sie auch diesen, und ziehen Sie den BILDMASKE-KEY auf den obersten Clip.

Widmen Sie sich jetzt der Registerkarte EFFEKTEINSTELLUNGEN, und öffnen Sie die dazugehörige Liste, indem Sie auf das vorangestellte Dreieck-Symbol klicken. Rechts in der Zeile BILDMASKE-KEY finden Sie eine kleine Symbol-Schaltfläche ❶. Wenn Sie diese anklicken, erhalten Sie den Dialog MASKENBILD AUSWÄHLEN. Stellen Sie hierüber den Pfad zu »Bildmaske.tif« her, und bestätigen Sie mit ÖFFNEN.

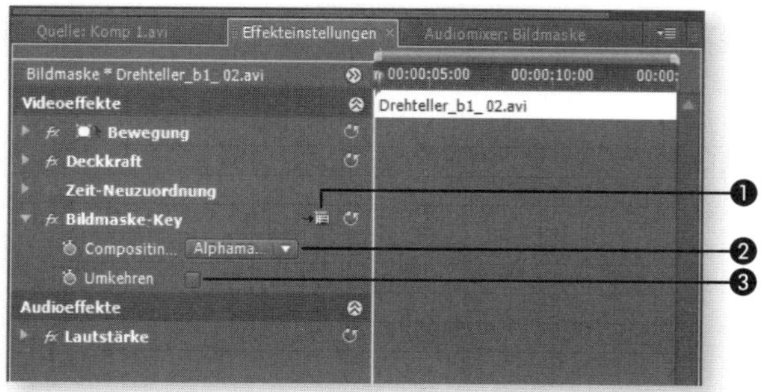

◀ **Abbildung 10.28**
Effekteinstellungen BILDMASKE-KEY

2 *Bildmaske einstellen*

Nun gilt es, die beiden anderen Steuerelemente einzustellen. Unter COMPOSITING MIT ❷ entscheiden Sie sich für LUMINANZMASKE, da die Maske anhand der Helligkeitswerte (Luminanz) eingestellt werden soll. Aktivieren Sie außerdem die Checkbox UMKEHREN ❸, die sich gleich darunter befindet.

3 *Effekte rendern*

Lassen Sie das Video doch einmal ablaufen. Sie werden möglicherweise feststellen, dass die Qualität nicht sonderlich gut ist. Rendern Sie in diesem Fall die Sequenz, und spielen Sie das Video anschließend erneut ab. Jetzt sollte Sie die Darstellung zufriedenstellen.

◀ **Abbildung 10.29**
Im Video sind jetzt nur noch die Bereiche sichtbar, die in der Maske schwarz sind. ■

10.3.3 Luminanz und Alphakanäle

Die Beispieldatei enthält keinen Alphakanal. Deshalb mussten Sie auch auf LUMINANZMASKE umschalten. Dabei wird zwischen Schwarz und Weiß unterschieden. Was schwarz ist, ist normalerweise unsichtbar, während weiße Bereiche sichtbar sind. Bei der verwendeten Maske musste allerdings der schwarze Bereich sichtbar bleiben, während alles Weiße unsichtbar werden sollte. Deshalb mussten Sie am Schluss auch UMKEHREN aktivieren. Eine Maske mit Alphakanal hingegen generiert man in Photoshop separat. Dabei bilden zumeist Pfade den Bereich des Bildes, der als Alphakanal wirken soll. Der Kanal selbst wird dann im Kanäle-Bedienfeld angelegt. Der nächste Workshop gibt Aufschluss darüber.

10.4 Spurmaske-Key

Prinzipiell ist der Bildmaske-Effekt ja ganz nett anzusehen – leider hat er einen entscheidenden Nachteil: Die Maske bleibt stets an derselben Position stehen. Aber etwas Bewegung wäre doch nicht schlecht, oder? Wenn das Ihr Ziel ist, verwenden Sie einen Spurmaske-Key. Darüber hinaus benötigen Sie eine »echte« Alphamaske.

Schritt für Schritt: Eine Alphamaske in Photoshop erzeugen

Natürlich können Sie gleich mit dem übernächsten Workshop fortfahren, wenn Sie das möchten. Benutzen Sie dann einfach die Datei »Alphamaske.tif«. Falls Sie aber wissen möchten, wie das Handling mit einer Alphamaske vonstatten geht, sollten Sie sich zunächst mit diesem Workshop beschäftigen.

1 *Alphakanal entfernen*

Wechseln Sie wieder zu Photoshop CS4, und öffnen Sie die Datei »Bildmaske.tif«. Grundsätzlich können Sie aus allen Objekten einen Alphakanal erzeugen, doch wollen wir uns jetzt damit begnügen, den schwarzen Kreis in einen Alphakanal umzuwandeln. Stellen Sie das Kanäle-Bedienfeld bereit (FENSTER • KANÄLE). Sie sehen schon, dass hier bereits ein Alphakanal integriert ist. Dieser beinhaltet aber leider nicht unseren Kreis, weshalb wir ihn zunächst entfernen wollen. Markieren Sie die Zeile deshalb im Kanäle-Bedienfeld per Mausklick ❶. Sie wird daraufhin blau markiert. Danach betätigen Sie AUSGEWÄHLTEN KANAL LÖSCHEN ❺ und bestätigen die Kontrollabfrage mit JA.

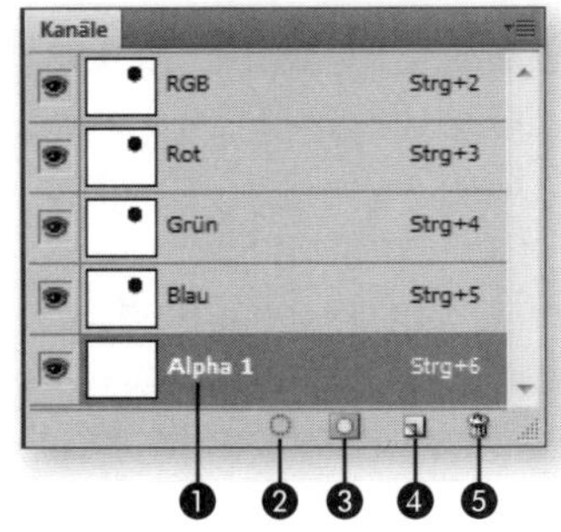

Abbildung 10.30 ▶ Das Kanäle-Bedienfeld von Photoshop CS4

2 *Neuen Kanal erstellen*

Klicken Sie anschließend auf NEUEN KANAL ERSTELLEN ❹. Jetzt betätigen Sie KANAL ALS AUSWAHL LADEN ❷, gefolgt von AUSWAHL ALS KANAL SPEICHERN ❸. Im Anschluss daran taucht der korrekte Alphakanal (mit Punkt) in der untersten Zeile der Kanäle-Palette auf.

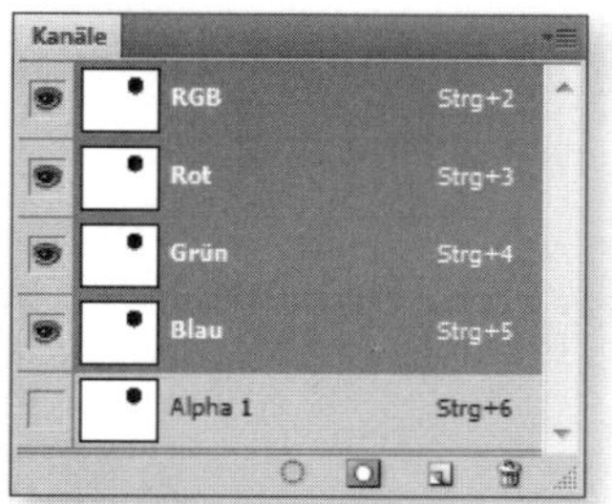

◀ **Abbildung 10.31**
Damit verfügt das Bild über einen realen Alphakanal.

3 *Datei speichern*

Am Schluss speichern Sie die Datei ab (vergeben Sie beispielsweise den Namen »Alphamaske.tif«). Eine Datei gleichen Namens finden Sie übrigens auch im Ordner KAPITEL_10; damit können Sie jetzt ebenfalls weiterarbeiten. ■

10.4.1 Alphakanäle umkehren

Wenn Sie den Alphakanal selbst einmal umkehren, also Schwarz und Weiß miteinander vertauschen wollen, können Sie das ebenfalls ganz schnell in Photoshop realisieren. Markieren Sie dazu einfach den Alphakanal im Bedienfeld KANÄLE (hier mit ALPHA 1 betitelt), und drücken Sie [Strg]/[⌘]+[I]. Denken Sie aber daran, dass Sie die Datei jetzt neu speichern müssen, damit die Änderungen auch wirksam werden.

Prinzipiell ist dieser Schritt aber nicht nötig, wenn Sie den Alphakanal eines Bildes in Premiere Pro nutzen wollen: Bild- und Spurmaske-Effekte verfügen nämlich über eine Checkbox mit dem schönen Namen UMKEHREN. Aktivieren Sie dieses Steuerelement innerhalb der Effekteinstellungen, werden Schwarz und Weiß ebenfalls miteinander vertauscht – nur eben in Premiere Pro und nicht in der Originaldatei.

Schritt für Schritt: Eine Maske bewegen

1 *Bildmaske-Key entfernen*

Markieren Sie die Zeile BILDMASKE-KEY in den Effekteinstellungen, und drücken Sie [Entf] bzw. [←] auf Ihrer Tastatur. Falls die Effekteinstellungen leer sind, markieren Sie den Clip zuvor auf Spur VIDEO 2.

2 *Asset importieren*

Anders als beim Bildmaske-Key muss eine Spurmaske als Asset in das Projekt importiert werden. Doppelklicken Sie deshalb auf einen freien Bereich des Projektfensters, und importieren Sie die Datei »Alphamaske.tif«.

Abbildung 10.32 ▸ Die Bilddatei muss ebenfalls ins Projektfenster gebracht werden.

3 *Maske einfügen*

Ziehen Sie diese Bilddatei nun auf die Spur VIDEO 3 des aktuellen Schnittfensters. Verlängern Sie den Alphamaske-Clip so weit, dass Anfang und Ende mit dem Clip »Drehteller_b1_02.avi« identisch sind.

Abbildung 10.33 ▾ Die Bildmaske wurde eingefügt.

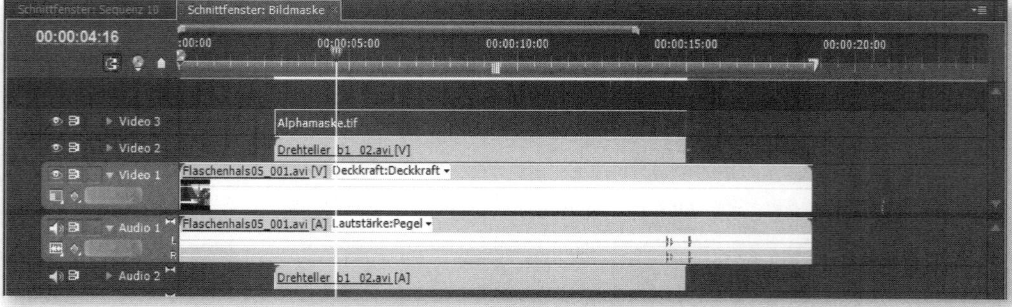

4 *Spurmaske-Key zuweisen*

Danach blenden Sie die oberste Spur des Schnittfensters über das Auge-Symbol im Spurkopf aus. Die Spur soll nämlich im fertigen Film nicht wirklich sichtbar sein, sondern lediglich als Maskierung dienen. Aktivieren Sie jetzt den Clip in Spur 2, und weisen Sie ihm den Spurmaske-Key-Effekt zu (Ordner: VIDEOEFFEKTE • KEYING).

5 *Spurmaske-Key einstellen*

Öffnen Sie den Spurmaske-Key in den Effekteinstellungen, und selektieren Sie in der Zeile Maske den Listeneintrag Video 3. Damit ist sichergestellt, dass die Maske, die sich auf Spur 3 befindet, jetzt auf den Clip in Spur 2 wirkt.

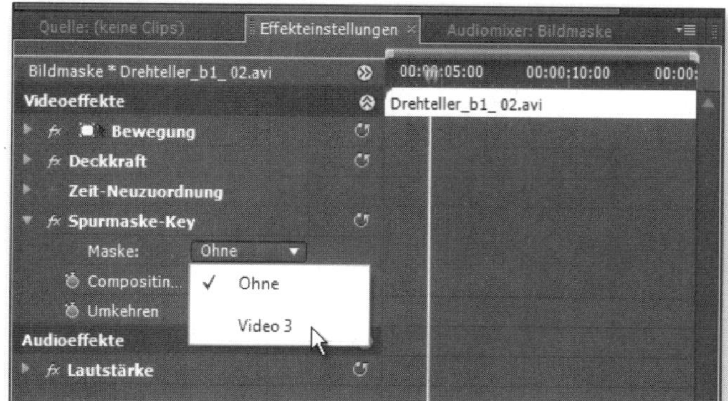

◄ **Abbildung 10.34**
Der Clip in Spur 2 wird mit dem Inhalt von Spur 3 maskiert.

6 *Maske umkehren*

Achten Sie auch darauf, dass unter Compositing mit der Wert Alphamaske gelistet ist. Eine Luminanzmaske würde in diesem Fall nicht funktionieren, da jetzt nicht mehr nach hellen und dunklen Bildbereichen, sondern lediglich nach dem Alphakanal Ausschau gehalten wird. Da die Alphamaske im Bereich des Kreises schwarz ist, wird jetzt genau dieser Bereich **nicht** angezeigt. Stattdessen sehen Sie jetzt alle weißen Bereiche der Maske im Video. Das müssen Sie Umkehren, weshalb Sie die gleichnamige Checkbox noch aktivieren müssen.

▼ **Abbildung 10.35**
Nehmen Sie Einstellungen für den Spurmaske-Key vor.

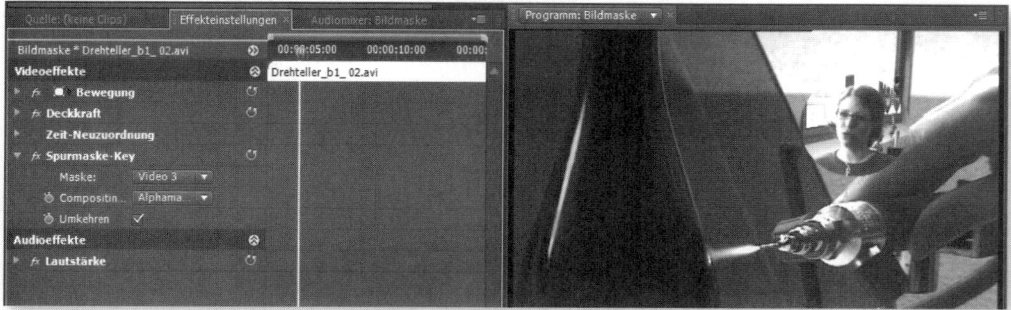

7 *Maske bewegen*

Nun gibt es prinzipiell zwei Möglichkeiten, Bewegungen darzustellen: Wenn Sie den noch sichtbaren Ausschnitt der Spur Video 2 wie einen »Sucher« über das Bild wandern lassen wollen, animieren Sie lediglich die Keyframes der Alphamaske (Videoeffekte: Bewegung). Wollen Sie hingegen, dass sich auch der Bildausschnitt synchron mitbewegt, müssen Sie die die Maske selbst animieren (also das Bild in Spur VIDEO 3). Zur Kontrolle können Sie die Beispieldatei »Maskierung.prproj« aus dem Ordner KAPITEL_10 heranziehen. ■

10.4.2 Maskenspuren

Sie haben soeben eine Spur angelegt, die nur für Maskierungen verwendbar ist, da sie ausgeblendet werden muss. Nun kann es aber im Eifer des Gefechts (und einige Zeit später) leicht passieren, dass diese Spur unbeabsichtigt für andere Clips benutzt wird. Die Folge: Der dort abgelegte Clip wäre im Film nicht sichtbar. Das wiederum könnte den User dazu veranlassen, die Spur wieder sichtbar zu schalten, ohne sich daran zu erinnern, dass die Spur immerhin aufgrund der Maskierung unsichtbar gemacht wurde – und schon funktioniert die Maske nicht mehr ordnungsgemäß.

Ich empfehle Ihnen daher, die Spur im Spurkopf entsprechend zu benennen und sie auch über die Aktivierung des Schloss-Symbols gegen weitere Bearbeitung zu schützen. Wenn Sie an anderer Stelle Ihres Videos eine weitere Maske benötigen, können Sie die Sperre kurzzeitig aufheben, die Maske einsetzen und die Spur anschließend wieder schützen. Noch sicherer: Sie legen eine eigene Sequenz für die Maskierung an und binden diese in Ihre Master-Spur ein.

10.5 Chroma-Key

Eine weitere Form der Maskierung stellt der Chroma-Key dar. Mit dessen Hilfe ist es möglich, bestimmte Farbbereiche aus einem Bild zu entfernen, also auf transparent zu setzen.

Wenden Sie ihn auf einen Clip an, können Sie zunächst mit der Farbpipette, die in den Effekteinstellungen zur Verfügung gestellt wird, eine Grundfarbe aufnehmen. Beobachten Sie dabei die Auswirkungen innerhalb des Programmmonitors. Noch ist möglicherweise nicht viel zu sehen. Doch wenn Sie jetzt den Wert ÄHNLICHE FARBEN erhöhen, werden weitere, ähnliche Farbbereiche mit einbezogen.

Testen Sie den Effekt doch selbst, indem Sie zunächst den Spurmaske-Key entfernen, der im letzten Workshop platziert wurde. Löschen Sie auch die Maske aus VIDEO 3, machen Sie die Spur wieder sichtbar, und ziehen Sie den Clip »Flaschenhals05_001.avi« auf VIDEO 3.

Die grundsätzliche Vorgehensweise ist die, dass Sie zunächst den Effekt wie gewohnt zuweisen und dann mit der Pipette ❾ auf den zu entfernenden Bereich im Programmmonitor klicken (im Beispiel die Flasche). Mit der Verstellung des Wertes ÄHNLICHE FARBEN ❽ entfernen Sie dann mehr und mehr den selektierten Farbbereich.

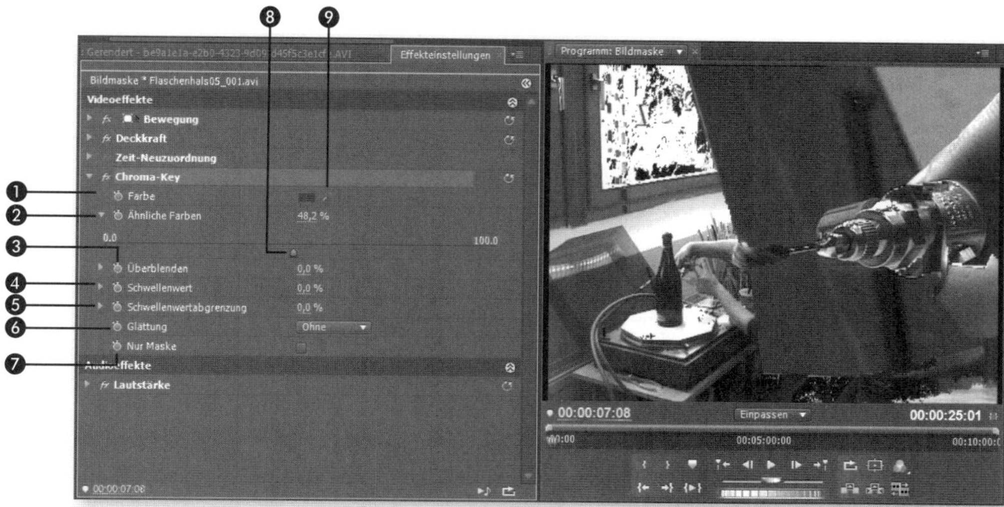

▲ **Abbildung 10.36**
Klicken Sie im Programmmonitor ziemlich weit unten auf die Flasche, damit Blau aufgenommen wird.

Die Steuerelemente des Chroma-Keys verwenden Sie wie folgt, wobei sich der Begriff »Vordergrund« stets auf das obere, »Hintergrund« hingegen auf das untere Video bezieht:

❶ FARBE – Nehmen Sie mit der Pipette eine Farbe, die entfernt werden soll, aus dem Clip auf.

❷ ÄHNLICHE FARBEN – Erweitern Sie das Spektrum der zuvor aufgenommenen Farbe.

❸ ÜBERBLENDEN – Vorder- und Hintergrund werden zunehmend ineinander überblendet.

❹ SCHWELLENWERT – Die Schattenanteile des entfernten Bereichs bleiben erhalten. Je mehr Sie den Wert erhöhen, desto mehr bleiben die Schattenanteile sichtbar.

❺ SCHWELLENWERTABGRENZUNG – Die zuvor über SCHWELLENWERT eingestellten Schattenanteile können hier aufgehellt oder abgedunkelt werden. Je mehr Sie den Regler nach rechts stellen, desto dunkler werden die Schatten.

❻ GLÄTTUNG – Schaffen Sie weichere Übergänge zwischen Vorder-und Hintergrund, indem Sie WENIG oder STARK einstellen (**Anti-Aliasing**). Belassen Sie den Wert bei OHNE, bleibt die Abstufung zwischen Vorder- und Hintergrund scharfkantig.

❼ NUR MASKE – Erzeugen Sie aus dem Clip einen Alphakanal. Hier besteht die Möglichkeit, eigene Masken direkt in Premiere Pro zu erzeugen.

10.6 Bluescreen-Key

Grundsätzlich ist der Chroma-Key bestens geeignet, um Bildbereiche anhand der Farbwerte »herauszurechnen«. Wenn Sie allerdings über optimales Material in Studioqualität verfügen, funktioniert auch der Bluescreen-Key, der prinzipiell nach gleichem Muster verfährt. Allerdings werden derartige Effekte zumeist nur bei Verwendung eines entsprechenden Equipments eingesetzt. In Nachrichtensendungen greift man ebenso gern darauf zurück wie im professionellen Spielfilm. Dabei werden die Darsteller vor einer chroma-blauen Wand platziert, die ebenmäßig und ohne Schattenwurf ausgeleuchtet ist. Später wird die Hintergrundfarbe unter Einsatz dieses Effekts entfernt, was es ermöglicht, den Protagonisten in jedes andere Video hineinzuplatzieren. Natürlich ist darauf zu achten, dass beispielsweise die Kleidung des Darstellers nicht so gewählt ist, dass sie mit der zu »keyenden« Farbe kollidiert. Stünde er mit einer blauen Jeans vor einem blauen Hintergrund, wäre die Folge, dass er plötzlich (zumindest teilweise) den Verlust seines Unterkörpers zu beklagen hätte.

10.6.1 Effekte entfernen und ausblenden

Sie können Effekte, die Sie nicht mehr benötigen, in den Effekteinstellungen markieren und mit [←] bzw. BEARBEITEN • LÖSCHEN aussondern. Alle anderen Effekte, also auch nachfolgende, bleiben dabei natürlich erhalten. Manchmal muss ein Effekt aber nur kurzzeitig ausgeblendet werden. Das erreichen Sie, indem Sie das vorangestellte f-Symbol ❶ kurzzeitig deaktivieren. Ein erneuter Klick macht den Effekt wieder sichtbar, wobei sämtliche Einstellparameter erhalten bleiben.

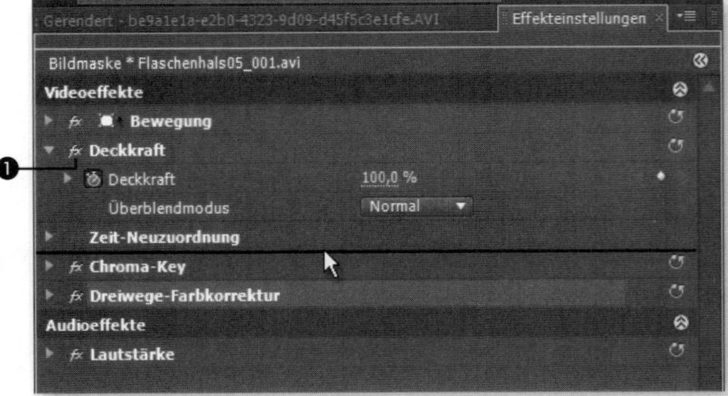

Abbildung 10.37 ▶ Es ist nichts dagegen einzuwenden, die Effekt-Reihenfolge auch nachträglich noch zu ändern.

10.6.2 Effekt-Reihenfolge beachten

Natürlich können Sie auf einen Clip beliebig viele Effekte anwenden. Dabei ist aber grundsätzlich zu beachten, dass die Reihenfolge ihrer

Anwendung zum Teil erheblichen Einfluss auf das Ergebnis hat. (Das ist vor allem dann der Fall, wenn der ÜBERBLENDMODUS im Bereich DECKKRAFT verändert wurde.) Die nicht fixierten Effekte lassen sich deshalb im Fenster EFFEKTEINSTELLUNGEN per Drag & Drop sortieren. Möchten Sie die Reihenfolge verändern, ziehen Sie einfach die betreffende Zeile an eine andere Position. Sobald die horizontale, schwarze Linie auftaucht, können Sie ihn fallen lassen. Die Standardeffekte BEWEGUNG, DECKKRAFT und ZEIT-NEUZUORDNUNG sind davon allerdings ausgenommen. Sie können ebenso wenig nach unten verschoben werden, wie sich ein anderer Effekt oberhalb oder zwischen den beiden platzieren lässt.

11 Bildkorrekturen

Effekte sind eine schöne Sache. Mit ihnen können Sie beim Zuschauer möglicherweise richtig Eindruck schinden. Allerdings erfüllen sie nicht nur die Aufgabe, ein Bild anspruchsvoll zu verfremden. Eine weitere wichtige Aufgabe von Effekten (wenn nicht sogar die wichtigste überhaupt) besteht darin, Videos zu korrigieren. Egal, ob es an der korrekten Farbe oder Beleuchtung mangelt – mit den richtigen Korrektur-Effekten holen Sie aus Ihren bewegten Bildern buchstäblich das Letzte heraus.

In diesem Kapitel erhalten Sie Antworten auf die folgenden Fragen:

- Wie werden Helligkeit und Kontrast korrigiert?
- Wie kann ich Schatten und Glanzlichter korrigieren?
- Wie kann die Beleuchtung eines Clips punktuell korrigiert werden?
- Wie wird eine nachträgliche Weißbalance durchgeführt?
- Wie kann ich die Farbe eines Clips automatisch korrigieren?
- Wie kann ich die Farbe eines Clips manuell korrigieren?
- Wie lassen sich Clips farbig aufeinander abstimmen?

11.1 Auto-Effekte

Im Ordner Anpassen der Videoeffekte finden Sie einige automatische Korrektur-Effekte; so z. B. neben Auto-Farbe und Auto-Kontrast auch die Auto-Tonwertkorrektur. Das Wort Automatik passt hier nicht so ganz, da es sich nicht wirklich um automatische Effekte handelt, die nur zugewiesen, nicht aber eingestellt werden müssen. Vielleicht kennen Sie das aus Photoshop. Auch der Bildbearbeitungs-Klassiker verfügt über so genannte Auto-Effekte. Diese weisen Sie schlicht zu – und fertig. (Bitte verstehen Sie das keinesfalls als Aufforderung, diese Effekte in Photoshop tatsächlich zu benutzen. Warum, das verrate ich Ihnen gerne.)

In Premiere Pro sind auch die Auto-Effekte noch einstellbar, wenngleich sie auch hier nicht unbedingt die eleganteste Lösung darstellen, wenn es darum geht, Bilder zu korrigieren. Deshalb möchte ich Ihnen empfehlen, Auto-Effekte nur dann zu benutzen, wenn der Korrekturbedarf eher gering ist. Sie werden gleich sehen, wie sich derartige Korrekturen auch anders bewerkstelligen lassen.

11.2 Helligkeit und Kontrast korrigieren

Der Effekt HELLIGKEIT UND KONTRAST kommt immer dann zum Einsatz, wenn Aufnahmen matt und/oder dunkel sind. Allerdings reagiert der Clip unter Umständen sehr sensibel, und selbst geringe Veränderungen wirken sich drastisch auf das Ergebnis aus. Deshalb gilt hier ganz besonders: Weniger ist mehr!

Schritt für Schritt: Helligkeit und Kontrast korrigieren

Schauen Sie sich den Clip »Ofen_Glas ziehen.avi« im Beispielprojekt an. Im Schnittfenster finden Sie ihn ab 00:06:08:08. Er ist nicht sonderlich gut ausgeleuchtet und wirkt insgesamt etwas zu dunkel.

Abbildung 11.1 ▸ Der Clip ist nicht sonderlich gut ausgeleuchtet.

1 *Effekt zuweisen*

Gehen Sie in das Effekte-Bedienfeld, und öffnen Sie den Ordner VIDEOEFFEKTE. Im Verzeichnis FARBKORREKTUR finden Sie HELLIGKEIT UND KONTRAST. Ziehen Sie diesen Effekt auf den Clip.

2 *Effekt einstellen*

Sorgen Sie dafür, dass der Clip im Schnittfenster markiert ist, und klicken Sie die Registerkarte EFFEKTEINSTELLUNGEN an. Weil sich die Verwendung der Hot-Text-Steuerelemente nicht so gut eignet wie das direkte Verstellen der Regler, ist es empfehlenswert, die beiden Listen HELLIGKEIT und KONTRAST über die vorangestellten Dreieck-Symbole zu öffnen.

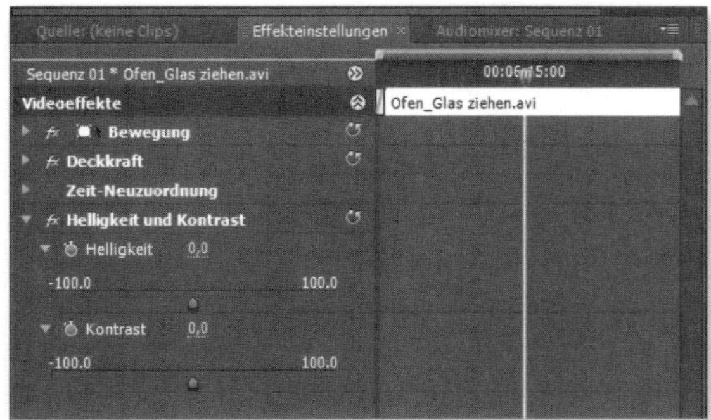

◀ **Abbildung 11.2**
Machen Sie die Schieberegler zugänglich.

Ziehen Sie den Regler HELLIGKEIT auf einen Wert um »20,0«. Das ist zwar etwas zu viel, doch müssen Sie den Kontrast noch etwas verstärken, und das wiederum senkt die Helligkeit subjektiv ein wenig ab. Ziehen Sie den Kontrastregler auf einen Wert um »15,0«.

3 *Effekt begutachten*

Begutachten Sie die Wirkungsweise, indem Sie EFFEKT AKTIVIEREN/DEAKTIVIEREN ❶ mehrmals ein- und ausschalten.

▼ **Abbildung 11.3**
Die Ausleuchtung ist schon viel besser geworden.

4 *Weitere Clips einstellen*

Schauen Sie sich auch die weiteren Clips an. So dürfte z. B. auch der übernächste Clip (er trägt den gleichen Namen, beginnt aber bei 00:06:28:20) eine derartige Korrektur erfahren. Gehen Sie hier mit den Werten aber nicht ganz so hoch wie beim ersten. Und vor allen Dingen: Vergessen Sie nicht, ihn zu markieren, bevor Sie weitere Einstellungen vornehmen! Ja, das wird leicht vergessen. Aktuell ist ja immer noch der vorangegangene Clip markiert.

5 *Weitere Clips korrigieren*

Überprüfen Sie sämtliche nachfolgenden Clips, wobei aber jene, die vordergründig den Ofen zeigen, außen vor bleiben sollten. Sobald Sie hier nämlich den Kontrast verändern, gehen Details in den rot-orangefarbenen Bereichen des Ofeninneren verloren – anhand dieser Clips können Sie sehr gut nachvollziehen, dass eine Helligkeit/Kontrast-Korrektur bei Weitem nicht verlustfrei vonstatten geht. Im Klartext: Eine Korrektur ist immer mit Qualitätsverlusten behaftet. ■

11.3 Schatten und Glanzlichter korrigieren

Clips, die den Ofen mehr oder weniger bildschirmfüllend darstellen, lassen sich besser mit dem Effekt SCHATTEN/GLANZLICHT korrigieren. Sie erreichen bei Zuweisung dieses Effekts, dass die Zeichnung (also die Abstufungen zwischen hell und dunkel) innerhalb des Bildes nicht zu sehr verloren geht.

Schritt für Schritt: Licht und Schatten verbessern

Wenn wir von Schatten sprechen, ist nicht etwa ein Schlagschatten oder dergleichen gemeint. Licht bezeichnet die hellen, Schatten die dunklen Bereiche eines Bildes bzw. eines Videos. Diese Werte können naturgetreuer dargestellt werden, wenn man eben nicht den Kontrast, sondern die hellen und dunklen Bereiche direkt verändert. Der Lohn dieser Mühen: Details innerhalb des Bildes bleiben erhalten.

1 *Effekte vergleichen*

Falls Sie es im vergangenen Workshop noch nicht ausprobiert haben, empfehle ich Ihnen, zunächst HELLIGKEIT UND KONTRAST auf den Clip »Glas_ziehen.avi« anzuwenden. In der Timeline ist er ab Position 00:06:22:07 zu finden.

Entfernen Sie den Effekt anschließend wieder, und weisen Sie stattdessen SCHATTEN/GLANZLICHT aus der Videoeffekte-Sammlung ANPASSEN zu. Na, was meinen Sie? Sieht das nicht besser aus? Achten Sie vor allem auf die dunklen Streifen innerhalb des rot glühenden Bereichs. Diese bleiben nämlich jetzt erhalten.

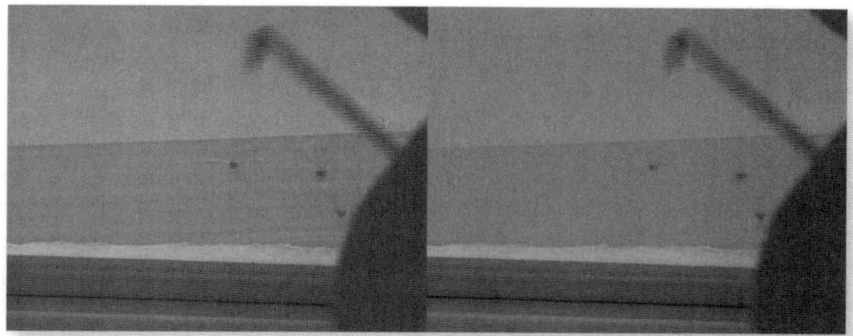

◂ **Abbildung 11.4**
Der direkte Vergleich bringt es ans Licht: Schatten/Glanzlicht (links) eignet sich wesentlich besser als Helligkeit/Kontrast (rechts).

2 *Automatik deaktivieren*

Ist Ihnen aufgefallen, dass sich das Videobild sofort verändert hat, als Sie den Effekt zugewiesen haben? Es findet also sofort eine Korrektur statt. Schuld daran ist die Checkbox Automatische Stärke ❶ in den Effekteinstellungen. Die Anwendung analysiert nämlich das Video und weist die Schatten- und Glanzlichtstärke dementsprechend zu. Wenn Sie sich die Einstellung nicht von Premiere Pro abnehmen lassen wollen, müssen Sie dieses Steuerelement abwählen.

3 *Schattenstärke reduzieren*

Premiere Pro setzt die Schattenstärke automatisch auf 50. Das ist natürlich kein Maßstab, da jeder Clip individuell korrigiert werden muss. Grundsätzlich sollten Sie so vorgehen, dass Sie den Regler zunächst ganz nach links schieben. Damit finden Sie zunächst einmal ein unverändertes Video vor. Danach können Sie die Schattenstärke (hellt dunkle Bereiche eines Clips auf) sowie die Glanzlichtstärke (dunkelt helle Bereiche ab) manuell einstellen.

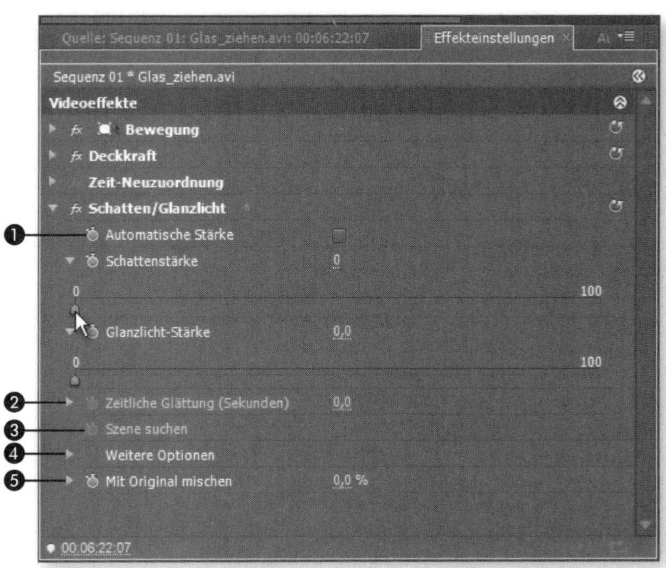

◂ **Abbildung 11.5**
Regeln Sie die Schattenstärke zunächst ganz herunter.

4 *Schattenstärke regulieren*

Jetzt schieben Sie den Regler wieder vorsichtig nach rechts, wobei Sie den Programmmonitor nicht aus den Augen lassen sollten. Stoppen Sie, wenn Sie einen Wert um 25 erreicht haben, was im vorliegenden Fall in Ordnung sein dürfte. Ich empfehle darüber hinaus, die Glanzlichtstärke nicht zu verändern. ■

Zeitliche Glättung | Das Steuerelement ZEITLICHE GLÄTTUNG (SEKUNDEN) ❷ erlaubt eine Analyse des Clips. Dabei wird ein Zeitraum (in Sekunden) eingestellt, in dem benachbarte Bilder analysiert werden. So wird festgestellt, wie stark ein Einzelbild im Vergleich zu benachbarten Bildern korrigiert werden muss. Wie groß dieser Analysebereich ist, legen Sie über den Wert in Sekunden fest. Belassen Sie die Einstellung bei 0, wird jedes Einzelbild unabhängig von benachbarten Bildern eingestellt. Sie ahnen es schon: Bei einer solchen Messmethode bleibt das Zutun des Benutzers außen vor. Deshalb steht dieser Effekt auch nur dann zur Verfügung, wenn AUTOMATISCHE STÄRKE aktiviert ist.

Szene suchen ❸ | Wenn Sie mit der zeitlichen Glättung arbeiten und dieses Steuerelement anwählen, ist es Premiere Pro vollkommen egal, ob innerhalb der Glättungszeit noch ein anderer Clip vorhanden ist. Im Klartext: Wählen Sie das Steuerelement ab, werden nur Bilder für die Berechnung verwendet, die auch zum aktuell markierten Clip gehören. Bedenken Sie, dass Sie damit eine sehr gute Möglichkeit haben, unterschiedliche Clips aufeinander abzustimmen. Dazu wählen Sie dann den ersten Frame eines zu korrigierenden Clips an und aktivieren SZENE SUCHEN. Dann wird der vorangehende Clip in die Berechnung involviert.

Weitere Schatten/Glanzlicht-Optionen | Im Bereich WEITERE OPTIONEN ❹ sind noch SCHATTEN-TONBEREICH und GLANZLICHT-TONBEREICH erwähnenswert. Damit definieren Sie nämlich, was im Clip eigentlich der Schatten bzw. das Glanzlicht ist. Das bedeutet: Je höher der jeweilige Wert, desto mehr werden auch Mitteltonbereiche (also Bereiche, die nicht sehr dunkel oder nicht sehr hell sind) in die Korrektur mit einbezogen.

Mit Original mischen ❺ | Wie der Name schon sagt, werden Ihre Einstellungen noch einmal mit dem Originalclip vermischt. Prinzipiell wird bei einem sich erhöhenden Wert der zugewiesene Effekt immer weiter abgeschwächt. Betrachten Sie dieses Steuerelement also gewissermaßen als Feineinstellung, die eine nachträgliche Abschwächung des Effekts bzw. eine Mischung mit dem Original erlaubt.

11.4 Beleuchtung punktuell korrigieren

Jetzt soll es um Effekte gehen, die im eigentlichen Sinne eine ganz andere Aufgabe haben, als Bilder zu korrigieren – gemeint sind die Beleuchtungseffekte. Ganz klare Sache: Mit diesem Effekt können Sie zusätzlich Lampen in Ihr Video »hineinmontieren«. Das sorgt für einen visuell ansprechenden Genuss und ist natürlich eher in die Kategorie Bildverfremdung einzuordnen. Darum soll es aber im folgenden Workshop nicht gehen. Es ist nämlich durchaus möglich, diesen Effekt auch zur punktuellen Beleuchtungskorrektur einzusetzen.

Schritt für Schritt: Korrekturen mit Beleuchtungseffekten realisieren

Nehmen Sie als Beispiel doch einmal den Clip »Flaschenhals05.avi«, der bei 00:04:42:22 beginnt. Von der Ausleuchtung her ist er eigentlich ganz okay. Was sich aber verbessern lässt: Sie können die Aufmerksamkeit mehr auf den Flaschenhals lenken, indem Sie ihn einfach heller darstellen, als er zurzeit noch ist.

1 *Effekt hinzufügen*

Öffnen Sie abermals den Ordner Anpassen innerhalb der Videoeffekte. Wenden Sie Beleuchtungseffekte auf den Clip an. Dies allein sorgt noch nicht für ein sonderlich ansprechendes Ergebnis. Das wird sich aber gleich ändern.

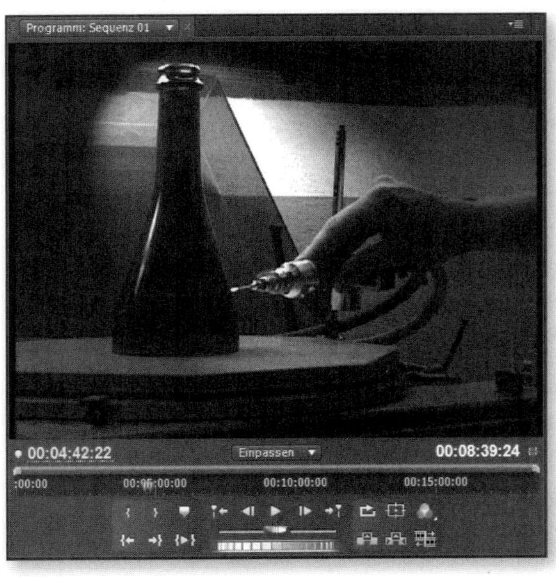

◀ **Abbildung 11.6**
Noch ist der Effekt viel zu stark.

2 *Lichtquelle ändern*

Klappen Sie den Beleuchtungseffekt in den Effekteinstellungen auf, und öffnen Sie zusätzlich die Liste LICHT 1. Beachten Sie zunächst das Steuerelement LICHTTYP. Hier wird standardmäßig ein Spot vergeben, der sich für unsere Korrektur nicht eignet. Ein Spot erhellt einen relativ kleinen Bereich des Bildes und lässt außen liegende Bereiche umso dunkler erscheinen. Schalten Sie hier um auf STRAHLER.

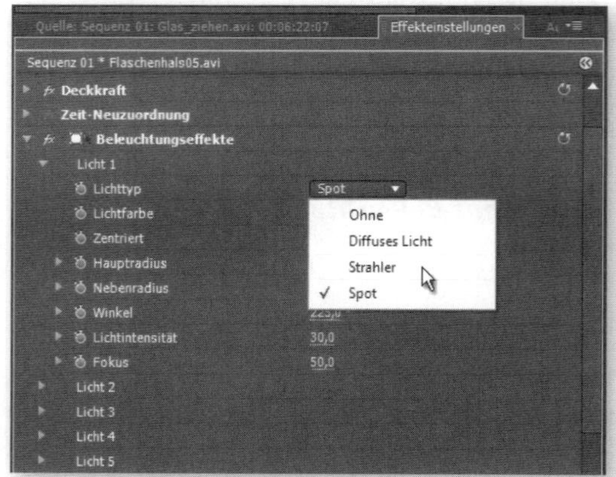

Abbildung 11.7 ►
Einstellungsmöglichkeiten zum Beleuchtungseffekt

3 *Position verändern*

Standardmäßig befindet sich das Zentrum des Lichts in der Clipmitte. Auch das muss im vorliegenden Fall korrigiert werden. Bewegen Sie deshalb die Steuerelemente des Bereichs ZENTRIERT ❶ so, dass das Lichtzentrum direkt auf die Flasche trifft. Die x-Koordinate (linker Wert) dürfte bei rund 190,0 liegen. Die y-Koordinate muss nur geringfügig nach unten korrigiert werden, wobei Sie einen Wert von etwa 238,0 anstreben sollten. Damit wäre die Position bestimmt. Wenn Sie übrigens während des Verstellens ⇧ gedrückt halten, geht das Ganze wesentlich schneller.

Abbildung 11.8 ▼
Der Clip ist jetzt bereits erhellt worden, allerdings ist der Rand des Bildes dabei dunkler geworden.

4 *Lichtkegel und Intensität verändern*

Ich finde, der Lichtkegel dürfte noch etwas größer sein. Wenn Sie diese Meinung teilen, stellen Sie den HAUPTRADIUS ❷ auf etwa 50,0. Während einer derartigen Korrektur neigt man schnell dazu, das gesamte Video zu stark zu erhellen, da eine unmittelbare Vergleichsmöglichkeit mit den anderen Clips nicht mehr besteht. Wenn Sie unsicher sind, ob Sie vielleicht zu viel gemacht haben, springen Sie doch kurzzeitig auf den davor befindlichen Clip im Schnittfenster zurück.

◀ **Abbildung 11.9**
So passt es mit der Beleuchtung – zumindest in der Bildmitte.

11

5 *Vignettierung ausgleichen*

Wenn es an den Rändern und besonders in den Ecken eines Bildes zu unterschiedlichen Beleuchtungsverhältnissen kommt, hat man es mit der so genannten Vignettierung zu tun, einer Darstellung, bei der die Ecken eines Bildes zu hell oder zu dunkel sind. Dieser Problematik lässt sich prima entgegenwirken, indem Sie den Regler INTENSITÄT DES UMGEBUNGSLICHTS ❸ verändern. Gehen Sie hier auf etwa 30.

6 *Optional: Weitere Lichter hinzufügen*

Sollte sich die individuelle Anpassung der Lichtverhältnisse noch immer als schwierig erweisen, hätten Sie die Möglichkeit, weitere Lichtquellen zu aktivieren. Wenn Sie nämlich als Nächstes die Liste LICHT 2 öffnen, werden Sie feststellen, dass hier der LICHTTYP auf OHNE gesetzt ist. Das bedeutet: Die Lampe ist ausgeschaltet. Schalten Sie sie ein, und positionieren Sie sie, wie es Ihnen gefällt. ■

Schritt für Schritt: Clips mit einem Referenzmonitor vergleichen

1 Referenzmonitor aktivieren

Oftmals ist es zu empfehlen, einen Referenzmonitor einzusetzen. Sofern noch nicht geschehen, stellen Sie die Einfügemarke zunächst auf den Clip, den Sie nachbearbeiten. Klicken Sie dann im Menü FENSTER auf REFERENZMONITOR.

2 Verknüpfung aufheben

Daraufhin erhalten Sie einen zweiten Monitor, der exakt das anzeigt, was auch im Programmmonitor zu sehen ist. Prinzipiell ist das auch gut so, da Sie jetzt die Einfügemarke des Schnittfensters nach Wunsch bewegen können, wobei die Synchronisation zwischen beiden Monitoren erhalten bleibt. In diesem speziellen Fall wollen wir aber beide Monitore inhaltlich voneinander trennen, weshalb Sie im neuen Fenster auf die Schaltfläche VERKNÜPFUNG ZUM PROGRAMMMONITOR klicken sollten, die standardmäßig aktiv ist. Deaktivieren Sie diese Schaltfläche.

Abbildung 11.10 ▶ Die Synchronisation mit dem Referenzmonitor kann aufgehoben werden.

3 Clips vergleichen

Bewegen Sie nun die Einfügemarke, die sich unten im Referenzmonitor befindet, langsam so weit nach links, bis der zuvor platzierte Clip eingeblendet wird. Stellen Sie den Monitor etwas zur Seite, und vergleichen Sie bei Ihrer Beleuchtungskorrektur immer wieder den aktuellen mit dem vorangegangenen Clip. Wenn Sie den Referenzmonitor nicht mehr benötigen, deaktivieren Sie ihn einfach wieder über die Schließen-Schaltfläche ❶.

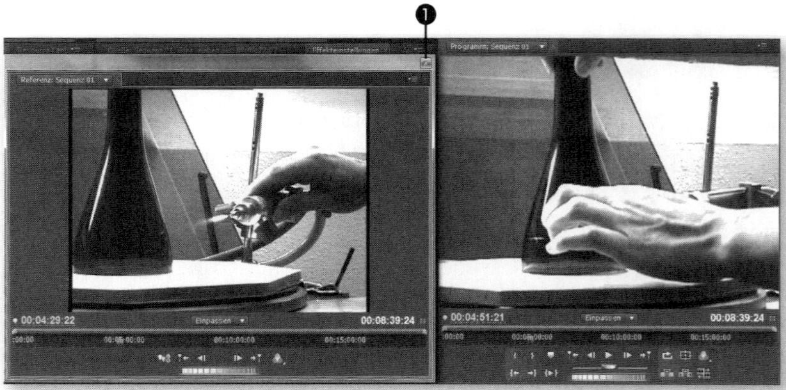

Abbildung 11.11 ▶ Vergleichen Sie zwei Clips miteinander, indem Sie einen davon im Referenzmonitor darstellen.

Licht bewegen

Noch ein Tipp: Sollten Sie bewegte Objekte derart in Szene setzen wollen, vergessen Sie bitte nicht, dass Sie immer die Möglichkeit haben, die Effekte über Keyframes zu animieren. Sie könnten das Licht also mit dem Objekt mitlaufen lassen.

11.4.1 Lichtfarbe ändern

Es ist möglich, die Lichtfarbe zu ändern, entweder über das Farbfeld in der Zeile LICHTFARBE oder mit Hilfe der nebenstehenden Pipette, die es sogar erlaubt, eine relevante Farbe direkt aus dem Clip aufzunehmen.

11.4.2 Beleuchtungseffekte per Drag & Drop einstellen

11

Werfen Sie in den Effekteinstellungen noch einmal einen Blick auf die Zeile BELEUCHTUNGSEFFEKTE. Wie Sie sehen, ist dieser Bezeichnung wieder ein Programmmonitor-Symbol vorangestellt. Sie können also die Zeile BELEUCHTUNGSEFFEKTE auch hier markieren, das Licht per Drag & Drop im Programmmonitor einstellen und dabei sowohl den Mittelpunkt verschieben als auch den Durchmesser des Lichtpegels verändern. Letzteres erreichen Sie, indem Sie die Maustaste an einen der vier quadratischen Anfasser stellen und den Kreis beliebig verziehen. Dabei ist allerdings zwingend erforderlich, dass die Zeile BELEUCHTUNGSEFFEKTE in den EFFEKTEINSTELLUNGEN aktiviert ist.

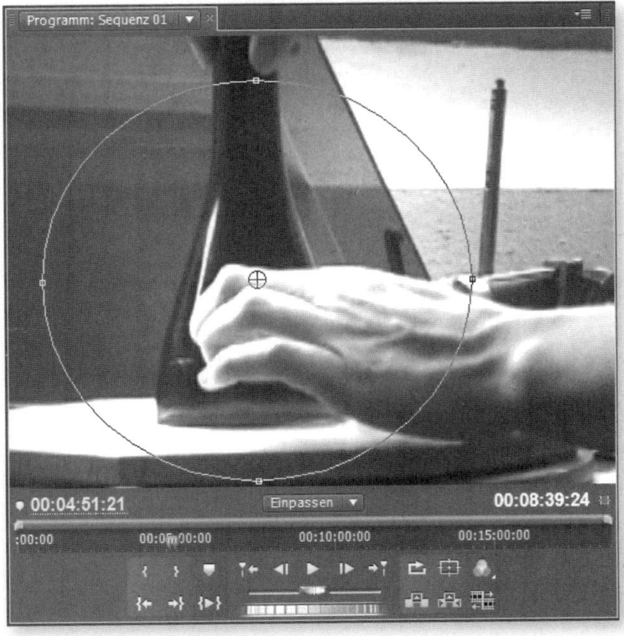

◄ **Abbildung 11.12**
Auch die Beleuchtungseffekte lassen sich direkt im Programmmonitor einstellen.

11.5 Farbkorrekturen

Premiere Pro wartet mit einem prinzipiellen Farbkorrektur-System auf. Zu erwähnen ist hier vor allem die SCHNELLE FARBKORREKTUR.

11.5.1 Weißbalance

Idealerweise ist in einem Videoclip, genauso wie in einem Foto, der hellste Bereich weiß (von der Makro-Aufnahme der dunkelbraunen Muschel im hellbraunen Sand einmal abgesehen). Damit der hellste Bereich auch wirklich als Weiß dargestellt wird, führen Videokameras im Allgemeinen einen automatischen Weißabgleich durch. Er soll sicherstellen, dass es während der Aufnahmen nicht zu Farbstichen kommt, in denen Weiß falsch interpretiert wird. Leider arbeiten auf diesem Gebiet längst nicht alle Kamera-Automatiken zuverlässig. In diesem Fall sollten Sie einen manuellen Weißabgleich anwenden. Aber gerade diese Funktion unterstützen viele besonders preiswerte Kameras nicht.

Hinzu kommt, dass diverse ungünstige Aufnahmebedingungen als klassische Farbstich-Lieferanten zu bezeichnen sind. Ein Tag am Meer bei strahlendem Sonnenschein ist eine solche ungünstige Aufnahmesituation. Hier kommt es schnell zum unerwünschten Blaustich. Innenaufnahmen bei Glühbirnen-Licht sorgen schnell für eine Gelbfärbung. Damit solche Aufnahmen aber nicht im Papierkorb landen, stellt Premiere Pro nachträgliche Bearbeitungsmöglichkeiten zur Verfügung.

Schritt für Schritt: Eine nachträgliche Weißbalance durchführen

Der Clip »Glaser zeigen 01.avi« (ab 00:02:57:14) ist ein gutes Beispiel für den Korrekturbedarf in Richtung Weißbalance.

1 *Effekt zuweisen*

Bringen Sie zunächst die Einfügemarke des Schnittfensters in das letzte Drittel des Clips, und vergessen Sie nicht, ihn im Schnittfenster zu markieren. An Position 00:03:00:00 sehen Sie mehr von der Umgebung als am Anfang.

Öffnen Sie den Ordner FARBKORREKTUR innerhalb der Videoeffekte, und weisen Sie SCHNELLE FARBKORREKTUR zu. Lassen Sie die Liste der Effekt-Steuerelemente anschließend in den Effekteinstellungen anzeigen, indem Sie auf das kleine Dreieck ❶ klicken.

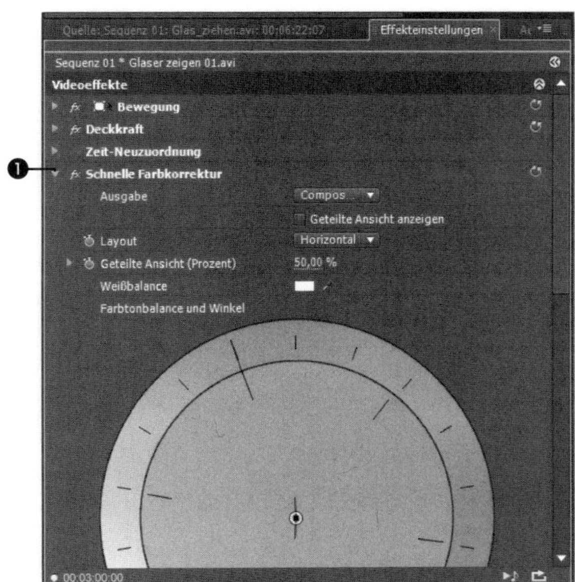

◀ **Abbildung 11.13**
Die SCHNELLE FARBKORREKTUR kann mangels Platz nicht komplett dargestellt werden.

2 *Weißpunkt bestimmen*

Auf den ersten Blick ist der Clip so weit in Ordnung. Sie haben aber jetzt die Möglichkeit, nachträglich zu definieren, was als Weiß interpretiert werden soll. Hier würde sich natürlich Bettinas T-Shirt anbieten. Suchen Sie sich hier aber keinen wirklich bläulichen, sondern eher einen helleren Bereich aus. Die vordere Schulter bietet sich an. Danach aktivieren Sie die kleine Pipette in der Zeile WEISSBALANCE und klicken einmal in diesen Bereich.

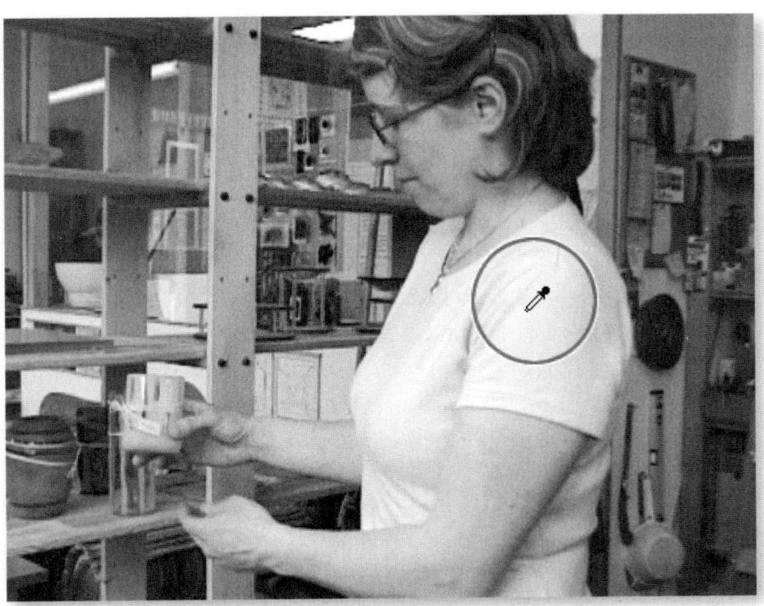

◀ **Abbildung 11.14**
Bestimmen Sie den Weißpunkt.

Deaktivieren und aktivieren Sie den Effekt mehrfach in den Effekteinstellungen. So können Sie die Auswirkungen sehr gut beurteilen. Achten Sie dabei auch auf das Holzregal im Hintergrund. Wenn Sie den richtigen Aufnahmepunkt für Ihre Weißbalance gefunden haben, sollte das Holz jetzt auch in einem wärmeren, freundlicheren Ton dargestellt werden.

3 *Optional: Effekt korrigieren*

Es kann leicht passieren, dass Sie bei nachträglicher Weißbalance einen handfesten Farbstich in das Bild hineinbringen. Sollte das passieren, haben Sie mit der Pipette einen falschen Punkt definiert. In diesem Fall aktivieren Sie abermals die Pipette und klicken in einen anderen Bereich. ■

11.5.2 Automatische Farbkorrekturen

Scrollen Sie doch in den Effekteinstellungen einmal etwas nach unten. Sie finden dort drei Schaltflächen mit den Bezeichnungen:

- Automatischer Schwarz-Tonwert
- Auto-Kontrast
- Automatischer Weiß-Tonwert

Diese drei Buttons ❻ überlassen Premiere Pro die Analyse des Videos. Hierüber lässt sich also der dunkelste Punkt auf Schwarz bzw. der hellste auf Weiß setzen. Ferner ist es möglich, die Kontrastverhältnisse automatisch angleichen zu lassen. Beachten Sie aber, dass gleich unterhalb drei weitere Pipetten zur Verfügung stehen, die eine Aufnahme von Schwarz-, Weiß- und Grau-Tonwert erlauben. Natürlich ist es im Allgemeinen nicht sonderlich aufwändig, einen schwarzen oder weißen Punkt innerhalb des Clips zu finden. Die Verwendung der Grau-Tonwert-Pipette ist allerdings nur dann anzuraten, wenn sich wirklich ein neutral-grauer Bereich finden lässt. Ist das nicht der Fall, werden Sie unweigerlich einen mehr oder weniger gewaltigen Farbstich in das Bild hineininterpretieren.

11.5.3 Manuelle Farbkorrekturen

Farben lassen sich natürlich auch manuell verstellen. Dazu benutzen Sie idealerweise das große Farbrad in der Mitte, können aber auch die unterhalb befindlichen Schieberegler verwenden, da beide Steuerelement-Gruppen miteinander synchronisiert sind. Wenn Sie den Kreis in der Mitte etwas nach außen ziehen (entspricht dem Regler AUSGLEICHSSTÄRKE), wird noch eine quer zur Achse verlaufende Linie sichtbar, die ebenfalls bedienbar ist (entspricht dem Regler AUSGLEICHSVERSTÄRKUNG). Drehen Sie das äußere Rad, verändern Sie den FARBTONWINKEL.

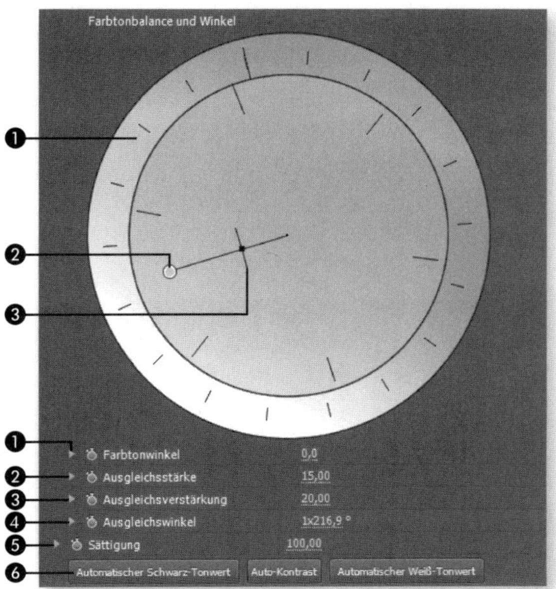

◀ **Abbildung 11.15**
Die Farbtöne können auf unterschiedliche Art und Weise bestimmt werden.

❶ FARBTONWINKEL – Verdrehen Sie die Original- und Zielfarben gegeneinander, indem Sie das äußere Pfadrad verstellen. Sie sehen anhand dieses Rades im Vergleich zum inneren Rad, in welche Zielfarbe die Originalfarbe übergeht.

❷ AUSGLEICHSSTÄRKE – Hierüber regeln Sie, wie stark die Auswirkungen der Veränderung sein sollen. Je höher der Wert bzw. je weiter der Kreis nach außen gezogen wird, desto intensiver fällt die Färbung aus.

❸ AUSGLEICHSVERSTÄRKUNG – Je höher dieser Wert gestellt wird, desto mehr wirkt sich die Farbveränderung auf hellere Pixel aus.

❹ AUSGLEICHSWINKEL – Bestimmen Sie hiermit, welche Primärverfärbung eintreten soll. Wenn Sie den kleinen Kreis bewegen, ohne den Abstand zum Mittelpunkt zu verändern, übt dies die gleiche Funktion aus wie die Veränderung dieses Reglers.

❺ SÄTTIGUNG – Mit Erhöhung des Wertes SÄTTIGUNG wird auch die Leuchtkraft (d. h. die Intensität) der Farben erhöht.

Geteilte Ansicht

Sie können den Programmmonitor in der Ansicht teilen. So haben Sie die Möglichkeit, gleichzeitig Original und Nachbearbeitung einzusehen. Aktivieren Sie dazu im Effekt SCHNELLE FARBKORREKTUR die Checkbox GETEILTE ANSICHT ANZEIGEN. Mit dem gleich unterhalb befindlichen Listenfeld (LAYOUT) können Sie diese Anzeige auf horizontal oder vertikal einstellen. Noch eine Zeile tiefer legen Sie fest, zu wie viel Prozent das nachbearbeitete Bild im Verhältnis zum Gesamtbild dargestellt werden soll.

11.5.4 Referenzmonitore

Wie Sie bereits wissen, können Sie über das Menü FENSTER einen Referenzmonitor hinzufügen. Dieser Monitor verfügt wie der Programmmonitor über ein Bedienfeldmenü, das es Ihnen erlaubt, Farben innerhalb eines Bildes auch grafisch darzustellen. Schalten Sie über dieses Menü doch einmal die **RGB-Parade** an.

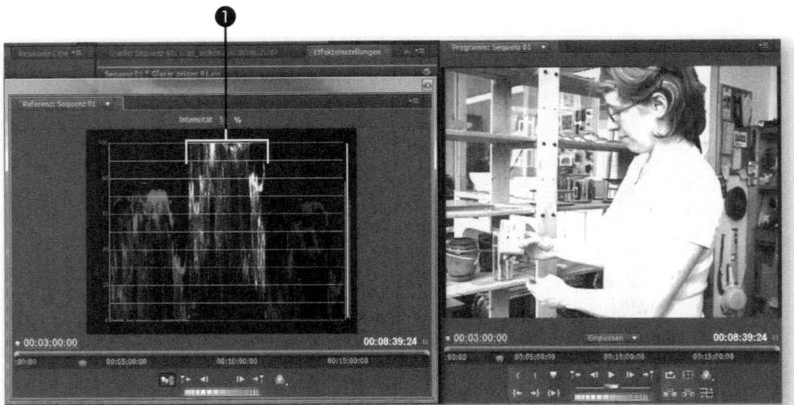

Abbildung 11.16 ▶ So sieht ein höllischer Grünstich in der RGB-Parade aus.

Dieses Beispiel repräsentiert einen starken Grünstich ❶. In der RGB-Parade sieht man ganz deutlich, dass der Grünkanal extrem nach oben abwandert. Würden Sie jetzt das Video korrigieren, indem Sie beispielsweise die Ausgleichsstärke in Richtung Rot oder Magenta verschieben, könnten Sie die Auswirkungen auch gleich im Referenzmonitor begutachten. (Voraussetzung dafür ist allerdings, dass Programm- und Referenzmonitor miteinander verknüpft sind. Sie kennen ja bereits das »schnuckelige« Symbol mit den zwei Herzen.)

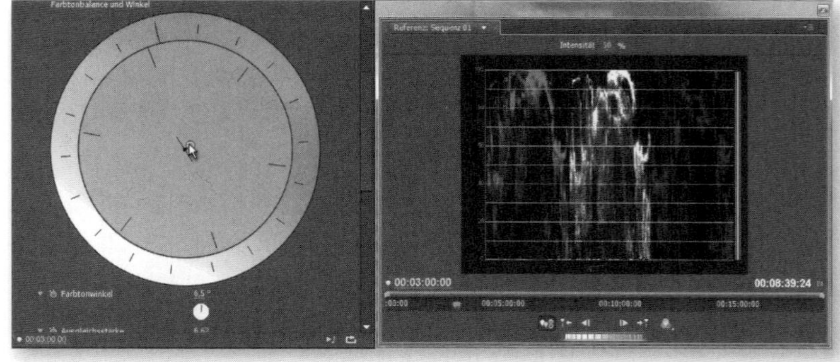

Abbildung 11.17 ▶ Wie man sieht, normalisiert sich die Anzeige im Referenzmonitor wieder.

11.5.5 Clips farbig aufeinander abstimmen

Die Farbabstimmung (Ordner: BILDSTEUERUNG) ist bestens dazu geeignet, Farben von einem Clip auf den anderen zu übertragen. So lassen sich die Videos auch farblich aufeinander abstimmen, sofern hier Unterschiede auszumachen sind. Ein klassisches Beispiel dazu: Sie filmen an ein und demselben Ort, jedoch aus unterschiedlichen Kamerapositionen (und somit eventuell in unterschiedlichen Beleuchtungssituationen) bzw. zu unterschiedlichen Zeiten. Dann wird das Blau des Himmels in beiden Clips möglicherweise unterschiedlich sein.

Um das auszugleichen, wenden Sie FARBABSTIMMUNG auf einen der beiden Clips an. Stellen Sie jetzt einen Referenzmonitor zur Verfügung, und heben Sie die Verknüpfung zum Programmmonitor auf. Stellen Sie im Referenzmonitor den Clip ein, von dem Sie die Farbe auf den Clip im Programmmonitor übertragen wollen.

Benutzen Sie jetzt zunächst die Pipette STANDARD: BEISPIEL ❸, die Sie in den Effekteinstellungen an oberster Position finden. Damit klicken Sie beispielsweise auf den Himmel des Programmmonitors. Im nächsten Schritt aktivieren Sie die Pipette STANDARD: ZIEL ❹. Mit dieser nehmen Sie jetzt Farbe des Himmels aus dem Referenzmonitor auf. Damit allein wird aber noch nicht viel passieren. Das ändert sich, wenn Sie ganz unten in den Effekteinstellungen die Liste ANPASSEN öffnen und dort auf den gleichnamigen Button ❺ klicken. Testen Sie, mit welcher Methode ❷ Sie bessere Ergebnisse erzielen. Sind die Unterschiede nicht allzu groß, werden Sie mit HSL zufrieden sein. Wenn Sie auf RGB umstellen, werden die Veränderungen allgemein drastischer ausfallen.

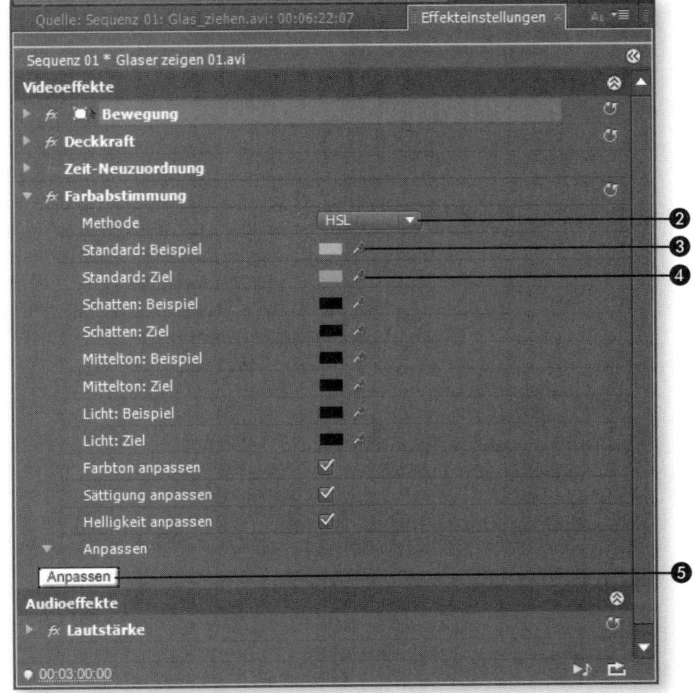

◀ **Abbildung 11.18**
Benutzen Sie die Pipetten zur Farbabstimmung.

11

12 Audio

Zu einem guten Video gehört auch ein entsprechender Sound; das versteht sich wohl von selbst. Damit auch Ihre Videos nicht nur durch ein großartiges Bild, sondern auch optimalen Ton glänzen, sollten Sie diesen entsprechend bearbeiten und anpassen. Wie das Bild lässt sich auch der Ton prima im Schnittfenster bearbeiten, und für die spätere Ausgabe kommt der Audiomixer zum Tragen. Allerdings sollten Sie sich mit den Eigenheiten der Soundbearbeitung in Premiere Pro vertraut machen.

- Wie werden Audioclips im Schnittfenster bearbeitet?
- Wie lassen sich kleinere Audiostörungen nachbearbeiten?
- Wie realisiere ich einen L- und J-Schnitt?
- Wie können Audiodateien überblendet werden?
- Welche Audioeffekte eignen sich zur Nachbearbeitung?
- Wie bearbeitet man Spuren im Audiomixer?
- Wie füge ich einen Audiokommentar (Voice-over) hinzu?
- Wie funktioniert die Automatisierung?
- Wie werden Spur-Effekte eingefügt?

12.1 Grundlagen der Audiobearbeitung in Premiere Pro

12.1.1 Mono, Stereo, 5.1

Bevor Sie sich mit der Audiobearbeitung beschäftigen, einige grundsätzliche Dinge vorweg, auf die Sie achten müssen. Sie können z. B. unterschiedliche Clips (Stereo, Mono, 5.1) nicht auf einer Spur miteinander mischen. Ebenso wenig lassen sich beispielsweise Mono-Effekte auf einen Stereo-Clip anwenden. Wenn Sie aber innerhalb der Registerkarte EFFEKTE einmal die AUDIOEFFEKTE öffnen, werden Sie feststellen, dass es hier für jede Kategorie einen eigenen Ordner gibt.

Nun ist es wichtig, dass Sie den Effekt aus dem richtigen Ordner zuweisen. Handelt es sich also beispielsweise um einen Stereo-Clip, können Sie keinen Mono-Effekt anwenden. Hier müssen Sie den Effekt aus dem Stereo-Ordner verwenden.

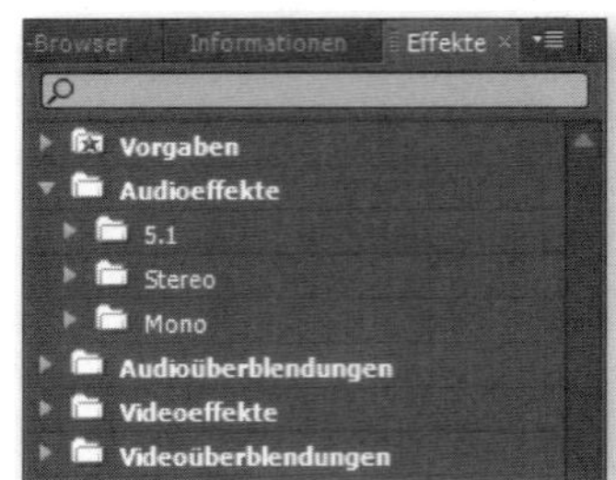

Abbildung 12.1 ▶ Audioeffekte in dreifacher Ausführung

12.1.2 Clip-Keyframes und Spur-Keyframes

Es ist zu unterscheiden, ob Clip-Keyframes oder Spur-Keyframes angezeigt werden. Ersteres bezieht sich, wie der Name schon sagt, auf einzelne Clips, während Spur-Keyframes sich immer auf die gesamte Audiospur beziehen. Wenn diese Funktion aktiviert ist, lässt sich der einzelne Clip nicht mehr anwählen. Wenn Sie diesen also nun bearbeiten wollen, müssen Sie zunächst wieder auf Clip-Keyframes umschalten. Das erledigen Sie im Kopf der jeweiligen Audiospur. Dazu muss die Audiospur allerdings geöffnet sein.

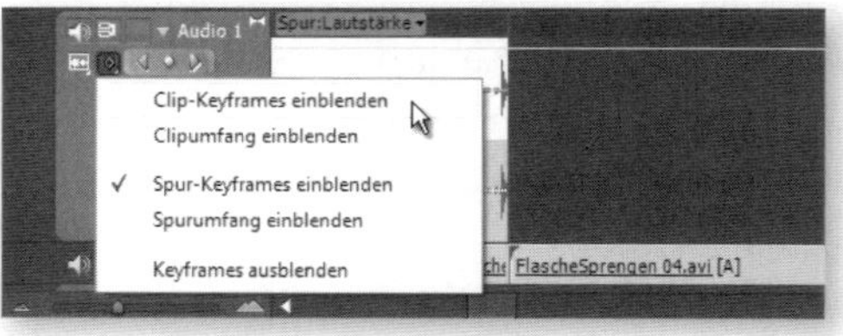

Abbildung 12.2 ▶ Schalten Sie über den Spurkopf die gewünschte Anzeige ein.

Bringen Sie die Einfügemarke im Beispielprojekt einmal an Position 00:02:22:2 (das lässt sich so schön eintippen). Lassen Sie zunächst die Clip-Keyframes anzeigen und später die Spur-Keyframes. Hier ist sehr schön zu sehen, dass die gelbe Linie (in diesem Fall die Spur-Lautstärke) bei aktivierten Spur-Keyframes die gesamte Spur durchzieht, also auch an den Stellen sichtbar ist, an denen gar kein Clip vorhanden ist.

Abbildung 12.3 ▼ Clip-Keyframes (oben) und Spur-Keyframes (unten)

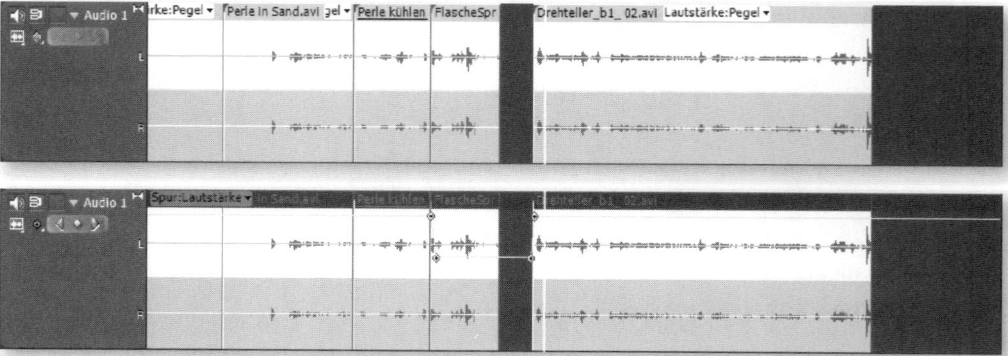

Was würde sich nun ändern, wenn Sie die Lautstärke eines Clip-Keyframes absenken würden? Ganz klar: Nur dieser Clip wird leiser. Machen Sie das mit eingeschalteten Spur-Keyframes, wird die gesamte Spur leiser. Wie das funktioniert, erfahren Sie gleich in Abschnitt 12.2, »Audio bearbeiten«.

12.1.3 Audio-Zeiteinheiten

Zuvor möchte ich Ihnen aber noch kurz demonstrieren, wie Sie auf Audioeinheiten umschalten. Zoomen Sie das Schnittfenster einmal so weit wie möglich auf, und betätigen Sie anschließend die Tasten SCHRITT VORWÄRTS bzw. SCHRITT ZURÜCK im Programmmonitor. Alternativ können Sie natürlich auch [←] oder [→] auf Ihrer Tastatur benutzen.

Sie werden feststellen, dass sich die Einfügemarke des Schnittfensters auf der oberen Skala immer um einen Teilstrich vor oder zurück bewegt. Das hat eine ganz logische Ursache: Sie arbeiten mit 25 Einzelbildern pro Sekunde. Das bedeutet aber auch, dass der kleinste ausführbare Schritt 1/25 Sekunde ist – eigentlich viel zu viel, um vernünftig mit Audiodateien arbeiten zu können. Hier müssten wesentlich kleinere Sprünge realisierbar sein, um wirklich einen einzelnen kleinen Knackser im Sound eliminieren zu können. Selbstverständlich ist das möglich. Dazu müssen Sie allerdings im Bedienfeld-Menü des Schnittfensters auf AUDIO-ZEITEINHEITEN ANZEIGEN umschalten.

▼ Abbildung 12.4
Eine genaue Bearbeitung von Audiodateien ist nur möglich, wenn das Schnittfenster auf AUDIO-ZEITEINHEITEN umgestellt wird.

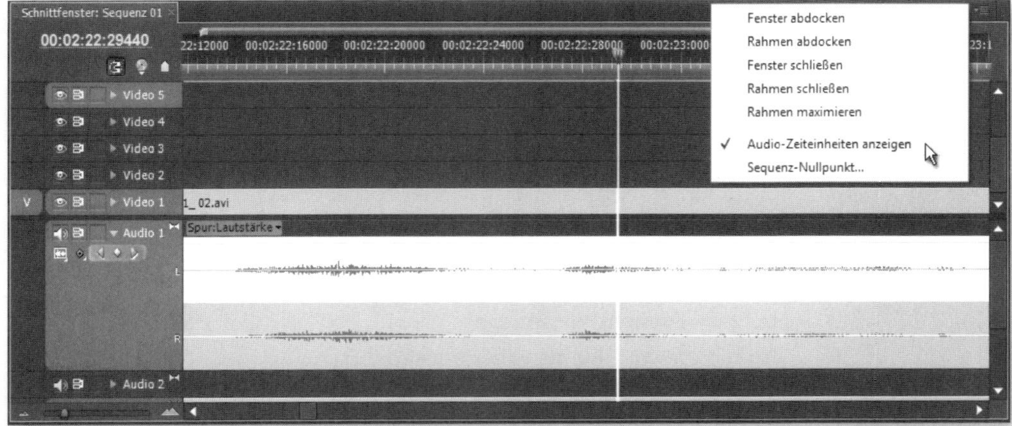

Timecode-Eingabe

Wenn Sie einen Timecode bei aktivierten Audioeinheiten per Hot-Text-Steuerelement eingeben, müssen Sie auch hier die geänderte Schreibweise beachten. Sie geben jetzt die kleinsten Einheiten nicht mehr in Frames, sondern in Samples an.

Wiederholen Sie doch einmal den Versuch von vorhin, und navigieren Sie mit den Pfeiltasten nach links und rechts. Sie werden jetzt kaum noch eine Bewegung der Einfügemarke ausmachen. Aber Sie können jetzt noch viel weiter in die Timeline hineinzoomen. Diese bewegt sich nämlich jetzt nicht mehr bildweise, sondern in so genannten Samples. Wenn Sie ein Projekt mit 48 kHz angelegt haben, ist die kleinste Einheit jetzt entsprechend 1/48000 Sekunde – ein **Sample** eben. Eine Sekunde Film erstreckt sich jetzt nicht mehr von Frame null bis Frame 24, sondern von Sample 0 bis Sample 47999.

Sie sollten jetzt aber nicht davon ausgehen, dass sich Videos genauso exakt schneiden lassen. Sie können weiterhin nur zwischen zwei einzelnen Bildern schneiden. Versuchen Sie, an irgendeiner Stelle einen Videoschnitt auszuführen, an der nicht gerade zwei Bilder aneinander stoßen: Dieser Schnitt wird dann an der nächstmöglichen Stelle ausgeführt – eventuell nicht genau da, wo Sie die Rasierklinge ansetzen.

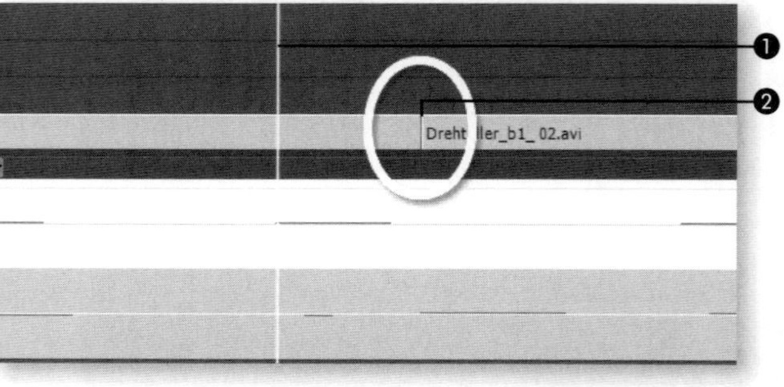

Abbildung 12.5 ▸
Videoschnitte sind nicht Sample-genau möglich. Daher erfolgt der Videoschnitt nicht exakt an der Einfügemarke ❶, sondern in diesem Beispiel etwas weiter rechts ❷.

Audioeinheiten ausschalten

Wenn Sie wieder auf Frames umschalten wollen, öffnen Sie erneut das Bedienfeld-Menü und klicken abermals auf den Eintrag Audio-Zeiteinheiten anzeigen.

▲ Abbildung 12.6
Geben Sie der Audiospur mehr Platz.

12.1.4 Ansicht verändern

Für die meisten Audio-Arbeiten ist die Standardansicht einer Audiospur nicht geeignet. Sie ist viel zu klein und sollte deshalb vergrößert werden. Stellen Sie zunächst den Mauszeiger auf den breiten Zwischensteg ❸, der sich zwischen den Audio- und Videospuren befindet. Ziehen Sie den Videobereich nach oben, damit für Audio mehr Platz zur Verfügung steht. Im Anschluss ziehen Sie eine der schmalen Trennlinien ❹ zwischen den einzelnen Audiospuren nach unten. Denken Sie immer daran, dies zwischen den Spurköpfen zu tun, weil die Funktion direkt in der Timeline nicht zur Verfügung steht.

12.1.5 Clips sichten

Sie können Sounds in den Quellmonitor bringen, indem Sie den Clip im Projektfenster mit einem Doppelklick versehen. Clips aus dem Schnittfenster bringen Sie ebenfalls per Doppelklick in den Quellmonitor, wobei Sie hier allerdings darauf achten müssen, dass Clip-Keyframes eingestellt sind. Ansonsten funktioniert der Transfer nicht. Handelt es sich bei den Clips um reine Audiodateien, wird gleich die Wellenform dargestellt. Wenn Sie jedoch einen Film (also eine kombinierte Audio/Video-Datei) benutzen, müssen Sie zunächst im Bedienfeld-Menü des Quellmonitors ❺ auf AUDIO-WELLENFORM umstellen. (Wenn Sie später wieder das Video sehen wollen, müssen Sie den Eintrag COMPOSITE-VIDEO wählen.)

Sollte der Pegel in der Höhe zu gering dargestellt werden, was ja bei Original-Clips sehr oft der Fall ist, können Sie einen der vier Reiter ❻ mit gedrückter Maustaste nach oben oder unten bewegen. Machen Sie das, während Sie [⇧] gedrückt halten, werden bei einem Stereo-Clip beide Spuren gleichzeitig angehoben. Achtung! Hierbei handelt es sich lediglich um eine grafische Darstellung, die Ihnen ermöglichen soll, markante Stellen innerhalb des Audioclips schnell aufzufinden und das Audio insgesamt besser zu beurteilen. Eine Änderung der Lautstärke wird damit nicht erreicht.

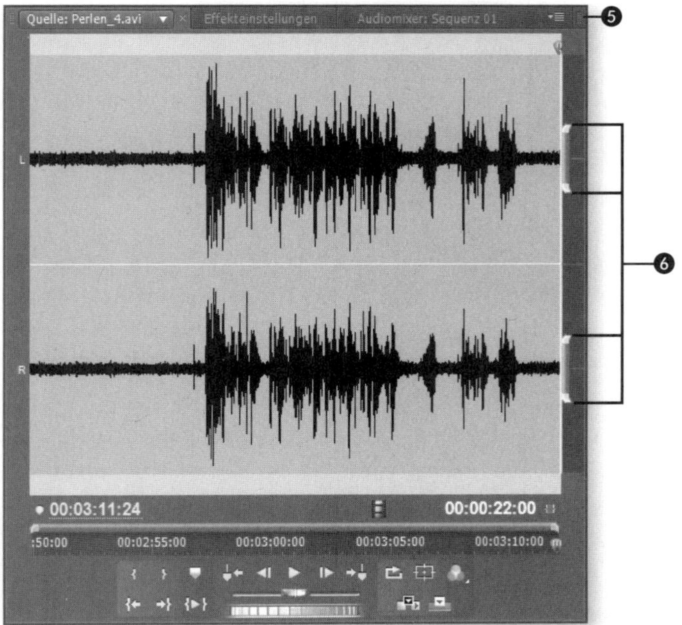

◄ **Abbildung 12.7**
Anstelle des Videos können Sie die Wellenform der Audiodatei anzeigen lassen.

Wenn Sie anschließend die Schaltflächen SCHRITT VORWÄRTS und SCHRITT ZURÜCK benutzen, denken Sie daran, dass die Navigation trotzdem frameweise und nicht in Sample-Schritten erfolgt. Aber auch hier haben Sie die Möglichkeit, über das Bedienfeldmenü des Quellmonitors auf Audio-Zeiteinheiten umzuschalten. Der Befehl ist mit AUDIO-ZEITEINHEITEN ANZEIGEN betitelt.

12.2 Audio bearbeiten

Dieser Abschnitt beginnt gleich mit einer guten Nachricht: Audioclips werden genauso behandelt wie Videoclips. In diesem Kapitel muss also das Rad nicht neu erfunden werden. Alles das, was Sie zu Themen wie Clip-Bearbeitung und Keyframes bereits kennengelernt haben, gilt auch für Audio.

12.2.1 Lautstärke verändern

Wenn Sie die Lautstärke eines Clips im Schnittfenster verändern wollen, können Sie das in den Effekteinstellungen tun. Öffnen Sie dazu den Effekt LAUTSTÄRKE, und bedienen Sie das Steuerelement PEGEL. Dass Sie die Lautstärke auch zeitabhängig über Keyframes regeln können, sei jetzt wirklich nur am Rande erwähnt.

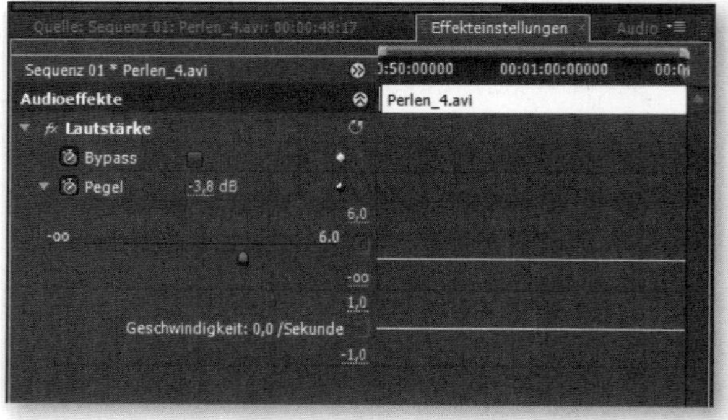

Abbildung 12.8 ▸ Die Lautstärkeregelung in den Effekteinstellungen

Eine solche Anpassung können Sie auch direkt im Schnittfenster vornehmen. Dazu müssen Sie lediglich die gelbe Linie nach unten (leiser) oder nach oben (lauter) bewegen – per Drag & Drop natürlich. Voraussetzung dafür ist aber, dass nicht gerade die Spur-Keyframes angezeigt werden. In diesem Fall würden Sie nämlich nicht den Clip, sondern die gesamte Spur in der Lautstärke absenken. Zum anderen muss im Kopf des Clips LAUTSTÄRKE: PEGEL angezeigt werden.

Sollten Sie zuvor bereits irgendeinen Effekt auf Ihr Audio angewendet haben, können Sie über diese Liste auch auf diesen Effekt umschalten. Dazu müssen Sie lediglich auf das Wort LAUTSTÄRKE: PEGEL klicken und den gewünschten Eintrag auswählen.

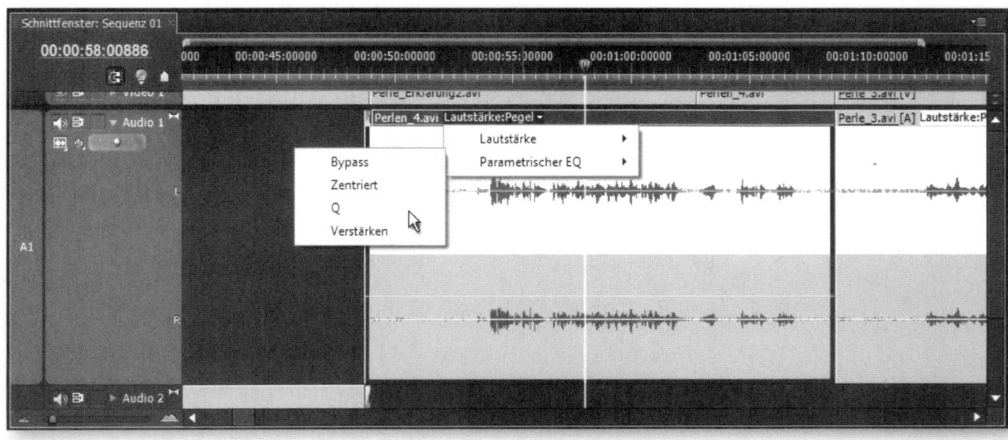

▲ **Abbildung 12.9**
Über die Kopfleiste lässt sich bestimmen, welchen Wert die gelbe Linie repräsentieren soll.

12

Balance verändern

Wenn Sie die Balance zwischen linkem und rechtem Kanal verändern möchten, müssen Sie dazu den Effekt AUSGLEICH benutzen. Wie dieser angewendet wird, erfahren Sie in Abschnitt 12.6.2. Alternativ dazu können Sie auch den Audiomixer benutzen, der für jede Spur Potentiometer zur Verfügung stellt. Hierbei werden dann aber nicht mehr einzelne Clips balanciert, sondern stets die ganze Spur. Mehr zum Audiomixer finden Sie in Abschnitt 12.7.

12.2.2 Clips normalisieren

Premiere Pro CS4 stellt eine interessante Möglichkeit zur Verfügung, Audioclips in der Lautstärke aneinander anzugleichen. Dabei wird der Clip analysiert und angepasst.

Um dieses Prinzip nun in Anwendung zu bringen, führen Sie auf dem Clip im Schnittfenster einfach einen Rechtsklick aus und entscheiden sich für den Eintrag AUDIOVERSTÄRKUNG. Übrigens dürfen Sie seit Premiere Pro CS4 auch mehrere Clips markieren und diese alle in einem Arbeitsgang gemeinsam korrigieren. Im folgenden Dialog können Sie sich zunächst einmal davon überzeugen, wie hoch die Audiodatei denn in der Spitze überhaupt ist. Dazu beachten Sie bitte die unterste Zeile des Dialogs.

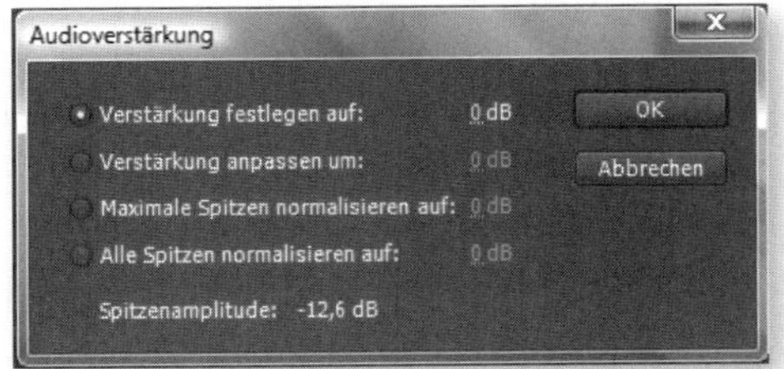

◀ **Abbildung 12.10**
Der lauteste Ton liegt hier bei –12,6 dB.

Nun haben Sie die Qual der Wahl, mit welcher Methode Sie den Clip bzw. die Clips nachbearbeiten wollen: Um eine reale Normalisierung zu erhalten, entscheiden Sie sich am besten für den untersten der vier Radiobuttons (ALLE SPITZEN NORMALISIEREN AUF) und stellen rechts daneben beispielsweise –3 dB ein, ehe Sie mit OK bestätigen. Das ist ein guter Wert, der generell Übersteuerungen verhindert.

Dabei müssen Sie allerdings auch in Erwägung ziehen, dass nicht alle Clips so pauschal einander angepasst werden dürfen. Stellen Sie sich einen klassischen Drehtag im Zoo vor. Sie befinden sich gerade an der Stelle, an der einige zufriedene Dromedare monströse Löcher in die Luft starren. Der einzige Ton, der gerade herüberkommt, setzt sich allenfalls aus dezentem Vogelgezwitscher zusammen. Plötzlich stürmt die gesamte Klasse 1b der nahe liegenden Sankt-Katharina-Grundschule heran, um mit lautem Gegröle der Dromedar-Lethargie ein jähes Ende zu bereiten.

Würden Sie nun beide Clips normalisieren, hätten Sie statt des Gezwitschers einen Sound, der bestenfalls an Hitchcocks »Die Vögel« erinnert. Sie sollten deshalb mit einer generellen Angleichung vorsichtig sein und nur die Clips normalisieren, die von Haus aus recht laut sind.

12.2.3 Audio-Check

Grundsätzlich sollten Sie, bevor Sie einen Film ausgeben, einen Audio-Check durchführen. Lassen Sie dazu die gesamte Sequenz abspielen, wobei Sie den Audiopegel beachten sollten. Dieser ist übrigens in jeder Standardansicht auf der Arbeitsoberfläche vorhanden. Sollten Sie jetzt an eine Stelle gelangen, die zu laut ist, wird sich im oberen Bereich der Palette eine rote Markierung ❶ zeigen. Dies deutet darauf hin, dass es zu einer Übersteuerung gekommen ist.

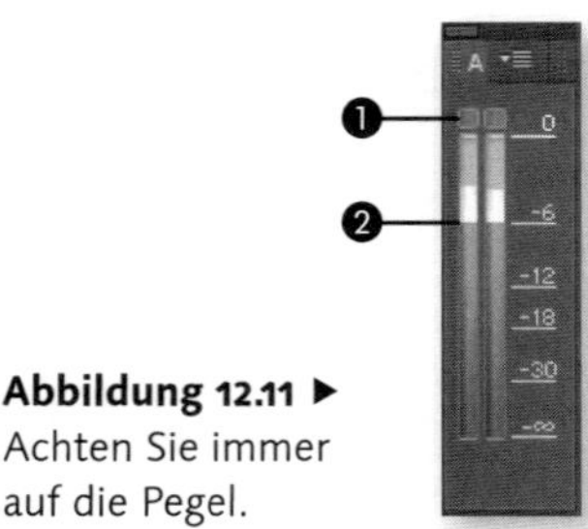

Abbildung 12.11 ▸
Achten Sie immer auf die Pegel.

Erfreulicherweise bleibt diese rote Markierung auch im Anschluss aktiv. Sie erlischt erst dann, wenn Sie die Wiedergabe anhalten. Das hat den Vorteil, dass Sie, wenn Sie gerade einmal nicht hingeschaut haben, auch später noch erkennen können, dass es innerhalb der Sequenz zu einer Übersteuerung gekommen ist. Erst wenn Sie die Wiedergabe unterbrechen, erlischt auch die rote Anzeige. Suchen Sie in diesem Fall nach dem Clip, der für diese Übersteuerung verantwortlich zeichnet, und senken Sie dessen Lautstärke ab.

Im Übrigen sollten Sie nicht versuchen, den Ton stets so laut wie möglich zu machen. Die absoluten Spitzen eines Clips dürfen durchaus bis 0,0 dB ausschlagen. Das bezieht sich aber nur auf einzelne Geräusche. Insgesamt sollten Clips nicht mehr als –6 bis –3 dB aufweisen, da sie hier die beste Qualität mitbringen. Sie erkennen Lautstärken oberhalb dieses Wertes auch daran, dass sich die Pegel gelb einfärben und über die Markierung –6 dB ❷ hinausgehen. Senken Sie in diesem Fall die Lautstärke lieber ein wenig ab.

12.3 Kleinere Audio-Kosmetik

12

Natürlich ist Soundbooth wesentlich leistungsfähiger als Premiere Pro, wenn es um die Nachbearbeitung von Sounddateien geht. Im folgenden Kapitel erfahren Sie mehr dazu. Wenn es aber um weniger dramatische Korrekturen geht, können Sie das durchaus auch mit der Videoschnittsoftware erledigen.

Schritt für Schritt: Störgeräusche minimieren

Hier geht es darum, ein Störgeräusch in der Lautstärke abzusenken. Zwar werden Sie hier auch erfahren, wie Sie es komplett entfernen können, doch steht im Mittelpunkt dieses Workshops die punktuelle Absenkung der Lautstärke.

1 *Auf Einzelbilder umschalten*

Öffnen Sie zunächst wieder das Bedienfeld-Menü des Schnittfensters, und kontrollieren Sie, ob vor AUDIO-ZEITEINHEITEN ANZEIGEN ein Häkchen steht. Ist das der Fall, wählen Sie diesen Eintrag noch einmal an, damit die Einzelbilder in der Skala des Schnittfensters wieder Gültigkeit haben.

2 *Störgeräusche anhören*

Navigieren Sie doch einmal an Position 00:01:44:11. Öffnen Sie die Spur AUDIO 2, und spielen Sie den Clip einige Sekunden lang ab. Gleich am Anfang ist ein störendes Geräusch zu hören, das entfernt werden sollte. Wenn Sie die Spur weit genug geöffnet haben, werden Sie die Störung auch optisch anhand der Pegel ausmachen können. So etwas ist kein Problem für Premiere Pro.

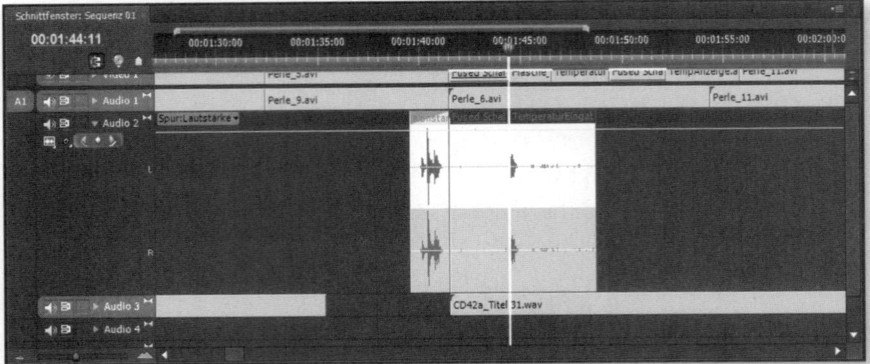

Abbildung 12.12 ▲
In der Audiospur ist das störende Geräusch zu sehen.

3 *Ansicht optimieren*

Lassen Sie jetzt wieder die AUDIO-ZEITEINHEITEN ANZEIGEN, und zoomen Sie das Schnittfenster etwas auf. Lassen Sie außerdem die Clip-Keyframes anzeigen.

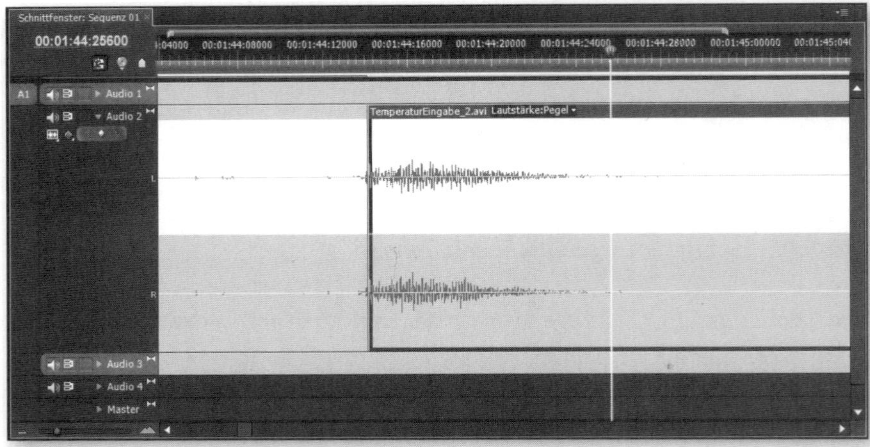

Abbildung 12.13 ▲
Zoomen Sie das Schnittfenster auf.

4 *Optional: Clip einkürzen*

Sie könnten natürlich den ersten Teil des Audioclips abschneiden. Das ließe sich z. B. mit der Rasierklinge (C) realisieren. Danach würden Sie den ersten Teil des Clips ganz einfach wegschmeißen. Auch das Verschieben des Clip-In-Points mit dem Auswahl-Werkzeug wäre möglich. In beiden Fällen wäre der Ton allerdings an dieser Stelle komplett ausgeblendet. Da es sich hierbei um einen kombinierten AV-Clip handelt, liefen Sie nun Gefahr, das Video mit einzukürzen. Das könnten Sie zwar umgehen, indem Sie Alt/⌥ gedrückt hielten, allerdings wäre der Ton an dieser Stelle immer noch komplett verloren. Und das fällt meistens noch mehr auf als ein Störgeräusch. Kein probates Mittel also, um diesem Problem zu begegnen.

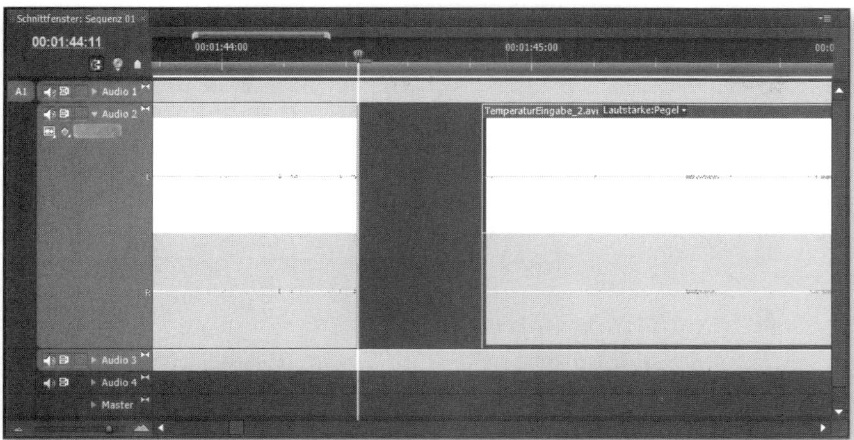

▲ **Abbildung 12.14**
Bei dieser Vorgehensweise würde eine Lücke in der Audiospur klaffen.

5 *Keyframes platzieren*

Markieren Sie den Audioclip im Schnittfenster, und stellen Sie die Einfügemarke an den Clipanfang (Bild↑/⇞ bzw. Bild↓/⇟). Achten Sie ferner darauf, dass im Kopf des Clips LAUTSTÄRKE: PEGEL gelistet ist, denn genau das soll jetzt verändert werden. Klicken Sie einmal auf die Schaltfläche KEYFRAME HINZUFÜGEN/ENTFERNEN im Spurkopf, um ganz am Anfang des Clips ein Schlüsselbild einzufügen.

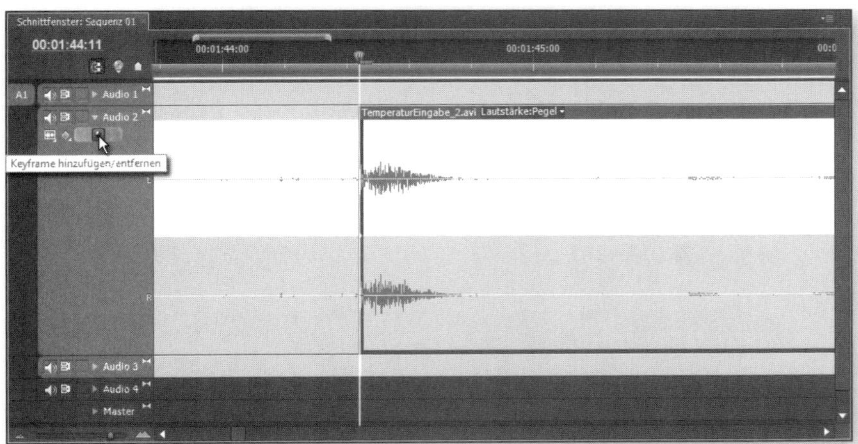

▲ **Abbildung 12.15**
Am Anfang wird ein Audio-Keyframe eingefügt.

Scrubben Sie die Einfügemarke an eine Position gleich hinter dem Ausschlag in der Wellenform, der das Störgeräusch repräsentiert. Wie wäre es mit einer Position um 00:01:44:27000? Setzen Sie auch hier einen Keyframe.

Im Anschluss setzen Sie ein drittes Schlüsselbild etwa auf Position 00:01:45:00000. So ganz exakt muss es nicht sein. Wenn Sie ein paar Hundert Samples daneben liegen – macht nichts. Da sind wir noch großzügig.

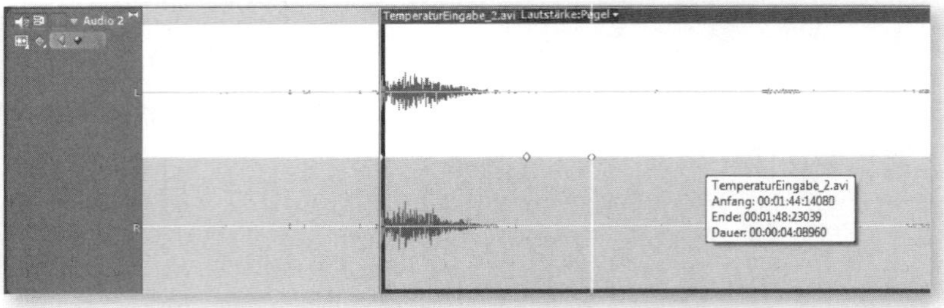

Abbildung 12.16 ▶
Die Einfügemarke wird um 1 000 Samples nach vorne befördert.

6 *Lautstärke absenken*

Nun müssen Sie nichts weiter tun, als den Mauszeiger irgendwo zwischen dem ersten und zweiten Keyframe auf die gelbe Linie zu setzen und diese weit nach unten zu ziehen. Beobachten Sie dabei die kleine QuickInfo, die sich unterhalb des Clips zeigt. Gehen Sie hier auf einen Wert von etwa –12 bis –13 dB, ehe Sie die Maustaste loslassen.

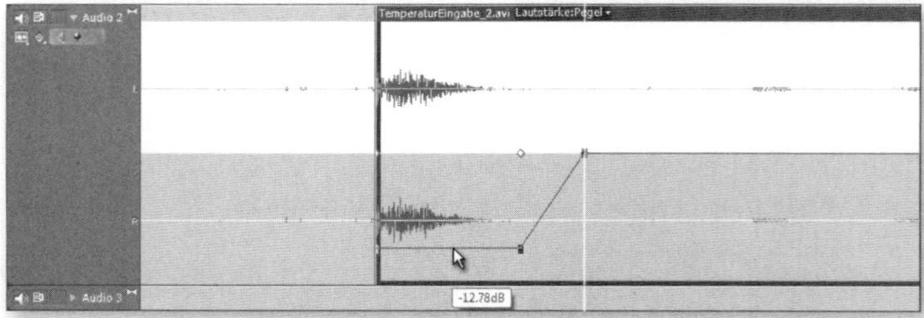

Abbildung 12.17 ▶
Senken Sie die Lautstärke ab.

Zoomen Sie im Schnittfenster etwas aus, bringen Sie anschließend die Einfügemarke vor den bearbeiteten Clip, und spielen Sie das Ganze ab. Das Störgeräusch dürfte jetzt nicht mehr als Störung wahrgenommen werden, wobei ein gewisses Maß an Grundlautstärke trotzdem erhalten bleibt. ■

Bézier-Anfasser

Im nebenstehenden Beispiel ergibt es zwar nicht viel Sinn, doch haben Sie generell die Möglichkeit, aus jedem Keyframe auch die bereits bekannten Bézier-Anfasser herauszuziehen. Dies ermöglicht eine individuelle Anpassung der Kurve. Die Technik dahinter kennen Sie ja bereits von den Videoeffekten und Animationen.

12.4 Audio und Video getrennt bearbeiten

Wenn Sie Filme (also kombinierte Audio- und Videoclips) verschieben, bleiben diese gewissermaßen aneinander kleben. Das ist auch gut so, denn dadurch wird die Synchronisation zwischen beiden Clipteilen aufrechterhalten. In manchen Fällen ist es allerdings interessanter, sie voneinander zu trennen.

12.4.1 Audio und Video trennen

Um beide Clips einzeln bearbeiten zu können, lässt sich die Verbindung zwischen Audio und Video aufheben. Öffnen Sie dazu das Kontextmenü eines Clips im Schnittfenster, indem Sie ihn zunächst mit rechts anklicken und in der Liste den Eintrag VERKNÜPFUNG AUFHEBEN wählen. Nun müssen Sie zunächst die Auswahl aufheben, da beide Clipteile ja noch immer markiert sind. Klicken Sie dazu auf eine freie Stelle innerhalb einer der Spuren. Danach wählen Sie den Clip, den Sie alleine verschieben wollen (Audio oder Video), mit erneutem Mausklick an.

Noch einfacher ist es, wenn Sie einen der beiden Clipteile anklicken, während Sie [Alt]/[⌥] gedrückt halten. Dadurch sind Sie in der Lage, diesen isoliert vom anderen zu verschieben. Dabei bleibt sogar die Verknüpfung zwischen Audio und Video bestehen. Das bedeutet: Wenn Sie die Clips ab- und einen davon wieder anwählen und diesen nun verschieben, werden Sie den anderen automatisch mit verschieben. Die Clips gehören also immer noch zusammen. Verständlicherweise sind sie jetzt aber nicht mehr synchron, was durch die kleinen Ziffern oben links am jeweiligen Clip symbolisiert wird. Im Beispiel sind beide Teile sechs Sekunden und fünf Frames asynchron.

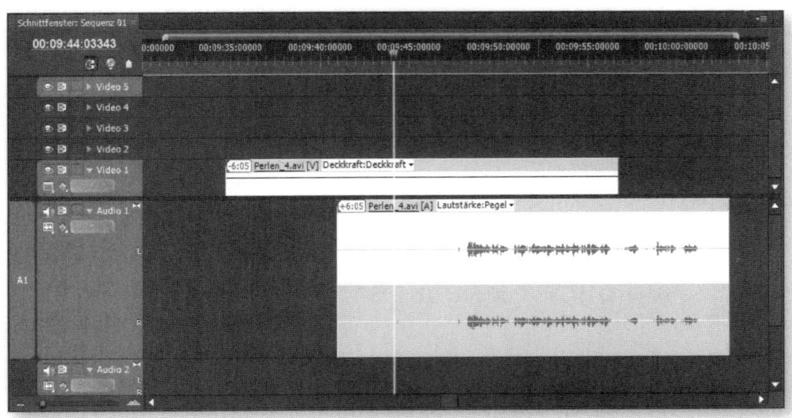

◀ **Abbildung 12.18** Hier stimmen Audio und Video nicht mehr überein.

> **Audio und Video verbinden**
>
> Wenn Sie Clips auf die zuvor beschriebene Weise voneinander getrennt haben, können Sie diese auch nachträglich wieder verbinden, indem Sie beide markieren und anschließend aus dem Kontextmenü VERKNÜPFEN wählen.

12.4.2 L- und J-Schnitt

Ein gerne verwendetes Gestaltungsmittel im Film ist der bewusst asynchrone Schnitt. Dabei wird der Audio- und Videoschnitt zu unterschiedlichen Zeiten ausgeführt. Zum einen ist da der L-Schnitt, bei dem das Audio des ersten Clips noch in das Video des zweiten hineinragt. Wenn hingegen das Audio des zweiten Clips bereits am Ende des ersten Videos zu hören sein soll, spricht man von einem J-Schnitt.

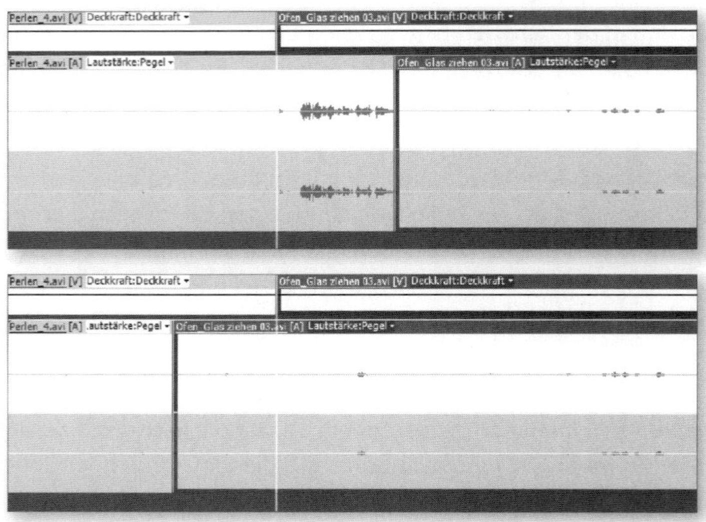

Abbildung 12.19 ▶
Der klassische L-Schnitt (oben) und der J-Schnitt (unten)

Um einen solchen Schnitt ausführen zu können, aktivieren Sie zunächst das Rollen-Werkzeug ([N]) und stellen anschließend den Mauszeiger auf eine der beiden Schnitte (Audio oder Video). Drücken Sie jetzt [Alt]/[⌥], und führen Sie erst anschließend den Mausklick aus. Halten Sie [Alt]/[⌥] und die Maustaste gedrückt, und verziehen Sie den Schnitt in die gewünschte Richtung.

12.5 Audioüberblendungen

Auch Audioüberblendungen werden – wie Videoüberblendungen – per Drag & Drop zugewiesen. Wenn Sie den Ordner AUDIOÜBERBLENDUNGEN im Effekte-Bedienfeld öffnen, finden Sie aber nur einen einzigen Unterordner – er trägt den Namen CROSSFADE. Auch ist dieser Ordner nicht gerade vollgepackt. Genauer gesagt, gibt es nur drei Überblendungen:

- Exponentielle Überblendung
- Konstante Leistung
- Konstante Verstärkung

12.5.1 Exponentielle Überblendung

Der Übergang EXPONENTIELLE ÜBERBLENDUNG überblendet zwei Audioclips mit einer glatten logarithmischen Kurve. Daraus entsteht ein rascher (exponentieller) Anstieg des nachfolgenden Clips im Verhältnis zum Lautstärkeabfall der vorangegangenen. So wie der erste Clip exponentiell leiser wird, wird der zweite Clip im selben Zeitraum exponentiell lauter. Bringen Sie eine derartige Überblendung an den Anfang eines Clips, wird dessen Ton stetig und rasch eingeblendet. Am Ende eines einzelnen Clips wird der Ton weich ausgeblendet. Es kommt zum raschen Fade-in bzw. Fade-out.

Weisen Sie doch einmal eine solche Überblendung zwischen zwei Clips zu, markieren Sie die Überblendung, und schauen Sie sich die zugehörige Grafik in den Effekteinstellungen an. Anhand der schwarzen Linien ❶ sollen Anstieg und Abfall verdeutlicht werden.

12

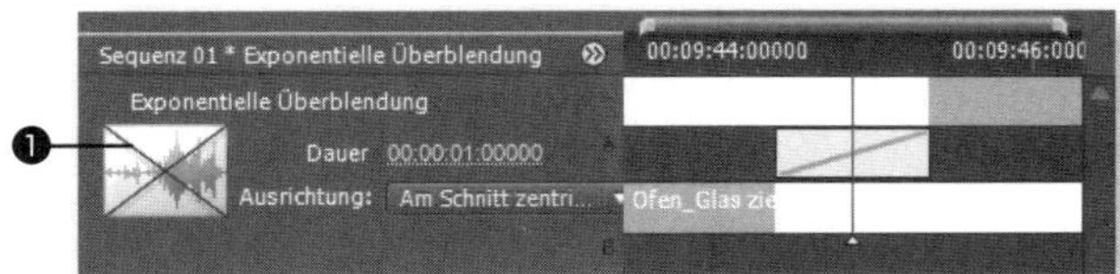

◀ **Abbildung 12.20** Die Überblendung ist sehr dynamisch.

12.5.2 Konstante Verstärkung

Die Unterschiede zur exponentiellen Überblendung sind zunächst einmal nicht wirklich dramatisch. Bei der konstanten Verstärkung wird die Lautstärke des ersten Audioclips nicht exponentiell, sondern linear abgesenkt. Dadurch wird die Lautstärke in der Mitte der Überblendung nicht so leicht abfallen wie bei der exponentiellen Überblendung.

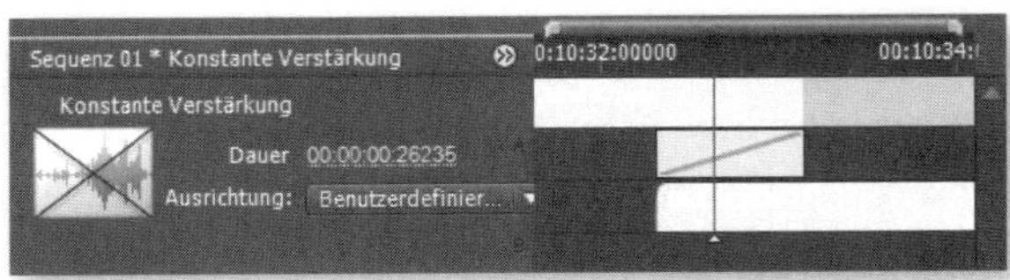

◀ **Abbildung 12.21** Hier kommt es ebenfalls zu einem stetigen Anstieg, der aber insgesamt etwas weicher anmutet.

12.5.3 Konstante Leistung

Bei der konstanten Leistung wird die Lautstärke des ersten Clips zunächst weniger schnell abgesenkt als gegen Ende der Überblendung. Im Gegenzug kommt die Lautstärke des zweiten Clips zunächst schnell herein und wird im letzten Teil langsamer ausgeführt. Anstieg und Abfall sind mit einer Sinuskurve vergleichbar. Sinn und Zweck des Ganzen ist, dass die Lautstärke scheinbar zu jedem Zeitpunkt gleich bleibt. Tatsächlich wird sie aber kurzzeitig sogar angehoben. Die KONSTANTE LEISTUNG ist als Standardüberblendung definiert.

Abbildung 12.22 ▶
Bei der konstanten Leistung hebt sich die Lautstärke nicht geradlinig an.

Wenn Sie eine andere Überblendung als die KONSTANTE LEISTUNG als Standard deklarieren möchten, markieren Sie diesen Eintrag im Effekte-Bedienfeld mit rechts und selektieren AUSWAHL ALS STANDARDÜBERBLENDUNG EINSTELLEN. Auch in den Effekteinstellungen gilt für Audioüberblendungen alles das, was Sie zuvor bereits in Sachen Videoüberblendungen in Erfahrung gebracht haben. Nähere Hinweise zum Umgang mit Überblendungen finden Sie in Kapitel 8, »Überblendungen«.

Standarddauer der Audioüberblendung

Die STANDARDDAUER DER AUDIOÜBERBLENDUNG ist werkseitig auf eine Sekunde eingestellt. Jede Überblendung, die Sie dem Schnittfenster hinzufügen, wird dementsprechend auch eine Sekunde lang sein. Wenn Sie diesen Wert ändern wollen, tun Sie dies in den Voreinstellungen (BEARBEITEN/PREMIERE PRO • VOREINSTELLUNGEN • ALLGEMEIN).

12.6 Audioeffekte

Wie bei Effekten so üblich, gibt es auch auf der Audioseite Effekte, mit denen Sie Ihre Sounds verbessern, und andere, mit denen Sie sie verfremden können. Einige dieser Effekte möchte ich Ihnen kurz in der Wirkungsweise vorstellen. Beachten Sie aber bitte, dass Sie stets den Ordner benutzen, der auch zum Standard Ihres Clips passt (Mono, Stereo, 5.1).

12.6.1 Clip permanent abspielen

Beim Einstellen eines Audioeffekts ist es natürlich sinnvoll, diesen permanent anzuhören. Nun ist es aber ziemlich müßig, jedes Mal die Einfügemarke vor dem Clip zu platzieren, die Sequenz danach abzuspielen, hinter dem Clip anzuhalten und das Ganze von vorne zu beginnen. Deshalb finden Sie in der Fußleiste der Effekteinstellungen zwei Buttons. Mit dem rechten ❶ sorgen Sie zunächst einmal dafür, dass der Clip permanent (als Schleife) abgespielt werden kann, während die eigentliche Wiedergabe über den linken Button ❷ eingeschaltet wird. Darüber hinaus existiert aber noch ein zweites, zündendes Argument für die Verwendung dieser beiden Schaltflächen: Sie hören nämlich nur diesen einen Clip – selbst dann, wenn an dieser Position im Schnittfenster mehrere Audioclips angeordnet sind.

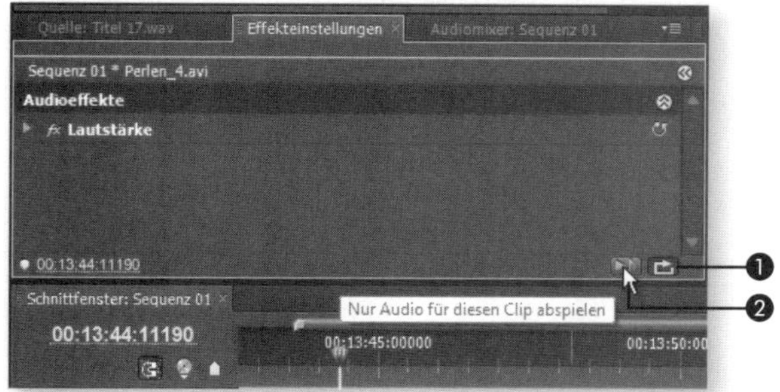

◀ **Abbildung 12.23**
Da wird das Einstellen von Audioeffekten zum Kinderspiel.

12

12.6.2 Ausgleich

Dabei handelt es sich um einen äußerst wichtigen Effekt. Diesen müssen Sie nämlich zuweisen, wenn Sie die Balance eines Stereo-Clips verändern möchten. Die Einstellungen der Balance zwischen linkem und rechtem Kanal können Sie, wie gewohnt, in den Effekteinstellungen vornehmen. Der Ausgleich-Effekt befindet sich logischerweise nur im Stereo-Ordner.

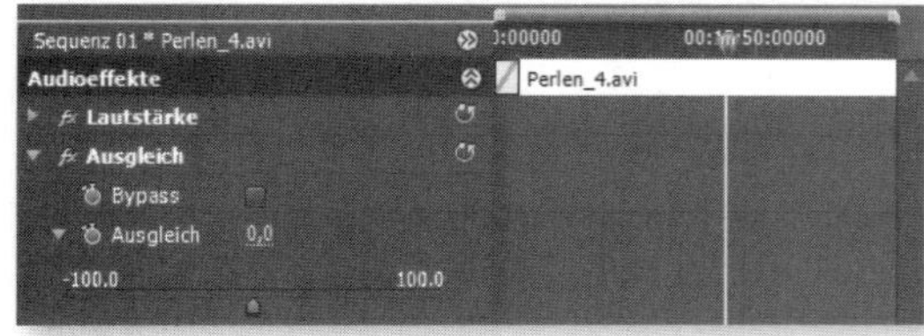

◀ **Abbildung 12.24**
Hier kann lediglich die Balance geregelt werden.

12.6.3 Rechts und links ausfüllen

Diese beiden Effekte kommen häufig dann zum Tragen, wenn Sie es mit einem Stereo-Clip zu tun haben, von dem nur eine Spur über Aufnahmepegel verfügt. Des Weiteren können Clips, bei denen eine von zwei Stereo-Spuren sehr schwach ist, ausgefüllt werden. Dabei wird die Tonspur des einen Kanals auf den anderen übertragen, indem Sie sich entweder für LINKS AUSFÜLLEN oder RECHTS AUSFÜLLEN aus dem Audioeffekte-Ordner STEREO entscheiden. Den Effekt ziehen Sie, wie alle anderen auch, auf den Audioclip im Schnittfenster. Logischerweise existieren diese beiden Effekte nicht im Mono- oder 5.1-Ordner.

12.6.4 DeEsser

Dieser Effekt wird vor allem bei gesprochenen Aufnahmen angewendet. Wie Sie beim zweiten Blick auf den Namen des Effekts erkennen, bekämpft dieser vor allem S-Laute, die im gesprochenen Kommentar schnell übersteuern, wenn der Sprecher zu dicht ans Mikro gerät. Es kommt dann zu kurzen, aber störenden Zisch-Lauten. Aber auch die gefürchteten T- und P-Laute lassen sich dadurch mindern.

Bei der Einstellung sollten Sie zunächst über die Anwahl von MALE bzw. FEMALE entscheiden, ob es sich um eine Männer- oder Frauenstimme handelt. Mit GAIN regeln Sie letztendlich, wie stark die Geräuschreduzierung für die vorgenannten Laute ausfallen soll. Den Drehregler können Sie übrigens einstellen, indem Sie ihn an einer beliebigen Stelle anklicken und die Maus dann nach links zum Absenken bzw. nach rechts zum Anheben bewegen.

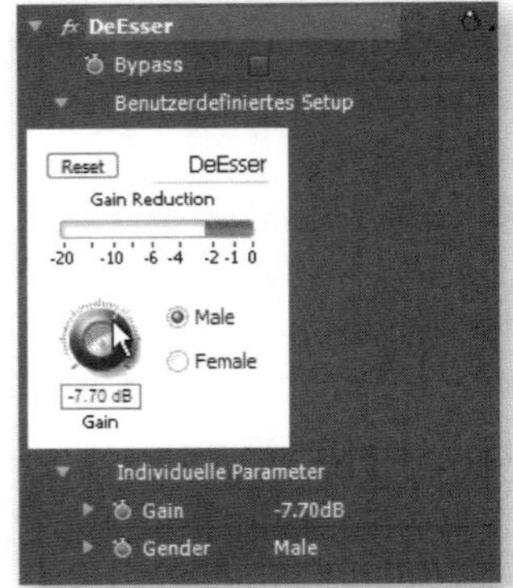

Abbildung 12.25 ▸
Sagen Sie S, T und P den Kampf an!

12.6.5 DeHummer

Falls Sie keinen Hummer mögen, können Sie ... – nein, natürlich nicht. Aber Sie können damit das so genannte Leitungsrauschen mindern, das zwangsläufig über Stromleitungen transportiert wird und möglicherweise Ihre Aufnahme gestört hat. Dazu muss noch einmal erwähnt werden, dass im hiesigen Raum die Frequenz bei 50 Hz liegt (in den USA und Japan bei 60 Hz). Legen Sie die Frequenz, die bearbeitet werden soll, mit Hilfe des jeweiligen Buttons fest.

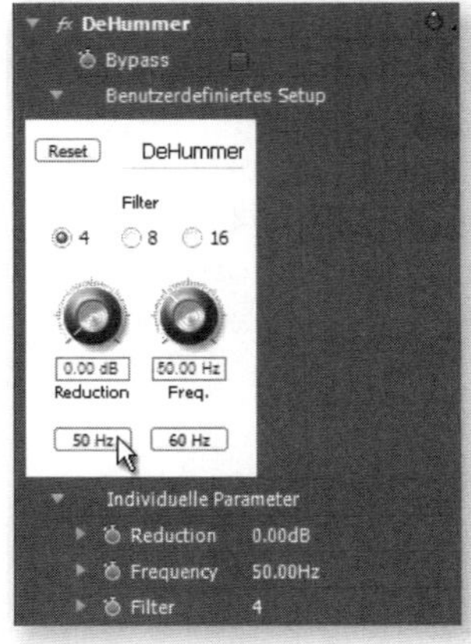

Abbildung 12.26 ▸
Die Frequenz beträgt hierzulande 50 Hz.

Mit FILTER stellen Sie ein, wie viele benachbarte Frequenzbereiche bearbeitet werden sollen. Je höher hier der Wert ist (4, 8 oder 16), desto besser lässt sich zwar das Leitungsrauschen reduzieren, desto mehr erhaltungswürdige Frequenzbereiche werden aber auch verloren gehen. Die Stärke der Reduktion legen Sie mit dem Regler REDUCTION fest, während Sie die Zielfrequenz (hier 50 Hz) mit dem rechten Potentiometer letztendlich noch verfeinern können.

12.6.6 EQ

Der Filter EQ stellt einen Equalizer zur Verfügung, mit dessen Hilfe Sie verschiedene Frequenzbereiche bearbeiten können. Achten Sie aber darauf, dass alle Bandbereiche standardmäßig deaktiviert sind. Sie müssen diese explizit über die dazugehörigen Checkboxen ❶ einschalten.

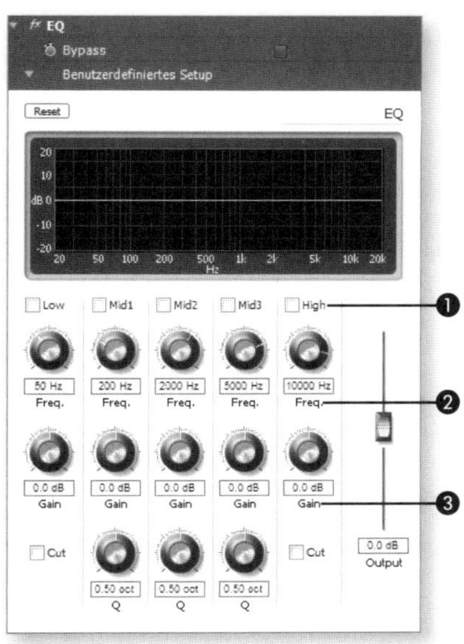

◀ **Abbildung 12.27**
EQ stellt einen Equalizer zur Verfügung.

Nachdem Sie das erledigt haben, können Sie mit FREQ. ❷ die Frequenz, mit GAIN ❸ die Verstärkung oder Absenkung dieser Frequenz und mit Q den Anstieg vor und hinter diesem Punkt regeln. Achten Sie beim Einstellen der Potentiometer auch auf die angezeigte Grafik, die im Übrigen auch per Drag & Drop bedienbar ist.

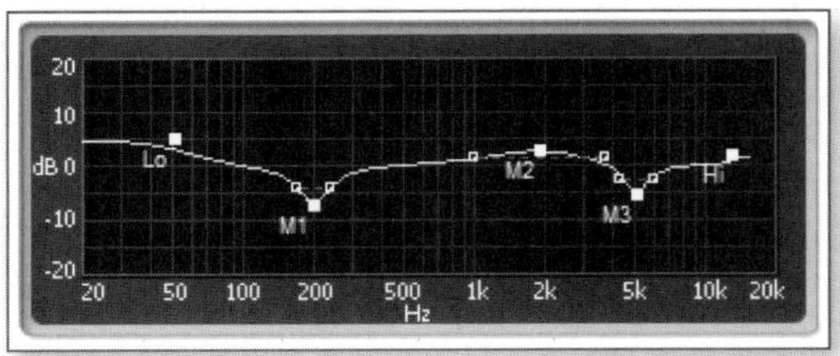

◀ **Abbildung 12.28**
Die editierbare Frequenzkurve des EQ-Effekts

12.6.7 Reverb

Diesen Effekt müssen Sie unbedingt noch kennenlernen. Mit ihm können Sie nämlich einen Widerhall realisieren.

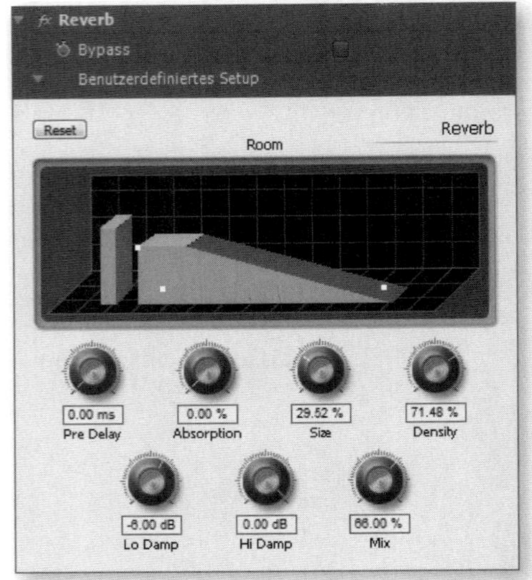

Abbildung 12.29 ▶
Der Hall-Effekt simuliert räumliche Tiefe.

Und hier noch einige Infos zu den weiteren Steuerelementen:

- PREDELAY – legt fest, wie groß die Zeitspanne zwischen Originalton und Widerhall sein soll.
- ABSORPTION – gibt die Spanne in Prozent an, in der der Ton absorbiert wird.
- SIZE – legt die Raumgröße fest.
- DENSITY – legt die Widerhall-Dichte fest.
- LO DAMP – gibt an, in welchem Ausmaß niedrige Frequenzen abgedämpft werden sollen.
- HI DAMP – gibt an, in welchem Ausmaß hohe Frequenzen abgedämpft werden sollen.
- MIX – gibt das Ausmaß des Halls an.

12.7 Der Audiomixer

Der Audiomixer hat vor allem die Aufgabe, die Sequenz abzumischen. Aber damit nicht genug: Sie können auch hier Spuren hinzufügen. So ließe sich ja beispielsweise an der einen oder anderen Stelle noch ein Audiokommentar hinzufügen. Um den Audiomixer zu aktivieren, wählen Sie FENSTER • AUDIOMIXER und entscheiden sich dann für die Sequenz, die Sie anzeigen lassen wollen. Die Alternative dazu: FENSTER • ARBEITSBEREICH • AUDIO bzw. [Alt]/[⌥]+[⇧]+[1].

12.7.1 Voice-over

Bevor Sie einen Audiokommentar einsprechen können, müssen einige Vorbereitungen getroffen werden. So ist es z. B. durchaus sinnvoll, für Audiokommentare eine Mono-Spur zu benutzen, da Sie dabei ja in den meisten Fällen auf Stereo verzichten können.

Schritt für Schritt: Einen Audiokommentar aufzeichnen

1 *Mono-Spur hinzufügen*

Um Ihrem Projekt eine Mono-Spur hinzuzufügen, wählen Sie SEQUENZ • SPUREN HINZUFÜGEN. Entscheiden Sie sich im folgenden Dialog für 0 Videospuren ❶ und 1 Audiospur ❷. Im vorliegenden Fall soll die Kommentar-Spur an die oberste Position im Schnittfenster gebracht werden, weshalb im Bereich PLATZIERUNG der Eintrag VOR ERSTER SPUR eingestellt werden sollte. Stellen Sie ferner den SPURTYP auf MONO, ehe Sie lässig auf den OK-Button drücken.

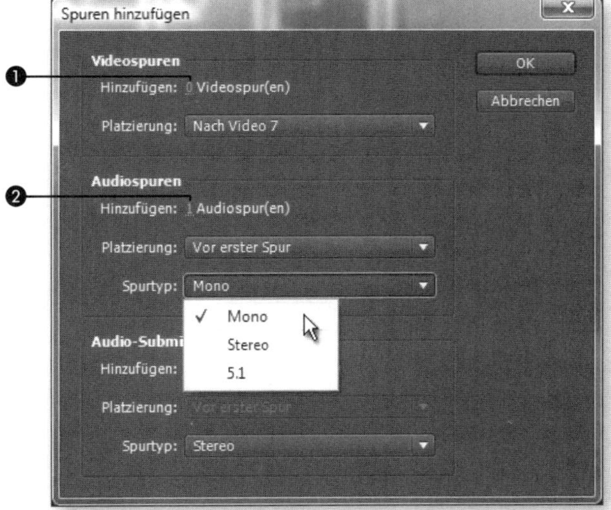

◂ **Abbildung 12.30**
Jetzt soll eine einzelne Mono-Spur hinzugefügt werden.

2 *Spur benennen*

Benennen Sie nun die Spur im Schnittfenster. Dazu klicken Sie mit rechts auf den zugehörigen Namen im Spurkopf ❸ und wählen den Eintrag UMBENENNEN. Nennen Sie die Spur »Kommentar«, und schließen Sie die Aktion mit [↵] ab. Dass es sich dabei um eine Mono-Spur handelt, verrät das kleine Symbol daneben ❹. (Alternativ können Sie die Umbenennung übrigens auch im Audiomixer machen, indem Sie den Namen dort mit gedrückter Maustaste markieren und danach neu eingeben.)

Abbildung 12.31 ▲ Aussagekräftige Namen sind bei der späteren Arbeit mit dem Audiomixer unerlässlich.

3 *Startpunkt festlegen*

Bevor Sie sich jetzt ganz und gar dem Audiomixer widmen, sollten Sie noch die Einfügemarke des Schnittfensters an die Position bringen, an der die Kommentar-Aufnahme beginnen soll.

Danach geht es in den Audiomixer. Falls Sie die neue Spur dort nicht gleich finden, können Sie sich an der Position orientieren. Es sollte die linke Spur sein, da sie soeben VOR ERSTER SPUR eingefügt wurde. Sie können sich übrigens auch daran orientieren, dass Mono-Spuren logischerweise nur einen Pegel ❺ haben.

Abbildung 12.32 ▶ Nur die erste Spur ist eine Mono-Spur.

4 *Spur aktivieren*

Jetzt müssen Sie die Spur für die Aufnahme aktivieren. Klicken Sie dazu auf das Mikrofon-Symbol ❾, das der Kommentar-Spur untergeordnet ist. Daraufhin wird gleich oberhalb ein Pulldown-Menü ❻ gelistet, das es möglich macht, die Aufnahmequelle zu ändern (wenn Sie beispielsweise mit einem separaten Interface arbeiten).

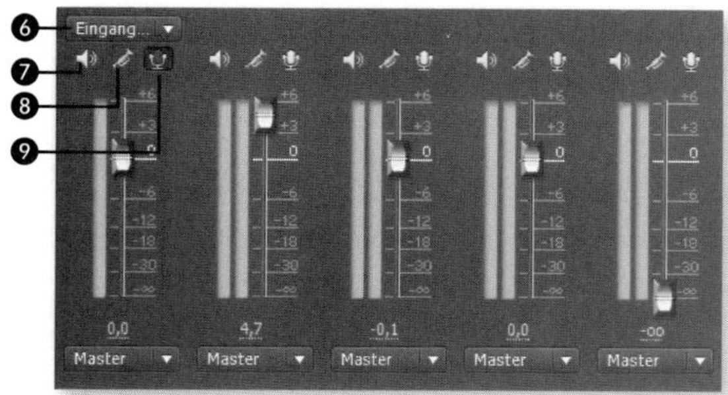

◀ **Abbildung 12.33**
Alles bereit zur Aufnahme

Standardgerät einstellen

Möglicherweise werden Sie in den Voreinstellungen das Standardgerät, das Sie zur Audioaufnahme verwenden, einstellen müssen. Gehen Sie dazu über BEARBEITEN/PREMIERE PRO • VOREINSTELLUNGEN • AUDIOGERÄTE. Im Listenfeld STANDARDGERÄT entscheiden Sie sich für das relevante Aufnahmegerät.

12

5 *Spuren stumm schalten*

Wenn Sie jetzt alles so belassen, wird während der späteren Aufnahme auch das bereits im Schnittfenster vorhandene Audio abgespielt. Wollen Sie das unterdrücken, markieren Sie die niedliche Trompete ❽. Diese schaltet die Spur auf **Solo**, was bedeutet, dass alle anderen Spuren nicht wiedergegeben werden. Ebenso können Sie auch nur einzelne Spuren ausschalten, indem Sie das jeweilige Lautsprecher-Symbol ❼ deaktivieren. Möglicherweise wollen Sie sich ja bei Ihrem Kommentar an den Original-Geräuschen der Clips orientieren, ohne dass der voreilig hinzugefügte Kid-Rock-Soundtrack den Sprecher eher zum Mitsingen als zum Kommentieren bewegt.

◀ **Abbildung 12.34**
Starten Sie die Aufnahme über die Tasten am unteren Rand.

Klicken Sie jetzt in der Fußleiste des Audiomixers auf den Button AUFNEHMEN ⓫. Das alleine reicht aber noch nicht. Die Aufnahme wird jetzt noch nicht beginnen. Betätigen Sie dazu WIEDERGABE/STOPP ❿, was die Einfügemarke des Schnittfensters letztendlich in Bewegung versetzt und die Aufnahme startet. Sprechen Sie Ihren Kommentar ein, und beenden Sie die Aufnahme, indem Sie abermals WIEDERGABE/STOPP drücken.

6 *Kommentar-Clip bearbeiten*

Achten Sie auf die Timeline des Schnittfensters. Hier sollte nach dem Anhalten der Aufnahme ein Audioclip eingefügt worden sein, der den Kommentar enthält. Diesen können Sie im Anschluss an die Aufnahme selbstverständlich genauso behandeln wie jeden anderen Clip auch.

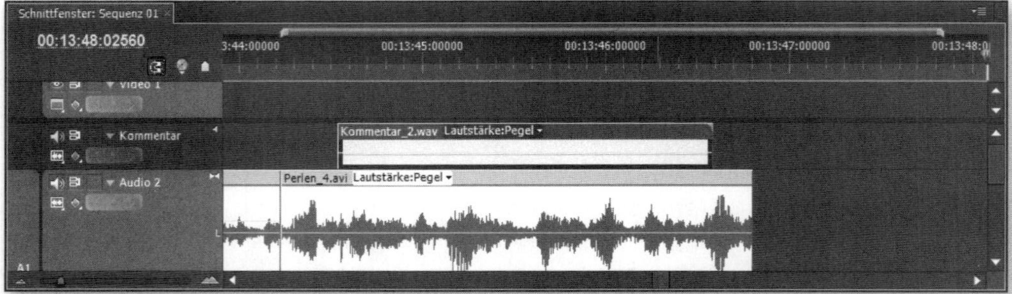

▲ **Abbildung 12.35**
Der Kommentar-Clip fügt sich wie ein herkömmlicher Audioclip in das Schnittfenster ein.

Hinzu kommt, dass der Clip auch als Asset im Projektfenster vorhanden ist. Hier empfiehlt es sich, einen eigenen Ordner zu erzeugen, in den Sie sämtliche Kommentare integrieren. Die Kommentare dürfen Sie ja ruhigen Gewissens im Projektfenster noch verschieben. Die Kommentar-Assets selbst werden übrigens in den Projekt-Ordner eingebettet – und zwar gibt es dort für jeden Kommentar eine eigene Audiodatei. ■

12.7.2 Automatisieren

Neben der klassischen Keyframe-Bearbeitung im Schnittfenster besteht zudem die Möglichkeit, derartige Arbeiten auch im Audiomixer zu erledigen. Dieser schreibt dann gewissermaßen die Keyframes mit, während das Video läuft. Die Einstellung selbst nehmen Sie über die Schieberegler ❷ vor – quasi »on the fly«. Dazu müssen Sie in der Liste AUTOMATISCHER MODUS ❶ anwählen, was während der Wiedergabe passieren soll.

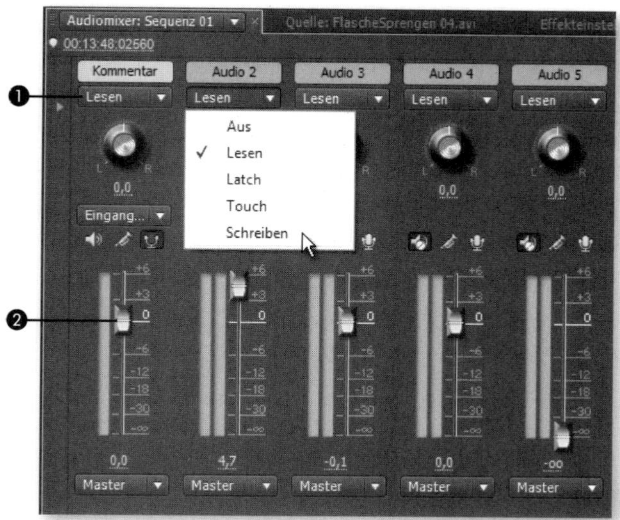

◀ **Abbildung 12.36**
Regeln Sie die Lautstärke in Echtzeit.

- Aus – Dieser Modus ist eigentlich zum Experimentieren gedacht. Änderungen, die Sie zur Laufzeit vornehmen, werden nicht an Premiere Pro übergeben. Das Bewegen der Regler hat also keinerlei Einfluss auf das Projekt.
- Lesen – Die Lautstärke-Änderung zur Laufzeit wirkt sich auf die gesamte Spur aus. Sobald Sie den Lautstärkeregler jedoch loslassen, wird ab dieser Position der ursprünglich eingestellte Wert wiederhergestellt.
- Latch – Diese Einstellung entspricht weitgehend der Funktion Schreiben, wobei die Anwendung hier erst mit dem Schreiben neuer Keyframes beginnt, sobald Sie den Regler zum ersten Mal bewegt haben. Wenn Sie den Regler loslassen, verbleibt dieser in der aktuellen Position.
- Touch – Diese Einstellung entspricht weitgehend der Funktion Latch, wobei der Regler wieder in die ursprüngliche Position zurückkehrt, sobald Sie ihn loslassen.
- Schreiben – Mit dieser Einstellung werden sofort ab Beginn der Wiedergabe neue Keyframes geschrieben, ohne dass abgewartet wird, ob Sie Einstellungen vornehmen.

Nach dieser Einstellung starten Sie die Wiedergabe über die entsprechende Schaltfläche in der Fußleiste des Audiomixers oder mit Hilfe der Leertaste. Die Aufnahme-Funktion darf dabei natürlich nicht aktiviert werden, da der Clip ansonsten überschrieben würde. Wenn Sie fertig sind und im Schnittfenster die Spur-Keyframes anzeigen lassen, können Sie sehen, welche Keyframes automatisch erzeugt wurden.

Abbildung 12.37 ▶ Premiere Pro schreibt mit.

12.7.3 Spur-Effekte hinzufügen

Wenn Sie Effekte nicht auf einzelne Clips, sondern auf gesamte Spuren anwenden wollen, empfiehlt es sich, das hier im Audiomixer zu tun. Um diesen Bereich jedoch zugänglich zu machen, müssen Sie zunächst die Effekte-Liste über das Dreieck-Symbol öffnen ❶. Danach klicken Sie in der jeweiligen Spur auf das oberste Dreieck in der jeweiligen Liste ❷ und fügen den gewünschten Effekt aus der Flyout-Liste hinzu.

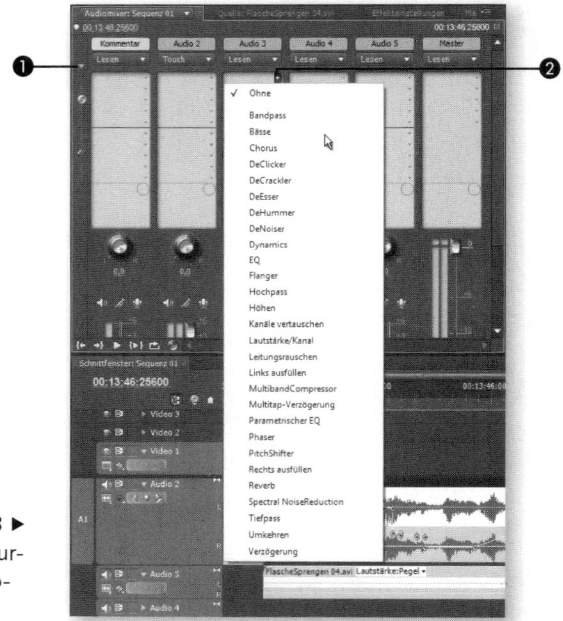

Abbildung 12.38 ▶ Vergeben Sie Spur-Effekte im Audiomixer.

12.7.4 Projekt-Audio hinzufügen

Die fertige Audiodatei zum Film ist aufwändig und in vielen Arbeitsgängen nachbearbeitet und abgemischt worden. Damit Sie aber nun auch in den Genuss der fertigen Sequenz kommen, können Sie zunächst im Schnittfenster sämtliche Audiospuren stumm schalten. Bitte schalten Sie alle Spuren stumm, da sie tatsächlich alle belegt sind. Danach importieren Sie »Gecko-Mix.wav« aus dem Ordner KAPITEL_12 und bringen diese Datei in eine neue Audiospur innerhalb des Schnittfensters. Wenn Sie wollen, benennen Sie die Spur noch mit »Mix«. Lassen Sie diese bei 00:00:00:00 beginnen, und spielen Sie die Sequenz ab. Voilà, der Film ist fertig.

13 Korrekturen mit Soundbooth

Und das erfahren Sie hier:

- Wie können Audiodateien geschnitten werden?
- Wie füge ich Pausen hinzu?
- Wie können Störgeräusche präzise entfernt werden?

13.1 Warum Soundbooth?

Kleinere Audio-Reparaturen können Sie prima in Premiere Pro vornehmen. Wenn es aber umfangreicher und intuitiver werden soll, kommen Sie an einer speziellen Audio-Applikation nicht vorbei. An dieser Stelle taucht Soundbooth auf und sorgt für ein nicht zu verachtendes Umfeld in Sachen Nachbearbeitung und Restauration. Sollten Sie Premiere Pro nicht separat, sondern in einem Production-Premium- oder Master-Collection-Bundle erworben haben, sind Sie bereits stolzer Besitzer von Soundbooth. Falls nicht, lässt sich Soundbooth separat erwerben.

30-Tage-Testversion

Ein 30-Tage-Tryout zum Ausprobieren der Software finden Sie unter *www.adobe.com/de* zum kostenlosen Download. Bedenken Sie allerdings bei Benutzung der Testsoftware, dass nicht alle Funktionen und Codecs der finalen Version zur Verfügung stehen.

13.2 Dateien übergeben

Wenn sich eine bearbeitungswürdige Audiodatei im Schnittfenster von Premiere Pro befindet, können Sie diese direkt zur Nachbearbeitung an Soundbooth senden.

13.2.1 In Adobe Soundbooth bearbeiten

Dazu klicken Sie den Clip im Schnittfenster mit rechts an und selektieren im Kontextmenü den Eintrag IN ADOBE SOUNDBOOTH BEARBEITEN. Jetzt haben Sie zwei Möglichkeiten: Entweder Sie greifen gleich auf das Original-Asset zu (QUELLDATEI BEARBEITEN), oder Sie entscheiden sich für Rendern und Ersetzen. Letzteres hat zur Folge, dass ein neuer Audioclip erzeugt wird, der mit dem Audio im Schnittfenster von Premiere Pro ausgetauscht wird. Der Original-Clip im Projekt-Bedienfeld bleibt dabei von der Änderung verschont.

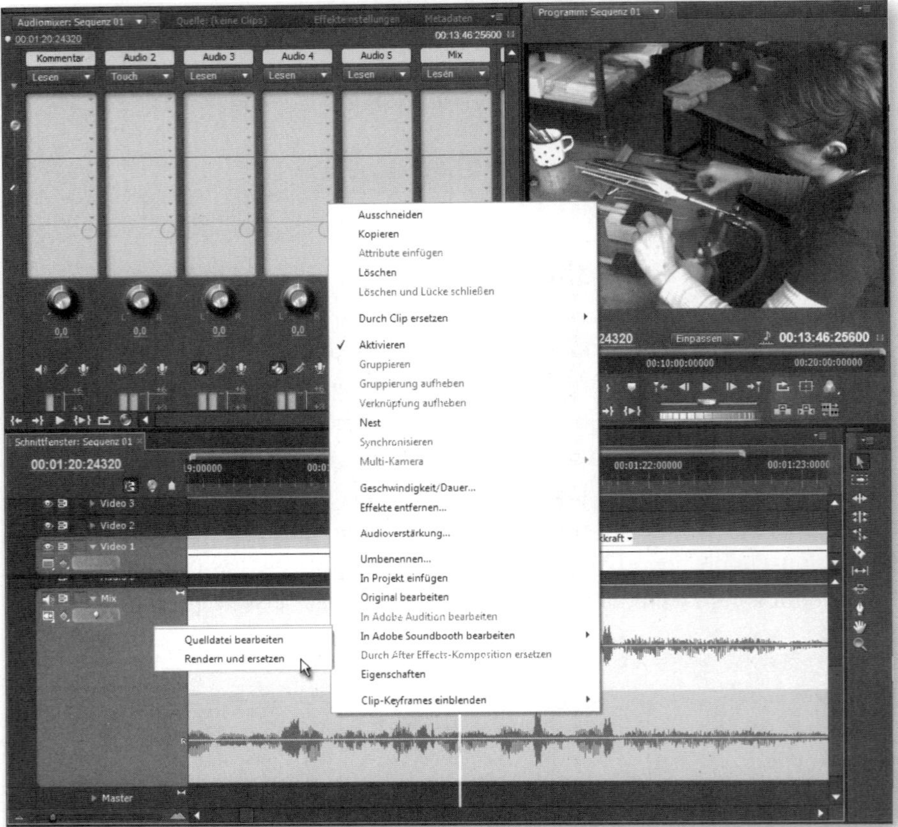

Abbildung 13.1 ▲
Vom Schnittfenster aus geht es in die Audio-Bearbeitung – und wieder zurück.

13.2.2 Audio extrahieren

Markieren Sie einen Clip auf die zuvor beschriebene Weise im Projektfenster, steht zudem der Eintrag Audio extrahieren zur Verfügung. Dabei wird eine neue Audiodatei in Soundbooth erzeugt, die ihrerseits als eigenständiges Asset in das Projekt-Bedienfeld von Premiere Pro eingebettet wird.

13.2.3 Quelldatei bearbeiten

Wenn Ihr Ziel jedoch ist, das Original zu bearbeiten und die Änderungen auch auf sämtliche Instanzen und Clipkopien wirken zu lassen, müssen Sie sich für Quelldatei bearbeiten entscheiden. Allerdings steht diese Option nur bei reinen Audioclips zur Verfügung. Und noch etwas: Dynamic-Link-Clips (siehe Kapitel 17, »Integration und Workflow mit

Creative Suite 4 Production Premium«) können auf die beschriebene Art nicht an Soundbooth übergeben werden.

13.3 Die Oberfläche

Wenn Sie Soundbooth öffnen, ohne zuvor einen Clip aus Premiere Pro heraus übergeben zu haben, stellt sich die Anwendung zunächst noch recht spartanisch dar.

▼ **Abbildung 13.2**
Grau in grau und zunächst eher unspektakulär: das Soundbooth-Interface

13.3.1 Arbeitsbereich wählen

Sie haben allerdings auch hier, genau wie in Premiere Pro, die Möglichkeit, verschiedene Ansichten einzustellen. Benutzen Sie dazu Fenster • Arbeitsbereich. Gleich unterhalb der Menüleiste finden Sie zudem ein Pulldown-Menü, das diese Funktionen ebenfalls zur Verfügung stellt.

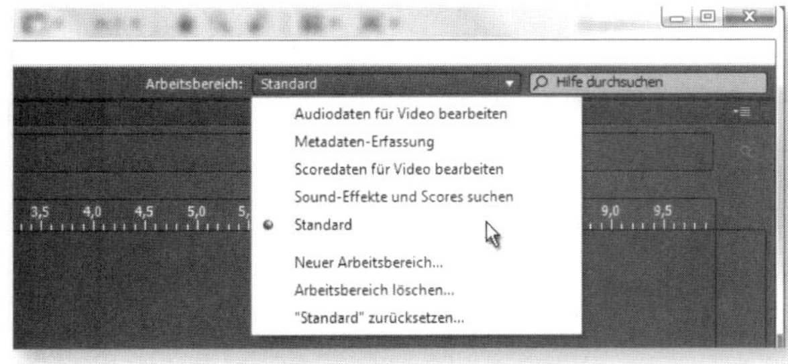

◀ **Abbildung 13.3**
Auch in Soundbooth lassen sich vordefinierte Arbeitsbereiche einstellen.

13.4 Grundlagen

Bevor Sie sich um die Nachbearbeitung kümmern, müssen Sie meist einige individuelle Vorbereitungen treffen.

13.4.1 Dateien importieren

Der Import von Dateien erfolgt über das Dateimenü (DATEI • IMPORTIEREN), den Shortcut [Strg]/[⌘]+[I] oder per Doppelklick in einem freien Bereich des Dateien-Bedienfeldes ❶, das prinzipiell mit dem Projektfenster von Premiere Pro vergleichbar ist. Bedenken Sie, dass sich hier nicht nur gängige Audio-, sondern auch Videoformate integrieren lassen. Immerhin besteht ja in Soundbooth auch die Möglichkeit, Audios von AV-Clips zu bearbeiten. In diesem Fall ist es aber besser, vorübergehend auf den Arbeitsbereich AUDIODATEN FÜR VIDEO BEARBEITEN umzuschalten, da Sie dann auch eine vergrößerte Video-Ansicht genießen können.

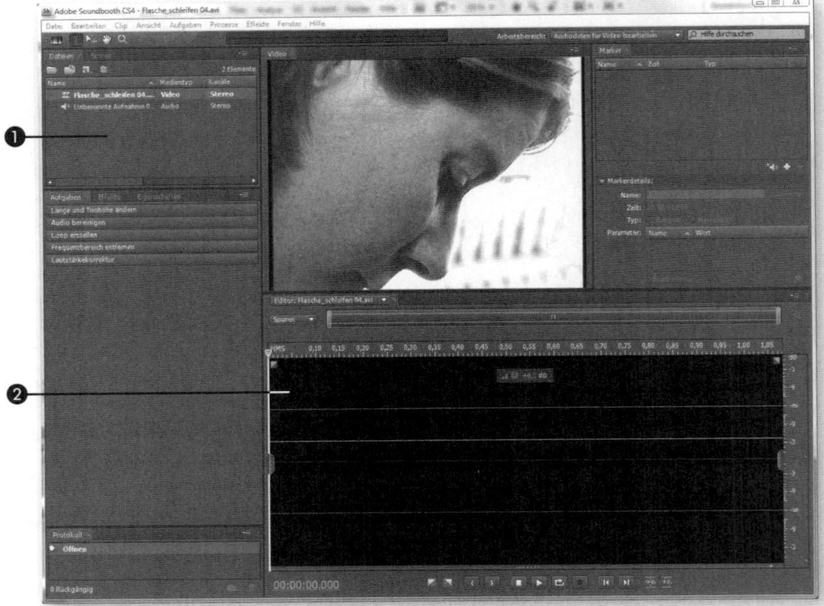

Abbildung 13.4 ▸ Bei dieser Ansicht sehen Sie auch das Video eines AV-Clips.

Unten rechts finden Sie den Editor ❷, in dem das Audio dargestellt wird. Doppelklicken Sie ein Asset im Dateien-Bedienfeld an, um es in den Editor zu transportieren.

13.4.2 Zoomen

Wenn Sie einen bestimmten Bereich des Clips vergrößert darstellen wollen, ziehen Sie eines der gelb eingefärbten Enden ❸ zur Mitte. Wollen Sie den gesamten Ausschnitt verschieben, greifen Sie den Anfasser ❹ und ziehen ihn in die gewünschte Position. Was sich jetzt in dem gelb eingefassten Bereich befindet, sehen Sie auch unten in der Wellenform-Darstellung ❺. Ein Klick auf die Lupe ❻ stellt wieder den gesamten Clip dar. Wenn Ihnen die Bedienung mit Hilfe der Tastatur lieber ist (bestimmt ist es das), können Sie auch [+] und [-] verwenden. Und stolze Besitzer eines Scrollrades haben es sogar noch einfacher. Dabei muss der Editor allerdings markiert sein.

▼ **Abbildung 13.5**
Längere Tonstücke lassen sich zoomen.

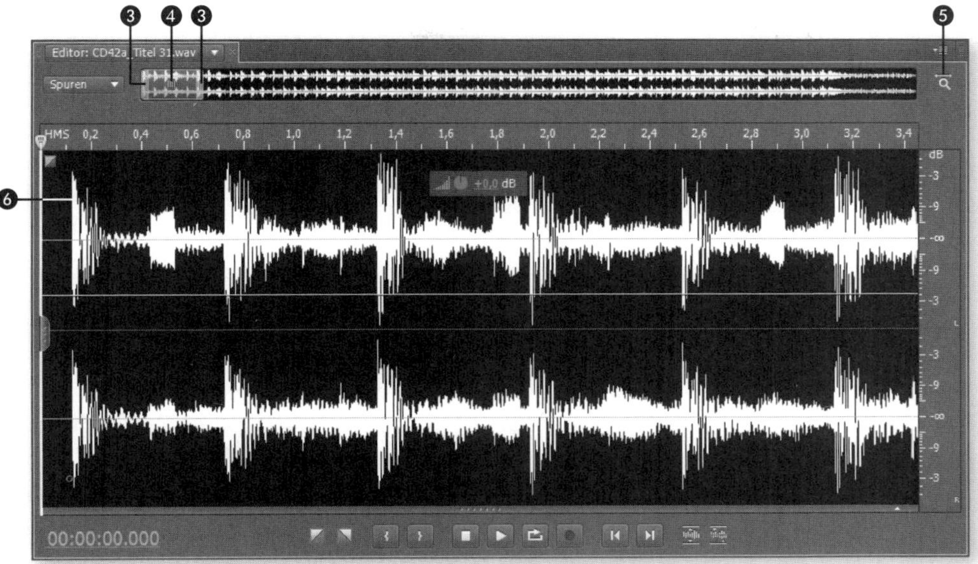

13.4.3 Dateien erstellen

Über DATEI • NEU lässt sich eine LEERE AUDIODATEI erzeugen, deren Parameter im Folgedialog festgelegt werden. Seit der Version CS4 ist es zudem möglich, Mehrspurdateien zu erzeugen, in denen mehrere Audiodateien zusammengefügt und gleichzeitig bearbeitet werden können.

◀ **Abbildung 13.6**
Die gewünschten Einstellungen nehmen Sie gleich zu Beginn vor.

13.4.4 Speichern und Exportieren

Grundsätzlich müssen Sie hier (genauso wie in Premiere Pro) unterscheiden, ob Sie ein Projekt speichern oder eine Sounddatei ausgeben wollen. Das hauseigene Speicherformat ist ASND, das »Adobe Sound Document«. Wenn Sie im Ergebnis eine individuell einsetzbare Sounddatei erstellen wollen, müssen Sie das Ganze EXPORTIEREN (Datei-Menü). Allerdings können ASND-Dateien auch in Premiere Pro, After Effects und sogar Flash integriert werden, so dass ein vorheriger Export in diesem Fall gar nicht zwingend erforderlich ist. Dabei lässt sich sogar gleich ein Schnappschuss erstellen.

▲ **Abbildung 13.7**
Projektdaten im ASND-Format.

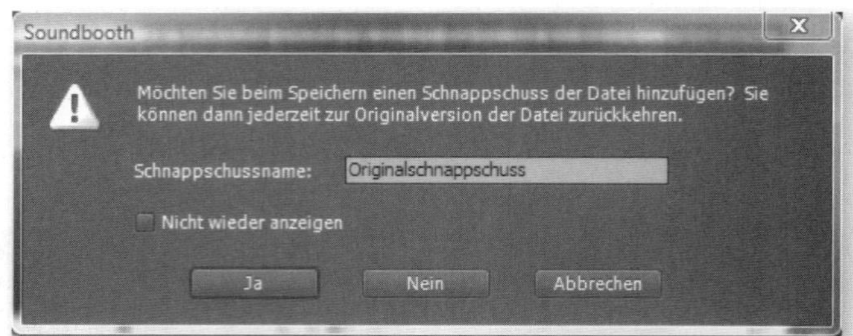

Abbildung 13.8 ▶
Wie wäre es beim Speichern mit einem Schnappschuss?

13.4.5 Metadaten-Erfassung

Falls Sie auch hier an einer Metadaten-Erfassung und -Bearbeitung interessiert sind, können Sie das ebenfalls erledigen. Dazu eignet sich am besten der Arbeitsbereich METADATEN-ERFASSUNG, in dem Sie auch die aus Premiere Pro bekannte Sprachtranskription ❶ starten können.

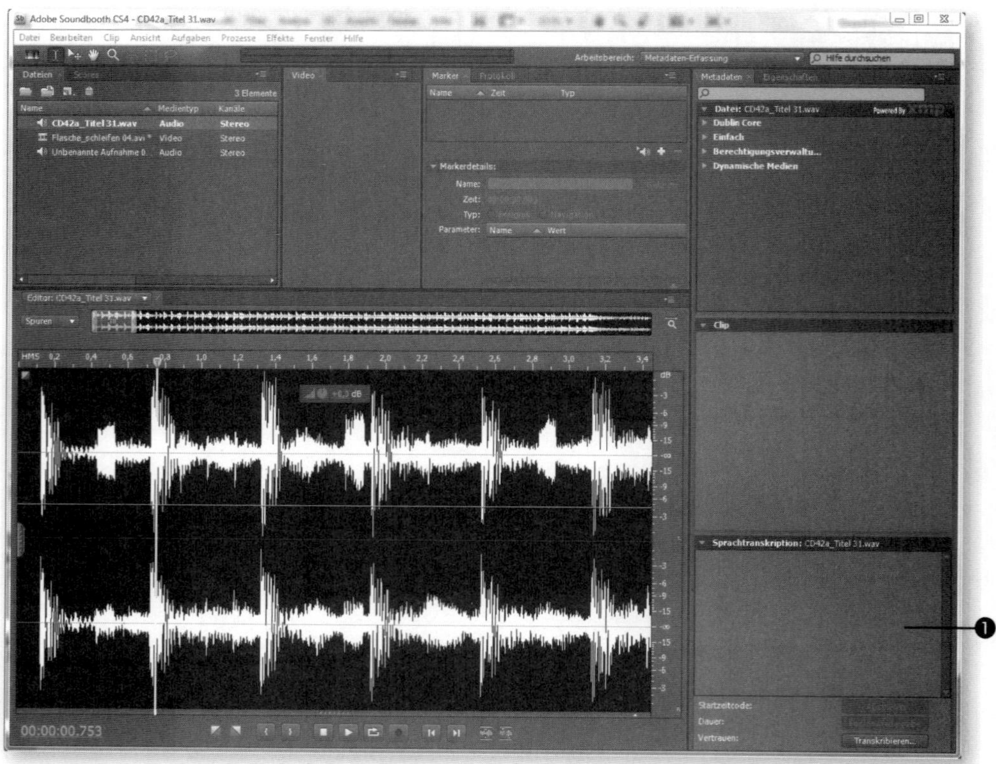

Abbildung 13.9 ▲
Ihre Metadaten sind auch in Soundbooth bestens aufgehoben.

13.5 Audiobearbeitung

So viel zur Vorbereitung und zur ersten Orientierung. Jetzt sind Sie wieder an der Reihe. Bestimmt wollen Sie auch längst eine Datei bearbeiten. Dann werden Sie nun den ersten Audioclip schneiden. Stellen

Sie aber zuvor bitte wieder den Arbeitsbereich STANDARD ein. Sollten Sie innerhalb dieses Arbeitsbereichs Fenster verschoben haben, entscheiden Sie sich für STANDARD ZURÜCKSETZEN, und bestätigen Sie die Kontrollabfrage mit JA.

13.5.1 Audio schneiden

Im folgenden Workshop wollen wir einen Kommentar nachbearbeiten. Ziel ist es, einen Teil des Satzes nachträglich zu entfernen.

Schritt für Schritt: Eine Audiodatei schneiden

1 ***Projekt vorbereiten***

Im Ordner KAPITEL_13 der Buch-DVD finden Sie die Audiodatei »Ofentemp.wav«. Importieren Sie diesen Clip, stellen Sie ihn im Editor bereit, und spielen Sie das Audio ab. Auch hier reicht natürlich der Druck auf die Leertaste. Alternativ stehen Ihnen aber auch die Steuerelemente im Fuß der Anwendung zur Verfügung.

13

2 ***Bereich markieren***

Der Satzteil »… zwischen Glas und Raumluft …« soll entfernt werden. Versuchen Sie, auf diesen Bereich großzügig einzuzoomen. Halten Sie die Wiedergabe an, und fahren Sie mit der Maus einmal quer über diesen Bereich. Er wird daraufhin weiß markiert. Aktivieren Sie die Schleifenfunktion (ENDLOSWIEDERGABE) ❹, und lassen Sie den Bereich permanent abspielen (siehe Abbildung 13.10).

3 ***Feintuning vornehmen***

Sollte der Bereich mit dem ersten Versuch nicht exakt eingegrenzt worden sein, macht das rein gar nichts. Ziehen Sie in diesem Fall die Klammern ❷ und ❸ (sie symbolisieren den In- und Out-Point) so in Form, dass Sie nur noch den erwähnten Satz hören. Noch einfacher geht das übrigens, wenn Sie die Maus direkt auf eine der Wellenformen stellen, den Übergang zwischen markiertem und nicht markiertem Bereich aufsuchen (jetzt wird die aus Premiere Pro bekannte Klammer sichtbar) und die Markierung in Form ziehen.

Zwischenablage benutzen

Natürlich stehen Ihnen auch hier sämtliche Funktionen der Zwischenablage zur Verfügung. So lässt sich beispielsweise eine Stelle ausschneiden und an einer anderen wieder einfügen.

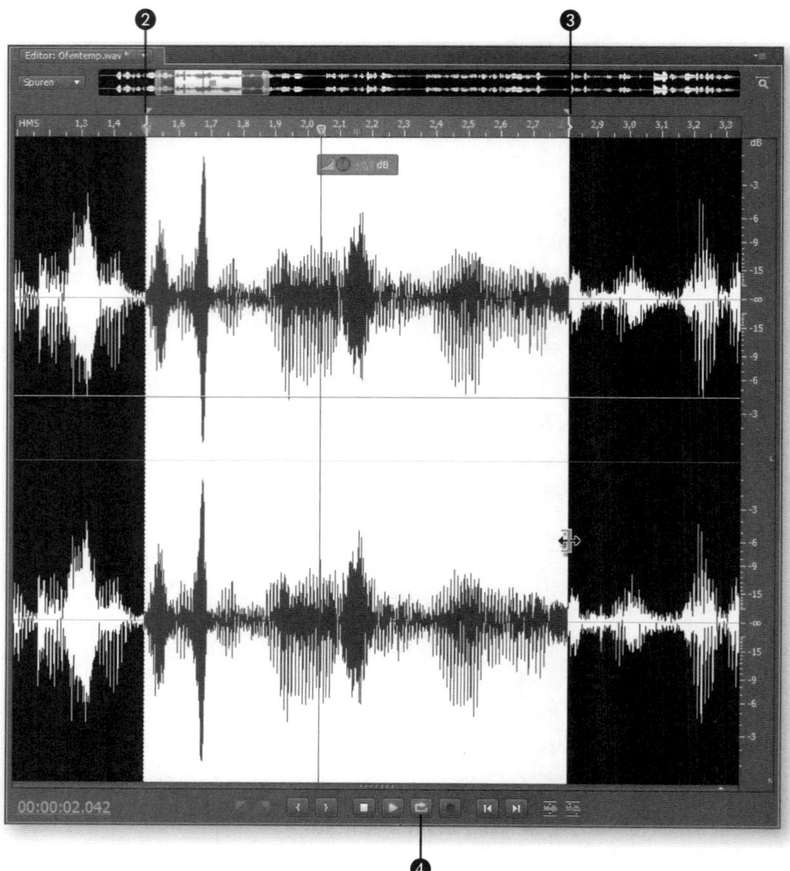

Abbildung 13.10 ▶
Auch in Soundbooth können In- und Out-Point in Form gezogen werden.

4 *Bereich entfernen*

Hören Sie die Stelle mehrfach an. Erst wenn Sie sicher sind, dass Sie genau diesen Bereich gefunden haben, drücken Sie [←] oder klicken mit rechts in die markierte Stelle, wobei Sie anschließend LÖSCHEN betätigen. Die Stelle ist nun entfernt.

5 *Datei exportieren*

Speichern Sie die Datei am besten unter einem anderen Namen, indem Sie DATEI • SPEICHERN UNTER wählen. Soundbooth bietet Ihnen jetzt WAV als Ausgabeformat an, da auch das Original unter diesem Dateityp vorgelegen hat. Das ist auch so weit in Ordnung. Klicken Sie auf SPEICHERN.

Den Folgedialog bestätigen Sie mit OK, sofern Sie keine höheren Abtastraten oder Ähnliches festlegen wollen. Sie finden den Anfang der bearbeiteten Datei unter »Ofentemp_fertig.wav« im ERGEBNISSE-Ordner.

6 *Clip erneut markieren*

Achten Sie darauf, dass jetzt der Zielclip im Editor zu finden ist. Wollen Sie das Original weiter bearbeiten, müssen Sie es im Dateien-Bedienfeld zunächst doppelt anklicken. ■

13.5.2 Clipbereich ausgeben

Anstelle des gesamten Clips lässt sich aber auch nur ein bestimmter Bereich des Clips ausgeben. Markieren Sie dazu den Teil, den Sie ausgeben wollen. Dazu gehen Sie zunächst so vor, wie im Workshop beschrieben, und wählen dann in den Speicheroptionen den Eintrag ALLGEMEIN links in der Liste aus. Öffnen Sie anschließend das Pulldown-Menü BEREICH, und legen Sie hier anstelle von GESAMTE DATEI den Eintrag AUSWAHL fest, ehe Sie mit OK bestätigen.

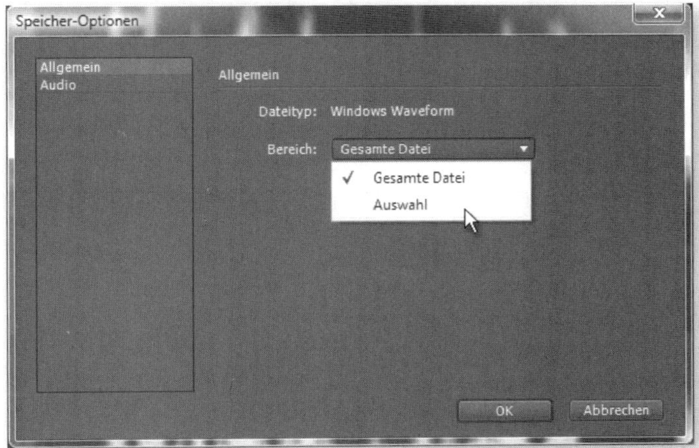

◀ **Abbildung 13.11**
Mit dieser Einstellung wird nur ein Teil des Clips exportiert.

13.5.3 Pause verlängern

Im Beispielclip verbirgt sich eine kleine Pause, die ausgedehnt werden sollte. Lassen Sie den Clip doch einmal abspielen, und achten Sie auf die Unterbrechung hinter dem ersten Satz. Die Pause dürfte an dieser Stelle eigentlich etwas größer sein.

Schritt für Schritt: Sprechpause ausdehnen

1 *Bereich eingrenzen*

Setzen Sie die Abspielmarke direkt hinter die Aussage »... dass die Glasplatte zerspringen würde ...«. Markieren Sie den folgenden Bereich, in dem der Sprecher nichts sagt, wobei Sie darauf achten müssen, dass wirklich nur der inhaltlose Zeitpunkt markiert ist. Am besten lässt sich dieses Stück in der Wellenform ausmachen.

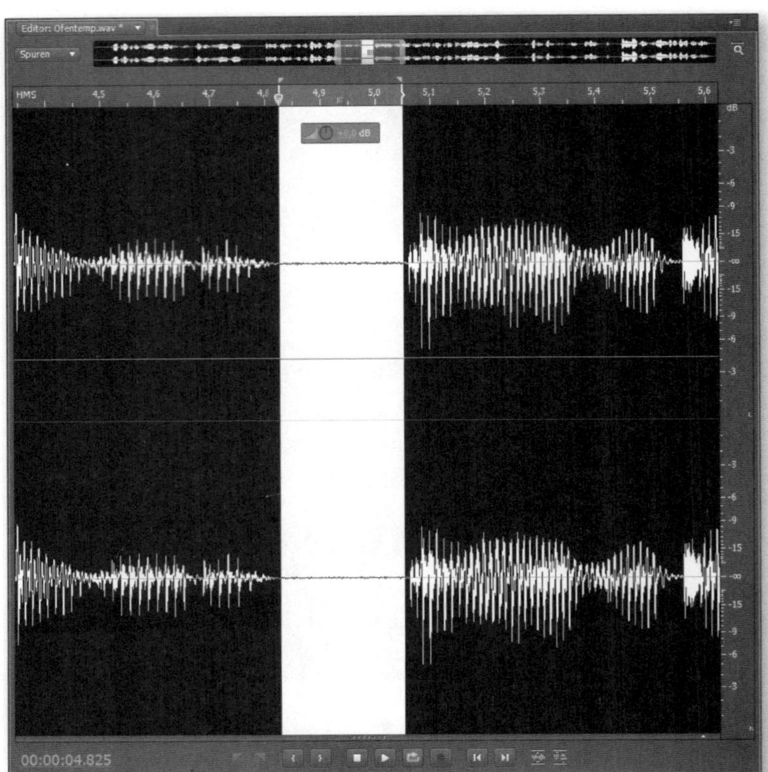

Abbildung 13.12 ▸
Bringen Sie die Markierung an die richtige Position.

2 *Pause ausdehnen*

Anschließend gehen Sie auf der linken Seite der Anwendung auf die Registerkarte AUFGABEN. Sollte sie nicht zu sehen sein, drücken Sie Strg/⌘+⇧+1 oder entscheiden sich für FENSTER • AUFGABEN. Klicken Sie auf LÄNGE UND TONHÖHE ÄNDERN. Daraufhin wird unterhalb eine weitere Schaltfläche mit exakt dem gleichen Namen angeboten, die Sie ebenfalls markieren müssen. Schieben Sie den Regler LÄNGE VERÄNDERN auf etwa 500 %. Wenn Sie mögen, können Sie auch den Prozentsatz rechts neben dem Schieberegler anklicken und den Wert über die Tastatur eingeben. Bestätigen Sie mit OK.

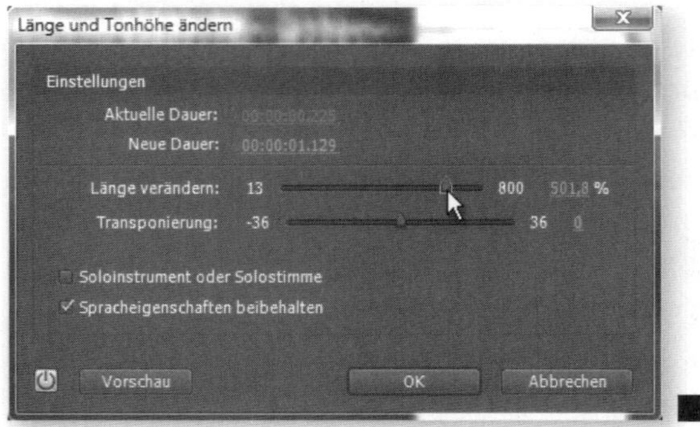

Abbildung 13.13 ▸
Hier wird die Länge des markierten Bereichs verändert.

13.5.4 Stille einfügen

Nun werden Sie vielleicht einwenden, dass es doch auch gereicht hätte, die Einfügemarke schlicht zu platzieren und anschließend über das Kontextmenü (Rechtsklick) den Eintrag STILLE EINFÜGEN zu wählen. Dann hätten Sie sogar bestimmen können, wie lange das dauern soll.

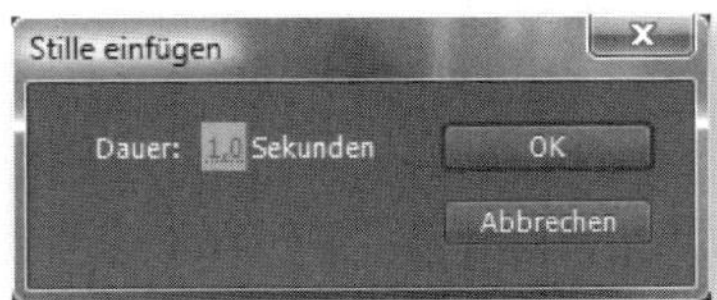

◀ **Abbildung 13.14**
Die Dauer der Stille wird hier festgelegt.

Richtig! Allerdings hätten Sie dann wirklich Stille. Wenn Sie das Audio aber anhören, werden Sie ein Nebengeräusch ausmachen. Es kommt wahrscheinlich von der Kamera. Gut, so etwas möchte man eigentlich gar nicht haben, aber es nur an einer Position zu entfernen, ist schlimmer, als es drin zu lassen. Bei der zuvor beschriebenen Methode der Längenänderung bleibt das Grundgeräusch erhalten. Das ist doch auch ein Argument, oder?

13

13.5.5 Lautstärke regeln

Schritt für Schritt: Lautstärke an einer bestimmten Stelle verändern

Schauen Sie sich doch die Wellenform etwas genauer an. Skalieren Sie diese dazu mit der Lupe. Die Ausschläge der Wellenformen nach oben und unten sind insgesamt etwas zu hoch. Am Schluss wird es sogar noch dramatischer. Sie sehen das auch anhand der Pegel, die ganz oben im Fenster angeordnet sind.

1 *Lautstärke insgesamt reduzieren*

Sorgen Sie deshalb dafür, dass nichts im Clip markiert ist. Falls erforderlich, klicken Sie kurz auf die Wellenform, was zur Folge hat, dass markierte Bereiche deselektiert werden. Stellen Sie die Maus jetzt auf die kleine Overlay-Schaltfläche, und zwar genau auf den Wert 0,0 dB. Klicken Sie diesen Wert an, halten Sie die Maustaste gedrückt, und ziehen Sie nach links, bis ein Wert von etwa –2,0 angezeigt wird. An dieser Stelle lassen Sie los.

◀ **Abbildung 13.15**
Auf dem kleinen Overlay senken Sie die Laufstärke.

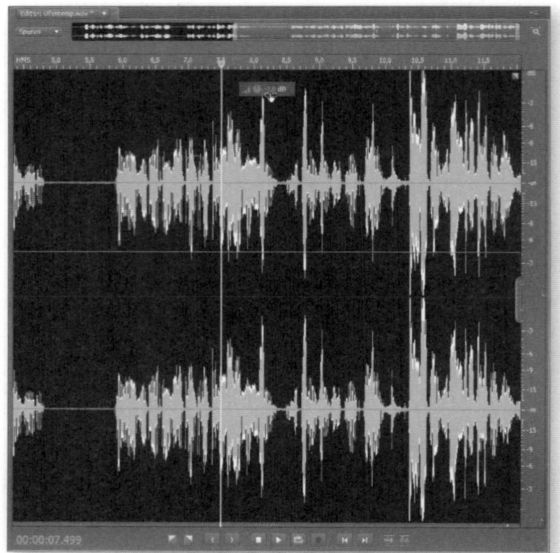

Abbildung 13.16 ▶
Das Overlay wird oben im Editor angezeigt.

2 *Anzeige optimieren*

Kontrollieren Sie den letzten Satzteil (»Erst nach 24 Stunden ...«). Sie hören und sehen, dass der Anfang viel zu laut ist. Optimieren Sie die Anzeige, indem Sie den relevanten Bereich einzoomen.

3 *Lautstärke absenken*

Markieren Sie anschließend den Bereich, den Sie leiser machen wollen, und gehen Sie abermals in das Overlay-Bedienfeld. Zeigen Sie mit der Maus auf den Wert +0,0, und reduzieren Sie ihn auf die zuvor beschriebene Weise auf etwa –2,5 dB.

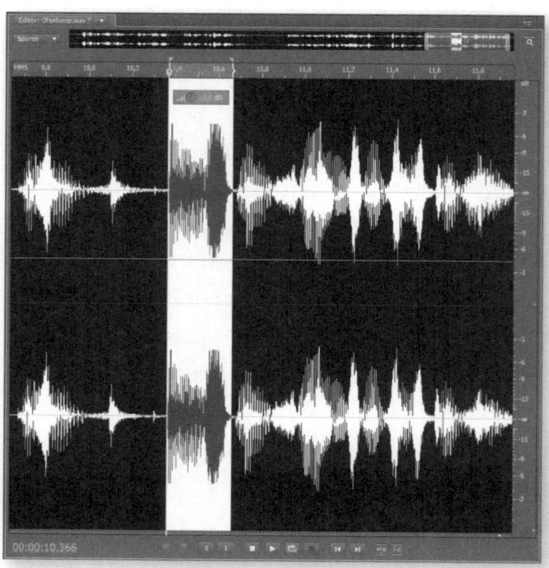

Abbildung 13.17 ▶
Sobald Sie die Maustaste loslassen, aktualisiert sich der Wert wieder auf +0,0.

4 *Optional: Lautstärke angleichen*

Mitunter werden Sie aber die Lautstärke für den gesamten Clip angleichen wollen. Damit gemeint ist, dass der Clip von Soundbooth analysiert und an seine durchschnittlich vorherrschende Lautstärke angepasst wird. Das können Sie ganz schnell erledigen, indem Sie LAUTSTÄRKENIVEAUS ANGLEICHEN ❷ in der Fußleiste des Editors betätigen. Die daneben befindliche Schaltfläche LAUTER ❶ sorgt dafür, dass die Lautstärke bei jedem Klick um 0,3 dB erhöht wird.

◀ **Abbildung 13.18**
Auch die Editor-Fußleiste beinhaltet Korrektur-Steuerelemente.

13.5.6 Clip-Lautstärke angleichen

Ist Ihnen bereits die blaue Linie aufgefallen, die sich unterhalb der oberen Wellenform befindet? Diese ist ebenfalls für die Lautstärke zuständig. Allerdings können Sie hier dem Clip unterschiedliche Lautstärken verpassen (so wie in Premiere Pro). Klicken Sie die Linie nur kurz an, erzeugen Sie an dieser Stelle einen Keyframe. Markieren Sie eine andere Position und halten die Maustaste gedrückt, lässt sich die Lautstärke durch Bewegen der Maus absenken und anheben sowie ein entsprechender Übergang zwischen den beiden Keyframes schaffen.

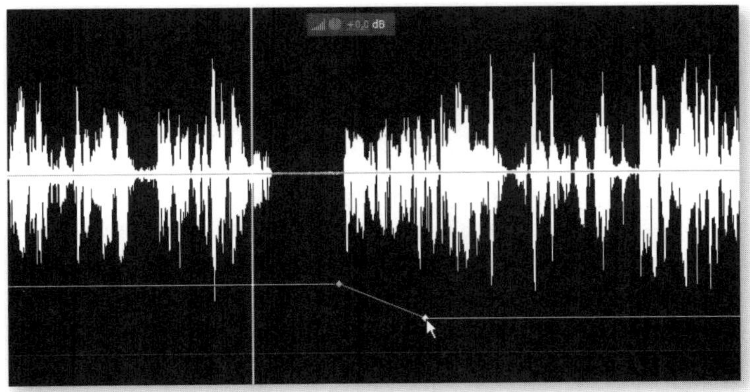

◀ **Abbildung 13.19**
Auch Soundbooth hat Spur-Keyframes.

13.5.7 Lautstärke für mehrere Clips bearbeiten

Soundbooth verfügt gewissermaßen über eine Stapelverarbeitungsfunktion in Sachen Lautstärkekorrektur. Diese ist wirklich sinnvoll, denn oft muss ja nicht nur ein einzelner, sondern eine Fülle von Clips korrigiert werden. In diesem Fall bringen Sie die relevanten Audios in das Dateien-Bedienfeld, öffnen die Liste LAUTSTÄRKEKORREKTUR im Aufgaben-Bedienfeld und ziehen alle Clips in das Feld ANZUGLEICHENDE DATEIEN. Was mit den Dateien geschehen soll, regeln Sie anschließend mit den unterhalb befindlichen Steuerelementen.

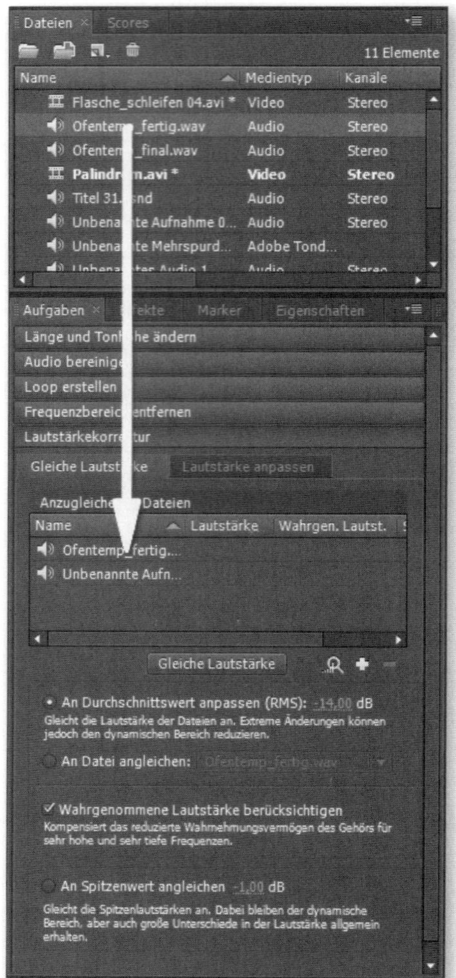

Abbildung 13.20 ▶ Ziehen Sie die Dateien nach unten, die korrigiert werden müssen.

13.5.8 Fade-in und Fade-out

Vielfach bietet es sich an, Audiodateien am Anfang weich einzublenden bzw. am Ende langsam verstummen zu lassen. Dazu finden Sie jeweils am Anfang und am Ende der Waveform-Anzeige ein kleines Quadrat ❶ und ❷, das Sie verschieben können. Bewegen Sie die Maustaste horizontal, können Sie die Länge des Übergangs bestimmen. Wenn Sie die Ein- bzw. Ausblendung nicht konstant, sondern dynamisch steuern wollen (siehe Abschnitt 12.5.3, »Konstante Leistung«), bewegen Sie die Maus vertikal.

Schnelles Fading

Ein schnelles Fade-in bzw. Fade-out realisieren Sie über die ersten beiden Buttons ❸ und ❹ in der Fußleiste des Editors.

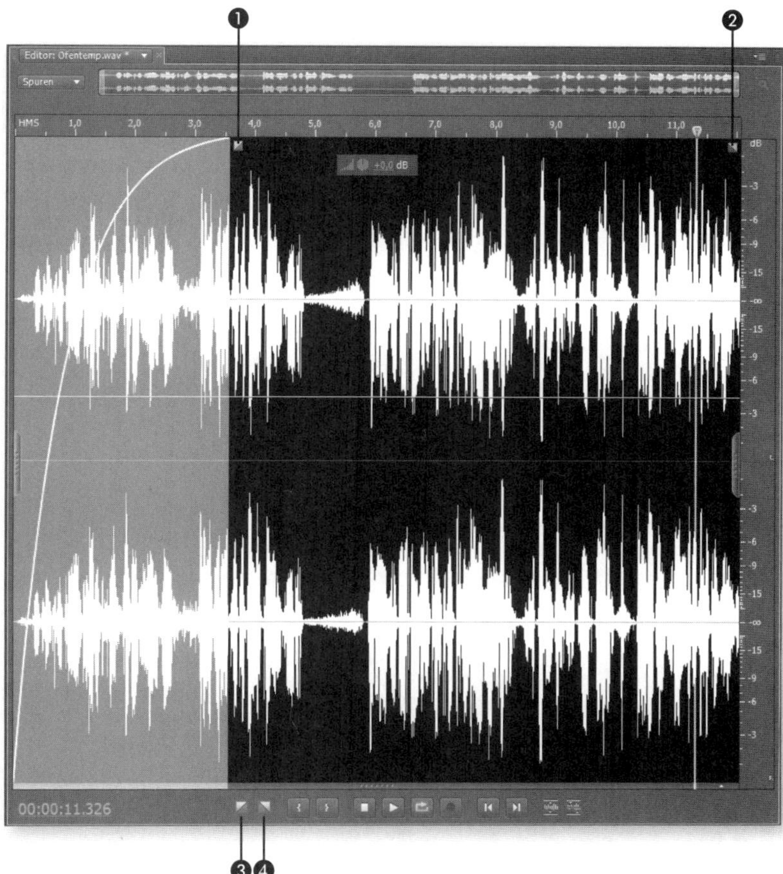

◀ **Abbildung 13.21**
Mit dem eingestellten Fade-in kommt der Sound nach und nach herein.

13

13.5.9 Anfang und Ende kürzen

Wollen Sie nur einen bestimmten Bereich des Audios erhalten? Dann markieren Sie diesen auf die zuvor beschriebene Weise, klicken Sie mit rechts auf die Wellenform, und entscheiden Sie sich für BESCHNEIDEN. Alle Bereiche, die sich jenseits der Markierung befinden, werden daraufhin entfernt.

13.6 Restauration

Während die bisher vorgestellten Techniken mehr dazu geeignet waren, das gesamte Audiomaterial in irgendeiner Form zu verändern, geht es jetzt um die punktuelle Bearbeitung. Was ist zu tun, wenn beispielsweise ein einzelnes Geräusch entfernt werden soll? Immerhin sollen ja andere Frequenzen (z. B. Kommentar oder Sound) erhalten bleiben. Deshalb müssen Sie hier anders vorgehen.

Schritt für Schritt: Störgeräusche entfernen

1 Datei importieren

▲ **Abbildung 13.22**
Der Video-Monitor ist jetzt ebenfalls gefüllt.

Sie benötigen die Datei »Störgeräusch.avi« aus dem Ordner KAPITEL_13, die Sie im Editor von Soundbooth bereitstellen müssen. Dass es sich bei diesem Clip um ein AVI handelt, bleibt Soundbooth natürlich nicht verborgen. Da die Datei auch Video beinhaltet, wird der Video-Monitor ebenfalls gefüllt.

2 Knackgeräusch markieren

Legen Sie Ihr Augenmerk jetzt auf die Sounddatei, vor allem auf den Bereich am Ende des Clips. Das Knackgeräusch ist nicht nur gut zu hören, sondern fällt auch in der Wellenform sehr gut auf ❶. Zoomen Sie stark ein, und markieren Sie diese Stelle.

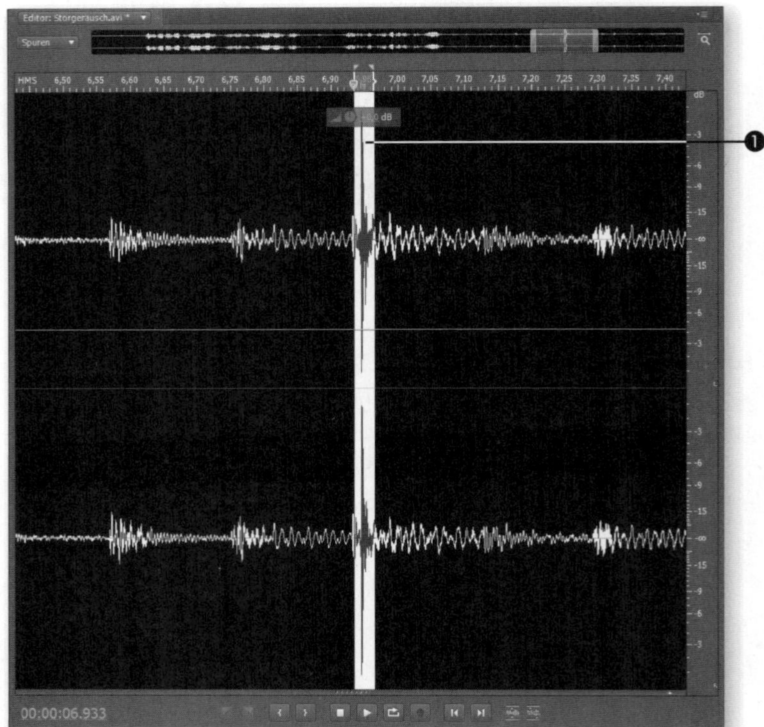

Abbildung 13.23 ▶
Dieser Knackser muss weg!

3 Aufgabe wählen

Jetzt müssen Sie die Zeile FREQUENZBEREICH ENTFERNEN ❹ markieren, die Sie im Bedienfeld AUFGABEN ❸ finden. Daraufhin werden Sie erstmals mit der Spektralfrequenzanzeige ❺ konfrontiert, die Sie aber aktuell nicht benötigen. Klicken Sie deshalb oben links auf den Button SPEKTRALFREQUENZANZEIGE ❷, um die Ansicht zu wechseln.

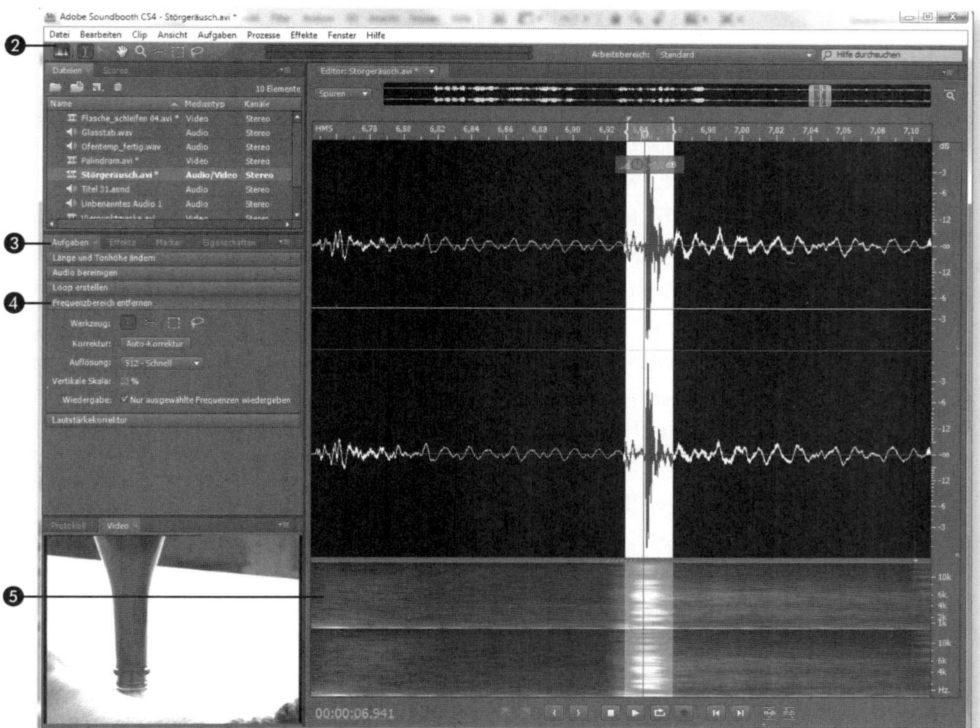

▲ Abbildung 13.24
Die Spektralfrequenzanzeige verschwindet langsam wieder.

4 *Bereich korrigieren*

Jetzt haben Sie nichts weiter zu tun, als im Bedienfeld AUFGABEN auf AUTO-KORREKTUR zu klicken. Den Rest macht Soundbooth. Beachten Sie, dass die Wellenform daraufhin angeglichen wird, und hören Sie die Stelle an.

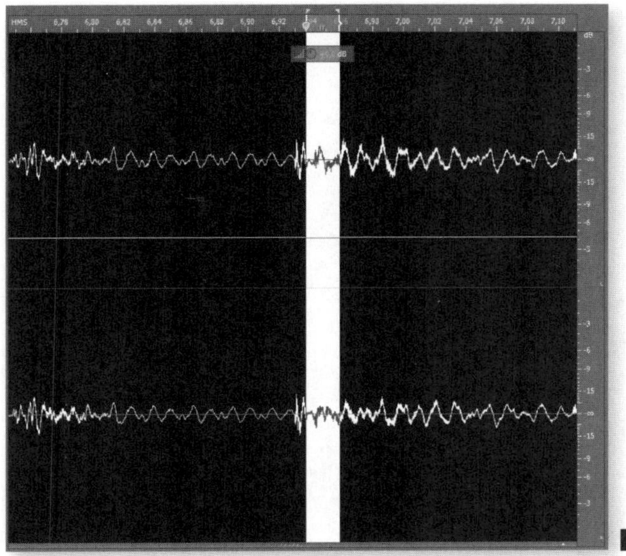

◀ Abbildung 13.25
Das Knackgeräusch ist auch visuell verschwunden.

13.6.1 Frequenzraumbearbeitung

Wenn Sie sich für die Frequenzraumbearbeitung interessieren, dann sollten Sie den folgenden Workshop unbedingt machen. Er zeigt Ihnen, wie Sie fast alle Geräusche loswerden, selbst dann, wenn sie von anderen Geräuschen überlagert sind, die erhalten bleiben sollen.

Das Prinzip der Frequenzraumdarstellung ist folgendes: Je dunkler eine Farbe ist, desto dunkler ist auch die Frequenz. Und je heller eine Farbe ist, desto heller ist auch die Frequenz. Das ganze reicht von tiefem Dunkelblau bis zu hellem Gelb. Geräusche, die prinzipiell nicht ins Muster passen, differieren deshalb auch farblich stark zur ursprünglichen Farbgebung.

Schritt für Schritt: Störgeräusche im Frequenzraum bearbeiten

Öffnen Sie »Frequenz.avi« aus dem Ordner KAPITEL_13. Hier haben Sie es gleich mit mehreren Störgeräuschen zu tun. Navigieren Sie doch zunächst einmal an die Stelle am Schluss, die in etwa so aussieht wie der Knackser im vorangegangenen Workshop.

1 *Ansicht optimieren*

Diesmal markieren Sie die Stelle nicht, sondern stellen die Einfügemarke lediglich darüber. Danach zoomen Sie ein. Schalten Sie anschließend um auf SPEKTRALFREQUENZANZEIGE, indem Sie wieder den gleichnamigen Button ganz oben links betätigen. Machen Sie die Position des Geräuschs ausfindig. Sie stellt sich hier in Rot und Gelb dar.

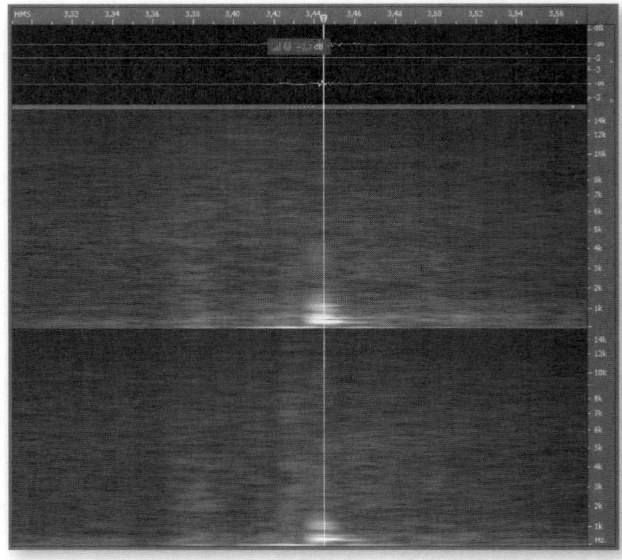

Abbildung 13.26 ▶ Der Knackser lässt sich auch in der Spektralanzeige noch gut ausmachen.

2 *Frequenzbereich markieren*

Aktivieren Sie das Lasso, das sich ganz oben in der Werkzeugleiste befindet. Klicken Sie eine Stelle außerhalb des rot-gelben Bereichs innerhalb der Spektralfrequenz an, halten Sie die Maustaste gedrückt, und umfahren Sie diesen Bereich großzügig. Wenn Sie wieder am Ausgangspunkt angelangt sind, lassen Sie die Maustaste los.

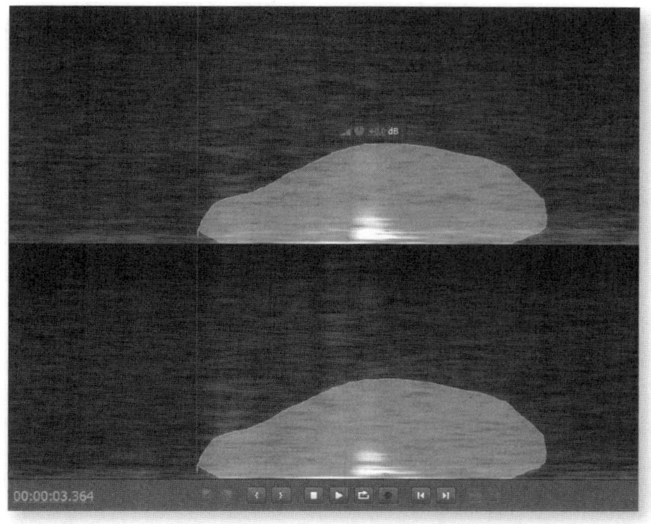

◀ **Abbildung 13.27**
Die Stelle wurde großzügig umrahmt.

3 *Frequenzbereich korrigieren*

Danach müssen Sie nichts weiter tun, als auf den Button AUTO-KORREKTUR zu drücken, und das Knackgeräusch ist Geschichte. Klicken Sie danach irgendwo in die Spektralfrequenzanzeige, damit die Auswahl aufgehoben wird, und spielen Sie den Clip ab.

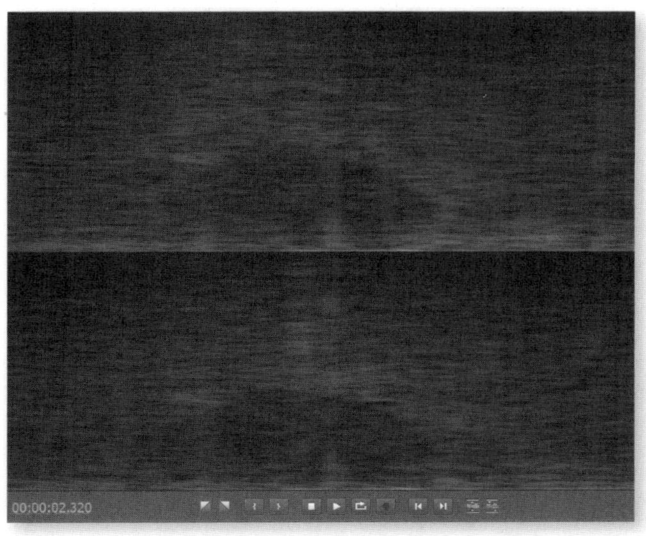

◀ **Abbildung 13.28**
Die Stelle wurde repariert.

13

4 *Optional: Frequenzbereich entfernen*

Bei größeren Reparaturstellen kann es passieren, dass Soundbooth die Korrektur verweigert. In diesem Fall wird ein Warndialog ausgegeben, der Sie darauf aufmerksam macht, dass zur Korrektur nicht mehr als 25 000 Samples erlaubt sind. Nun, dann haben Sie kaum eine andere Wahl, als den markierten Bereich komplett zu entfernen. Lassen Sie deshalb die Stelle ausgewählt, und entscheiden Sie sich für BEARBEITEN • LÖSCHEN.

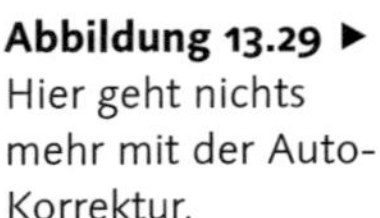

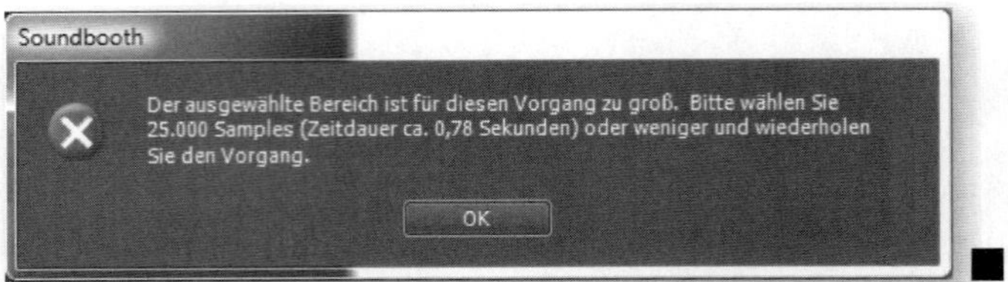

Abbildung 13.29 ▶ Hier geht nichts mehr mit der Auto-Korrektur.

13.6.2 Audio bereinigen

Das Bereinigen von Audiodateien ist immer dann sinnvoll, wenn sich ein Störgeräusch quer über die Aufnahme erstreckt. Ein solches Geräusch punktuell herauszuarbeiten, ist fast unmöglich. Allerdings können Sie der Anwendung mitteilen, welche Bereiche nicht Inhalt des Clips sein dürfen.

Schritt für Schritt: Permanentes Störgeräusch entfernen

Vor allem monotone Geräusche werden als störend wahrgenommen. Wenn sich derartige Laute allerdings über den gesamten Clip ziehen, wie das beispielsweise bei »Glasstab.wav« der Fall ist, dann ist das kaum hinnehmbar. Hören Sie sich den Clip aus dem Ordner KAPITEL_13 zunächst einmal an. Im Hintergrund ist das permanente Rauschen des Gasbrenners zu vernehmen.

1 *Oberfläche einstellen*

Zunächst einmal ist es besser, hier wieder in der Wellenform-Ansicht zu arbeiten. Falls erforderlich, betätigen Sie also abermals den Button SPEKTRALFREQUENZANZEIGE ganz oben links, oder drücken Sie [⇧]+[F]. Falls das Lasso-Werkzeug aus dem vorangegangenen Workshop noch aktiv ist, wählen Sie außerdem das ZEIT-AUSWAHLWERKZEUG aus (es befindet sich neben dem Button SPEKTRALFREQUENZANZEIGE), bzw. betätigen Sie [T] auf Ihrer Tastatur.

2 *Störgeräusch suchen*

Als Nächstes müssen Sie eine Stelle im Audio finden, an der ausschließlich das Störgeräusch zu hören ist. Bei drei Sekunden und 800 Samples etwa beginnt eine solche Stelle. Genauso wie in Premiere Pro können Sie auch hier die Zeitanzeige links unter der Wellenform-Anzeige benutzen. Klicken Sie diesen Wert an, tragen Sie über die Tastatur »3800« ein, und bestätigen Sie mit [↵].

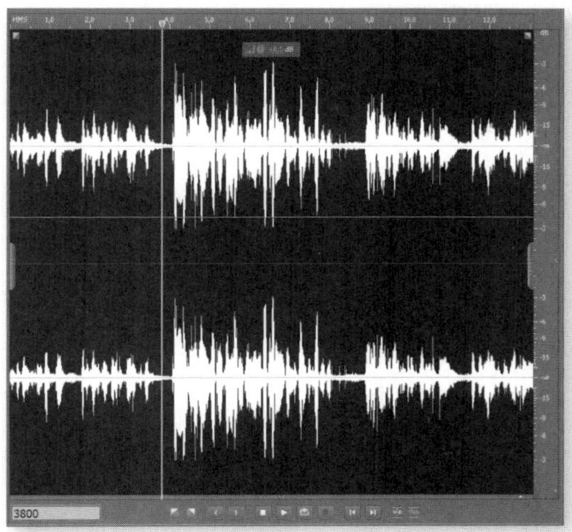

◄ **Abbildung 13.30**
Ab hier ist für kurze Zeit nur das Störgeräusch zu hören.

3 *Störgeräusch markieren*

Von dieser Position an fahren Sie jetzt mit gedrückter Maustaste etwas nach rechts. Achten Sie aber darauf, dass Sie nicht die Erhebungen erwischen, die sich hinter dieser Position befinden. Am besten wird sein, Sie zoomen etwas ein. Vergleichen Sie Ihre Markierung mit der folgenden Abbildung.

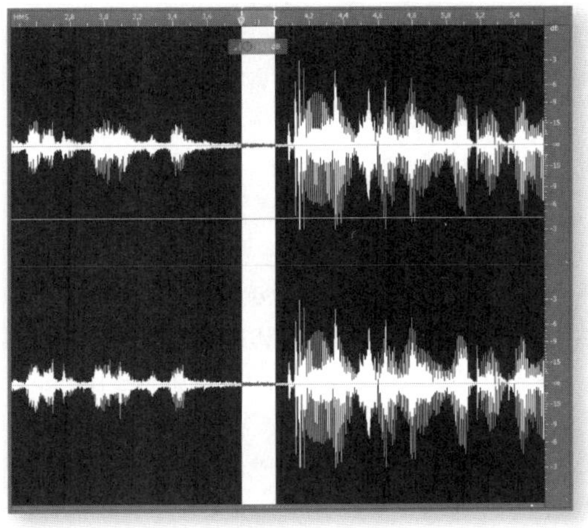

◄ **Abbildung 13.31**
Das Störgeräusch ist an dieser Position isoliert von allen anderen Geräuschen wahrzunehmen.

4 *Geräuschmuster speichern*

Jetzt müssen Sie nichts weiter tun, als der Anwendung mitzuteilen, dass genau dieser Frequenzbereich eigentlich gar nicht gewünscht ist. Das machen Sie, indem Sie AUDIO BEREINIGEN im Bedienfeld AUFGABEN anwählen und dort die Schaltfläche GERÄUSCHMUSTER SPEICHERN betätigen.

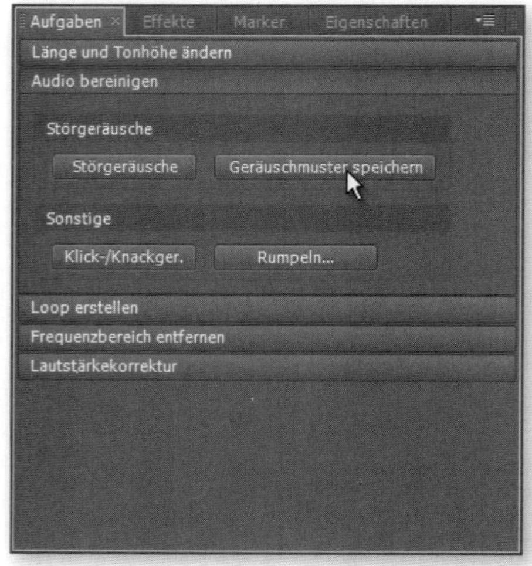

Abbildung 13.32 ▸
Der markierte Bereich wird jetzt gespeichert.

5 *Störgeräusch entfernen*

Klicken Sie jetzt auf STÖRGERÄUSCHE, erscheint ein Dialog, der es ermöglicht, die Reduzierung einzustellen. Legen Sie hier eine Reduzierung von 80 fest, und achten Sie darauf, dass GESPEICHERTES GERÄUSCHMUSTER VERWENDEN aktiv ist, ehe Sie auf OK klicken.

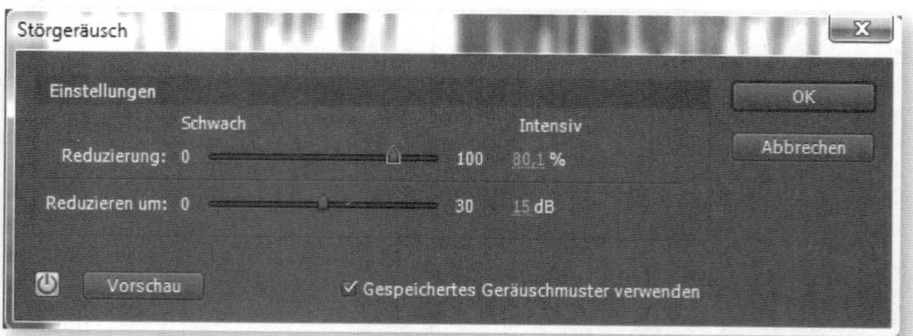

Abbildung 13.33 ▸
Zuletzt nehmen Sie die Einstellungen zur Störgeräusch-Minderung vor.

Wenn Sie jetzt einen Blick auf die Wellenform werfen, werden Sie feststellen, dass der mittlere Bereich stark abgesenkt wurde. Tatsächlich sind jetzt genau die Bereiche, die zuvor innerhalb der Markierung gelegen haben, aus dem gesamten Clip herausgerechnet worden. Spielen Sie ihn doch einmal ab. Sie finden das Resultat im ERGEBNISSE-Ordner. Es ist mit »Glasstab_fertig.wav« bezeichnet. ■

14 Titel erzeugen

Was wäre der schönste Film oder das interessanteste Interview ohne einen ansprechend gestalteten Titel? Premiere Pro bringt für solche Zwecke einen leistungsstarken Generator mit, der weit mehr kann, als nur Buchstaben aufs Video zu projizieren. Erfahren Sie in diesem Kapitel, wie Sie klassische Titel und Bauchbinden erzeugen können – ganz ohne Zuhilfenahme anderer Software. Außer am Schluss des Kapitels: Da muss ich Ihnen nämlich unbedingt noch zeigen, wie gut Premiere und Photoshop zusammenarbeiten.

Dieses Kapitel beantwortet folgende Fragen:

- Wie wird ein Titel im Titelfenster erzeugt?
- Wie kann ich Titelvorlagen individuell anpassen?
- Wie erzeuge ich eine Bauchbinde?
- Wie werden Rolltitel und Kriechtitel generiert?
- Wie erzeuge ich einen zweispaltigen Abspann?
- Wie werden Titel in Photoshop erzeugt?
- Wie können Photoshop-Dokumente in Premiere Pro animiert werden?

14.1 Titelfenster-Übersicht

Bevor Sie sich in die praktische Arbeit mit Titeln stürzen, lernen Sie die Grundlagen der Erstellung von Titeln kennen.

Das Erzeugen eines Titels ist wirklich keine große Sache. Sie klicken dazu zunächst einfach auf das Blatt-Symbol NEUES OBJEKT in der Fußleiste des Projektfensters und wählen aus der Liste den Eintrag TITEL.

Nachfolgend wird abgefragt, welche Videoeinstellungen Verwendung finden sollen. Wenn Sie in der PAL-Norm arbeiten, stellen Sie die TIMEBASE um auf 25,00 Frames pro Sekunde (fps). Das PIXEL-SEITENVERHÄLTNIS passen Sie idealerweise Ihrem aktuellen Schnittfenster-Format an. Für das Buchprojekt müssten Sie hier also D1/DV PAL listen, während DV im Format 16:9 über den Eintrag D1/DV PAL WIDESCREEN hergestellt werden müsste. Abschließend können Sie dem Titel noch einen aussagekräftigen Namen verpassen.

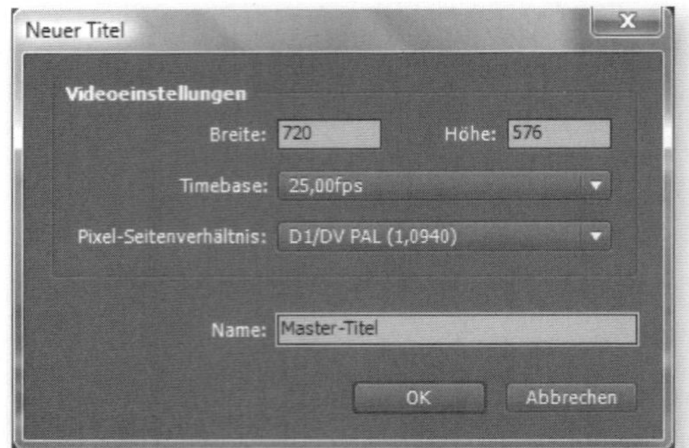

Abbildung 14.1 ▶
Zunächst werden die Titel-Voreinstellungen abgefragt.

Danach öffnet sich das Titelfenster, das sich aus diesen wesentlichen Komponenten zusammensetzt:

- Titel-Eingabefenster ❶
- Titelfenster-Eigenschaften ❸
- Titelstile ❼
- Titelwerkzeuge ❹
- Titelfunktionen ❻

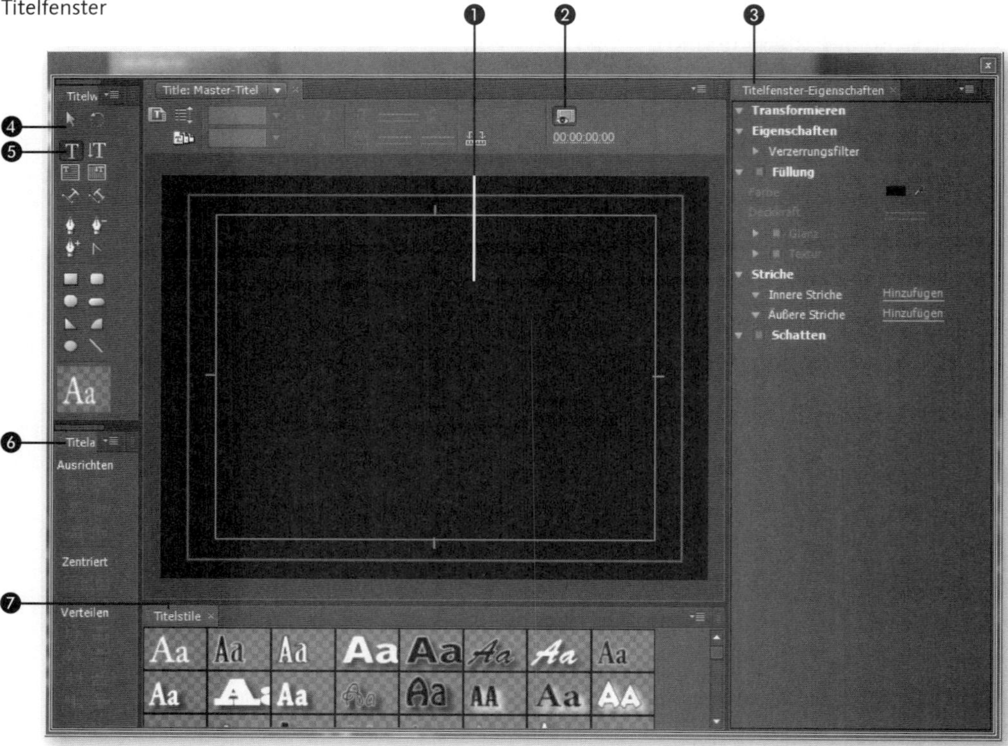

Abbildung 14.2 ▼
Erste Kontaktaufnahme mit dem Titelfenster

14.1.1 Video anzeigen/ausblenden

Aktuell sehen Sie im Hauptfenster des Titelgenerators immer das, was sich an der aktuellen Position der Sequenz-Einfügemarke befindet. Das kann mitunter störend wirken. Schalten Sie das Video bei Bedarf aus, indem Sie den Button Hintergrundvideo anzeigen ❷ abwählen. Dann erhalten Sie eine grau-karierte Fläche, die stets Indiz für Transparenzen ist. Aktuell gibt es ja noch keine Titelinhalte.

Mitunter ist es aber besser, ein bestimmtes Einzelbild der Sequenz anzeigen zu lassen. Dazu müssen Sie Hintergrundvideo anzeigen wieder aktivieren und das Titelfenster etwas zur Seite schieben. Platzieren Sie die Einfügemarke auf eine Position, an der sich der gewünschte Videoclip befindet. Die Bedienbarkeit der Arbeitsoberfläche ist nämlich durch das geöffnete Titelfenster nicht aufgehoben. Es bleibt lediglich permanent im Vordergrund.

14.1.2 Titel erzeugen

Standardmäßig sollte oben links in der Werkzeugleiste das Text-Werkzeug aktiv sein, nachdem Sie das Titelfenster gestartet haben. Ist das nicht der Fall, klicken Sie es an oder drücken [T] ❺. Klicken Sie auf die schwarze Fläche in der Mitte des Fensters, die den Monitor widerspiegelt, und beginnen Sie mit der Texteingabe. Wenn Sie anschließend auf das Auswahl-Werkzeug [V] ❹ wechseln, können Sie damit auf den soeben erzeugten Text klicken und diesen verschieben.

14.1.3 Schwarzstreifen hinzufügen

Leider wird im Titelgenerator kein schwarzer Hintergrund mehr präsentiert, wenn Sie sich mit der Einfügemarke an einer Position befinden, an der kein Clip enthalten ist. Wenn Sie aber genau das wollen (das kann bei Erzeugung heller Texte sehr sinnvoll sein), müssen Sie in der Fußleiste des Projektfensters in Premiere auf das Blatt-Symbol (Neues Objekt) klicken und anschließend einen Schwarzstreifen wählen. Dadurch wird ein Asset gleichen Namens in das Projektfenster eingefügt, das Sie vorübergehend in das Schnittfenster integrieren können. Platzieren Sie anschließend die Einfügemarke darüber, wird auch im Titelfenster ein schwarzer Hintergrund präsentiert.

14.1.4 Textrahmen erzeugen

Wenn Sie mit dem Text-Werkzeug auf die Arbeitsfläche klicken, können Sie, wie Sie wissen, gleich mit der Texteingabe beginnen. Das hat aber zur Folge, dass Sie Zeilenumbrüche manuell veranlassen müssen. Wenn Sie aber statt des kurzen Mausklicks auf die Arbeitsfläche zuvor mit dem Text-Werkzeug und gedrückter Maustaste einen Rahmen aufziehen, haben Sie die Ausdehnungsmöglichkeiten des Textfeldes bereits beschränkt.

Bedenken Sie bei Arbeiten mit Textrahmen aber, dass diese sich nicht grenzenlos füllen lassen. Sollte mehr Text vorhanden sein, als im aktuellen Rahmen darstellbar ist, wird ein kleines Plus-Zeichen rechts unten am Rand des Textfeldes angezeigt.

▲ **Abbildung 14.3**
Text in einem Textrahmen wird automatisch umbrochen.

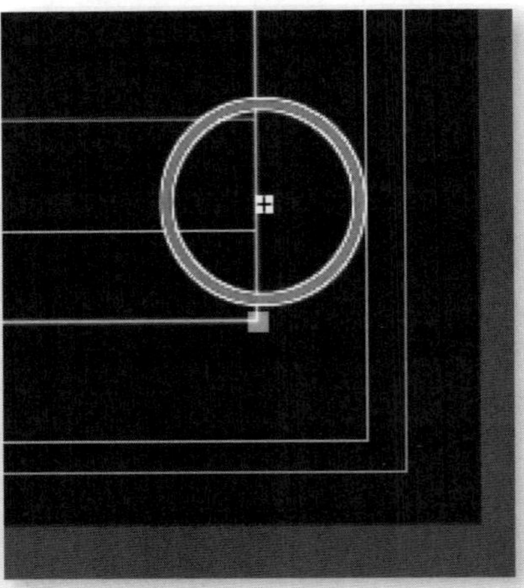

▲ **Abbildung 14.4**
Das Plus deutet auf nicht sichtbaren Text innerhalb des Rahmens hin.

In diesem Fall sollten Sie, falls noch Platz auf der Arbeitsfläche vorhanden ist, das Textfeld an den quadratischen Rand-Anfassern größer ziehen oder die Textgröße herabsetzen.

Sichere Ränder

Achten Sie vor allem hier im Titelfenster auf die sicheren Ränder. Diese haben Sie ja bereits kennengelernt. Der äußere Rahmen bezeichnet den sichtbaren Bereich am TV, während der innere den titelsicheren Bereich anzeigt. Bleiben Sie mit Ihrem Text stets innerhalb dieses Rahmens.

14.1.5 Textattribute ändern

Auf der rechten Seite des Titelfensters finden Sie eine Fülle von Hot-Text-Steuerelementen, die allesamt dazu geschaffen sind, den Text in irgendeiner Form zu verändern. Zeigen Sie z. B. auf den Wert, der sich neben SCHRIFTGRÖSSE befindet ❶ (dazu muss die Liste EIGENSCHAFTEN geöffnet sein), können Sie ihn per Drag & Drop verkleinern oder vergrößern. Dabei müssen Sie lediglich darauf achten, dass das gewünschte Textfeld auf der Montagefläche noch markiert ist.

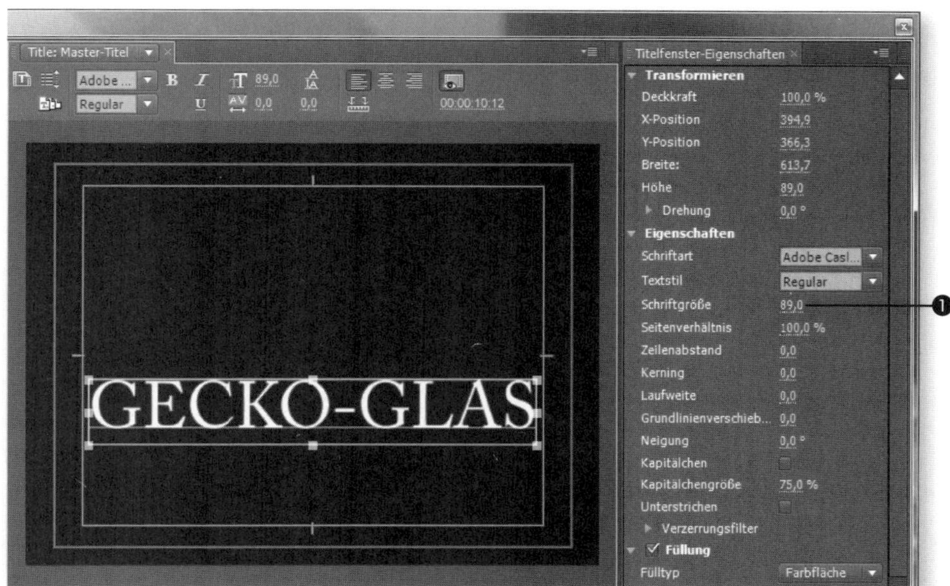

▲ Abbildung 14.5
Mit Hilfe der Steuerelemente-Sammlung auf der rechten Seite lassen sich zahllose Titelparameter verändern.

Textfarbe ändern | Falls Sie die Farbe des Textes ändern wollen, muss zunächst gewährleistet sein, dass die Liste FÜLLUNG ❷ geöffnet ist. Falls erforderlich, klicken Sie zunächst auf das Dreieck-Symbol, das sich davor befindet. Danach haben Sie die Möglichkeit, in der Zeile FARBE auf den Farbwähler zuzugreifen, indem Sie die kleine Farbfläche ❹ anklicken. Außerdem lässt sich auch hier die Pipette ❸ zur Farbaufnahme verwenden. Das ist besonders dann interessant, wenn im Hintergrund des Titelfensters ein Clip angezeigt wird (HINTERGRUNDVIDEO ANZEIGEN). Sie können die Farben allerdings auch von jeder anderen Position aufnehmen – wenn Sie wollen, sogar von der Oberfläche der Anwendung, solange diese mit der Pipette nicht verlassen wird.

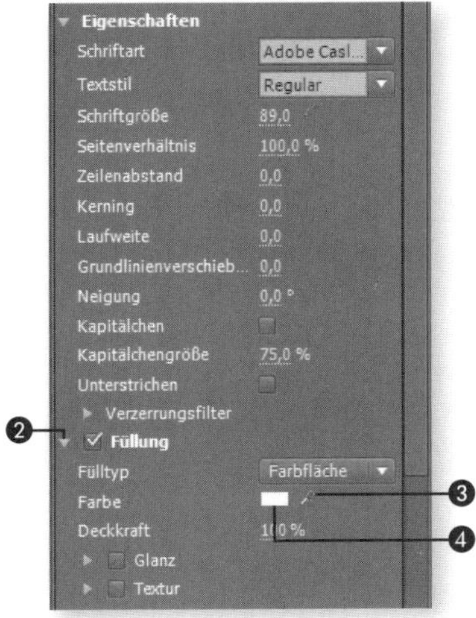

◄ Abbildung 14.6
Verändern Sie die Farbe einer Schrift über die Liste FÜLLUNG.

14.1.6 Stile zuweisen

Wenn Sie dem Text einen der unten angebotenen Titelstile zuweisen wollen, klicken Sie einfach den gewünschten Stil an, während das Textfeld markiert ist. Diesen Text mitsamt Stilen können Sie dann natürlich über die Titelfenster-Eigenschaften auf der rechten Seite noch weiter verändern.

Dynamische Oberfläche

Wenn Sie einzelne Fenster herauslösen oder diesen mehr Platz gönnen wollen, gehen Sie genauso vor, wie Sie das von der Arbeitsoberfläche der Anwendung gewöhnt sind. Auch im Titelfenster sind die Bedienfelder nämlich per Drag & Drop zu bewegen.

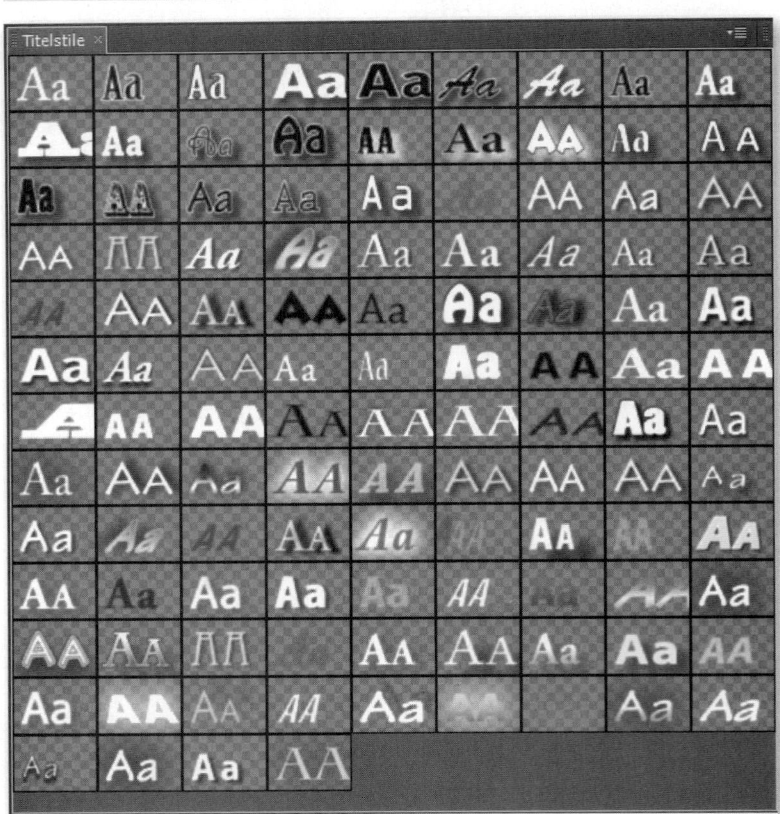

Abbildung 14.7 ▶
Stile – so weit das Auge reicht

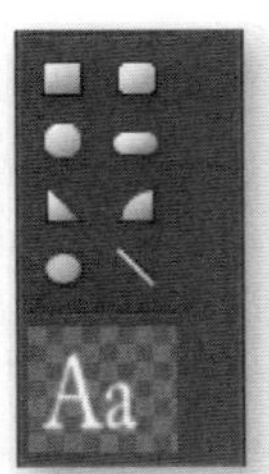

▲ **Abbildung 14.8**
Auch grafische Elemente sind eine Alternative bei der Titelgestaltung.

14.1.7 Grafische Titelobjekte

Nun können Sie Ihrem Titel nicht nur Text hinzufügen. Auch grafische Elemente lassen sich in den Titel integrieren. Die verwendbaren Objekte finden Sie alle links in der Werkzeugleiste.

Aktivieren Sie das gewünschte Objekt zunächst, und ziehen Sie anschließend auf der Montagefläche mit gedrückter Maustaste einen

Rahmen auf. Sobald Sie loslassen, wird das Objekt angezeigt. Ziehen Sie ein solches Objekt auf, während Sie ⇧ gedrückt halten, wird dies immer seitenproportional erzeugt. Das bedeutet: Sie erzeugen z. B. einen exakten Kreis statt einer Ellipse oder ein Quadrat statt eines Rechtecks.

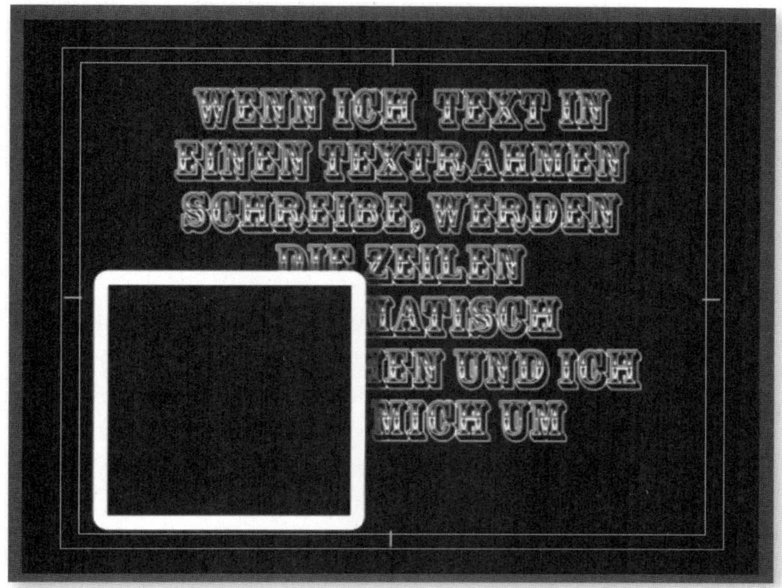

◀ **Abbildung 14.9**
Grafische Titelelemente

14.1.8 Objekte ausrichten

Sobald Sie mehrere Objekte gemeinsam markiert haben, werden diese alle mit einem einheitlichen Rahmen versehen. Des Weiteren sind jetzt unten links im Titelfenster die Funktionen Ausrichten, Zentriert und Verteilen aktiv. Über diese Steuerelemente lassen sich die Gegenstände nun exakt platzieren.

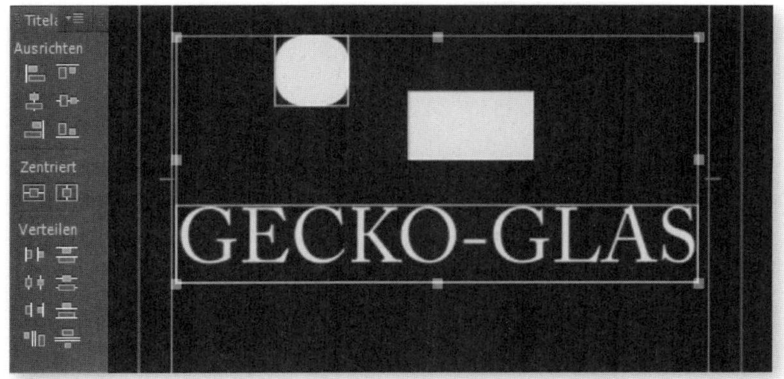

◀ **Abbildung 14.10**
Gemeinsam markierte Objekte können auf der Arbeitsfläche ausgerichtet, zentriert oder verteilt werden.

Elemente gemeinsam verschieben | Nicht selten besteht ein kompletter Titel aus mehreren Elementen. Da ist zum einen der Text, zum anderen wären da die erwähnten grafischen Symbole. Wenn Sie diese Objekte nun gemeinsam verschieben wollen, müssen sie zunächst markiert werden. Dazu halten Sie ⇧ gedrückt und klicken auf sämtliche Objekte, die Sie ausrichten wollen. Einfacher geht's aber häufig, indem Sie einen Rahmen aufziehen, der alle gewünschten Objekte berührt. Klicken Sie dann abermals auf eines der Objekte, und verschieben Sie es. Die anderen werden artig folgen.

14.2 Titel speichern und überarbeiten

14.2.1 Titel speichern

In älteren Premiere-Versionen mussten Sie Titel immer separat abspeichern. Seit Version Pro 2 werden jedoch alle Titel als Teil der Projektdatei gesichert. Das hat zunächst den Vorteil, dass Sie sich nicht mehr um einen separaten Speicherort kümmern müssen. Wenn Sie den Titel aber dennoch als separate Datei abspeichern möchten, beispielsweise um ihn in anderen Projekten nutzen zu können, müssen Sie ihn gesondert exportieren. Dazu markieren Sie ihn im Projektfenster und entscheiden sich anschließend für DATEI • EXPORTIEREN • TITEL. Legen Sie dann den gewünschten Speicherort fest. Für derartige Dokumente wird übrigens die Dateiendung **.prtl** vergeben.

▲ **Abbildung 14.11**
Premiere-Titel werden nicht automatisch als eigenständige Dateien angelegt.

Wenn Sie auf das Exportieren verzichten wollen, schließen Sie das Fenster einfach, nachdem Sie den Titel fertiggestellt haben. Sie finden ihn als Asset im Projektfenster und können ihn von dort aus, wie jeden anderen Clip auch, in das Schnittfenster einbinden.

14.2.2 Titel überarbeiten

Nachdem Sie die Titelgestaltung abgeschlossen und den Titeldesigner verlassen haben, können Sie diesen jedoch jederzeit wieder öffnen, indem Sie auf die Titeldatei im Projektfenster doppelklicken. Alle Änderungen, die Sie jetzt vornehmen, werden aktualisiert – nachspeichern ist nicht nötig. Das bedeutet aber auch: Wenn Sie den Titel zwischenzeitlich in das Schnittfenster integriert haben, werden sämtliche Änderungen dort ebenfalls wirksam. So lassen sich schnell nachträglich noch Korrekturen vornehmen, selbst wenn Sie den Titel vielleicht mehrfach verwendet haben.

14.2.3 Titel auf anderem Titel basieren lassen

Aber was ist nun, wenn Sie einen Titel nur geringfügig ändern und als neuen Titel sichern wollen, ohne dass der vorhandene aktualisiert wird? Dann öffnen Sie den existierenden Titel per Doppelklick im Projektfenster und entscheiden sich – **bevor** Sie Änderungen vornehmen – für die Schaltfläche NEUEN TITEL AUF AKTUELLEN TITEL BASIEREN. Das hat dann zur Folge, dass Ihnen der Dialog NEUER TITEL zur Verfügung gestellt wird, in dem Sie jetzt die Videoeinstellungen festlegen und einen neuen Namen eingeben. Sobald Sie mit OK bestätigen, wird ein neues Asset im Projektfenster erzeugt. Jetzt können Sie den Titel nach Wunsch ändern, während der alte erhalten bleibt.

▼ **Abbildung 14.12**
Erstellen Sie neue Titel auf Basis vorhandener Titel.

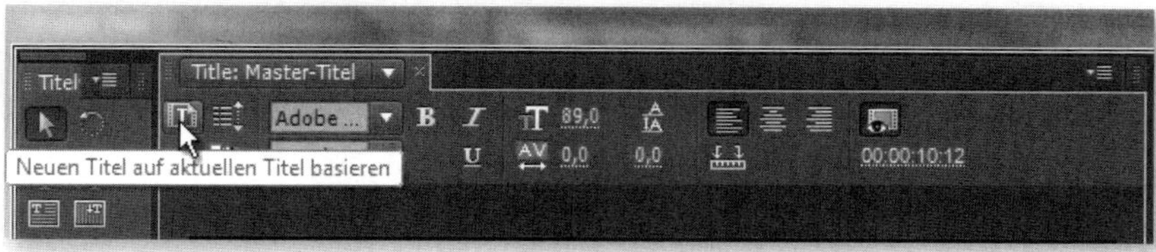

14

14.3 Vorlagen benutzen

Premiere Pro bringt von Haus aus eine Fülle interessanter Titel für unterschiedlichste Anwendungsbereiche mit. Dabei sind Sie aber nicht darauf angewiesen, die gestalterischen Elemente eines Titels im Original zu übernehmen, sondern können alles ganz individuell nach Ihren Vorstellungen bearbeiten. Eine Vorlage öffnen Sie über das Menü TITEL • NEUER TITEL • BASIEREND AUF VORLAGE.

14.3.1 Titel auswählen

Zunächst finden Sie hier zwei Oberordner. Der untere, TITLE-DESIGNER-VOREINSTELLUNGEN, ist standardmäßig bereits offen. Wenn nicht, öffnen Sie ihn über einen Klick auf das vorangestellte Dreieck-Symbol. Sie sehen schon: Premiere listet so etwas wie Themen-Sets. Markieren Sie den gewünschten Eintrag, wobei Sie sich jedoch daran orientieren sollten, dass dieser auch »technisch« zum Projekt passt. So sollte also beispielsweise ein Titel für ein 16:9-Projekt dahingehend ausgewählt werden, dass in dessen Namen **Wide** auftaucht.

Für das Buchprojekt sollten Sie hingegen einen Titel verwenden, der weder HD noch Wide aufweist, da der Film ja nicht im Breitbildformat vorliegt (im Beispiel in Abbildung 14.13: GENERAL • INSPIRE • INSPIRATION_UNTERES3).

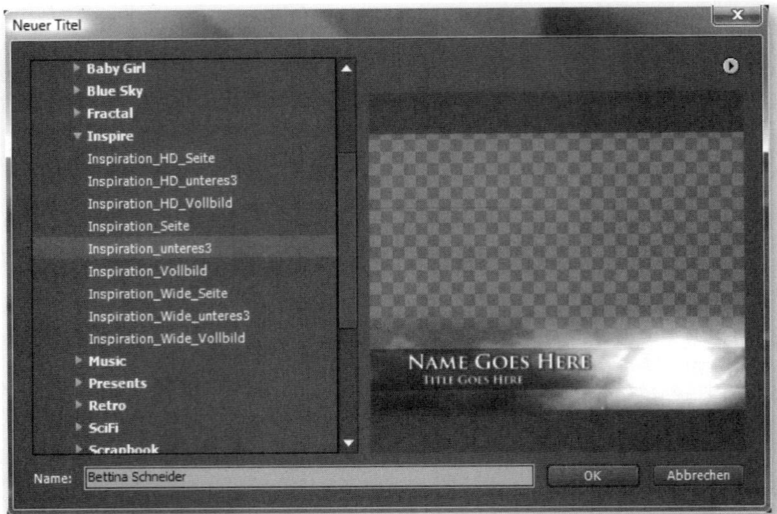

Abbildung 14.13 ▶ Suchen Sie eine passende Vorlage für Ihr Projekt.

14.3.2 Titel verändern

Nachdem Sie mit OK bestätigt haben, öffnet sich, wie gewohnt, das Titelfenster. Hier können Sie nun jedes einzelne Element, das Inhalt dieser Vorlage ist, nach Wunsch verändern. Entfernen Sie Elemente, die Sie nicht benötigen, oder fügen Sie neue Inhalte hinzu. Wenn Sie einen Text ändern wollen, überfahren Sie diesen mit dem Text-Werkzeug. Danach können Sie diesen Text neu eingeben.

Abbildung 14.14 ▶ Verwenden Sie in Titelvorlagen Ihre eigenen Texte.

14.3.3 Vorlagen definieren

Die Original-Vorlage (also im konkreten Fall INSPIRATION_UNTERES3) bleibt natürlich unverändert. Das bedeutet auch, dass Ihre Änderungen immer nur an das Titel-Asset selbst, niemals jedoch an die Vorlage übergeben werden. Wenn Sie also umfangreiche Änderungen vornehmen und diese später ebenfalls als Vorlage verwenden wollen, dann müssen Sie diese zunächst einmal selbst definieren. Das machen Sie, indem Sie den gewünschten Titel im Titeldesigner darstellen. Der Titel muss also geöffnet sein. Jetzt gehen Sie in das Menü von Premiere Pro und stellen dort TITEL • VORLAGEN ein. Im Dialog VORLAGEN klicken Sie jetzt auf die kleine Kreisschaltfläche, die sich oben rechts befindet ❶ (Fenstermenü). Entscheiden Sie sich für AKTUELLEN TITEL ALS VORLAGE IMPORTIEREN. Anschließend klicken Sie auf OK. Im Folgedialog können Sie noch einen Namen vergeben und auch diesen mit OK bestätigen. Wenn Sie jetzt den nebenstehenden Ordner BENUTZERVORLAGEN öffnen, werden Sie Ihren Titel dort wiedersehen.

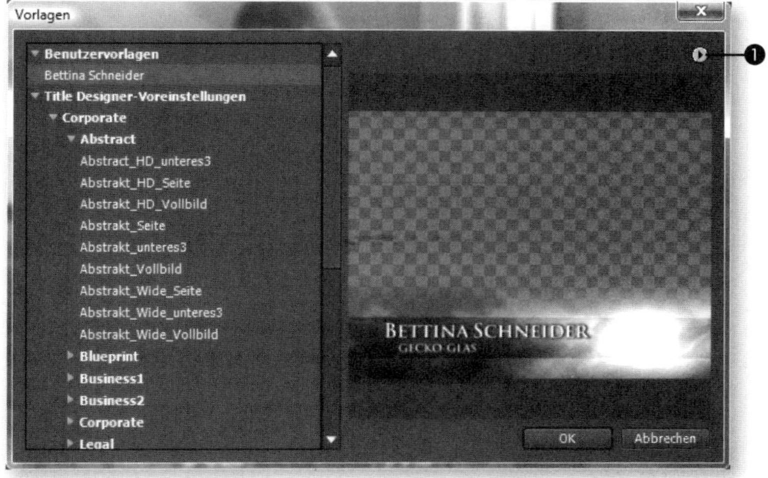

◀ **Abbildung 14.15**
Speichern Sie Ihren Titel als Vorlage.

14.4 Statische Titel erzeugen

Wann immer der Name eines Darstellers oder eines Moderators ins Bild kommt, spricht man von einer so genannten **Bauchbinde**. Wie diese aussehen **könnte**, haben Sie ja gerade gesehen. Bauchbinden sollen dem Zuschauer in erster Linie weitere Informationen über die Person geben, die gerade im Bild ist.

14.4.1 Eine Bauchbinde erzeugen

Grundsätzlich wird unterschieden zwischen statischen und animierten Bauchbinden. Die Bauchbinden selbst kommen einfach nur ins Bild, während animierte Bauchbinden in der Regel ins Bild hinein- und auch wieder herauslaufen. Werfen wir zunächst einen Blick auf die erste Variante und erstellen eine statische Bauchbinde für das Buchprojekt.

Schritt für Schritt: Mehrere Bauchbinden erzeugen

1 *Vorlage öffnen*

Für den oben gezeigten Titel ist die Vorlage INSPIRATION_UNTERES3 verwendet worden. Sie finden das gute Stück im Ordner GENERAL • INSPIRE. Um die Vorlage zu öffnen, gehen Sie über TITEL • NEUER TITEL • BASIEREND AUF VORLAGE.

2 *Text ändern*

Ersetzen Sie hier zunächst den Namen, indem Sie das Textfeld anklicken und mit dem Text-Werkzeug komplett markieren. Danach können Sie mit der Eingabe starten.

Abbildung 14.16 ▶
Eine Vorlage wird individuell verändert.

3 *Kerning verändern*

Wechseln Sie auf das Auswahl-Werkzeug, und markieren Sie den zweiten Schriftzug. Legen Sie auch hier einen neuen Text fest, nachdem Sie diesen markiert haben, und wechseln Sie anschließend erneut zum Auswahl-Werkzeug. Widmen Sie sich den Titelfenster-Eigenschaften, und erhöhen Sie den Wert KERNING. Das sorgt dafür, dass sich die Laufweite (Zwischenräume) der einzelnen Buchstaben erhöht. Gehen Sie auf einen Wert von etwa 20,0. Sie finden den fertigen Titel als PRTL-Datei im Ordner KAPITEL_14 unter dem Namen »Bettina.prtl«.

Abbildung 14.17 ▶
Erhöhen Sie die Laufweite.

4 *Optional: Mehrere Titel speichern*

Jetzt kommt noch etwas ganz Wichtiges – zumindest sofern Sie innerhalb Ihres Projekts mit mehreren, bis auf den Namen identischen Titeln arbeiten wollen: Lassen Sie den neuen Titel auf dem aktuellen Titel basieren, indem Sie den gleichnamigen Button oben links im Titelfenster markieren. Im Anschluss daran wird Premiere Pro den bereits bekannten Dialog NEUER TITEL zur Verfügung stellen. Geben Sie hier einen Namen für den zweiten Titel ein, und bestätigen Sie mit OK.

Das können Sie jetzt mehrfach wiederholen und auf diese Weise Titel für Titel im Projektfenster anlegen. Dabei würden Sie lediglich die Namen der Darsteller in jedem Titel neu anpassen. Sie erzeugen dann in einem Arbeitsgang sämtliche Titel, die benötigt werden, und binden sie später einzeln in Ihr Filmprojekt ein. Denn zu jedem Titel existiert ja dann ein eigenes Asset im Projektfenster.

◀ **Abbildung 14.18**
Erzeugen Sie jetzt noch weitere Titel auf der Grundlage des ersten. ■

14

Schritt für Schritt: Bauchbinden ein- und ausblenden

1 *Einfügemarke positionieren*

Suchen Sie eine geeignete Stelle innerhalb des Films, an der Sie Bettina Ihren Zuschauern per Bauchbinde vorstellen wollen. Bei 00:00:23:17 würde sich dies anbieten.

2 *Titel einbinden*

Ziehen Sie den Titel aus dem Projektfenster in eine dem Clip übergeordnete Videospur, sofern diese nicht für Masken oder dergleichen reserviert ist, und passen Sie die Länge des Titels an die Datei »Perlen 2.avi«

an. Es sieht nämlich nicht schön aus, wenn auf einen nachfolgenden Clip geschnitten wird, während der Titel noch im Bild ist. Die Person muss ja schließlich zu sehen sein, wenn die Bauchbinde im Bild ist.

Abbildung 14.19 ▶
Der Titel liegt über dem Video.

3 *Optional: Titel über Keyframes einblenden*

Leider kommt der Titel gleich ins Bild. Sie sollten also noch dafür sorgen, dass er weich ein- und ausgeblendet wird. Wer das lieber über Keyframes löst, kann das gleich im Schnittfenster erledigen (wie das geht, wissen Sie ja längst). Eleganter und vor allem schneller ist allerdings der nächste Schritt.

Abbildung 14.20 ▶
Der Titel wird über Keyframes weich ein- und ausgeblendet.

4 *Titel überblenden*

Sollten Sie den vorangegangenen Schritt bereits gemacht haben, drücken Sie so oft [Strg]/[⌘]+[Z], bis alle Keyframes auf dem Titel verschwunden sind. Öffnen Sie die VIDEOÜBERBLENDUNGEN im Effekte-Bedienfeld, und ziehen Sie die WEICHE BLENDE aus dem Ordner BLENDE jeweils an den Anfang und das Ende des Titels. Kürzen Sie beide Überblendungen in etwa um die Hälfte ein, damit die Ein- und Ausblendung zügig vonstatten geht.

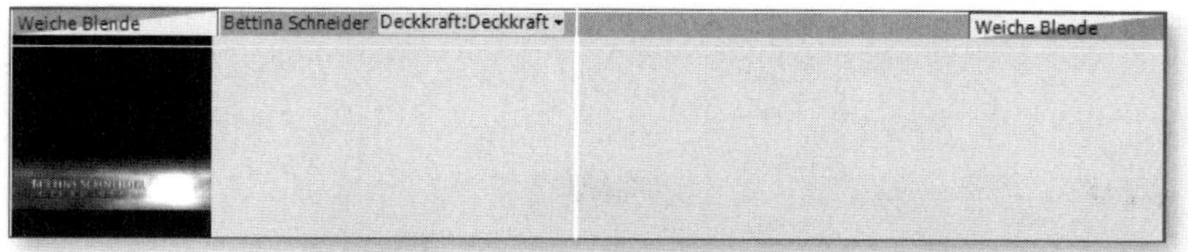

◀ **Abbildung 14.21**
Mit Überblendungen wird der gleiche Effekt erzielt. ■

Dauer von Bauchbinden

Bauchbinden sollten immer so lange im Bild zu sehen sein, wie Sie benötigen, um den Text zweimal hintereinander laut (und langsam!) vorzulesen. Bedenken Sie: Sie kennen den Inhalt des Titels – Ihre Zuschauer kennen ihn nicht. Deshalb ist unweigerlich etwas mehr Zeit erforderlich.

14.5 Animierte Titel erzeugen

Animierte Titel zeichnen sich, der Name verrät es ja schon, dadurch aus, dass sie in Bewegung versetzt werden. Sie könnten das natürlich direkt im Schnittfenster über Keyframes lösen. Allerdings bringt Premiere Pro auch innerhalb des Titelfensters Möglichkeiten mit, die eine direkte Animation erlauben.

Grundsätzlich wird unterschieden zwischen Rolltiteln und Kriechtiteln. Die Unterschiede sind lediglich in der Bewegungsrichtung zu finden. Während sich Rolltitel in vertikaler Richtung bewegen, wandern Kriechtitel horizontal. Um das einzustellen, klicken Sie auf die Schaltfläche ROLLEN-/KRIECHEN-OPTIONEN oben links im Titelfenster.

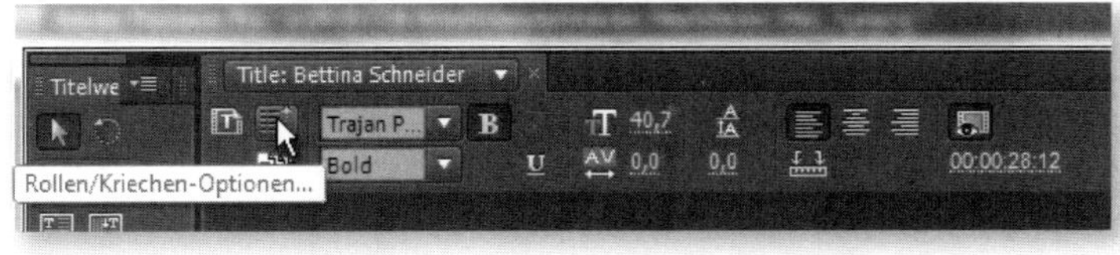

◀ **Abbildung 14.22**
Aktivieren Sie die Bewegungsrichtung eines Titels.

14.5.1 Kriechtitel

Im Frame TITELTYP entscheiden Sie sich für NACH RECHTS KRIECHEN. Allein mit dieser Option hätten Sie bereits festgelegt, dass sich der Titel in Bewegung setzt. Allerdings würde er das so machen, dass er von Anfang an im Bild zu sehen ist. Die Bewegung selbst würde recht spartanisch ausfallen. Damit sind Sie aber sicherlich überhaupt nicht zufrieden.

Aktivieren Sie deshalb im Bereich TIMING (FRAMES) noch beide Checkboxen (IN BILDSCHIRM HEREIN und AUS BILDSCHIRM HERAUS). Damit bewerkstelligen Sie, dass der Titel wirklich von außen in den sichtbaren Bereich des Bildschirms hineinläuft und diesen anschließend wieder vollständig verlässt.

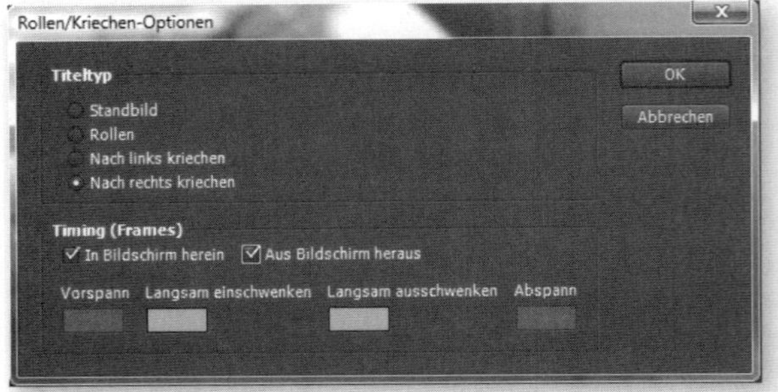

Abbildung 14.23 ▶
Die Checkboxen ermöglichen es, dass der Titel vollständig in den sichtbaren Bereich »einfährt«.

Mit Langsam einschwenken und Langsam ausschwenken könnten Sie jetzt noch eine steigende Anlaufgeschwindigkeit einstellen. Und mit Vorspann und Nachspann ließe sich noch eine zeitliche Verzögerung hinzufügen. Es würde also einen Moment dauern, bis die Bewegung des Titels überhaupt beginnt bzw. endet. Letzteres setzt allerdings voraus, dass die beiden zuvor beschriebenen Checkboxen deaktiviert sind. Nur dann stehen auch diese beiden Eingabefelder zur Verfügung.

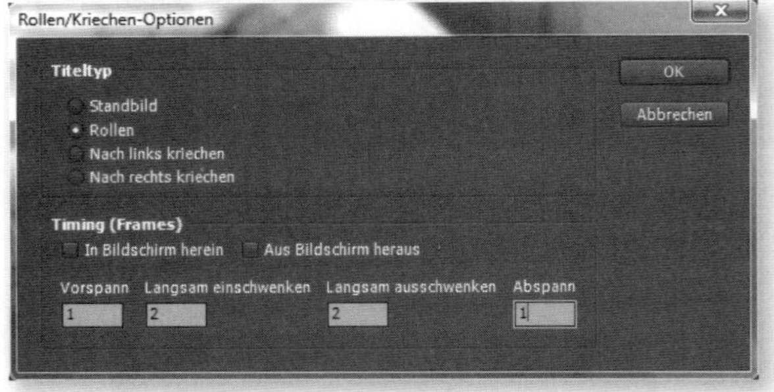

Abbildung 14.24 ▶
Die Vor- und Abspanndauer kann nur bei inaktiven Checkboxen eingegeben werden.

14.5.2 Mehrere Titel übereinander platzieren

Falls Sie beabsichtigen, einzelne Elemente des Titels aus unterschiedlichen Richtungen ins Bild fliegen zu lassen, müssen Sie mehrere Titel verwenden und diese dann im Schnittfenster auf unterschiedliche Spuren legen – es sei denn, Sie verfügen über After Effects. Natürlich müssen diese dann auch einzeln animiert werden. Am besten machen Sie das, indem Sie eine eigene Sequenz erzeugen, in die Sie dann alle Titelteile integrieren und sie über die Effekteinstellungen animieren. Lediglich den Namen lassen Sie aus. Ziehen Sie diese Sequenz dann an die jeweils gewünschte Stelle Ihres Masters, und fügen Sie in der Hauptsequenz lediglich den relevanten Namen hinzu. So stellen Sie sicher, dass die Animation selbst jedes Mal exakt gleich ist, und sparen zudem eine Menge Zeit.

14.5.3 Rolltitel

Rolltitel eignen sich grundsätzlich zur Erzeugung eines Abspanns, in dem sämtliche Mitwirkenden des Films am Schluss noch einmal vorgestellt werden. Hierbei gehen Sie genauso vor wie bei Kriechtiteln, wobei Sie den TITELTYP natürlich auf ROLLEN stellen sollten. Beim Abspann ist es außerdem wichtig, dass Sie mit Tabulatoren arbeiten.

Schritt für Schritt: Einen Abspann erzeugen

Platzieren Sie zunächst die Einfügemarke an das Ende des Films. Prinzipiell ist zwar nichts dagegen einzuwenden, einen Abspann über dem Video zu platzieren, doch wird im Allgemeinen ein Schwarzbild zugrunde liegen.

1 *Schwarzbild einfügen*

Betätigen Sie das Blatt-Symbol in der Fußleiste des Projekt-Bedienfeldes, und gehen Sie auf SCHWARZSTREIFEN. Kontrollieren Sie, ob die Einstellungen im folgenden Dialog zu Ihrem Projekt passen (720×576, 25 fps, D1/DV PAL), und bestätigen Sie mit OK. Ziehen Sie das Schwarzstreifen-Asset auf die unterste Spur, und zwar hinter den allerletzten Clip im Schnittfenster.

2 *Titel einstellen*

Wählen Sie TITEL • NEU • STANDARD-STANDBILD. Ja, Sie haben natürlich vollkommen recht! Da gibt es auch einen Eintrag mit Namen STANDARD-ROLLEN, der jetzt in der Tat besser geeignet wäre. Das würde mir aber die Möglichkeit verbauen, Ihnen zu demonstrieren, dass sich auch ein statischer Titel nachträglich noch zum Rollen bewegen lässt. Deshalb ist Standard-Standbild jetzt zunächst einmal der richtige Weg. Vergleichen Sie die Einstellungen mit der Abbildung, vergeben Sie einen Namen, und drücken Sie auf OK.

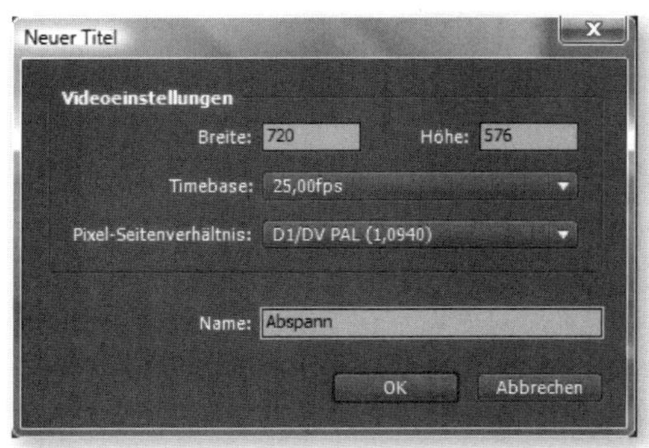

◂ **Abbildung 14.25**
Das sind die richtigen Einstellungen für den folgenden Titel.

3 *Rollen einstellen*

Aktivieren Sie jetzt die ROLLEN-/KRIECHEN-OPTIONEN oben links im Titelfenster, und stellen Sie im folgenden Dialog den TITELTYP auf ROLLEN ein.

Abbildung 14.26 ►
Auch bei geöffnetem Titelfenster können die Bewegungsoptionen noch geändert werden.

Auch hier ist das Aktivieren der Checkboxen IN BILDSCHIRM HEREIN und AUS BILDSCHIRM HERAUS wirklich sinnvoll, damit der Titel zunächst in den sichtbaren Bereich des Bildschirms hinein- und später wieder herausläuft. Bestätigen Sie mit OK.

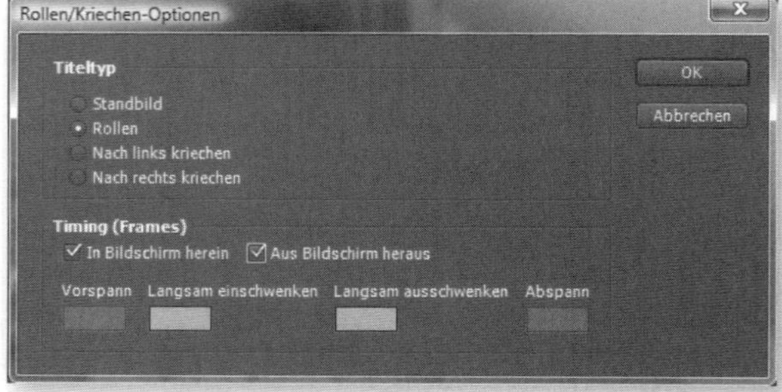

Abbildung 14.27 ►
Der Titel soll ein- und wieder ausrollen.

4 *Textrahmen erzeugen*

Aktivieren Sie das Text-Werkzeug, und ziehen Sie damit einen Rahmen auf, der geringfügig kleiner ist als der Bereich des geschützten Titels (inneres Rechteck). Bitte verwenden Sie nicht die Direkteingabe, sondern wirklich ein Textfeld, da sich der Abspann andernfalls nicht wie gewünscht generieren lässt.

Abbildung 14.28 ►
Erzeugen Sie einen Textrahmen.

5 *Tabulatoren setzen*

Wählen Sie jetzt im Menü TITEL • TABSTOPPS, oder entscheiden Sie sich für [Strg]/[⌘]+[⇧] +[T]. Abspänne zeichnen sich ja meist dadurch aus, dass sie zweispaltig sind. Zudem ist die linke Spalte rechtsbündig und die rechte linksbündig ausgerichtet. Genau das wollen wir jetzt mit dem Setzen der Tabstopps erreichen.

Schauen Sie sich die Skala im oberen Bereich des Tabstopp-Fensters an. Diese repräsentiert die Breite des aktuellen Textfeldes. Klicken Sie etwas links von der Mitte auf den freien, hellgrauen Bereich oberhalb der Skala. Dies hat zur Folge, dass ein Tabstopp eingesetzt wird. Zudem sehen Sie im Hintergrund (im Titelfenster) eine schmale, gelbe Linie, die ebenfalls die Position des Tabulators repräsentiert.

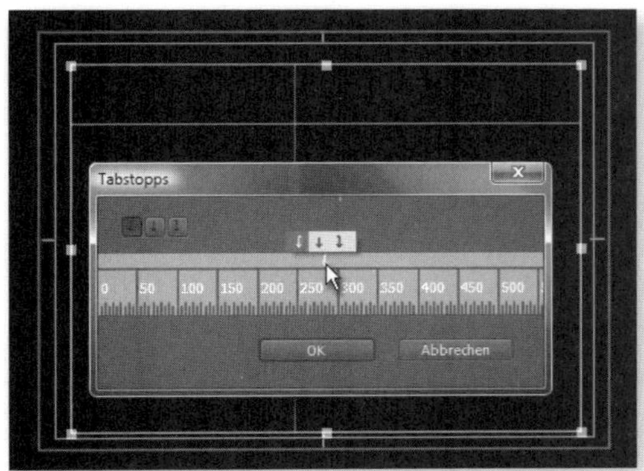

◄ **Abbildung 14.29**
Setzen Sie Tabulatoren zur besseren Ausrichtung.

14

6 *Tabulator-Ausrichtung ändern*

Wenn Sie wollen, können Sie den Tabulator jetzt noch mit gedrückter Maustaste nach links oder rechts verschieben. Gleich oberhalb wird zudem eine kleine Overlay-Menüleiste eingeblendet, solange Sie sich mit der Maus über dem Tab befinden. Mit dieser sollten Sie den aktuellen Tab jetzt in einen rechtsbündigen Tabstopp umwandeln ❷. Das Gleiche erreichen Sie übrigens auch, wenn Sie auf den dritten zur Verfügung stehenden Tabulator oben links in der Ecke klicken ❶.

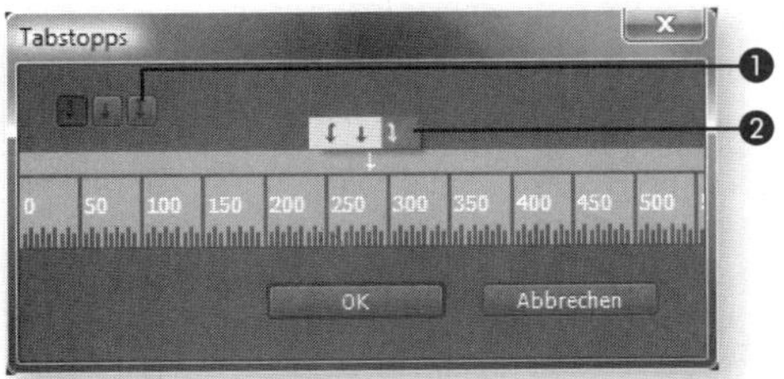

◄ **Abbildung 14.30**
Die Tabulator-Ausrichtung muss noch geändert werden.

Nun benötigen Sie etwas rechts daneben einen weiteren Tabulator. Klicken Sie deshalb abermals in die Leiste oberhalb der Skala. Platzieren Sie den neuen Tabstopp allerdings etwas weiter rechts. Da immer noch rechtsbündige Tabulatoren eingestellt sind, wird auch hier ein rechtsbündiger Tabstopp platziert. Sie können allerdings anschließend wieder auf den linken Tabstopp oben links im Fenster oder in der Overlay-Palette klicken, damit auch dieser umgewandelt wird. Bestätigen Sie anschließend mit OK.

7 *Text eingeben*

Sobald Sie den Tabulator-Dialog verlassen haben, blinkt die Einfügemarke des Textfeldes am oberen linken Ende. Drücken Sie jetzt [Tab], bevor Sie den ersten Namen eingeben, und springen Sie nach der Eingabe jedes Mal mit [Tab] zur nächsten Position.

Größe des Textfeldes

Weil Sie gleich zu Beginn festgelegt haben, dass es sich um einen Rolltitel handeln soll, finden Sie rechts neben der Arbeitsfläche eine Scrollleiste. Diese gestattet es, auch über die eigentliche Arbeitsfläche hinauszugehen. Wenn Sie mit dem zur Verfügung stehenden Platz nicht auskommen, scrollen Sie etwas nach unten und ziehen das Textfeld größer. Wie groß dieses Textfeld letztendlich wird, ist bei Rolltiteln vollkommen egal.

8 *Zeilenabstand erhöhen*

Damit die Zeilen nicht so aneinandergepresst wirken, empfiehlt es sich, den Zeilenabstand in den Titelfenster-Eigenschaften zu erhöhen. Das können Sie gleich zu Beginn oder auch am Schluss machen, wenn der gesamte Text eingegeben ist.

Abbildung 14.31 ▶ Der von mir erzeugte Abspann. ■

14.6 Titel mit Photoshop erzeugen

Jetzt haben Sie zwar viel über den Titel-Generator von Premiere Pro erfahren, dennoch soll an dieser Stelle nicht fehlen, dass Sie Titel auch ohne dieses Tool erzeugen können. Dann lassen sich nämlich sogar völlig mühelos Ebenen animieren. Wenn Sie also verschiedene Objekte zu unterschiedlichen Zeiten in Gang setzen wollen, sind Sie mit Photoshop wirklich besser dran als mit dem Titelfenster. Und die Teamarbeit zwischen Photoshop und Premiere funktioniert ausgesprochen gut.

14.6.1 Aufbau der Photoshop-Datei

Bitte benutzen Sie für den folgenden Workshop die Datei »Bauchbinde 02.psd«, die Sie im Ordner KAPITEL_14 finden. Sie müssen dazu nicht unbedingt Photoshop öffnen. Es muss noch nicht einmal auf Ihrem Rechner installiert sein, um die Datei später in Premiere Pro verarbeiten zu können. Wenn Sie sich allerdings dafür interessieren, wie die Datei aufgebaut ist, sollten Sie sie in Photoshop CS4 bereitstellen und begutachten. Den auf das Pixel-Seitenverhältnis hinweisenden Dialog bestätigen Sie mit OK.

Zur Entstehung der Datei: Es wurde ein Dokument mit der Vorgabe FILM & VIDEO mit der Größe PAL D1/DV erstellt. Es besteht aus einer Pixel- und zwei Formebenen sowie einem Hintergrund. Die Ebenen selbst wurden aussagekräftig benannt. Das ist sehr wichtig, damit sie in Premiere Pro später eindeutig erkannt werden können.

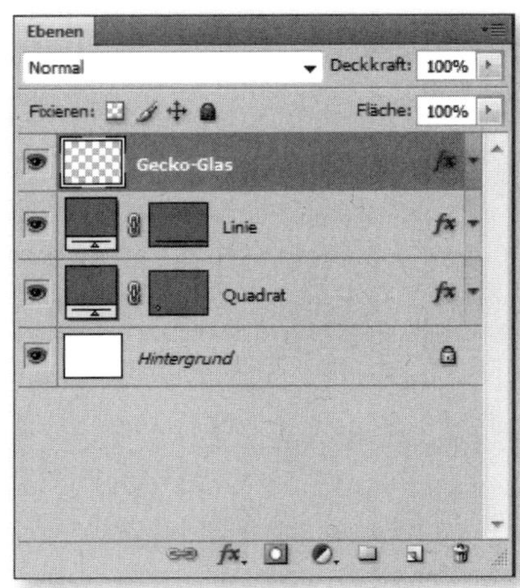

◀ **Abbildung 14.32** Benennen Sie die Ebenen, damit Sie sie später in Premiere Pro besser auseinanderhalten können.

Die Hintergrundebene könnte prinzipiell entfernt werden. Allerdings habe ich sie bewusst im Dokument belassen, da es sich um einen recht dunklen Titel handelt, der auf dem hellen Hintergrund wesentlich besser zu sehen ist. Das begünstigt die Sichtbarkeit der Ebenen zur Zeit der Animation, wie Sie gleich sehen werden. Der Hintergrund wird erst danach entfernt bzw. unsichtbar gemacht.

Wenn Sie selbst Dateien in Photoshop erzeugen, denken Sie bitte daran, diese unbedingt als PSD abzuspeichern, da die nachfolgenden Schritte ansonsten nicht funktionieren.

Abbildung 14.33 ▸
Hier sehen Sie die fertige Photoshop-Datei in all ihrer Pracht – entstanden in aufwändigsten Designprozessen.

14.6.2 Photoshop-Dokumente importieren

Die Aufgabe: Das Photoshop-Dokument soll jetzt in Premiere Pro integriert werden. Danach werden sämtliche Ebenen separat animiert. Sie werden sehen, wie leicht das ist.

Schritt für Schritt: PSD-Dateien animieren

1 *Datei importieren*

Wechseln Sie zu Premiere Pro, und importieren Sie die Photoshop-Datei als Asset. Daraufhin werden Sie zunächst mit einem Dialog konfrontiert, in dem Sie die Import-Optionen festlegen können. Entscheiden Sie sich im Pulldown-Menü IMPORTIEREN ALS für SEQUENZ. Theoretisch könnten Sie jetzt einzelne Ebenen deaktivieren, indem Sie das jeweils vorangestellte Häkchen wegnehmen. Wir wollen jedoch alle Ebenen haben, weshalb Sie einen Klick auf OK folgen lassen sollten.

◀ **Abbildung 14.34**
Importieren Sie die Photoshop-Datei.

2 *Sequenz öffnen*

Der Import einer Photoshop-Datei als Sequenz sorgt dafür, dass innerhalb des Projektfensters ein Ordner erzeugt wird, der den gleichen Namen trägt wie die Photoshop-Datei. Öffnen Sie diesen Ordner, werden Sie jede einzelne Ebene als separates Asset vorfinden.

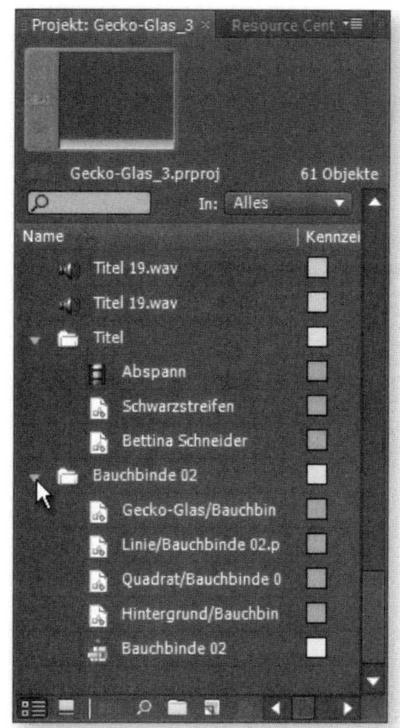

◀ **Abbildung 14.35**
Premiere hat automatisch einen Ordner erzeugt.

Doch damit nicht genug: Das Wichtigste ist nämlich, dass Sie darin auch eine Sequenz finden, die den gleichen Namen trägt wie die Photoshop-Datei. Doppelklicken Sie auf diesen Eintrag im Projektfenster, wird die Sequenz auch im Schnittfenster sichtbar. Vergrößern Sie die Schnittfenster-Ansicht etwas.

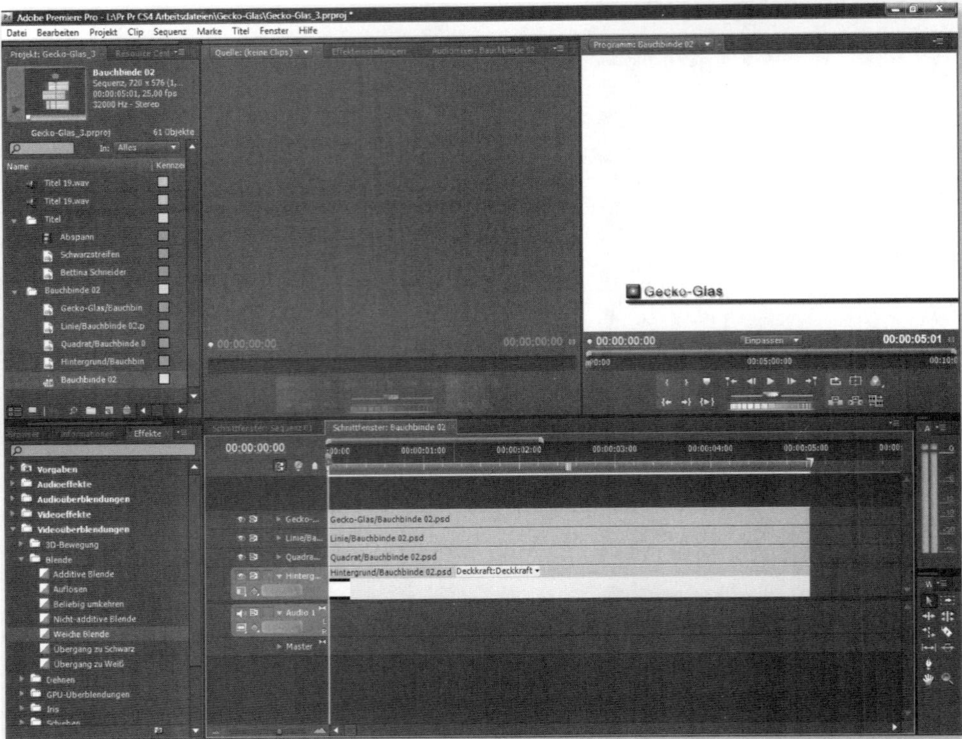

Abbildung 14.36 ▲
Die Sequenz enthält alle Ebenen der Photoshop-Datei.

3 *Ebenen animieren*

Was diese Sequenz enthält? Sämtliche Ebenen des Photoshop-Dokuments auf jeweils separaten Spuren. Die Ebenen-Reihenfolge ist im Übrigen auch eingehalten worden.

Ich möchte Sie jetzt nicht mit der expliziten Animation der einzelnen Ebenen langweilen. Natürlich können Sie jede einzelne Ebene über Keyframes steuern und so die Bewegungen und Zeitabläufe für jede Ebene generieren. Wie wäre es z. B. damit, dass Sie zuerst die Linie und dann das Quadrat von rechts ins Bild kommen lassen und anschließend den Text über die Deckkraft einbinden?

Woran Sie aber noch denken sollten: Entfernen Sie am Schluss die unterste Videospur (sie enthält die Hintergrundebene). Wenn Sie sie erhalten wollen, was ja prinzipiell auch in Ordnung ist, dann müssen Sie allerdings verhindern, dass man sie sehen kann. Und das machen Sie, indem Sie das Auge-Symbol deaktivieren.

Abbildung 14.37 ▶
Schalten Sie die Spur unsichtbar.

4 *Sequenz einbinden*

Wechseln Sie anschließend wieder in die Master-Sequenz (im Beispielvideo SEQUENZ 01), und binden Sie die Sequenz BAUCHBINDE 02 aus dem Projektfenster in das Schnittfenster ein. An Position 00:07:49:15 des Beispielprojekts können Sie die Sequenz sehr schön verwenden.

Da es sich hierbei ja um eine verschachtelte Sequenz handelt, können Sie, sofern Ihnen die eine oder andere Bewegung noch nicht zusagt, jederzeit wieder zur Sequenz BAUCHBINDE 02 zurückwechseln und dort Änderungen vornehmen. Diese werden selbstverständlich dann auch in der Master-Sequenz wirksam.

◀ **Abbildung 14.38**
Der Titel erscheint jetzt im fertigen Video. ■

14.6.3 Änderungen am Photoshop-Dokument

In Sachen Integration arbeiten Adobe-Produkte ja ganz hervorragend zusammen. So können Sie z. B. jetzt immer noch Änderungen am Photoshop-Dokument vornehmen. Wenn Ihnen also irgendetwas nicht gefällt, öffnen Sie die PSD-Datei, nehmen die gewünschten Änderungen vor und bestätigen sie mit SPEICHERN. Sobald Sie zu Premiere Pro zurückkehren, werden Sie feststellen, dass die Änderungen übernommen wurden. Die in der Zwischenzeit zugewiesenen Keyframes bleiben natürlich erhalten. Dabei spielt es nicht einmal eine Rolle, ob Sie das Bild nun direkt in Photoshop geöffnet oder den Weg über das Kontextmenü von Premiere Pro, gefolgt von einem Klick auf IN ADOBE PHOTOSHOP BEARBEITEN, genommen haben.

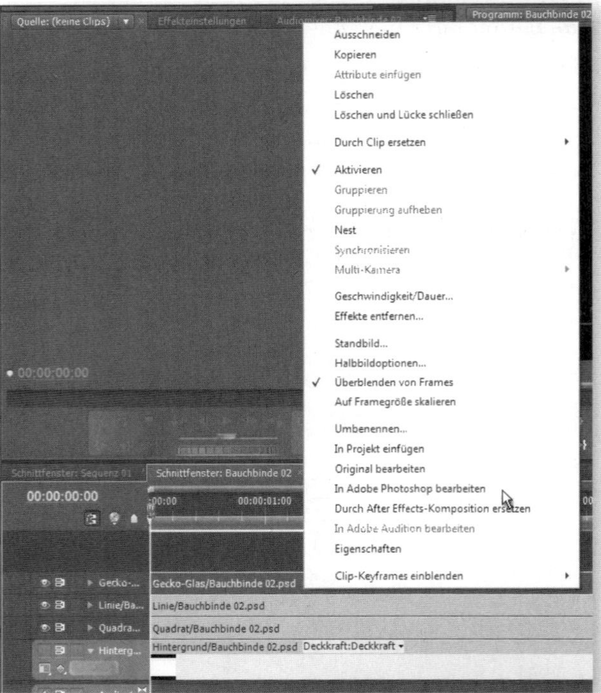

Abbildung 14.39 ▶ Direkter Draht zu Photoshop – auch in Premiere Pro

Sie können das ganz schnell ausprobieren, indem Sie »Bauchbinde 02.psd« in Photoshop öffnen. Markieren Sie die Ebene LINIE, und bewegen Sie sie nach oben. Anschließend bestätigen Sie mit DATEI • SPEICHERN oder [Strg]/[⌘]+[S] und wechseln zu Premiere.

14.7 Animationen mit Photoshop CS4 Extended

In Photoshop CS4 ist es erfreulicherweise auch möglich, die Animationen direkt im Bildbearbeitungsprogramm zu erzeugen. Voraussetzung hierfür ist allerdings, dass Sie eine Extended-Version einsetzen. Wie eine Animation dort erzeugt wird, möchte ich Ihnen wieder in einem Workshop vorstellen. Für die Integration mit Premiere Pro ist ein zusätzlicher Workshop vorgesehen.

Schritt für Schritt: Titel in Photoshop CS4 Extended animieren

Stellen Sie die Datei »Bauchbinde 02.psd« in Photoshop bereit. Den eventuell noch auftauchenden Hinweis auf die Pixelseitenverhältnis-Korrektur bestätigen Sie mit OK. Aktivieren Sie, wenn Sie mögen, zuvor NICHT WIEDER ANZEIGEN, damit das Fenster fortan ausbleibt.

1 *Animations-Bedienfeld aktivieren*

Sie benötigen jetzt ein Fenster, das nicht zur Standardoberfläche gehört. Stellen Sie deshalb FENSTER • ANIMATION ein. Vielleicht kommt Ihnen dieses Tool bekannt vor. Das gibt es ja schon seit ewigen Zeiten – in den Versionen vor CS3 befand es sich aber in der Applikation Image Ready.

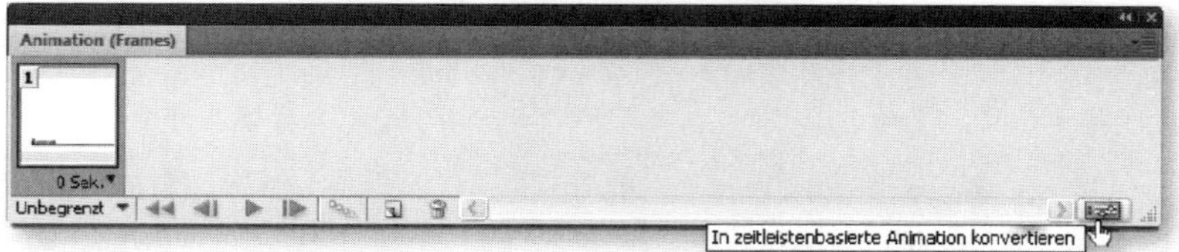

◄ Abbildung 14.40
Ein bekanntes Bedienfeld aus Zeiten von Image Ready

2 *Animation konvertieren*

Da sich diese Ansicht für die folgenden Schritte aber nicht sonderlich eignet, sollten Sie Ihr Dokument in eine zeitleistenbasierte Animation konvertieren. Klicken Sie dazu auf den gleichnamigen Button unten rechts. Daraufhin wird Ihnen im Gegenzug etwas ganz Neues präsentiert.

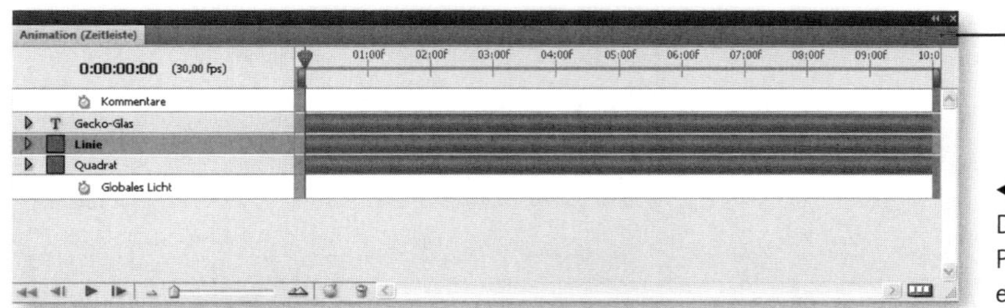

◄ Abbildung 14.41
Der letzte Schrei in Photoshop – eine echte Timeline

Sie sehen, dass Sie auch hier über eine Timeline verfügen. Optisch erinnert sie eher an After Effects als an Premiere Pro – dennoch werden Sie sich darin schnell zurechtfinden, auch wenn Sie noch keine Erfahrungen mit After Effects gemacht haben.

3 *Dokumenteinstellungen ändern*

Bevor Sie aber mit Ihren Arbeiten beginnen, sollten Sie sich den Voreinstellungen für Ihre Animation widmen. Standardmäßig geht Photoshop nämlich davon aus, dass Sie ein Projekt mit 30 Bildern pro Sekunde erzeugen wollen. Öffnen Sie deshalb das Fenstermenü ❶, und markieren Sie DOKUMENTEINSTELLUNGEN. Setzen Sie die FRAMERATE auf 25 fps, da unser Premiere-Projekt ja die gleiche Framerate verwendet. Außerdem sollten Sie im vorliegenden Fall die Zeit der Animation auf acht Sekunden beschränken. Hier ist allerdings Vorsicht geboten! Wenn Sie, wie aus Premiere Pro bekannt, jetzt 800 eingeben, wird Photoshop das als eine

Länge von 800 Frames interpretieren. Geben Sie deshalb einen Doppelpunkt mit ein, nachdem Sie den gesamten Wert markiert haben. »8:00« muss die korrekte Eingabe lauten. (Alternativ geben Sie »200« ohne Doppelpunkt ein, also 200 Frames = 8 Sekunden). Klicken Sie auf den OK-Button.

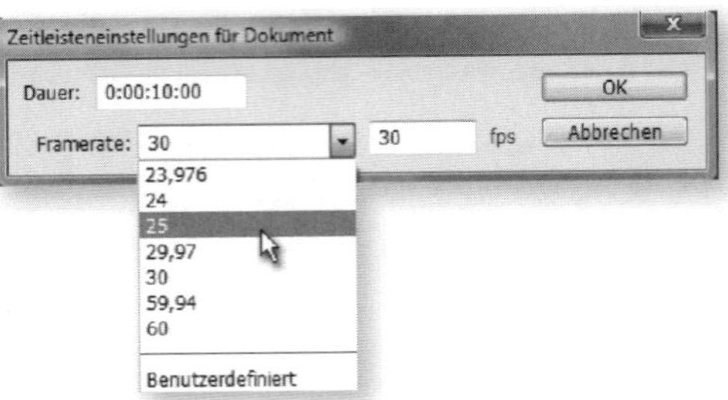

Abbildung 14.42 ▸
Die Zeiteinstellungen müssen geändert werden.

4 *Ansicht optimieren*

Öffnen Sie jetzt alle drei Listeneinträge (Textebene, Linie und Quadrat) innerhalb der Animationsleiste, indem Sie die vorangestellten Dreieck-Symbole markieren. Vergrößern Sie das Fenster durch Ziehen an der unteren rechten Ecke, damit Sie alle Zeilen einsehen können.

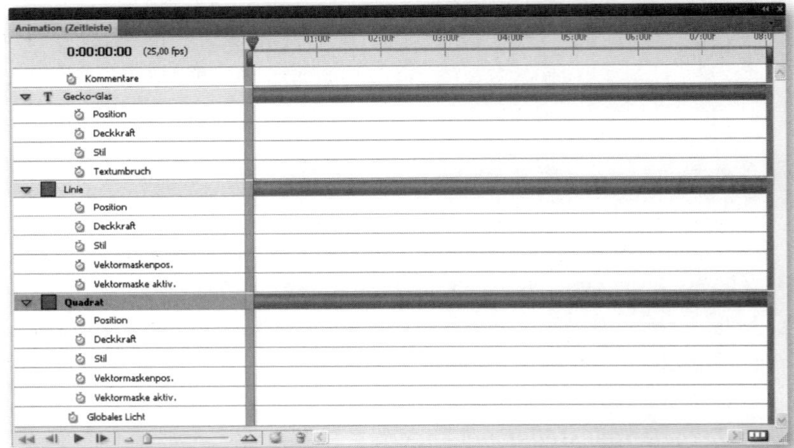

Abbildung 14.43 ▸
Jetzt können Sie alle Zeitparameter einsehen.

5 *Textanimator aktivieren*

Die Stoppuhren kennen Sie ja bereits. Damit aktivieren Sie, genau wie in Premiere Pro, die Animation und setzen erste Keyframes. Sorgen Sie jedoch zunächst dafür, dass sich die Abspielmarke an Position 3:00f (also auf Sekunde 3) befindet. Dazu können Sie ja den Abspielkopf ziehen wie in Ihrer Videoschnittsoftware. Beginnen Sie nun mit dem ersten Animator, indem Sie die Stoppuhr POSITION der Textebene anklicken.

◂ **Abbildung 14.44**
Das erste Schlüsselbild ist platziert.

6 *Vektoranimatoren aktivieren*

Bei den beiden anderen Ebenen (Linie und Quadrat) müssen Sie etwas anders vorgehen. Hier nutzt es nämlich gar nichts, wenn Sie die Position animieren, da es sich um Maskierungen handelt. Über die normale Position lässt sich keine Bewegung ausführen. Klicken Sie deshalb in beiden Ebenen auf die Stoppuhren VEKTORMASKENPOSITION.

◂ **Abbildung 14.45**
Bei Formebenen müssen Sie die Vektormaskenpositionen zur Bewegung heranziehen.

7 *Ansichtsmodus ändern*

Drücken Sie, sofern Sie sich im Standard-Ansichtsmodus von Photoshop befinden, [F] auf Ihrer Tastatur. Das aktiviert den maximierten Bildmodus, der es Ihnen auch gestattet, jenseits der Bildfläche zu arbeiten. Das ist nämlich für den nächsten Schritt sehr wichtig. Das Bild selbst ist jetzt von einem grauen Montagerahmen umgeben.

8 *Text-Animation erweitern*

Nun bauen wir die Animation von hinten nach vorne auf. Soeben wurde nämlich die Endposition markiert. Springen Sie mit der Einfügemarke auf Sekunde 2 zurück, und aktivieren Sie im Ebenen-Bedienfeld (oder im Animations-Bedienfeld) die Textebene Gecko-Glas. Danach schieben Sie die Textebene mit dem Verschieben-Werkzeug [V] über den oberen Bildrand hinaus, wobei Sie [⇧] gedrückt halten. Das sorgt dafür, dass Sie den Text lediglich vertikal, nicht aber horizontal verschieben können. Der Text soll jetzt im Bild selbst nicht mehr sichtbar sein.

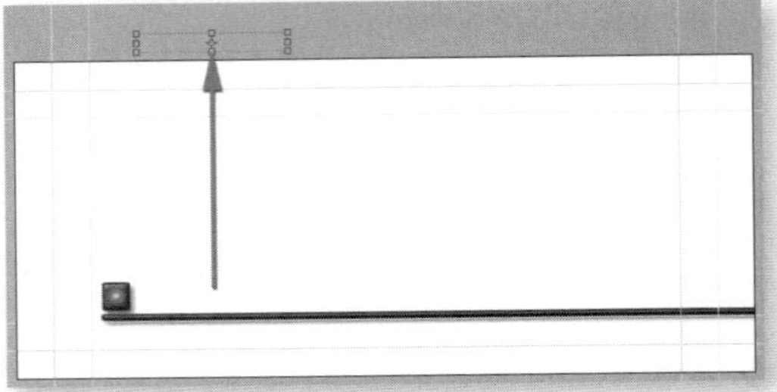

Abbildung 14.46 ▸ Der Text befindet sich außerhalb der Arbeitsfläche.

9 *Quadrat-Animation erweitern*

Widmen Sie sich als Nächstes der Animation des Quadrats. Aktivieren Sie die Ebene, und ziehen Sie den bereits vorhandenen Keyframe an die Position, an der sich aktuell noch die Zeitmarke befindet (Sekunde 02:00f). Danach ziehen Sie die Marke auf Sekunde 01:00f und schieben das Quadrat, während Sie [⇧] gedrückt halten, nach rechts aus dem Bild heraus.

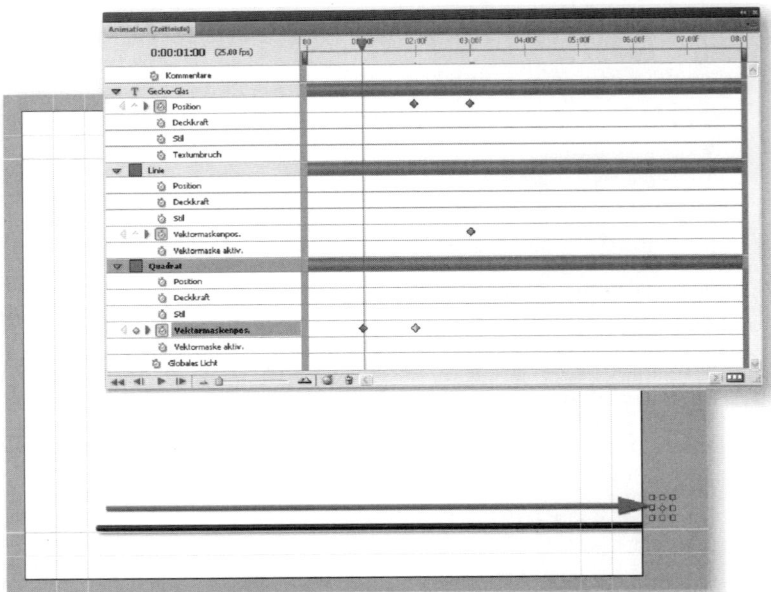

Abbildung 14.47 ▸ Jetzt läuft die Animation des Quadrats von Sekunde 1 bis Sekunde 2.

10 *Linien-Animation erweitern*

Zuletzt bauen Sie noch die Linien-Animation. Dazu aktivieren Sie diese Ebene, ziehen dann das bereits vorhandene Schlüsselbild an die Position der Abspielmarke (01:00f) und bringen die Marke dann an den Anfang der Animation (00:00f). Hier müssen Sie jetzt nur noch die Linie so weit nach rechts ziehen, bis sie aus dem Bild verschwunden ist. Halten Sie aber auch hier [⇧] gedrückt, damit Sie das Objekt nicht versehentlich vertikal verschieben.

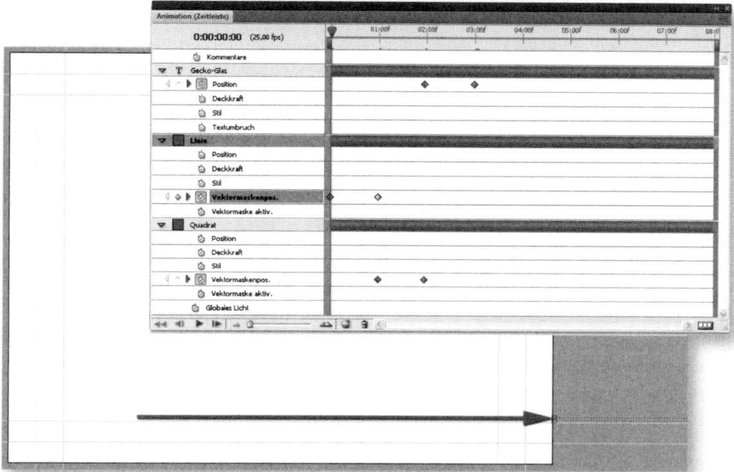

◀ **Abbildung 14.48**
Lassen Sie die Animation einmal abspielen, indem Sie den Play-Button in der Fußleiste betätigen.

11 *Animation beenden*

Für das Ende der Animation wollen wir es uns etwas einfacher machen. Stellen Sie die Abspielmarke auf Sekunde 07:00f, und vergeben Sie für alle drei animierten Ebenen jeweils einen Keyframe, indem Sie die kleine Raute zwischen den Dreieck-Symbolen KEYFRAME BEI AKTUELLER ZEIT HINZUFÜGEN/ENTFERNEN betätigen.

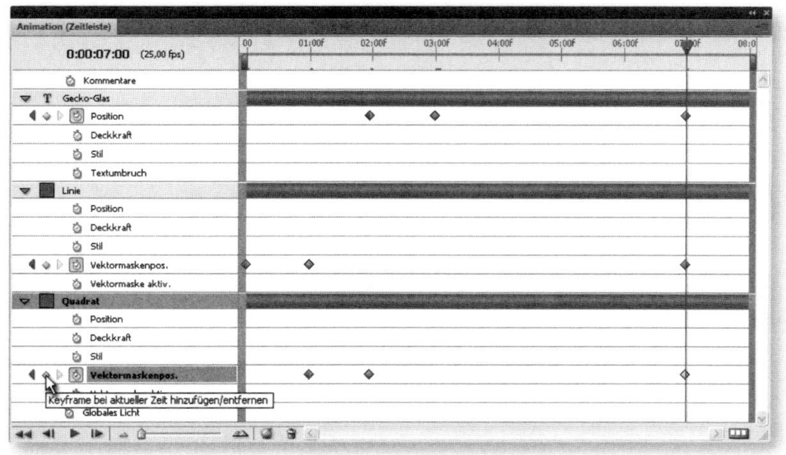

◀ **Abbildung 14.49**
Bei Sekunde 7 müssen alle Ebenen noch einen Keyframe bekommen.

Mit dieser Aktion haben Sie gewährleistet, dass die Ebenen ihre Positionen halten, bis Sekunde 7 erreicht ist. Schieben Sie jetzt die Marke an das Ende der Animation, und befördern Sie alle drei Ebenen wieder aus dem Bild heraus. Das können Sie zwar, wie gewohnt, mit dem Verschieben-Werkzeug machen, ich möchte Ihnen aber jetzt noch einen anderen Weg empfehlen: Markieren Sie, während Sie [⇧] gedrückt halten, alle drei Ebenen. Halten Sie [⇧] weiterhin gedrückt (das beschleunigt die Pfeiltaste, die Sie jetzt gleich bedienen), und drücken Sie [→]. Halten Sie beide Tasten so lange gedrückt, bis alle drei Ebenen von der Bildfläche verschwunden sind.

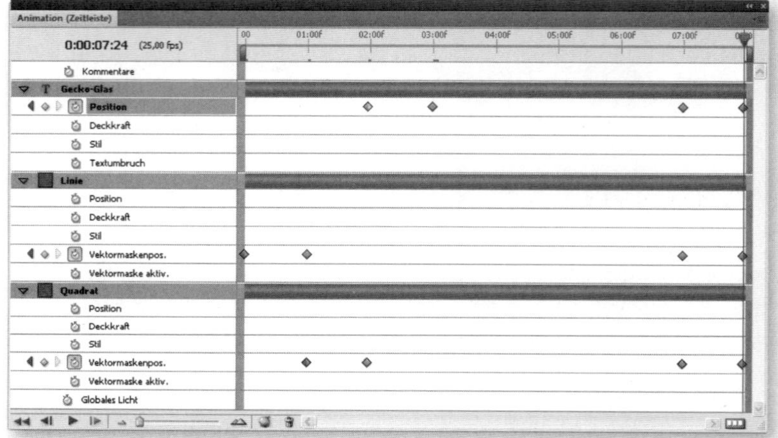

Abbildung 14.50 ► Ihre Animations-Palette sollte jetzt genau so aussehen.

Mit Hilfe der Leertaste lässt sich jetzt der Ablauf der Animation begutachten. Damit haben Sie in Sachen Bewegung bereits alles erledigt. Im folgenden Workshop erfahren Sie, wie Sie die Datei ausgeben und in Premiere Pro integrieren können. ■

Schritt für Schritt: Photoshop-Animation ausgeben

Jetzt sind es nur noch wenige Handgriffe, bis sich die Animation der Bauchbinde in Ihrer Editing-Software befindet.

1 *Hintergrund entfernen*

Zunächst müssen Sie die Ebene HINTERGRUND entfernen. Markieren Sie sie im Ebenen-Bedienfeld (in der Animations-Palette ist sie nicht sichtbar, da feste Hintergründe nicht animiert werden können), und klicken Sie unten rechts auf das Papierkorb-Symbol. Wenn Sie das machen, während Sie [Alt]/[⌥] gedrückt halten, bleibt die obligatorische Kontrollabfrage aus. Die Datei besteht jetzt noch aus drei Ebenen.

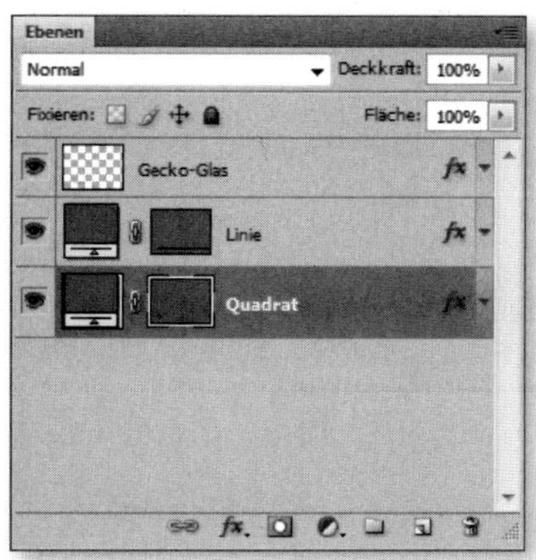

◀ **Abbildung 14.51**
Löschen Sie den Hintergrund.

Das Löschen des Hintergrunds ist übrigens nötig, weil die Bauchbinde transparent über unserem Video liegen soll. Bliebe der Hintergrund erhalten, den wir ja schließlich nur zur besseren Ansicht der Ebenen benötigt haben, würde er später das Hintergrundvideo verdecken.

2 *Video ausgeben*

Gehen Sie nun in das Menü Datei • Exportieren, und wählen Sie Video rendern. Vergeben Sie im ersten Eingabefeld einen aussagekräftigen Namen, und klicken Sie auf die unterhalb befindliche Schaltfläche Ordner auswählen. Hier können Sie dann den gewünschten Speicherort der Animation festlegen.

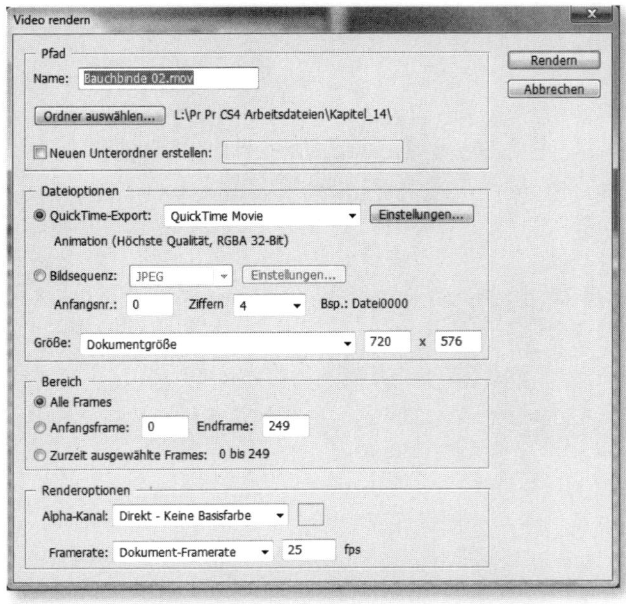

◀ **Abbildung 14.52**
Im Rendern-Dialog können Sie alle relevanten Video-Optionen festlegen.

Die Optionen des zweiten und dritten Frames dieses Dialogs wollen wir außer Acht lassen, da Sie hier keine Änderungen vornehmen müssen.

Nur so viel: Im Frame DATEIOPTIONEN könnten Sie jetzt noch verschiedene Ausgabeoptionen festlegen, wobei aber das QUICKTIME MOVIE generell geeignet ist. Auch die GRÖSSE soll bei DOKUMENTGRÖSSE belassen werden. Im Frame BEREICH wären Sie jetzt noch imstande, nur einen Teil der Animation auszugeben. Aber auch das wollen Sie ja sicher nicht.

3 *Renderoptionen einstellen*

Eine Einstellung ist allerdings noch von großer Bedeutung: Unter ALPHA-KANAL benötigen Sie die Einstellung DIREKT – KEINE BASISFARBE. Das hat zur Folge, dass die Transparenzen der Ebenen (allen voran der Schlagschatten der Textebene) auch transparent bleiben. Immerhin soll ja unser Video im Hintergrund noch sichtbar bleiben.

4 *Video in Premiere Pro integrieren*

Die fertige Animation müssen Sie jetzt nur noch als Asset in das Projektfenster von Premiere Pro einbinden und an die gewünschte Stelle innerhalb des Schnittfensters bringen.

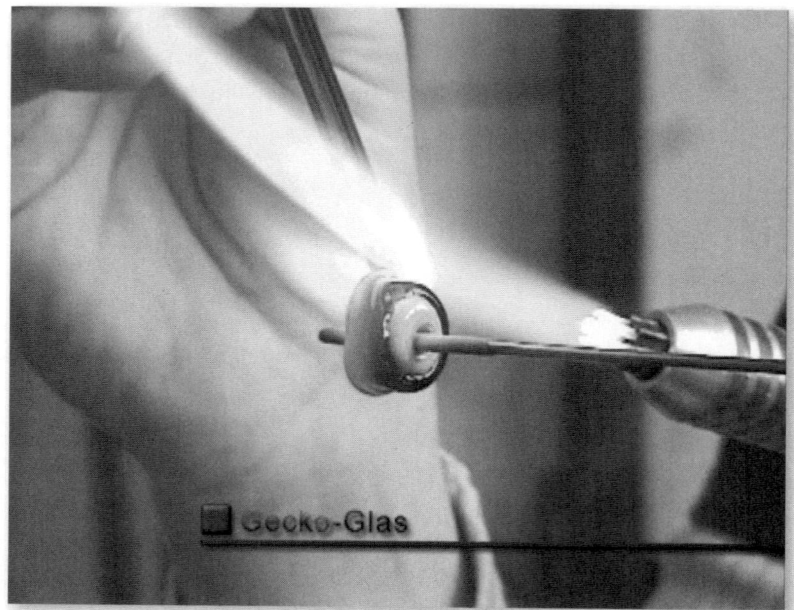

Abbildung 14.53 ▶ Im fertigen Film bleiben die Transparenzen vollständig erhalten.

15 Export

Wenn ein Film so richtig gut gelungen ist, muss er natürlich nicht nur archiviert, sondern auch der Nachwelt würdig präsentiert werden. Deshalb erfahren Sie in diesem Kapitel z. B., wie Sie Ihre Filme aus Premiere Pro heraus an Encore übergeben können bzw. wie sich ein Film als Datei für unterschiedliche Verwendungszwecke ausgeben lässt. Hier müssen allerdings einige Sachen beachtet werden. Für unterschiedliche Verwendungsformen gelten nämlich ganz unterschiedliche Exportbedingungen. Sie erfahren in diesem Kapitel:

- Wie werden Filme an Encore übergeben?
- Wie gibt man Filme mit dem Adobe Media Encoder aus?
- Wie gibt man Filme für unterschiedliche Verwendungen aus?
- Wie archiviert man Projekte sinnvoll?
- Wie lassen sich Einzelbilder und reine Audiodateien exportieren?

15

15.1 Filme rendern und auf DVD ausgeben

15.1.1 Film rendern

Bevor Sie eine Datei weiterverarbeiten, sollten Sie das komplette Projekt rendern. Möglicherweise sind noch rote Balken unterhalb der Schnittfensterskala zu sehen. Ziehen Sie in diesem Fall zunächst die Arbeitsbereichsleiste ❶ so weit auseinander, dass die beiden Anfasser ❷ alle Clips abdecken.

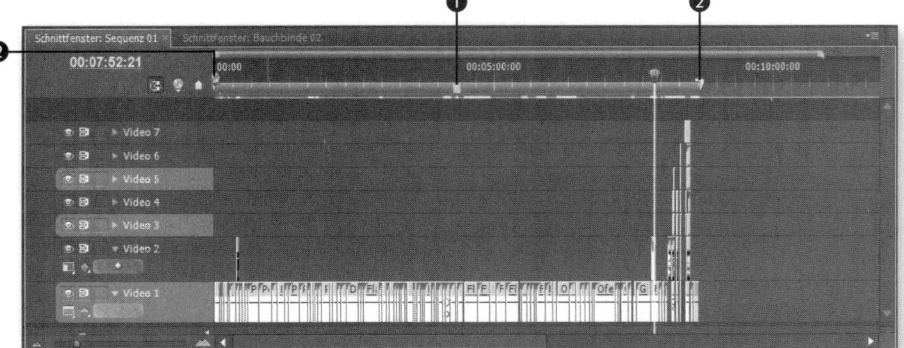

◀ **Abbildung 15.1** Platzieren Sie die Arbeitsbereichsleiste so, dass sie das gesamte Projekt umschließt.

Der Grund für dieses Vorgehen: Es wird nur das berechnet, was sich innerhalb der Arbeitsbereichsleiste befindet. Wenn sie sich aber nur über einem bestimmten Bereich des Projekts befindet, wird auch nur dieser Bereich gerendert. Im Anschluss daran drücken Sie [↵], und der Rechenvorgang beginnt. Premiere Pro erzeugt jetzt Vorschaudateien aller Segmente, die extra erzeugt werden müssen, d. h., die nicht bereits als Originalfilme vorliegen. Das können z. B. Überblendungen sein, aber auch Clips, die mit Effekten versehen wurden.

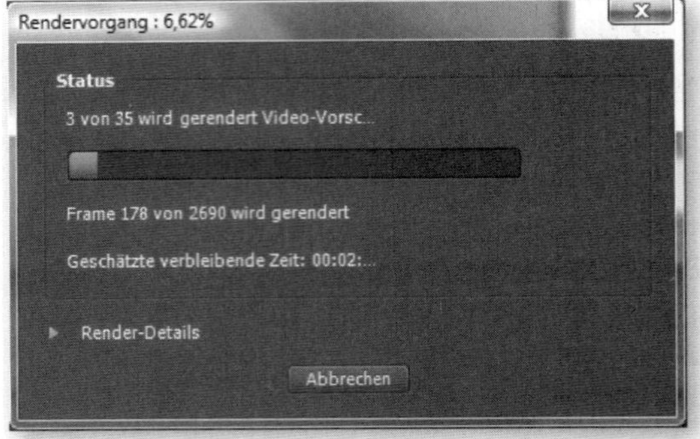

Abbildung 15.2 ▶ Der Rendervorgang dürfte auch beim Buchprojekt recht schnell vonstatten gehen.

Grundsätzlich sind von hier an zwei unterschiedliche Wege aufgezeigt. Wollen Sie Ihren Film als Datei ausgeben, dann gehen Sie über den Adobe Media Encoder. Allerdings liegt Premiere Pro CS4 auch das Profi-Tool Encore CS4 bei, mit dem Sie die Möglichkeit haben, DVD- und Blu-ray-Menüs zu erstellen und auf einem Datenträger auszugeben.

15.1.2 Filme an Encore übergeben

Eine direkte Übergabe an Encore ist vor allem dann angezeigt, wenn das erklärte Ziel beispielsweise die Ausgabe auf DVD oder Blu-ray ist. Dazu muss zunächst einmal das Schnittfenster markiert sein. Wenn das versäumt wird, kann der Export-Befehl innerhalb des Menüs nicht eingeleitet werden. In diesem Fall klicken Sie auf die Registerkarte des Schnittfensters, das ausgegeben werden soll, oder markieren Sie die Sequenz im Projektfenster. Danach wählen Sie Datei • Adobe Dynamic Link • An Encore senden aus. Alles Weitere zum Thema Encore erfahren Sie im folgenden Kapitel.

15.2 Ausgabe als Datei

Eine MPEG-Datei beispielsweise, die Sie für die Erzeugung einer DVD benötigen, können Sie auch direkt aus Premiere Pro heraus erzeugen. Dann ersparen Sie sich das spätere Encodieren aus Encore heraus. Denn einmal muss auf jeden Fall encodiert werden – entweder direkt in Premiere Pro oder später in der Authoring-Software. In jedem Fall bringt das den Adobe Media Encoder ins Spiel, der als separate Applikation arbeitet und aus beiden Applikationen heraus angesprochen werden kann.

Aber es ist ja auch durchaus denkbar, dass Sie nur ein Zwischenergebnis rendern wollen und derzeit an eine DVD-Ausgabe noch gar nicht zu denken ist. Ein großes Projekt beispielsweise, an dem mehrere Personen arbeiten, ist ein denkbares Szenario. Dann ist es möglich, dass jeder seinen Teil ausgibt und die Ergebnisse später in einem zentralen Projekt zusammengefügt werden. In diesem Fall ist es angezeigt, das Ganze zunächst als Datei auszugeben. Im Folgenden werden wir uns beide Varianten einmal ansehen – zunächst die DVD-Ausgabe.

15.2.1 Für DVD ausgeben

Um es gleich vorwegzunehmen: In Encore können später sowohl AVI- als auch MPEG-Dateien verarbeitet werden. Wenn Sie aber bereits hier in Premiere Pro encodieren, können Sie sich diesen Vorgang in der Authoring-Umgebung sparen.

15

Schritt für Schritt: Filme für eine DVD ausgeben

1 *Media Encoder öffnen*

Sollten Sie noch nicht gleich brennen, sondern zunächst mehrere Filme sammeln oder für andere Bereiche als die DVD ausgeben wollen, entscheiden Sie sich für Datei • Exportieren • Medien. Achtung: Denken Sie an das Schnittfenster oder das Sequenz-Asset im Projektfenster, das markiert sein muss, damit dieser Befehl ausführbar ist. Aber das hatten wir ja bereits.

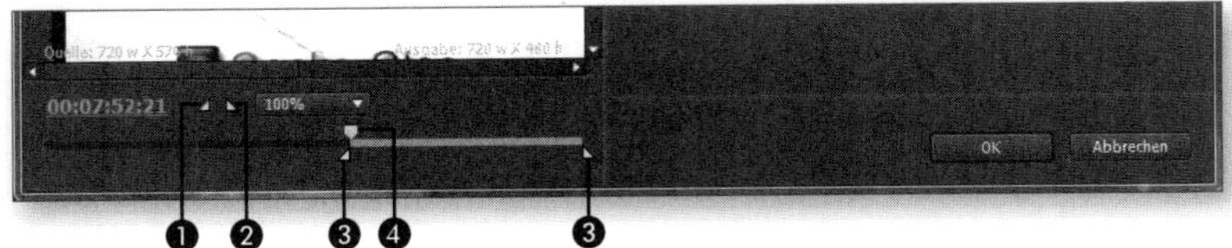

◀ **Abbildung 15.3**
Der Adobe Media Encoder

2 *Ausgabebereich festlegen*

Ganz wichtig ist, dass Sie jetzt unten links, unterhalb der Vorschau kontrollieren, welcher Bereich denn überhaupt zur Ausgabe markiert ist. Die gelbe Linie sollte sich nämlich über den gesamten Bereich ausstrecken, da ansonsten nur ein Teil des Films ausgegeben würde. Ziehen Sie erforderlichenfalls an den unteren Dreiecken ❸. Welche Position in der Vorschau angezeigt wird, können Sie übrigens mit dem Regler ❹ bestimmen. Dieser fungiert hier als Abspielmarke.

3 *Optional: In- und Out-Point festlegen*

Wenn Sie den Film beschneiden wollen, können Sie die beiden Schieber ❸ auch zur Mitte hin bewegen. Alternativ bringen Sie die Abspielmarke ❹ an die gewünschte Position und drücken dann IN-POINT SETZEN ❶ bzw. OUT-POINT SETZEN ❷. Bereiche jenseits der Schieber werden dann bei der Ausgabe nicht mehr berücksichtigt.

4 *Format wählen*

Im obersten Pulldown-Menü auf der rechten Seite entscheiden Sie sich zunächst für das Format. Während MPEG1 und MPEG2-SVCD minderwertige Qualitäten liefern, kommen hier lediglich MPEG2 bzw. MPEG2-DVD in Betracht. Die Unterschiede liegen prinzipiell nur in der Normierung. Da das Fernziel in der Regel aber DVD ist, sollten Sie sich auch hier für die Normierung MPEG2-DVD entscheiden. (Bitte beachten Sie, dass dieses Ausgabeformat in der Testversion nicht zur Verfügung steht.)

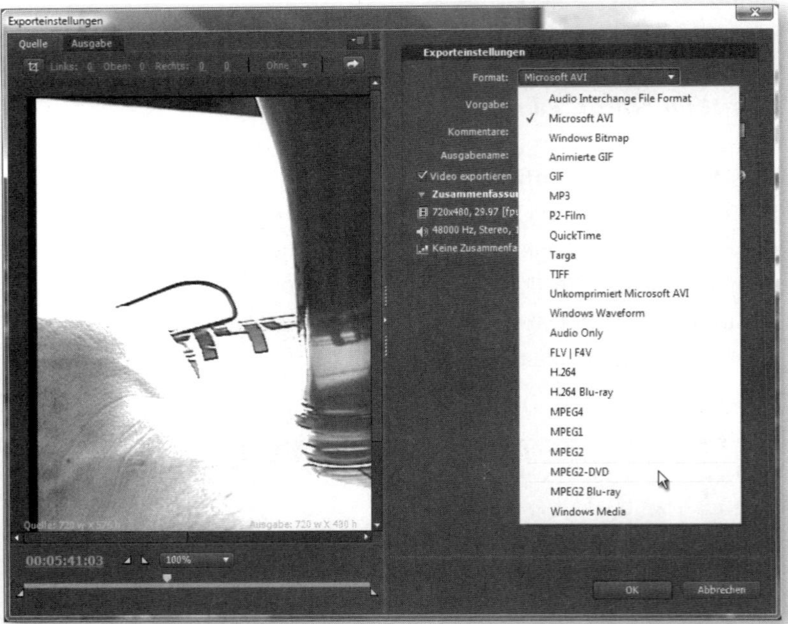

Abbildung 15.4 ▶ Wählen Sie das Format aus.

Ausgabe als H.264

Das Format H.264 erfreut sich immer größerer Beliebtheit, weil es Platz sparend ist und dennoch sehr gute Qualität liefert. Voraussetzung für derartige Exporte ist allerdings, dass Ihr externer DVD-Player, auf dem der Film wiedergegeben werden soll, dieses Format auch wiedergeben kann. Für die spätere Verwendung auf Blu-ray-Disks entscheiden Sie sich für H.264 BLU-RAY.

Windows Media und QuickTime

Diese Formate, die sich auch für Internet-Videos eignen, stellen Sie im Feld FORMAT ein. Grundsätzlich sollten Sie sich für das Format entscheiden, das die Mehrheit Ihrer Homepage-Besucher darstellen kann. Da aber eine derartige Bestimmung meist recht schwierig ist, stellen Sie am besten mehrere Versionen unterschiedlicher Formate her und lassen dann dem Benutzer die Wahl, welches Format er verwenden möchte.

5 *Vorgabe wählen*

Jetzt müssen Sie das Pulldown-Menü VORGABE öffnen. Die hier angebotenen Listeneinträge ermöglichen bereits eine recht genaue Zuordnung, wobei das Beispielprojekt wieder als PAL – HOHE QUALITÄT ausgegeben werden soll. (Je nach eingestelltem FORMAT sind die Einträge in dieser Liste unterschiedlich.)

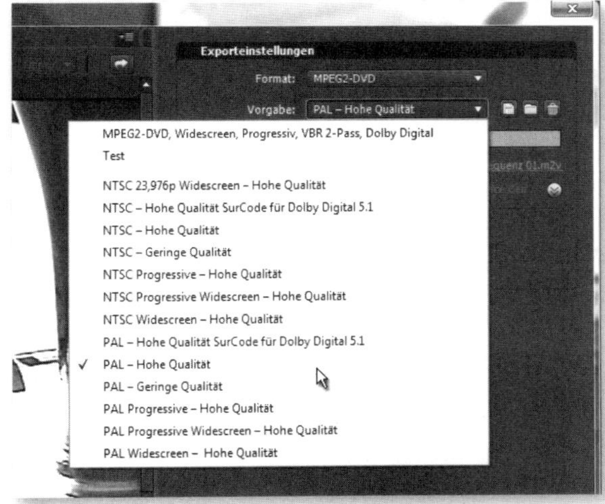

◄ **Abbildung 15.5**
Wählen Sie eine dieser Vorgaben.

Noch etwas zu den Formaten: Zunächst einmal können Sie alle Einträge, denen ein NTSC vorangestellt ist, vernachlässigen – es sei denn, Sie wollen den Film an Tante Edwina in Massachusetts übergeben. Die zweite Unterscheidung wird zwischen PAL und PAL Progressive getroffen. Wenn PAL alleine steht, bedeutet das immer, dass Halbbildmaterial erzeugt wird, während die Progressive-Modi Vollbilder nutzen. Kapitel 2, »Fachkunde – Das sollten Sie wissen«, gibt hier jede Menge Aufschluss. Bedenken Sie, dass moderne DVD-Player und TVs prima mit Vollbildmaterial umgehen können. Und wenn Sie Dateien für Ihren Rechner ausgeben, sollten Sie eh stets auf Vollbilder zurückgreifen.

Entscheiden Sie sich, ob Sie das Projekt in 16:9 oder 4:3 ausgeben wollen. Auch hier sollte natürlich wieder ausschlaggebend sein, wie das Originalmaterial beschaffen ist bzw. auf welchem Ausgabegerät der Film später gesichtet werden soll. Weil das meist nur für das eigene Equipment vorherzusagen ist, sollten Sie sich an das Ausgangsmaterial halten. Unser Film zum Buch ist in 4:3 gehalten, weshalb hier natürlich kein Widescreen angewählt wurde.

6 *Speicherort festlegen*

Klicken Sie auf die orangefarbene Schrift neben AUSGABENAME, um den Speicherort für die auszugebende Datei festzulegen.

7 *Videoeinstellungen vornehmen*

Kontrollieren Sie, ob die Checkboxen VIDEO EXPORTIEREN und AUDIO EXPORTIEREN im unteren rechten Bereich des Fensters angewählt sind, es sei denn, Sie wollen nur eines von beiden ausgeben. Das wäre zum Beispiel dann angezeigt, wenn Sie mit mehreren Sprachversionen eines Films arbeiten würden. Dann könnten Sie zunächst einmal Audio und Video ausgeben und für jede weitere Sprache anschließend nur noch jeweils eine Audiodatei erzeugen lassen.

8 *Erweiterten Modus öffnen*

Nun können Sie unterhalb der Checkboxen noch einmal eine Zusammenfassung anzeigen lassen. Darin sind allerdings einige Parameter festgelegt, die bei herkömmlicher Ansicht des Export-Dialogs nicht geändert werden können. Deshalb sollten Sie zunächst einmal auf ERWEITERTER MODUS umschalten.

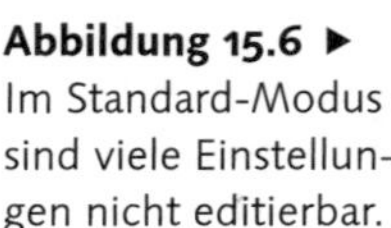

Abbildung 15.6 ▶
Im Standard-Modus sind viele Einstellungen nicht editierbar.

9 *Qualität festlegen*

Öffnen Sie allem voran die Registerkarte VIDEO. Zunächst lässt sich hier die QUALITÄT über einen Schieberegler einstellen. Ziehen Sie den Regler nach rechts, wenn Qualität Ihr oberstes Gebot ist. Klar, dass Sie allerdings auch längere Rechenzeiten zur Ausgabe der Datei in Kauf nehmen müssen, je höher die Qualität ist.

Sie sehen, dass Sie auch hier noch einmal sowohl die Fernsehnorm (PAL oder NTSC) als auch die Halbbild-Funktion (FELDREIHENFOLGE) beeinflussen könnten. Auch das Seitenverhältnis könnte hier noch angeglichen werden. Alle diese Einstellparameter würden die Vorgabe oben in den Exporteinstellungen allerdings nicht verändern, sondern eine neue Vorgabe mit dem klangvollen Namen BENUTZERDEFINIERT erzeugen. So bleiben die integrierten Vorgaben stets erhalten.

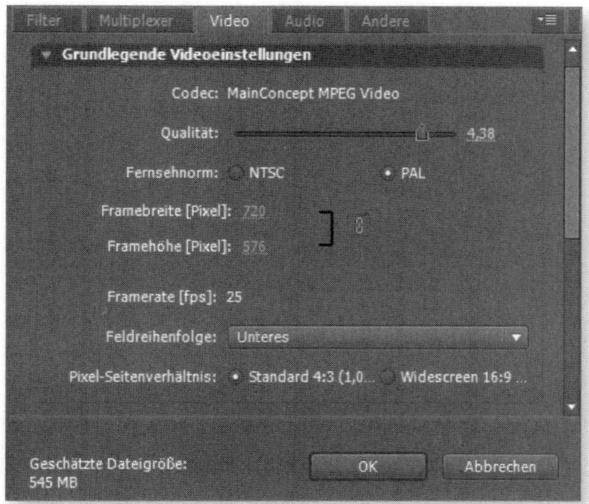

◀ **Abbildung 15.7**
Qualität, Fernsehnorm & Co. werden in GRUNDLEGENDE VIDEOEINSTELLUNGEN festgelegt.

15

10 *CBR oder VBR?*

Doch nun zu den Bitrate-Einstellungen etwas weiter unten: CBR steht hier für eine konstante, VBR für eine variable Bitrate. Was ist besser? Die variable! Weil dann nämlich nicht jeder Bereich des Videos gleich stark komprimiert wird. Einige Szenen brauchen eine höhere Kompression, andere begnügen sich mit einer geringeren. Stellen Sie jedoch CBR ein, werden alle Bereiche gleich stark komprimiert.

11 *1-Pass oder 2-Pass?*

Wann immer Sie sich jedoch für eine variable Bitrate entscheiden, stehen Sie vor der Wahl, 1-Pass oder 2-Pass festzulegen. Was ist hier besser? 2-Pass! Weil der Film beim Encodieren gewissermaßen zweimal durchlaufen wird. Beim ersten Durchgang diagnostiziert der Media Encoder, welche Bereiche stärker und welche weniger stark komprimiert werden müssen. (Lesen Sie dazu bitte auch die Hinweise in Kapitel 2, »Fachkunde – Das sollten Sie wissen«.) Das zweifache Encodieren dauert zwar länger als das einfache, bringt aber letztlich auch die bessere Qualität.

Unterhalb lässt sich jetzt noch eine Datenrate festlegen, die auf keinen Fall unterschritten werden sollte (MINIMALE BITRATE), sowie eine Bitrate, die im Durchschnitt der Berechnung angestrebt werden sollte (ZIEL-BITRATE). Letztendlich können Sie noch eine Rate vergeben, die niemals überschritten werden soll (MAXIMALE BITRATE). Moderne DVD-Player kommen mit Datenraten jenseits von 9000 MBit/s prima zurecht. Dabei müssen Sie allerdings berechnen: Sollten beim späteren Authoring noch weitere Dateien hinzukommen (wie z. B. Untertitel und Ähnliches), müssen diese mit eingerechnet werden. Dann müssten Sie bereits hier mit der Qualität heruntergehen, damit am Schluss die Gesamt-Bitrate nicht überschritten wird. Da das für unser Projekt nicht infrage kommt, können Sie ruhigen Gewissens auf 9000 MBit/s gehen. Bei alldem sollten Sie aber niemals die Angabe Geschätzte Dateigrösse neben dem OK-Button außer Acht lassen, da Sie entsprechend reagieren können, wenn der Speicherplatzbedarf zu groß wird.

Eingabeoptionen beachten

Sie können zur Eingabe auch die nebenstehenden Hot-Text-Steuerelemente benutzen. Geben Sie hier aber einen Wert über die Tastatur ein, müssen Sie anstelle des Dezimalpunktes die amerikanische Schreibweise mit Komma verwenden, da die Werte ansonsten nicht korrekt interpretiert werden.

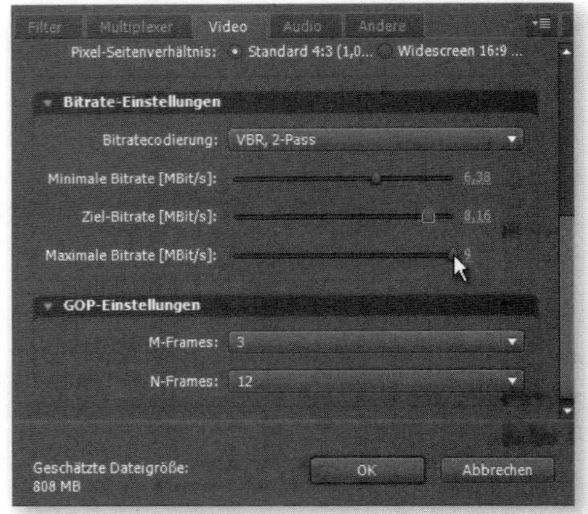

Abbildung 15.8 ▶ Bei variabler Bitrate können verschiedene Levels individuell aufeinander abgestimmt werden.

12 *Datei filtern*

Die ganz links befindliche Registerkarte Filter gestattet jetzt noch eine Störungsverringerung. Von der Verwendung ist allerdings eher abzuraten. Damit können Sie zwar Störungen verringern, werden dadurch aber einen nicht unbeträchtlichen Verlust an Schärfe in Kauf nehmen müssen.

13 *Registerkarte »Audio«*

Auf der Registerkarte Audio können Sie nur festlegen, ob der Ton als unkomprimiertes und qualitativ ausgezeichnetes PCM oder als das etwas schlechtere, aber immer noch ausreichend gute, wesentlich Speicherplatz-freundlichere MPEG angelegt werden soll. Wenn Sie sich für Dolby interessieren, beachten Sie bitte die Hinweise im Anschluss an diesen Workshop.

14 *Multiplexing einstellen*

Widmen Sie sich nun der Registerkarte MULTIPLEXER. Wenn Sie hier DVD einstellen, wird die Datei als zusammenhängendes MPEG ausgegeben – also Audio und Video in einer Datei. Stellen Sie um auf OHNE, werden diese voneinander getrennt. Sie erhalten anstelle eines MPEG eine Datei mit der Endung **.m2v** sowie eine Sounddatei.

◀ **Abbildung 15.9**
Im Bereich MULTIPLEXING wird entschieden, ob Audio und Video zusammenbleiben oder voneinander getrennt werden.

15 *Render-Qualität festlegen*

Für die Ausgabe eines Zwischenergebnisses ist die vorliegende Einstellung auf jeden Fall ausreichend. Wenn Sie jedoch bei der finalen Ausgabe des Films noch dafür sorgen wollen, dass Bewegungen und Halbbild-Zusammenfügungen zusätzlich optimiert werden, dann sollten Sie einmal das Fenster-Menü der Exporteinstellungen öffnen und dort MAXIMALE RENDER-QUALITÄT VERWENDEN aktivieren. 15

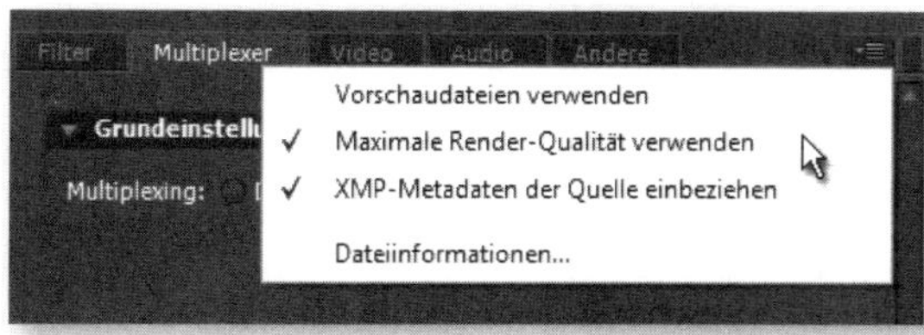

◀ **Abbildung 15.10**
Erhöhen Sie die Qualität.

16 *Optional: Vorschaudateien verwenden*

Im gleichen Menü finden Sie auch noch den Eintrag VORSCHAUDATEIEN VERWENDEN. Wenn das Encodieren möglichst schnell gehen soll, können Sie diese Funktion anwenden. Der Media Encoder berechnet die neu zu erstellenden Dateien (wie z. B. Übergänge und Effekte) in diesem Fall nicht neu, sondern verwendet die zuvor erzeugten Vorschaudateien (grüne Balken im Schnittfenster). Da diese allerdings qualitativ ein wenig schlechter sind als die vom Media Encoder neu encodierten Bereiche, ist diese Funktion ausschließlich bei der Erzeugung eines Zwischenergebnisses sinnvoll, nicht jedoch zur Erzeugung des finalen Films.

17 *Datei codieren*

Wenn Sie mit allem fertig sind, klicken Sie auf OK, um die Datei an den Adobe Media Encoder zu übergeben. Sie sehen jetzt im großen Feld in der Mitte nur eine einzige Datei. Das ist der Film, der ausgegeben wer-

Abbildung 15.11 ▼
Am Ende wartet der Media Encoder auf die Jobs.

den soll. Drücken Sie auf WARTESCHLANGE STARTEN ❶, wenn Sie keine weiteren Ausgabeformate hinzufügen wollen. Anderenfalls werfen Sie einen Blick auf die Hinweise im folgenden Abschnitt.

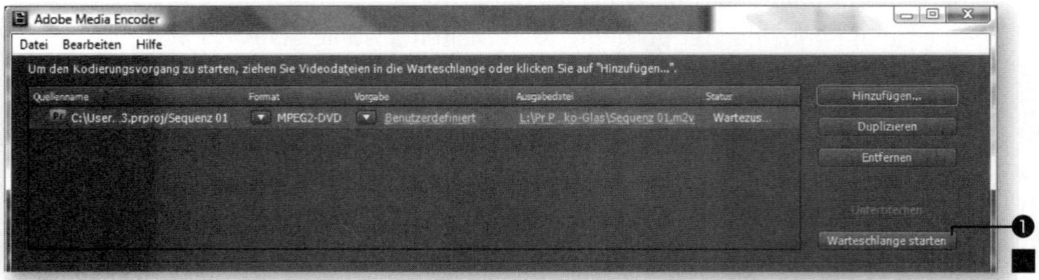

15.2.2 Dolby Digital

In den Exporteinstellungen haben Sie grundsätzlich zwei Optionen, wenn es um die Erzeugung von Dolby-Digital-Ton geht. Wählen Sie in den Vorgaben den Eintrag PAL – HOHE QUALITÄT SURCODE FÜR DOLBY DIGITAL 5.1 an, müssen Sie den von SurCode zur Verfügung gestellten Codec zunächst käuflich erwerben. Weitere Infos darüber erhalten Sie im Register AUDIO. Allerdings können Sie dort auch per Radiobutton auf DOLBY DIGITAL umschalten. Entsprechendes gilt, wenn Sie beispielsweise PAL – HOHE QUALITÄT in der VORGABE festlegen. Dann lässt sich das AUDIOFORMAT im Register AUDIO auf DOLBY DIGITAL umstellen. Hierbei wird dann der Codec verwendet, der dem jeweiligen Dolby-Clip zugrunde liegt.

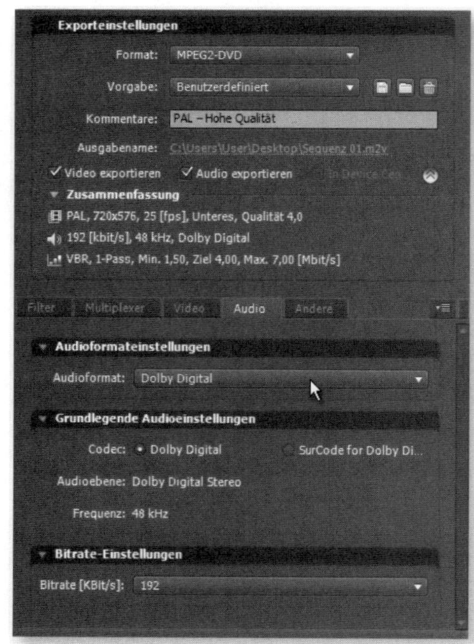

Abbildung 15.13 ►
Dolby Digital geht auch ohne SurCode.

15.2.3 Stapelverarbeitung

Wenn Ihr Ziel ist, gleich mehrere Dateien auszugeben, dann müssen Sie noch einige zusätzliche Schritte in Kauf nehmen. Seit CS4 ist nämlich das so genannte **Batch-Encoding** Standard im Media Encoder. Zurück zum Projekt: Zunächst besteht das Problem darin, dass es nur einen einzigen Eintrag in der Liste gibt ❷. Wenn Sie diesen markieren, wird rechts daneben der Button Duplizieren ❺ anwählbar. Betätigen Sie ihn, wächst die Liste auf zwei Einträge an. Hier können Sie jetzt beispielsweise die Liste Format ❸ öffnen und eine andere Ausgabeoption einstellen.

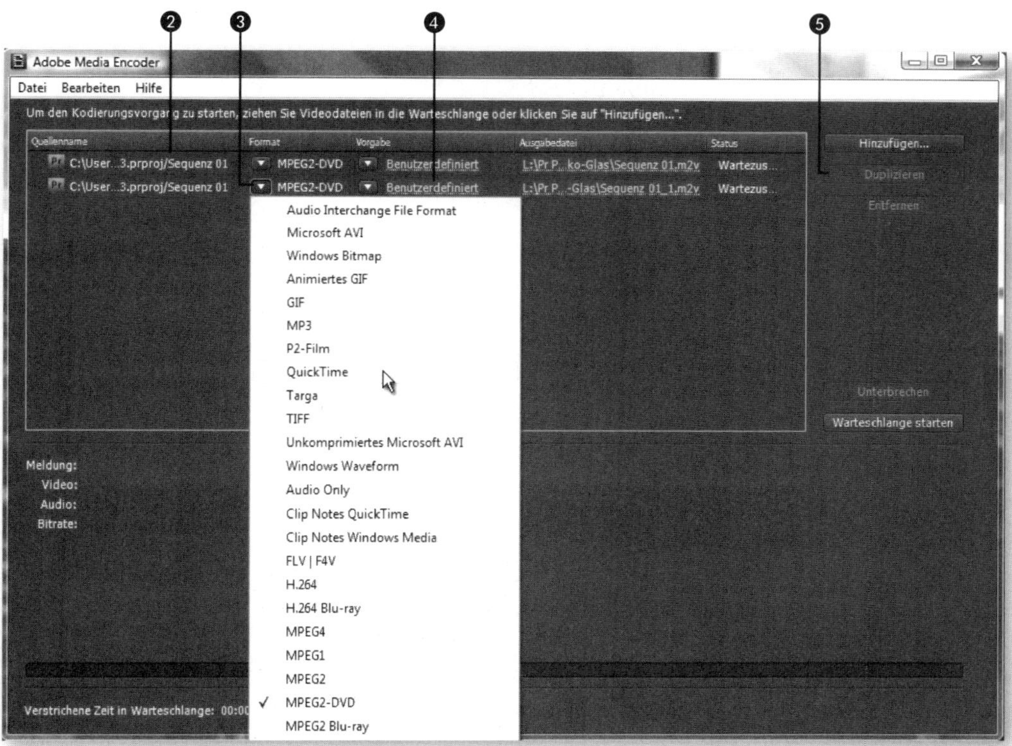

▲ **Abbildung 15.14**
Ändern Sie das Ausgabeformat.

Wenn Sie eine grundlegend neue Einstellung realisieren wollen, klicken Sie einfach einmal auf Benutzerdefiniert ❹. Das bringt Sie nämlich zurück in die Exporteinstellungen, und Sie können für die zweite Datei noch einmal ganz von vorne beginnen.

So richtig interessant wird die Stapelverarbeitung, wenn Sie den Adobe Media Encoder mit zahlreichen Jobs beauftragen, ihm Dateien aus unterschiedlichen Applikationen zustecken (Premiere Pro, Encore, After Effects) und die Warteschlange starten, wenn Sie in den wohlverdienten Feierabend gehen. Der Media Encoder wird's richten.

15.2.4 Filme beschneiden

Bei geöffnetem Dialog Exporteinstellungen (Datei • Exportieren • Medien) ist die Registerkarte Quelle ❶ ganz oben links im Fenster des Media Encoders standardmäßig angewählt. Hier können Sie den Film noch beschneiden. Klicken Sie dazu auf die Schaltfläche Beschneiden ❷, und verziehen Sie den Rahmen, der sich auf dem Vorschaubild zeigt, an dessen Ecken ❸, bzw. stellen Sie die Maus hinein und verschieben den kompletten Ausschnitt mit gedrückter Maustaste. Dazu sollte allerdings die Größe der Anzeige auf Anpassen ❹ eingestellt sein, damit Sie stets den gesamten Bildinhalt sehen.

Abbildung 15.14 ▼
Beschneiden Sie das Video, falls erforderlich.

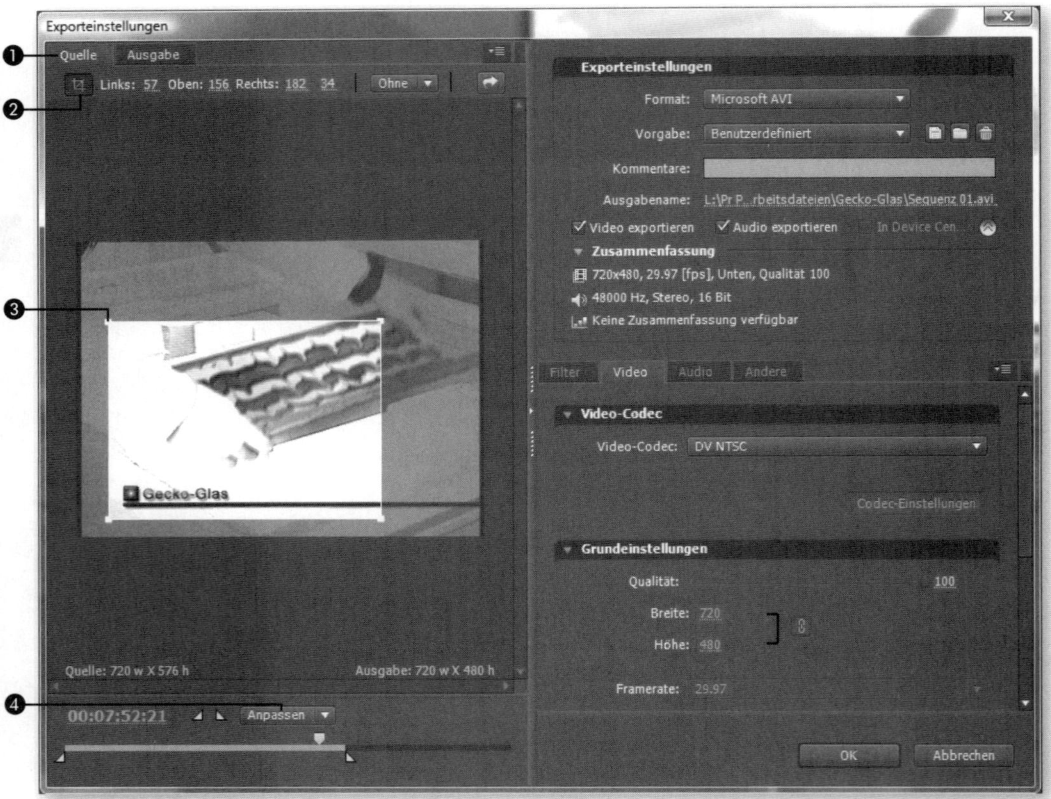

Wohl gemerkt: Das Ganze ergibt natürlich meist keinen Sinn, wenn Sie es mit DVD-Kodierungen zu tun haben, sondern bietet sich eher bei der Ausgabe von Web-Formaten an. Wenn Sie kontrollieren wollen, wie das Ganze im Ergebnis aussieht, schalten Sie um auf das Register Ausgabe ❺. Hier lässt sich dann auch festlegen, ob das Video auf die eingestellte Ausgabegröße skaliert oder der Rest des Bildes mit Schwarz versehen werden soll.

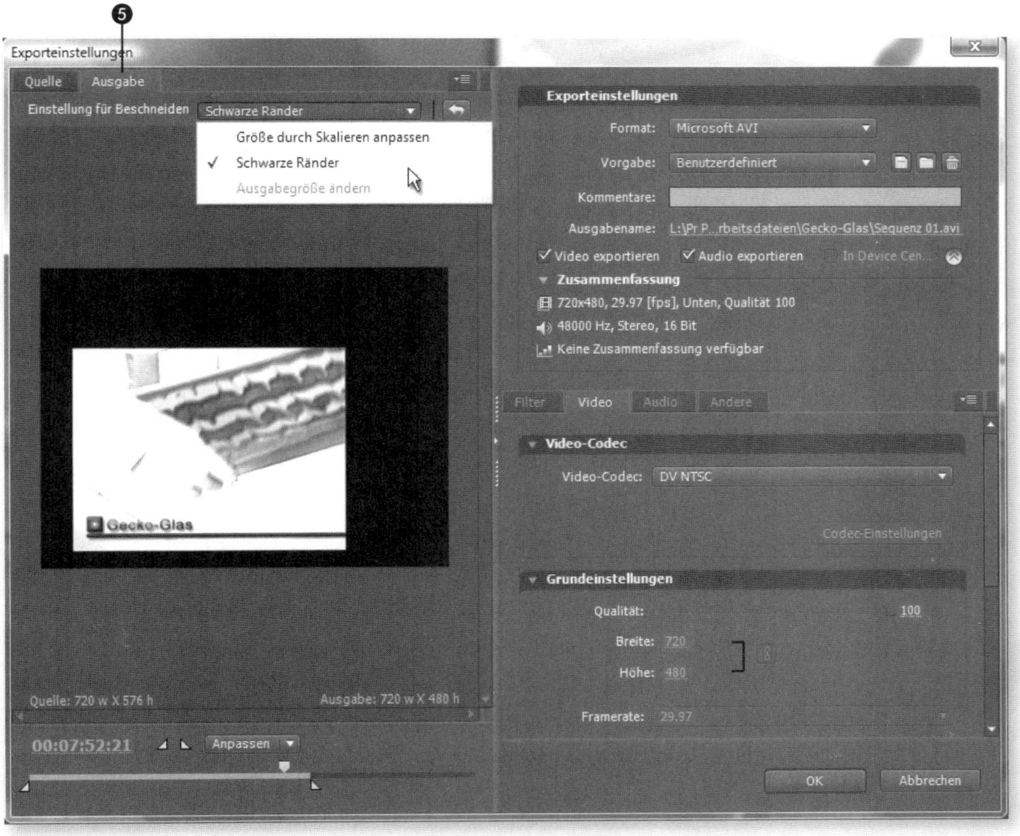

▲ **Abbildung 15.15**
Schwarze Ränder bedeuten, dass das Video nicht skaliert werden würde.

15.2.5 Als DV-AVI exportieren

Sie werden Ihren Film eventuell noch weiterverarbeiten wollen. So ist es ja denkbar, dass Sie eine qualitativ hochwertige Datei für künftige Projekte benötigen. Sie wären schlecht beraten, für diesen Zweck ein MPEG zu verwenden, weil die Datei durch die Kompression Qualitätseinbußen erfährt. Außerdem denkbar: Sie wollen das Umwandeln nach MPEG2 erst in Encore vornehmen. Das ist z. B. dann interessant, wenn Sie erst dort Kapitelmarken einfügen wollen. In beiden Fällen können Sie DV-AVI-Dateien produzieren. Diese sind qualitativ hochwertiger als MPEGs und lassen sich obendrein besser verarbeiten – sind allerdings auch gefräßiger, was den Speicherplatzbedarf angeht.

Schritt für Schritt: Filme als DV-AVI oder QuickTime ausgeben

Für die weitere Verarbeitung des Buchprojekts soll ein AVI ausgegeben werden. Das gibt uns später in Encore mehr Flexibilität und ist zunächst einmal wesentlich schneller erstellt als ein MPEG.

1 *Export-Dialog öffnen*

Für die Ausgabe eines AVI-Films wird seit CS4 ebenfalls der Adobe Media Encoder benötigt. Hier gehen Sie (natürlich nachdem Sie das Schnittfenster markiert haben) über Datei • Exportieren • Medien. Danach sorgen Sie dafür, dass unterhalb des Monitors die gesamte Sequenz ausgewählt ist. Die gelbe Linie muss sich über die gesamte Breite erstrecken. Ist das nicht der Fall, ziehen Sie In- und Out-Point ganz nach außen.

2 *Allgemeine Einstellungen vornehmen*

Sorgen Sie dafür, dass unter Dateityp die Auswahl Microsoft DV-AVI getroffen ist, sofern Sie an einem Windows-System sitzen. Unter Apple Mac entscheiden Sie sich für QuickTime. Die Vorgabe sollte wieder mit PAL-DV bestückt werden. Spätestens jetzt sind auch die Anzeigen Quelle ❷ und Ausgabe ❶ identisch.

3 *Optional: Audio nicht exportieren*

Achten Sie auch hier darauf, dass die Möglichkeit besteht, nur Video auszugeben und den Ton zu ignorieren. In diesem Fall wählen Sie die Checkbox Audio exportieren ❹ ab.

Abbildung 15.16 ▼
Alles bereit zur Ausgabe.

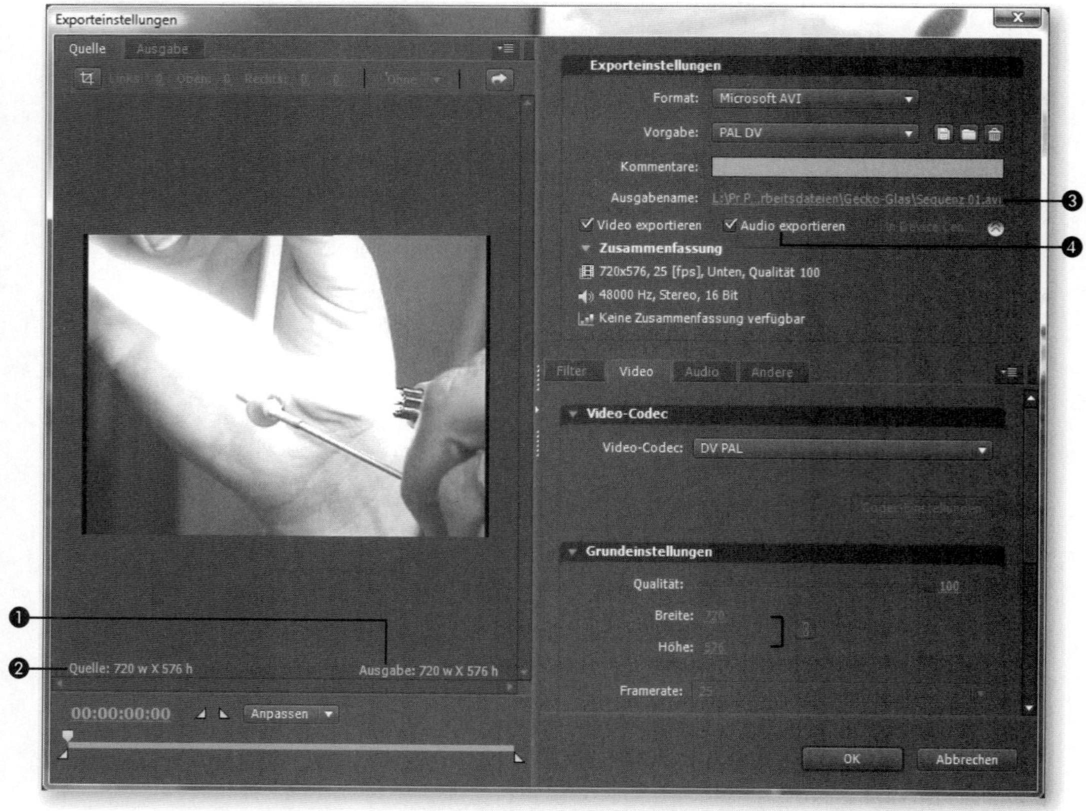

4 *Optional: Vollbild-Material erstellen*

Je nachdem, welchem Filmmaterial die Original-Aufnahmen unterliegen und ob Sie Halbbilder ausgeben wollen, entscheiden Sie sich auf dem Register VIDEO für UNTEN ZUERST (Interlaced) bzw. PROGRESSIV (keine Halbbilder). Letzteres eignet sich insbesondere bei neuartigen Plasma- und LCD-TVs. Nur wenn das Ziel analoger Art ist (Rückgabe an einen Hi8-Camcorder, VHS, S-VHS), schalten Sie um auf OBERES HALBBILD ZUERST.

5 *Export starten*

Klicken Sie noch auf die orangefarbene Schrift neben AUSGABENAME ❸, um einen Speicherort zu bestimmen. Am Ende geht es mit OK wieder in den Adobe Media Encoder. Der wiederum nimmt seine Arbeit auf, sobald Sie auf WARTESCHLANGE STARTEN geklickt haben. ■

15.3 Projekte archivieren

15

Die Arbeit mit Premiere Pro neigt sich dem Ende zu. Sie haben Ihren Film komplett geschnitten, mit Effekten versehen und ausgegeben. Jetzt möchten Sie sicherlich Ihr Projekt noch sinnvoll abspeichern oder auf eine externe Festplatte auslagern. Wenn Sie jetzt aber alles abspeichern, was Sie im Laufe der Zeit aufgenommen und verarbeitet haben, könnte es sein, dass das Projekt aus allen Nähten platzt. Möglicherweise haben Sie ja auch sehr viel experimentiert. Deshalb befinden sich im Projekt zahlreiche Assets, die überhaupt nicht verwendet wurden. Außerdem haben Sie möglicherweise von zahlreichen längeren Clips jeweils nur wenige Sekunden benutzt. Dann stellt sich die Frage: Warum soll ich den gesamten Clip archivieren? Wenn das auch Ihre Meinung ist, geht kein Weg am Projektmanager vorbei.

Schritt für Schritt: Projekte archivieren

1 *Projektmanager öffnen*

Entscheiden Sie sich zunächst für PROJEKT • PROJEKTMANAGER. Danach dürfen Sie sich je nach Projektumfang einen Moment zurücklehnen, denn die Anwendung prüft das Ganze zunächst einmal, um einen ungefähren Überblick über die zu erwartende Größe des archivierten Projekts zu erhalten.

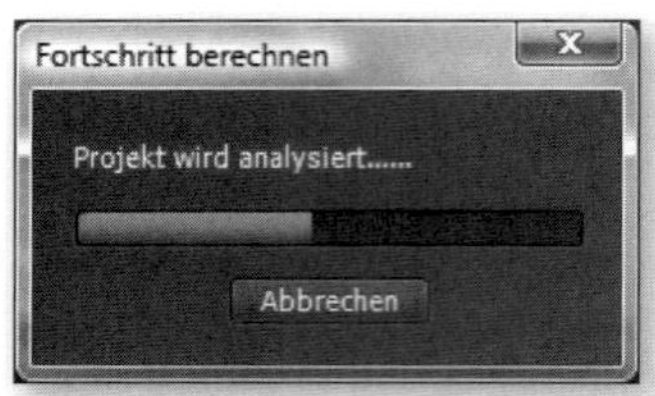

Abbildung 15.17 ▶
Zunächst wird eine Analyse durchgeführt.

Danach präsentiert sich ein nicht zu verachtender Dialog, der das Ergebnis der Analyse ganz unten als Schätzwert präsentiert ❽.

2 *Quelle wählen*

Die oberste Steuerelement-Sammlung QUELLE stellt eine Neuheit in Premiere Pro CS4 dar. Hier dürfen Sie neuerdings entscheiden, welche Sequenz denn nun archiviert werden soll. Wenn Sie die zahlreichen Workshops im Beispielprojekt durchgeführt haben, jetzt aber nur dieses Beispielprojekt archivieren wollen, ist anzuraten, alle Checkboxen mit Ausnahme von SEQUENZ 01 ❶ abzuwählen.

3 *Ergebnis festlegen*

Nun sollten Sie sich den beiden darunter befindlichen Radiobuttons widmen. Mit NEUES ZUGESCHNITTENES PROJEKT ERSTELLEN ❷ würden die Original-Clips gekürzt, und es würde prinzipiell nur das verwendet, was Sie auch innerhalb der Sequenz benutzt haben. Anders ist das, wenn Sie sich für DATEIEN SAMMELN UND IN NEUES VERZEICHNIS KOPIEREN entscheiden. Dann werden nämlich die Original-Assets berücksichtigt und nicht nur Teile davon.

Ein weiterer Unterschied: Verwenden Sie den obersten Eintrag, werden weder Vorschaudateien noch die Dateien zur Audio-Angleichung eingeschlossen. Das ist auch nicht weiter schlimm, denn diese könnten ja anhand der vorhandenen Daten jederzeit neu erstellt werden. Sie nähmen also nur unnötig Platz weg. Achten Sie auch darauf, dass in diesem Fall die entsprechenden Checkboxen im Frame OPTIONEN nicht zur Verfügung stehen.

Grundsätzlich sollten Sie also diese Überlegung anstellen: Wenn sicher ist, dass ich nie mehr neu schneiden will, nehme ich den obersten Radiobutton. Sie sparen zudem eventuell enorm viel Speicherplatz. Diesen könnten Sie sogar noch weiter optimieren, indem Sie HANDLES EINSCHLIESSEN ❺ deaktivieren. Lassen Sie die Checkbox aber nach Möglichkeit angewählt, damit an jedem Clipende 25 Einzelbilder, sprich eine Sekunde zusätzliches Material verbleiben (sofern vorhanden, natürlich) – falls Sie einmal einen Schnitt verschieben müssen. Wenn Sie mögen, können Sie diese Zahl auch noch verändern.

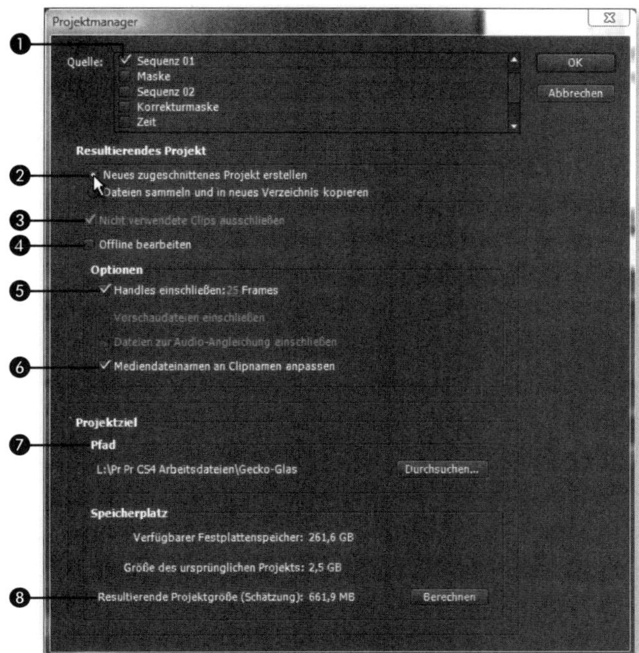

◀ **Abbildung 15.18**
Entscheiden Sie sich zunächst für einen Zuschnitt oder eine Sammlung.

15

4 *Clips ausschließen*

Mit der Anwahl der Checkbox Nicht verwendete Clips ausschliessen ❸ würden nur Clips in das Archiv übernommen, die auch tatsächlich im Projekt verwendet wurden. Ist die Schaltfläche ausgegraut, sind derartige Clips nicht vorhanden.

5 *Offline erstellen*

Falls Sie sich für ein neu zugeschnittenes Projekt entschieden haben, können Sie Offlines erstellen. Hier werden Bandname und Timecode des Original-Filmmaterials archiviert. Dies ist sehr nützlich, wenn Sie beispielsweise die Premiere Pro-Projektdatei mitsamt Original-Videobändern an eine andere Person weitergeben wollen. Diese kann die Filme dann anhand der Offline-Informationen vom Band holen. Bitte wählen Sie aber nur in diesem Fall Offline bearbeiten ❹ an.

6 *Clipnamen anpassen*

Die kopierten Filmmaterial-Dateien erhalten den Namen der aufgenommenen Clips, wenn Sie Mediendateinamen an Clipnamen anpassen ❻ angewählt haben.

7 *Berechnen und speichern*

Geben Sie im Bereich Pfad ❼ jetzt noch den Speicherort Ihres zu archivierenden Projekts an, indem Sie auf Durchsuchen klicken. Am Schluss können Sie mit Hilfe der Schaltfläche BERECHNEN ❶ unten rechts noch einmal ermitteln, wie groß das fertige Projektarchiv schätzungsweise sein wird. Nach einer kurzen Analyse sollte das Ergebnis dann vorliegen.

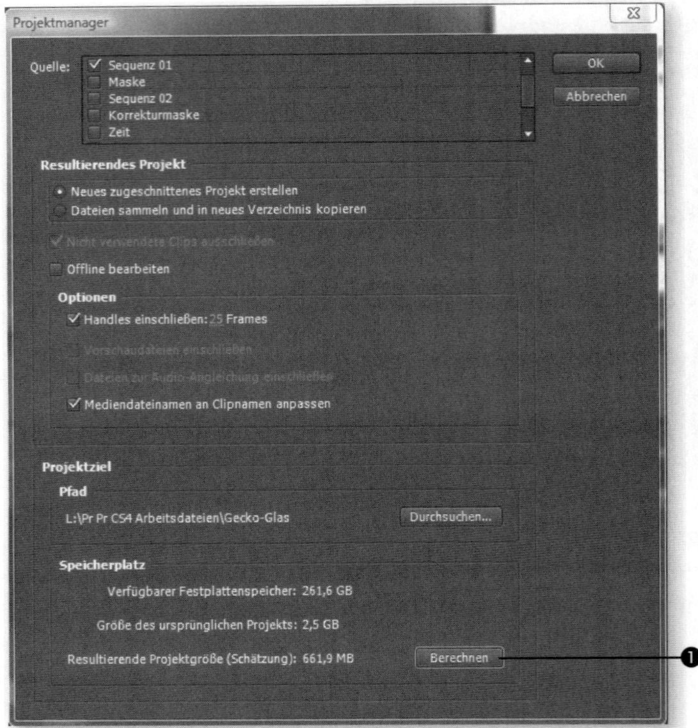

Abbildung 15.19 ▶
Jetzt steht der Archivierung nichts mehr im Wege.

15.3.1 Weitere Ausgabeformate

Mitunter werden Sie anstelle eines ganzen Films lediglich einzelne **Szenenfotos** ausgeben wollen. In diesem Fall stellen Sie die Einfügemarke des Schnittfensters zunächst an die gewünschte Position und entscheiden sich anschließend für DATEI • EXPORTIEREN • FRAME.

Um nur eine **Audiodatei** der im Schnittfenster befindlichen Audiospuren zu erzeugen, stellen Sie DATEI • EXPORTIEREN • AUDIO ein. AIFF (Audio Interchange File Format) und MOV (QuickTime) sind auf beiden Plattformen verfügbar, während WAV (Windows Waveform) und Microsoft AVI nur auf einem Windows-Rechner angeboten werden.

Clip Notes | Vielleicht werden Sie an dieser Stelle Informationen zu Adobe Clip Notes vermissen. Immerhin handelt es sich ja auch dabei um ein Ausgabeformat. Da Clip Notes aber fast ausschließlich innerhalb eines funktionierenden Projekt-Workflows benutzt wird, finden Sie entsprechende Infos in Abschnitt 17.2.

16 DVD-Authoring mit Encore CS4

DVD-Erstellungen lassen sich ja, wie Sie im vorangegangenen Kapitel erfahren haben, problemlos in Premiere Pro starten. Allerdings müssen Sie nach der dort beschriebenen Methode auf professionelle Menüs verzichten – und wer will das schon. Die Verlockungen, neben dem Video-Editing nun auch einmal intensiv in Encore reinzuschnuppern, sind enorm, zumal die Software ja Premiere Pro beiliegt. Also rein in die Welt des DVD-Authorings.

Encore CS4 Testversion

Bitte beachten Sie, dass Adobe keine Testversion von Encore CS4 zur Verfügung stellt. Das Programm wird zwar mitinstalliert, wenn Sie z.B. die 30-Tage-Testversion von Premiere Pro CS4 von der Buch-DVD installieren, kann aber nicht ausgeführt werden.

In diesem Kapitel erhalten Sie Antworten auf folgende Fragen:

- Wie bereite ich Dateien für Encore vor?
- Wie wird ein DVD-Projekt erzeugt?
- Wie kann ich Filme in Encore kürzen?
- Wie werden die Menüs erzeugt?
- Wie setze ich Kapitelmarken?
- Wie erstelle ich Szenenmenüs?
- Wie werden die Authoring-Aufgaben festgelegt?
- Wie teste ich das Projekt?
- Wie gebe ich das Projekt auf eine DVD aus?

16.1 DVD-Projekte in Premiere Pro vorbereiten

Bevor die eigentliche Arbeit mit Encore beginnt, schauen wir uns Premiere Pro noch einmal etwas genauer an. Sie können nämlich bereits auf komfortable Weise Kapitelmarken für Encore erzeugen. Zwar gestattet auch Ihr DVD-Authoring-Tool die interne Erzeugung von DVD-konformen Dateiformaten, doch auch das können Sie bereits mit Premiere Pro erledigen. Wenn Sie also gerne so viel wie möglich in Ihrer

Schnittsoftware erledigen, sollten Sie zunächst Kapitelmarken setzen und im nächsten Schritt die Datei entsprechend ausgeben.

16.1.1 Kapitelmarken für Encore erzeugen

Auch die Kapitelmarken lassen sich in Premiere Pro komfortabel über das Schnittfenster platzieren. Am einem Beispiel soll dies im folgenden Workshop realisiert werden.

Schritt für Schritt: Kapitelmarkierungen für Encore erzeugen

1 *Projekt vorbereiten*

Falls Sie nicht mit Ihrem aktuellen Buchprojekt arbeiten wollen, können Sie auch ein neues Projekt in DV-PAL • STANDARD 48KHZ erzeugen und dort einige Beispieldateien einbetten. Im weiteren Verlauf simulieren wir das Ganze aber am Beispielprojekt.

2 *Kapitelmarkierung einrichten*

Zunächst einmal sollten Sie sich den Start der Sequenz etwas genauer ansehen. Ganz am Anfang des Films ist nämlich bereits eine Kapitelmarkierung integriert ❷. Das erledigt Premiere Pro ganz automatisch beim Erstellen einer Sequenz. Der Filmstart ist also bereits entsprechend ausgezeichnet. Stellen Sie jetzt die Einfügemarke ❸ an eine Position, an der Sie das erste Kapitel erzeugen möchten. Als Nächstes müssen Sie das Kontextmenü über der Zeitskala öffnen (mit rechts auf die Skala klicken) und den Eintrag ENCORE-KAPITELMARKIERUNG EINRICHTEN auswählen. Den gleichen Eintrag finden Sie aber auch im Menü MARKE. Alternativ dazu lässt sich die Marke auch mit einem Klick auf die Schaltfläche ❶ hinzufügen. Suchen Sie sich aus, was Ihnen am besten liegt.

Abbildung 16.1 ▼
Nach der Positionierung der Einfügemarke kann ein Kapitel erzeugt werden.

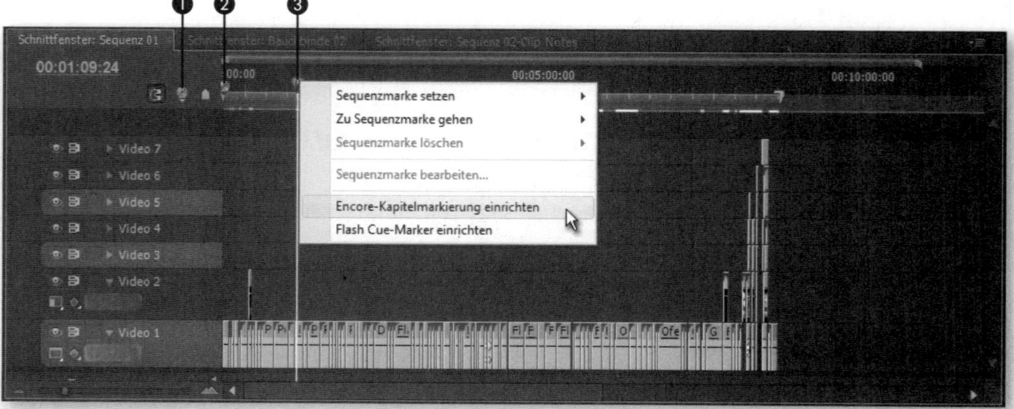

3 *Marke benennen*

Wenn Sie der Markierung gleich einen Namen geben wollen, dann führen Sie bei ihrer Erzeugung einen Doppelklick aus. Das sorgt dafür, dass sich das Dialogfeld MARKE öffnet. Hier lassen sich dann gleich weitere Optionen festlegen. Beachten Sie auch bitte, dass es in diesem Dialog eine ZURÜCK- und eine WEITER-Schaltfläche gibt, mit deren Hilfe Sie sämtliche Marken in einem Arbeitsgang benennen können. Für Flash-Anwender sei noch der Hinweis angebracht, dass sich über diesen Dialog auch Cue-Points integrieren lassen.

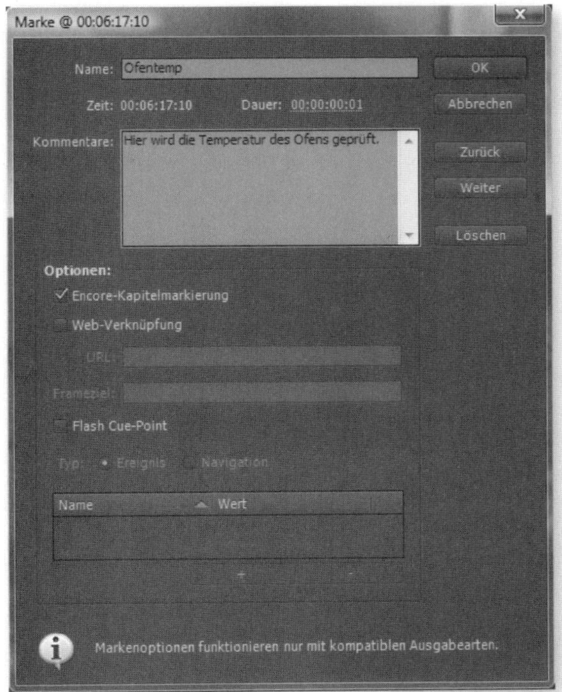

◀ **Abbildung 16.2**
Die Marke kann an dieser Stelle gleich benannt werden.

4 *Markierungen verschieben*

Zur Feinjustierung können die Marken noch per Drag & Drop verschoben werden. Achten Sie jedoch darauf, dass sich die Einfügemarke nicht darüber befindet, weil Sie sie ansonsten verziehen würden. Einzelne Marken löschen Sie, indem Sie sie doppelt anklicken und im Dialog den LÖSCHEN-Button betätigen. Noch schneller geht es, indem Sie Strg/⌘+0 drücken. Diese Tastenkombination steht allerdings nur zur Verfügung, wenn die Einfügemarke zuvor über einer Markierung platziert wurde. ■

16.1.2 Filme für Encore ausgeben

Nachdem Sie alle Kapitelmarken gesetzt und benannt haben, geht es nun darum, den fertigen Film auszugeben. Auch an dieser Stelle muss

16

einfach noch einmal darauf hingewiesen werden, dass Sie das Erzeugen der DVD-konformen Datei auch in Encore erledigen können. Dennoch bietet auch Premiere Pro diese Möglichkeit.

Schritt für Schritt: Filme mit Kapitelmarken ausgeben

1 ***Exportdialog anwählen***

Wenn Sie sich entschieden haben, den Film bereits innerhalb von Premiere DVD-konform rendern zu lassen, müssen Sie dort zunächst das Schnittfenster markieren, da ansonsten die Exportoptionen nicht zur Verfügung stehen. Dann wählen Sie DATEI • EXPORTIEREN • MEDIEN.

2 ***Format wählen***

Entscheiden Sie sich in den EXPORTEINSTELLUNGEN oben rechts für das Format MPEG2-DVD. Bei Erzeugung von Blu-ray-Medien stellen Sie hier H.264 BLU-RAY ein. Weitere kompatible Formate zur Verwendung in Encore sind AVI und QuickTime.

Exporteinstellungen im Detail

Ausführlichere Hinweise zu den Funktionen innerhalb der Exporteinstellungen finden Sie im Workshop »Filme für eine DVD ausgeben« in Abschnitt 15.2.1, »Für DVD ausgeben«

Abbildung 16.3 ▶ Die erste Entscheidung ist die nach dem Format.

3 ***Vorgabe wählen***

Entscheiden Sie sich jetzt im Pulldown-Menü VORGABE für genauere Angaben in Bezug auf das Format. Das Beispielprojekt kann in PAL – HOHE QUALITÄT ausgegeben werden. Geben Sie unterhalb noch einen Speicherort an und betätigen Sie OK. Im Folgedialog klicken Sie auf WARTESCHLANGE STARTEN.

16.1.3 Sequenzen an Encore senden

Sequenzen, die über den Adobe Media Encoder in AVI ausgegeben werden, beinhalten Sequenzmarken nur noch als zeitliche XMP-Metadaten. Diese tauchen im Encore-Schnittfenster nicht mehr auf. Entsprechend verhält es sich mit MOV-Dateien (QuickTime) unter Apple Macintosh.

Wenn Sie allerdings jetzt noch kein MPEG erzeugen wollen und dennoch in Premiere Pro erzeugte Kapitelmarkierungen übergeben möchten, dann können Sie das über Dynamic Link veranlassen. Markieren Sie dazu das Schnittfenster, und entscheiden Sie sich für DATEI • ADOBE DYNAMIC LINK • AN ENCORE SENDEN. Hierbei bleiben Quelle und Ziel aber dynamisch miteinander verbunden. Sollten Sie nachträglich noch Änderungen an der Sequenz vornehmen, werden diese auch in Encore übernommen – mit ein wenig Verzögerung zwar, dafür aber ohne dass ein nachträgliches Abspeichern in Premiere Pro nötig wäre. Dies stellt also in einem offenen Projekt die vielleicht komfortabelste Art der Dateiverarbeitung dar.

16.2 DVD-Projekt erzeugen

16

Anhand der Beispieldateien, die Sie auf der DVD zum Buch finden, soll jetzt eine DVD erzeugt werden, in der vier Filme des Ordners BEISPIELMATERIAL • ERGEBNISSE enthalten sind. Der Hauptfilm ist natürlich »Gecko-Glas.mpg«. Zusätzlich setzen wir aber noch »Palindrom.avi«, »Vierpunktmaske.avi« und »Zeitverzerrung.avi« ein. Sie sollen Kurzfilme in einem separaten Untermenü darstellen, wie das beispielsweise bei Making-Ofs oder Credits der Fall ist. Wenn Sie die Gecko-Glas-Sequenz bereits selbst exportiert haben, können Sie selbstverständlich auch diese Datei für den Hauptfilm benutzen. Darin enthalten sind sogar bereits die Kapitelmarkierungen, wie Sie gleich sehen werden.

Schritt für Schritt: Projekt einstellen

1 ***Ordner erstellen***

Ich möchte Ihnen empfehlen, zunächst einen Ordner mit dem Namen ENCORE oder ENCORE-BUCHPROJEKT anzulegen. Dieser Ordner wird die eigentliche Projektdatei beherbergen. Sie können das natürlich auch direkt aus dem Startdialog von Encore heraus machen, indem Sie auf NEUES PROJEKT klicken.

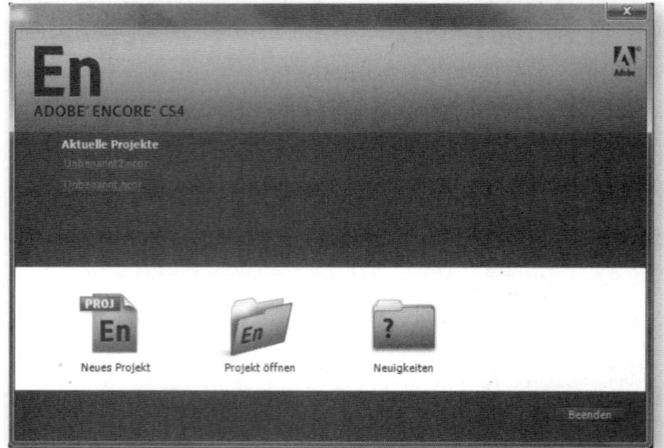

Abbildung 16.4 ▶
Der Startdialog ist auch in Encore das erste Fenster, das sich offenbart.

2 *Standards einstellen*

Im nächsten Fenster (Registerkarte: STANDARD) vergeben Sie einen aussagekräftigen Namen ❶ und betätigen den DURCHSUCHEN-Button ❷. Stellen Sie danach den Pfad zum soeben erzeugten Ordner her. Den AUTHORING-MODUS setzen Sie auf DVD ❸, und der TV-STANDARD ❹ soll PAL entsprechen.

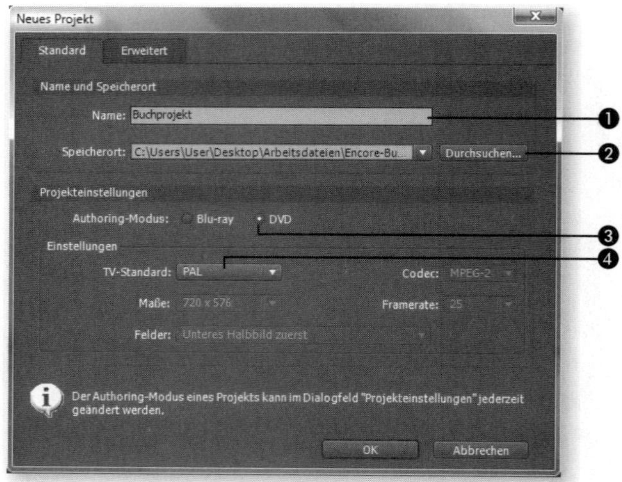

Abbildung 16.5 ▶
Zunächst werden die Projekteinstellungen vorgenommen.

3 *Erweiterte Einstellungen ändern*

Bevor Sie die Vorbereitungen mit OK abschließen, können Sie noch auf die Registerkarte ERWEITERT gehen. Dort haben Sie die Möglichkeit, die maximale Audio/Video-Bitrate zu verändern. 8,0 MBit/s ist jedoch ein guter Wert, der für hohe Qualität sorgt. Wenn Sie Filme inkludieren, die höhere Bitraten aufweisen, werden diese gewissermaßen heruntergerechnet. Außerdem verringert Encore die Bitrate automatisch, wenn das Projekt nicht auf der DVD unterzubringen wäre. Im zweiten Steuerelement dieses Dialogs, AUDIO-TRANSKODIERUNG, lohnt sich DOLBY DIGITAL natürlich nur dann, wenn Sie auch Material verarbeiten, das mit Dolby Digital ausgestattet ist. Übrigens können Sie die hier angegebenen Werte auch später noch beeinflussen. Selektieren Sie dazu aus dem Encore-Menü heraus DATEI • PROJEKTEINSTELLUNGEN. Jetzt sollten Sie die Voreinstellungen mit einem Klick auf OK übergeben. Encore bereitet daraufhin die Transcode-Einstellungen vor.

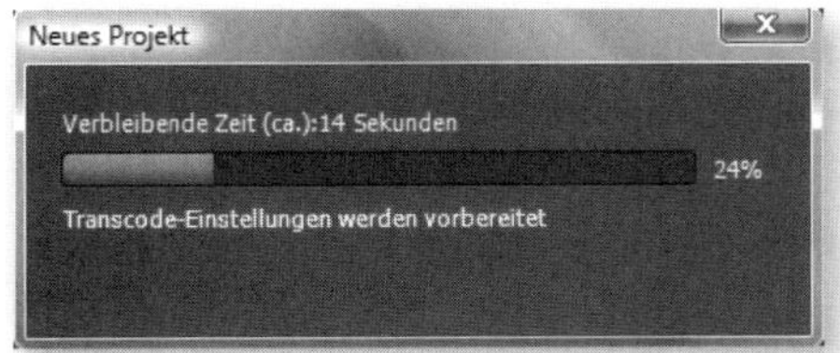

◄ **Abbildung 16.6**
Dieser Vorgang dauert nur wenige Sekunden. ■

Schritt für Schritt: Assets importieren und Schnittfenster erzeugen

Die Arbeitsoberfläche sieht ja nicht völlig anders aus als die von Premiere Pro. Auch hier finden Sie oben links ein Projektfenster, das ebenfalls als Archiv Ihrer Assets dient.

16

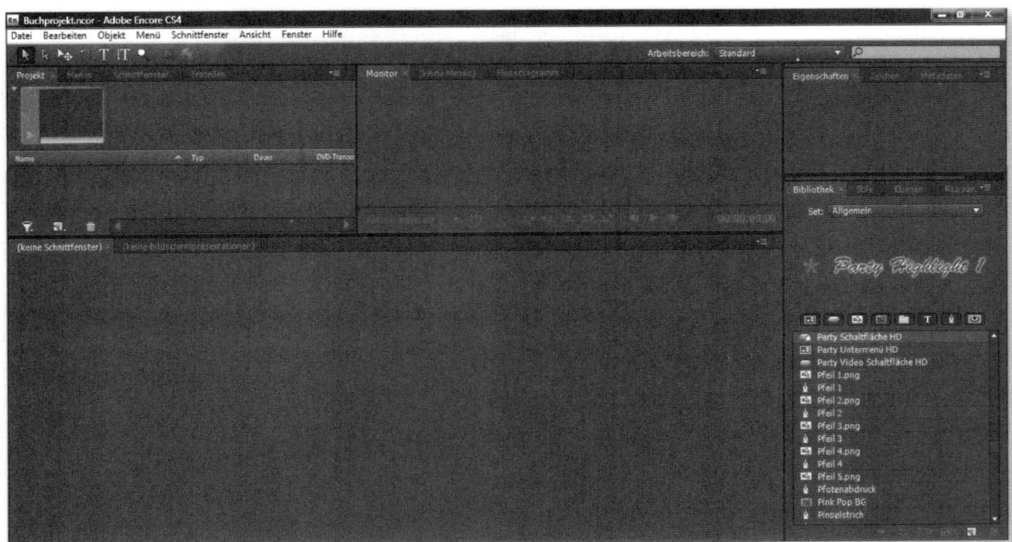

▲ **Abbildung 16.7**
Kühl und grau – die Arbeitsoberfläche von Encore

1 *MPEG importieren*

Doppelklicken Sie auch hier, genau wie in Premiere Pro, auf den leeren Bereich des Fensters. Damit haben Sie die Möglichkeit, die einzelnen Filme in Ihr Projekt zu importieren. Ich möchte Sie aber an dieser Stelle bitten, zunächst nur den Hauptfilm »Gecko-Glas.mpg« zu importieren. Vergrößern Sie das Fenster horizontal etwas, indem Sie den Zwischensteg zum Monitor-Bedienfeld nach rechts ziehen, und schauen Sie in die Spalte DVD-TRANSCODE-STATUS. Dort finden Sie den Eintrag NICHT TRANSKODIEREN. Das liegt daran, dass Sie den Film bereits via Media Encoder als MPEG ausgegeben haben. Und das ist ja genau das Format, das für die Erstellung einer DVD benötigt wird.

Abbildung 16.8 ▼
»Nicht transkodieren« bedeutet, dass diese Datei bereits transkodiert ist.

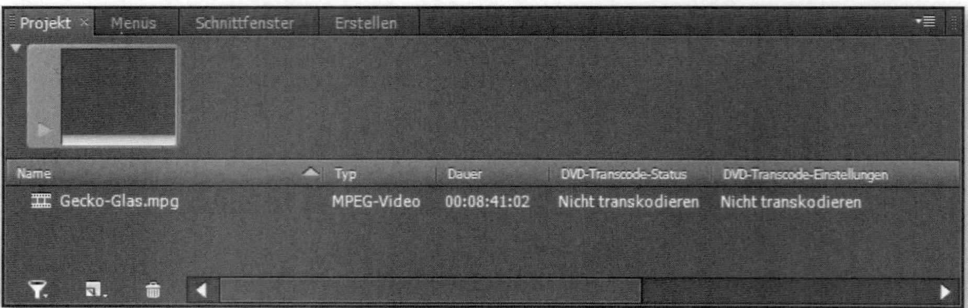

2 *AVI importieren*

Binden Sie hingegen eine andere Datei ein, beispielsweise AVI oder QuickTime, würde an dieser Stelle NICHT TRANSKODIERT stehen. Dieser kleine, aber sehr bedeutende Unterschied weist darauf hin, dass die Datei grundsätzlich noch in Encore transkodiert werden muss. Importieren Sie doch jetzt beispielsweise »Palindrom.avi«.

Abbildung 16.9 ▼
Die zweite Datei muss noch transkodiert werden.

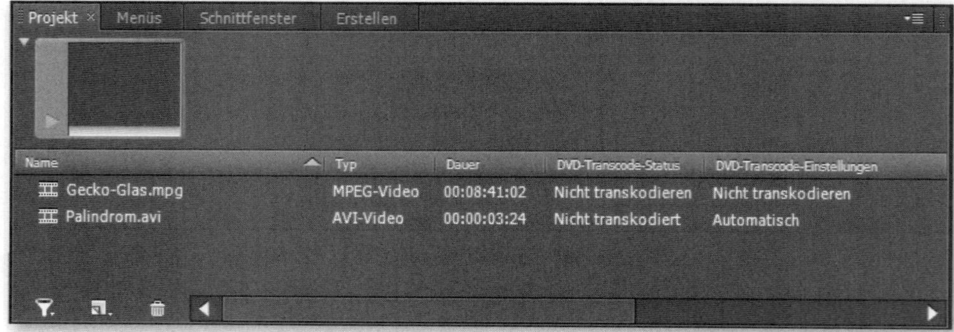

3 *Assets als Schnittfenster importieren*

Die anderen beiden Dateien importieren Sie auf anderem Wege: Klicken Sie mit rechts in den freien Bereich des Projektfensters, und entscheiden Sie sich für IMPORTIEREN ALS • SCHNITTFENSTER. Binden Sie jetzt die Dateien »Vierpunktmaske.avi« und »Zeitverzerrung.avi« ein.

4 *Schnittfenster anlegen*

Daraufhin sollten sich auch diese Dateien zu den ersten beiden Import-Assets hinzugesellt haben. Einen ganz markanten Unterschied gibt es aber: Sie finden sowohl die jeweilige Datei als auch zusätzliche Zeilen mit den gleichen Namen. Der Grund: Sie haben nicht nur die Filme importiert, sondern diese auch gleich ins Schnittfenster eingefügt. Und genau das benötigen Sie auch, wenn Sie mit Filmen in Encore arbeiten wollen.

▼ **Abbildung 16.10**
Sämtliche Assets befinden sich nun im Projektfenster.

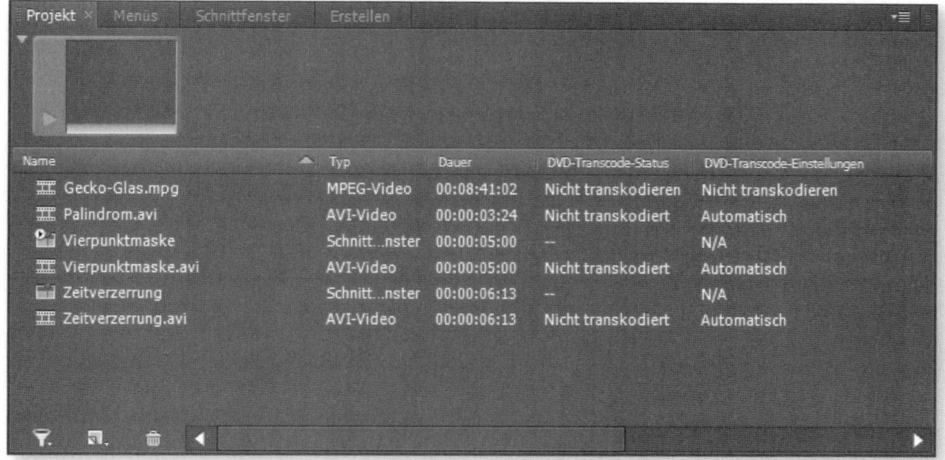

16

5 *Schnittfenster nachträglich erzeugen*

Nun ist aber unser Hauptfilm eingangs ebenso wenig als Schnittfenster angelegt worden wie die erste AVI-Datei. Markieren Sie deshalb den Eintrag »Gecko-Glas.mpg«, und klicken Sie in der Fußleiste des Projektfensters auf das Blatt-Symbol (NEUES ELEMENT ERSTELLEN). Entscheiden Sie sich in der Liste für den Eintrag SCHNITTFENSTER. Daraufhin wird ein weiteres Asset im Projektfenster zu sehen sein – nämlich das Gecko-Glas-Schnittfenster. Wiederholen Sie den Vorgang mit dem letzten Asset, das noch kein Schnittfenster hat, »Palindrom.avi«.

▼ **Abbildung 16.11**
So sollte jetzt auch Ihr Schnittfenster aussehen.

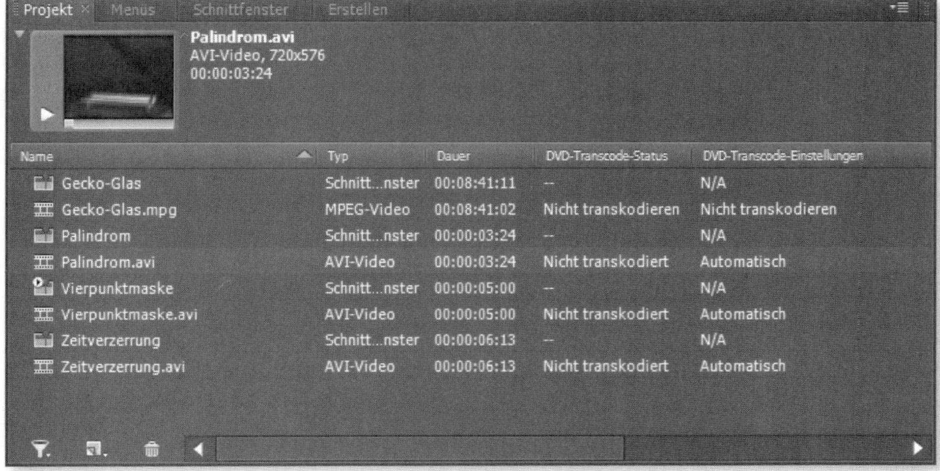

Warum ist es erforderlich, Schnittfenster zu erzeugen? Weil Film-Assets innerhalb der DVD-Struktur nicht direkt miteinander verknüpft werden können, sondern nur dann, wenn sie in einem Schnittfenster liegen. Schauen Sie sich doch einmal den unteren Bereich der Arbeitsoberfläche an. Sie finden nämlich hier für jeden Film auch ein entsprechendes Fenster, das Sie über die jeweilige Registerkarte oder per Doppelklick auf dem Schnittfenster-Eintrag im Projektfenster anwählen können. (Dazu später mehr.)

Abbildung 16.12 ▼
So präsentiert sich das Schnittfenster nach Anwahl des Hauptfilms.

6 *Filme abspielen*

Sie können hier die Abspielmarke (Einfügemarke) nach Wunsch positionieren und den Film mit Hilfe der Leertaste starten und stoppen. Das können Sie aber auch, indem Sie innerhalb des Monitorfensters (FENSTER • MONITOR) die Abspielen-Schaltfläche benutzen.

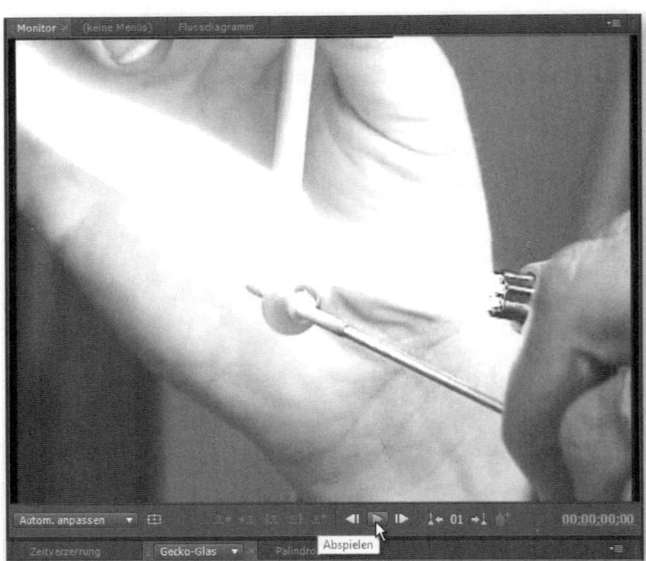

Abbildung 16.13 ▶
Schauen Sie sich den Film einmal an.

16.2.1 Filme kürzen

Sie dürfen vom Schnittfenster keine Bearbeitungsmöglichkeiten wie in Premiere Pro erwarten. Zunächst einmal sollten Sie sich vergegenwärtigen, dass diese lediglich Schnittfenster heißen. Darüber hinaus haben sie mit den Schnittfenstern von Premiere Pro nicht allzu viel gemeinsam, außer dass Sie Marken setzen (dazu später mehr) und Clips kürzen können. Na, das ist doch schon mal etwas, oder? Stellen Sie die Einfügemarke an den Anfang oder das Ende eines Clips, und ziehen Sie ihn nach Wunsch in Form.

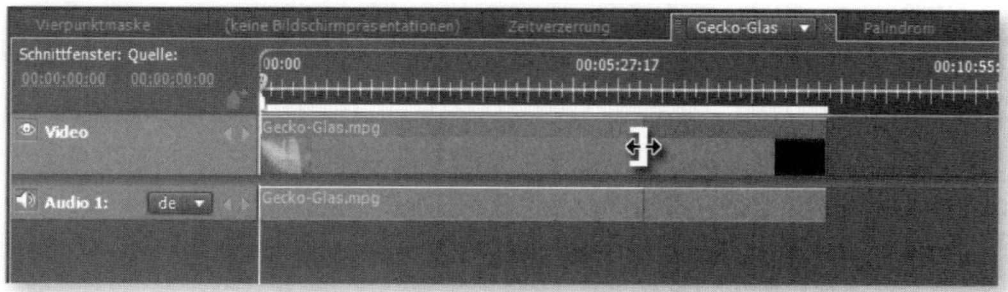

◄ **Abbildung 16.14**
Das Kürzen funktioniert prinzipiell genauso wie in Premiere Pro.

16.2.2 Nur Audio oder nur Video kürzen

Audio und Video lassen sich aber auch getrennt voneinander kürzen. Dazu müssen Sie allerdings zunächst einmal den Clip abwählen, indem Sie in einen freien Bereich der Video- oder Audiospur klicken. Danach halten Sie [Alt]/[⌥] gedrückt. Am Schluss klicken Sie auf das Ende des Streifens, den Sie einkürzen wollen (also entweder Audio oder Video), und schieben den Clip mit gedrückter Maustaste in Form.

16

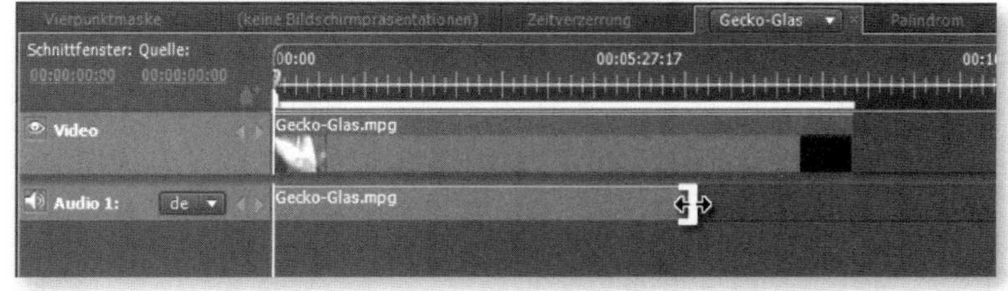

◄ **Abbildung 16.15**
Clips können auch »einseitig« gekürzt werden.

16.2.3 Mehrere Filme einbetten

Grundsätzlich dürfen mehrere Filme in einem Schnittfenster untergebracht werden. Sie können also ein Film-Asset (kein Schnittfenster!) mit gedrückter Maustaste hinter einen bereits vorhandenen Film ins Schnittfenster ziehen. Danach liegen beide Filme hintereinander, und an ihrem Übergang wurde sogar eine Marke erzeugt. Sie dürfen auch mischen, also einen MPEG-Film beispielsweise in ein AVI-Schnittfenster ziehen. Allerdings geht das nicht umgekehrt – zumindest dann nicht, wenn Sie versuchen, einen nicht transkodierten Film in ein Schnittfenster zu ziehen, dessen Inhalt bereits transkodiert ist. In diesem Fall wird am Ende lediglich eine Kapitelmarkierung erzeugt.

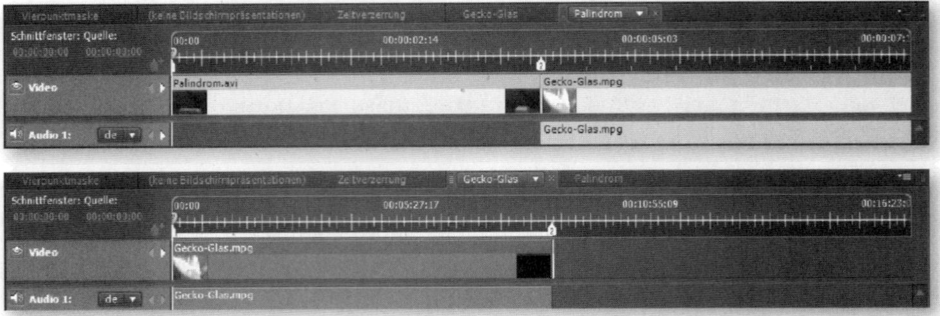

▲ **Abbildung 16.16**
Die obere Konstellation ist möglich, während beim Versuch, ein AVI in das MPEG-Schnittfenster zu ziehen (unten), nur eine Markierung erzeugt wird.

16.3 Menüs erzeugen

Jede DVD benötigt natürlich mindestens ein Menü. Die Anwendung wartet mit einer Fülle vordefinierter Menüs auf, die Sie selbstverständlich Ihren individuellen Bedürfnissen anpassen können.

Schritt für Schritt: Ein Menü erzeugen

1 *Standardmenü wählen*

Klicken Sie zunächst in der Fußleiste des Projektfensters auf Neues Element erstellen. Aus der Liste entscheiden Sie sich für Menü. Encore wird daraufhin ein weiteres Asset (genauer gesagt: ein Menü) in das Projektfenster integrieren. Dass es sich dabei keinesfalls um das gewünschte, sondern um irgendein Menü handelt, wollen wir im Moment noch vernachlässigen.

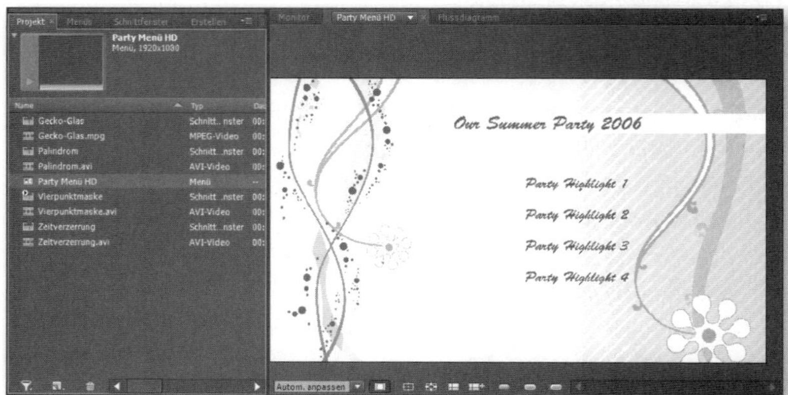

Abbildung 16.17 ▶
Hier wurde ein HD-Menü integriert.

2 *Assets benennen*

Klicken Sie diesen Eintrag im Projektfenster mit rechts an, und entscheiden Sie sich im Kontextmenü für UMBENENNEN. Im folgenden Dialog legen Sie HAUPTMENÜ fest und bestätigen mit OK.

3 *Menü austauschen*

Widmen Sie sich jetzt dem Bedienfeld BIBLIOTHEK unten rechts auf Ihrer Arbeitsfläche. Sollte dieses Fenster nicht angezeigt werden, können Sie es über [F7] oder über FENSTER • BIBLIOTHEK einschalten. Lassen Sie sich zunächst in der Bibliothek nur die Menüs anzeigen. Das erreichen Sie, indem Sie auf den Button ANZEIGE VON MENÜS AKTIVIEREN/DEAKTIVIEREN ❶ klicken. Dadurch werden aktuell alle Bibliotheksinhalte ausgeblendet, die nicht den Menüs zugeordnet werden – die nebenstehenden Buttons sind damit inaktiv und könnten später unter Verwendung von [⇧] wieder zugeschaltet werden. In der unterhalb befindlichen Liste wählen Sie jetzt MENÜ ELEMENT ❷ aus. Klicken Sie danach in der Fußleiste auf ERSETZEN ❹.

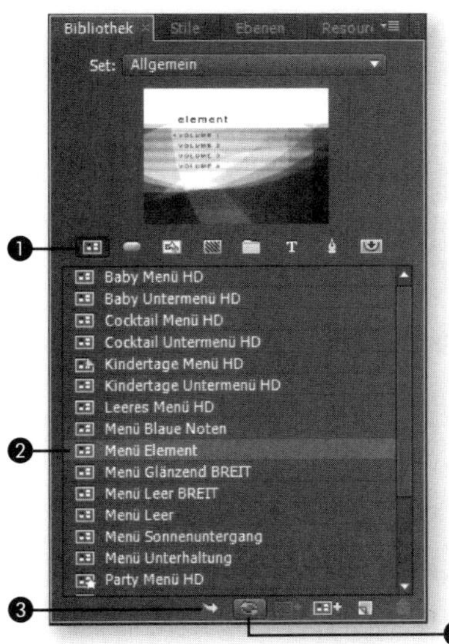

◀ **Abbildung 16.18**
In der Bibliothek werden Sie zahllose DVD-Menüs finden.

4 *Optional: Menüs platzieren*

Dadurch wird das ursprünglich platzierte Menü gegen das aktuell gewählte ausgetauscht, obwohl der zuvor vergebene Name (Hauptmenü) beibehalten wird. Hätten Sie vorab kein Menü eingefügt, hätten Sie das Bibliotheksmenü jetzt über PLATZIEREN ❸ hinzufügen müssen.

5 *Menüeinträge löschen*

Sie können jetzt das Menü direkt im Fenster HAUPTMENÜ nach Wunsch anpassen. So lassen sich die einzelnen Schaltflächen beispielsweise umpositionieren und nicht benötigte löschen. Entfernen Sie die Schaltfläche »Party Highlight 4«, indem Sie sie markieren und anschließend [Entf] drücken bzw. BEARBEITEN • LÖSCHEN wählen.

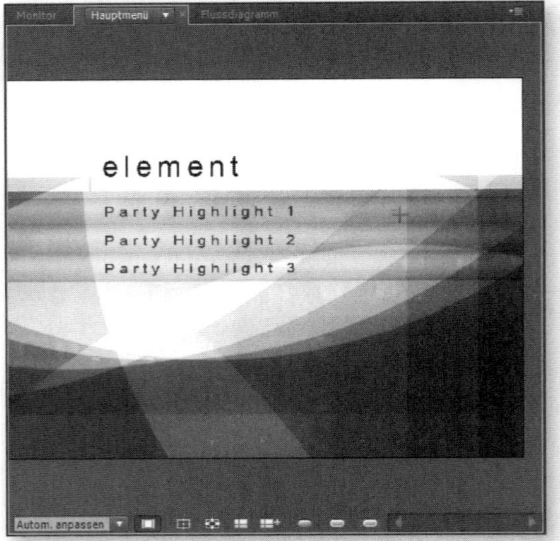

Abbildung 16.19 ▶
Der unterste Button musste weg!

6 *Bezeichnungen ändern*

Nun sind die vorhandenen Bezeichnungen ja wirklich alles andere als aussagekräftig. Spätestens hier kommt dem Eigenschaften-Bedienfeld große Bedeutung zu. Markieren Sie deshalb die erste Schaltfläche, »Party Highlight 1«, und tragen Sie auf der Registerkarte STANDARD des Eigenschaften-Bedienfeldes unter NAME ❶ den neuen Text »Film abspielen« ein. Bestätigen Sie mit [↵]. Wiederholen Sie diese Schritte für die zweite Schaltfläche, die »Kapitel auswählen« heißen soll, und bezeichnen Sie die dritte als »Bonusmaterial«.

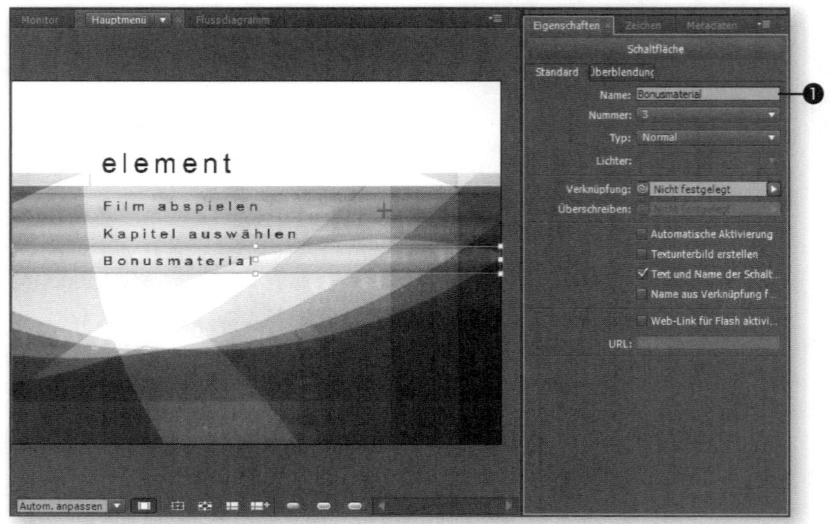

Abbildung 16.20 ▶
Die Buttons wurden hier bereits umbenannt.

7 *Direktänderungen durchführen*

Wenn Sie versuchen, jetzt den vorhandenen Text »element« zu ändern, wird Ihnen das nicht gelingen. Das liegt daran, dass Hintergrund und Schriftzug eine Einheit bilden. Ebenso wenig könnten Sie beispielsweise den Text der einzelnen Buttons innerhalb der Schaltfläche bewegen, da auch hier eine Einheit aus Button und Text gebildet wurde. Schauen Sie einmal oben links auf die Werkzeugleiste. Dort ist standardmäßig das Auswahl-Werkzeug [V] aktiv. Wollen Sie einzelne Elemente innerhalb einer Gruppe bearbeiten, müssen Sie sich für das nebenstehende Direkt-Auswahl-Werkzeug [A] entscheiden.

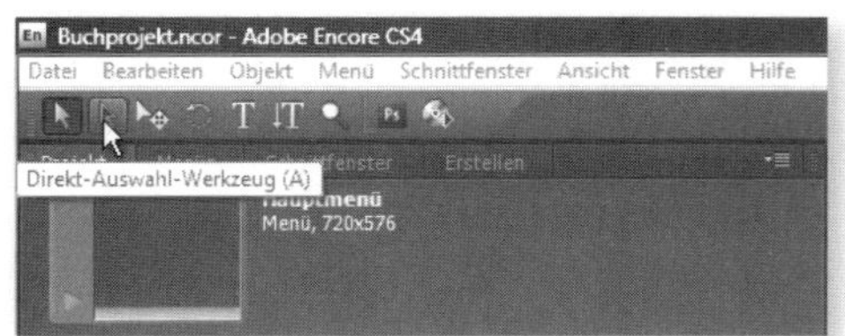

◀ **Abbildung 16.21**
Das Direkt-Auswahl-Werkzeug befindet sich wie alle anderen Tools in der Werkzeugleiste.

Klicken Sie mit diesem Werkzeug auf den Schriftzug eines Buttons, können Sie ihn auf der Schaltfläche nach Wunsch verschieben. Die direkte Textänderung der Headline (element) erfolgt, indem Sie auf den Text doppelklicken oder das Text-Werkzeug [T] aktivieren und den Schriftzug damit »überfahren«. Geben Sie danach «faszination glas« ein.

16

8 *Schaltflächen neu anordnen*

Am Schluss wechseln Sie auf das Verschieben-Werkzeug und platzieren die Schaltflächen neu. Ziehen Sie sie weiter auseinander. Am besten gelingt das, indem Sie sie einzeln markieren und mit [⇧]+[↓] weiter auseinander bewegen.

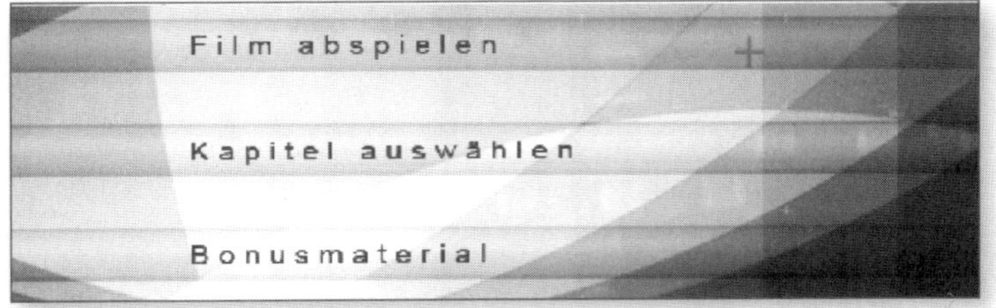

◀ **Abbildung 16.22**
Der Platz zwischen den Buttons ist jetzt größer.

9 *Objekte gemeinsam verschieben*

Nur am Rande sei noch erwähnt, dass Sie mehrere Objekte markieren können, indem Sie einen Rahmen aufziehen, der die gewünschten Objekte (im Beispiel alle drei Schaltflächen) berührt. Danach klicken Sie auf eine der Schaltflächen und verschieben alle gemeinsam nach Wunsch.

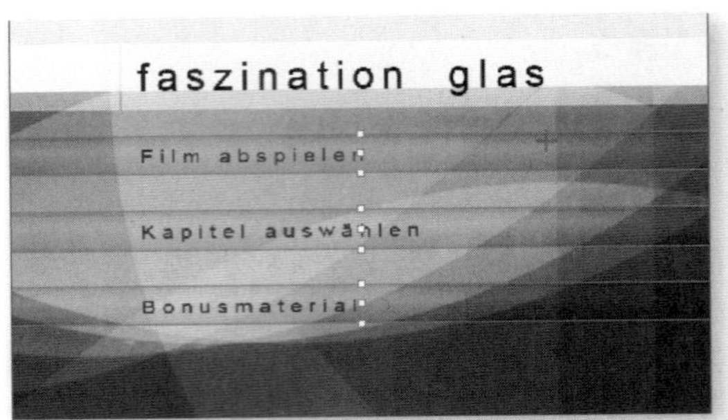

Abbildung 16.23 ▸
So schieben Sie alle Buttons zusammen noch ein wenig nach unten.

Geschützten Bereich anzeigen

Wie bereits aus Premiere Pro bekannt, lassen sich natürlich auch in Encore die Bereiche für geschützte Titel und geschützte Aktionen anzeigen. Klicken Sie dazu einfach in der Fußleiste des Hauptmenü- oder Monitorfensters auf die Schaltfläche GESCHÜTZTEN BEREICH ANZEIGEN. So stellen Sie sicher, dass Sie keine Elemente zu weit außerhalb platzieren.

10 *Einzelne Elemente austauschen*

Wenn Sie das Menü individuell anpassen wollen, benutzen Sie dazu die Bibliothek, die Sie unten rechts auf der Arbeitsfläche finden. So ist es ja durchaus denkbar, dass Ihnen beispielsweise die Schaltflächen gefallen, Sie aber einen anderen Hintergrund wünschen. Wenn dem so ist, klicken Sie zunächst auf ANZEIGE VON HINTERGRÜNDEN AKTIVIEREN/DEAKTIVIEREN. Suchen Sie danach den gewünschten Hintergrund in der unterhalb befindlichen Liste aus, und klicken Sie auf HINTERGRUND FESTLEGEN. Im Beispielprojekt soll der Hintergrund allerdings nicht getauscht werden.

Abbildung 16.24 ▸
Wenn Sie wollen, geht es jetzt dem Hintergrund an den Kragen.

Entsprechend können Sie natürlich auch mit allen anderen Objekten verfahren. Bei Schaltflächen müssen Sie aber berücksichtigen, dass diese zusätzlich eingefügt werden. Wenn Sie also andere Schaltflächen verwenden wollen, sollten Sie die zuvor platzierten löschen.

Damit wäre das Hauptmenü fertiggestellt. Prinzipiell werden aber noch zwei weitere Menüs benötigt. Das erste soll erlauben, einzelne Kapitel anzuwählen, während das zweite den Zugriff zum Bonusmaterial ermöglicht. Letzteres soll im Anschluss erzeugt werden. ■

Projekt speichern

Bitte vergessen Sie nicht, Ihr Projekt ab und zu nachzuspeichern. Immerhin verfügt Encore nicht über eine Automatik, die regelmäßig sichert, wie Sie das von Premiere Pro kennen. Deshalb drücken Sie von Zeit zu Zeit [Strg]/[⌘]+[S] oder gehen über DATEI • SPEICHERN.

Schritt für Schritt: Bonuskapitel-Menü erzeugen

Da Sie ja bereits ein Menü erzeugt haben, können Sie dies auch gleich als Vorlage verwenden. Dann passen diese auch optisch zusammen.

1 *Menü kopieren*

Wenden Sie sich jetzt wieder dem Projektfenster zu, und markieren Sie mit rechts den Eintrag HAUPTMENÜ. Wählen Sie hier KOPIEREN und anschließend EINFÜGEN. Natürlich funktionieren [Strg]/[⌘]+[C], gefolgt von [Strg]/[⌘]+[V], ebenfalls bestens.

2 *Bonus-Menü benennen*

Sie erhalten jetzt ein zusätzliches Menü-Asset mit dem Namen HAUPTMENÜ KOPIE. Klicken Sie diesen Eintrag mit rechts an, und entscheiden Sie sich im Kontextmenü für UMBENENNEN. Na klar: Das gute Stück soll »Bonusmaterial« heißen.

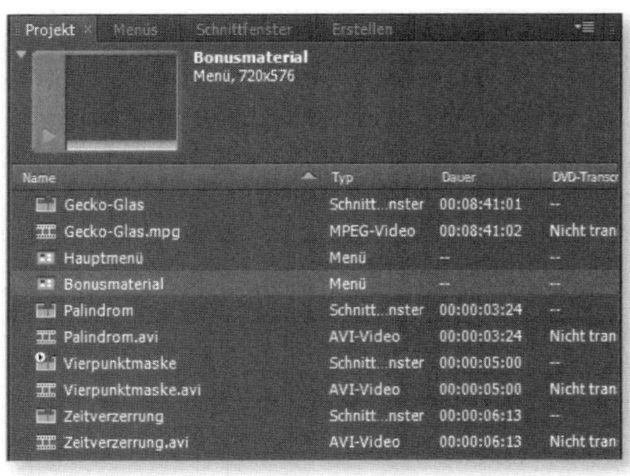

◄ **Abbildung 16.25**
Das Menü wurde kopiert und umbenannt.

3 *Objekte umbenennen*

Nun müssen Sie nichts weiter tun, als die einzelnen Texte zu ändern. Achten Sie aber unbedingt vorher darauf, dass im Hauptfenster jetzt auch das Menü »Bonusmaterial« angezeigt wird. Ansonsten würden sich sämtliche folgenden Änderungen nämlich auf das Hauptmenü auswirken. Kontrollieren Sie also in der Registerkarte ❶, ob BONUSMATERIAL gelistet ist, oder doppelklicken Sie auf den gleichnamigen Eintrag im Projektfenster.

Abbildung 16.26 ▸ Achten Sie darauf, dass die folgenden Änderungen auch wirklich im richtigen Menü wirksam werden.

Geben Sie der Überschrift die Bezeichnung »bonusmaterial«, und ändern Sie die Schaltflächen-Bezeichnungen (im Beispiel verwenden wir »Palindrom«, »Vierpunktmaske« und »Zeitverzerrung«). Denken Sie daran, auch das Direkt-Auswahl-Werkzeug sowie das Text-Werkzeug zu benutzen.

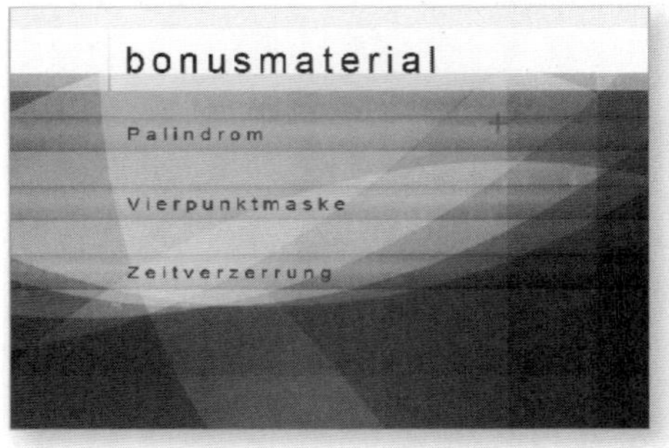

Abbildung 16.27 ▸ Buttons und Menü-Titel wurden umbenannt.

4 *Szenenmenü erzeugen*

Wiederholen Sie die letzten Schritte, und erzeugen Sie auf diese Weise ein Szenenmenü. Den Inhalt dieses Menüs lassen Sie aber bitte noch unbeachtet. Um dessen Gestaltung kümmern Sie sich, nachdem Sie die Kapitelmarken gesetzt haben.

Des Weiteren sollten Sie sich auch um die Funktionen der einzelnen Menü-Buttons noch keine allzu großen Gedanken machen. All das erledigen Sie später. Das Projektfenster sollte jetzt wie in Abbildung 16.28 aussehen.

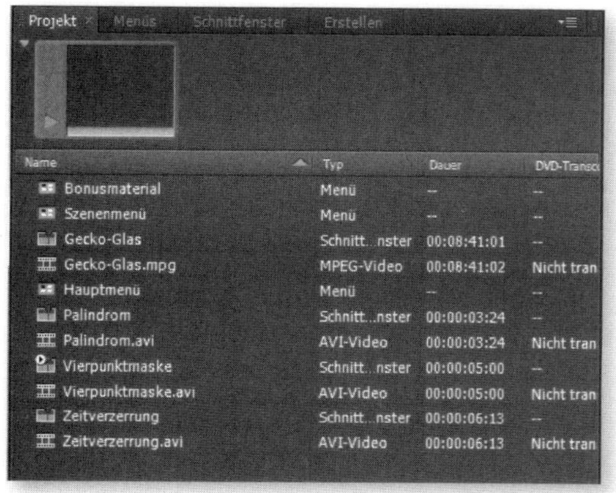

◄ **Abbildung 16.28**
Der Projektfenster-Inhalt ist bereits ordentlich angewachsen. ■

16

16.3.1 Menüs in Photoshop bearbeiten

Ein Menü, das in Encore integriert ist, kann jederzeit auch in Photoshop bearbeitet werden. Markieren Sie das Menü dazu im Projektfenster, und entscheiden Sie sich in der Werkzeugleiste für den Photoshop-Button (MENÜ IN PHOTOSHOP BEARBEITEN).

◄ **Abbildung 16.29**
Von hier aus geht es zu Photoshop.

Führen Sie die gewünschten Arbeiten dort aus, und speichern Sie das Dokument in Photoshop ab. Sobald Sie zu Encore zurückkehren, wurden auch hier die Änderungen aktualisiert. Klasse, oder?

16.3.2 Eigene Menüs in Photoshop erzeugen

Sie können Menüs in Photoshop entsprechend nachbearbeiten und Ihren Wünschen anpassen. Ebenso ist es aber auch möglich, eigene Menüs direkt in Photoshop zu produzieren und diese in Encore zu verwenden. Hier gilt es aber, bestimmte Konventionen zu beachten. So müssen Sie grundsätzlich, wenn Sie innerhalb dieses Menüs eine

Schaltfläche anlegen wollen, ein Ebenen-Set erzeugen (Neue Gruppe erstellen ❸ im Ebenen-Bedienfeld). Dieses Set muss mit der Bezeichnung **(+)** beginnen. Sollte es sich hierbei um Kapitelindizes handeln, müssen Sie das Präfix **(+#)** ❶ benutzen. Wenn Sie das missachten, wird die Ebene später in Encore nicht als Schaltfläche erkannt. Wenn Sie den Button zudem noch mit einer Highlight-Funktion ausstatten wollen, die dem Benutzer anzeigt, dass die Schaltfläche vorausgewählt ist, müssen Sie den Namen dieser Ebene innerhalb des Sets mit **(=1)** beginnen lassen ❷. Die weiterführende Bezeichnung ist hingegen optional.

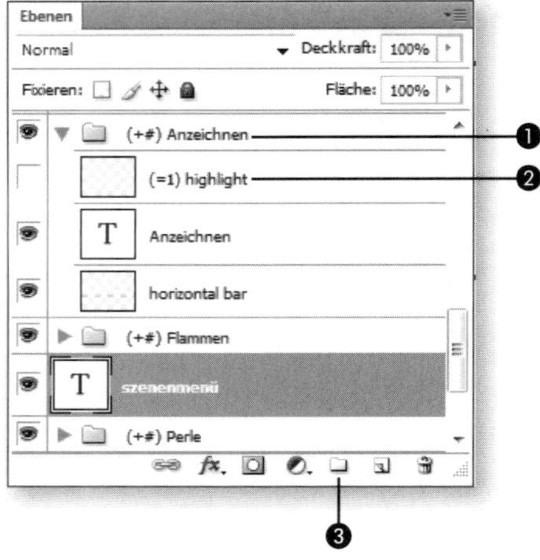

Abbildung 16.30 ▶ Achten Sie auf die Bezeichnungskonventionen.

Die Präfixe im Überblick:

(+) Schaltfläche
(+#) Kapitel-Schaltfläche (zum Kapitel bzw. zur Kapitelmarke)
(+>) Weiter-Schaltfläche (zum nächsten Kapitelmenü)
(+<) Zurück-Schaltfläche (zum vorhergehenden Kapitelmenü)
(+^) Hauptmenü-Schaltfläche (zum Hauptmenü)
(=1) Vorausgewählte Schaltfläche
(=2) Schaltfläche mit Kontur versehen
(=3) Schaltfläche markiert
(%) Miniaturbild des Videos
(!) Ersetzungsebene

Für alle weiteren Elemente, die dem allgemeinen Erscheinungsbild des Menüs dienlich sind, werden keine Präfixe angegeben. Die fertige Datei muss als PSD-Dokument abgespeichert werden.

16.3.3 Objekt in eine Schaltfläche umwandeln

Nun kann es ja sein, dass Sie Photoshop gar nicht im Einsatz haben und dennoch bestimmte Elemente (z. B. Bilder) aus Ihrem eigenen Fundus als Button benutzen wollen. In diesem Fall müssen Sie diese Bilddatei zunächst einmal in Encore integrieren.

Schritt für Schritt: Eigene Schaltflächen verwenden

1 *Menü erzeugen*

Damit unser Beispielprojekt nicht leidet, sollten Sie zunächst ein neues Menü erzeugen, das Sie später wieder entsorgen können. Aktivieren Sie dazu ANZEIGE VON MENÜS AKTIVIEREN/DEAKTIVIEREN ❺ im Bedienfeld BIBLIOTHEK, und entscheiden Sie sich für das Set SCHULUNG ❹. Selektieren Sie MENÜ KLASSISCHE AUSBILDUNG ❻, und bestätigen Sie diese Auswahl mit NEUES MENÜ ❼ in der Fußleiste des Bibliotheksfensters. (Wohl gemerkt: Dieses Menü soll nur als Beispiel herhalten. Wenn Sie mögen, können Sie natürlich auch jedes andere Menü verwenden.)

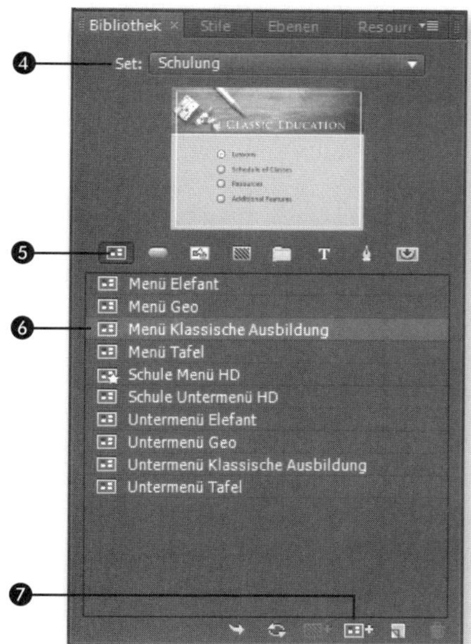

◀ **Abbildung 16.31**
Dieses Menü soll als Beispiel dienen.

2 *Bild importieren*

Jetzt geht es um die Integration des Bildobjekts. Dazu verwenden wir als Beispiel »Button.png« aus dem Ordner KAPITEL_16. Doppelklicken Sie auf einen freien Bereich des Projektfensters, und navigieren Sie zu der erwähnten Bilddatei. Selektieren Sie sie, und bestätigen Sie den Vorgang mit ÖFFNEN. Damit wäre »Button.png« als Asset im Projektfenster vorhanden. Ziehen Sie den gleichnamigen Eintrag jetzt aus dem Projektfenster auf das Menü, und ordnen Sie das gute Stück nach Wunsch an.

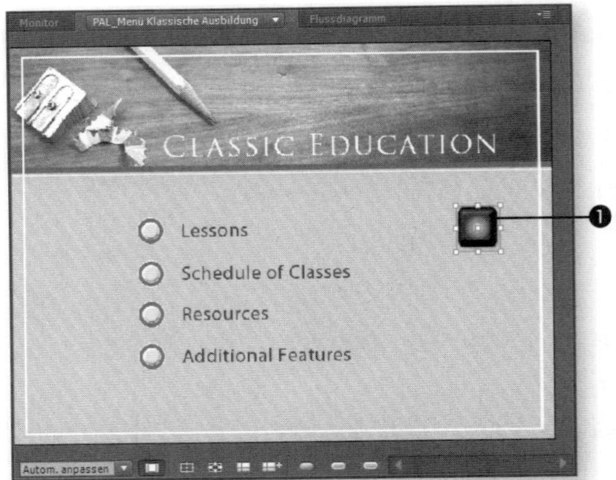

Abbildung 16.32 ▶ Die Bilddatei ❶ wird angeordnet.

3 *Einzelnes Objekt anwählen*

Wenn Sie jetzt einmal auf das Menü klicken und anschließend erneut versuchen, das Bildobjekt zu markieren, wird das Ganze nicht von Erfolg gekrönt sein. Der Grund: Zum Markieren einzelner Objekte benötigen Sie das Direkt-Auswahl-Werkzeug. Falls erforderlich, schalten Sie also auf dieses Tool um, und wählen Sie die PNG-Datei aus.

4 *Ebenen-Bedienfeld aktivieren*

Aktivieren Sie das Ebenen-Bedienfeld von Encore (FENSTER • EBENEN). Hier werden jetzt sämtliche Elemente dieses Menüs aufgelistet. Wenn Sie die Bilddatei ausgewählt haben, ist die erste Zeile zudem markiert. Sie benötigen zwar das Ebenen-Bedienfeld nicht, um eine Schaltfläche zu erzeugen, jedoch sehen Sie hier gleich sehr schön, was passiert, wenn Sie eine entsprechende Umwandlung vornehmen.

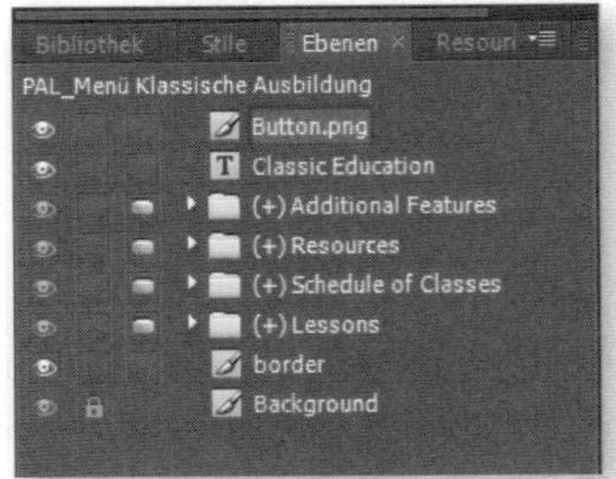

Abbildung 16.33 ▶ Die PNG-Datei wird ganz oben angezeigt.

5 *Schaltfläche erzeugen*

Entscheiden Sie sich abschließend lediglich noch für OBJEKT • IN SCHALTFLÄCHE KONVERTIEREN aus dem Menü, bzw. drücken Sie [Strg]/[⌘]+[B]. Dabei sollten Sie unbedingt das Ebenen-Bedienfeld im Auge behalten. Hier wird nämlich jetzt nicht nur ein Ebenen-Set angelegt, sondern auch gleich alles entsprechend den Konventionen benannt. Sie sehen: Wenn

Sie Schaltflächen direkt in Encore erzeugen, müssen Sie sich um Konventionen überhaupt nicht kümmern.

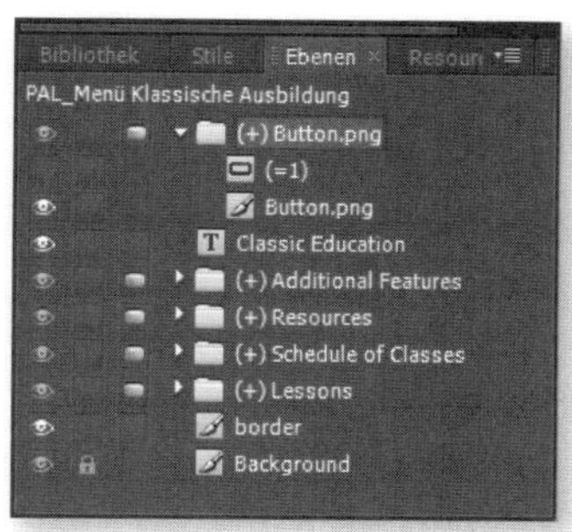

◄ **Abbildung 16.34**
Die Schaltfläche wurde korrekt benannt.

6 *Funktion festlegen*

Jetzt müssten Sie mit Hilfe des Eigenschaften-Bedienfelds nur noch festlegen, welche Funktion der Button erfüllen soll. Wie Sie das machen, erfahren Sie in der Schritt-für-Schritt-Anleitung »Szenenmenüs anlegen« in Abschnitt 16.5. ■

Ebenen-Bedienfeld

Beachten Sie, dass sich das Ebenen-Bedienfeld prinzipiell genauso einsetzen lässt, wie Sie das von Photoshop her kennen. Sie können auch einzelne Objekte markieren und verschieben, austauschen, skalieren und was immer Sie für erforderlich halten. Umfangreichere Arbeiten sollten Sie jedoch komfortablerweise mit Photoshop erledigen.

16

16.3.4 Dateien als Stilobjekte einbinden

Im vorangegangenen Workshop haben Sie gesehen, dass Sie auch herkömmliche Bilddateien als Assets in ein Projektfenster einbinden können. Dieser Weg ist immer dann sinnvoll, wenn Sie die Datei nur für dieses eine Projekt integrieren wollen. Sollten Sie aber mit der Zeit dazu übergehen, Ihre ganz individuellen Elemente für jedes Ihrer Projekte einsetzen zu wollen (beispielsweise Ihr Logo), ist es sinnvoller, diese direkt in die Bibliothek zu integrieren. Dann ersparen Sie sich das permanente Hinzufügen über das Projektfenster.

Und das geht so: Suchen Sie im Bedienfeld Bibliothek zunächst ein Set aus ❷, in das Sie das Objekt integrieren wollen (siehe Abbildung 16.35). Markieren Sie anschließend die Gruppe, die das Objekt am treffendsten beschreibt (bei Bilddateien bietet sich grundsätzlich Anzeige von Bildern aktivieren/deaktivieren ❸ an). Danach öffnen Sie das Bedienfeld-Menü ❶ und entscheiden sich für Neues Objekt. Navigieren Sie zur Bilddatei, wählen Sie diese aus, und bestätigen Sie mit Öff-

NEN. Fortan wird der Eintrag in der Liste angezeigt ❹. Damit steht er permanent zur Verfügung und kann per Drag & Drop in jedes vorhandene Menü integriert werden.

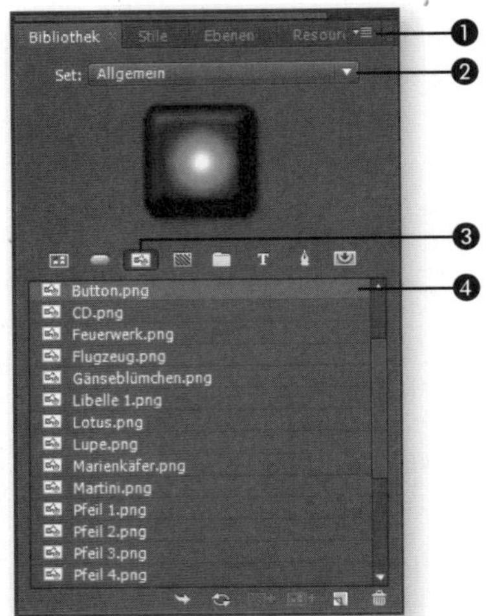

Abbildung 16.35 ▸
Ihre eigenen Elemente in der Bibliothek

16.3.5 Menü-Vorlagen ergänzen

Wenn Sie einmal das Bedienfeld RESSOURCE-CENTRAL anwählen, das sich standardmäßig hinter den Ebenen befindet, und dort auf VORLAGEN ❺ umschalten, haben Sie übrigens Zugriff auf weitere Menüs, die online zur Verfügung gestellt werden. Beachten Sie, dass es auch hier verschiedene Themen-Sets gibt ❻. Möchten Sie eines der Menüs nutzen, betätigen Sie die dazugehörige Pfeil-Schaltfläche ❼, was zur Folge hat, dass dieses Menü heruntergeladen und im Menü-Viewer bereitgestellt wird. Und logischerweise liegt es anschließend auch als Asset im Projektfenster. Das Ende des Downloads wird zudem durch ein kleines Häkchen angedeutet ❽.

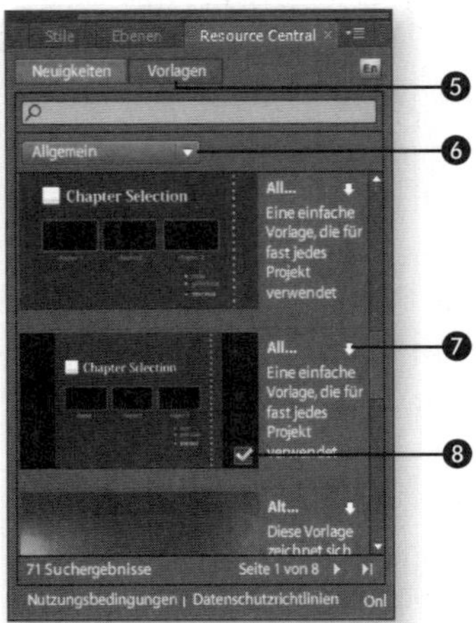

Abbildung 16.36 ▸
Zusätzliche Menüs sind via Internet erhältlich.

16.4 Kapitelmarken setzen

Bei längeren Filmen sollte der Benutzer grundsätzlich die Möglichkeit haben, einzelne Kapitel dieses Films anzuwählen. Wenn er nach einer unterbrochenen Wiedergabe erneut einsteigen möchte, sollte er schnell an einen bestimmten Punkt des Films springen können. Sie haben eingangs bereits erfahren, dass Sie solche Kapitelmarken auch problemlos in Premiere Pro integrieren können. Der gerenderte Film verfügt dann auch in Encore über diese Marken. Dass aber auch Ihre Authoring-Software für derartige Vorhaben bestens geeignet ist, zeigt der folgende Workshop.

Schritt für Schritt: Den Hauptfilm mit Kapitelmarken ausstatten

1 *Schnittfenster öffnen*

Nun geht es um den Hauptfilm, der noch in einzelne Kapitel unterteilt werden soll. Doppelklicken Sie deshalb auf den Schnittfenster-Eintrag GECKO-GLAS (nicht die Videodatei!) im Projektfenster.

2 *Kapitelmarken setzen*

Bringen Sie zunächst die Schnittfenster-Marke (Einfügemarke) an die gewünschte Position, und klicken Sie anschließend auf KAPITEL HINZUFÜGEN. Führen Sie die Arbeiten fort, indem Sie sämtliche Kapitelmarken setzen, die Sie für erforderlich halten. Dabei sollten Sie bedenken, dass sich die Einfügemarke auch vor der Erzeugung der Marke exakt in Position bringen lässt. Am besten benutzen Sie dazu die Pfeiltasten Ihrer Tastatur und klicken erst danach auf KAPITEL HINZUFÜGEN.

▼ Abbildung 16.37
Die Kapitel sind jetzt alle markiert.

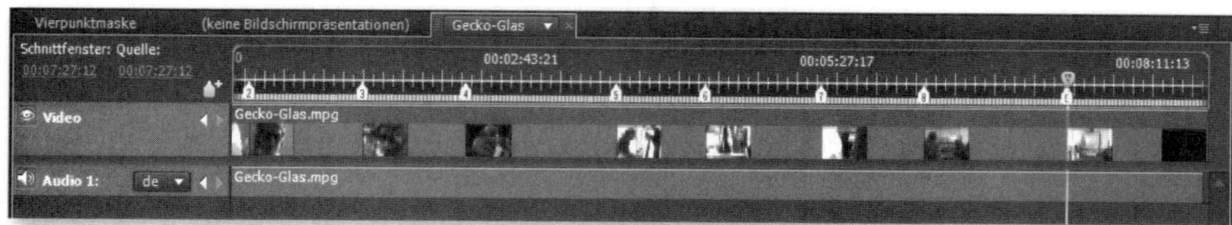

3 *Kapitelnamen eingeben*

Es ist zu empfehlen, zwischendurch einmal [Strg]/[⌘]+[8] zu drücken (oder ANSICHT • KAPITELNAMEN ANZEIGEN zu wählen). Dadurch werden die Kapitelnamen nämlich gleich im Schnittfenster angezeigt. Alternativ dazu können Sie auch irgendwo auf die Skala klicken und KAPITELNAMEN ANZEIGEN wählen. Es ist nämlich durchaus sinnvoll, jetzt logische Bezeichnungen zu vergeben und dabei auch gleich zu prüfen, ob die richtige Marke auch an der richtigen Stelle im Schnittfenster sitzt. Die Umbenennung nehmen Sie im Eigenschaften-Fenster vor, nachdem Sie die jeweilige Marke im Schnittfenster angewählt haben. Vergessen Sie dabei nicht, auch die automatisch generierte erste Marke am Anfang zu benennen (FILMSTART o. Ä. würde sich hier anbieten).

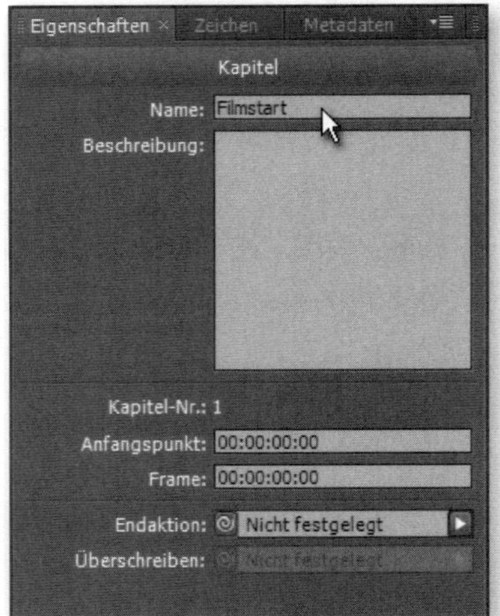

Abbildung 16.38 ▸ Kapitelnamen können im Eigenschaften-Bedienfeld vergeben werden.

Schnittfenster vergrößern/verkleinern

Das Schnittfenster lässt sich prima vergrößern, indem Sie in der Werkzeugleiste die Lupe aktivieren und damit auf den Film im Schnittfenster klicken. Machen Sie das, während Sie [Alt]/[⌥] gedrückt halten, so verkleinern Sie die Ansicht. Noch schneller geht es über die Tasten [+] und [-].

4 *Untermenüs mit einplanen*

Die Kapitelmarken werden später als einzeln anwählbare Buttons in Szenenmenüs auftauchen. Deshalb ist es bereits hier wichtig, deren Menüstruktur mit einzuplanen. Wenn Sie beispielsweise pro Menüseite vier Schaltflächen planen, wäre es sinnvoll, acht Kapitelmarken zu setzen.

Damit wir uns nicht falsch verstehen: Das ist nicht zwingend erforderlich, sondern sorgt lediglich dafür, dass jedes Szenenmenü über gleich viele Buttons verfügt. Im Beispielprojekt verwenden wir insgesamt acht Kapitelmarken, da zwei Untermenüs zu jeweils vier Schaltflächen generiert werden sollen. Diese wären:

- Filmstart
- Perle
- Flammen

- Anzeichnen
- Farbe
- Trichter
- Ofen
- Platten ■

Kapitelmarken verschieben und löschen

Natürlich können Sie Kapitelmarken auch auf der Skala per Drag & Drop verschieben, sofern Sie diese noch umpositionieren wollen. Des Weiteren können Sie Kapitelmarken löschen, indem Sie sie mit rechts markieren und KAPITELMARKE LÖSCHEN aus dem Kontextmenü anwählen.

16.5 Szenenmenüs erzeugen

Nachdem Sie im Hauptfilm alle erforderlichen Kapitelmarken gesetzt haben, können Sie sich daranmachen, Szenenmenüs zu erzeugen. Zunächst müssen Sie aber noch ein Menü gestalten.

16

16.5.1 Kapitelindex erzeugen

Encore hilft Ihnen bei der Erzeugung der Szenenmenüs. Was Sie aber vorher machen müssen: Sie sollten der Anwendung verraten, wie die Szenenmenüs aussehen sollen, indem Sie das erste selbst gestalten – zumindest teilweise.

Schritt für Schritt: Szenenmenüs anlegen

Als Ausgangsbasis soll unser Szenenmenü herhalten. Doppelklicken Sie auf diesen Eintrag im Projektfenster.

1 ***Texte verändern***

Der erste Schritt ist jetzt keine große Herausforderung mehr. Aktivieren Sie das Text-Werkzeug, und führen Sie mit dem Direkt-Auswahl-Werkzeug einen Doppelklick auf der Menü-Überschrift aus (BONUSMATERIAL). Schreiben Sie hier »szenenmenü«. Danach schalten Sie wieder um auf das Auswahl-Werkzeug [V].

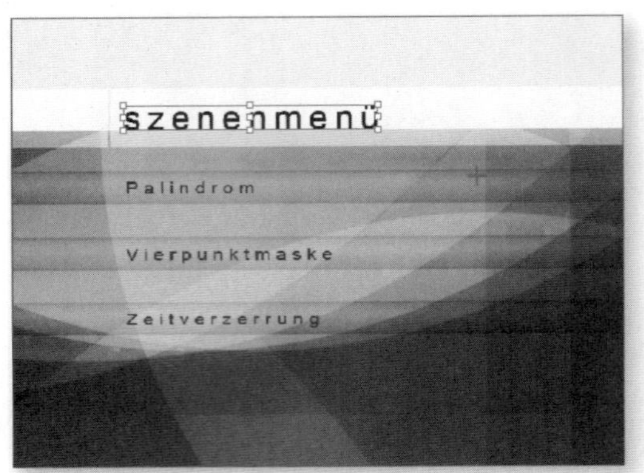

Abbildung 16.39 ▶
Das noch wenig bearbeitete Szenenmenü-Menü

2 *Schaltflächen löschen*

Markieren Sie jetzt die unterste Schaltfläche PALINDROM, und löschen Sie sie, indem Sie [Entf] drücken.

3 *Schaltflächen-Typen ändern*

Um Kapitelmarken ansteuern zu können, reicht eine normale Schaltfläche nicht aus. Deshalb müssen Sie die beiden noch vorhandenen Buttons zunächst in Kapitel-Schaltflächen umwandeln. Das machen Sie, indem Sie beide Buttons markieren (während Sie [⇧] gedrückt halten).

Danach sollte Ihre gesamte Aufmerksamkeit wieder dem Eigenschaften-Bedienfeld gelten. Hier finden Sie nämlich auf der Registerkarte STANDARD das Pulldown-Menü TYP. Wie Sie sehen, ist hier NORMAL eingestellt. Ändern Sie das, indem Sie KAPITEL festlegen.

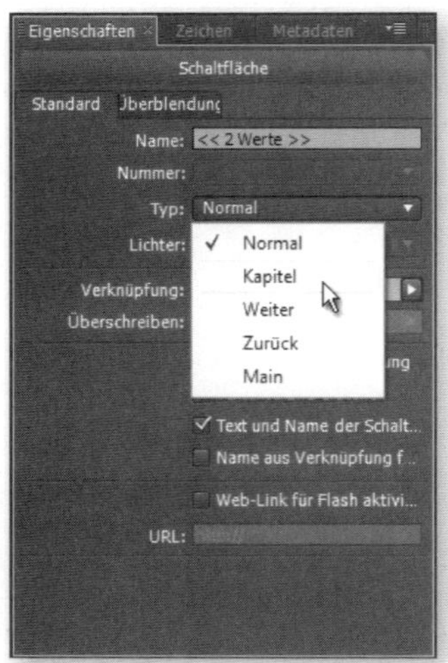

Abbildung 16.40 ▶
Sie müssen jetzt die Schaltflächen-Eigenschaften ändern.

4 *Schaltflächen duplizieren*

Nachdem Sie den Typ nun geändert haben, legen Sie von beiden Schaltflächen Duplikate an. Immerhin benötigen Sie ja pro Szenenmenü vier

Buttons. So geht das ganz prima: Lassen Sie beide Schaltflächen markiert, und drücken Sie [Strg]/[⌘]+[C], gefolgt von [Strg]/[⌘]+[V]. (Alternativ selektieren Sie im Menü zunächst BEARBEITEN • KOPIEREN und dann BEARBEITEN • EINFÜGEN.) Drücken Sie mehrfach [⇧]+[↓], bis die roten Linien (sie verdeutlichen, dass Schaltflächen übereinanderliegen) verschwunden sind bzw. grün werden.

◀ **Abbildung 16.41**
Die Schaltflächen müssen nach unten verschoben werden.

16

5 *Schaltflächen ausrichten*

Jetzt halten Sie erneut [⇧] gedrückt und markieren auch die beiden ursprünglichen Buttons. Alle vier sollten jetzt ausgewählt sein. Entscheiden Sie sich im Menü für OBJEKT • AUSRICHTEN • MITTE, gefolgt von OBJEKT • VERTEILEN • VERTIKAL. Damit wären die Abstände zueinander exakt die gleichen. Den Rest machen Sie mit den Pfeiltasten Ihrer Tastatur. Befördern Sie die Buttons damit so weit nach links und nach oben, dass die Buttons nicht überstehen und nicht zu weit unten sind.

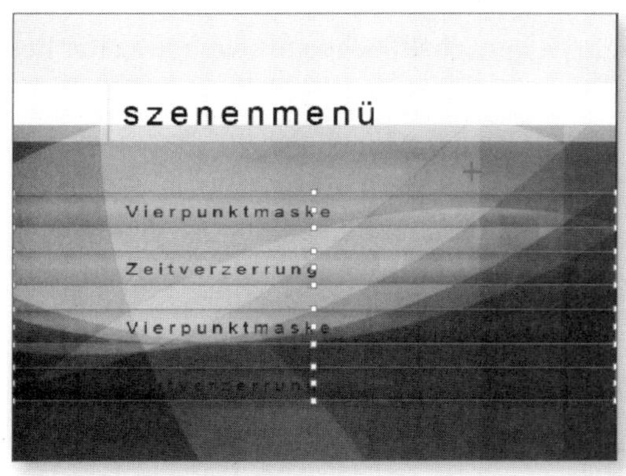

◀ **Abbildung 16.42**
Die Schaltflächen sollen mitten über dem farbigen Bereich liegen.

6 *Position kontrollieren*

Als aufmerksamer Leser dieses Buches sind Sie bereits mehrfach mit Overscan in Verbindung gekommen. Deshalb soll an dieser Stelle nicht näher darauf eingegangen werden. Kontrollieren Sie allerdings, ob die

Button-Texte nicht zu dicht an den inneren Rahmen gedrängt werden, indem Sie kurzzeitig GESCHÜTZTEN BEREICH ANZEIGEN unterhalb des Monitors wählen. Danach betätigen Sie die Schaltfläche abermals, damit der Rahmen wieder ausgeblendet wird.

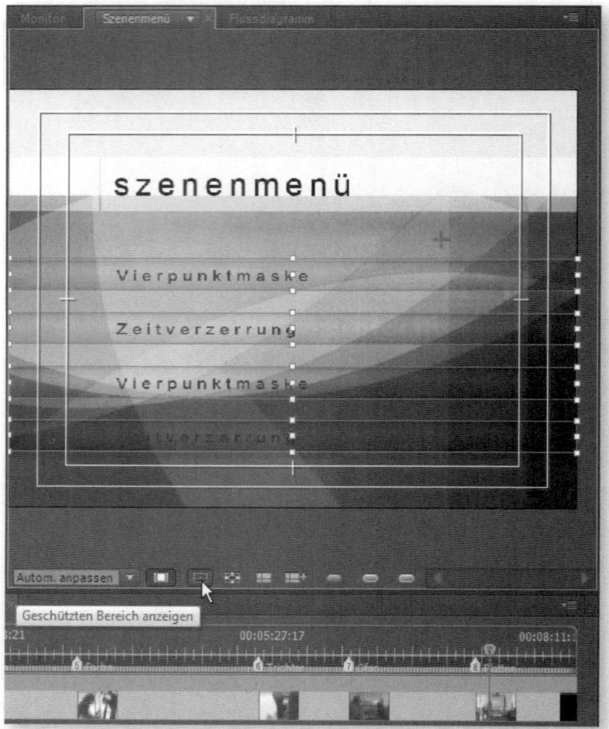

Abbildung 16.43 ▶ Die geschützten Bereiche können auch in Encore angezeigt werden.

7 *Reihenfolge prüfen/ändern*

Jetzt müssen Sie die Reihenfolge der Schaltflächen prüfen, die später bei Benutzung der DVD-Fernbedienung Gültigkeit hat. Markieren Sie dazu eine Schaltfläche nach der anderen, und schauen Sie im Eigenschaften-Fenster jeweils nach dem Eintrag NUMMER. Dabei sollten von oben nach unten die Einträge 1 bis 4 erscheinen. Ist die logische Reihenfolge in Übereinstimmung mit der Position nicht in Ordnung, können Sie hier den Wert einer markierten Schaltfläche im Pulldown-Menü ändern.

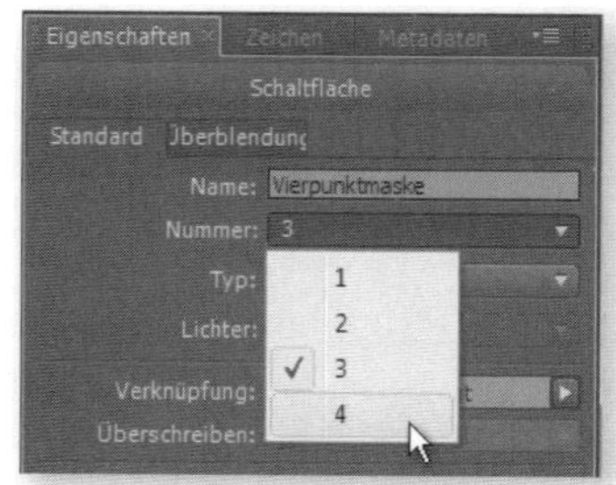

Abbildung 16.44 ▶ Sie sollten unbedingt die Reihenfolge prüfen.

Sie können sich das Ganze übrigens auch grafisch anzeigen lassen, indem Sie in der Fußleiste des Szenenmenü-Fensters auf die Schaltfläche SCHALTFLÄCHENABFOLGE ANZEIGEN klicken. Die erneute Betätigung hebt die Anzeige wieder auf. Entscheidend ist jetzt jeweils die Ziffer, die in der Mitte des Kreuzes steht. Die anderen vier Ziffern verraten nur, wohin verzweigt würde, wenn der Anwender später die jeweilige Richtungstaste drückt.

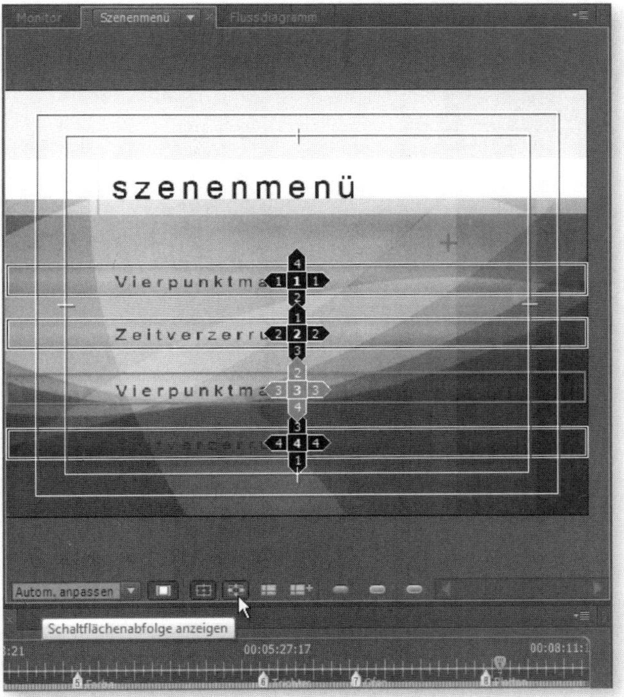

◀ **Abbildung 16.45**
Die Schaltflächenabfolge kann auch grafisch sichtbar gemacht werden.

8 *Optional: Kapitelnamen übernehmen*

Wenn die Reihenfolge stimmt, legen Sie fest, dass alle Schaltflächen bei der späteren Indexierung umbenannt werden dürfen. In diesem Fall werden den Buttons nämlich automatisch die Bezeichnungen zugewiesen, die auch für die Kapitelmarken gültig sind. Dazu müssen Sie noch einmal alle Buttons gemeinsam markieren und auf der Registerkarte STANDARD des Eigenschaften-Bedienfeldes NAME AUS VERKNÜPFUNG FESTLEGEN aktivieren.

Point & Shoot

Diese Art der Steuerelemente erlaubt es, eine Verbindung von einem Punkt zum anderen zu ziehen und dadurch Verknüpfungen anzulegen. Die Technik wird auch in anderen Adobe-Anwendungen wie z. B. After Effects eingesetzt (auch Pick Whip genannt).

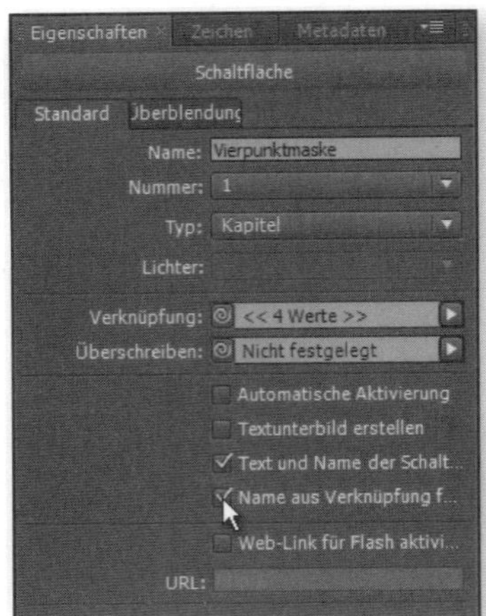

Abbildung 16.46 ▶
Damit ist gewährleistet, dass die Buttons umbenannt werden dürfen.

9 *Kapitel-Schaltfläche verknüpfen*

Jetzt wird es noch einmal richtig spannend! Denn jetzt werden Sie die erste Schaltfläche verknüpfen und den Rest von Encore erledigen lassen.

Stellen Sie das Schnittfenster GECKO-GLAS nach vorne. Aktivieren Sie danach nur die erste Schaltfläche Ihres Szenenmenüs, und zeigen Sie im Eigenschaften-Fenster auf die Point-&-Shoot-Schaltfläche VERKNÜPFUNG – das Ding mit dem Kringel ❶.

Klicken Sie darauf, und halten Sie die Maustaste gedrückt, während Sie sich langsam in Richtung Schnittfenster bewegen. Führen Sie die Maus (Maustaste gedrückt halten!) auf die erste Kapitelmarke innerhalb des Schnittfensters (GECKO-GLAS). Sobald Sie diese erreicht haben (sie wird mit einem schwarzen Quadrat umrandet), lassen Sie los.

Abbildung 16.47 ▼
Das erste Kapitel wird verknüpft.

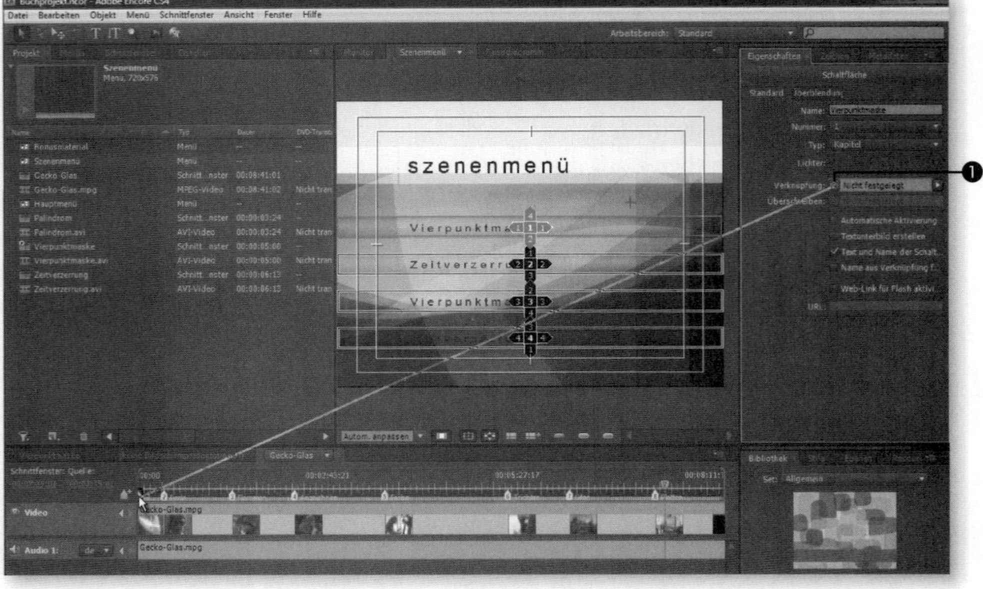

10 *Kapitelindex erstellen*

Damit haben Sie der ersten Schaltfläche bereits eine Funktion zugewiesen. Da Sie diese ja als Kapitel-Button angelegt haben, weiß Encore nun, welcher Film mit diesem Menü gesteuert werden soll.

Nun wäre prinzipiell nichts dagegen einzuwenden, alle Schaltflächen auf die zuvor beschriebene Weise einzeln zu belegen. Je nach Projektumfang könnte das aber ziemlich langweilig werden. Deshalb können Sie auch ganz einfach MENÜ • KAPITELINDEX ERSTELLEN wählen. Sie sehen schon, wie die Anwendung reagiert. Sie werden nämlich darauf hingewiesen, dass Sie noch keine Zurück- und Weiter-Schaltflächen integriert haben. Muss auch nicht sein, denn das kann Encore ganz von allein. Bestätigen Sie deshalb mit OK.

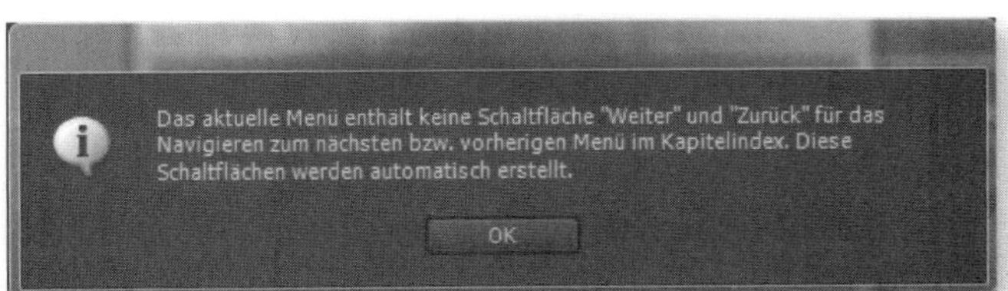

◄ **Abbildung 16.48**
Trotz des Hinweises wird der Index erstellt.

Werfen Sie noch einmal einen Blick auf das Projektfenster. Sie werden feststellen, dass Ihr aktuelles Szenenmenü dort in »Szenenmenü 1« umbenannt wurde. Des Weiteren finden Sie auch ein »Szenenmenü 2« vor. Das hat Encore automatisch erzeugt, weil ein einzelnes Menü für die vorhandenen Kapitelmarken nicht ausreichte.

11 *Menü-Schaltflächen kontrollieren*

In beiden Menüs sollten Sie aber noch kontrollieren, ob sich Schaltflächen überlappen, und diese dann entsprechend verschieben. Das macht Encore leider nicht automatisch. Denken Sie daran, dass das erste Menü jetzt eine Weiter- und das zweite eine Zurück-Schaltfläche hat. Auch diese dürfen nicht mit den Kapitel-Buttons kollidieren. Erforderlichenfalls verschieben Sie die Elemente.

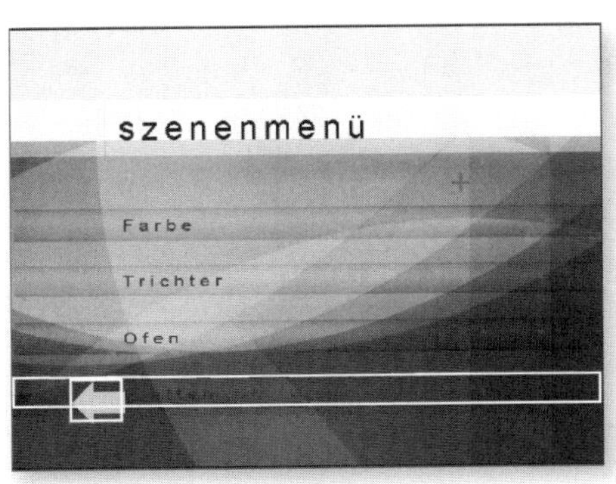

◄ **Abbildung 16.49**
Im zweiten Menü liegen Buttons übereinander. Das darf nicht sein.

Interessant ist wohl auch, dass die Bezeichnungen auf den Schaltflächen mittlerweile denen der Kapitelmarken entsprechen. Nicht schlecht, oder? Und außerdem hat Encore dafür gesorgt, dass zwei Pfeil-Schaltflächen integriert wurden. Immerhin müssen Sie ja auch die Möglichkeit haben, zwischen den Menüs hin und her zu springen.

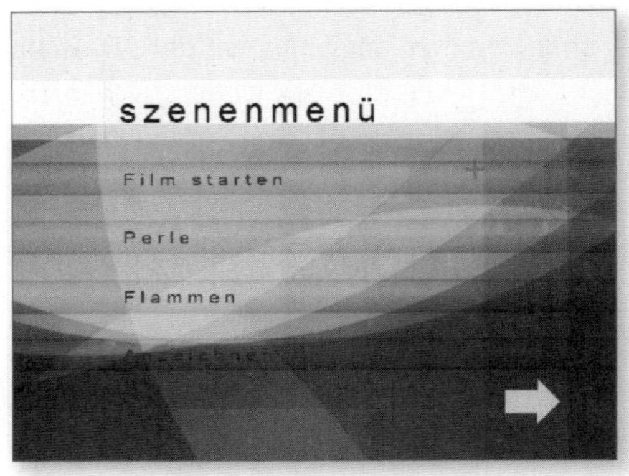

Abbildung 16.50 ▸
Das fertige Szenenmenü 1

12 *Headlines umbenennen*

Encore macht seine Arbeit ja wirklich gut. Was die Anwendung aber verständlicherweise nicht für Sie erledigen kann, ist die Umbenennung der Headlines. Wenn Sie also Szenenmenü 1 auch mit »1« und Szenenmenü 2 mit »2« betiteln wollen, ist noch einmal Handarbeit gefragt. Ändern Sie das manuell mit dem Direkt-Auswahl- oder Text-Werkzeug. ■

16.5.2 Weiter- und Zurück-Buttons selbst erzeugen

Im vorangegangenen Workshop haben Sie die Weiter- und Zurück-Schaltflächen direkt von Encore erzeugen lassen. Das ist ja auch eine wirklich praktikable Lösung. Allerdings haben Sie dabei keinen direkten Einfluss auf das Aussehen des Buttons. Für den Fall, dass Sie derartige Entscheidungen aber grundsätzlich selbst treffen wollen, anstatt dies der Anwendung zu überlassen, können Sie auch Buttons aus der prall gefüllten Bibliothek verwenden. Dazu klicken Sie im Bedienfeld Bibliothek auf Anzeige von Schaltflächen aktivieren/deaktivieren ❹ und sehen sich an, was Encore so alles im Gepäck hat, sprich: was in der Liste unterhalb angeboten wird. Wenn Ihnen das noch nicht reicht, können Sie auch noch andere Sammlungen durchstöbern, indem Sie statt Allgemein eine andere Option im Pulldown-Menü Set ❸ wählen. Wenn Sie eine passende Schaltfläche gefunden haben, ziehen Sie sie (hier: ❺) mit gedrückter Maustaste auf das Szenenmenü ❷. Danach müssen Sie im Eigenschaften-Bedienfeld noch festlegen, dass es sich hierbei um eine Weiter- bzw. Zurück-Schaltfläche handelt, indem Sie den Typ ❶ entsprechend ändern. Die Buttons dürfen Sie natürlich nach

Wunsch skalieren und platzieren, wobei allerdings auch hier keine Überlappungen mit anderen Buttons erlaubt sind.

◀ **Abbildung 16.51**
Keine Frage: Ein wenig dezenter ginge natürlich auch!

16

Schritt für Schritt: Hauptmenü-Button hinzufügen

Nun werden Sie bei genauer Betrachtungsweise feststellen, dass Sie zwar jetzt von Szenenmenü 1 zu 2 und zurückspringen können, aber Sie haben nicht die Möglichkeit, vom Szenenmenü 1 aus ins Hauptmenü zu wechseln. Gut, das erreicht der Anwender ja generell, indem er die Menü-Schaltfläche auf der Fernbedienung seines DVD-Players drückt, doch sollten Sie ihm eine Alternative bieten.

1 *Schaltfläche duplizieren*

Aktivieren Sie zunächst das Szenenmenü 1, indem Sie es im Projektfenster doppelt anklicken. Unten rechts finden Sie die Schaltfläche, mit der Sie nun zu Menü 2 wechseln können. Halten Sie [Alt]/[⌥] gedrückt, klicken Sie den Button an, und ziehen Sie nach links. Sie erzeugen damit eine Kopie. Diese wird, sofern Sie noch die Funktion SCHALTFLÄCHENABFOLGE ANZEIGEN aktiviert haben, auch gleich zu Button 6 mutieren – genauso soll es sein.

Abbildung 16.52 ▶ Der nächste Button bekommt auch die logisch nächste Nummer.

2 *Buttons ausrichten*

Der linke Button ist ja nun noch markiert. Klicken Sie, während Sie ⇧ gedrückt halten, auch auf den rechten, und entscheiden Sie sich für OBJEKT • AUSRICHTEN • MITTIG. Das sorgt dafür, dass sich beide Pfeile horizontal auf einer Linie befinden.

3 *Schaltfläche spiegeln*

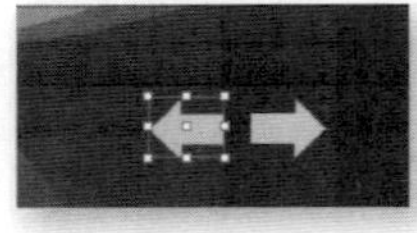

▲ Abbildung 16.53 Aus eins mach zwei – ein neuer Button für den Sprung ins Hauptmenü.

Anschließend sollten Sie die Ansicht der Schaltflächenabfolge in der Fußleiste des Fensters deaktivieren, damit Sie die Buttons besser sehen können. Zudem sollte der Pfeil der linken Schaltfläche jetzt eigentlich nach links zeigen. Immerhin symbolisiert er den Rücksprung zum Hauptmenü. Wählen Sie deshalb zunächst beide Buttons ab, indem Sie auf den Hintergrund klicken, und selektieren Sie den linken Pfeil abermals. Entscheiden Sie sich für den Menüeintrag OBJEKT • HORIZONTAL SPIEGELN.

4 *Schaltfläche neu verknüpfen*

Sie werden gleich noch eine ganz herausragende Möglichkeit der Verknüpfung in Encore kennenlernen. Wenn es jedoch um einzelne Korrekturen wie die folgende geht, können Sie auch das Eigenschaften-Bedienfeld benutzen. Bedenken Sie, dass der linke Button jetzt zwar anders aussieht als der rechte, aber immer noch einen Sprung zu Szenenmenü 2 realisieren würde. Das müssen Sie ändern. Lassen Sie ihn deshalb markiert, und ziehen Sie ein Gummiband aus dem Point-&-Shoot-Steuerelement VERKNÜPFUNG. Ziehen Sie es quer über Ihre Arbeitsfläche bis in das Projektfenster. Lassen Sie die Maustaste los, wenn Sie sich über dem Eintrag HAUPTMENÜ befinden. Sie sehen, dass das Anlegen von Verknüpfungen wirklich keine Hexerei ist. Dank der Gummiband-Steuerelemente gelingt das problemlos.

▲ **Abbildung 16.54**
Sie können Verknüpfungen auch mit Hilfe des Projektfensters anlegen. ■

16.6 Authoring-Aufgaben festlegen

Damit sind die Vorarbeiten abgeschlossen, und Sie können sich voll und ganz auf die Vorbereitung der DVD-Steuerung konzentrieren. Und das ist ein wirklicher Genuss.

16.6.1 Erste Wiedergabe festlegen

Aktivieren Sie die Registerkarte Flussdiagramm, die sich hinter dem Menü- bzw. Monitor-Bedienfeld befindet, oder wählen Sie in der Menüleiste Fenster • Flussdiagramm. Hier sehen Sie schon, was passieren wird, wenn die fertige DVD eingelegt wird. Zunächst würde der Film »Vierpunktmaske« abgespielt. Sie erkennen das auch daran, dass genau dieses Schnittfenster im Projektfenster mit einem kleinen Play-Button ❶ versehen ist.

▼ **Abbildung 16.55**
Das Asset, das als Erstes wiedergegeben wird, ist im Projektfenster mit einem gelben Symbol ausgestattet. Im Flussdiagramm erscheint es neben dem DVD-Symbol.

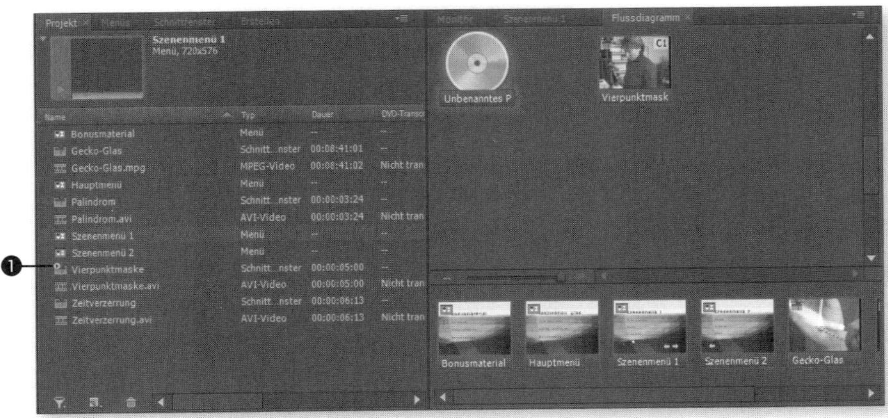

Nur werden Sie diesen Film kaum als Ersten anbieten wollen. Wenn Sie nun ein anderes Schnittfenster oder sogar ein Menü bestimmen möchten, das nach Einlegen der DVD erscheinen soll, markieren Sie dieses Objekt im Projektfenster, öffnen das Kontextmenü (Rechtsklick) und wählen daraus ALS ERSTE WIEDERGABE FESTLEGEN. Für unser kleines Filmbeispiel soll das für das »Hauptmenü« zutreffen.

Schauen Sie sich in diesem Zusammenhang auch das Flussdiagramm an, denn hier ist die Änderung ebenfalls übernommen worden ❷.

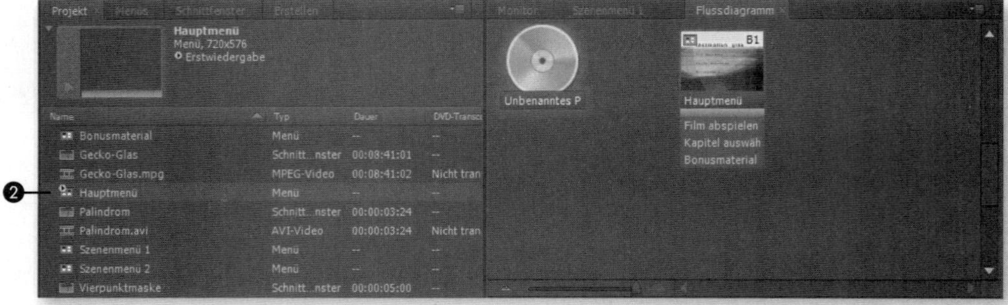

Abbildung 16.56 ▼
Das Flussdiagramm beweist: Zunächst wird das Hauptmenü zu sehen sein.

16.6.2 Intro generieren

In professionellen DVD-Produktionen ist es zumeist so, dass als erste Wiedergabe ein Intro festgelegt wird. Entweder blenden Sie hier eine Animation des Hersteller-Logos ein oder hinterlassen Hinweise, die urheberrechtlich relevant sind – oder was auch immer Sie für mitteilungswürdig halten. In diesem Fall würden Sie natürlich zunächst dieses Intro ALS ERSTE WIEDERGABE FESTLEGEN. Danach könnten Sie noch dafür sorgen, dass der Benutzer diesen Bereich nicht überspringen oder im Schnelldurchlauf abspielen kann. Genauer gesagt: Er muss sich dieses Intro bis zum Ende ansehen, da Sie die Funktion seiner Fernbedienung vorübergehend deaktiviert haben. Das machen Sie so: Markieren Sie das Intro im Projektfenster, und klicken Sie anschließend auf die Schaltfläche EINSTELLEN im Eigenschaften-Fenster.

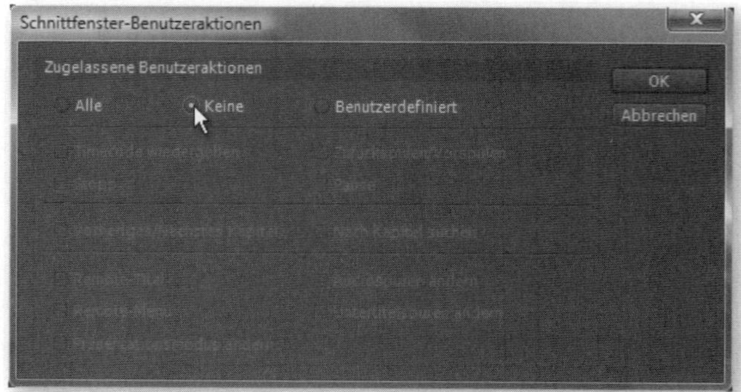

Abbildung 16.57 ▶
Legen Sie fest, was dem Benutzer erlaubt ist.

Standardmäßig sind alle Funktionen verfügbar. Sie können nun den Radiobutton KEINE anwählen, was zur Folge hätte, dass die Fernbedienung des Benutzers vorübergehend »klinisch tot« ist. Alternativ wählen Sie BENUTZERDEFINIERT und können über die unterhalb befindlichen Checkboxen bestimmte Bereiche zulassen bzw. deaktivieren. Cool, finden Sie nicht auch?

16.6.3 Schnittfenster und Menüs miteinander verbinden

Nachdem Sie das Hauptmenü als erste Aktion festgelegt haben, können Sie sich nun daranmachen, die einzelnen Schnittfenster zu verknüpfen. Das machen Sie jetzt, wie bereits versprochen, ganz easy über das Flussdiagramm. Sie behalten übrigens den Überblick darüber, was Sie noch nicht verknüpft haben. Ein derartiges Projekt-Element finden Sie nämlich unten in der Leiste des Flussdiagramm-Fensters. Ziehen Sie das Bedienfeld horizontal so weit auf, dass Sie alle Assets im Flussdiagramm sehen können.

◄ **Abbildung 16.58**
Noch nicht integrierte Assets finden Sie in der Fußleiste der Flussdiagramm-Ansicht.

Schritt für Schritt: Das Hauptmenü verknüpfen

Sie haben eben bereits mit **Point-&-Shoot-Schaltflächen** (auch **Pick Whip** genannt) gearbeitet. Hierin begründet sich auch eine der Stärken des Flussdiagramm-Fensters. Sie können nämlich einfach bestimmte Einträge anwählen und diese auf ein anderes Objekt ziehen – Verknüpfung fertig. Die Folge ist, dass sich das Flussdiagramm nach und nach gestaltet.

1 *Hauptfilm einbinden*

Klicken Sie innerhalb des Flussdiagramms auf den obersten Eintrag, der sich im Hauptmenü-Feld befindet (FILM ABSPIELEN). Ziehen Sie dort wieder ein Gummiband heraus, das Sie auf der Miniatur GECKO-GLAS in der Fußleiste des Flussdiagramm-Fensters enden lassen. Dies bedeutet: Wenn der Anwender in diesem Menü die Schaltfläche FILM ABSPIELEN betätigt, soll der Hauptfilm beginnen.

Abbildung 16.59 ▸
Wenn der Anwender die Schaltfläche FILM ABSPIELEN betätigt, soll der Hauptfilm beginnen.

2 *Kapitelmenüs einbinden*

Als Folge dessen wird GECKO-GLAS aus der Fußleiste gelöscht und taucht im oberen Diagrammbereich auf. Danach klicken Sie auf KAPITEL AUSWÄHLEN (eine Zeile tiefer) und verknüpfen diese Schaltfläche mit Szenenmenü 1. Mehr müssen Sie in Sachen Szenenmenüs nicht machen. Sie werden feststellen, dass sich das Flussdiagramm ganz schön gefüllt hat, wenn Sie das Flussdiagramm-Bedienfeld etwas aufskalieren. Zudem verschwindet jedes verknüpfte Asset aus der Fußleiste.

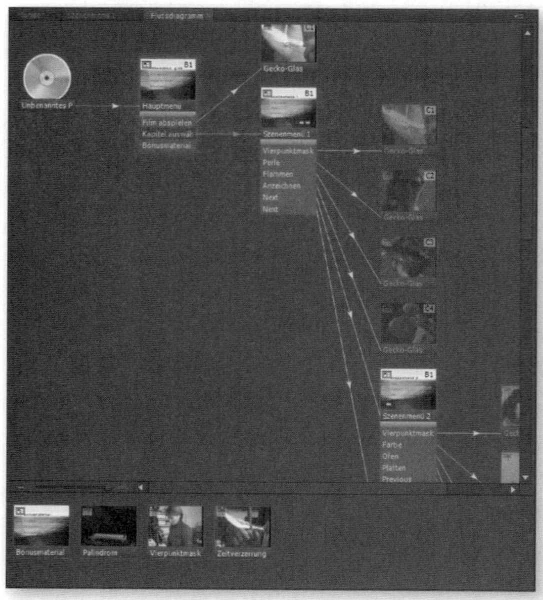

Abbildung 16.60 ▸
Die Verknüpfungen werden immer umfangreicher.

Diagramm-Ansichten ändern

Wenn Sie Ansichten anpassen möchten, um z. B. an einer Verknüpfung arbeiten zu können, klicken Sie einfach auf eine der Miniaturen. Daraufhin wird das Diagramm automatisch zurechtgerückt, ohne dass sich die Verknüpfungen selbst ändern. Diese Funktion dient lediglich der Orientierung.

3 *Bonus-Kapitel verknüpfen*

Am Schluss verknüpfen Sie noch das Menü BONUSMATERIAL auf die zuvor beschriebene Weise mit dem untersten Hauptmenü-Eintrag. Hier ist jetzt allerdings eine Besonderheit zu beachten, zu der Sie gleich mehr erfahren. Zunächst sollten Sie jedoch die drei in diesem Menü verwendeten Schaltflächen mit den restlichen, noch zur Verfügung stehenden Filmen verbinden. Wenn Sie das gemacht haben, dürfte kein Asset mehr übrig sein.

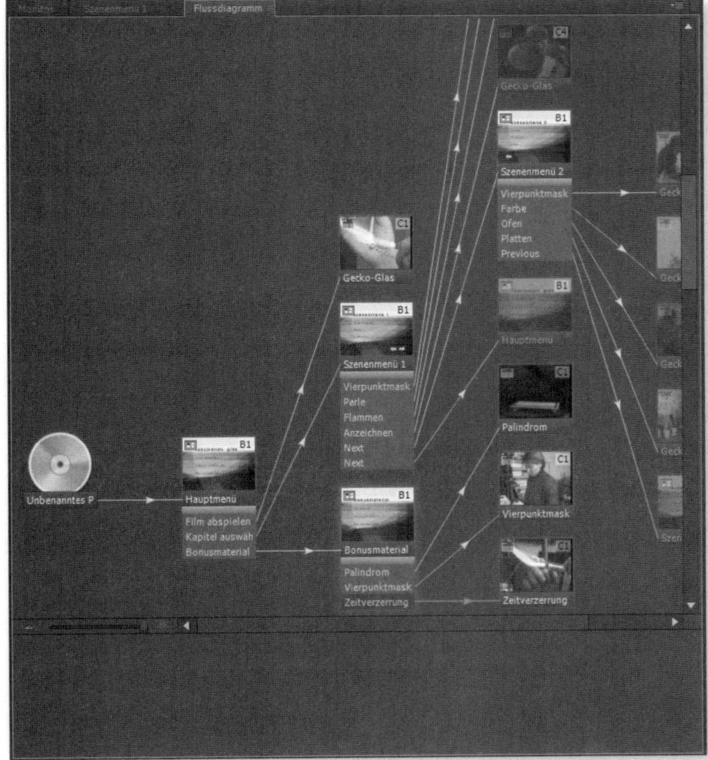

◀ **Abbildung 16.61**
Auch das Bonusmaterial wurde verknüpft – die Fußleiste ist leer.

4 *Endaktionen festlegen*

Menüs sind standardmäßig mit der Endaktion STOPP ausgestattet. Das bedeutet in der Praxis: Sollte das Menü zur Laufzeit der DVD nicht durch den Benutzer bedient werden, bleibt es erhalten – es wird nichts anderes abgespielt. Sie sehen Endaktionen grundsätzlich im Eigenschaften-Fenster auf der Registerkarte EINFACH. Klicken Sie dazu einmal das Bonusmaterial-Asset im Flussdiagramm an.

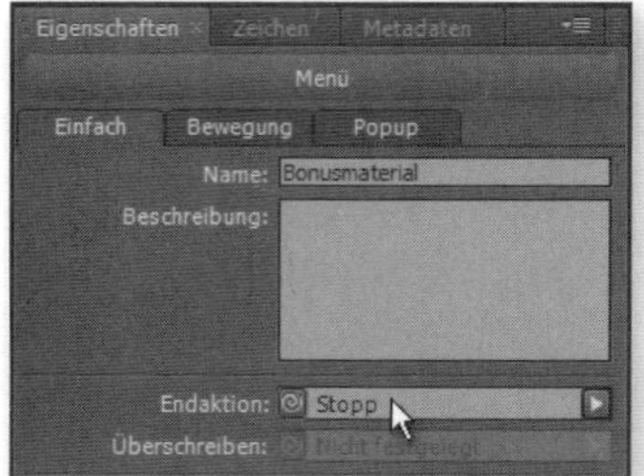

Abbildung 16.62 ▶
Die Endaktion ist STOPP.

Hier können Sie allerdings auch bestimmen, dass ein anderer Film abgespielt wird. Klicken Sie rechts auf das kleine nach rechts weisende Dreieck (das ist eine Alternative zu den Point-&-Shoot-Werkzeugen). Hier sehen Sie sämtliche möglichen Alternativen. – Die Menüs in unserem Projekt sind aber durchaus in Ordnung und sollen nicht geändert werden.

5 *Schnittfenster-Endaktionen festlegen*

Anders sieht das bei den Filmen aus, die Sie soeben eingebettet haben. Wenn Sie eine dieser Miniaturen anklicken, sehen Sie im Eigenschaften-Fenster, dass nach dem Abspielen eines Films keine Aktion erfolgt. In der Abbildung sehen Sie »Palindrom« als Beispiel.

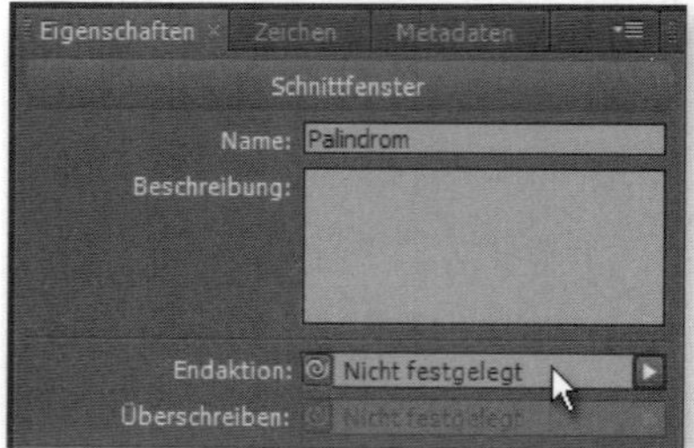

Abbildung 16.63 ▶
Die Endaktion wurde noch nicht bestimmt.

Legen Sie diese Aktionen jetzt noch fest. Das können Sie wieder per Point & Shoot machen. Ziehen Sie dazu das Lasso aus dem Eigenschaften-Fenster heraus und lassen es auf dem Hauptmenü des Flussdiagramms fallen. Ich empfehle, die Endaktion von »Gecko-Glas« mit dem HAUPTMENÜ zu verknüpfen, während »Palindrom« und »Vierpunktmaske« mit dem Menü BONUSMATERIAL verknüpft werden sollten. Eigentlich gilt das auch für »Zeitverzerrung«, doch hier würde ich Sie gerne dazu überreden, das zu vergessen. Warum? Weil ich Ihnen dann später noch demonstrieren kann, wie Encore darauf reagiert. Die Zeitverzerrung hat also als einziges Asset eine noch nicht verknüpfte Endaktion.

Wenn Ihnen die gewählten Ziele nicht zusagen, könnten Sie genauso gut festlegen, dass nach Erreichen des jeweiligen Filmendes der nächste Clip abgespielt wird. Aber grundsätzlich ist die Rückkehr zum übergeordneten Menü, wie ich meine, für derartiges Bonusmaterial schon treffend gewählt. ■

16.7 DVD testen und ausgeben

16.7.1 Projekt testen

Zunächst einmal sollten Sie das Projekt jetzt ausgiebig testen. Es empfehlen sich grundsätzlich zwei Vorgehensweisen. Zum einen sollten Sie einen praktischen Test vollziehen, indem Sie in der Werkzeugleiste auf VORSCHAU klicken.

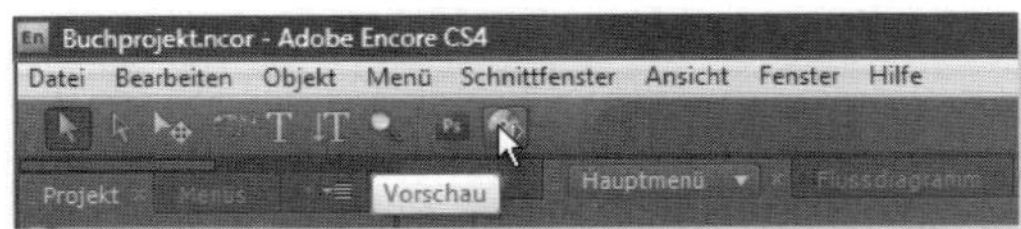

◄ **Abbildung 16.64** Den praktischen Test leiten Sie über einen Klick auf VORSCHAU ein.

16

Testen Sie hier die DVD ausgiebig, und benutzen Sie dazu die Steuerelemente in der Fußleiste.

◄ **Abbildung 16.65** In der Projektvorschau können Sie die Funktionen der DVD ausgiebig testen.

Schritt für Schritt: Buchprojekt prüfen

Jetzt fehlt noch eine Projektprüfung. Wenn Sie sich dafür entscheiden – und das sollten Sie unbedingt (denn immerhin haben wir ja noch einen

Fehler eingebaut) –, dann überlassen Sie Encore den Job der Projektanalyse. In diesem Fall werden sämtliche Verknüpfungen, Endaktionen, Konventionen und dergleichen getestet.

1 *Prüfdialog öffnen*

Den Dialog öffnen Sie, indem Sie [Strg]/[⌘]+[⇧]+[L] drücken oder DATEI • PROJEKT PRÜFEN wählen. Klicken Sie hier auf ANFANG ❶, um mit dem Test zu beginnen.

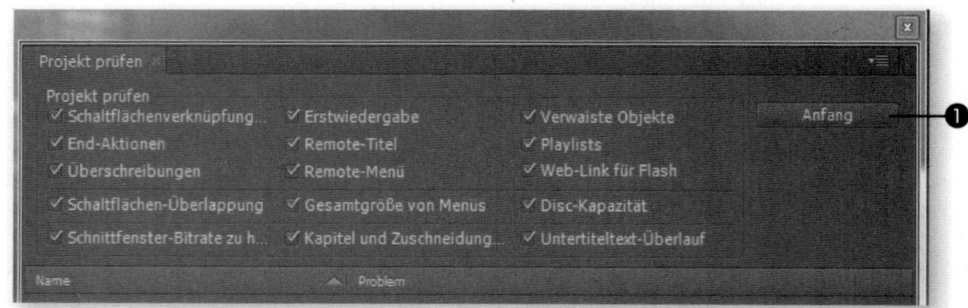

Abbildung 16.66 ▸ Lassen Sie das Projekt von Encore checken.

2 *Prüfungsergebnis ablesen*

Sollten sich Probleme zeigen, werden diese im unteren Drittel des Fensters angezeigt. Encore ist es natürlich nicht entgangen, dass wir eine Endaktion nicht festgelegt hatten, und weist die Problemstelle auch entsprechend aus.

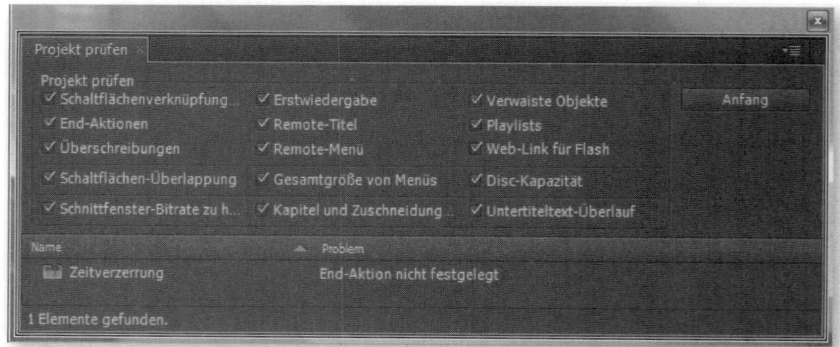

Abbildung 16.67 ▸ Das kleine Versäumnis ist natürlich aufgefallen.

3 *Endaktion bestimmen*

Korrigieren Sie den Fehler, indem Sie das Prüf-Bedienfeld zunächst schließen und das Flussdiagramm einstellen. Weisen Sie dem Asset »Zeitverzerrung« die Endaktion BONUSMATERIAL zu, und prüfen Sie das Projekt erneut. Wenn keine Fehler mehr vorhanden sind, bleibt aber eine Hurra-Bekundung der Anwendung aus. Dass die Prüfung »durch« ist, erkennen Sie lediglich daran, dass in der Fußleiste ganz unscheinbar KEINE ELEMENTE GEFUNDEN angezeigt wird – Grund genug für Sie, das Fenster wieder zu schließen.

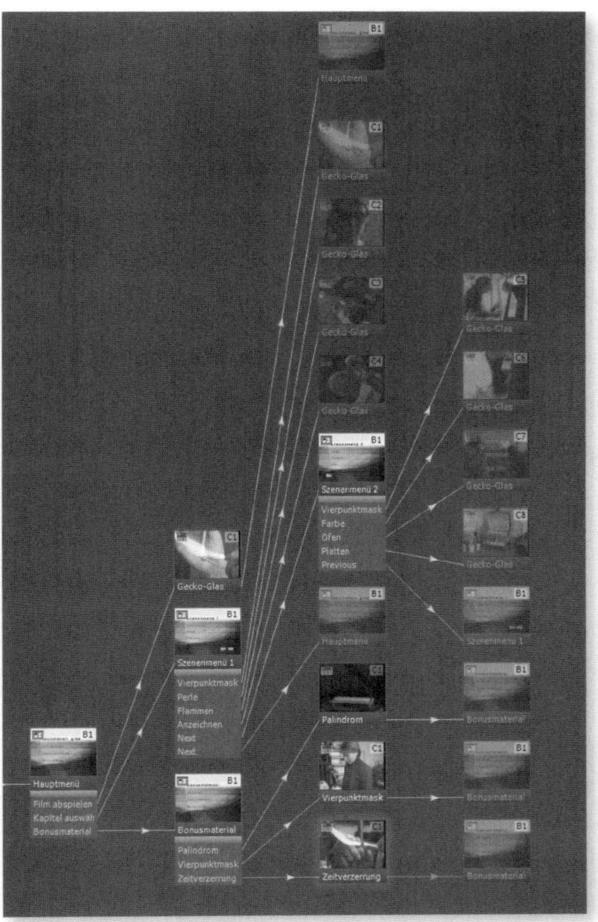

◄ **Abbildung 16.68**
Hier sehen Sie noch einmal das komplette Flussdiagramm zum Beispielprojekt.

16.7.2 Einzelne Assets transkodieren

Wie das Projekt letztendlich transkodiert werden soll, legen Sie über den bereits bekannten Adobe Media Encoder fest (siehe vorangegangenes Kapitel). Sie können Asset für Asset direkt darauf zugreifen, indem Sie auf den Film (nicht das Schnittfenster!) im Projektfenster rechtsklicken und TRANSCODE-EINSTELLUNGEN aus dem Kontextmenü wählen.

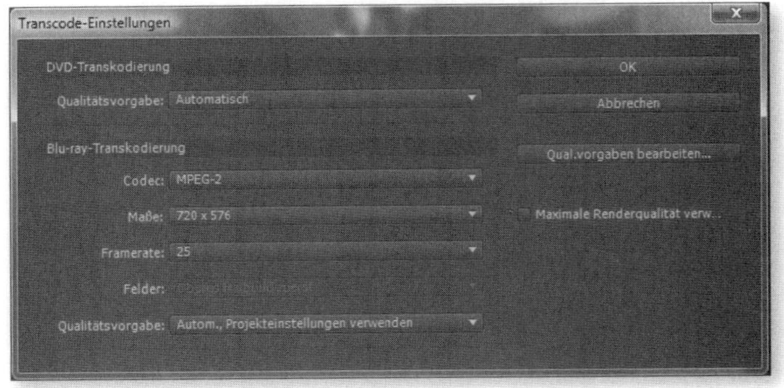

◄ **Abbildung 16.69**
Die Transcode-Einstellungen von Encore

Sie müssen keinen der Filme manuell transkodieren. Spätestens dann nämlich, wenn Sie den Brennvorgang einleiten, wird die Anwendung für das Rendering sorgen. Dennoch haben Sie die Möglichkeit, bereits vorab einzelne Filme berechnen zu lassen – Encore muss ja nicht unbedingt untätig bleiben, während Sie Ihre wohlverdiente Mittagspause machen. Klicken Sie einen Film, der in der Spalte DVD-TRANSCODE-STATUS mit NICHT TRANSKODIERT angegeben ist, mit rechts an, und selektieren Sie JETZT TRANSKODIEREN. Im Eigenschaftsfenster STATUS wird nun der Fortschritt dieses Vorgangs dargestellt. Wenn Sie einen leistungsstarken Rechner haben, können Sie das übrigens im Hintergrund ablaufen lassen und währenddessen in Encore weiterarbeiten.

16.7.3 DVD ausgeben

Mit DATEI • ERSTELLEN • DISC nähern Sie sich strammen Schrittes Ihrem fertigen Produkt. Im Dialog ist lediglich wichtig, die SCHREIBGESCHWINDIGKEIT ❶, die Anzahl der zu erzeugenden DVDs ❷ sowie die GRÖSSE des zur Verfügung stehenden Rohlings ❸ anzugeben. Encore beherrscht immerhin, wie Sie ja bereits in Erfahrung gebracht haben, auch das Beschreiben von Dual-Layer-DVDs. Danach klicken Sie auf ERSTELLEN.

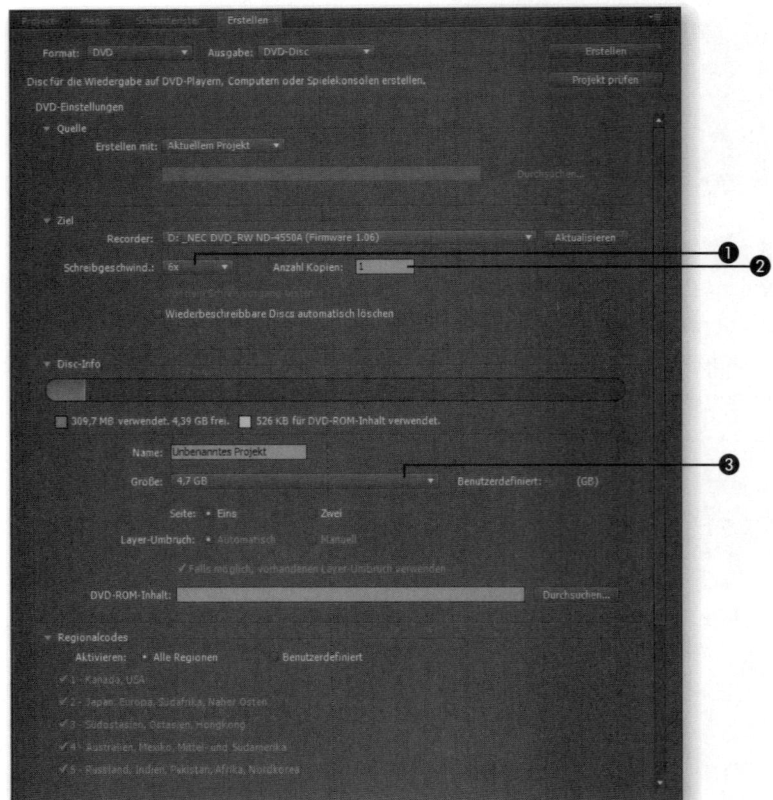

Abbildung 16.70 ▶
Wenn Sie Dual-Layer-DVDs erzeugen möchten, müssen Sie das explizit angeben.

16.7.4 Flash-Dateien ausgeben

Falls Sie beispielsweise Ihren Homepage-Besuchern einen Einblick in Ihre Filme gestatten wollen (Urheber- und Verwertungsrechte beachten!) oder wenn Sie den Inhalt Ihrer DVD im Firmennetzwerk präsentieren wollen, können Sie das ebenfalls mit Encore machen. Sie können nämlich Flash-Video (.flv) und SWF-Files ausgeben.

Bereiten Sie Ihr Projekt wie in diesem Kapitel beschrieben vor. Danach selektieren Sie DATEI • ERSTELLEN • FLASH und geben unter ZIEL einen Speicherort an, indem Sie auf DURCHSUCHEN ❹ klicken. Sie müssen nicht extra einen Ordner erzeugen, weil die Anwendung das selbst erledigt. Unter EINSTELLUNGEN legen Sie noch den NAME ❺ und die Qualität ❼ fest und bestimmen, ob das neuere FORMAT ❻ F4V oder das bewährte FLV verwendet werden soll. Entscheiden Sie sich abschließend noch für eine der VORLAGEN ❽ (im Beispiel: corporate1) und leiten die Produktion der Dateien mit einem Klick auf ERSTELLEN ein.

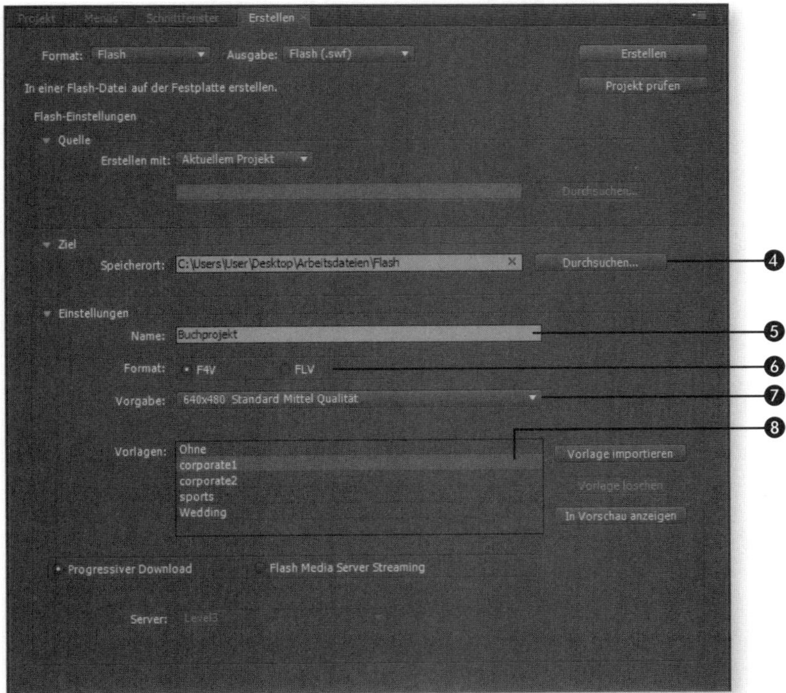

◄ **Abbildung 16.71**
Hier lassen sich auch Flash-Dateien erzeugen.

Im Ordner SOURCES der produzierten Dateien finden Sie nun sämtliche Bilddaten (.png) und die dazugehörenden Flash-Filme (.flv oder .f4v). Eine Ebene höher ist die Indexdatei (.html) sowie die Steuerungsleiste als SWF-File angeordnet. Wenn Sie die Indexdatei in Ihrem Standard-Browser bereitstellen, sollten Sie das Ergebnis ansehen und natürlich interaktiv bedienen können.

Abbildung 16.72 ▶
Nicht nur die Menüs, sondern auch die Filme sind interaktiv bedienbar.

17 Integration und Workflow mit CS4 Production Premium

Premiere Pro ist eine leistungsfähige und intuitive Editing-Lösung, mit der Sie viele Aufgaben des täglichen Bewegtbild-Prozesses erledigen können. Aber das wissen Sie ja längst. Doch selbstverständlich stößt auch Premiere Pro an seine Grenzen. Sie haben bereits im Buch erfahren, dass manchmal der Einsatz einer anderen Software unausweichlich ist.

Wenn Sie jedoch auf ein Creative-Suite-Production-Bundle zurückgreifen können, steht der Gestaltung nichts mehr im Wege. Die Verlockung ist groß, sich gleich die gesamte Suite zuzulegen. Denn das Premium-Paket kostet insgesamt nicht mehr als Premiere Pro und Photoshop Extended einzeln. Und dann können Sie es wirklich krachen lassen im Gebälk.

Weitere interessante Premiere Pro-Infos

Auch wenn Sie nicht mit dem Production-Bundle arbeiten, dürfte dieses Kapitel interessant für Sie sein. Sie erhalten hier nämlich weitere Informationen zu Premiere Pro CS4 (z.B. Dynamic Link in Abschnitt 17.3.1 und Clip Notes in Abschnitt 17.2).

In diesem Kapitel erfahren Sie Folgendes:

- Welche Anwendungen sind in die Suite integriert worden?
- Wie kann ich dem Kunden Daten zur Ansicht geben?
- Wie arbeiten Premiere Pro und After Effects zusammen?
- Wie produziere ich Videos für Handy und iPod?

17.1 Kurzüberblick

Zwei Paketlösungen der aktuellen CS4-Familie beinhalten Premiere Pro. Zum einen ist das die Creative Suite 4 Production Premium, die wir uns in diesem Kapitel etwas näher ansehen wollen, zum anderen gibt es noch die Master Collection. Hier wären dann zusätzliche DTP-Klassiker wie z.B. InDesign, Acrobat Professional, Dreamweaver, Fireworks enthalten. Wenn Ihre Interessen aber vorwiegend im Bereich Audio und Video liegen, sind Sie mit der vorgenannten Lösung bestens ausgestattet.

17.1.1 Die Production-Premium-Anwendungen

Premiere Pro CS4 ist innerhalb der Creative Suite Production Premium in allerbester Gesellschaft. Sie erhalten nämlich außerdem:

- **Photoshop CS4 Extended** – Im Gegensatz zur Standard-Version ist der Bildbearbeitungsklassiker zusätzlich mit 3D- und Animationstools ausgestattet.
- **Illustrator CS4** – Dieses vektorbasierte Grafiktool unterstützt neben der herkömmlichen Erstellung anspruchsvoller Zeichnungen und Grafiken auch Bewegungen, 3D und die unterschiedlichsten Effekte.
- **Flash CS4 Professional** – Der mittlerweile recht betagte Klassiker sorgte einst für die ersten wackligen Bewegungen auf Websites und ist heute *das* Animationstool, wenn es um die Bewegung zahlreicher Elemente im Netz, auf CDs und DVDs (z. B. Schulungen) und mobilen Endgeräten geht.
- **After Effects CS4 Professional** – After Effects ist schon lange Branchenstandard auf den Gebieten Animation, Effekte und Nachbearbeitung im Medium Film. Wann immer es darum geht, besonders anspruchsvolle Bearbeitungen zu realisieren, kommen Sie an After Effects nicht vorbei – zumal zahlreiche Drittanbieter zusätzliche Plugins anbieten und die Software dadurch nahezu unerschöpflich wird.
- **Soundbooth CS4** – Soundbooth sorgt dafür, dass Sie den Ton innerhalb Ihrer Filme restaurieren und arrangieren können. Zudem können Sie mit Soundbooth eigene Kompositionen und Loops erstellen. Soundbooth wird in Kapitel 13 genauer vorgestellt.
- **Encore CS4** – Bis zur Version CS2 wurde Encore DVD als eigenständige Applikation vertrieben. Mittlerweile ist das DVD-Authoring-Tool fester Bestandteil von Premiere Pro und erlaubt das Arrangement von DVD- und Blu-ray-Steuerungen auf professionellem Niveau. Encore wird in Kapitel 16 genauer vorgestellt.
- **Bridge CS4** – Bridge ist weit mehr als eine Archivierungslösung – zumal sich Bridge aus den anderen Anwendungen direkt ansteuern lässt. Bridge ist gewissermaßen einer für alle und wird in Kapitel 3 genauer vorgestellt.
- **OnLocation CS4** – Dieses Paket unterschiedlichster virtueller Aufnahmegeräte gestattet Ihnen die direkte Aufnahme von der Kamera auf Ihre Festplatte – und stellt dabei sogar noch zahllose Korrektur-

möglichkeiten zur Verfügung. OnLocation eignet sich besonders für den direkten Einsatz am Set, z. B. auf einem Notebook, und wird in Kapitel 5 genauer vorgestellt. OnLocation wird seit der Version CS4 auch für Mac angeboten.

Und dann wären da noch **Device Central CS4** als gelungenes Hilfsmittel bei der Produktion von Bildern und Filmen für mobile Endgeräte (Device Central wird in diesem Kapitel in Abschnitt 17.4 genauer vorgestellt) und **Dynamic Link**. Letzteres fördert in besonderem Maße den Workflow zwischen Premiere Pro und After Effects (siehe Abschnitt 17.3 in diesem Kapitel).

17.1.2 Der praktische Workflow

Das ist natürlich eine Fülle unterschiedlichster Softwarelösungen, und es stellt sich die Frage: Brauche ich die alle? Sie werden vielleicht mitunter auf das eine oder andere Tool verzichten können, aber wenn Sie regelmäßig und auf hohem Niveau produzieren wollen, werden Sie über kurz oder lang an keiner der Anwendungen vorbeikommen.

Stark gerafft, sieht die Praxis innerhalb eines Projekts also folgendermaßen aus: Sie werden OnLocation in den meisten Fällen wohl eher auf einem mobilen Rechner installieren. Zwar haben Sie auch mit dieser Software eine optimale Kontrolle über den »ankommenden« Ton, doch kann es gar nicht schaden, wenn sich auch Soundbooth zwecks Audio-Recording und -Beurteilung auf dem Notebook befindet. Da Sie mit OnLocation Direct-to-Disc aufnehmen können, haben Sie den mitunter langwierigen Prozess des Capturings im Anschluss an die Aufnahmen meist schon komplett umgangen bzw. müssen später nur noch einzelne Clips auf den Zielrechner übertragen. Damit beginnt die eigentliche Postproduktion. Sie stellen die Clips in Premiere Pro zusammen, übergeben einzelne Filmteile zur Nachbearbeitung an After Effects, führen Sound-Korrekturen der Audioclips mit Soundbooth durch und greifen abermals auf After Effects zu, um interessante Effekt-Animationen zu realisieren. Am Schluss geben Sie das Ganze aus, wobei das Medium DVD (Encore), Internet (Flash), ein mobiles Endgerät (Device Central) oder schlicht der Rechner selbst sein kann. Wenn Sie mit Ihren Arbeiten fertig sind, archivieren Sie das Projekt in Premiere Pro, wobei Sie die Projektdaten sammeln und auf ein externes Speichermedium auslagern (siehe Abschnitt 15.3, »Projekte archivieren«).

17.2 Clip Notes

Das war die Erklärung fürs Grobe. Aber mal ehrlich: Es wäre ja zu schön, wenn alles immer so einfach über die Bühne ginge. In der Praxis werden Sie Ihrem Auftraggeber nicht selten Zwischenergebnisse präsentieren müssen. Der möchte ab und zu mal etwas von Ihren Arbeiten sehen. Wenn er gleich um die Ecke ansässig ist und zudem noch Zeit und Muße aufbringt, sich zu Ihnen zu begeben, ist ja alles klar. Wenn er aber die Zwischenergebnisse in seinen Räumlichkeiten in Kamerun präsentiert haben möchte, wird es schwer – es sei denn, Sie greifen auf die auch in Premiere Pro integrierten Clip Notes zurück. Dann nämlich können Sie ein PDF-Dokument verschicken, in das der Film zuvor eingebettet wurde bzw. als Verknüpfung auf einem Server liegt. Dieses PDF wiederum verschicken Sie einfach per E-Mail und können daheim bleiben und weiterarbeiten. Der Empfänger benötigt zur Sichtung Ihrer Post lediglich den kostenlos erhältlichen Adobe Reader.

Schritt für Schritt: Einen Film mit Clip Notes ausgeben

1 *Sequenz duplizieren*

Zunächst einmal ist es sinnvoll, die betreffende Sequenz für den Clip-Notes-Export zu duplizieren und das Duplikat dann für die weiteren Clip-Notes-Aktivitäten zu verwenden. Warum das so sinnvoll ist, wird am Ende wesentlich verständlicher, weshalb ich Ihnen die Antwort gerne noch etwas schuldig bleibe. Nur so viel vorab: Mit der ursprünglichen Sequenz können Sie jetzt in aller Ruhe weiterarbeiten. Das Duplizieren erledigen Sie übrigens im Projektfenster: Sequenz markieren, [Strg]/[⌘]+[C], gefolgt von [Strg]/[⌘]+[V], bzw. BEARBEITEN • KOPIEREN und BEARBEITEN • EINFÜGEN.

2 *Sequenzmarken löschen*

Das Duplikat sollten Sie anschließend noch so benennen, dass es namentlich als Clip-Notes-Sequenz ausgemacht werden kann. Löschen Sie bitte unbedingt alle Sequenzmarken aus der Clip-Notes-Sequenz heraus (Rechtsklick auf die Sequenz-Zeitskala setzen, gefolgt von SEQUENZMARKE LÖSCHEN • ALLE MARKEN). Auch das hat einen guten Grund, wie Sie im Anschluss an den kommenden Workshop noch erfahren werden.

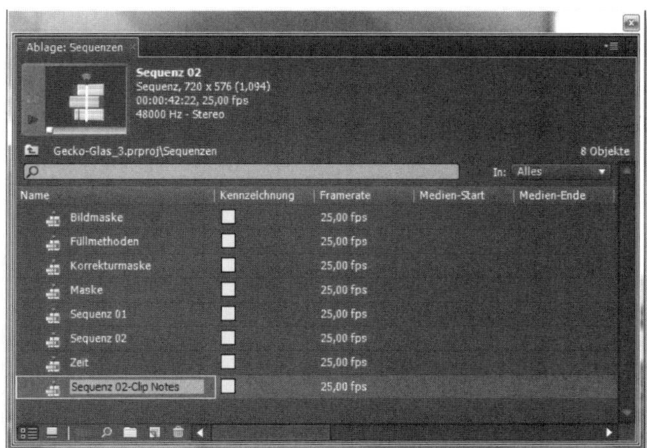

◀ **Abbildung 17.1**
Sequenzen können im Projektfenster mit Hilfe der Zwischenablage dupliziert werden.

3 *Arbeitsbereich kennzeichnen*

Jetzt sollten Sie den relevanten Bereich Ihrer Sequenz mit der Arbeitsbereichsleiste eingrenzen. Da Sie das Exportergebnis via Internet übertragen werden, ist natürlich eine möglichst geringe Dateigröße anzustreben. So grenzen Sie Bereiche des Films aus, die keiner Begutachtung durch den Kunden unterzogen werden müssen.

▼ **Abbildung 17.2**
Die Arbeitsbereichsleiste kennzeichnet den relevanten Bereich der Sequenz.

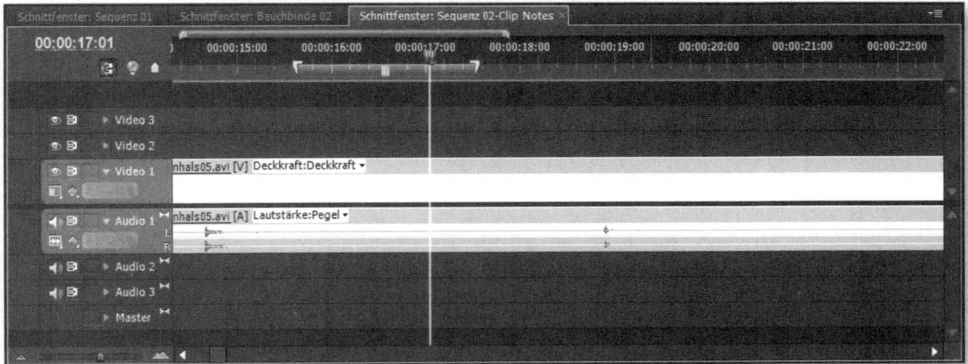

4 *Clip Notes starten*

Sorgen Sie jetzt dafür, dass das Schnittfenster markiert ist (Sie wissen ja, dass sonst das Exportieren nicht klappt), und stellen Sie im Menü Datei • Exportieren • Adobe Clip Notes ein.

5 *Format wählen*

Sie sehen schon, dass auch für diese Art von Export das bereits hinlänglich bekannte Export-Fenster sowie der Media Encoder zuständig sind. Widmen Sie sich zunächst dem ersten Steuerelement innerhalb der Exporteinstellungen oben rechts, dem Pulldown-Menü Format. In der Windows-Version können Sie hier unterscheiden, ob Sie den Film lieber als Windows Media oder QuickTime ausgeben wollen. Unter Apple Macintosh steht lediglich QuickTime zur Verfügung. Sie sollten die Entscheidung darüber von der Plattform abhängig machen, die der Empfänger betreibt – sofern sich das ausmachen lässt. Im Beispiel entscheiden wir uns in jedem Fall für CLIP NOTES QUICKTIME.

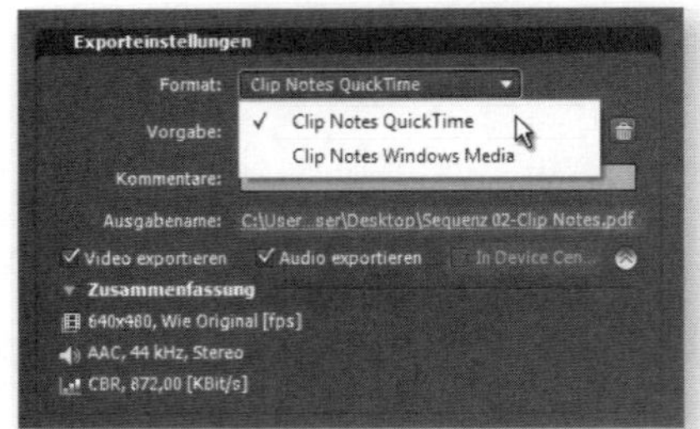

Abbildung 17.3 ► Nur unter Windows lässt sich zwischen zwei verschiedenen Formaten wählen.

6 *Vorgabe wählen*

Im Pulldown-Menü VORGABE müssen Sie zunächst das korrekte Format sowie das Seitenverhältnis wählen, das der Original-Sequenz entspricht. Danach entscheiden Sie, ob die kleinere Dateigröße mit 512 KBit/s oder die große mit 1024 ausgegeben werden soll. Im Ergebnis bedeutet das, dass Ihr Video bei 1.024 KBit/s in der Originalgröße bleibt, während 512 die Seitenabmessungen jeweils um die Hälfte verkleinert. Die Vorgabe für den Beispielfilm zu diesem Buch müsste also bei beabsichtigter Verkleinerung der Bildfläche PAL-QUELLE AUF 512KBIT/S ❸ lauten. Unterhalb der Vorschau können Sie das auch sehen. Vergleichen Sie die Werte für QUELLE ❷ und AUSGABE ❶.

Abbildung 17.4 ► Die Videofläche schrumpft auf ein Viertel, da Höhe und Breite um die Hälfte verkleinert wurden.

7 *Speicherort festlegen*

Klicken Sie einmal auf den Pfad, der in der Zeile neben AUSGABENAME angegeben ist, um dem Dokument einen Namen sowie den bevorzugten Speicherort zuzuweisen.

8 *Audio deaktivieren*

Gerade bei längeren Arbeitsbereichen sollten Sie auch überlegen, ob Sie den Ton wirklich ausgeben wollen. Wenn Sie dem Kunden beispielsweise lediglich präsentieren wollen, wie toll die Farbkorrektur verlaufen ist, können Sie die Dateigröße gering halten, indem Sie kein Audio mit ausgeben. Dazu deaktivieren Sie die Checkbox AUDIO EXPORTIEREN.

9 *Framerate herabsetzen*

Sie sollten auch im Einzelfall entscheiden, ob eine Framerate von 25 Einzelbildern pro Sekunde unbedingt erforderlich ist, um dem Kunden den gewünschten Einblick zu gewähren. Falls Sie beschließen, die Dateigröße abermals zu minimieren und nur beispielsweise 15 Bilder pro Sekunde zu verschicken, stellen Sie das unterhalb der Exporteinstellungen auf der Registerkarte VIDEO ein. Sie müssen dazu auf der Registerkarte VIDEO das Pulldown-Menü FRAMERATE [FPS] öffnen und dort von WIE ORIGINAL auf beispielsweise 15 umstellen.

17

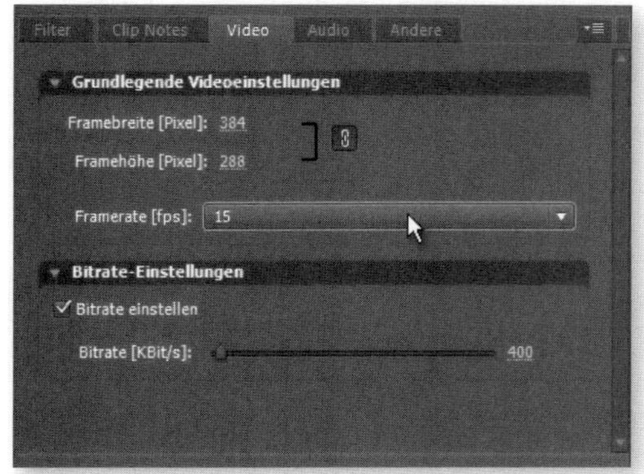

◀ **Abbildung 17.5**
Die Verringerung der Framerate bringt eine zusätzliche Dateigrößenoptimierung.

10 *PDF-Einstellungen vornehmen*

Klicken Sie anschließend die Registerkarte CLIP NOTES an. Hier können Sie entscheiden, ob das Video direkt in das fertige PDF eingebettet oder per Internet-Streaming bereitgestellt werden soll. Dann wird die Datei auf einen Server übertragen, und Sie müssen im untersten Eingabefeld (unter STREAMING-EINSTELLUNGEN) eine URL eintragen (nur zu sehen, wenn Sie vorab auf VIDEO STREAMEN umgeschaltet haben).

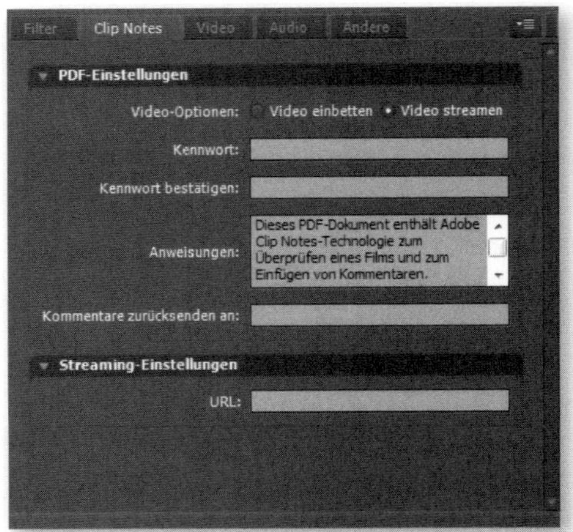

Abbildung 17.6 ▶
Die Streaming-URL taucht ganz unten auf.

Danach dürfen Sie noch, sofern erwünscht, ein Kennwort eingeben, mit dem das PDF-Dokument geschützt wird. Im Beispiel wollen wir uns für das Einbetten des Dokuments entscheiden (VIDEO EINBETTEN), damit Video und PDF zusammenbleiben. Eine direkte Übertragung auf einen Publikationsserver könnten Sie über das Register ANDERE einstellen. Hier müssen Sie dann FTP anwählen und die Serverangaben festlegen.

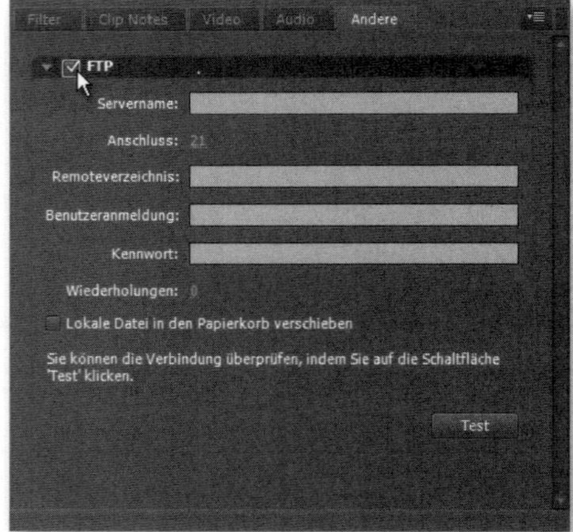

Abbildung 17.7 ▶
Erst nach der Aktivierung von FTP sind die weiteren Steuerelemente bedienbar.

Die Erstellung des Dokuments geben Sie mit OK in Auftrag. Jetzt ist der Media Encoder wieder an der Reihe. Sie wissen schon: Ein Klick auf WARTESCHLANGE STARTEN erzeugt das PDF.

Abbildung 17.8 ▶
Am Ende wird ein Portable Document File mit integriertem Video ausgegeben.

Im Anschluss verschicken Sie das gute Stück und warten, bis der Empfänger sich bei Ihnen meldet. Und wie Sie dessen Reaktionen wieder in Premiere Pro integrieren können, das verrät Ihnen der nächste Workshop.

Schritt für Schritt: Clip-Notes-Dokument bearbeiten

In diesem Workshop müssen wir uns in die Lage des Adressaten versetzen. Dort ist nämlich das PDF-Dokument nun angekommen und muss gesichtet werden.

1 *Dokument öffnen*

Wie bereits eingangs erwähnt, öffnet er das Dokument mit Acrobat oder dem Adobe Reader. Letzterer wird ja zum kostenlosen Download auf *www.adobe.com* angeboten. Zunächst einmal wartet die Anwendung aber mit einer Kontrollabfrage auf. Der Empfänger muss hier entscheiden, ob er uns als Absender nur dieses eine Mal oder generell vertrauen will und bereit ist, die interaktiven Inhalte zu starten.

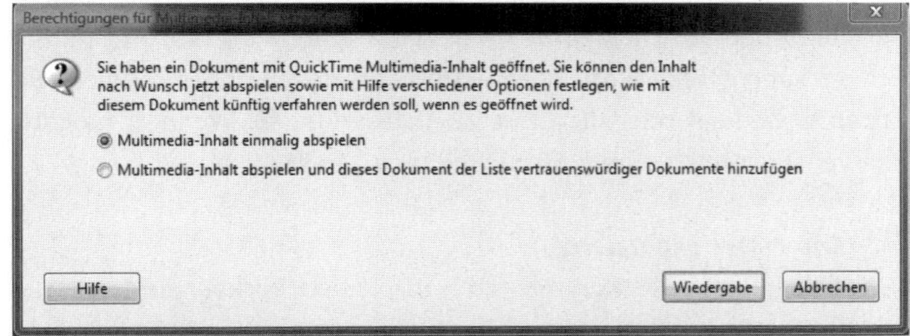

◂ **Abbildung 17.9**
Vertrauen ist gut – Kontrolle ist besser.

Danach gibt es noch einmal eine Mini-Anleitung zur Bedienung von Clip Notes, und dann sollte es endlich losgehen können (es sei denn, der Updater möchte auch noch etwas von Ihnen).

2 *Ersten Kommentar hinzufügen*

Spielen Sie das Video nun mit Hilfe der Abspieleinrichtung ❶ ab, und begutachten Sie das Ergebnis. Wenn Sie an einer bestimmten Stelle einen Hinweis anbringen wollen, setzen Sie das folgendermaßen um: Halten Sie die Wiedergabe an, und klicken Sie entweder unten links auf Hinzufügen ❷, oder setzen Sie einen Mausklick in den freien Bereich des großen Eingabefeldes ❺. Geben Sie Ihr Feedback ein, und bestätigen Sie mit Speichern ❸, bzw. springen Sie an eine andere Position des Films.

Abbildung 17.10 ▶
Der Film kann im Reader von Adobe begutachtet werden.

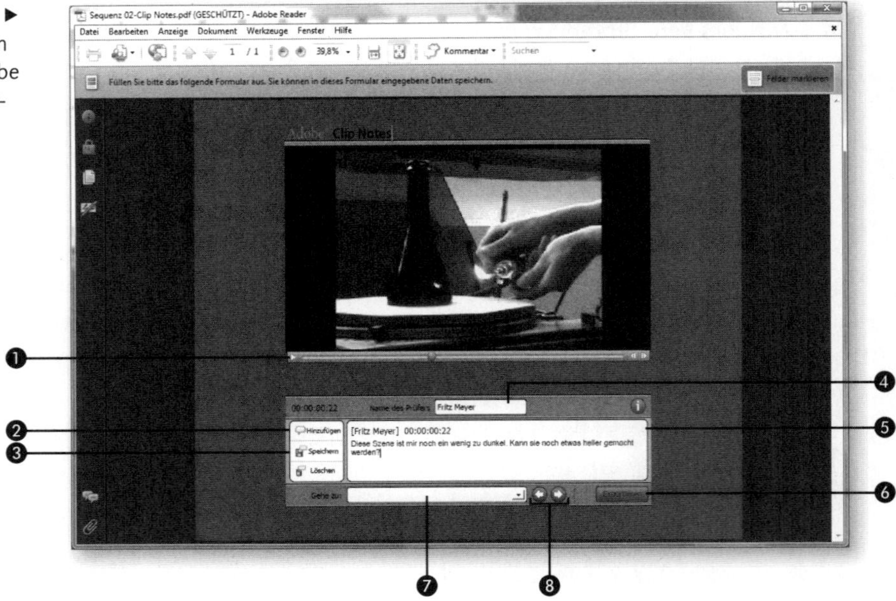

3 *Weitere Kommentare hinzufügen*

Nun muss der Empfänger es natürlich nicht bei einem einzelnen Kommentar bewenden lassen. Er kann weitere Positionen innerhalb des Videos ansteuern und auch dort wieder eine Bemerkung hinzufügen. Am Schluss kann er jede Notiz noch einmal anspringen, indem er die Pfeiltasten ❽ benutzt oder die GEHE ZU-Liste öffnet ❼. Wenn er möchte, kann er sogar noch seinen Namen hinterlassen ❹.

4 *Clip Notes exportieren*

Am Schluss, wenn alle Kommentare verfasst sind, klickt er auf EXPORTIEREN ❻. Das Ergebnis ist eine .xfdf-Datei, die jetzt per E-Mail an den Absender des PDFs zurückgeschickt werden kann.

▲ **Abbildung 17.11**
Die Ausgabe erfordert weder Acrobat noch Premiere Pro – sondern nur den Adobe Reader.

5 *Clip Notes in Premiere Pro integrieren*

Was noch fehlt, ist der Re-Import nach Premiere Pro. Es würde ja nicht wirklich einen optimierten Workflow darstellen, wenn wir uns mit dem Kunden noch fernmündlich über die Ergebnisse auseinandersetzen müssten. Deshalb haben Sie an dieser Stelle die Möglichkeit, das .xfdf-Dokument, das Sie soeben per E-Mail erhalten haben, in Premiere Pro zu integrieren. Und das machen Sie, indem Sie die eingangs duplizierte Sequenz im Schnittfenster aktivieren und das .xfdf-Dokument über DATEI • CLIP NOTES-KOMMENTARE IMPORTIEREN in Premiere Pro aufnehmen. Auch hier muss übrigens das Schnittfenster markiert sein.

6 *Notizen öffnen*

Jetzt finden Sie Sequenzmarken an unterschiedlichen Positionen innerhalb des Schnittfensters. Genau dort, wo Sequenzmarken angebracht sind, hat Ihnen der Kunde jeweils eine Notiz hinterlassen. Doppelklicken Sie auf eine solche Marke, können Sie die Nachricht lesen.

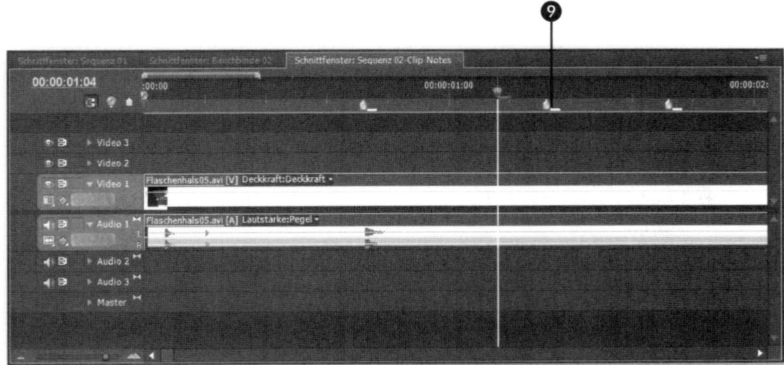

◂ **Abbildung 17.12**
Die Marken ❾ deuten auf Infos hin.

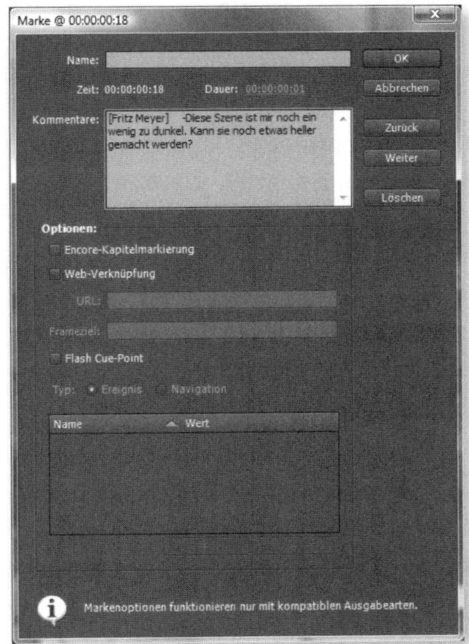

◂ **Abbildung 17.13**
Öffnen Sie die Clip Notes nacheinander, und lesen Sie, was der Kunde Ihnen geschrieben hat. ■

Warum Sequenz-Duplikate? | Ich schulde Ihnen ja noch zwei Antworten aus dem vorangehenden Workshop, nämlich erstens: Warum wurde die Sequenz dupliziert? Und zweitens: Warum mussten die Sequenzmarken in der Duplikat-Sequenz gelöscht werden? Nun, das Duplikat war nötig, damit wir in der Zwischenzeit an der Original-Sequenz weiterarbeiten konnten. Wenn Sie nämlich Änderungen derart vornehmen, dass Sie Clips verschieben, wird das durch den Import der Clip-Note-Datei natürlich nicht berücksichtigt. Hätten Sie also in der Zwischenzeit Clips verschoben, wären die Clip Notes jetzt an einer falschen Stelle angebracht. Und die zweite Antwort lautet: Die Clip-Note-Marken unterscheiden sich optisch in nichts von den eigentlichen Sequenzmarken. Wenn sich davon aber etliche in Ihrem Schnittfenster befinden, können Sie gar nicht mehr wissen, was nun eine Sequenzmarke und was ein Clip Note ist. Sie müssten dann **alle** Marken kontrollieren.

17.3 Der Workflow mit After Effects

Eigentlich arbeiten sämtliche Standard-Applikationen der Creative Suite Production Premium hervorragend zusammen. Dabei ist die simpelste Art, Dateien untereinander zu tauschen, die Zwischenablage. Damit lässt sich schon eine ganze Menge hin und her schieben. Dass Sie Dateien auch über Kontextmenü-Befehle austauschen können, haben Sie spätestens bei Ihrer Arbeit mit Soundbooth gesehen. So richtig beeindruckend wird der Integrationsgedanke der Suite aber erst bei der Zusammenarbeit zwischen Premiere Pro und After Effects.

17.3.1 Von Premiere Pro zu After Effects – und zurück

Wann immer Premiere Pro mit seinen integrierten Effekten an seine Grenzen stößt, ruft dies After Effects auf den Plan. Mit dieser Anwendung können Sie weit mehr realisieren als mit der Editing-Lösung von Adobe. Seinerzeit mussten Sie aber zunächst eine Komposition in After Effects erzeugen und diese dann als Asset in Premiere Pro einbetten. So weit, so gut. Doch wenn sich später einmal Änderungen ergeben hatten, musste das Asset ausgetauscht werden. Diese Zeiten sind heute glücklicherweise vorbei. Sie können eine After-Effects-Komposition nämlich gleich in Premiere Pro erzeugen. Das wollen wir jetzt auch anhand eines einfachen Beispiels in Angriff nehmen.

Schritt für Schritt: Eine After-Effects-Komposition in Premiere Pro erzeugen

Erzeugen Sie ein neues Premiere Pro-Projekt. Wenn Sie mögen, können Sie auch noch den einen oder anderen Clip integrieren.

Falls Ihnen After Effects nicht zur Verfügung steht, finden Sie die Komposition, die hier benutzt wurde, unter dem Namen »Gleitender Schriftzug.aep« im Ordner BEISPIELDATEIEN • KAPITEL_17.

1 *Dynamic Link starten*

Gehen Sie zunächst über Datei • Adobe Dynamic Link • Neue After Effects-Komposition. Das gestattet Ihnen den Wechsel zu After Effects, nachdem Sie entsprechende Videoeinstellungen festgelegt haben. (Falls Sie die Komposition nicht selbst erstellen, nehmen Sie die vorgenannte Beispieldatei, und wählen Sie im Menü Datei • Adobe Dynamic Link • After Effects-Komposition importieren.)

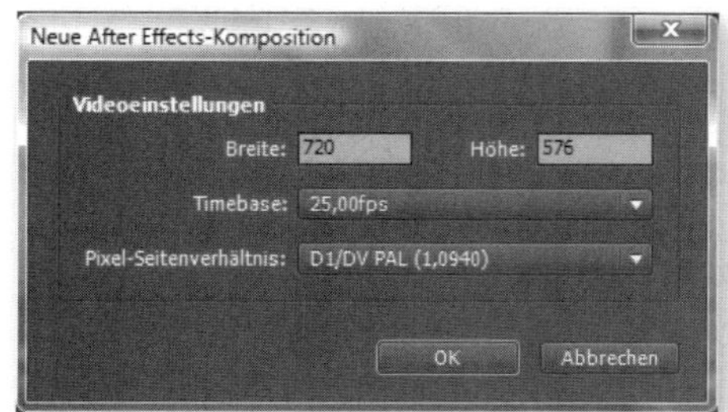

◀ **Abbildung 17.14**
Immer wieder die Videoeinstellungen

2 *Speicherort festlegen*

Damit auch Premiere Pro in Zukunft weiß, wo die neue Komposition liegt, erhalten Sie gleich einen Speichern-Dialog. Legen Sie den Speicherort für Ihre After-Effects-Komposition fest.

17

3 *Kompositionseinstellungen ändern*

Den Dialog zu den Videoeinstellungen haben Sie zwar bereits durchlaufen, dennoch können Sie hier noch Änderungen vornehmen (z. B. an der Dauer), indem Sie Komposition • Kompositionseinstellungen wählen bzw. [Strg]/[⌘]+[K] drücken. Ändern Sie die Dauer der Komposition, indem Sie auf das gleichnamige Eingabefeld doppelklicken, dort »400« eingeben (für 4:00 Sekunden) und mit OK bestätigen. (Die beiliegende Beispieldatei wurde schon auf vier Sekunden reduziert.)

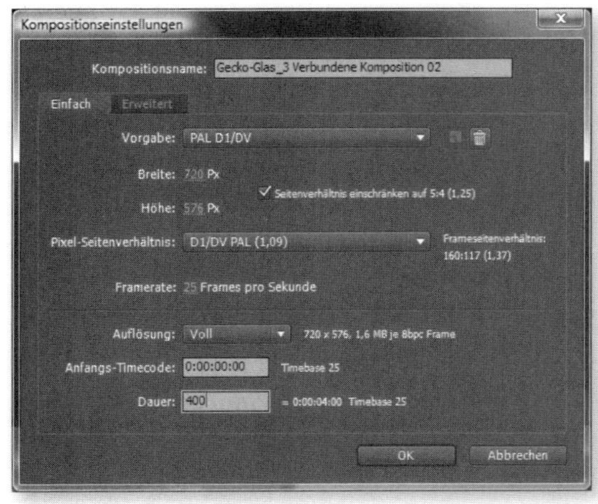

◀ **Abbildung 17.15**
Die Komposition wird vier Sekunden lang.

4 *Komposition bearbeiten*

Erzeugen Sie einen Text, und animieren Sie ihn nach Wunsch. Im Beispiel wurde eine schlichte Positionsanimation des Wortes »GLAS« gewählt. Was sich aber letztendlich hier zeigt, ist für das Beispiel unerheblich und kann natürlich, wenn Sie mögen, jede beliebige andere Animation sein.

Abbildung 17.16 ▼
Die After Effects-Komposition wurde noch nicht gespeichert.

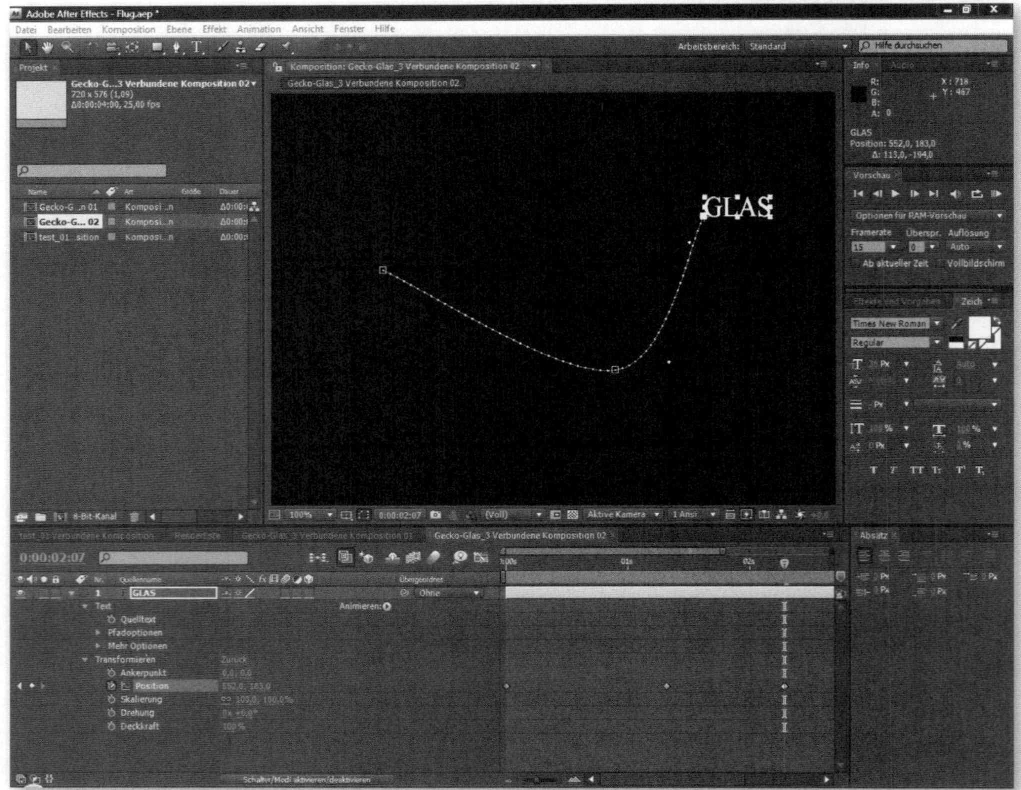

5 *Komposition in Premiere Pro verarbeiten*

Speichern Sie die Komposition jetzt bitte noch nicht, sondern wechseln Sie gleich zu Premiere Pro. Ziehen Sie die Komposition vom Projektfenster aus in das Schnittfenster, und platzieren Sie die Abspielmarke so, dass Sie die Darstellung der After-Effects-Komposition im Programmmonitor sehen können.

6 *Sequenz begutachten*

Wenn Sie den Clip abspielen, werden Sie feststellen, dass hier bereits die komplette Animation aus After Effects vorliegt – ohne dass Sie die Datei jemals in After Effects nachgespeichert hätten.

7 *Änderungen vornehmen*

Jetzt wollen wir etwas ändern. Wechseln Sie wieder zu After Effects, und verändern Sie beispielsweise die Schriftfarbe. Vielleicht würde sich auch eine Änderung der Schriftgröße anbieten. Danach kehren Sie, ohne die Komposition zu speichern, zu Premiere Pro zurück. In null Komma nichts sind auch in Premiere Pro die Änderungen wirksam.

▲ **Abbildung 17.17**
Änderungen an der Komposition werden auch in Premiere Pro sofort wirksam. ■

17.3.2 Clips durch Komposition ersetzen

Seit Premiere Pro CS4 lassen sich im Schnittfenster befindliche Clips markieren und per Befehl Datei • Adobe Dynamic Link • Durch After Effects-Komposition ersetzen direkt in eine Komposition umwandeln. Das ist besonders deshalb praktisch, weil die involvierten Clips direkt als Assets an After Effects übergeben werden. Auch hier müssen Sie zunächst einen Speicherort abgeben und können dann die gewünschten Arbeiten in After Effects vornehmen.

Anstelle des/der Clips im Schnittfenster von Premiere Pro wird jetzt eine Verbundene Komposition angezeigt, die zudem als Asset im Projektfenster liegt. Und auch hier werden die Änderungen, die Sie in After Effects vornehmen, direkt wirksam. Ist das cool?

Abbildung 17.18 ▲
Hier wurde ein simpler Timecode-Effekt in After Effects erzeugt, der »on the fly« auch in Premiere Pro angezeigt wird.

17.3.3 Übergabe über die Zwischenablage

Aber damit ist die Integration zwischen beiden Anwendungen noch lange nicht erschöpft. Stellen Sie sich vor, Sie haben eine Fülle von Clips in Premiere Pro aneinandergehängt. Bei einem der Clips wollen Sie nun eine Nachbearbeitung in After Effects realisieren. Dann müssen Sie keinesfalls den Original-Clip in After Effects öffnen, nachbearbeiten und dann den alten gegen den neuen in Premiere Pro austauschen. Auch die zuvor genannte Übergabe ist nicht zwingend erforderlich.

Schritt für Schritt: Clips über die Zwischenablage tauschen

1 *Clip in die Zwischenablage einfügen*

Markieren Sie irgendeinen Clip in der Timeline von Premiere Pro, den Sie gerne mit Hilfe von After Effects ändern möchten. Danach drücken

Sie Strg/⌘+C oder wählen BEARBEITEN • KOPIEREN aus dem Premiere Pro-Menü aus.

2 *Clip in After Effects einfügen*

Lassen Sie Premiere Pro im Hintergrund geöffnet, und springen Sie zu After Effects. Dort erzeugen Sie zunächst über den Menüeintrag KOMPOSITION eine NEUE KOMPOSITION oder betätigen Strg/⌘+N. Im Anschluss sollten Sie den Inhalt der Zwischenablage an die neue Komposition übergeben. Sie wissen ja: Strg/⌘+V oder BEARBEITEN • EINFÜGEN.

3 *Clip zurückgeben*

Führen Sie die gewünschten Änderungen aus, und markieren Sie den Clip im Kompositionsfenster von After Effects. Jetzt übergeben Sie den geänderten Clip mit Hilfe der bereits beschriebenen Methoden an die Zwischenablage, kehren zu Premiere Pro zurück und bringen die Schnittfenstermarke in Position. Fügen Sie jetzt den Inhalt der Zwischenablage in das Schnittfenster ein – fertig.

4 *Clip rendern*

Das wirklich Interessante an dieser Vorgehensweise ist nun: Sie müssen die Arbeit in After Effects nicht speichern. Sie können die Anwendung sogar komplett schließen, ohne das Dokument jemals abgesichert zu haben. In Premiere Pro bleibt die Bearbeitung des Clips erhalten. Danach rendern Sie den Clip in Premiere Pro. Na, wenn das nicht cool ist, dann weiß ich auch nicht. ■

Bleibt abschließend nur noch darauf hinzuweisen, dass die meisten After-Effects-Plug-ins mit Premiere Pro kompatibel sind. Und wenn es doch einmal umfangreicher sein sollte, arbeiten Sie einfach mit einer dynamisch verlinkten Komposition. Damit dürfte dann auch dem ausgefeiltesten Kreativ-Gedanken nicht mehr viel im Wege stehen.

17.3.4 Capturing in After Effects

Grundsätzlich werden bei der Zusammenarbeit von After Effects zu Premiere Pro zwei große Bereiche abgedeckt. Zum einen können Sie direkt aus After Effects heraus Aufnahmen von der Kamera holen, wobei dann das Aufnahme-Modul von Premiere Pro angesprochen wird. Das machen Sie, indem Sie einen Rechtsklick in den freien Bereich des Projektfensters setzen und IMPORTIEREN • IN ADOBE PREMIERE PRO ERFASSEN wählen.

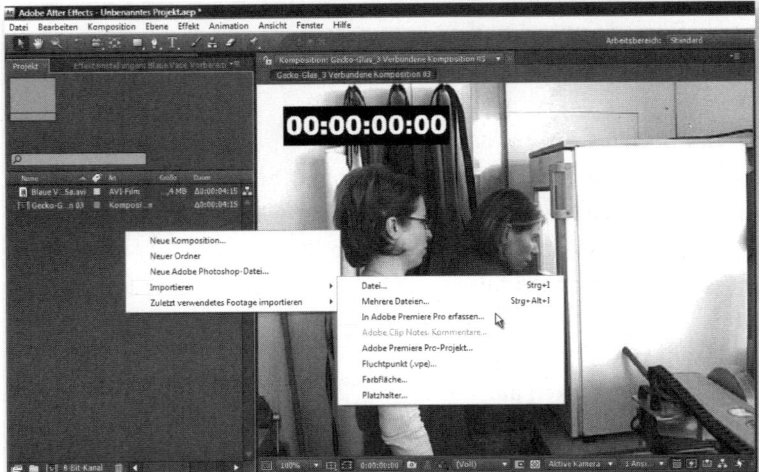

Abbildung 17.19 ▶ Aufnehmen in After Effects? Das geht, wenn Premiere Pro mit an Bord ist.

17.3.5 Zugriff auf Premiere Pro-Sequenzen

Sie haben aber auch die Möglichkeit, direkt auf Sequenzen einer Premiere Pro-Datei zuzugreifen – nein, nicht nur auf das gesamte Projekt, sondern tatsächlich auf jede einzelne Sequenz. Dazu gehen Sie innerhalb von After Effects über den Rechtsklick im Projektfenster auf Importieren • Adobe Premiere Pro-Projekt. Im Anschluss daran steuern Sie die Projektdatei von Premiere Pro an und wählen diese aus. Ein unscheinbarer, aber äußerst effizienter Dialog gestattet es Ihnen nun, entweder auf alle oder exakt auf eine einzelne Sequenz der .prproj-Datei zuzugreifen.

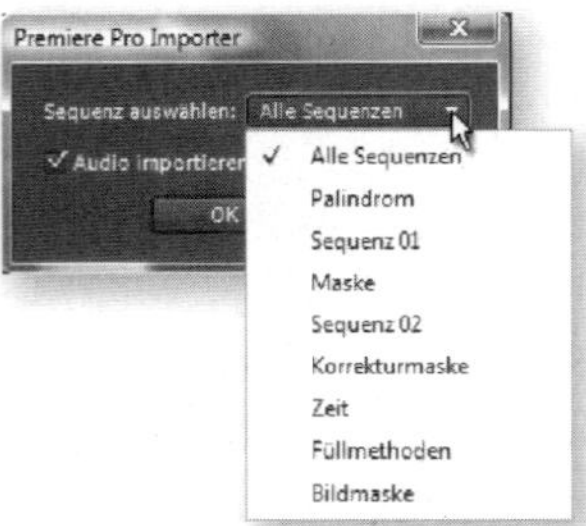

Abbildung 17.20 ▶ Arbeiten ohne Grenzen – After Effects und Premiere Pro als »Dream-Team«.

17.4 Produktion für mobile Endgeräte

Es soll ja Menschen geben, die gar nicht mehr wissen, dass man mit einem Handy auch telefonieren kann. Man mag es glauben, wenn man sieht, was die Mobilgeräte heutzutage sonst noch so alles auf der Pfanne haben. Nette Hintergrundbildchen sind längst out. Heute laufen effektvolle Videoclips über die Mini-Mattscheibe – das ist natürlich an Premiere & Co. auch nicht spurlos vorübergegangen.

17.4.1 Device Central und Premiere Pro

Wenn Sie einen Clip für Handy oder iPod ausgeben wollen, sollten Sie zunächst wieder die Arbeitsbereichsleiste in Position rücken – zumindest dann, wenn Sie nicht die gesamte Sequenz ausgeben wollen. Markieren Sie das Schnittfenster, und entscheiden Sie sich für DATEI • EXPORTIEREN • MEDIEN. Als Format listen Sie H.264. Entscheiden Sie sich in der Vorgabe beispielsweise für APPLE IPOD VIDEO KLEIN oder eines der 3GPP-Formate für Handys. Nun steht auch die Checkbox IN DEVICE CENTRAL ÖFFNEN (neben AUDIO EXPORTIEREN) zur Verfügung, die Sie anhaken sollten. Über AUSGABENAME vergeben Sie Namen und Speicherort und klicken auf OK.

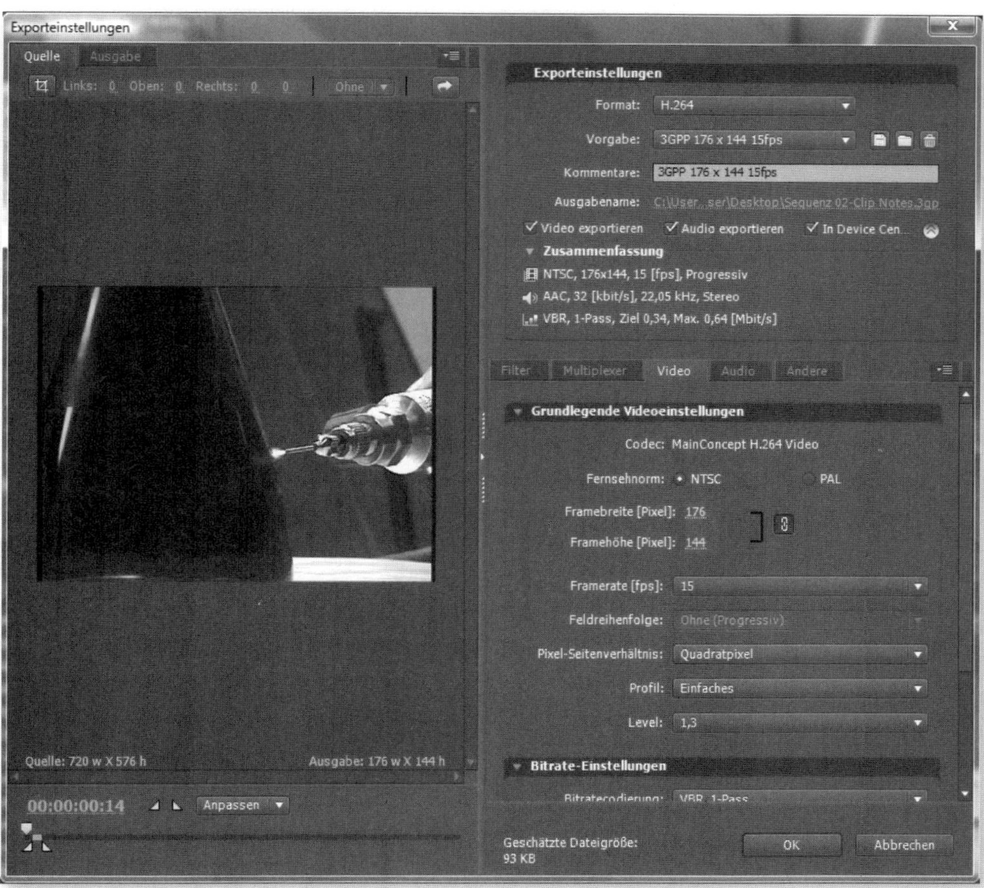

▼ Abbildung 17.21
Die Liste deckt ein breites Spektrum an Verwendungsmöglichkeiten ab.

Im Adobe Media Encoder müssen Sie jetzt wieder auf WARTESCHLANGE STARTEN gehen und sich einige Augenblicke gedulden. Nachdem der Clip berechnet wurde, öffnet sich Device Central und präsentiert Ihr Video auf einem virtuellen Ausgabegerät. Zum Abspielen benutzen Sie die Steuerelemente in der Fußleiste.

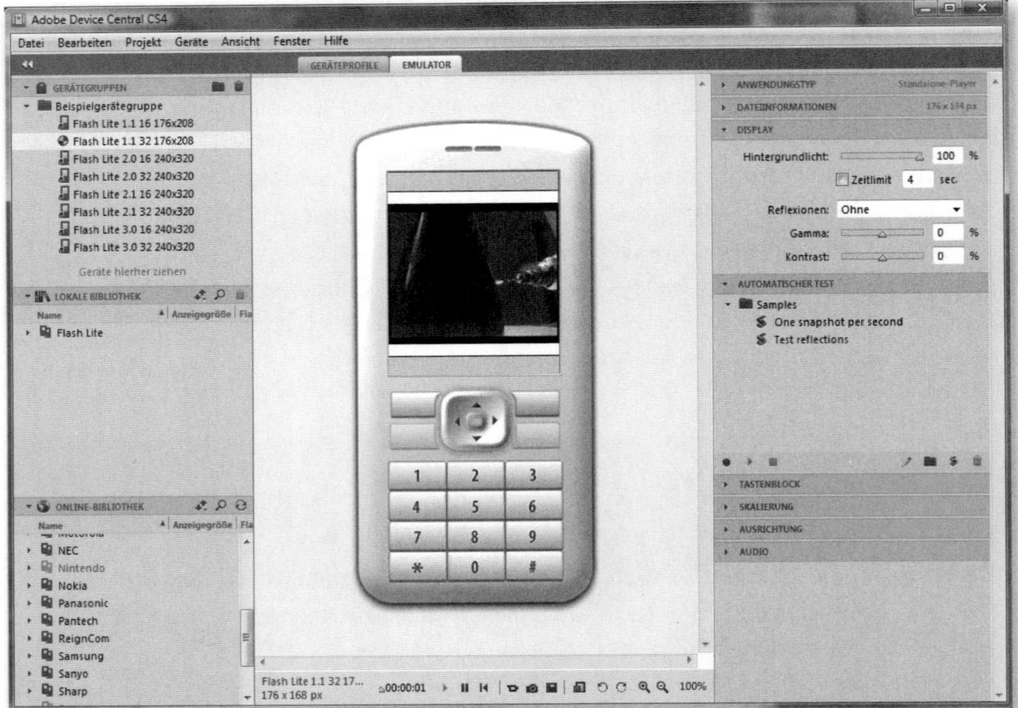

Abbildung 17.22 ▲
Das Ergebnis landet automatisch in Device Central.

Jetzt sollte der Präsentation Ihrer Videos auch auf einem Handy oder iPod nichts mehr im Wege stehen.

18 Die DVD zum Buch

Die beiliegende DVD ist prall gefüllt mit Beispielfilmen und Test-Software. Hier finden Sie alles, was Sie zur Arbeit mit diesem Buch benötigen.

18.1 Beispieldateien

18.1.1 Der Ordner »Gecko-Glas«

Dieser Ordner beinhaltet alle Beispielfilme des Buchprojekts. Außerdem finden Sie hier die Premiere Pro-Dateien »Gecko-Glas_Win.prproj« und »Gecko-Glas_Mac.prproj«. Wenn Sie also den Film nicht selbst zurechtschneiden wollen, können Sie diese Dateien benutzen und damit weiterarbeiten. Bitte achten Sie dabei unbedingt darauf, die richtige Datei zu öffnen, je nachdem, auf welchem Betriebssystem Sie arbeiten. Zuvor sollten Sie aber den kompletten Ordner GECKO-GLAS auf Ihre Festplatte befördern.

18.1.2 Der Ordner »Ergebnisse«

Dieses Verzeichnis beherbergt fertige AVI-Dateien zu wichtigen Workshops sowie das geschnittene und exportierte Buchprojekt (»Gecko-Glas.mpg«). Wenn Sie also bereits vor Ihrer Arbeit mit Premiere Pro CS4 das Endergebnis sehen wollen, können Sie es jederzeit im Windows Media Player o. Ä. abspielen.

18.1.3 Die Kapitel-Ordner

In einzelnen Lektionen werden speziell ausgewählte Clips verwendet, die Sie im Ordner zum jeweiligen Kapitel finden. An relevanten Stellen im Buch erfahren Sie, welche Dateien im jeweiligen Workshop benutzt werden.

Copyright

Beachten Sie: Die Daten auf der DVD sind ausschließlich für Sie zum Üben vorgesehen! Sie dürfen nicht in kommerziellen Projekten verwendet und nicht weitergegeben werden.

18.2 Testversion

Sie möchten sich zunächst mit der im Buch angesprochenen Software vertraut machen, ohne viel Geld für die Vollversion ausgeben zu müssen? Kein Problem. Adobe Systems stellt kostenlos 30-Tage-Testversionen seiner Produkte zur Verfügung, die wir freundlicherweise an Sie weitergeben dürfen. Daher finden Sie auf der Buch DVD die 30 Tage lauffähige Version von Adobe Premiere Pro CS4, und zwar jeweils für Windows und Mac. Mitinstalliert werden zugleich Testversionen von OnLocation CS4, dem Adobe Media Encoder und Bridge CS4, die ebenfalls im Buch vorgestellt werden.

Bitte beachten Sie, dass Adobe **keine Testversion von Encore CS4** zur Verfügung stellt. Das Programm wird zwar mitinstalliert, wenn Sie die 30-Tage-Testversion von Premiere Pro CS4 von der Buch-DVD installieren, kann aber nicht ausgeführt werden

Bevor Sie mit der Installation beginnen, sollten Sie den kompletten Ordner Win bzw. Mac auf Ihren Rechner kopieren. Danach starten Sie den Installationsprozess mit einem Doppelklick auf »ADBEPPROCS4_LS7.exe« am PC bzw. »ADBEPPROCS4_LS7.dmg« am Mac. Am PC startet dann zunächst ein Entpackungsprozess, der Ihr System überprüft und die Installation vorbereitet. Anschließend sollten Sie einen neuen Ordner Adobe CS4 auf Ihrem Desktop vorfinden. Dort gehen Sie in das Unterverzeichnis Premiere Pro • Adobe CS4 und doppelklicken die Datei »Setup.exe«.

Aus Platzgründen finden Sie auf der Buch-DVD keine Testversionen von Soundbooth CS4, After Effects CS4 und Photoshop CS4. Sie können sich diese aber, nach einer einmaligen Registrierung, unter *www.adobe.com/de* kostenlos herunterladen.

18.2.1 Systemanforderungen für Windows

- Prozessor mit 2 GHz oder mehr für DV; 3,4-GHz-Prozessor für HDV; dualer 2,8-GHz-Prozessor für HD (* SSE2-fähiger Prozessor für AMD-Systeme erforderlich)
- Microsoft® Windows® XP mit Service Pack 2 (Service Pack 3 empfohlen) oder Windows Vista® Home Premium, Business, Ultimate oder Enterprise mit Service Pack 1 (für 32-Bit-Version von Windows XP und 64-Bit-Version von Windows Vista)
- 2 GB RAM
- 10 GB freier Festplattenspeicherplatz für die Installation; während der Installation wird weiterer freier Speicherplatz benötigt (Installation auf Flash-Speichergeräten nicht möglich)
- Auflösung 1280 × 900 mit OpenGL 2.0-kompatibler Grafikkarte

- Dedizierte Festplatte mit 7200 U/Min. für DV- und HDV-Bearbeitung; Festplatten-Array mit Striping (RAID 0) für HD; SCSI-Festplatten-Subsystem bevorzugt
- Für SD/HD-Workflows Adobe-zertifizierte Karte für Aufnahmen und den Export auf Band
- OHCI-kompatibler IEEE 1394-Port für DV- und HDV-Aufnahmen, Export auf Band und Übertragung auf DV-Gerät
- DVD-ROM-Laufwerk (DVD±R-Brenner für DVD-Erstellung erforderlich)
- Blu-Ray-Brenner zum Erstellen von Blu-Ray-Discs erforderlich
- Microsoft Windows-Treibermodell oder ASIO-kompatible Soundkarte
- QuickTime 7.4.5 für QuickTime-Funktionen erforderlich
- DSL-Anschluss für Online-Dienste erforderlich

18.2.2 Systemanforderungen für Macintosh

- Multicore Intel®-Prozessor
- Mac OS X v10.4.11–10.5.4
- 2 GB RAM
- 10 GB freier Festplattenspeicherplatz für die Installation; während der Installation wird weiterer freier Speicherplatz benötigt (Installation auf einem Volume mit Dateisystem, das zwischen Groß-/Kleinschreibung unterscheidet, und Flash-Speichergeräten nicht möglich)
- Auflösung 1280 × 900 mit OpenGL 2.0-kompatibler Grafikkarte
- Dedizierte Festplatte mit 7200 U/Min. für DV- und HDV-Bearbeitung; Festplatten-Array mit Striping (RAID 0) für HD; SCSI-Festplatten-Subsystem bevorzugt
- DVD-ROM-Laufwerk (SuperDrive zum Brennen von DVDs)
- Blu-Ray-Brenner zum Erstellen von Blu-Ray-Discs erforderlich
- Core Audio-kompatible Soundkarte
- QuickTime 7.4.5 für QuickTime-Funktionen erforderlich
- DSL-Anschluss für Online-Dienste erforderlich

Index

B

C

D

E

F

G

H

I

J

K

L

M

N

O

P

Q

R

S

T

U

V

W

X

Y

Z

Video-Training

Die Videoschnittschule für perfekte Filme

Mit Tipps & Tricks für die Aufnahmetechnik

Inklusive DVD-Authoring mit Encore DVD CS4

Robert Klaßen

Adobe Premiere Pro CS4

Das umfassende Training

Anhand eines großen Schnittprojekts lernen Sie Videoschnitt, Effekte, Übergänge, Korrektur, Tonberarbeitung sowie Profifunktionen wie Color-Keying und Mulitcam-Editing kennen. Zu jedem Thema erklärt Robert Klaßen Aufnahmetechniken und Hintergrundwissen gleich mit.

DVD, Windows und Mac, ca. 80 Lektionen, 8:00 Stunden Spielzeit, 29,90 Euro, 49,90 CHF
ISBN 978-3-8362-1283-0, Mai 2009

>> www.galileodesign.de/1916

»Perfekter Schnitt: sehr konkret, einfach erklärt und trotzdem anspruchsvoll!«
selbstausbildung.de zur Vorauflage

Der Name Galileo Press geht auf den italienischen Mathematiker und Philosophen Galileo Galilei (1564–1642) zurück. Er gilt als Gründungsfigur der neuzeitlichen Wissenschaft und wurde berühmt als Verfechter des modernen, heliozentrischen Weltbilds. Legendär ist sein Ausspruch *Eppur se muove* (Und sie bewegt sich doch). Das Emblem von Galileo Press ist der Jupiter, umkreist von den vier Galileischen Monden. Galilei entdeckte die nach ihm benannten Monde 1610.

Lektorat Katharina Geißler
Korrektorat Petra Bromand, Düsseldorf
Herstellung Lissy Hamann
Einbandgestaltung Hannes Fuß, www.exclam.de
Satz SatzPro, Krefeld
Druck Bercker Graphischer Betrieb, Kevelaer

Dieses Buch wurde gesetzt aus der Linotype Syntax (9,25 pt/13,5 pt) in Adobe InDesign CS3. Gedruckt wurde es auf chlorfrei gebleichtem Offset-Papier (90 g/m²).

Gerne stehen wir Ihnen mit Rat und Tat zur Seite:
katharina.geissler@galileo-press.de
bei Fragen und Anmerkungen zum Inhalt des Buches

service@galileo-press.de
für versandkostenfreie Bestellungen und Reklamationen

julia.bruch@galileo-press.de
für Rezensions- und Schulungsexemplare

Bibliografische Information der Deutschen Bibliothek
Die Deutsche Bibliothek verzeichnet diese Publikation in der Deutschen Nationalbibliografie; detaillierte bibliografische Daten sind im Internet über *http://dnb.ddb.de* abrufbar.

ISBN 978-3-8362-1265-6

1. Auflage 2009